A PONTE

DAVID REMNICK

A ponte
Vida e ascensão de Barack Obama

Tradução
Celso Nogueira
Isa Mara Lando

1ª *reimpressão*

Copyright © 2010 by David Remnick

Grafia atualizada segundo o Acordo Ortográfico da Língua Portuguesa de 1990, que entrou em vigor no Brasil em 2009.

Título original
The Bridge — The Life and Rise of Barack Obama

Capa
João Baptista da Costa Aguiar

Foto de capa
© Platon

Preparação
Claudio Carina
Leny Cordeiro

Índice remissivo
Luciano Marchiori

Revisão
Angela das Neves
Erika Nakahata

Dados Internacionais de Catalogação na Publicação (CIP)
(Câmara Brasileira do Livro, SP, Brasil)

Remnick, David
   A ponte : vida e ascensão de Barack Obama / David Remnick ; tradução Celso Nogueira, Isa Mara Lando. — 1ª ed. — São Paulo : Companhia das Letras, 2010.

   Título original : The Bridge : The Life and Rise of Barack Obama.
   Bibliografia.
   ISBN 978-85-359-1765-9

   1. Candidatos presidenciais – Estados Unidos – Biografia 2. Estados Unidos – Política e governo – 1951 3. Estados Unidos. Congresso. Senado – Biografia 4. Illinois – Chicago – Política e governo – 1951 5. Legisladores – Estados Unidos – Biografia 6. Legisladores afro-americanos – Illinois – Chicago – Biografia 7. Obama, Barack 8. Políticos afro-americanos – Illinois – Chicago – Biografia 9. Presidentes – Estados Unidos – Biografia I. Título.

10-10526   CDD-973.929092

Índice para catálogo sistemático:
1. Estados Unidos ; Presidentes : Biografia 973.929092

[2020]
Todos os direitos desta edição reservados à
EDITORA SCHWARCZ S.A.
Rua Bandeira Paulista, 702, cj. 32
04532-002 — São Paulo — SP
Telefone: (11) 3707-3500
www.companhiadasletras.com.br
www.blogdacompanhia.com.br
facebook.com/companhiadasletras
instagram.com/companhiadasletras
twitter.com/cialetras

Para Esther

Não resta dúvida de que nos próximos trinta ou quarenta anos um negro poderá atingir a mesma posição de meu irmão como presidente dos Estados Unidos.
Robert F. Kennedy, 27 de maio de 1961, na Voz da América

Eu me lembro de quando o ex-procurador-geral, o sr. Robert Kennedy, disse ser concebível que em quarenta anos poderíamos ter um presidente negro dos Estados Unidos. Para os brancos a declaração soou muito libertária. Eles não estavam no Harlem quando essa declaração foi ouvida pela primeira vez. Eles não escutaram o riso, a amargura e o desdém com que a declaração foi recebida. Do ponto de vista de um sujeito numa barbearia do Harlem, Bobby Kennedy chegou aqui ontem e já está a caminho da presidência. Nós estamos aqui há quatrocentos anos e ele vem nos dizer que talvez daqui a quarenta anos, se nos comportarmos, vão deixar um de nós ser presidente.
James Baldwin, 1965. "The American Dream and the American Negro"

Barack Obama é o que há no final daquela ponte em Selma.
John Lewis. Washington, 19 de janeiro de 2009

Sumário

Prólogo 11

PARTE UM

1. Um destino intrincado 39
2. Superfície e contracorrente 84
3. Ninguém sabe o meu nome 117

PARTE DOIS

4. A metrópole negra 147
5. Ambição 210
6. Uma narrativa de ascensão 251

PARTE TRÊS

7. Alguém que ninguém mandou 295
8. Negro o bastante 348
9. A campanha na selva 377
10. Reconstrução 400
11. Um vento virtuoso 432

PARTE QUATRO

12. Uma ligeira loucura 467
13. O gigante adormecido 526
14. No parque de diversões racial 560
15. O Livro de Jeremiah 584

PARTE CINCO

16. Quanto tempo ainda? Não muito! 613
17. Rumo à Casa Branca 636

Epílogo 659
Agradecimentos e fontes 665
Notas 671
Bibliografia 693
Créditos das imagens 701
Índice remissivo 703
Sobre o autor 735

Prólogo
A geração de Josué

Brown Chapel
Selma, Alabama

Assim começou a ser contada uma história que transformou os Estados Unidos.

Ao meio-dia de 4 de março de 2007, Barack Obama, senador júnior por Illinois, foi escalado para falar na Brown Chapel, em Selma, Alabama. Sua campanha para presidente completava pouco mais de um mês, e ele tinha vindo ao sul preparado para confrontar pela primeira vez a líder da corrida pela indicação do Partido Democrata, Hillary Clinton. Obama pretendia discutir em público o que muitos apostavam ser sua futura ruína — sua raça, sua pouca idade, sua origem "exótica". "Quem é Barack Obama?" Barack *Hussein* Obama? Desde aquele dia até a data da eleição, seus oponentes democratas e republicanos repetiriam essa pergunta em comícios e comerciais de rádio e televisão, insinuando que o sujeito era de uma alteridade desabonadora: infância no Havaí e na Indonésia, pai queniano, mãe nascida no Kansas, apesar de cosmopolita.

A resposta de Obama a essa questão ajudou a estruturar o cerne de sua campanha. Dois anos depois de deixar o Senado de Illinois, Obama mal tinha acabado de pagar suas dívidas da faculdade quando entrou para a disputa presidencial com uma plataforma política de centro-esquerda séria, mas sem nada de excepcional. Não diferia radicalmente da postura de Clinton, exceto na questão crucial da Guerra do Iraque. Obama tampouco exibia um currículo invejável em termos de experiência no executivo ou façanhas legislativas. Contudo, quem Obama era, de onde vinha, como forjou sua personalidade e, finalmente, como conseguiu projetar seu temperamento e seu caráter como um reflexo das ambições e esperanças dos americanos se tornariam a fonte de sua retórica e de seu encanto. Obama propunha centrar a candidatura em sua pessoa — um jovem afro-americano complexo, inteligente, astucioso, elegante. Não chegava a ser um grande homem, mas era uma promessa de grandeza. Isso constituía em larga medida o manancial de sua candidatura, e não havia como negar seu atrevimento. O próprio Obama usou palavras como "presunçoso" e "audacioso".

Em Selma, Obama chegou pronto para se declarar herdeiro da mais dolorosa das lutas americanas, o conflito racial: não da questão da raça como invocada por seus predecessores na política eleitoral ou nos movimentos de direitos civis, nem de raça como insistência na etnicidade ou reparação; em vez disso, Obama usaria sua origem birracial como metáfora para tentar criar uma ampla coalizão de apoio que unisse os americanos em torno de uma narrativa de progresso moral e político. Ele não era necessariamente o herói da narrativa, mas poderia muito bem ser seu ápice. Nos meses seguintes, Obama teve a ousadia de se inspirar na linguagem e nas imagens de um memorável movimento americano para aplicá-las em sua campanha para a presidência.

A cidade de Selma aglomera-se em torno das águas barrentas do rio Alabama. Selma foi um próspero centro manufatureiro e serviu de arsenal para o exército Confederado. Hoje é uma cidadezinha desamparada de 20 mil habitantes. A Broad Street, com suas lojas fechadas e mercadinhos empoeirados, costuma abrigar somente o movimento de pessoas desinteressadas. A maioria dos afro-americanos vive em casas modestas, barracos improvisados e conjuntos habitacionais no lado leste da cidade; os brancos, mais prósperos, preferem morar na parte oeste.

A economia de Selma mostra sua maior vitalidade durante o desabrochar anual das recordações históricas. As casas de fazenda que sobreviveram à Guerra de Secessão são conservadas, em sua maior parte, para os raros turistas que ainda passam por lá. Em meados de abril, entusiastas da Guerra de Secessão chegam à cidade para homenagear os sulistas mortos na batalha de Selma, em 1865, quando o general confederado Nathan Bedford Forrest, um racista particularmente sádico, foi derrotado. Os negros da cidade não participam nem compartilham o espírito da nostalgia confederada. Durante décadas um conjunto habitacional na periferia da cidade, quase todo ocupado por negros, levou o nome de General Forrest, negociante de escravos e grande mago da Ku Klux Klan.

Depois da Guerra Civil, estudantes negros passaram a ser admitidos na Universidade de Selma, uma instituição bíblica de pequeno porte, e a cidade — repleta de igrejas — ganhou fama como centro de pregação afro-americana. Ralph Abernathy escreveu em suas memórias que Selma "era para muitos de nós a 'Capital do Cinturão Negro', um lugar onde se reuniam jovens inteligentes e líderes instruídos".[1] Ao mesmo tempo, por força das leis Jim Crow,* até os anos 1960 Selma destacou-se por seus testes de alfabetização e por cobrar uma taxa para votar; quase nenhum negro conseguia se registrar como eleitor. Rodeados por mesários brancos e arrogantes, os negros tinham de responder perguntas como "Quantas bolhas há numa barra de sabão?".

O xerife local, Jim Clark, seguia a cartilha do folclórico Bull Connor, de Birmingham: não hesitava em tomar as medidas mais brutais ao primeiro sinal de protestos antissegregacionistas. Por isso, conforme o movimento pelos direitos civis avançava, os líderes fundadores da Southern Christian Leadership Conference — SCLC (Conferência da Liderança Cristã Sulista) e do Student Nonviolent Coordinating Committee — SNCC (Comitê Não Violento de Coordenação Estudantil) — fizeram de Selma um caso piloto na luta pelo direito de votar.

Em 2 de janeiro de 1965, Martin Luther King Jr. entrou no edifício de tijolos da Brown Chapel, cidadela da Igreja Episcopal Metodista Africana, e disse à congregação que Selma se tornaria "um símbolo da irredutível resistência do movimento pelos direitos civis no Sul".[2] Assim como Montgomery foi o centro do primeiro boicote aos ônibus, da luta pelos direitos civis e pelo acesso igualitário aos serviços públicos, King e seus companheiros decidiram que Selma seria o campo de batalha pelo direito de votar.

Barack Obama havia sido convidado para ir a Selma mais de um mês antes do aniversário do evento por seu amigo John Lewis, veterano congressista de

---

* Leis em vigor nos Estados Unidos entre 1876 e 1965 que determinavam segregação racial em locais públicos. (N. T.)

Atlanta. Sessentão, calvo e corpulento, Lewis não se destacava no Congresso como legislador, sendo mais conhecido no Capitólio e na comunidade afro-americana como uma espécie de griô eleito pelo voto popular, reserva moral e veterano militante do movimento dos direitos civis. Durante a longa "trégua conservadora" iniciada no primeiro governo Reagan, Lewis continuou afirmando ser "indispensável e essencial" manter viva a política progressista. "E a única maneira de fazer isso é continuar contando a história", dizia. Enquanto King organizava a SCLC no Alabama, Lewis presidia o SNCC. Lewis compareceu a quase todas as passeatas importantes. Esteve ao lado de King na vanguarda de incontáveis manifestações e nas reuniões com John Kennedy e Lyndon Johnson no Salão Oval. Foi o mais jovem — e o mais engajado — dos muitos oradores da Marcha para Washington de 1963; agora era o único que ainda vivia. As pessoas chamaram John Lewis de herói durante todos os dias de sua vida, mas no momento ele não se sentia nada heroico, inseguro como estava em relação a quem apoiar: os Clinton, que "nunca o desapontaram" no decorrer dos anos, ou um rapaz talentoso que se apresentara ao país com um empolgante discurso na Convenção Democrata de 2004 em Boston. No início Lewis deu a entender que apoiaria Obama, mas os Clinton e seu círculo apelaram para sentimentos de amizade e lealdade — quase tão difíceis de resistir quanto a sedução da história. Sob intensa pressão, Lewis prometeu tanto aos Clinton quanto a Obama que logo faria "uma reunião executiva consigo mesmo" para decidir.

Para Lewis, criado no condado de Pike, no Alabama, o efeito Jim Crow era um vizinho conhecido porém nefasto. Quando menino, ele queria tanto ir embora que sonhava em construir um ônibus de madeira com os pinheiros que rodeavam a casa da sua família e viajar com ele até a Califórnia.[3] Seus pais eram meeiros e tinham dez filhos. Ele queria ser pregador, e como treinamento recitava sermões para as aves do galinheiro no quintal. Pregava para elas durante a semana e também aos domingos, casando galos com galinhas e realizando serviços fúnebres para os mortos. ("Havia algo mágico, quase místico, naquele momento em que dezenas e dezenas de galinhas, todas acordadas, olhavam direto para mim, e eu de volta para elas, e todos mantínhamos um silêncio total e absoluto. Era uma coisa muito espiritual, quase religiosa."[4])

Em 1955, Lewis escutou no rádio um jovem pregador de Atlanta fazer um sermão chamado "A carta de Paulo aos cristãos americanos".[5] Era o pastor Martin Luther King Jr. falando em nome do apóstolo Paulo ao se dirigir aos cristãos brancos, condenando-os pela falta de compaixão com os irmãos e irmãs negros. Ao ouvir o sermão, Lewis quis ser um ministro como o dr. King. No final daquele ano, aderiu a um movimento de protesto iniciado quando a funcionária de uma loja de departamentos de Montgomery chamada Rosa Parks foi presa por se recusar a ceder o lugar num ônibus na Cleveland Avenue. Estudante da Fisk University, Lewis participou de grupos de estudo sobre resistência não violenta e participou da luta pela integração de negros em balcões e pontos de ônibus em Nashville e outras cidades do Sul. Transmitia os conceitos de Jesus, Gandhi, Thoreau e King aos colegas de manifestação, mesmo quando era chamado de agitador, "crioulo" ou "macaco" por jovens delinquentes que atiravam cigarros acesos em sua nuca. Como membro dos Freedom Riders,* Lewis quase foi morto na estação da Greyhound em Rock Hill, Carolina do Sul. Ser espancado, detido e encarcerado tornou-se uma espécie de rotina, um serviço regular, e ele dizia que descansava um pouco depois de cada incidente como se não tivesse feito nada além de concluir um dia de trabalho normal:

> Alguns dos momentos mais profundos e deliciosos da minha vida aconteceram quando eu saía da cadeia em lugares como Americus, Hattiesburg ou Selma — especialmente em Selma — e seguia para a Freedom House mais próxima, tomava uma bela ducha, vestia a calça jeans e uma camisa limpa e ia para um Dew Drop Inn qualquer, uma lanchonete de beira de estrada, para comer um hambúrguer ou um sanduíche de queijo, tomar um refrigerante gelado, ir até a vitrola automática, parar na frente com um quarto de dólar na mão e percorrer a lista inteira de músicas do jukebox, sem deixar passar nenhuma, pois a escolha precisava ser perfeita [...] Finalmente eu enfiava a moeda e apertava o botão de Marvin Gaye, Curtis Mayfield ou Aretha, sentava com meu sanduíche e deixava que a música passasse por mim, que passasse direto *através* de mim. Eu não me lembro de ter sentido nada mais gostoso que isso.[6]

John Lewis conhecia bem Selma, todas as ruazinhas, as igrejas, os cafés, o hotel Albert, as alamedas pavimentadas nos setores brancos da cidade, as favelas

---

* Ativistas de direitos humanos que viajavam em ônibus interestaduais nos estados segregacionistas do Sul para desafiar a decisão da Suprema Corte dos Estados Unidos no caso Boyton vs. Virginia, de 1960. (N. T.)

e os conjuntos habitacionais de George Washington Carver onde os negros moravam. Conhecia Jim Clark, o xerife, claro, e o prefeito, Joe Smitherman, que embora fosse menos virulento que Clark referia-se com desprezo a Martin Luther "Coon", um termo extremamente ofensivo para os negros.[7] Mesmo depois da Lei dos Direitos Civis de 1964, havia poucos lugares em Selma onde os negros podiam se reunir em segurança, principalmente se soubessem que se tratava de uma reunião com objetivos políticos. Eles se encontravam em alguns restaurantes simples — no Clay & Liston's, às vezes no Walker's Café —, mas em geral as reuniões ocorriam na Brown Chapel e na Primeira Igreja Batista, as duas na mesma rua.

Nas manifestações e cultos na Brown Chapel, a maioria dos oradores era da SCLC ou do SNCC, da Urban League (Liga Urbana) ou da National Association for the Advancement of Colored People — NAACP (Associação Nacional para o Progresso das Pessoas de Cor), os principais grupos do movimento dos direitos civis. Mas Malcolm X também tinha espaço na tribuna. No começo de fevereiro de 1965, enquanto King estava preso na cadeia de Selma, Malcolm discursou na cidade, alertando: "Acho que as pessoas desta parte do mundo deveriam ouvir o dr. Martin Luther King e conceder logo o que ele está pedindo, pois outras facções podem surgir e tentar obter tudo isso de outro modo".[8]

King havia recebido o prêmio Nobel da paz em dezembro, e descreveu a "batalha criativa" que "22 milhões de negros" travavam contra "a meia-noite sem estrelas do racismo". Agora, no início de fevereiro, ele escrevia de sua cela em Selma uma carta que seria divulgada como informe publicitário no *New York Times*:[9]

> Caros amigos,
>
> Quando o rei da Noruega participou da entrega do prêmio Nobel da paz para mim ele certamente não imaginava que em sessenta dias eu estaria na cadeia [...] Ao prender centenas de negros, a cidade de Selma, no Alabama, revelou à nação e ao mundo a persistente crueldade da segregação. Quando a Lei dos Direitos Civis de 1964 foi aprovada, muitos americanos decentes descambaram para a complacência, pois pensaram que os dias difíceis de luta haviam terminado. Por que estamos na cadeia? Vocês já foram obrigados a responder cem perguntas sobre o governo, algumas abstrusas até para um especialista em ciência política, só para poder votar? Já ficaram na fila com mais de uma centena de outras pessoas, esperando o dia inteiro, para verificar que menos de dez chegaram a realizar a prova de qualificação?

ASSIM É EM SELMA, NO ALABAMA. HÁ MAIS NEGROS AQUI COMIGO NA CADEIA DO QUE NAS LISTAS DE VOTAÇÃO.

Mas, deixando de lado o direito de votar, não é fácil sequer ser uma pessoa em Selma. Quando os repórteres perguntaram ao xerife Clark se uma das acusadas era casada, ele respondeu: "Ela é uma crioula, não tem senhorita nem senhora na frente do nome".

Assim são os Estados Unidos em 1965. Estamos na cadeia porque não toleramos essas condições para o nosso povo e para o nosso país...

Atenciosamente,

Martin Luther King Jr.

King foi solto logo depois, mas o xerife Clark e seus policiais continuaram a reprimir as manifestações pelo direito ao voto na cidade, prendendo e usando aguilhadas para aplicar choques elétricos nos manifestantes. Desde o dia da chegada de King a Selma, a polícia comandada por Clark prendeu 4 mil homens e mulheres. Lewis entregou uma declaração manuscrita aos repórteres reunidos em Selma dizendo que Clark tinha se mostrado "basicamente igual a um oficial da Gestapo durante a matança fascista dos judeus".[10] Num confronto na escadaria do fórum de Selma, Clark deu um soco tão forte na boca de um aliado de King, o reverendo C. T. Vivian, que fraturou um dedo. E logo em seguida prendeu Vivian. "Nem um romancista", escreveu King algumas semanas depois no *New York Times*, "cometeria a temeridade de inventar um personagem com uma insígnia de xerife, no comando de uma tropa de choque, capaz de esmurrar um clérigo na boca e depois se gabar, orgulhoso: "Se eu o acertei, não sei".[11]

Durante um comício noturno na cidade vizinha de Marion, um policial estadual fardado deu dois tiros no estômago de um ex-soldado do exército chamado Jimmie Lee Jackson, trabalhador da indústria madeireira (Jackson já tinha tentado se registrar como eleitor cinco vezes). Nessa mesma escaramuça a mãe de Jackson, Viola, foi espancada, e seu avô, Cager Lee, de 82 anos, também foi ferido, mas ainda assim declarou estar pronto para a próxima manifestação. Jackson agonizou por vários dias antes de morrer.

Na cerimônia fúnebre na Brown Chapel, King declarou: "Jimmie Lee Jackson fala conosco de seu caixão, e está nos pedindo para substituir a coragem pela cautela [...] Não devemos sentir amargura, nem acalentar ideias de retaliações violentas".[12] James Bevel, um dos líderes mais jovens do SNCC, sugeriu que o movimento promovesse uma marcha de Selma até a capital, Montgomery, para depositar o caixão de Jimmie Lee Jackson nos degraus da assembleia legislativa local e exigir justiça ao governador George C. Wallace. No início do mesmo mês, Bevel havia sido agredido com um cassetete pelo xerife Clark e atirado numa cela, onde o castigaram com jatos de água fria.[13]

Quando leu os relatórios a respeito dos planos de King e de outros líderes, o governador Wallace disse a seus assessores: "Enquanto eu for governador, não quero nenhum bando de crioulos andando pelas estradas deste estado".[14]

Nos anos seguintes, Lewis contou centenas de vezes a história daquela tarde de 7 de março de 1965 — o "Domingo Sangrento". O melhor relato consta de suas memórias, com o título *Walking with the wind* [Caminhando com o vento]:[15]

> Perdi a conta do número de passeatas de que participei durante a minha vida, mas houve algo peculiar naquela manifestação. Foi mais do que disciplinada. Sombria e silenciosa, mais parecia um cortejo fúnebre...
> Ninguém cantava ou gritava — só se ouvia o som dos passos arrastados. Havia algo de sagrado, como se percorrêssemos um caminho divino. Fez com que me lembrasse da marcha de Gandhi até o mar. O dr. King costumava dizer que não há nada mais poderoso que o ritmo de pés marchando, e era isso que ocorria, a marcha dos pés de um povo decidido. Não se ouvia outro som.

Lewis e um jovem companheiro da SCLC, Hosea Williams, lideraram a marcha — uma longa fila dupla formada por seiscentas pessoas. Lewis tinha 25 anos na época, era um rapaz esguio, tímido porém determinado, vestindo um casaco bege e uma mochila nas costas com um livro, uma escova de dentes e algumas frutas ("para o caso de sentir fome na cadeia"). Lewis e Williams conduziram a multidão da Brown Chapel até um conjunto habitacional, e de lá ao acesso à ponte Edmund Pettus — o último general confederado no Senado americano. Lewis e Williams pararam no início da ponte. Seiscentos homens, mulheres e crianças pararam atrás deles.

> Eles nos esperavam do outro lado, um mar de capacetes e fardas azuis da polícia estadual do Alabama, uma fileira atrás da outra, dezenas de agentes da lei prontos

para a batalha, espalhados de uma pista da Highway 80 à outra [...] Vi um grupo de cerca de cem brancos no acostamento, rindo, dando vivas, agitando bandeiras confederadas.[16]

Hosea Williams olhou para a água e perguntou a Lewis: "Você sabe nadar?". Ele não sabia.

Eles retomaram a marcha. Como recorda Lewis: "Os únicos sons eram os nossos passos na ponte e o resfolegar de um cavalo na outra ponta".[17] Os policiais puseram máscaras antigas. Atrás deles vinham outros brancos, pois Clark tinha reunido voluntários do condado de Dallas e formado um bando armado com chicotes e cassetetes. Um deles brandia um pedaço de mangueira revestido de arame farpado.

O oficial no comando, major John Cloud, disse a Lewis que os manifestantes haviam organizado uma "reunião ilegal" que "ameaçava a segurança pública". Cloud ordenou que Lewis e Williams dessem meia-volta e "retornassem para a igreja ou fossem para casa".

"Posso dar uma palavra com o major?", perguntou Williams.

"Não há nada a discutir", respondeu Cloud, dando dois minutos para os manifestantes se dispersarem.

Lewis sabia que avançar seria muito agressivo, mas sabia também que era impossível recuar. Por isso, disse a Hosea Williams: "Vamos ajoelhar e rezar".

Eles se viraram para trás e apresentaram a sugestão. Centenas de pessoas se ajoelharam.

Sessenta ou setenta segundos depois da ordem de dispersar, Cloud perdeu a paciência e ordenou a seus homens: "Tropa, avançar!".

Lewis se lembra do som terrível dos policiais se aproximando:

O estrondo das botas pesadas dos soldados, os gritos confederados da torcida branca, o estalido dos cascos dos cavalos batendo com força no asfalto da pista e o grito de uma mulher: "Pega eles! Pega esses *crioulos*!".

E eles caíram em cima de nós. O primeiro policial avançou contra mim, um sujeito grande, musculoso. Sem dizer nada ele atingiu o lado esquerdo da minha cabeça com o cassetete. Não senti dor alguma, só ouvi o baque do golpe e minhas pernas cederam. Ergui o braço — num movimento reflexo — e me encolhi todo na posição "rezando por proteção". E o mesmo policial me golpeou de novo. Aí tudo começou a girar.

Ouvi ruídos que pareciam ser tiros. Então uma nuvem de fumaça nos envolveu. Gás lacrimogêneo.

Eu nunca tinha sido atingido por gás lacrimogêneo. Aquele tipo, C-4, eu soube depois, era particularmente tóxico, feito para provocar náuseas.

Comecei a engasgar, tossir, não conseguia aspirar ar para os pulmões. Parecia que tinha respirado pela última vez. Se houve um momento em minha vida em que eu poderia ter entrado em pânico, foi aquele. Mas não me descontrolei. Lembro-me de ter permanecido curiosamente calmo e pensar: acabou. As pessoas vão morrer aqui. *Eu* vou morrer aqui.

Dezenas de manifestantes foram levados ao Good Samaritan, o maior hospital para negros de Selma. O restante se refugiou na Brown Chapel, correndo, tropeçando, tentando respirar. Alguns pararam para tentar lavar os olhos lacrimejantes com água das poças da rua. A polícia e os voluntários os caçaram até a porta da igreja, e até mesmo dentro dela. Na Primeira Igreja Batista, um dos voluntários jogou um manifestante adolescente pela janela. Na Brown Chapel os bancos se encheram de pessoas sangrando e chorando.[18]

John Lewis fraturou o crânio. Seu casaco ficou sujo de lama e de seu próprio sangue. Mas ele ainda estava consciente e conseguia se movimentar com esforço. Recusou-se a ir ao hospital Good Samaritan e seguiu para a Brown Chapel. Lá dentro, subiu ao púlpito e disse aos companheiros de passeata: "Não sei como o presidente Johnson pode mandar tropas para o Vietnã. Não sei como ele pode mandar tropas ao Congo. E não sei como ele pode mandar tropas para a África, mas sei que ele não pode mandar tropas para Selma, Alabama".

"É isso aí!" Os manifestantes protestaram. "Continue!"

"Na próxima marcha", continuou Lewis, "vamos ter de seguir em frente quando chegarmos a Montgomery. Talvez tenhamos de ir até *Washington*."

Naquela noite, por volta das 21 horas na Costa Leste, a rede de televisão ABC interrompeu a transmissão do filme *O julgamento de Nuremberg* para levar ao ar o que o apresentador definiu como "uma longa reportagem filmada sobre o conflito na Highway 80".[19] A audiência da ABC naquela noite foi descomunal — por volta de 48 milhões — e a reportagem durou quinze minutos. Em seguida a rede voltou a apresentar o filme.

O Domingo Sangrento talvez tenha sido o ato de resistência não violenta mais importante desde 1930, quando Mahatma Gandhi liderou 78 *satyagrahis* (ativistas da força da verdade) na marcha de 23 dias de seu *ashram* até a cidade costeira de Dandi em protesto contra o governo britânico e o imposto colonial sobre o sal. Para milhões de espectadores, a visão de manifestantes pacíficos sendo espancados e fumigados com gás lacrimogêneo em Selma abalou as bases da indiferença dos americanos do mesmo modo que Gandhi inspirou os indianos e enervou os britânicos.

No dia 15 de março, perante uma sessão conjunta do Congresso, o presidente Johnson pronunciou a mais intensa defesa dos direitos civis feita por um presidente em exercício. Em seus vinte anos na Câmara e no Senado, de 1937 a 1956, Johnson votara contra todos os tipos de leis que propunham ajuda aos negros, inclusive medidas para evitar linchamentos. Como Robert Caro deixa claro em sua volumosa biografia de Johnson, ele havia sido profundamente marcado por sua experiência de juventude em Cotulla, no Texas, lecionando para crianças pobres mexicano-americanas, mas somente em meados dos anos 1950 — quando, como diz Caro, "sua ambição e compaixão apontaram afinal para a mesma direção" — ele se permitiu começar a defender os direitos civis.[20] Naquela noite, Johnson declarou: "Por vezes, história e destino se encontram num determinado momento e num determinado lugar para definir uma virada na interminável busca humana pela liberdade. Foi assim em Lexington e em Concord. Foi assim há um século em Appomattox. E foi assim na semana passada em Selma, no Alabama". Ele disse que, mesmo se o país fosse capaz de duplicar sua riqueza e "conquistar as estrelas", se demonstrar "incapacidade de resolver esse problema, teremos fracassado como povo e como nação". Declarou que a lei sobre o direito de votar que estava apresentando seria insuficiente se permitisse que o país relaxasse na busca pela justiça de homens e mulheres cujos ancestrais haviam chegado aos Estados Unidos em navios negreiros.[21]

> O que aconteceu em Selma faz parte de um movimento maior, que atinge cada cidade e estado dos Estados Unidos. É o esforço dos negros americanos para assegurar todos os benefícios da vida americana.
>
> A causa deles deve ser a nossa causa também. Pois não se trata apenas dos negros, pois todos devemos superar o legado incapacitante da intolerância e da injustiça. E nós *vamos* superar isso.

King chorou em Selma ao ver Johnson na televisão naquela noite.[22] Seis dias depois, em 21 de março, King, Lewis e milhares de outros iniciaram uma marcha pacífica da Brown Chapel até Montgomery, o "Berço da Confederação". Quando chegou à capital e à praça onde se situava a sede do governo, cinco dias depois, King discursou para a multidão enquanto o governador Wallace espiava tudo pelos vãos da persiana de sua sala. King declarou que a segregação estava "em seu leito de morte". Bombas, incêndios de igrejas e espancamento de religiosos não os deteriam. "Agora nós já estamos em ação!", afirmou. E sua meta, "a nossa meta", não era derrotar nem humilhar o homem branco, mas "conquistar sua amizade e compreensão" e criar uma sociedade "capaz de viver com sua consciência":

> Sei que hoje vocês estão se perguntando: "Quanto tempo isso vai levar?" [...] Eu vim aqui para lhes dizer nesta tarde que por mais difícil que seja o momento, por mais frustrante que seja a hora, não tardará até que a verdade soterrada se erga novamente.
> Quanto tempo? Pouco tempo, pois nenhuma mentira pode viver para sempre.
> Quanto tempo? Pouco tempo, pois colheremos o que plantamos [...]
> Quanto tempo? Pouco tempo, pois o arco do universo moral é extenso, mas se verga para o lado da justiça.[23]

Esse último refrão tornou-se a citação favorita de Obama, que tinha três anos quando a frase foi pronunciada. Com o passar dos anos, ele leu os principais textos sobre o movimento de libertação negro: narrativas de escravos e discursos de Frederick Douglass, Sojourner Truth, Marcus Garvey, Martin Luther King, Fannie Lou Hamer, Ella Baker e Malcolm X; opiniões jurídicas cruciais sobre a dessegregação e as memórias de John Lewis. Cenas dos momentos mais terríveis e triunfais — cães atiçados contra manifestantes, King nos degraus do Lincoln Memorial, seu assassinato na sacada do Lorraine Motel, em Memphis — foram registradas em "preto e branco" em sua mente, segundo seu relato, estimulando sua imaginação e aprofundando sua ânsia por uma firme identificação com a história e a comunidade afro-americana em busca de um propósito em sua vida. A identidade racial de Obama foi tão propiciada quanto escolhida; ele a buscou e a aprendeu. Amparado por uma mãe branca amorosa e avós brancos solidários, criado numa ilha multicultural onde sua tonalidade era ausente, Obama teve de reivindicar essa identidade depois de estudar, observar e até fazer suposições.

Numa visita a Chicago quando estudante de direito, um amigo notou que Obama estava lendo *Parting the Waters* [Dividindo as águas], o primeiro volume da magnífica história de Taylor Branch sobre o movimento pelos direitos civis. Poucos anos antes Obama havia enfrentado um tumultuado conflito interior a respeito de sua identidade, mas ele apontou para o livro e disse com absoluta confiança: "Sim, esta é a *minha* história".

Em janeiro de 2007, um mês antes de Obama anunciar formalmente sua candidatura à presidência, as pesquisas indicavam que Hillary Clinton desfrutava de confortável maioria no eleitorado afro-americano. Na época, nem todos os afro-americanos sabiam quem era Obama e, entre os que o conheciam, muitos já estavam cansados de candidatos negros simbólicos, mais uma Shirley Chisholm, um Jesse Jackson ou alguém leal aos Clinton.

Os afro-americanos sabem que seus votos são cruciais no processo de lançamento de uma candidatura. "O potencial negro para o poder político é hoje substancial", escreveu King em 1963 em *Why we can't wait* [Por que não podemos esperar]. "Na Carolina do Sul, por exemplo, a margem de 10 mil votos que deu a vitória ao presidente Kennedy em 1960 foi formada pelos votos dos negros [...] Considerem o poder político que seria gerado se os milhões de americanos que marcharam em 1963 também dirigissem sua energia diretamente para o processo eleitoral."[24] A previsão de King, que precedeu a aprovação da lei do Direito ao Voto e o registro adicional de centenas de milhares de eleitores negros, tornou-se um axioma da política do Partido Democrata.

Ninguém sabia fazer essa conta melhor do que Bill Clinton. Branco sulista, Clinton absorveu a cultura negra, lia escritores negros, tinha amigos negros — uma diferença notável em relação a quase todos os seus antecessores. O apresentador negro de uma cadeia de emissoras de rádio, Tom Joyner, lembra que Clinton concedeu a Medalha da Liberdade do Congresso a Rosa Parks em 1996 e que, na cerimônia, Jessye Norman cantou com a plateia "Lift every voice and sing" [Levantem-se todas as vozes e cantem], de James Weldon Johnson, mais conhecido como o hino nacional negro. "Todos os dignitários negros vivos estavam presentes naquele grande dia, e todos se levantaram para cantar o primeiro verso em voz alta e cheia de orgulho", relata Joyner. "Quando chegamos à segunda estrofe, o canto perdeu força. A maioria deixou por conta da senhorita

Norman, que tinha a letra à sua frente. A única pessoa no recinto a cantar todos os versos de cor foi Bill Clinton. Na terceira estrofe, ele e Jessye Norman estavam fazendo um dueto."[25]

Em 1998, em meio ao escândalo de Monica Lewinsky e ao festival de santimônia que se seguiu, Toni Morrison escreveu no *The New Yorker* que Bill Clinton, "não obstante sua pele branca", fora o "primeiro presidente negro", um sulista que nasceu pobre, "um garoto que tocava saxofone e gostava de McDonald's e de junk food", o primeiro líder nacional a ter afinidade real e facilidade no trato com amigos, igrejas e comunidades afro-americanas.[26]

Em janeiro, segundo uma pesquisa do *Washington Post*/ABC, Hillary Clinton liderava por três votos a um entre os afro-americanos.[27] Até aquele momento, Obama não tinha conseguido conquistar o apoio dos líderes dos direitos civis. Havia uma corrente constante de boatos negativos em fóruns públicos e na internet, difamações sobre seu patriotismo, vínculos com a esquerda, o modo como teria sido educado e doutrinado em um madraçal indonésio. Preocupados com a possibilidade de serem superados pela nova geração, alguns líderes dos direitos civis da velha geração, como Jackson e Sharpton, revelaram seus temores ao tentar instruir Obama na questão da negritude genuína. "Você não é um de nós só por ser da nossa cor", disse Sharpton.[28]

Obama e seus assessores mais próximos recordam que ele esteve em posição similar no início da campanha para o Senado de Illinois, em 2004, diante de muitos negros cosmopolitas, então mais confortáveis com políticos tradicionais, e de muitos brancos confortáveis com qualquer candidato que não fosse um negro cujo nome soava estrangeiro e rimava com o do terrorista mais notório do mundo. "Nós já passamos por isso antes", lembrou David Axelrod, estrategista-chefe de Obama. "Mas uma das coisas mais importantes com que deparamos numa campanha presidencial é o fato de transcorrer quase um ano entre o anúncio da candidatura e o primeiro confronto real, na convenção partidária de Iowa, e portanto temos uma série enorme de disputas nesse intervalo." Selma foi a primeira dessas disputas.

Uma semana antes do evento, a equipe da campanha de Clinton soube que Obama discursaria na Brown Chapel. Logo se apressaram em providenciar um discurso de Hillary Clinton a três quadras de lá, na Primeira Igreja Batista. Artur Davis, congressista afro-americano do Alabama e amigo de Obama, disse que Hillary Clinton sabia que precisava ir a Selma: "Não há lugar melhor do que aquela tribuna para fazer um discurso sobre a sua seriedade na busca do voto negro".²⁹ O ex-presidente também compareceria, e seria incluído na "galeria da fama" do Museu Nacional do Direito ao Voto.

Bill Clinton era inteligente o bastante para saber que em Selma sua mulher poderia, na melhor das hipóteses, aparecer no noticiário do dia com um empate, num embate sem dramaticidade nem gafes. Para não desviar a atenção da esposa, fora aconselhado a fazer o mínimo de comentários em Selma. Em fevereiro de 2006, Bill e Hillary falaram lado a lado no funeral de Coretta Scott King, e o pronunciamento dele foi magistral, sincero e, na opinião de muitos, tão bom quanto a fala dos melhores pregadores negros que ocuparam o púlpito naquele dia. Hillary, em comparação, ao discursar depois dele, mostrou-se rígida, desajeitada, rotineira. Quando leu os relatos comparando os dois discursos, Bill Clinton me disse ter comentado com Hillary: "Se nós dois falássemos numa reunião da Wellesley, você seria mais aplaudida. Não dê importância a isso. Essa é a minha vida. Cresci nessas igrejas. Conheço mais gente pelo primeiro nome naquela igreja do que na minha turma de calouros da faculdade. Essa é a minha vida. Você não precisa ser melhor do que eu nesse ponto. Você precisa ser melhor do que o *outro*".³⁰

Na Primeira Igreja Batista Hillary falou bem, com sinceridade (seu marido não compareceu ao evento). Seu objetivo era fazer o movimento avançar e se situar na liderança. "Depois de todo o trabalho para acabar com os testes de alfabetização e as taxas para votar, precisamos permanecer atentos, pois a marcha deve prosseguir", disse em seu discurso. "Como podemos nos acomodar enquanto a pobreza e a desigualdade continuam crescendo?"³¹

Hillary Clinton vinculou a história de Selma e dos direitos civis a uma narrativa de emancipação americana, generalizando suas lições e consequências para ser incluída. A lei do Direito ao Voto, ela insistiu, fora um triunfo para todos os homens e mulheres. "Hoje ela está dando ao senador Obama a oportunidade de concorrer à presidência", falou. "E, por sua lógica e espírito, dá a mesma oportunidade ao governador Bill Richardson de concorrer, sendo hispânico. E, claro, está dando a mim a mesma oportunidade também." Às vezes o texto é mais convincente do que o discurso, principalmente pelo fato de Hillary, nascida no norte de Illinois, ter passado a engolir os "gês" e a invocar uma Blanche DuBois* interior. De onde ela tirou aquele sotaque sulista? Alguns críticos negros de Obama,

---

* Personagem sulista de *Um bonde chamado desejo*, de Tennessee Williams. (N. T.)

em especial os envolvidos com a igreja e com a linhagem de oradores da era dos direitos civis, afirmaram que ela tampouco possuía o dom natural para a tribuna, que suas tentativas de combinar a retórica do sagrado com a do popular — a linguagem tradicional de libertação e exortação — às vezes pareciam forçadas. Mas não era preciso ser especialista para notar o esforço extra na voz de Hillary. Ela foi sincera, esforçada, mas não saiu vencedora naquele dia em Selma.

Os bancos da Brown Chapel ficaram lotados de homens e mulheres que estiveram presentes no Domingo Sangrento ou que aderiram depois à passeata do dr. King até Montgomery. Três dos principais companheiros de King — John Lewis, C. T. Vivian e Joseph Lowery — estavam lá, sentados com Obama na tribuna. O reverendo Lowery, ainda uma figura dominante nas igrejas negras de Atlanta aos 85 anos, viu Obama como uma espécie de milagre. Só podia ser um milagre que brancos americanos, e até brancos do Sul, estivessem afinal dispostos a votar em um negro. Como poderia dar as costas a ele? Lowery havia apoiado Bill Clinton com entusiasmo nos anos 1990, mas o momento político havia mudado. Lowery já tinha enfrentado muita coisa para hesitar diante do surgimento de Obama. Em 1963, ele escapou por pouco de uma bomba que explodiu no quarto do hotel onde se hospedava em Birmingham. Em 1979, membros da Ku Klux Klan com seus trajes brancos dispararam contra ele em Decatur, no Alabama, durante um protesto contra a detenção de um negro retardado mental acusado de estuprar uma branca. Em Selma, ele tomou a decisão: "Eu tenho um candidato".

O problema é que Lowery quase eclipsou o candidato no palco da Brown Chapel ao subir ao púlpito depois das sóbrias boas-vindas de Lewis. Ele começou cauteloso, com a voz tensa e rouca, mas estava pronto, energizado, os olhos brilhantes e travessos. De um modo que de início pareceu desconexo, como os compassos iniciais de uma peça musical de vanguarda que desafia nossa compreensão, Lowery começou a falar das coisas "loucas" que andavam acontecendo — a loucura de ele, um pastor metodista, ter ido recentemente a uma igreja católica para rezar pela saúde de Louis Farrakhan, um pregador muçulmano; a "loucura" de um congressista muçulmano cantando hinos cristãos numa igreja. Depois a peça musical, e a ideia por trás dela, começou a ganhar coerência:

Quando entrou para a clandestinidade, Harriet Tubman era completamente louca — mas era uma *boa* loucura. Quando Paulo pregou a Agripa, ele respondeu: "Paulo, você está louco". Mas era uma *boa* loucura.

Estou aqui hoje para dizer que precisamos de mais gente neste país capaz de uma boa loucura. Não se sabe o que vai acontecer quando as boas pessoas loucas forem até a cabine eleitoral para votar [...]

Eu gostaria de dizer o que uma *boa* loucura pode fazer. Outro dia, em Nova York, um homem na plataforma do metrô teve um momento de boa loucura. Ele olhou para os trilhos e viu um irmão, prostrado, que seria morto pelo próximo trem. Ele pulou para o meio dos trilhos. Pedi a um amigo para ir até lá e medir a profundidade. O ponto mais profundo, segundo as medições, tinha 66 centímetros. Não há jeito no mundo de um homem ficar em cima de outro em 66 centímetros e o trem passar por cima deles, mas o único ponto de contato foi o boné, que ficou com uma pequena mancha de graxa [...]

Esse *mesmo* Deus está aqui hoje. Alguma coisa louca pode acontecer neste país. Ah, Senhor![32]

Obama exibiu um olhar distraído durante a maior parte do discurso de cinco minutos de Lowery, como se sua mente estivesse longe dali, talvez concentrada no que iria fazer quando chegasse sua vez de subir ao púlpito. Porém, quando Lowery começou a agitar os braços e sua homilia chegou ao máximo e tornou-se engraçada, ficou claro que na verdade a "boa loucura" por trás de tudo aquilo era a possibilidade de eleger um negro para a presidência. Foi aí que Obama começou a rir e a aplaudir como todos os demais. Quando Lowery desceu, ainda ao som de aplausos e risos, o rosto de Obama abriu-se num enorme sorriso. Não só o cenário estava montado; era como se Lowery tivesse incendiado a plateia. "Barack me disse depois que eu roubei o espetáculo", comentou Lowery mais tarde, "mas juro que não pretendia fazer isso."

Muito antes do discurso que atraiu a atenção nacional para sua pessoa — o pronunciamento decisivo na convenção nacional do Partido Democrata em agosto de 2004, quando ainda era senador —, Obama já tinha falado para plateias do estado de Illinois e contado sua história: o passado familiar, os anos como estudante e organizador comunitário, sua gratidão às gerações anteriores, sua evolução como homem público. Ele aprendeu a tornar sua narrativa emblemática: minha história é a *sua* história, é uma história *americana*. Obama não se apresentava como um caso único: havia muitos milhões de americanos com passados e identidades complexas, provenientes de mistura de raças, origens e nacionalidades diversas. Mas Obama se propunha a ser o primeiro presidente a representar a diversidade da vida americana.

Obama conseguia mudar de estilo sem abrir mão de sua autenticidade. Tinha talento para isso. Alterava o sotaque e a cadência conforme a plateia: um pronunciamento mais formal durante um almoço com empresários no Loop; uma abordagem mais popular em um encontro no interior com veteranos de guerra do Veterans of Foreign Wars — VFW (Veteranos de Guerra no Exterior); ecos dos pastores negros quando ia a uma igreja. Obama é poliglota e flexível. Não se trata de um dote cínico, nem é racismo registrar esse fato. Martin Luther King Jr., o maior de todos os oradores americanos, fazia o mesmo ao substituir a cadência, as metáforas e os quadros de referências usados ao falar na Igreja Batista Ebenézer por um estilo muito diferente ao se dirigir a um público nacional e multirracial nos degraus do Lincoln Memorial. Para King e outros pregadores, havia o momento de citar Tillich e o momento de aludir ao blues, de invocar Keats ou Carlyle e citar profetas bíblicos. Obama não chegava nem perto desse nível de fluidez e domínio retórico, mas, para um político, ele tinha talento. Filho de imigrantes capaz de falar um idioma em casa, outro na escola e um terceiro com os amigos — e continuar sendo quem era —, Obama adaptava seu discurso às necessidades do momento. E levou anos desenvolvendo essa capacidade.

O discurso de Obama em Selma seguiu a estrutura de um sermão dominical. Começou manifestando gratidão aos veteranos presentes no local: Lowery, Vivian, Lewis e o espírito do dr. King. Depois veio o ritual de reconhecer sua própria "pretensão" de disputar a eleição para presidente após passar tão pouco tempo em Washington.[33] Em seguida, invocando o apoio de uma autoridade impecável, Obama mencionou um pastor conhecido de todos na Brown Chapel — o reverendo Otis Moss Jr., de Cleveland, figura importante nas igrejas negras, membro do conselho do Morehouse College, antigo pastor de Martin Luther King Jr. na Igreja Batista Ebenézer de Atlanta. Segundo informou, Moss havia enviado uma carta dizendo: "Se houver alguém aí questionando se você deve ou não concorrer, basta pedir que lembrem a história de Josué, pois você faz parte da geração de Josué". Em outras palavras, Obama tinha subido à tribuna com a bênção do pai espiritual do movimento dos direitos civis. E havia outro ponto de contato: o filho de Moss, Otis Moss III, em breve substituiria o pastor de Obama, o reverendo Jeremiah Wright, na Trinity United Church of Christ [Igreja Trindade Unida de Cristo], na zona sul de Chicago.

Desde a fundação das primeiras igrejas negras, e durante o movimento pelos direitos civis, os pregadores usavam as figuras de Moisés e Josué como parábolas de luta e realização, explicitando a comparação entre os escravos judeus no Egito dos faraós e os escravos negros nas fazendas do Sul. Em *Moses, man of the mountain* [Moisés, homem da montanha], Zora Neale Hurston descreve um Moisés fictício, um personagem investido de autoridade que confrontava o faraó intransigente.[34] Quando conquista a liberdade para os israelitas, o Moisés de Hurston é um precursor de outra figura mosaica, Martin Luther King Jr., e ouve-se um grito: "Livres afinal! Livres afinal! Graças a Deus todo-poderoso, afinal estou livre!". Nos termos de pregadores como King, a promessa de Deus aos "filhos de Israel" era uma promessa semelhante à inscrita na Declaração de Independência e na Proclamação de Emancipação. King reafirmou seu papel de guia ao estilo de Moisés para milhões de homens e mulheres negros "que sonhavam um dia poder cruzar o mar Vermelho da injustiça e encontrar o caminho para a terra prometida da integração e da liberdade".[35] E como todos na Brown Chapel sabiam, assim como Moisés, King não conseguira completar sua missão. Na verdade, King teve uma premonição do próprio martírio:

> Eu só quero cumprir a vontade de Deus. E Ele permitiu que eu subisse à montanha. E de lá eu vi a Terra Prometida. Talvez eu não vá até lá com vocês. Mas quero que saibam esta noite que nós, enquanto povo, chegaremos à Terra Prometida.[36]

Quarenta anos mais tarde, depois de quarenta anos vagando no deserto desde o assassinato de King, Obama homenageou outras figuras "mosaicas" presentes — não só os famosos, mas também os mortos e os anônimos. Para universalizar sua mensagem, para levá-la para além da raça, para além de Selma, ele enfatizou as figuras mosaicas que lutaram contra o faraó "não apenas em defesa dos afro-americanos, mas em defesa dos Estados Unidos como um todo".[37] Ecoando as palavras de Lincoln em Gettysburg, Obama disse que essas pessoas não apenas aguentaram provocações e humilhações, mas "em alguns casos mostraram que sua devoção ia até o fim".

Obama cresceu com mãe e avós seculares, mas desde os vinte anos passou incontáveis horas em igrejas negras, primeiro como organizador, depois como paroquiano, e assim como os primeiros pregadores das igrejas negras pioneiras — em cultos clandestinos ignorados pelos sulistas donos de escravos — ele adaptou a emblemática história bíblica de escravidão e emancipação na descrição de uma situação ao mesmo tempo pessoal (*"minha* história"), tribal, nacional e universal. Obama começou relacionando o episódio bíblico à luta dos veteranos defensores dos direitos civis:

> Eles foram conduzidos através de um mar que, segundo diziam, não podia ser dividido. Eles perambularam pelo deserto, mas sabiam que Deus estava sempre com eles e que, se mantivessem sua fé em Deus, tudo daria certo. E por eles terem marchado, a geração seguinte não foi tão sacrificada [...]

Obama se incluiu na narrativa dos direitos civis e, ao explicar as particularidades de sua origem, insistiu em seu lugar na história.

> Minha própria existência não teria sido possível não fossem algumas das pessoas aqui presentes [...] Vejam só, meu avô foi cozinheiro dos ingleses no Quênia. Cresceu numa aldeia, e essa foi sua profissão a vida inteira — cozinheiro e moleque de recados. Era assim que o chamavam, mesmo quando já tinha sessenta anos. Eles o chamavam de moleque de recados. Nunca o chamavam pelo sobrenome. Só usavam o primeiro nome. Soa familiar?

Obama alegava que a experiência do avô na África não era tão diferente assim da experiência dos avós de muitos dos presentes na igreja. Racismo é racismo, sofrimento é sofrimento, e tudo isso foi proporcionado pela mesma moral e pela possibilidade histórica do momento:

> Algo aconteceu aqui em Selma, Alabama. Algo aconteceu em Birmingham que, nas palavras de Bobby Kennedy, lançou "ondas de esperança pelo mundo inteiro". Algo aconteceu quando um grupo de mulheres preferiu caminhar a entrar num ônibus depois de um longo dia lavando a roupa alheia, cuidando de filhos dos outros. Quando homens com título de doutor, que trabalhavam como carregadores

de malas, deram um basta e resolveram se levantar em defesa da nossa dignidade, apesar dos riscos.

No relato de Obama, o momento do levante e das conquistas americanas deveria ser entendido como algo universal:

> [Ele] lançou um grito através dos oceanos, e meu avô começou a imaginar uma vida diferente para o filho. E o filho, que cresceu pastoreando cabras numa aldeia africana, de repente foi capaz de olhar um pouco mais além e acreditar que talvez um dia o homem negro tivesse um lugar neste mundo.
>
> Os acontecimentos em Selma, no Alabama, e em Birmingham também afetaram a consciência da nação. Incomodaram o pessoal da Casa Branca, que passou a dizer: "Muito bem, nós estamos combatendo o comunismo. Mas como vamos conquistar os corações e mentes do mundo inteiro, John, se aqui em nosso próprio país não respeitamos os ideais inscritos na nossa Constituição? Podemos ser acusados de hipocrisia". Sendo assim, os Kennedy decidiram que iríamos fazer uma ponte. Iríamos até a África e passaríamos a trazer jovens africanos para este país e daríamos bolsas de estudos a eles, para mostrar como os Estados Unidos são um país maravilhoso.
>
> Esse rapaz chamado Barack Obama conseguiu uma dessas bolsas e veio para o nosso país, onde conheceu uma mulher cujos antepassados tinham sido donos de escravos. Mas ela pensava diferente, havia uma boa loucura em andamento, pois eles olharam um para o outro e decidiram algo que, como sabemos, talvez não fosse possível no mundo em que estavam: ficar juntos e ter um filho. Mas algo estava se difundindo pelo país a partir do que aconteceu em Selma, no Alabama, pois algumas pessoas se mostraram dispostas a marchar até o outro lado da ponte. Por isso elas ficaram juntas, e por isso Barack Obama Jr. nasceu. Então, não venham me dizer que eu não tenho nada a ver com Selma, no Alabama. Não me digam que não estou voltando para casa quando venho a Selma, no Alabama.
>
> Estou aqui porque alguém marchou. Estou aqui porque vocês todos se sacrificaram por mim. Estou aqui apoiado nos ombros de gigantes.

Não faz diferença que Obama tenha nascido quatro anos antes do Domingo Sangrento. Ele não parou por aí em sua romântica (e em parte romanceada) narrativa de uma continuidade heroica. Obama passou para as responsabilidades da nova geração, criticou-a por sua decepcionante indiferença. Em sua egoísta obsessão pelo dinheiro, a nova geração não estava cumprindo suas obrigações com a tradição de luta e com a própria humanidade. Em Selma, aquilo parecia ser uma mensagem restrita aos afro-americanos, mas nos dias e meses seguintes ela se ampliou para incluir pessoas de todas as raças e credos.

"Às vezes eu me preocupo com a geração de Josué, que em seu sucesso esqueça de onde veio", disse Obama em Selma. "Essa geração acredita que não precisa mais fazer tantos sacrifícios. Pensa que a maior das ambições é ganhar o máximo de dinheiro que puder, ter o maior carro, comprar a maior casa, usar um relógio Rolex e possuir um jatinho particular, ter quase tanto dinheiro quanto a Oprah." Não que Obama fosse contra o capitalismo. "Não há nada de errado em ganhar dinheiro", mas o foco apenas na acumulação de riqueza leva a uma "certa pobreza de ambição".

Votar em um candidato, mesmo que seja um candidato afro-americano, é insuficiente; vale apenas como mais um passo na batalha contra a pobreza e a desigualdade que ainda persistem:

> É menos provável que escolas para negros recebam recursos adequados. Temos professores menos qualificados nessas escolas. Temos menos livros didáticos nessas escolas. Em algumas escolas o número de ratos supera o de computadores. É o que se chama de lacuna na educação. Temos uma lacuna no atendimento de saúde, uma lacuna na educação. Temos o caso Katrina ainda em aberto.

Antes mesmo de anunciar sua candidatura, Obama era seletivo ao falar em raça. Como único afro-americano no Senado, teria sido natural que fosse a voz mais constante nas "questões negras": desigualdades, ação afirmativa, pobreza, leis sobre drogas. Mas Obama estava decidido a ser um indivíduo com identidade negra, mas também um político com uma imagem e objetivos mais abrangentes. Depois do furacão Katrina, Jesse Jackson expressou sua fúria a respeito do tratamento dos negros pobres de Nova Orleans dizendo que a devastação parecia "o casco de um navio negreiro".[38] Obama abordou o problema com uma linguagem menos carregada pelo elemento racial. Mas em Selma ele se concentrou na raça, e sua linguagem foi de uma revolta calma. Era o estilo de King em seus últimos anos, por ocasião de sua campanha em favor dos pobres. Obama insistia em que o legado de injustiça se mantivera depois da aprovação da lei dos Direitos Civis de 1964 e da lei do Direito ao Voto de 1965.

Mas ele não parou no protesto. Numa frase que lembrou o momento mais famoso do discurso de posse de Kennedy, ele criticou sua própria geração, mais jovem, ao se indagar se a geração de Josué havia perdido parte da "disciplina e do vigor" que instigaram os manifestantes de meio século antes, que tentaram "conquistar a consciência da nação". A responsabilidade da nova geração estava tanto na mesa da cozinha quanto no cenário social mais amplo; havia uma necessidade premente de "desligar o aparelho de televisão quando os filhos chegam da escola e exigir que se sentem para fazer o dever de casa", de modo a incutir a noção de que o esforço nos estudos não era uma "coisa de branco".

Obama estava dizendo coisas que milhares de pregadores negros haviam dito antes, mas como candidato a presidente ele não falava apenas à plateia ali reunida, mas também para as câmeras e para o resto do país. Ele lembrava aos afro-americanos sua responsabilidade e seu poder, mas não falava apenas com eles:

> Também sei que se meu primo Pookie puder votar, levantar do sofá, registrar alguns eleitores e comparecer às eleições, poderemos ter um tipo diferente de política. Foi o que a geração de Moisés nos ensinou. Tirem o chinelo do pé. Calcem os sapatos de passeata. Envolvam-se com a política. Mudem este país! É disso que precisamos. Temos crianças demais vivendo na pobreza neste país, e todos deveriam sentir vergonha. Mas não me venham dizer que isso não tem um pouco a ver com o fato de muitos pais não estarem agindo como pais. Não pensem que ser pai se resume à concepção. Sei o que é isso, pois meu pai não estava presente quando eu era criança, e eu lutei [...]
>
> Se você quer mudar o mundo, a mudança tem de acontecer primeiro dentro de você [...] Josué disse: "Eu estou apavorado. Não sei se estou à altura do desafio". E o Senhor disse a ele: "Todo lugar que pisar a planta de vossos pés, eu vo-lo dou [...] Sê firme e corajoso [...] não tenhas medo, porque o Senhor está contigo em qualquer parte para onde fores".* Sê firme e corajoso. É uma oração de viagem. Uma oração que manteve uma mulher em seu lugar quando o motorista do ônibus ordenou que se levantasse, uma oração que levou nove crianças a passar pelas portas da escola de Little Rock, uma oração que levou nossos irmãos e irmãs até a ponte, aqui mesmo em Selma, no Alabama. Sê firme e corajoso [...]

---

* Antigo Testamento, Livro de Josué, versículos 3 e 9. (N. T.)

A ponte lá fora foi atravessada por negros e brancos, por nortistas e sulistas, por adolescentes e crianças, pela querida comunidade dos filhos de Deus. Eles queriam dar esses passos juntos, mas coube a Josué terminar a jornada iniciada por Moisés, e hoje eles são convocados a fazer o papel de Josué de nosso tempo, a ser a geração que encontrará nosso caminho para atravessar esse rio.

Foi um desempenho retórico fascinante. No discurso em que anunciou sua candidatura, em Springfield, Obama relatou seu passado e o vinculou a um propósito maior, coletivo, usando a frase "Sejamos a geração...": "Sejamos a geração que acaba com a pobreza nos Estados Unidos", "Sejamos a geração que finalmente, depois de tantos anos, tenta resolver a crise no sistema de saúde".[39] A metáfora almejada naquele dia referia-se a Lincoln — o sujeito de pouca experiência e potencial grandeza que conduziu um país à beira do colapso. O discurso de Obama em Springfield foi dirigido a todos, não aos afro-americanos em particular. Em Selma ele falou diretamente aos afro-americanos, homenageando os veteranos e mobilizando a nova geração, a chamada geração de Josué, à qual também apresentou exigências. Sua retórica criou um paralelo entre as particularidades da vida de um candidato e a luta política; assumiu a autoindicação de um jovem para levar adiante e fazer crescer um movimento nacional; e proferiu seu discurso usando a retórica tradicional das igrejas negras — o primeiro espaço liberado pelos escravos, uma instituição essencial para os negros. Em Selma, Obama não invocou Lincoln, mas King, adotando os gestos, o ritmo e os símbolos de sua manifestação profética para uma finalidade, a política eleitoral.

Não houve dúvida de que Obama tinha conseguido a aprovação dos mais velhos. "Ele abriu a alma, eu gostei do que vi", declarou o reverendo Lowery. "As pessoas falam bobagens, dizem que ele não é negro o bastante, mas para mim trata-se sempre da questão de como se vê o movimento, e de como o sujeito se vê dentro do movimento. Ele passou no teste."

"Barack lançava as questões no contexto da história da igreja, que é muito importante para os negros americanos", disse o reverendo C. T. Vivian. "Para o povo negro, Barack estava coberto de razão. Martin Luther King era o nosso profeta — em termos bíblicos, o profeta da nossa era. O político da nossa era, que veio para seguir aquele profeta, é Barack Obama. Martin criou as bases morais e espirituais para a realidade política que se seguiu. E este é um tempo de transformações em nossa história. Não é uma época *comum*."

Nos meses seguintes falou-se muito a respeito do distanciamento original de Obama em relação aos centros da vida afro-americana, como o fato de ter crescido numa família branca, com um pai negro quase sempre ausente. "Por favor", disse o reverendo Vivian, "qualquer um que decida ser negro nos Estados Unidos vai sofrer todos os tormentos possíveis a qualquer momento."

Desde o assassinato de King, em abril de 1968, e de Robert Kennedy dois meses depois, os eleitores liberais dos Estados Unidos esperavam por uma figura redentora. Barack Obama apresentou-se como candidato. Aos olhos de seus apoiadores, ele significava uma promessa num deserto árido: era dono de uma inteligência inspirada e uma competência notável num momento em que o país havia perdido a esperança em um presidente impulsivo, agressivo e apático; mostrava ser cosmopolita numa época em que os americanos se sentiam muito rejeitados, até odiados; e encarnava a inclusão multiétnica quando o país estava deixando de ter maioria branca. Essa era sua promessa de campanha, romântica ou realista, dependendo do ponto de vista de cada um.

Obama propunha também um cenário para sua improvável vitória. Já havia assumido uma posição contrária à Guerra do Iraque antes da invasão — o que não chegava a ser um admirável ato de coragem para um senador de Hyde Park, mas não deixava de ser uma atitude arriscada, e foi o que bastou para diferenciá-lo de seus opositores democratas. Isso deveria atrair os eleitores jovens e a ala liberal do partido. E era bem possível que a raça — especialmente do modo como ele a projetava — fosse ajudá-lo bem mais do que prejudicá-lo.

O evento final em Selma naquele dia foi o ritual da travessia da ponte Edmund Pettus. Numa das extremidades da ponte havia uma placa agradecendo aos visitantes pelo apoio aos pontos turísticos locais referentes à Guerra Civil, onde constava um enorme retrato do general Forrest. "Visitar Selma hoje é lembrar que os Estados Unidos ainda não cumpriram as suas promessas", disse C. T. Vivian. "Mas o povo negro sabe que, passo a passo, estamos ganhando. As forças do mal vêm sendo derrotadas."

Ao contrário das reconstituições rituais da batalha de Selma, a recriação da travessia da ponte Pettus não incluía nenhuma violência teatralizada. As escaramuças se limitaram aos empurrões entre os fotógrafos que tentavam tirar fotos dos Clinton e de Obama. Será que eles ficariam juntos e se dariam os braços? Não.

Mas eles compartilharam a primeira fila com Lewis, Lowery e políticos mais jovens, como Artur Davis. No caminho, Obama encontrou o reverendo Fred Shuttlesworth, um ícone dos direitos civis em meados dos anos 1980 que enfrentara Bull Connor em Birmingham, sobrevivendo a espancamentos, bombas e anos de ataques caluniosos. Shuttlesworth havia removido um tumor cerebral pouco tempo antes, mas recusou-se a perder a comemoração. Na ponte, ele conversou com Obama por algum tempo. Em seguida, Obama, que já tinha lido muito sobre o movimento dos direitos civis, havia sonhado com ele, tirou o paletó, arregaçou as mangas da camisa, levou um chiclete Nicorette à boca e ajudou a empurrar a cadeira de rodas de Fred Shuttlesworth, um líder da geração de Moisés, até o outro lado da ponte.[40]

PARTE UM

É preciso sair de casa para encontrarmos o nosso lar.

Ralph Ellison, nota de margem em um original incompleto

1. Um destino intrincado

Dia comum em 1951 no centro de Nairóbi. Um inspetor sanitário municipal está sentado sozinho em seu escritório. Tem o rosto redondo e os traços espaçados de um jovem africano inteligente de 21 anos, frustrado em suas ambições numa época política conturbada. Está testando amostras de leite para o departamento de saúde local. O governo colonial iniciou a repressão ao movimento de independência queniano que começara a desabrochar ao final da Segunda Guerra Mundial. Em 1952, os britânicos declarariam estado de emergência e promoveriam uma campanha sistemática de prisões, detenções, tortura e assassinatos para sufocar o movimento nacionalista kikuyu, ao qual chamariam de "revolta Mau Mau".[1]

A porta se abre: uma mulher branca entra, trazendo uma garrafa de leite. Famílias de fazendeiros europeus e africanos apareciam no departamento o tempo inteiro para solicitar exame de produtos alimentícios e garantir que estavam livres de doenças antes de colocá-los no mercado.

O jovem se oferece para ajudar. Considera-se que ser funcionário qualificado na burocracia sanitária represente um emprego decente. Ele cresceu no leste do Quênia, em Kilimambogo, uma imensa fazenda de sisal de propriedade de sir William Northrup McMillan, uma espécie de grande Caçador Branco. A fazenda situava-se nas "terras altas brancas" perto de Thika, onde os europeus eram donos de todas as terras. O gerente de sua fazenda portava um *kiboko*, chicote de couro de hipopótamo, e não relutava em usá-lo. O pai do inspetor sanitário era analfabeto, mas tinha um emprego relativamente privilegiado, como uma espécie de capataz da propriedade. A família morava numa casinha de taipa sem água encanada nem eletricidade, mas ele ganhava sete dólares por mês, o suficiente para manter o filho em uma escola de missionários. No Holy Ghost College, escola secundária na cidade de Mangu, o jovem estudou inglês e conheceu Abraham Lincoln e Booker T. Washington.² Mas logo se viu num beco sem saída. Não havia muito o que aprender em escolas sem livros didáticos, onde os alunos anotavam as lições na areia. Não havia universidades no Quênia. Os filhos dos europeus iam estudar "em casa", e os poucos negros que podiam pagar uma faculdade iam para outros países da África Oriental. Ele pensou em estudar para ser padre, mas, como declarou depois, os missionários brancos do Quênia estavam "entre os que diziam aos africanos que eles ainda não estavam prontos para uma série de avanços, que deviam ser pacientes, crer em Deus e esperar o dia em que conseguissem avançar o suficiente".³ Por isso o jovem foi estudar no Instituto Sanitário Real, uma escola para treinamento de inspetores sanitários, com uma bolsa de estudos.

A mulher europeia encarou o rapaz friamente. O nome dele era Thomas Joseph Mboya, embora a mulher não demonstrasse o menor interesse em saber disso.

"Não tem *ninguém* aqui?", perguntou, olhando direto para Tom Mboya.⁴

Quando Tom ainda morava na fazenda de sir William, o pai costumava dizer a ele: "Não se coloque em oposição ao homem branco".⁵ Porém Tom não suportava o gerente da fazenda, com seu chicote e seu andar arrogante. Não suportava o fato de seus colegas brancos no departamento de inspeção ganharem cinco vezes mais do que ele; e naquele dia comum não suportou aquela impertinente mulher branca fazendo tamanho esforço para olhar através dele, para reduzi-lo à invisibilidade por um ato de vontade.

"Madame", ele respondeu, "há alguma coisa errada com seus olhos."

A mulher saiu do escritório do inspetor pisando duro.

"O serviço deve ser feito por europeus", ela disse. "Esse negrinho aí é muito malcriado."⁶

Como milhares de outros quenianos naquela época, Tom Mboya ouvia os discursos de Jomo Kenyatta, conhecido como Burning Spear [Lança Flamejante], o estadista mais antigo e principal porta-voz do movimento pela independência do Quênia. Os movimentos anticolonialistas ganhavam força por toda a África: Nigéria, Congo, Camarões, Costa do Ouro, Togo, Federação do Mali, Senegal e Sudão Francês, Somália, Madagascar.

Em 1955, aos 25 anos, Mboya ganhou uma das raras bolsas para estudar por um ano no Ruskin College, em Oxford, onde aprendeu política e economia e ingressou no Clube Trabalhista e no Clube Socialista, descobrindo um círculo de professores liberais e anticolonialistas.[7] Para Mboya, sem experiência universitária anterior, o ano em Ruskin o fez pensar em quanto outros quenianos poderiam ganhar com uma educação superior em países estrangeiros.

Quando retornou a Nairóbi, no ano seguinte, Mboya começou a se tornar conhecido como ativista político e organizador sindical. Como Jomo Kenyatta havia passado quase toda a última década de domínio colonial preso, as pessoas passaram a falar do jovem e carismático Tom Mboya, da minoritária tribo luo, como um futuro líder no Quênia pós-colonial e político de uma nova estirpe. Kenyatta, um herói queniano especial, era um típico combatente anticolonialista, rodeado de kikuyus leais. Mboya esperava que o Quênia superasse suas divisões tribais e caminhasse no sentido de uma concepção integradora, com um governo democrático autônomo alinhado com o desenvolvimento econômico liberal.

Em 1957, depois que os britânicos fizeram concessões a respeito do número de africanos que podiam assumir cadeiras no Conselho Legislativo do Quênia, Mboya, aos 26 anos, conquistou uma cadeira para representar Nairóbi, uma região onde predominava o idioma kikuyu. Luo, a tribo de Mboya, provinha principalmente de áreas próximas ao lago Vitória, na parte ocidental do Quênia. Logo ele se tornou ao mesmo tempo secretário-geral da União Nacional Africana do Quênia, principal partido independentista, e da Federação Trabalhista do Quênia. Era um orador eletrizante e um diplomata eficaz. Antes de completar trinta anos, Mboya já era um símbolo internacional do anticolonialismo e dos direitos civis. Nos Estados Unidos, ele se reuniu com Eleanor Roosevelt, Richard Nixon, Thurgood Marshall e Roy Wilkins, chegando a subir ao palanque com Martin Luther King Jr. em um ato pelos direitos civis. Na ausência de Kenyatta, ele liderou delegações à Lancaster House, em Londres, para negociar os termos finais da independência do Quênia. Em março de 1960, os editores da *Time* dedicaram a capa da revista a Mboya, como exemplo dos movimentos de independência que se espalhavam pelo continente.

Uma das frustrações do movimento era não haver um modo fácil de desenvolver o potencial intelectual dos jovens quenianos. Para Kenyatta e Mboya, era mais fácil vislumbrar o fim do colonialismo do que imaginar um número suficiente de quadros africanos preparados para governar o país. "Com muita frequência durante a luta nacionalista", escreveu Mboya, "nossos críticos diziam que o povo africano não estava pronto para a independência por não contar com um número suficiente de médicos, engenheiros e administradores capazes de assumir a máquina governamental quando o poder colonial se ausentasse. Essa crítica nunca se justificou. Em nenhum momento o poder colonial quis educar a maioria da população para o dia da independência."[8] Os quenianos teriam de fazer isso por conta própria.

Mboya tentou persuadir os britânicos a conceder bolsas de estudo para que jovens quenianos promissores estudassem em outros países.[9] Apresentou a proposta de uma "ponte aérea" com universidades estrangeiras. Trabalhou em conjunto com diversos liberais americanos abastados para desenvolver essa ideia, em particular com o industrial William X. Scheinman. Para os americanos, a ponte aérea tinha uma motivação ligada à Guerra Fria: conforme conquistavam sua independência, os países africanos poderiam se aproximar mais do Ocidente, em vez da União Soviética, se os jovens da elite cursassem universidades nos Estados Unidos e na Europa Ocidental. Em 1958, quando Mboya estava desenvolvendo essa ideia, o total de quenianos negros em universidades chegava a algumas centenas em faculdades africanas, 74 na Grã-Bretanha e 75 na Índia e no Paquistão.[10] Albert Sims, especialista em educação, ex-funcionário do Departamento de Estado e do Peace Corps, calculou que na África subsaariana apenas uma criança em 3 mil frequentava o curso secundário, e um em cada 84 mil jovens cursava "algum tipo de faculdade".[11] Essa certamente era uma das razões pelas quais uma colônia de 65 mil europeus conseguira manter o poder sobre mais de 6 milhões de africanos por tanto tempo.

A administração colonial rejeitou a proposta da ponte aérea de Mboya alegando que seu programa educacional "intensivo" era mais político do que pedagógico e que faltavam preparo e recursos à maioria dos estudantes, o que os levaria a fracassar nas faculdades americanas.

O Departamento de Estado dos Estados Unidos não pretendia desafiar os britânicos concedendo recursos a Mboya. Por essa razão, ele foi pessoalmente aos Estados Unidos em busca de fundos privados. Durante seis semanas, Mboya proferia até seis palestras diárias em campi de faculdades, na esperança de despertar o interesse pelo programa e obter bolsas de estudo.[12] Conseguiu promessas de cooperação de várias escolas, em especial de faculdades negras históricas como Tuskegee, Philander Smith e Howard, bem como de faculdades ligadas a entidades religiosas como o Moravian College, na Pensilvânia, e a Universidade St. Francis Xavier, em Nova Scotia.[13]

Ao lado de seus novos companheiros americanos, Mboya ajudou a formar a African-American Students Foundation — AASF (Fundação dos Estudantes Afro-Americanos) para arrecadar fundos. No outono de 1959, com o apoio da AASF e de dezenas de universidades americanas, a ponte aérea começou. Entre os 8 mil doadores havia celebridades negras como Jackie Robinson, Sidney Poitier, Harry Belafonte e a esposa de Ralph Bunche, além de liberais brancos como Cora Weiss e William X. Scheinman.

De volta a Nairóbi, Mboya não teve muito tempo para analisar as inscrições. Centenas de pessoas faziam fila na sua porta todos os dias requisitando pedidos referentes a serviços de saúde, decretos sobre divórcio, dotes, disputas fundiárias. Mboya estudou as pilhas de fichas dos rapazes e moças quenianos que haviam terminado o curso médio com destaque e faziam trabalhos braçais ou maçantes, muito abaixo de seu potencial. As solicitações dos estudantes eram sinceras e patrióticas. Suas ambições não eram emigrar ou fugir do país, mas sim estudar e voltar para servir ao Quênia independente.

A ponte aérea prosseguiu até 1963 e provocou efeitos profundos, de modo que o programa logo foi estendido a outros países africanos. "Meu pai foi um dos poucos políticos quenianos que se sentia em casa tanto numa aldeia quanto no palácio de Buckingham", declarou Susan, filha de Mboya. "A África tem uma sociedade complexa e precisa de pessoas instruídas e cosmopolitas o bastante para tornar esses universos mutuamente compreensíveis. Sem isso, estamos perdidos. A ponte aérea gerou um grupo de pessoas capacitadas para lidar com o futuro do Quênia."

A ponte aérea foi um evento marcante na história do Quênia na época em que se aproximava da independência. Segundo um estudo realizado pela Universidade de Nairóbi, 70% dos postos do alto escalão do governo pós-colonial foram preenchidos por pessoal formado pela ponte aérea. Entre eles estavam a ambientalista Wangari Maathai, primeira africana a ganhar o prêmio Nobel da paz. Outro era um luo de uma aldeia próxima ao lago Vitória, um jovem economista com modos confiantes e uma voz rica e melodiosa. Seu nome era Barack Hussein Obama.

Em Selma, Barack Obama Jr. disse que relacionava "sua própria existência" à família Kennedy. Os Kennedy haviam doado dinheiro ao programa educacional de Tom Mboya para jovens quenianos. Obama exagerou, tanto em termos factuais quanto poéticos. Os Kennedy não contribuíram para a primeira ponte aérea, o voo fretado que levou o pai de Obama e outros oitenta estudantes de Nairóbi aos Estados Unidos em setembro de 1959. Como o *Washington Post* relatou um ano depois do discurso de Selma, Mboya abordou Kennedy na propriedade da família em Hyannisport em julho de 1960, *depois* da primeira ponte aérea, na esperança de conseguir financiamento para uma segunda.[14] Na época, Kennedy era presidente do subcomitê do Senado para a África e candidato a presidente. Ele ouviu a proposta de Mboya e lhe deu 100 mil dólares da fundação familiar que homenageava seu irmão Joseph, morto na Segunda Guerra Mundial. O vice-presidente Richard Nixon, que disputava a presidência com Kennedy naquele ano e que também estava ansioso para conquistar votos entre os negros, já havia tentado obter apoio ao plano junto ao governo Eisenhower, mas sem sucesso. Esse fracasso e a perspectiva de Kennedy divulgar seu gesto generoso o frustraram profundamente. Um dos aliados de Nixon, o senador Hugh Scott, acusou Kennedy de fazer a doação usando uma fundação isenta de impostos por motivos políticos — uma acusação que Kennedy considerou "o ataque mais injusto, distorcido e maldoso que já sofri em catorze anos de política".[15]

Um dos porta-vozes da campanha de Obama, Bill Burton, demorou a se desculpar pelo erro no discurso sobre a geração de Josué, porém a abordagem de Obama em Selma não foi ardilosa. O lado queniano da família não tinha ficado alheio à história. Seu pai pertenceu a uma geração de transição, que deu o salto do colonialismo para a independência, do isolamento forçado para as primeiras aberturas às oportunidades mundiais. E o próprio Obama não se dispunha a ser apenas o primeiro afro-americano eleito para a Casa Branca, mas também a fazer isso como um homem cuja família escapara da vida rural, da opressão e de um governo colonial há apenas uma geração.

Quando concorria a senador, em 2003 e 2004, Obama disse que seu pai "tinha saltado do século XVIII para o século XX em poucos anos. Ele deixou de ser pastor de cabras numa aldeia africana para virar bolsista na universidade do Havaí e chegar até Harvard".[16] A noção de que o pai ou o avô de Obama haviam sido meros "pastores de cabras" era também uma forma de exagero romântico. Os trabalhos braçais jamais foram seu destino ou ocupação: cuidar de cabras era uma coisa que todos os moradores da aldeia faziam, até os anciãos mais distintos como os membros da família Obama. "Todos nós, que crescemos no interior, éramos pastores de meio período", declarou Olara Otunnu, luo e ex-ministro das Relações Exteriores de Uganda, amigo íntimo do pai de Obama. "Não tinha a menor importância. Era algo que todos faziam na época de estudante. Dentro dos padrões africanos, o avô de Obama pertencia à classe média ou à classe média alta. Eles usavam pratos de louça e copos de vidro! O salário como cozinheiro dos britânicos era irrisório para os padrões ocidentais, mas significava dinheiro na mão. Ele era muito respeitado em sua aldeia. E o pai de Obama cresceu com tudo isso e, claro, seguiu adiante. Veja a capa de *A origem dos meus sonhos*. Veja a fotografia da esquerda, do pai de Obama no colo da mãe. Ele está usando trajes ocidentais. Um verdadeiro 'pastor de cabras' usaria tanga. O avô era nitidamente mais ocidentalizado que a maioria, e a família seguiu na mesma linha."

O avô de Barack Obama, Onyango Obama, nasceu em 1895 no oeste do Quênia. A vida na aldeia o exasperava. "Diziam que ele parecia estar sentado sobre um formigueiro, porque não conseguia ficar parado", comentou Sarah Ogwel, sua terceira esposa.[17] Onyango aprendeu a ler e a escrever em inglês e depois fez uma viagem de duas semanas até Nairóbi, onde conseguiu emprego de cozinheiro para ingleses brancos. Um "Registro de bolso do empregado doméstico" que Obama viu quando visitou Kogelo mostra que em 1928, aos 35 anos, Onyango trabalhava como "menino de recados".[18] Havia comentários curtos nos registros, feitos por um capitão C. Harford, um dr. H. H. Sherry e um sr. Arthur W. H. Cole, do East Africa Survey Group [Grupo de Pesquisa da África Oriental]. O sr. Dickson elogiava a comida de Onyango ("Suas tortas são excelentes!"), mas o sr. Cole declarou que ele era "inadequado e certamente não vale 60 xelins por mês".

Quando Helima, primeira mulher de Onyango, descobriu que não podia engravidar, ele venceu outro participante num leilão por uma jovem chamada Akumu Nyanjoga, pagando um dote de quinze cabeças de gado. Em 1936, Akumu teve um filho, Barack. Logo depois, Onyango Obama conheceu e se casou com Sarah Ogwel. Akumu considerava o marido autoritário e exigente. Pegou os dois filhos e o abandonou. Para Barack, Akumu e Sarah eram suas mães (até hoje Barack Jr. chama Ogwel, que tem mais de oitenta anos e ainda reside na aldeia de Kogelo, de "vovó" ou "mama Sarah"). Sarah contava aos netos histórias das aventuras mitológicas do marido — como Onyango, na viagem até Nairóbi, afugentou leopardos com seu *panga*,* subiu numa árvore e passou dois dias nos galhos para se proteger de um búfalo furioso, e como encontrou uma cobra dentro de um tambor.

Onyango era herborista, curandeiro e fazendeiro respeitado, um homem proeminente em sua aldeia. Era também um pai severo, como a maioria dos luos, exigindo que os filhos se comportassem como os meninos e meninas obedientes que vira quando trabalhava para os patrões britânicos. "Nossa, ele era mesmo *malvado!*"[19] Obama cita o meio-irmão Abongo: "Ele o fazia sentar-se à mesa para jantar e servia a comida em porcelana, como um inglês. Se você dizia algo errado, ou se usasse o talher errado, pronto! Ele o atingia com a bengala. Às vezes, quando ele o atingia, você só descobria o motivo no dia seguinte".** Antes do nascimento de Barack pai, Onyango morou um tempo em Zanzibar e se converteu ao islamismo. Mais de 90% dos luos eram cristãos; a decisão de se converter era uma coisa muito rara, e os motivos foram vagos. Onyango acrescentou "Hussein" a seu nome e o passou para Barack quando o filho nasceu.

Durante a Segunda Guerra Mundial, Onyango serviu como cozinheiro do exército britânico em Burma. É provável que tenha servido no regimento colonial dos King's African Rifles — KAR [Fuzileiros Reais Africanos], formado por residentes de áreas controladas pelos britânicos no continente africano. Era chamado de "negrinho" pelos oficiais e soldados britânicos, sofrendo humilhações de todos os tipos, como outros africanos negros na mesma situação. O próprio serviço era indigno: na sociedade luo os homens não cozinhavam. "E lá estava um líder de aldeia, chefe de um clã importante, executando tarefas femininas para os brancos: ele precisou se adaptar psicologicamente", declarou Olara Otunnu, amigo ugandense de Obama. "Os colonialistas tratavam muito mal seus serviçais. Eram rudes e desrespeitosos. Qualquer um sofria por ser 'coolie', para usar um termo colonial antigo, especialmente um líder comunitário como Onyango."

---

* Termo africano para machete ou facão. (N. T.)
** Os trechos da autobiografia de Barack Obama citados neste livro foram extraídos de *A origem dos meus sonhos* (São Paulo: Editora Gente, 2008, tradução de Irati Antonio, Renata Laureano e Sonia Augusto). (N. T.)

Onyango também se tornou simpatizante do movimento pela independência. Ganhou dinheiro na nova economia monetária trabalhando para os britânicos, mas também acumulou uma série de ressentimentos. "Ele não gostava da maneira como os militares britânicos e os funcionários colonialistas tratavam os africanos, em especial os membros da Associação Central de Kukuyu, que na época esteve sob suspeita de fazer juramentos secretos, entre os quais a promessa de matar colonos e administradores brancos", segundo Sarah Ogwel.[20]

Nos anos 1950, o governo colonial tentou esmagar os levantes africanos com todos os meios disponíveis — confiscos de terras, detenções coletivas no meio da noite, marchas forçadas, prisões em massa, confinamento, trabalhos forçados, privação de comida e sono, estupro, tortura e execuções. O governo fornecia aos britânicos e à imprensa mundial relatos escabrosos de atrocidades dos Mau Mau, chamados de bandidos selvagens, liderados pelo combatente anticolonialista Dedan Kimathi. Diziam também que teriam feito juramentos ocultistas de assassinar europeus que, afinal de contas, tinham ido para o continente negro no século XIX tendo em mente apenas sua "missão civilizadora". Exceto pelos círculos mais liberais e esquerdistas, pouco se falou sobre a campanha contra os Mau Mau ou contra o colonialismo praticado na realidade. Os rebeldes quenianos eram acusados pelos colonialistas britânicos de não terem feito o juramento para *ithaka na wiyathi*, terra e liberdade, como alegavam, e sim um voto de magia negra para cometer assassinatos.

O governo colonial pôs em prática um elaborado sistema de exageros e repetições que difundiu relatos pelo mundo inteiro a respeito de africanos sanguinários se opondo aos nobres funcionários e militares que lutavam para impedir o colapso da civilização. Essas reportagens — em jornais britânicos, nas rádios, na revista *Life* — prepararam o terreno emocional e forneceram o pretexto político para uma campanha de vinganças cruéis. O governo colonial criou muitos centros de detenção — Langata, Kamiti, Embakasi, Gatundu, Mweru, Athi River, Manyani, Mackinnon Road — que historiadores como Caroline Elkins mais tarde chamariam de *"gulag* queniano". Os britânicos alegavam que nesses campos de detenção havia apenas alguns milhares de kikuyus temporariamente detidos, que os campos eram um instrumento de reabilitação, centros educativos onde ensinavam noções elementares de civismo e ministravam aulas de artesanato. Na verdade, quando a administração colonial declarou estado de emergência, em 1952, iniciou-se uma campanha de "pacificação" capaz de rivalizar com os piores momentos de terror estatal na história. As prisões em massa cresceram em termos de virulência com o início da Operação Bigorna, em abril de 1954, quando soldados britânicos sob as ordens do general sir George Erskine tentaram livrar Nairóbi de todos os kikuyus. Durante os anos de rebelião Mau Mau, morreram menos de cem europeus, enquanto os britânicos mataram dezenas, talvez centenas de milhares de africanos. Em 1956, o líder Mau Mau Dedan Kimathi foi preso, enforcado e enterrado em uma cova não identificada.

"Durante o estado de emergência", escreveu Mboya em suas memórias, *Freedom and After*, "a maior parte da publicidade se concentrava no que os Mau Mau faziam, havendo pouca preocupação com a atuação das forças de segurança. Muitos africanos desapareceram e nunca foram encontrados, muita gente foi detida no meio da noite e jamais voltou, e o fato de que algumas forças de segurança pagavam alguns xelins por cada pessoa morta só veio à luz durante as audiências nos tribunais da época. Dificilmente a verdadeira história será contada, pois na maioria das sedes distritais os documentos relativos ao período de emergência foram queimados. Mas há muitos fatos que não podem ser queimados e enterrados."[21]

A verdadeira história só foi contada no século XXI, e quando isso ocorreu as provas foram incontestáveis. Depois de passar vários anos comparando arquivos britânicos e africanos, a historiadora Caroline Elkins concluiu que mais de 1 milhão de quenianos passaram por aqueles campos. Os prisioneiros sofriam torturas revoltantes, já empregadas pelos britânicos na Malásia e em outros domínios imperiais. Em seu livro *Imperial reckoning* [Cômputo imperial], Elkins entrevistou centenas de quenianos que sobreviveram às agruras do período, inclusive uma mulher kikuyu chamada Margaret Nyaruai que foi interrogada por um oficial britânico. Ele perguntou a Nyaruai:

> Questões como o número de juramentos que eu havia feito, onde estava meu marido, para onde tinham ido meus dois cunhados (estavam escondidos no mato). Fui violentamente açoitada, sem roupa. Eles não se importaram com o fato de eu ter dado à luz recentemente. Na verdade, acho que foi uma sorte meu bebê não ter sido morto como os outros [...] Além dos espancamentos, costumavam enfiar bananas e flores na vagina e no reto das mulheres, além de apertar os seios com alicates; depois disso a mulher falava qualquer coisa, de tanta dor [...] Os testículos dos homens eram apertados com alicates para obrigá-los a confessar! Depois das coisas que me fizeram, contei tudo a eles. Sobrevivi à tortura, mas sofro até hoje de dores no corpo por causa do que me fizeram.[22]

Elkins escreve que a crueldade conhecia apenas os limites "da imaginação sádica dos algozes". Uma mulher entrevistada por ela, Salome Maina, contou que membros das forças coloniais a agrediram, chutaram, bateram em sua cabeça, enfiaram uma mistura de páprica e água em seu "canal de nascimento" — tudo na tentativa de forçar uma confissão de cumplicidade com os Mau Mau. Segundo seu relato, assim que se recuperou das humilhações ela foi submetida a choques elétricos:

> Um fio elétrico era posto na língua, no braço ou em outro lugar escolhido por eles. No princípio me obrigaram a segurar o fio com as mãos e me fizeram girar até eu bater na parede. Quando eles o punham na língua e o prendiam com outro fio, eu tremia tanto que nem percebia quando o fio era removido.[23]

Embora alguns críticos acusem Elkins de minimizar a violência dos africanos contra os europeus, a maior parte das acusações parece resultar de certo ceticismo histórico, ou da necessidade de relativizar um legado colonial homicida sobre o qual raramente se falava e que era muito mal compreendido, tanto na África quanto no Ocidente. Esse era o Quênia das recordações de Barack Obama pai, de sua infância e início da juventude.

Durante a campanha presidencial de 2008, muitos repórteres estrangeiros procuraram Sarah Ogwel na aldeia de Kogelo, e a cada caminhão de emissora de televisão com parabólica que estacionava ela se sentava expedita sob uma mangueira ou em sua casa e respondia perguntas sobre o marido, o enteado, o neto. Segundo uma entrevista de Ogwel ao *Times* de Londres, em 1949 um empregador branco denunciou Onyango às autoridades coloniais. Ele foi preso, suspeito de associação com "encrenqueiros".[24] O movimento Mau Mau foi reconhecido pelas autoridades coloniais somente no ano seguinte, 1950. Hussein Onyango Obama era luo, não kikuyu, mas ainda assim é bem possível que os britânicos tenham determinado que ele era simpático ao movimento anticolonial. Mas não foi sua prisão que ganhou destaque no noticiário mundial — Obama a menciona em *A origem dos meus sonhos* —, e sim a descrição detalhada do tratamento recebido por ele na cadeia.

"Os guardas africanos eram instruídos pelos soldados brancos a açoitá-lo todas as manhãs e as noites, até ele confessar", relatou o *Times* a partir da entrevista com Sarah Ogwel. Ela contou que os "soldados brancos" visitavam a prisão regularmente para realizar "ações disciplinares" contra os detentos. "Onyango contou que eles apertavam seus testículos com barras metálicas paralelas. Também perfuravam suas unhas e nádegas com um alfinete pontudo, com suas mãos e pernas amarradas e a cabeça virada para o chão." Sarah disse que não podia fazer visitas nem mandar comida para a prisão. Ele foi espancado até prometer "nunca mais participar de grupos de oposição ao governo do homem branco". Contou ainda que alguns colegas de prisão de Onyango morreram por causa das torturas sofridas na cadeia.

Quando jovem, Onyango não desprezava os britânicos. Foi o primeiro em seu vilarejo a usar camisa e calça, e procurou emprego de cozinheiro com os britânicos. Mas agora, ao voltar para casa depois de sair da prisão, estava amargurado. "Foi então que ele se deu conta de que os britânicos não eram amigos, e sim inimigos", explicou Sarah Ogwel. "Meu marido tinha trabalhado duro para eles, mas acabou sendo detido e levado para a cadeia."

Embora não documentado, o destino de Onyango descrito ao *Times* é plausível. Ainda que as autoridades coloniais tivessem começado a tortura "sistemática" somente em 1952, antes disso africanos suspeitos de deslealdade política já eram presos e maltratados. Em *A origem dos meus sonhos* Obama conta que seu avô foi detido por seis meses e voltou para casa velho, magro e sujo — traumatizado demais, no início, para relatar sua experiência. "[Ele] tinha dificuldade para andar e sua cabeça estava infestada por piolhos", escreve Obama.[25] Os pesquisadores também afirmam que na época da entrevista de Sarah o ambiente político no Quênia era tenso, e havia muita confusão em torno de questões como memória e relatos históricos. Após décadas de silêncio, vergonha e ignorância, o ar se enchera de alegações nem sempre fáceis de serem comprovadas em detalhe. É quase certo que Onyango tenha sido maltratado numa prisão imunda, mas os detalhes permanecem imprecisos.

Barack Obama pai não era menos obstinado que o próprio pai, e era bem mais instruído. Quando menino, recusou-se a frequentar uma escola próxima de sua casa porque a professora era uma mulher. "Quando os alunos faziam bagunça, eles apanhavam", relatou Sarah Ogwel. "E ele me disse: 'Não quero ser espancado por uma mulher'."[26] Por isso ela matriculou Barack numa escola primária a dez quilômetros de distância, e ele tinha de caminhar até lá quando ela não o levava de bicicleta. Barack era estudioso e orgulhoso. "Tirei as melhores notas hoje", disse a Sarah um dia ao voltar da escola. "Sou o aluno mais inteligente." Barack frequentou a Gendia Primary School, a Ng'iya Intermediate School e, de 1950 a 1953, a Maseno National School, mantida pela Igreja Anglicana. Assim como Tom Mboya, Obama foi bem nos exames e tirou notas altas, mas foi expulso por diversas infrações disciplinares: entrar no dormitório das moças, furtar galinhas de uma granja vizinha. Por isso saiu da Maseno sem o certificado de conclusão. Quando Barack foi expulso da escola, Onyango o surrou com uma vara até suas costas sangrarem.

Em 1956, Barack mudou-se para Nairóbi para trabalhar num escritório. Enquanto estava em sua terra natal, ele conheceu uma moça chamada Kezia durante um baile na aldeia. Ela tinha dezesseis anos. "Ele pediu para dançar comigo no baile, e eu não pude recusar", contou Kezia. "Ele me escolheu entre muitas garotas presentes. Poucos dias depois nos casamos. Barack pagou catorze vacas de dote, em duas prestações, pois me amava muito."[27]

A exemplo de muitos africanos instruídos, Barack admirava Kenyatta e o movimento anticolonialista. Chegou a ser detido por alguns dias pelo crime de ter comparecido a uma reunião da Kenya African National Union — KANU [União Nacional Africana do Quênia].

Mas ele estava encurralado. Não conseguiria progredir sem uma educação formal e um diploma. Alguns de seus colegas da Maseno conseguiram vagas na Universidade Makarere, em Uganda. Outros continuaram os estudos na Inglaterra, depois de Makarere. Nas horas vagas, com o estímulo de duas professoras americanas que trabalhavam em Nairóbi — Helen Roberts, de Palo Alto, e Elizabeth Mooney Kirk, de Maryland —, Obama fez cursos por correspondência para obter o diploma secundário. Prestou um exame para candidatos a faculdades na embaixada norte-americana e pontuou bem. Escreveu dezenas de cartas a universidades americanas — a histórica faculdade negra de Morgan State, o Santa Barbara Junior College e a San Francisco State, entre outras — e afinal foi admitido na Universidade do Havaí, uma instituição moderna naquele incipiente posto avançado dos Estados Unidos no Pacífico.

"Meu pai ficou muito impressionado com a inteligência de Obama", disse Susan, a filha de Mboya. "Meu pai não era muito mais velho que Obama, mas desenvolveu um relacionamento paternal em relação a ele, torcia para que os estudos o levassem a progredir muito e a beneficiar o Quênia."

Em setembro de 1959, Obama se preparava para a viagem aos Estados Unidos. Ele e Kezia já tinham um filho, Roy, e ela já estava grávida de três meses de uma menina a quem chamariam de Auma. Obama garantiu à esposa que voltaria, que ela deveria esperar por ele. Poucos lhe negariam a oportunidade de fazer aquela viagem. Jovem, ousado e confiante, Obama gabava-se aos amigos que depois de estudar economia no exterior ele voltaria para casa e "moldaria o destino da África".

"Pelo que fez por mim, por Obama e por outros, Tom Mboya é mais do que saberíamos explicar", disse Frederick Okatcha, que estudou psicologia educacional na Michigan State. "A ponte aérea nos salvou! Decolamos de Nairóbi, e nenhum de nós tinha ido a qualquer lugar antes. Nunca tínhamos viajado de avião. Quando aterrissamos em Kartum pouco depois para abastecer, pensamos que já estávamos nos Estados Unidos! Cresci a uns vinte quilômetros de Obama. Não usei sapatos por muitos anos. Tínhamos coisas como feitiçaria arraigadas na sociedade tradicional. Minha avó materna temia que feiticeiros invejosos fizessem despachos para prejudicar nossa viagem aos Estados Unidos. As pessoas acreditavam nessas coisas. Quando terminou o segundo grau, Obama frequentou escolas inglesas, de modo que o choque não foi muito severo. Mas nossas vidas mudaram para sempre, completamente."

"Estávamos muito entusiasmados naquela época", declarou Pamela Mboya, mulher de Tom Mboya. Ela havia ido ainda jovem para uma faculdade em Ohio, na primeira leva. "Estávamos indo estudar nos Estados Unidos para depois voltar e assumir o comando, e foi exatamente o que fizemos."[28]

Poucos meses depois de Obama assumir a presidência, um escritor perguntou a Bob Dylan a respeito do livro *A origem dos meus sonhos*. Surpreendentemente engajado na campanha ("Agora temos um cara que está redefinindo a natureza da política, de ponta a ponta"[29]), Dylan disse que a complexidade da família de Obama o comoveu: "Ele parece um personagem de ficção, mas é real".[30] Dylan vem de uma longa tradição americana de homens e mulheres que preferiram escolher sua ancestralidade: no caso dele, judeu da região mineira de Minnesota conhecida como Iron Range, que juntou diversas raízes da cultura nacional — Woody Guthrie, os blues do Delta, Hank Williams, a geração beatnik, Elvis Presley — para criar uma expressão própria inconfundível. Dylan leu a respeito dos pais de Obama, Ann Dunham e Barack Obama pai, e reconheceu que os dois transmitiram ao filho um conjunto original de influências, mapas, histórias e códigos genéticos: "Primeiro, a mãe dele era uma garota do Kansas. Nunca morou no Kansas, mas tinha raízes profundas por lá. Sabe, como *Kansas, bloody Kansas*. John Brown, o insurgente. Jesse James e Quantrill. Mateiros. Guerrilheiros. O Kansas de *O mágico de Oz*. Penso que de algum jeito Jefferson Davis faz parte dos ancestrais de Barack. E depois o pai dele. Intelectual africano. Herdeiro dos griôs bantos e massais — criadores de gado, caçadores de leões. Sabe, é muito improvável que duas pessoas assim se encontrem e se apaixonem". Para Dylan, cuja mente tende à mitopoética mais do que à precisão, a história da origem e da identidade de Obama é "como uma odisseia, mas ao contrário".

O que Dylan quis dizer com isso? "Antes de mais nada, Barack nasceu no Havaí", declarou. "Muitos consideram o Havaí um paraíso — então suponho que se pode afirmar que ele nasceu no paraíso." Também nasceu com um legado familiar bem complicado, um legado que vai das margens do lago Vitória às planícies americanas. A avó de Obama sabia recitar as gerações de luos do seu lado paterno como uma canção homérica. Como descobriu William Addams Reitwiesner, um genealogista da Biblioteca do Congresso, entre os ancestrais de Obama encontra-se Jesse Payne, do condado de Monongalia, na Virgínia Ocidental, que na primeira metade do século XIX foi dono de escravos com nomes de Moriah, Isaac, Sarah, Selah, Old Violet, Young Violet e Little William. Um tetravô, Christopher Columbus Clark, lutou no exército da União.[31]

Em seus discursos, Obama costumava se referir ao Kansas como uma espécie de contraponto ao distante Quênia, um lugar familiar do Meio-Oeste, o oposto de "exótico" (esta palavra dúbia). Mas para ele o Kansas é algo mais profundo, mais ressonante, uma encruzilhada da Confederação com a União, palco da batalha entre as forças pró-escravidão e a insurreição abolicionista; é o estado do processo Brown contra o Comitê de Educação; e é, para seus avós Stanley e Madelyn, um lugar capaz de entorpecer a alma. Kansas era "o centro isolado do país, um lugar onde a decência, a resistência e o espírito pioneiro se misturavam profundamente ao conformismo, à desconfiança e ao potencial para uma crueldade impiedosa".[32]

Obama precisou de muito tempo para equilibrar a inquietude do comportamento de seus pais com um cosmopolitismo enraizado que ele conseguisse aceitar. Sua mãe, Ann Dunham, passou a vida em constantes mudanças, sentindo-se em casa tanto num vilarejo javanês como em El Dorado, no Kansas, onde frequentou o curso médio. Onde quer que chegasse, numa região remota do Paquistão ou numa cidade indonésia densamente habitada, ela olhava em volta e dizia, irônica: "Ai, Toto, acho que não estamos mais no Kansas".

    Certa vez, depois de uma parada no Kansas durante a campanha, um repórter perguntou a Obama no avião a respeito da influência do impulso de viajar de sua família, e pela resposta ficou patente que ele via todo aquele movimento — as fugas constantes dos avós, o desejo da mãe de mudar sempre — como algo a ser evitado no seu caso. "Em parte, fixar residência em Chicago e me casar com Michelle foi uma decisão consciente de criar raízes", afirmou. "Esse tipo de vida nômade tem seu encanto, ainda guardo em mim um pouco desse lado romântico. Mas também inclui uma maldição. A gente precisa de uma moldura para a tela, pois liberdade demais não é liberdade." Então ele riu e disse: "Estou ficando muito poético".[33]

    Os pais de Stanley Armour Dunham, Ralph Waldo Emerson Dunham e Ruth Lucille Armour, eram batistas praticantes, e quando ainda eram jovens pais os dois abriram um restaurante modesto, o Travellers Café, perto de uma antiga sede dos bombeiros na William Street, no centro de Wichita. Seu projeto de família foi curto. Segundo Obama, Ruth Dunham suicidou-se e Stanley, então com oito anos, encontrou o corpo. A data era 26 de novembro de 1926. Em suas memórias Obama cita o temperamento "conquistador" do bisavô como possível motivo para o suicídio de Ruth (obituários na imprensa local atribuem a morte a envenenamento por ptomaína).[34] Pouco depois da morte da esposa Ralph Dunham partiu, deixando Stanley e o irmão, Ralph Jr., para serem criados pelos avós maternos em El Dorado, sede do condado de Butler.

    Em 1918, ano do nascimento de Stanley, a cidade de El Dorado não passava de uma consequência da expansão da indústria petrolífera ocorrida poucos anos antes: durante os anos 1920 a área foi responsável por 9% do petróleo produzido no mundo. A Depressão acabou com esse crescimento. El Dorado sofreu com o fechamento de empresas e com o desemprego. Stanley não parecia muito abalado com seu início dificultoso. Cresceu, tornou-se um rapaz gregário, argumentativo. Às vezes exibia sentimentos de fúria e revolta. No colegial, conseguiu ser suspenso por dar um murro na cara do diretor. Mais tarde, passou alguns anos viajando de trem pelo país, fazendo bicos. Pelo menos durante um tempo ele pareceu um aspirante a um papel em *Bound for Glory* [*Destinado à glória*].*

Quando voltou a Wichita, Stanley conheceu uma moça inteligente e calada chamada Madelyn Lee Payne. Seus pais, Rolla Charles (R. C.) Payne e Leona Bell Payne, eram metodistas. "Eles liam a Bíblia", escreveu Obama, "mas geralmente procuravam evitar as igrejas evangélicas, preferindo uma modalidade baseada no metodismo, que valorizava a razão acima da paixão, e a temperança acima destas."[35] Suas condições de vida eram bem mais confortáveis do que as de Stanley, e sua infância fora bem menos traumática. Nascida em Peru, no Kansas, em 1922, Madelyn cresceu na cidade vizinha de Augusta. Era uma menina estudiosa que passava o tempo livre com as amigas tomando refrigerante nas lanchonetes Cooper's, Carr's, Grant's. No verão, quando queriam ficar no ar condicionado, iam ao cinema. Quase todos os 5 mil habitantes da cidade eram brancos. "Havia apenas duas famílias negras em Augusta", recordou sua amiga Francine Pummill. A população era majoritariamente republicana, inclusive os pais de Madelyn. R. C. trabalhava no escritório de um oleoduto, e a família morava numa pequena casa fornecida pela empresa. Apesar das rigorosas regras metodistas da família — eles não bebiam, não dançavam e não jogavam —, de vez em quando Madelyn fugia para Wichita para ir ao clube Blue Moon ouvir as big bands que excursionavam pela região: Benny Goodmann, Glenn Miller, Tommy Dorsey. No Kansas o álcool era proibido, mas no Blue Moon eles serviam bebidas até para menores.

Durante o último ano do colegial na Augusta High, Madelyn conheceu Stanley Dunham e casou-se com ele em segredo por ocasião de seu banquete de formatura. Madelyn só disse aos pais que tinha se casado depois de receber o diploma. Ninguém na família aprovou o casamento. Charles Payne, irmão mais novo de Madelyn, disse que os pais ficaram "chocados" quando souberam do casamento da filha com Stanley Dunham, pois não o consideravam uma "escolha adequada".

Algumas amigas de Madelyn tampouco gostavam de Stanley. Ele seria muito vaidoso e barulhento. "Stan era o dono da verdade. Um rei em seu castelo", relatou Pummill. "Ele parecia uma colher engordurada, com aquele cabelo escuro todo empastado. Nenhum rapaz de Augusta fazia isso na época." Stanley tam-

---

* Autobiografia do poeta e músico folk americano Woody Guthrie, transformada em filme (*Esta terra é minha*) em 1976. (N. T.)

bém tinha gostos pouco convencionais: escrevia poesia e ouvia discos de jazz. Era sarcástico, sempre falava mais alto que Madelyn.

O casal morou um tempo na Califórnia, mas depois de Pearl Harbor eles voltaram ao Kansas e Stanley se alistou no exército. Ele se apresentou no dia 15 de janeiro de 1942, em Fort Leavenworth: "Stan estava realmente animado", disse Ralph, seu irmão. "E ele nem precisava servir, pois era casado. Poderia ter escapado."[36]

A filha dos Dunham, Stanley Ann, nasceu em Fort Leavenworth em novembro de 1942.

Em outubro de 1943, depois de passar um ano aquartelado em diversas bases, Stanley zarpou com o *H. M. S. Mauritania* com destino à Inglaterra. Era sargento de suprimentos do exército, e no Dia D ele estava servindo num campo de pouso aliado perto de Southampton, chamado Stoney Cross, com a 1830ª Companhia de Suprimento de Munição e Manutenção, que dava apoio à 9ª Força Aérea antes da partida para a Normandia. Para se defender dos ataques aéreos alemães, a companhia cavou trincheiras em Stoney Cross, mas a retaliação não ocorreu. Dunham ajudou a organizar a comemoração, no ginásio de esportes local. Seis semanas depois do Dia D, a companhia desembarcou com cerca de 75 homens na praia de Omaha, na Normandia, e Stanley trabalhou em diversos aeroportos aliados na França: em Brucheville, Cricqueville, Saint Jean-de-Daye, Saint-Dizier e outros. Em fevereiro de 1945 a unidade de Dunham foi anexada ao Terceiro Exército de Patton por três meses. O prontuário de Dunham era sólido. "O sargento Dunham tem feito um bom trabalho como militar no Serviço Especial", registrou seu oficial comandante, primeiro-tenente Frederick Maloof, num relatório semanal em setembro de 1944.[37] Os documentos da companhia, descobertos por Nancy Benac, da Associated Press, também registravam as atividades diárias de Dunham e seus homens — as caminhadas, as aulas sobre táticas e armamentos, os treinos, as lições sobre "moralidade sexual". Em outubro de 1944 houve uma palestra sobre "O que esperar quando estiver aquartelado na Alemanha". Em 7 de abril de 1945, quando o exército alemão se desintegrava, três semanas antes do suicídio de Hitler, Dunham foi transferido para Tidworth, na Inglaterra, onde treinaria como reforço da infantaria americana, mas pouco depois o despacharam de volta para os Estados Unidos. Como muitos militares que voltavam da Europa, Dunham estava ansioso para saber se o mandariam para a guerra no Pacífico, mas com o lançamento das bombas atômicas em Hiroshima e Nagasaki a convocação não aconteceu.

Mesmo com um bebê em casa e o marido lutando na Europa, Madelyn Dunham trabalhava em tempo integral como operária na linha de montagem da Boeing em Wichita, um dos mais famosos projetos de fabricação de munições na época da guerra. Henry (Hap) Arnold, general de cinco estrelas que aprendera a voar na escola dos irmãos Wright e que durante a guerra chegou ao comando da Força Aérea americana, desenvolveu uma estratégia aérea que exigia o lançamento maciço de bombas pesadas. Os engenheiros sugeriram o que ficou conhecido como superfortaleza, um avião destinado a bombardear alvos no Pacífico. O projeto e a construção em tempo recorde ficaram conhecidos como a Batalha do Kansas — e também como a Batalha de Wichita. Mulheres como Madelyn Dunham tinham de trabalhar por longos períodos, chegando a dobrar o turno, para manter a linha de produção de Wichita no ritmo exigido por Hap Arnold.

Quando voltou da Europa, Stanley Dunham tentou por um tempo estudar em Berkeley, um direito concedido aos ex-combatentes, "mas a sala de aula não conseguiu conter suas ambições, sua inquietude".[38] Ele continuava tão agitado quanto na adolescência, quando pegava carona nos trens. Ainda sentia necessidade de mudar, mas agora fazia isso com roupas adequadas, mulher e filha a reboque. Barack Obama escreve sobre o modo como Stanley Dunham contaminou Madelyn, sua futura avó, diplomada no curso de economia doméstica do colegial, "recém-formada na escola secundária e cansada da respeitabilidade", com "aquela coceira de andar pelo mundo", levando-a a escapar das "planícies vazias e cobertas de pó, onde um grande projeto de vida significa um *ice-cream soda* e uma matinê de domingo, onde o medo e a falta de imaginação sufocam seus sonhos". Eles se mudavam constantemente: do Kansas para Berkeley e Ponca City, em Oklahoma; de Wichita Falls, no Texas, para El Dorado, no Kansas, e, em 1955, para o estado de Washington. Em Ponca City, recordou Francine Pummill, Madelyn perdeu um bebê e teve de fazer uma histerectomia. Os Dunham teriam uma única filha.

Mesmo quando ainda era pequena, Stanley Ann Dunham mostrava-se esperta e curiosa. Não se importava com seu nome estranho, resultado da decepção inicial do pai, que desejava um filho. Durante a infância e a adolescência, enquanto a família se mudava de um estado para outro, ela se apresentava aos novos amigos dizendo: "Oi, eu sou a Stanley. Meu pai queria um menino". Os novos colegas demoravam um pouco a chamá-la de Ann (farei isso daqui para a frente, para evitar confusões).

Stan Dunham tornou-se vendedor de móveis. Gostava do serviço. Colegas que trabalharam com ele no período declararam que era um vendedor capaz de "seduzir uma perna de sofá". "Era ótimo vendedor, muito esperto", disse Bob Casey, que trabalhou com ele na loja de móveis J. G. Paris de Ponca City. "Olhava para a frente, foi um dos primeiros a incorporar decoração de interiores e projeto de ambientes à venda de mobiliário. Ele tentava montar conjuntos compatíveis com a casa, em vez de simplesmente mostrar peças soltas."

Quando a família mudou para Seattle, em 1955, Stanley arranjou emprego de vendedor de móveis no centro, primeiro na Standard-Grunbam, na esquina da Segunda avenida com a Pine Street, e poucos anos depois na Doces Majestic Furniture. Nesse meio-tempo, Madelyn trabalhou na cidade vizinha de Bellevue como responsável por depósitos em garantia. Era o crescimento econômico da era Eisenhower. Incorporadores investiam nos subúrbios, o que significava que os novos proprietários das casas tomavam empréstimos e compravam móveis. No primeiro ano em Seattle os Dunham moraram num apartamento da avenida 39 Noroeste, e Ann cursou a oitava série na Eckstein Middle School.[39] Mas os Dunham queriam mais conforto, e alugaram um apartamento no novo conjunto Shorewood, na Mercer Island, uma ilha em forma de faca no lago Washington ligada à cidade por uma ponte flutuante de 1600 metros. Muitos anos depois, com o desenvolvimento tecnológico e a ascensão da Microsoft, executivos donos de fortunas de vários milhões de dólares ergueram mansões na ilha, mas nos anos 1950 o local não passava de um promissor subúrbio de classe média em Seattle. Na ilha, os Dunham tinham vista para as Cascades e, mais importante, moravam em um apartamento próximo a uma nova escola, bem conceituada, para onde pretendiam mandar a filha.

Para a maioria dos jovens, o ambiente na Mercer Island High School envolvia bailes na escola, jogos de basquete, comemorações, dormir em grupo na casa de amigas e discos de Elvis Presley. Mas o quadro de referências de Ann não se limitava a isso. Moça inteligente e intelectualizada, ela já mostrava uma precoce tendência boêmia: adorava jazz, usava insígnias da campanha de Adlai Stevenson para presidente, passava tardes na cafeteria Encore, na cidade universitária, e assistia a filmes estrangeiros no teatro Ridgemont da avenida Greenwood, em Seattle. A turma de Ann não incluía as celebridades locais, mas era engajada, politizada, liberal, ansiosa para ler e conhecer o mundo. Aos primeiros sinais do movimento dos direitos civis, das primeiras discussões sobre direitos iguais para as mulheres, uma de suas melhores amigas, Susan Botkin, disse que eles "definiram nossos valores para o futuro". No colégio, Ann e as amigas fizeram cursos optativos com professores progressistas como Jim Wichterman e Val Foubert, que escandalizaram alguns pais ao ensinar coisas como ensaios de Karl Marx, a obra antropológica de Margaret Mead sobre cultura e homossexualidade, e livros como *O homem organizacional*, de William Whyte, e *A multidão solitária*, de David Riesman. (As amigas de Ann apelidaram o trecho do corredor que ligava as salas dos dois professores de Beco da Anarquia.[40]) Wichterman, em especial, provocou a ira de alguns pais quando realizou em classe um debate sobre Deus — incluindo teorias sobre Sua inexistência. "Estávamos na era Eisenhower, aquilo era realmente inusitado", recordou Chip Wall, outra amiga. Wichterman disse que um grupo de pais pressionou a escola a demiti-lo com Foubert e outra professora, chamada Clara Hayward; eles se referiam ao grupo como as Mães em Marcha. Segundo declarou Wichterman, Ann Dunham era uma jovem estudiosa, mas "não correspondia à imagem típica de uma estudante colegial. Ela não se interessava nem um pouco pelas coisas que interessavam a alunas do colegial, como quem está saindo com quem e outras fofocas".

Ann começava a ter uma ideia do que gostaria de fazer da vida. Disse a Susan Botkin que pretendia estudar antropologia, provavelmente fazer carreira na disciplina. "Quando ela me falou isso precisei consultar o dicionário para saber o que era antropologia!", contou Botkin.

Embora os pais de Ann viessem de uma família republicana e religiosa, a atmosfera em sua casa era liberal e secular para os padrões da época e da Mercer Island. Os Dunham às vezes frequentavam a East Shore Unitarian Church, jocosamente apelidada na cidade de "a igrejinha vermelha do morro".[41] Mas a religião não dominava a vida da família Dunham. Ann costumava se apresentar como ateia.

A família também pertencia a uma minoria em termos de política. "Não havia muitas famílias democratas em nossa comunidade", disse Marylyn Prosser Pauley, amiga de Ann. "Éramos poucos, e sentíamos uma espécie de afinidade em função disso. A família de Stanley e a minha apoiavam a visão de Adlai Stevenson."

Mercer Island foi abalada por uma questão local incômoda — o crescimento do macarthismo. Em 1955, o subcomitê do Congresso para Atividades Antiamericanas convocou para depor John Stenhouse, diretor do conselho escolar da escola da Mercer Island. Stenhouse era um dos sujeitos mais populares da cidade: simpático, inteligente, preocupado com questões sociais. Ele havia se mudado em 1951 para Mercer Island com a família (inclusive a filha, que Ann acabou conhecendo bem) para trabalhar na Prudential Insurance. Mas, quatro anos depois, investigadores foram a sua casa e visitaram seus vizinhos, fazendo perguntas. "Eu me lembro de dois agentes do FBI que apareceram no jardim de casa para falar com minha mãe", declarou Marylyn Prosser Pauley. "Minha mãe estava literalmente de joelhos, cuidando do canteiro, quando eles entraram. Foram muito educados, mas era óbvio que estavam ali para comprovar que Jack Stenhouse era um comunista perigoso. Coisas da época."

Stenhouse nasceu em Chungking, na China. O pai era empresário, e trabalhou na empresa da família até se mudarem para Los Angeles, nas vésperas da Segunda Guerra Mundial. Durante o conflito ele se tornou operador de máquinas numa fábrica de armamentos. Participava do sindicato United Auto Workers e começou a frequentar grupos de estudo esquerdistas. Assinou um cartão do Partido Comunista, compareceu a mais algumas reuniões e abandonou a agremiação em 1946. "A era das mudanças estava fazendo efeito em mim", declarou ao *Time* em 1955, "e concluí que aquele pessoal seguia por um caminho inteiramente errado, justificando a União Soviética e criticando os Estados Unidos."[42]

Mas Stenhouse pagaria um preço humilhante por seu breve contato com o Partido Comunista, tornando-se vítima dos mexericos e maledicências de uma cidade pequena. Quando a história da investigação pelo subcomitê veio à tona, três de seus quatro colegas no conselho escolar exigiram que ele renunciasse à presidência da entidade. Convocaram uma reunião da comunidade na Mercer Crest School, e 250 pessoas da cidade compareceram para decidir o futuro de John Stenhouse.

"Vamos dar um coice nele e mandá-lo para bem longe!", sugeriu um deles.[43]

Mas a maior parte dos presentes à reunião, inclusive o encarregado de se manifestar em nome da ala jovem dos republicanos, declarou que Stenhouse cometera um engano, mas o admitira e deveria continuar no conselho. "Sei que cometi um erro", ele declarou na reunião. "Acredito que temos condições de provar aos povos do mundo inteiro que nosso sistema supera o dos comunistas." Stenhouse morreu em janeiro de 2000. "Na época era um assunto que nós moças abordávamos apenas com as amigas liberais", relatou Marylyn Prosser Pauley.

"Foi a primeira vez que percebemos que nosso governo nem sempre tinha boas intenções. Até então éramos muito idealistas a respeito do nosso maravilhoso governo e do nosso maravilhoso país. Foi como se o despertador tocasse."

"Meu pai realmente sofreu muito por causa disso em alguns momentos", recordou Iona Stenhouse, amiga de Ann. "Eu me inscrevi no Peace Corps quando me formei na Universidade de Washington, em 1965, e fui aceita, mas quando chegou a hora do treinamento eles me barraram. A segurança não me liberou, e meu pai sabia o motivo."

Ann era liberal, mas dificilmente se poderia chamá-la de radical. Usava saia plissada e casaquinhos de malha, frequentava os clubes de francês e biologia, além de participar da elaboração do livro do ano da escola. "Ela era rebelde, na medida em que tomava suas próprias decisões, seguia em frente e aceitava as consequências quando contestava os pais", explicou Susan Botkin.

"Criticávamos os Estados Unidos naquele tempo do mesmo jeito que criticamos hoje: a imprensa nivela tudo por baixo, a educação piorou, as pessoas não sabem nada de geografia, nem o que acontece no resto do mundo", disse Chip Wall, colega de classe de Ann, e professora aposentada. "Ela não era uma menina como as outras. Nenhuma mulher começa a vida com o nome de 'Stanley' sem uma certa percepção de ser um tanto singular."

"Imaginávamos que Stanley, inteligente e ótima aluna, iria para a faculdade, não que se casaria e teria um filho logo depois", disse Maxine Box, outra amiga de Mercer Island.

No último ano de Ann no colegial o pai avisou que pretendia se mudar com a família mais uma vez — agora para o Havaí, o mais novo e distante estado do império americano. Eles viajariam poucos dias depois da formatura de Ann no colégio, em junho de 1960. Stanley pai tinha ouvido dizer que especuladores e construtores estavam erguendo prédios de apartamentos e conjuntos de casas em tudo quanto era terreno baldio de Ohau. Surgiam novos hotéis e bases militares, vilas inteiras apareciam do nada. Era mais uma terra prometida, em especial para um vendedor de móveis.

Ann não ficou contente. Preferia continuar no continente para ir à universidade — já havia sido aceita nas universidades de Washington e de Chicago —, mas os Dunham disseram que jamais deixariam a filha única morar a milhares de quilômetros de distância. Ela hesitou, mas acabou se candidatando a uma vaga na Universidade do Havaí, onde foi aceita.

Pai e filha tinham um relacionamento complicado na época. Ann não aceitava os modos rudes e o temperamento às vezes explosivo do pai, e Stanley insistia em controlar a filha teimosa. Através do prisma do tempo e da lembrança, Barack Jr. considerou a partida da família para o Havaí como parte do desejo de Stanley de "obliterar o passado", de refazer o mundo. Apesar das diferenças entre pai e filha, eles compartilhavam a mesma inquietação — como uma espécie de patrimônio.

A maioria dos 81 membros da turma da ponte aérea de 1959 do Quênia seguiu junta num único voo *charter* de Nairóbi a Nova York, com paradas para reabastecimento no caminho. Como o avião estava lotado, Obama pegou outro voo. "Mas sem dúvida ele fez parte daquele contingente", disse Cora Weiss, diretora executiva do programa. "O Havaí estava fora do esquema — acabara de se tornar um estado —, mas ele foi aceito. E nós fizemos os cheques para pagar o curso, livros e roupas."

Semanas após chegar a Honolulu, Obama passou a considerar o Havaí como um refúgio das tensões e rigores do Quênia, um enclave remoto de cooperação racial. A imprensa local se interessou pela chegada de um africano negro para estudar lá. Entrevistado pelo *Star-Bulletin* de Honolulu, Obama descreveu sua vida como luo criado no Quênia ocidental, contando que descobrira ainda jovem em Nairóbi, "numa revista americana", que havia no Havaí um ambiente de tolerância racial. (Pelo jeito, a luta dos nativos havaianos não o impressionou.) Disse que tinha dinheiro suficiente para passar um ano e que depois, com seus conhecimentos de administração de empresas, poderia voltar ao Quênia e ajudar a construir um país estável e independente.[44]

Obama foi recebido como emissário de um mundo distante. Era convidado a falar a respeito da "situação africana" para grupos reunidos em igrejas e outros centros comunitários. Assim como Tom Mboya, Obama dizia ao público que em sua opinião as divisões tribais constituíam a maior ameaça ao Quênia independente. Nem sempre tinha paciência para opiniões alheias sem base. Quando um jornal de Honolulu publicou um editorial sobre o Congo que ele considerou equivocado, Obama mandou uma carta sugerindo que "talvez vocês precisem de mais informações em primeira mão".[45]

De qualquer forma, Obama era quase sempre uma agradável surpresa como recém-chegado. "Quando cheguei aqui eu esperava encontrar um monte de havaianos usando roupas típicas, ser recebido com danças nativas, essas coisas", contou. "E me surpreendi ao encontrar uma mistura de raças tão grande."[46]

As ilhas havaianas, que se tornaram o quinquagésimo estado norte-americano em agosto de 1959, contavam com uma população muito variada, composta de havaianos nativos, chineses, japoneses, filipinos, samoanos, portugueses e utinanchus, além de americanos brancos de várias origens. A população negra não chegava a 1%, em sua maioria constituída por soldados e marinheiros residentes nas várias bases militares.

Por coincidência, depois da transformação do Havaí em estado os primeiros jatos de passageiros chegaram ao aeroporto de Honolulu. Até então a viagem de avião a hélice de Los Angeles ou de São Francisco até lá demorava treze horas — tediosa e desconfortável demais para a maioria dos turistas. O voo de cinco horas do continente até o Havaí transformou as ilhas num paraíso acessível para os americanos, e depois para japoneses e outros asiáticos. Com o crescimento do turismo em massa veio a demanda por hotéis, resorts, centros comerciais, autoestradas, arranha-céus residenciais. Até a criação do estado, o Partido Republicano dominava o território havaiano, preferido pela elite branca dona de fazendas. Mas na medida em que os veteranos da guerra asiática voltavam para casa e continuavam a estudar, graças às leis de incentivo aos ex-combatentes, eles ascendiam socialmente e acabaram fundando o Partido Democrata.

As primeiras impressões favoráveis de Obama sobre o Havaí multicultural conferiam com as impressões de muitos sociólogos. Desde os anos 1920 estudiosos citavam o Havaí como uma espécie de éden racial. Não havia leis contra o casamento entre raças ou grupos étnicos diferentes, como ocorria em muitos estados americanos. (Só depois do caso Loving vs. Virgínia, em 1967, em que essas disposições estaduais que criminalizavam casamentos mistos — entre as leis mais antigas da história da jurisprudência americana — foram afinal declaradas inconstitucionais pela Suprema Corte.) Mas os estudiosos podem ter sofrido da mesma miopia dos poetas e políticos ao preverem o futuro do Havaí. O sociólogo Romanzo Adams escreveu em *The peoples of Hawaii* (1925) que havia "evidências abundantes de que os povos do Havaí estão em processo de se tornarem um único povo. Daqui a um tempo serão esquecidos os termos hoje normalmente usados para designar esses vários grupos, conforme seus países de origem ou ancestralidade. Não haverá portugueses, chineses ou japoneses — só americanos".

Quatro décadas depois, em sua história social *Hawaii pono*, Lawrence Fuchs elogiou a "revolucionária mensagem de igualdade" do Havaí. Isso em 1961. Enquanto no território continental americano ocorria uma revolução não violenta contra as leis raciais Jim Crow no Sul, o Havaí exibia um multiculturalismo pacato voltado para o futuro, popularizado como o "espírito de *aloha*". Sociólogos e estudiosos das relações raciais como Robert Park, Herbert Blumer e E. Franklin Frazier compareciam a conferências ou tiravam licenças sabáticas para ir ao Havaí para estudar a situação racial.

Obama morava em uma Associação Cristã de Moços perto do campus e logo travou múltiplas amizades com colegas e boêmios de Honolulu, entre eles Neil Abercrombie, natural de Buffalo, que fora a Honolulu para estudar sociologia e permaneceu no Havaí, onde acabou se tornando congressista democrata; Andrew (Pake) Zane, estudante sino-americano e viajante que se estabeleceu como comerciante de antiguidades e itens de coleção perto de Waikiki; e Chet Gorman, um estudioso do Sudeste da Ásia que se tornou um proeminente antropólogo e arqueólogo.

Naqueles dias a pequena universidade era um ambiente despojado. Um chalé podia ser alugado por cinquenta dólares mensais. Neil Abercrombie, que viera direto do campus gelado da Union College, em Schenectady, pensou ter chegado ao paraíso. As estrelas surgiam à noite "como se Deus as tivesse atirado no céu", o aroma das flores era tão rico que ao caminhar pela rua "a gente pensava que a própria atmosfera era perfumada".

Abercrombie recordou que certo dia, depois da aula, foi almoçar na lanchonete da universidade, um humilde barracão de madeira com bancos, mesas de piquenique e comida barata. "Todos conversavam quando o negro, um *popolo*, entrou." *Popolo* é o termo havaiano para erva-moura, um arbusto que dá frutinhas escuras — não chega a ser pejorativo como "crioulo", mas pode ser ofensivo e indicar uma conotação de isolamento e alteridade se pronunciado com certa entonação. "Então lá estava aquele negro retinto, e havia em torno dele uma aura absolutamente energética", prosseguiu. "Sorriso amplo. Simpático, acessível. Incrivelmente inteligente. E era um exótico numa terra exótica. Uma novidade. Mesmo num mundo em que havia um espectro incrível de cores, formas de olhos e fisionomias, ele se destacava do resto. E tinha uma vitalidade elétrica. Vivíamos no que se passava por um mundo livre acadêmico — tomando cerveja, comendo pizza, passando a noite falando de política e de ideias. Drogas, maconha e os

Beatles, tudo isso veio depois. Tínhamos músicos de jazz e músicos folk — Jimmy Reed e Leadbelly e Sonny Terry e Brownie McGhee. Barack imediatamente mergulhou de cabeça no nosso mundinho. Tornou-se parte da turma, parte de um grupo improvável."

Os novos amigos de Obama o chamavam de *"Baer-*ick" e não "Buh-*rock*" — e ficaram impressionados com sua voz estrondosa, o cachimbo elegante, os óculos de aros pretos, o modo como passava horas a fio falando e tomando jarros de cerveja de um dólar e meio em bares locais como o George's Inn e o Stardust Lounge. Às vezes eles conversavam sobre temas culturais, falavam sobre poetas beats e Jack Kerouac, discutiam os discos que estavam ouvindo, mas em geral Obama conduzia a conversa para o lado político, em particular para a onda anticolonialista na África. Ninguém ligava quando ele falava a respeito. Todos o consideravam inteligente e muito bem centrado. "Tudo era oratória para ele, com sua voz possante de James Earl Jones", disse Abercrombie. Se houvesse cerveja suficiente, ele chegava até a zona do ligeiro torpor. O ego de Obama era enorme. Mesmo assim ele nunca deixou de fascinar os amigos. Nunca era maçante. Se alguém mencionasse o tema de um livro, ele já havia lido a obra e absorvido seu conteúdo.

"Ele tinha muita coisa a dizer", declarou Pake Zane. "Barack era um sujeito impressionante. O sujeito mais negro que já vi na vida, com uma voz grave e hipnótica. Falava com sotaque britânico do Quênia, com um ligeiro toque da arrogância de Oxford. Mas era muito fino. Gostava de jazz, dança, cerveja. Eu era capaz de ouvi-lo por horas. E fazia isso."

Obama dizia aos amigos que o Quênia logo seria independente, e que Jomo Kenyatta seria o líder, mas temia o inevitável surgimento de um grupo de vigaristas na liderança. "Ele temia que Tom Mboya não fosse aceito, não só por ser luo como também por ser brilhante, eclético e saber conversar com os brancos sem se sentir intimidado por eles", recordou Abercrombie. "Ele nos disse que Mboya era tão autoconfiante que não precisava provar que era um revolucionário negro decidido. Mas Barack temia que ele fosse visto como um rival. Sabia que haveria problemas no futuro."

Obama também informou aos novos amigos que tinha muito a oferecer ao seu país — e todos em sua terra natal admitiriam isso. "Por baixo das fanfarronices", contou Abercrombie, "ele temia ser desprezado, ignorado. Não era um mestre da sutileza. Precisava dizer exatamente o que pensava e o que pensava dos outros. Acabava ofendendo muita gente. Quando voltou ao Quênia, comportou-se da maneira oposta à que seu filho adotaria no futuro. Talvez não seja justo bancar o psicanalista de araque, mas não acho absurdo considerar que boa parte dos modos atuais de Barack, o filho — tranquilo, embasado, bom ouvinte — seja um modo de se diferenciar do pai."

No primeiro ano de estudo no Havaí, Obama fez um curso de língua russa e conheceu uma estudante mais nova, inteligente, ligeiramente rechonchuda, de olhos castanhos grandes, queixo pontudo e pele branca como giz. ("Ela não era nenhuma miss, com certeza", recordou Abercrombie. "Ann era uma branca do Kansas.") Obama tinha 25 anos e Ann Dunham, dezessete. Os dois fizeram amizade. Um dia Obama a convidou para se encontrar com ele à uma da tarde perto da biblioteca principal. Ela concordou. Esperou um tempo e, como o dia estava ensolarado, deitou-se num banco. "Bem, uma hora depois ele apareceu com uns amigos", ela contou ao filho. "Eu acordei com os três me olhando e ouvi seu pai dizer, sério como só ele podia ser: 'Vejam, cavalheiros, eu disse que ela era uma garota legal e que esperaria por mim'."[47]

Não muito tempo depois, Ann escreveu para a amiga Susan Botkin dizendo que estava se adaptando bem ao Havaí, gostando das aulas e saindo com um rapaz do Quênia que conhecera no curso de russo. No começo, Botkin disse: "Para dizer a verdade, eu estava mais interessada no curso de russo do que em saber que ela estava saindo com um queniano".

Obama passou a levar Ann quando saía à noite com Neil Abercrombie e outros amigos, embora ela tivesse vergonha de falar na frente dos outros. Ao que parece, Obama não se importava muito com isso, pois tendia a dominar as discussões e a tratar as mulheres de um modo que se poderia chamar eufemisticamente de tradicional. "Ela era tão jovem e quieta naqueles dias, quase diáfana", disse Abercrombie. "E ele era a voz dominante em todas as conversas. Ela era mulher. Ele era o centro do universo. Ela ouvia e aprendia."

Já adulto, Barack Obama Jr. escreveu com ceticismo sobre o romantismo ingênuo de seu pai e de sua mãe. Não aceita muito bem o espírito adolescente da mãe, mas acaba se reconciliando com sua inocência e suas boas intenções — e com seu amor por ele. Ann era romântica e idealista em relação a quase tudo, inclusive à questão social e às suas próprias possibilidades. Ela era "aquela menina com o filme cheio de belas pessoas negras na cabeça, seduzida pela atenção do meu pai, confusa e sozinha, procurando fugir da clausura da vida de seus pais", escreveu Obama. "A inocência que ela carregava naquele dia, esperando meu pai, foi manchada com ideias falsas, equivocadas, com suas necessidades. Mas eram necessidades ingênuas, sem autoconsciência, e talvez seja assim que todo amor comece."[48] É o fascinante momento de um filho julgando a mãe na juventude, da forma como a imagina, esforçando-se para entendê-la: até a frase final, quando é ao mesmo tempo crítico e compreensivo.

Já o amado de Ann não era assim tão desprovido de malícia. Deixou de contar a ela que tinha esposa e filho no Quênia, e mais um a caminho. (Tampouco contou isso aos amigos.) Mentiu para Ann, dizendo ser divorciado. Nos anos seguintes, acumulou relacionamentos e casamentos simultâneos. Se sentia alguma culpa em relação a sua atitude egoísta quanto às esposas e aos filhos, Obama escondeu esse sentimento. Kezia contou a um repórter queniano que não se opunha a que seu marido tivesse uma segunda esposa, algo aceito pelos costumes dos luos, e que "ele costumava mandar presentes para mim, dinheiro e roupas pelo correio. Muita gente me invejava".[49]

Em dezembro Ann estava grávida, e no começo de fevereiro, sem contar a ninguém, ela e Barack viajaram de avião para a ilha de Maui para se casarem.

"Na época do Natal ela contou que estava apaixonada pelo africano, e que seus parentes estavam lidando *razoavelmente* bem com a situação", recordou Susan Botkin. "Na primavera, disse que havia se casado com o africano, que esperava um bebê e que seus pais estavam lidando *razoavelmente* bem com a situação." Até então, Ann parecia mais interessada em outras coisas do que em ter e criar um filho. "Foi uma grande surpresa para mim", contou Botkin, "pois eu tinha irmãos pequenos, e ela olhava para eles e dizia: 'São uma gracinha — mas eles vão ficar aqui?'. Ela nunca se interessou muito por eles. Para mim foi fascinante sua opção pelo matrimônio e pela maternidade tão cedo na vida. Ela estava perdidamente apaixonada por aquele homem."

Os pais de Ann consideraram Obama afável, elegante, até charmoso, mas não exatamente confiável. (Mais para o final da vida, Madelyn Dunham disse a respeito de Obama pai: "Ele era *estraaanho*".[50]) Embora se considerassem tolerantes, os Dunham passaram por um momento difícil tentando aceitar a ideia de a filha se casar tão jovem, fosse com *qualquer um*, ainda mais com um africano de passado nebuloso e futuro incerto. "Stan esforçou-se muito para aceitar Barack pai", disse Abercrombie, "e teve uma visão instintiva de que a vida seria dura para Barack Jr. Mas acabou amando aquela criança acima de qualquer coisa."

O popular filme de Stanley Kramer *Adivinhe quem vem para jantar*, sobre o casamento de um médico negro brilhante com uma moça branca idealista e a reação dos pais dela, só foi lançado em 1967. Mas, depois disso, Stanley Dunham não hesitava em comparar sua reação inicial ao novo genro com o choque de Spencer Tracy ao se deparar com Sidney Poitier. Sentiu-se desconfiado, irado, confuso, protetor e atônito com as diferenças entre o que pensava acreditar em relação à questão racial e o que realmente sentia. Stanley Dunham, que morreu em 1992, não viveu para testemunhar um detalhe premonitório do filme de Kramer. Numa das cenas, Tracy quer saber os planos do casal para educar o filho mestiço. Poitier diz sobre a noiva: "Ela acha que todos os nossos filhos serão presidentes dos Estados Unidos. E que todos farão governos coloridos". Quanto a ele: "Francamente, acho que sua filha é um pouco otimista. Eu me contentaria com a Secretaria de Estado".

Lembra muito o idealismo ilimitado e a visão de futuro que Ann Dunham tinha na cabeça. Era um idealismo racial desvinculado de todos os processos e viradas históricas que viriam depois — assassinatos, a ascensão do poder negro, a sedução do separatismo. "Ela era em boa parte um produto do início da era do dr. King", explicou o filho. "Acreditava que as pessoas eram basicamente iguais debaixo da pele, que o fanatismo de qualquer espécie era errado, que portanto a meta seria tratar todos como indivíduos únicos."[51]

As notícias dos parentes do Quênia também não eram muito boas. Hussein Onyango Obama escreveu uma carta áspera ao filho dizendo que desaprovava totalmente o casamento, não por ele já ter uma esposa, mas por achar que uma *mzungu*, uma branca, sujaria a linhagem dos Obama. "O que se pode dizer quando seu filho avisa que vai se casar com uma *mzungu*?", relembrou Sarah.[52]

Barack Hussein Obama Jr. nasceu às 19h24 do dia 4 de agosto de 1961, no Kapi'olani Medical Center, em Honolulu, não muito longe de Waikiki. Na certidão de nascimento consta a raça da mãe, "caucasiana", e a do pai, "africano".

Ann abandonou os estudos para cuidar do filho pequeno. Não imaginava que estaria numa situação tão doméstica em tão pouco tempo: sozinha em casa com Barack Jr., enquanto Barack pai frequentava aulas, estudava na biblioteca, saía para beber com os amigos. Mas suas amigas não se lembram de a terem visto ressentida ou deprimida. Como jovem mãe, e também depois, quando se tornou uma antropóloga respeitada e morou na Indonésia e em vários outros países, ela se manteve otimista, disposta a enfrentar o que a vida lhe oferecia. A última coisa que passava pela sua cabeça era o que as pessoas iriam dizer se a vissem, uma branca, caminhando pela rua com uma criança negra. Alice Dewey, antropóloga da universidade que se tornou orientadora acadêmica de Ann e uma de suas melhores amigas, declarou: "Dizem que ela era muito 'incomum', mas depois de viver no Havaí não parecia tão estranho assim que tivesse se casado com um africano. Isso não transgride nenhuma lei no Havaí, por isso não era tão estranho. Se ela tivesse crescido no Kansas, teria sido inacreditável. Mas no Havaí essa mistura acontece, é um ponto de encontro de diferentes culturas".

Em junho de 1962, Obama pai graduou-se pela Universidade do Havaí. Podia escolher entre continuar os estudos no Havaí, ir para a New School de Nova York com bolsa integral — cujo valor permitiria que sustentasse a família — ou ir para Harvard. Para ele, a escolha foi fácil: "Como posso recusar uma educação melhor?".[53] A ambição sempre veio antes de tudo, inclusive antes de mulheres e crianças. Ele informou a Ann que iria a Cambridge para se formar em econometria. O *Advertiser* de Honolulu noticiou sua partida no final de junho, sem mencionar Ann ou Barack Jr. Obama prometeu à mulher que levaria a família quando chegasse o momento, mas havia nisso tanta verdade quanto na história do primeiro casamento.

"Stanley ficou decepcionado quando Barack largou sua filha, mas não *muito* decepcionado", relatou Neil Abercrombie. "Ele calculou que cedo ou tarde o casamento iria acabar, por isso seria melhor não durar tanto a ponto de magoar o pequeno Barry, como sempre o chamava. Se fosse preciso assumir o papel de pai na vida do garoto, era melhor começar logo."

No outono, Ann foi com o bebê a Cambridge para uma rápida visita ao marido, mas logo se decepcionou e voltou para o Havaí. Barack pai ficou sem ver Ann e o filho por quase uma década, sem revelar que tinha outra família no Havaí. Costumava encontrar o colega de ponte aérea Frederick Okatcha em Nova York, no bar West End, perto da Columbia, e os dois conversavam sobre quase tudo — política, economia, problemas tribais e nepotismo no Quênia, e como iriam ajudar a criar uma nova Nairóbi quando voltassem. "A única coisa que Obama nunca mencionava era a família", disse Okatcha, que estudava psicologia em Yale. "Eu nem sabia que ele era casado. Ou que tinha um filho. Na época, eu não sabia."

★ ★ ★

Ann Dunham tinha vinte anos e era mãe solteira. As promessas iniciais de aventura pareciam improváveis agora. "Foi triste quando o casamento se desintegrou", disse a amiga Susan Botkin. "Fiquei muito impressionada com o jeito dela quando teve Barack, calma e relaxada — a ideia de ir para a África a entusiasmava —, e também com quanto estava apaixonada e acreditava que seu marido desempenharia um papel importante no governo. Foi uma grande decepção para ela quando o pai de Barack pai escreveu dizendo para ele não levar a esposa branca nem o filho mestiço, pois eles não seriam bem-vindos. Havia levantes Mau Mau, e eles decapitavam mulheres brancas e faziam coisas inacreditáveis. Os pais de Ann ficaram preocupados quando souberam disso."

Segundo os registros da secretaria da Universidade de Washington, Ann matriculou-se em um curso de extensão no inverno de 1961 e tornou-se aluna regular na primavera de 1962. Ela se mudou para Seattle com Barack Jr., alugou um apartamento no condomínio Villa Ria, no bairro de Capitol Hill, e retomou contato com algumas amigas do colegial. Uma coisa que as amigas de Ann notaram é que ela não relutava em mostrar o bebê. Quando não estava estudando, passeava por Seattle com Obama no carrinho — para alguns, uma cena chocante. "Na época, um casamento entre um homem negro e uma mulher branca era muito diferente", disse Maxine Box, amiga de Ann. "Ela não demonstrava o menor constrangimento por ter se casado com um negro."

Mas foi difícil retomar os estudos e cuidar de Barack, e um ano depois ela resolveu voltar a Honolulu para morar com os pais e frequentar a Universidade do Havaí. Para pôr isso em prática, solicitou e conseguiu uma bolsa alimentar para vários meses.

De Cambridge ela praticamente não recebia notícias. Barack pai estudava econometria, bebia com a nova turma de amigos e logo arranjou uma namorada para acrescentar aos dois casamentos. "Mas àquela altura Ann já não alimentava mais ilusões", explicou Neil Abercrombie. "Ele era um homem do seu tempo, de uma sociedade bem patriarcal."

Stanley Dunham, que se opusera ao casamento de uma filha tão nova com um homem tão complicado, tornou-se um avô amoroso, que levava o neto à praia e brincava com ele no parque. "Stanley adorava o menino", recordou Abercrombie. "Na ausência do pai, não havia homem mais gentil e compreensivo do que Stanley Dunham. Amoroso e generoso."

Em janeiro de 1964 Ann pediu o divórcio, citando "grave sofrimento mental". Em Cambridge, Obama assinou os papéis sem reclamar.

O afastamento de Barack pode ter magoado Ann, mas ela não hesitou em voltar a sair com outro homem de cor. Alguns anos depois de Obama sair de Harvard e voltar para sua casa no Quênia (com mais uma mulher, a professora americana Ruth Nidesand, que conhecera em Cambridge), Ann começou a namorar Lolo Soetoro, um geólogo indonésio que estudava na Universidade do Havaí. Lolo era um sujeito mais modesto, menos agressivo e ambicioso que Obama, e os pais de Ann se sentiram bem mais à vontade com ele.

Nascido na cidade de Bandung, Soetoro crescera num cenário de violência e rebelião — colonialismo holandês, ocupação japonesa, revolução —, e sua família não conseguiu evitar o pior. O pai e o irmão mais velho foram mortos no final dos anos 1940 na revolta indonésia contra os holandeses, que tentavam em vão retomar o controle do país. Os holandeses queimaram a casa da família Soetoro, que foi obrigada a fugir para o interior e esperar o final no conflito. Para sobreviver, a mãe de Lolo vendeu suas joias, uma de cada vez, até o final da guerra.[54] A família voltou para perto de onde morava, e Soetoro foi estudar geologia na Universidade Gajah Mada, uma instituição de prestígio em Yogyakarta, na parte central de Java.

No Havaí, Soetoro fazia mestrado — e Ann Dunham também — num período em que seu país passava por uma guerra civil pavorosa. Depois que Lolo e Ann se casaram, em 1965, o governo indonésio convocou todos os estudantes em países estrangeiros, inclusive Soetoro, para voltar, provar sua lealdade e ajudar a "reconstruir o país".

Em 1967, Ann e Barry, que já completara seis anos e estava pronto para a primeira série, tomaram um avião para o Japão, onde passaram alguns dias conhecendo as atrações de Tóquio e Kamakura. Em seguida foram a Jacarta para morar com Lolo, que tinha arranjado emprego no exército como geólogo, encarregado de pesquisar estradas e túneis. Chegar à Indonésia em 1967 equivalia a entrar num campo de batalha ainda cheio de cicatrizes da guerra e covas recentes. Durante duas décadas, de 1945 a 1967, Sukarno foi o governante indonésio pós-colonial, o Pai da Nação, o grande *dalang*, o mestre das marionetes manipulando facções e opositores, esmagando ou cooptando inimigos, mudando de nacionalismo para "democracia orientada" e governo autoritário, conforme considerava necessário. Era o timoneiro da mais complexa das nações: 17 500 ilhas, trezentos idiomas e uma cultura influenciada pelo islã, pelo budismo, pelo hinduísmo, pelos holandeses e pelos britânicos. Sukarno conseguia governar graças a uma delicada aliança que incluía militares, comunistas, nacionalistas e islâmicos.

Na noite de 30 de setembro de 1965, um grupo de generais de Sukarno foi assassinado por oficiais rivais, de uma facção chamada Movimento 30 de Setembro. Em poucos dias o major-general Suharto obrigou Sukarno a entregar o poder de fato. O conflito ocorreu numa época de crise econômica — hiperinflação e fome em muitas regiões. Suharto alegou que a violência fora iniciada pelos esquerdistas e se dedicou a esmagar o Partido Comunista da Indonésia, o PKI, iniciando um longo período de prisões políticas, expurgos e supressão da esquerda. Nos meses seguintes, centenas de milhares de pessoas foram executadas. Por décadas, após os sangrentos eventos de meados dos anos 1960, os indonésios discutiram de quem era a culpa pela violência. O crescimento do PKI no governo Sukarno enfureceu os militares e os Estados Unidos. Sukarno também incomodou os investidores ocidentais ao nacionalizar as principais indústrias, inclusive a do petróleo. A maioria dos historiadores concorda em que um dos aliados essenciais de Suharto para derrubar Sukarno foi a CIA.

Os Soetoro moravam num bairro de classe média densamente povoado, numa modesta casa de alvenaria na rua Haji Ramli, uma via de terra que virava lama na época das chuvas.[55] As impressões iniciais de Ann e Barry sobre Jacarta foram de calor e luz, pobreza nas ruas, mendigos, cheiro de óleo diesel, barulho de tráfego e ambulantes. Graças à generosidade do afável padrasto, Barry tinha um zoológico no quintal: galinhas e galos num galinheiro, crocodilos, aves-do-paraíso, uma cacatua e um macaco da Nova Guiné chamado Tata. Certo dia Lolo mencionou que um dos crocodilos tinha fugido e invadido o arrozal vizinho para comer uns patos. Enquanto Ann era a mestra de Barry em assuntos elevados — valores liberais e humanistas, a necessidade de lembrar que eles eram os "estrangeiros" e não os indonésios, a beleza do canto de Mahalia Jackson e das pregações de Martin Luther King —, Lolo servia como instrutor nas necessidades rudes e práticas da vida de classe média na Indonésia. Lolo o ensinou como matar animais de criação para comer, como lutar boxe e se defender se necessário, como tratar os empregados, como ignorar os mendigos na rua e ter o suficiente para seus gastos, como os fracos perecem e os fortes sobrevivem.

Antes de mãe e filho partirem para a Indonésia, Madelyn Dunham entrou em contato com o Departamento de Estado para se informar sobre os perigos de Jacarta — os conflitos políticos, a comida estranha. Não podia fazer nada a respeito da política, mas encheu baús de comida americana em conserva. "Você nunca sabe o que essas pessoas comem", comentou.[56] E tinha razão: Barry não tardou a experimentar cachorro, cobra e gafanhoto torrado. Participou de competições de pipas indonésias, caçou grilos, ficou chocado com os miseráveis nas ruas — muitos deles sem um membro, um olho ou o nariz — e fez amizade com crianças de todos os tipos da vizinhança: filhos de burocratas governamentais, de operários e de agricultores.

Em casa, Soetoro, que sempre se mostrara animado e divertido no Havaí, lutando e brincando com Barry, tornou-se mais fechado, menos disposto a conversar. A impressão é de que no Havaí ele se sentia mais livre, mas em Jacarta, segundo lembranças de Obama, ele vivia "vagando pela casa com uma garrafa de uísque importado, acalentando seus segredos".[57]

Ann também sentiu o ambiente sombrio de Jacarta. Numa de suas expedições à periferia da cidade ela passou por um campo com valas comuns sem identificação. Tentou perguntar a Lolo o que acontecera durante o golpe e o contragolpe comunistas, sobre a busca por suspeitos de comunismo no interior e os inúmeros assassinatos e prisões em massa. Mas a maioria dos indonésios, inclusive Lolo, relutava em comentar os horrores dos meados dos anos 1960.

Em 1970, Ann deu à luz uma menina chamada Maya. Como passou muito tempo com Ann na Indonésia, Maya compreendeu muito bem a ligação da mãe com o país. "Existe uma frase em indonésio, *diam dalam seribu bahasa*, que significa 'manter silêncio em mil línguas'. É uma frase que combina bem com o país", explicou Maya. "Há muitas maneiras de ficar em silêncio. Às vezes está na alegria constante ou no espaço entre as palavras. A Indonésia se tornou mais interessante para ela. E era um desafio. Tenho certeza de que depois de navegar por aquela cultura complexa, tão distante do que conhecera na infância, a moça do Kansas aceitou o novo ambiente com muita força e muito carinho. Não se sentia assustada ou sozinha. Fez amigas entre as pessoas que conheceu e trabalhou para entender suas vidas o melhor que pudesse."

Uma das amigas, Julia Suryakusuma, uma renomada feminista, recordou que Ann mostrou-se "encantada e cativada" pela cultura local quando chegou à Indonésia, sem sentir nenhum desconforto por ser estrangeira. "Sabe, Ann era realmente branca, muito branca, apesar de ter me contado que corria sangue cherokee em suas veias", comentou Julia. "Acho que ela amava pessoas de cor diferente, mais morenas."[58]

Barry fazia o possível para se adaptar à escola. Como afro-americano, claro, ele se destacava. "No começo todo mundo estranhou a presença dele", contou Israella Dharmawan, uma de suas professoras em St. Francis. "Mas eles sentiam curiosidade a seu respeito, então aonde ele ia os meninos iam atrás."[59] Os colegas de escola costumavam chamá-lo de "negro", o que não consideravam ofensivo, ainda que irritasse Barry.

Obama era a única criança estrangeira no bairro, e a única matriculada em St. Francis. As crianças da região eram em sua maioria betawis, provenientes de tribos de Jacarta ou muçulmanas tradicionais. Cecilia Sugini Hananto, professora de Obama na segunda série, declarou ao *Chicago Tribune* que alguns garotos betawis jogavam pedras pelas janelas abertas das salas de aula católicas.[60] Barry aprendeu indonésio rapidamente. Nunca foi fluente, mas sabia o bastante para frequentar a escola e para gritar *"Curang! Curang!"* — trapaceiro — quando era provocado. Zulfan Adi, um dos que o importunavam, lembrou o dia em que Barack seguiu sua turma até um brejo: "Eles o agarraram pelos pés e pelas mãos, recitaram 'Um, dois, três' e o jogaram na água. Por sorte ele sabia nadar. Eles só fizeram isso com o Barry". Obama, porém, era forte e não se intimidava com facilidade. "Parecia um touro, brigava com três meninos ao mesmo tempo", disse um ex-colega de classe, Yunaldi Askiar. "Mas era tudo brincadeira."

Depois do nascimento de Maya os Soetoro se mudaram para um bairro melhor, cinco quilômetros para oeste, onde residia a antiga elite holandesa. Lolo estava trabalhando como contato da Union Oil com o governo. Com o novo emprego vieram novos colegas e conhecidos, alguns deles eram estrangeiros do tipo que se queixava dos "nativos" e dos serviçais. Os Soetoro viviam rodeados de diplomatas e empresários indonésios que moravam em casas muradas. A nova escola de Barry, a Escola Primária Modelo Menteng 1, era majoritariamente muçulmana, como a maioria das escolas da Indonésia. Uma das professoras da St. Francis, Israella Dharmawan, sem querer alimentou uma campanha sensacionalista — principalmente na internet e no noticiário das emissoras a cabo — ao declarar ao *Los Angeles Times*, em março de 2007, que "Barry era muçulmano [...]

Ele foi registrado como muçulmano, pois o pai, Lolo Soetoro, era muçulmano".[61] Um professor do terceiro ano chamado Effendi e a vice-diretora Tine Hahiyari também disseram ao *Times* que Barry fora registrado como muçulmano. Não importa o que diga o registro de matrícula, isso não é verdade. Ann continuava sendo cética em termos religiosos, e não considerava que ela ou o filho fossem muçulmanos. Lolo era muçulmano não praticante. "Meu pai via o islã como uma maneira de se vincular à comunidade", explicou Maya. "Ele nunca comparecia às orações, a não ser em eventos comunitários importantes."

Obama não se recorda de ter levado o lado religioso muito a sério nas duas escolas da Indonésia. "Na escola muçulmana, o professor escreveu para minha mãe dizendo que eu fazia caretas durante os estudos do Alcorão", relatou. "Minha mãe não ficou muito preocupada com isso. 'Tenha respeito', ela havia me dito. Na escola católica, quando chegava a hora de rezar, eu fingia fechar os olhos, mas espiava a sala e os outros. Nada acontecia. Nenhum anjo aparecia. Só uma velha freira e trinta crianças de pele morena murmurando palavras."[62]

Ann e Lolo viviam confortavelmente em Jacarta: graças aos baixos salários, os dois tinham uma empregada para fazer compras e cozinhar e outra para cuidar da casa. Mas Ann não conseguia matricular Barry numa escola internacional. Embora passasse o dia lecionando inglês na embaixada americana, ela acordava Barry todos os dias da semana às quatro da manhã para ajudá-lo a melhorar seus conhecimentos de inglês, história e outras matérias. Ele odiava — e que menino não odiaria? —, mas Ann queria prepará-lo para o momento de voltar aos Estados Unidos e continuar sua educação.

Ann desabrochava, envolveu-se com a arte e o artesanato local, aprendeu a língua, adaptou-se ao modo de vida local, viajava a Bali e aos vilarejos no centro de Java. Ao mesmo tempo, Lolo se parecia cada vez mais com os colegas do escritório da petrolífera. Jogava golfe no clube da Union Oil e, o que era pior no que dizia respeito a Ann, ele *falava* a respeito de golfe. Parecia ansioso para ser assimilado pelo mundo de seus empregadores. "Passo a passo, Lolo tornou-se um petroleiro americano, enquanto Ann se tornava — bem, *até certo ponto* — uma aldeã javanesa", disse Alice Dewey, amiga íntima de Ann. "Ele jogava tênis e golfe com o pessoal da petrolífera, e Ann circulava pelos vilarejos na garupa de uma motocicleta, aprendendo tudo."

Maya Soetoro (hoje Soetoro-Ng) nasceu quando Barry tinha nove anos. Ann a cercou de bonecas de todas as origens: negras, inuítes, holandesas, ameríndias.

"Era como nas Nações Unidas", lembrou. Mas pouco depois do nascimento de Maya, Ann e Lolo começaram a sentir que o casamento desandava. "Talvez Ann tenha começado a se sentir mais competente", diz Maya Soetoro-Ng. "Ela aprendeu diversas línguas. Não só o indonésio, mas o jargão profissional e o feminista também. Creio que passou a ter uma voz mais ativa. Portanto era muito natural que exigisse mais de quem estivesse por perto, de meu pai inclusive. E de repente o carinho dele não bastava para satisfazer suas necessidades."

Às vezes Barack Obama pai escrevia cartas para Ann e Barry, mas continuava distante a maior parte do tempo. As frustrações de sua vida não eram conhecidas pela mulher e o filho. A volta para a África representou um momento de amargura e decadência. Quando deixou Harvard e foi para Nairóbi, em 1965, com diploma de mestrado em economia, Obama dividiu sua vida pessoal entre a terceira esposa e a primeira, entre Ruth Nidesand e Kezia Obama. Ele teria mais dois filhos com Kezia (no total, quatro) e mais dois com Ruth, antes do final do casamento.

"Como muitos homens de sua geração que tiveram a oportunidade de estudar no exterior, Obama sofria da esquizofrenia de ser ao mesmo tempo luo e ocidental", disse seu amigo Olara Otunnu. "Ele absorveu o conjunto de ideias e o quadro de referências tanto de sua terra natal quanto do Ocidente e vivia lutando para reconciliar os dois. Por isso sua tentativa de se casar com diversas mulheres e mantê-las separadas foi um fracasso total. Isso é sintoma de esquizofrenia."

A "esquizofrenia" de Obama — a esquizofrenia da geração "estive lá" das elites africanas que estudaram no Ocidente nos anos 1950 e 1960 e depois voltaram para casa — é analisada pelo escritor ganense Ayi Kwei Armah em seu romance *Why are we so blest?* [Por que somos tão abençoados?]. Armah, que viajou ao exterior para estudar em Groton e Harvard, descreve a desilusão e a decadência de um rapaz chamado Modin Dofu, para quem a volta de Harvard para a África significou a destruição.

Obama Jr. já definiu o pai como "mulherengo",[63] mas a realidade era mais amarga. Além de ter se casado quatro vezes e mantido muitos casos, Obama pai não parecia se importar muito com as mulheres e os filhos. Philip Ochieng, proeminente jornalista luo e amigo de Obama pai, escreveu um artigo descomprometido no *Daily Nation* dizendo o seguinte sobre os luos:

Eles compartilhavam com os antigos helenos o hábito de emboscar mulheres estrangeiras e literalmente atirá-las na cama para servir de esposas.

Portanto, o fato de o pai de Obama arranjar esposas em lugares tão distantes quanto Havaí e Massachusetts — e caucasianas, além disso — não queria dizer muita coisa. Com o tempo, ele poderia ter conquistado uma afegã, uma cherokee, uma esquimó, uma fijiana, uma iraquiana, uma lituana, uma mongol, uma polonesa, uma shona, uma vietnamita, uma uólofe, uma iorubá e uma banto — sem mencionar centenas de mulheres luos, além de Keiza. Os luos teriam considerado sua "masculinidade" digna de total aprovação.[64]

"Na terra natal de Obama um homem pode ter muitas mulheres", explicou Ochieng. "Se tiver apenas uma esposa, como eu, ainda não é considerado homem! A questão importante é como ele tratava a família."

Para os membros da família envolvidos, as andanças e a indiferença de Obama causavam sofrimento. Ao visitar Nairóbi quando ainda era senador dos Estados Unidos, Barack Jr. disse a respeito do pai que "ele se relacionava com as mulheres do modo como o pai dele havia feito, esperando que elas o obedecessem, qualquer que fosse sua atitude".[65] Mas os problemas iam além das diferenças culturais. Obama pai foi um péssimo marido. Mark Ndesandjo, filho de Obama com Ruth Nidesand, disse que Obama batia nele e em sua mãe. "Isso não se faz", disse. "Enterrei esses pensamentos no fundo da mente por muitos anos [...] Eu me lembro das vezes em que ouvia gritos em casa, da dor de minha mãe. Eu era pequeno [...] não podia protegê-la." Ndesandjo abandonou o nome do pai e desde 2001 reside em Shenzhen, na China, onde trabalha com exportação. "Em determinado momento tomei a decisão de não pensar mais em quem era meu verdadeiro pai", disse. "Para mim ele já tinha morrido, mesmo que estivesse vivo. Sabia que era um bêbado que não respeitava a mulher nem os filhos. Para mim, bastava."[66]

O mentor político de Obama pai, Tom Mboya, sempre garantiu que ele tivesse empregos decentes — como economista da BP/Shell, depois como seu colega no Ministério do Planejamento Econômico e Desenvolvimento e no Ministério do Turismo. Desde o momento de seu retorno dos Estados Unidos, Obama pai mostrou-se insatisfeito com os rumos do governo. Pouco mais de um ano depois da independência, em julho de 1965, ele escreveu um artigo no *East Africa Journal* intitulado "Problemas do nosso socialismo". O artigo era uma crítica contundente ao plano de desenvolvimento governamental conhecido como "Sessional Paper No. 10", lançado em abril de 1965.[67]

O principal autor do Sessional Papel No. 10 era Tom Mboya, que fora chamado pelo governo Kenyatta para dar uma resposta aos planos de desenvolvimento inspirados nos soviéticos e concebidos no Instituto Lumumba por líderes políticos de esquerda como Oginga Odinga. Como ideólogo da independência do Quênia, Mboya era moderado; ele se considerava um "socialista de coração e defensor da democracia".[68] O panfleto "A questão do Quênia: uma resposta africana", escrito por ele em 1956, antes da independência, quando tinha apenas 26 anos, foi um documento importante para o movimento anticolonialista — tão importante em seu apelo pela democracia representativa e pelo desenvolvimento de sindicatos fortes que o governo branco de Nairóbi proibiu sua venda em algumas livrarias quenianas. Na verdade, o texto de Mboya ajudou a disseminar sua reputação entre políticos e líderes trabalhistas nos Estados Unidos, ajudando a granjear apoio para a ponte aérea. O Sessional Papel No. 10 é um tipo bem diferente de documento, um planejamento mais técnico e descritivo para o desenvolvimento econômico do Quênia. Ao contrário do plano do Instituto Lumumba, era extremamente cauteloso quanto à nacionalização de indústrias.

Embora tenha participado na concepção do estudo e fosse aliado de Mboya, Obama não hesitou em criticar o plano e assinar o nome embaixo. O artigo de Obama alerta sobre uma política nacional que ignorava a pobreza e a desigualdade, baseando-se em expectativas irreais de rápido crescimento econômico. Ele coloca a questão central para um país que estava abandonando o sistema colonial para assumir sua independência: "Como vamos resolver as disparidades de nosso país, como a concentração do poder econômico em mãos europeias e asiáticas, sem destruir o que já foi obtido?".[69] O Quênia pós-colonial, Obama argumentou, não pode recriar mais um sistema econômico que gere uma pequena classe dominante muito rica e uma massa empobrecida — em outras palavras, repetir o antigo sistema, só que sem uma classe dominante branca e burocrática. Obama defendia a redistribuição de terras tanto para indivíduos quanto para tribos. O estudioso do Quênia David William Cohen, da Universidade de Michigan, define o artigo como "um extraordinário porém improvável ensaio", com as melhores críticas ao "capital desregulado", que só surgiriam um quarto de século depois. Esclarece as diferenças entre os protagonistas da política queniana — o pró-Ocidente Kenyatta e seu vice-presidente esquerdista luo, Oginga Odinga, e Mboya, também luo, mas ideologicamente mais próximo de Kenyatta. "Era próprio de Obama se sentir à vontade para criticar aspectos de um estudo do qual participou", observou Olara Otunnu. "Ele era uma raridade no Quênia. A maior parte da classe política tratava a liderança com excessivo respeito. Obama, não. Ele exprimia suas ideias em voz alta." No artigo, Obama discute a taxação progressiva e a regulamentação do investimento privado. O artigo alerta contra os perigos da concentração da propriedade em mãos estrangeiras e da excessiva privatização de bens e recursos comunitários. Obama escreveu:

> Não é preciso ser queniano para notar que quase todos os estabelecimentos comerciais, das lojinhas de River Road aos grandes magazines de Government Road, bem como as indústrias no setor industrial de Nairóbi, são controlados por asiáticos e europeus [...] Para quem desejamos o crescimento? Os africanos são os donos deste país? [...] É principalmente neste país que vemos quase tudo nas mãos de uma população estrangeira.[70]

No geral, Mboya gostou do ensaio de Obama e o contratou para o Ministério de Planejamento Econômico e Desenvolvimento. Mas logo depois a política queniana se transformaria num caos que engoliria Barack Obama pai.

Em 1966, Odinga saiu do governo Kenyatta e fundou um partido oposicionista de esquerda. No começo, tudo parecia um conflito ideológico entre Odinga — que pressionava Kenyatta para se aproximar do bloco oriental e do sistema econômico socialista — e Kenyatta, mais voltado para os Estados Unidos e a Europa Ocidental. Mas nos meses seguintes essa divisão assumiu uma conotação tribal nefasta, especialmente entre seus seguidores.

Em 1967, Pake Zane e Neil Abercrombie iniciaram uma viagem de volta ao mundo que acabou os levando à porta de seu velho amigo Obama em Nairóbi. Na época ele morava num confortável chalé cedido pelo governo, com um pequeno jardim, mas se descuidara muito de sua pessoa. Fumava sem parar — marcas locais, 555 e Rex — e, alegando que cerveja era "bebida de criança", tomava doses quádruplas de Vat 69 e Johnnie Walker.

"Ele se distanciou da família", contou Abercrombie. "Ainda não tinha chegado ao fundo do poço, isso só ocorreria depois. Mas eu me lembro de ter pensado: Obama não vai ter uma nova oportunidade. Ele parecia muito desanimado [...] Quando eu o encontrei lá, pensei que se tratava de um caso perdido. Daniel

Arap Moi já estava em cena." Arap Moi era o vice-presidente de Kenyatta, e em 1978 tornou-se um presidente famoso pela corrupção e pelo desrespeito aos direitos humanos. "Arap Moi era um canalha, um ladrão obcecado pelo poder. Todos os temores de Barack se concretizaram em Arap Moi." No ministério, Obama entrava sempre em conflito com seus superiores e os constrangia ao tentar denunciar casos de fraude e suborno.

O declínio de Obama, dizem seus velhos amigos, relacionava-se em parte à crença frustrada de que os melhores chegariam ao topo. Ele nunca foi capaz de aceitar o tribalismo, o compadrio e a corrupção. "Nesse sentido ele era ingênuo", disse Peter Aringo, amigo de Obama da mesma aldeia e membro do Parlamento. "Ele acreditava que poderia combater o sistema pelo lado de fora. Pensava que conseguiria derrubá-lo."[71]

"Obama pai preocupava-se muito com a corrupção em seu país, pois ela dificultava o desenvolvimento", explicou Frederick Okatcha, professor de psicologia educacional na Universidade Kenyatta. "Ele queria muito o bem do seu povo, mas depois de viver nos Estados Unidos nós absorvemos novos valores, novos modos de expressão e comportamentos, e só víamos corrupção e nepotismo. É complicado quando a gente percebe que os nossos chefes não têm a metade do nosso preparo. Dá para imaginar o tamanho da frustração. Obama era brilhante, mas agora tinha de se submeter a pessoas que não sabiam metade do que ele sabia. Assim, qualquer um acabaria enchendo a cara."

O hábito mais perigoso de Obama era sua tendência a beber e dirigir. "Lembra-se do personagem sr. Sapo em *O sapo maluco*? Era um maluco ao volante, e Obama era igualzinho", comparou o jornalista Philip Ochieng. "Uma vez ele me levou de carro de Nairóbi a Kisumu e quase morri de medo. Terrível! E na época ele nem estava bebendo."

Em 1965, Obama estava dirigindo quando sofreu um acidente que matou o passageiro, um funcionário do correio de sua cidade natal. O acidente deixou Obama mancando para sempre. "Barack nunca se recuperou do desastre", disse o amigo Leo Odera Omolo a Edmund Sanders, do *Los Angeles Times*.[72] Sua sinceridade e arrogância perderam o charme. Ele se tornou melancólico, encrenqueiro e se convenceu, por boas razões, de que tinha sido marginalizado. Passou a beber cada vez mais, apresentando-se como "doutor Obama", embora na verdade não tivesse completado o doutorado. O homem que fora uma das jovens mentes mais promissoras do Quênia agora não passava de motivo de mexericos e zombaria.

Walgio Orwa, professor da Universidade Great Lakes, em Kisumu, declarou: "Antes, ele era o modelo no qual todos se inspiravam. Dono de uma voz linda, potente. No fim, as pessoas se perguntavam o que havia acontecido".[73]

Em 5 de julho de 1969, numa tranquila tarde de sábado, Tom Mboya voltava de uma viagem oficial à Etiópia e perto de uma da tarde parou numa farmácia na Government Road. Ao sair da farmácia, um jovem kikuyu chamado Nahashon Isaac Njenga Njoroge, usando terno e portando uma valise executiva, sacou um revólver do bolso e disparou duas vezes, atingindo Mboya no peito. Ele morreu na hora.

A notícia da morte de Mboya se espalhou e houve grandes manifestações de repúdio, tanto em Nairóbi quanto em outras cidades e vilarejos luos, no oeste do Quênia. Os luos tinham visto o governo esmagar o esquerdista Oginga Odinga, mas agora desconfiavam de que o círculo íntimo de Kenyatta estivesse por trás do assassinato do político luo mais popular do país. O governo conduziu uma investigação que esteve longe de ser transparente. O pistoleiro, Njenga, era conhecido em Nairóbi por extorquir empresas, ameaçando-as com seus contatos nos altos escalões do governo. Foi levado para a prisão de Kamiti e julgado em setembro. Apenas alguns jornalistas leais ao governo puderam assistir ao julgamento de dez dias, e os arquivos nacionais não guardam nenhum registro decente dos procedimentos. A polícia disse que encontrou a arma de Njenga no telhado de sua casa, na propriedade de Ofafa Jericho. Segundo o advogado de Njenga, Samuel Njoroge Waruhiu, seu cliente não se declarou inocente e parecia sereno quanto ao seu destino, confiante de que no final seria despachado em segurança para algum país distante.[74] "Era difícil lidar com ele", disse Waruhiu. "Lá estava eu, tentando obter informações necessárias para armar uma defesa viável, mas tinha um cliente decidido a ocultar o máximo possível." Njenga disse ao advogado que Mboya recebera o merecido castigo por "nos vender aos americanos".

Njenga não fez um depoimento final ao tribunal e foi condenado à morte. Conforme a proclamação governamental, ele seria enforcado no dia 8 de novembro. Consta que ele teria dito antes: "Por que me pegaram? Por que não o chefão?". Mas se recusou a dizer quem era o "chefão", e sua enigmática questão permaneceu na imaginação política do Quênia por várias décadas.

"Existem evidências convincentes de que a execução jamais ocorreu", afirma David William Cohen. "O governo Kenyatta *anunciou* que ele havia sido executado, mas surgiram relatos de que o condenado foi visto depois na Bulgária, na Etiópia e no Quênia. Muita gente acreditava que tudo isso fazia parte do complô do assassinato e que depois os donos do poder o soltaram e permitiram que saísse do país."

Segundo Pake Zane, que visitou Obama em 1968 e em 1974, ele alegava saber a história secreta do assassinato de Mboya, dizendo inclusive ter visto Mboya na manhã do crime. O assassinato de Mboya continua sendo um mistério insolúvel da história política queniana. A maioria das pessoas que não pertencem à elite no poder tem certeza de que o assassino agiu sob as ordens dos oponentes de Mboya — gente ligada a Kenyatta e a Daniel Arap Moi. Mas ninguém apresentou provas convincentes. De todo modo, as suspeitas sobre o círculo de Kenyatta persistem, particularmente na região habitada pelos luos. Quando Kenyatta fez campanha pela reeleição em Kisumu, cidade luo perto de onde Barack Obama cresceu, a população local gritava: "Onde está Tom? Onde está Tom?".

Por sua vez, Obama ficou furioso com o crime e não escondeu isso, exigindo explicações para o assassinato. ("Estive com Tom na semana passada. O governo poderia me dizer onde ele se encontra?"[75]) A execução de Mboya marcou o fim da vida pública de Obama. Foi a perda do único mentor e benfeitor que já tivera. Os dois não concordavam em tudo — as visões sobre desenvolvimento de Obama tendiam mais à esquerda —, mas Mboya tinha cuidado dele, arranjado empregos na burocracia estatal e cuidado para que mantivesse contato com a classe política de Nairóbi. Depois disso ele foi demitido do governo, ao qual nunca mais voltou.

Três meses após o assassinato de Mboya a tensão no Quênia se agravou. No final de outubro de 1969, Kenyatta foi a Kisumu inaugurar um hospital para o qual Odinga havia obtido fundos com os soviéticos. Centenas de luos vaiaram Kenyatta. O presidente não queria passar vergonha. Declarou que o partido de Odinga, a União do Povo do Quênia, "está engajado apenas em palavras sujas divisionárias. Odinga é meu amigo, mas ele foi iludido, e por sua vez passou a iludir as pessoas de sua região".[76] Em seguida alertou Odinga e seus seguidores. "Vamos esmagar vocês até virarem farinha. Quem contestar o nosso progresso será esmagado como um gafanhoto. Depois não digam que não foram publicamente avisados." O carro de Kenyatta partiu de Kisumu debaixo de uma chuva de pedras e a polícia disparou contra a multidão, matando pelo menos nove pessoas e ferindo setenta.

Dois dias depois, Kenyatta pôs em prática suas ameaças, prendendo Odinga e a maior parte da liderança do KPU, acusando-os de tentar derrubar o governo. Odinga passou dois anos na prisão, e todos os intelectuais e funcionários luos sofreram pressões.

Depois dos eventos de 1969, Obama passou a se embriagar até cair quase todas as noites e a dirigir perigosamente ao voltar para casa. "Ele desmaiava na porta", disse Leo Odera Omolo.[77] Sebastian Peter Okoda, ex-funcionário público do alto escalão do governo que dividia um apartamento com Obama em meados dos anos 1970, lembrou que ele continuava bebendo uísque das melhores marcas em bares de hotéis como o Serena e o Boulevard. Obama se queixou a Okoda: *"Pesa michula en pesa ma ahingo"*: "Eles me pagam uma miséria".[78]

Em 1974, Pake Zane e a esposa foram a Nairóbi, onde ficaram acampados no Nairóbi City Park. "A certa altura Barack apareceu e disse: 'Venham ficar em minha casa'. Havia problemas com gangues. Por isso nos hospedamos com Barack, que bebia e mancava cada vez mais. Quando perguntei o que havia acontecido, ouvi outra história: 'Tentaram me assassinar'. Ele me disse que havia testemunhado o fato. Falou que sabia quem eram os assassinos [de Mboya], e que 'se eu contar, eles vão me matar'. Naquelas noites ele ficou muito embriagado e muito nervoso — furioso com a vida. Lá estava ele, um homem inteligentíssimo, impedido de revelar quem era o assassino. Disse que não havia trabalho para ele no Quênia. Tudo isso contribuiu para fazer dele um homem amargurado, frustrado.

"Fiquei com muito medo depois de algum tempo, pois ele estava tão bravo, era tão arrogante, que ficou perigoso, difamando o governo para quem quisesse ouvir", prosseguiu Zane.

Em seus momentos de sobriedade, Obama reconhecia suas decepções, a frustração de suas ambições, e dizia: "Eu quero fazer o que puder, usando o máximo de minha capacidade. Quando a morte vier, quero morrer inteiro".[79]

2. Superfície e contracorrente

Numa definição genérica, a família de Barack Obama é muito grande. Abrange diversos credos, raças, idiomas e continentes. Ele tem uma avó adotiva numa aldeia perto do lago Vitória que só fala luo e suaíle; um meio-irmão mestiço que fala mandarim fluente e trabalha com comércio no sul da China; um primo por afinidade que é rabino afro-americano em Chicago, cuja missão é criar relações amistosas entre judeus, muçulmanos e cristãos na região sul. Como Obama define, alguns de seus parentes se parecem com Bernie Mac e outros se parecem com Margaret Thatcher. Tem parentes formados pelas melhores universidades do mundo e outros vivendo em vilarejos remotos do Quênia; outro que mora numa favela de Nairóbi e uma meia-irmã africana que acabou num conjunto habitacional de Boston com problemas de imigração. A árvore genealógica de Obama é vasta e intricada como as centenárias figueiras-de-bengala da praia de Waikiki. Como político, Obama usaria a família, pedindo aos eleitores que a imaginassem — e a ele — como metáfora da diversidade americana.

No entanto, em sua infância Obama vivenciou a família como uma pequena unidade dominada pela presença da mãe, Ann Dunham, mais do que pela ausência do pai africano. Ela estava com 29 anos. O segundo casamento havia praticamente acabado. Seu desafio era encontrar uma maneira de desenvolver seu interesse cada vez maior pela antropologia econômica e social da Indonésia e seu idealismo abrangente, e ao mesmo tempo sustentar um filho de dez e uma filha de um ano. Ann não podia mais continuar dando aulas de reforço para Barry de madrugada indefinidamente, e por essa razão começou a pensar num jeito de mandá-lo estudar nos Estados Unidos.

As ambições de Dunham não eram claras. O dinheiro não a atraía muito. "Não sei o que ela queria", disse a irmã de Barack, Maya Soetoro-Ng, "além do que qualquer um de nós quer — algum nível de satisfação por ter contribuído positivamente com a vida dos outros, ter ampliado nossa compreensão do mundo que nos rodeia e ter adquirido plena noção do nosso lugar nesta vida e neste mundo."

Ann chegou à Indonésia na esteira de um levante político, mas o envolvimento direto com a política não era do seu feitio. "Ela se interessava pelo que acontecia no nível mais básico, que ela entendia melhor", continuou Maya. "Não era uma mulher desajuizada, não era uma Poliana que fechava os olhos a tudo, mas acreditava com firmeza que os confrontos eram tolos e desnecessários e pensava: por que não podemos todos chegar a um entendimento?" Ann era politicamente ingênua? "Talvez, às vezes, mais a respeito dos Estados Unidos do que da Indonésia", ela responde. "Em parte isso decorre de sua ida para o Havaí aos dezessete anos, sem presenciar ou sentir realmente o impacto do movimento pelos direitos civis no continente. Devemos ter sempre esperança em relação a nossa terra natal, e por isso ela continuou achando que estávamos fazendo muitos progressos. Alguns interpretariam isso como ingenuidade. Mas pode ser otimismo, pois ela percebia a corrupção de outros lugares com mais clareza. Não é que desejasse ignorar ou não ver, mas ela se concentrava nas realidades socioeconômicas no nível mais fundamental, que provocavam um impacto profundo em sua mente, como o contraste escandaloso entre os que têm e os que não têm, ou entre os extremos de pobreza e degradação, mas também pelo fato de haver tanta beleza por trás, debaixo e em volta de tudo isso. Ela simplesmente não via os desafios; sempre via a beleza."

Ann passou a frequentar os mercados de Jacarta e a viajar pelo país para aprender mais sobre a cultura e o artesanato da Indonésia. "Ela adorava batik, a arte e a música indonésias e todas as formas de criatividade humana, que na sua opinião elevavam o espírito", contou Maya. "Via a beleza da comunidade e do parentesco, o poder dos conflitos e das harmonias culturais. Acreditava que todos os contatos eram deliciosos — na Indonésia e em outros lugares. Ela era *feliz*.

Divertia-se imensamente. Embora consciente dos conflitos e enfrentando seus problemas, ela fazia isso com muita disposição, enorme otimismo e a convicção de que as coisas iam melhorar. Por que lamentar a realidade?"

Quando Barry concluiu a quarta série em Jacarta, Ann Dunham o embarcou num voo para o Havaí para passar o verão com os avós. Obama recorda esse momento de volta ao Havaí com sentimentos conflitantes. Havia a emoção de voltar para os Estados Unidos — ar condicionado, restaurantes de fast-food, esportes mais conhecidos —, mas também havia a insegurança de ficar com os avós que ele mal conhecia.

Stanley e Madelyn Dunham moravam em um apartamento de dois quartos num edifício de dez andares em South Beretania Street, em Honolulu. O prédio dava vista para uma praça grande e para uma das igrejas protestantes mais antigas da cidade. Stanley, que mudara do ramo de móveis para corretagem de seguros, enfrentava dificuldades no trabalho, frustração com os chefes e com clientes potenciais reticentes. Madelyn era executiva em um banco — uma conquista considerável para uma mulher sem contatos e sem curso superior. Na época os bancos do Havaí pertenciam a um pequeno grupo de famílias ricas que não costumavam tratar homens e mulheres com igualdade. "Eles não pagavam muito bem a uma pessoa como Madelyn, mesmo depois das promoções. Ainda vigorava um preconceito muito grande contra as mulheres", relatou Neil Abercrombie. "Os Dunham não moravam naquele apartamento por rejeição filosófica ao materialismo. O imóvel era alugado."

Madelyn Dunham orgulhava-se de seus progressos e fazia questão de chegar ao escritório antes das sete da manhã. Anos depois ela confessou ao neto que o que realmente desejava, desde o início, era "uma casa de cercas brancas, com dias dedicados a cozinhar, jogar *bridge* ou ser voluntária na biblioteca do bairro".[1]

Uma vantagem que os avós podiam oferecer a Barry era a proximidade de Punahou, a melhor escola particular do Havaí e a mais antiga a oeste do rio Mississippi. Em uma área de trinta hectares de bosques luxuriantes e arquitetura elaborada, Punahou ficava a dez minutos de caminhada do apartamento — um agradável passeio que seguia pela frente da igreja, por cima da ponte sobre a autoestrada H-1 e terminava na escola. A lista de espera era longa e as exigências acadêmicas, consideráveis, mas o chefe de Stanley na companhia de seguros, um ex-aluno, ajudou a conseguir uma vaga para Barry em Punahou. "Minha primeira experiência com uma ação afirmativa, parece, teve pouco a ver com raça", escreve Obama, deixando de lado um fato incômodo que paira sobre as escolas preparatórias americanas e as faculdades de elite: a ação afirmativa para filhos de alunos e pessoas bem relacionadas predomina sobre quaisquer brechas criadas com base em origem étnica.[2] No outono, Ann e Maya voltaram para Honolulu para ficar com Barry, que começava na nova escola. Ann passou a frequentar cursos de antropologia na Universidade do Havaí.

A aparência geral de Punahou é semelhante à da Academy-sur-mer de Phillips Exeter.* Os estudantes circulam pelo campus vestidos como se estivessem na praia. Para onde quer que se olhe há palmeiras e albízias exuberantes, gramados bem cuidados, muralhas de lava cobertas por trepadeiras exóticas com flores noturnas de cactos importados do México, presente dado aos fundadores da escola. Nenhum interesse passa em branco. O centro de artes e o ginásio são do tamanho de um hangar aeronáutico, com uma estufa de vidro. A piscina enorme ao ar livre brilha sob o sol. A principal atração do campus era a Thurston Chapel, um prédio modernista projetado pelo arquiteto imigrante Vladimir Ossipoff, rodeada por um laguinho com lírios onde nadavam carpas e tilápias.

Quando havaianos de qualquer origem étnica se encontram no continente, a tendência não é começar a conversa pela cidade de origem. Em vez disso, falando em dialeto, eles se perguntam: "Em que escola você estudou?". A resposta mais exaltada é Punahou. Felizmente Obama foi aceito e conseguiu uma bolsa parcial para ajudar a pagar os 1900 dólares de taxas.

Em 1829, a rainha havaiana Ka'ahumanu pressionou o governador local a conceder uma área grande a Hiram Bingham, um dos primeiros missionários cristãos a chegar à ilha. Bingham pretendia erguer uma escola capaz de rivalizar com as melhores de sua terra natal, a Nova Inglaterra. Punahou foi fundada em 1841 e no início atendia os filhos dos missionários e se dedicava a elevar os estudantes havaianos nativos a "um estágio superior de civilização cristã". Um dos primeiros estudantes, neto de Bingham, Hiram III, ajudou a descobrir a cidade perdida de Machu Picchu e se tornou inspirador do personagem Indiana Jones.

Barry Obama estava na quinta série quando ingressou na Punahou. Havia

---

* Tradicional escola fundada em 1781 em New Hampshire, famosa por ter formado personagens notáveis da política e da cultura americanas. (N. T.)

dois professores responsáveis pela turma, uma professora de história de Nova York chamada Mabel Hefty e um professor de matemática e ciências, Pal Eldredge. Barry era um menino corpulento, descontraído, que ainda usava sandálias de couro trazidas da Indonésia. A romancista Allegra Goodman, que estava numa classe seis anos atrás da de Obama em Punahou, descreve Mabel Hefty, falecida em 1995, como "antiquada, cristã, rigorosa".[3] Não tolerava que ninguém falasse o dialeto local. Na classe, no terceiro andar de Castle Hall, ainda mantinha as cortinas pretas do tempo da Segunda Guerra Mundial.

As primeiras semanas na escola foram um sofrimento. Quando chegava sua vez na chamada — "*Ba-rack* Obama" — as crianças riam, desacostumadas ao nome estranho do menino.

"Você prefere ser chamado de Barry?", perguntou a srta. Hefty. "Barack é um nome muito bonito. Seu avô me contou que seu pai é queniano. Eu morei no Quênia, sabe?"[4]

Mabel Hefty era uma viajante entusiasmada e havia passado o ano anterior na África lecionando numa escola primária de aldeia. Mas quando tentou conversar com Barry sobre sua origem no Quênia ("Você sabe a que tribo seu pai pertence?"), Obama permaneceu em silêncio. Um dos meninos imitou um macaco. Outro perguntou se seu pai era canibal; outro, se podia passar a mão no cabelo dele. Ele era uma curiosidade, uma inesgotável fonte de fascínio — a última coisa que uma criança deseja ser. Barack preferiu "Barry".

Quando Obama chegou, entre os mais de 3500 alunos de Punahou só três ou quatro eram negros. Obama guardou em segredo os sofrimentos daquele outono. "Um dos desafios para um menino de dez anos que chega a um lugar novo é entender onde se encaixar", disse Obama num discurso no campus em 2004. "E para mim foi um grande desafio, em parte por ser um dos poucos afro-americanos na escola, em parte por ser novo no meio de estudantes que conviviam desde o jardim da infância."[5]

Antes da chegada de Obama, talvez a criança mais solitária de Punahou fosse Joella Edwards (Obama a chama de "Coretta" em suas memórias). Filha de um médico, Joella sofreu muito em Punahou. "Alguns alunos — não todos, mas um bom número — me chamavam de 'geleia', 'pimenta', 'Aunt Jemima' (o equivalente a 'Tia Anastácia'), 'torrada queimada com geleia de goiaba'", contou. "E também usavam o termo local, *popolo*. Eram brutais às vezes. Outro tempo, outros modos, nós estávamos nos anos sessenta e setenta, e os Estados Unidos como um todo discutiam a questão racial. Eu me lembro de me encolher toda ao ouvir a palavra 'preto'. Era uma cor na caixa de lápis. Por causa disso, a gente não podia dizer o que desejava dizer."

"Se eu estivesse no continente, convivendo com outros negros, teria sido muito diferente", prosseguiu Edwards. "O único colega negro que eu tinha era Barry. Tínhamos dez anos quando nos conhecemos — foi tão estranho! Ele entrou na escola e eu fiquei muito animada! O menino era da minha cor. Ele se *parecia* comigo. Era *igual* a mim. Não nos evitamos. Fomos atraídos um para o outro. Mas precisávamos manter certa distância." Edwards e Obama lembram-se de que alguém sempre zombava deles quando estavam juntos — por serem duas crianças negras. *Barry e Joella sentados numa árvore* [...] *Se bei-jan-do!* [...] Mesmo assim, Barry nunca rejeitou Joella. "Ele era meu cavaleiro andante de armadura reluzente", disse Edwards, que hoje vive na Flórida. "Ele era eu — exceto pela anatomia diferente."

Era comum Joella voltar chorando para casa. Quando tentou estudar mais para tirar notas melhores, a professora a acusou de fraude nos trabalhos. Só quando ela refez o trabalho na presença da professora eles acreditaram que era a autora. Depois do nono ano, em vez de continuar aguentando novas humilhações, ela saiu da escola e foi para uma instituição pública. "Servi de saco de pancadas por muitos anos", disse.

O desconforto de Barry em Punahou aumentou no primeiro ano. Por meses ele contou histórias infantis algo fantasiosas aos colegas de classe. Seu pai era um príncipe africano, filho de um chefe tribal. Na verdade ele pouco sabia a respeito do pai — em geral, "fragmentos de informações que eu conseguia com minha mãe".[6] Agora, porém, em 1971, Barack Obama pai viria passar um mês em Honolulu. Não via Barry desde que ele engatinhava. Quando Obama chegou a Oahu, o filho se surpreendeu com seu tamanho reduzido, em comparação com fotos antigas. Ele era frágil — curiosamente cuidadoso "ao acender o cigarro ou ao pegar a cerveja" — e seus olhos tinham um tom amarelado de malária.[7]

Obama conta a história da visita do pai com uma clareza que deixa o leitor desconfiado: um homem maduro tentando reafirmar sua autoridade com dez anos de atraso; a misteriosa intimidade renovada entre o pai e a mãe; Stanley Dunham declarando que ali era a casa dele e que ninguém lhe daria ordens lá dentro; Ann tentando manter a paz, em vão; a triste perplexidade do rapaz quando o pai ordena que se esforce mais e o proíbe de assistir *O Grinch* na televisão.

"Todos éramos acusados", ele escreveu um quarto de século depois. "Eu sentia como se algo tivesse se partido entre todos nós, com os duendes escapando da velha caverna onde haviam sido trancafiados."[8] Houve também bons momentos — Obama levou Barry para ver um concerto de Dave Brubeck em Honolulu, o que o incentivou a se tornar fã de jazz para o resto da vida —, mas foi uma visita complicada, e ainda pior porque o menino sabia que não iria durar muito.

Barry começou a contar os dias que faltavam para o pai voltar para a África, mas antes que seu sofrimento chegasse ao fim ele teve de passar por mais uma provação: a srta. Hefty convidou Obama pai para falar para duas turmas, a dela e a do professor de matemática de Barry, Pal Eldredge. Obama descreve a agonia da espera do evento, imaginando que suas mentiras seriam desmascaradas e as zombarias que ouviria depois. Lembra-se também de que no dia seguinte seu pai falou das tribos que faziam os jovens matarem leões para provar sua virilidade, da luta do Quênia pela independência e da "fenda profunda na terra onde a raça humana surgiu".[9]

Pal Eldredge recorda-se de uma apresentação prosaica, sem grandes destaques, razoavelmente agradável: "A questão principal, com referência a Barack, é que na época não tínhamos muitos alunos negros ou mulatos. Era meu segundo ano como professor e me lembro do pai dele e da palestra. Ele falou sobre educação e contou como era a vida em sua terra natal".

Mabel Hefty e Pal Eldredge ficaram satisfeitos, e na conclusão da apresentação agradeceram muito a Barack Obama e cumprimentaram Barry por ter um pai tão fascinante. Ninguém falou nada sobre as "mentiras" de Barry. Ao contrário, o menino que havia perguntado sobre canibalismo na primeira semana disse: "Seu pai é muito legal".[10] Para Barry era difícil concordar com isso. Ele tinha passado por lá para fazer uma visita, talvez aliviar a consciência, e logo iria embora. E nunca mais veria o filho.

Quem leu as memórias de Obama ou está familiarizado com seus discursos de campanha conhece os aspectos marcantes de sua vida que ele escolheu enfatizar: a mãe idealista, que quando solteira recorreu ao auxílio alimentar do governo por um tempo e enfrentou os formulários dos seguros de saúde quando estava morrendo de câncer, aos cinquenta e poucos anos; os avós simplórios do Meio-Oeste, com seus abraços carinhosos e resignação ao desespero; o próprio conflito interno sobre raça e identidade quando jovem e adolescente; a carreira de organizador comunitário na zona sul de Chicago. Mas ele não enfatiza tanto uma parcela igualmente crucial de sua origem: as instituições de elite que também o formaram — Punahou, Occidental College, Universidade Columbia, a Faculdade de Direito de Harvard e o curso de direito da Universidade de Chicago.

Obama teve uma educação liberal no sentido mais amplo do termo. Era jovem demais para os anos 1960, mas seus professores eram produto do período e levaram à sala de aula e aos debates no anfiteatro novos valores e narrativas históricas: o movimento pacifista, direitos civis, liberação dos gays e das mulheres, diversidade étnica. Não eram os conflitos da juventude de Obama, eram os fornecidos pelo ambiente. Isso ficou patente desde os meados dos anos 1970 em Punahou.

O único traço do passado congregacionalista de Punahou era o culto semanal. Na Thurston Chapel, nos anos 1970, os estudantes ouviam leituras da Bíblia, récitas de poesia secular, versões de "The sounds of silence", "Blowin' in the wind" e "The rose". Era o tipo de capela que Ann Dunham — que falava de uma "força superior" e lia vários tipos de textos religiosos aos filhos mas nunca frequentava igreja — aprovava sem restrições. "Nós nos reuníamos, formando um grupo, em geral para contemplar aspectos filosóficos e/ou espirituais do mundo em torno de nós, mas também para cantos comunitários, celebrações e para realimentar afetivamente a sensação de harmonia e bem-estar", escreveu Constance Ramos, colega de classe de Obama, no álbum de recordações da Turma de 1979. "O foco não era em nenhuma religião *per se*, mas desenvolver em cada um o gosto pela contemplação silenciosa do nosso papel no universo e o regozijo inerente que acompanha a sensação de fazer parte de uma comunidade."[11]

"Na oitava série também frequentávamos um curso semanal chamado Ética Cristã", prosseguiu Ramos. "Deitávamos em almofadas no chão e conversávamos sobre diversas ideias — o significado de 'amizade', por exemplo — ou do que pensávamos da vida em geral. Ouvíamos sem parar o disco *Bridge over troubled water*, de Simon e Garfunkel [...] Em retrospecto, pode-se dizer que Ética Cristã se assemelhava mais a uma sessão de terapia em grupo para adolescentes do que a qualquer outra coisa."[12]

Barry Obama nunca foi o primeiro da classe nem o aluno mais esforçado — um padrão que persistiu da quinta série até o fim do colegial. ("Ele era um estudante do segundo escalão", disse Eric Kusunoki, seu professor no colegial.

"Eu não o pressionava pela falta de empenho. Alguns alunos não aguentam o excesso de cobrança e sofrem de estafa.") O currículo era mais rigoroso e multicultural do que os das duas escolas indonésias. As matérias da sexta série incluíam temas de outras culturas e visitas a uma sinagoga local e a um templo budista. Mais tarde, nas aulas de história, os estudantes liam a respeito dos fracassos dos Estados Unidos em questões de política e sentido moral em *Enterrem meu coração na curva do rio*, de Dee Brown, *Farewell to Manzanar* [Adeus a Manzanar], de Jeanne Wakatsuki Houston e James D. Houston, a respeito do confinamento de nipo-americanos durante a Segunda Guerra Mundial, e em *Shoal of time* [Baixio do tempo], de Gavan Daws, uma história das ilhas havaianas. Para aprender a respeito do Holocausto eles assistiram ao documentário de Alain Resnais *Nuit et brouillard* [Noite e névoa]. Em "Ideias na literatura ocidental", um curso popular no colegial, os estudantes liam Sartre, Camus, Borges, Hesse e Kafka.

Mas a atmosfera predominante em Punahou era tão leve que nem sempre era fácil para os estudantes imaginarem as catástrofes da história ou as vidas íntimas conturbadas dos personagens literários. Jonathan Selinger, hoje professor de físico-química na Universidade de Kent, mencionou um professor recém-chegado ao Havaí que se queixou da dificuldade de ensinar literatura em Punahou. "No continente os estudantes entendiam a literatura, pois muitos eram depressivos ou já haviam até pensado em suicídio", declarou Selinger. "No Havaí, os alunos eram felizes demais para apreciar a grande literatura."

Barry Obama nem sempre compartilhava esse espírito faceiro. Sofreu sua quota de solidão e perplexidade no colegial. Depois de estudar três anos na Universidade do Havaí para obter o mestrado em antropologia, sua mãe resolveu voltar para a Indonésia. Faria a pesquisa de campo para seu doutorado lá, gastaria menos e alimentaria sua vontade irrequieta de explorar o mundo. Estava decidida a ir, mas Barry queria continuar em Punahou, mesmo se fosse para morar com os avós no apartamento de Beretania Street.

"Quando chegou ao Havaí pela primeira vez, no início dos anos 1970, ela não pretendia deixar Barack para trás", disse Maya, irmã de Obama. "Mas ao voltar [para a Indonésia] ela pensou em seu casamento e na carreira acadêmica. Barack já havia passado três anos em Punahou e preferia continuar lá. Ela pensou que provavelmente seria a melhor solução provisória. Mesmo assim, foi difícil. Sentia muita falta dele, escrevia muitas cartas, que ele respondia, telefonava com frequência e eles passavam as férias e o Natal juntos. Mas sentíamos muito a falta dele aqui. A ideia de arrancá-lo de lá e jogá-lo de novo em outro país soava cruel. A gente muda muito em três anos de adolescência, e para ele seria praticamente impossível retornar para a Indonésia."

Naquele momento, Barry não tinha pai e passava a maior parte do ano sem a mãe. Mais ou menos nessa época começou o que mais tarde ele chamaria de "conflito interior intermitente".

O Havaí não renega a imagem de paraíso: são inebriantes a beleza física, o isolamento em relação à América continental (em relação a *qualquer lugar*), o ritmo pacato da vida e inclusive o próprio marketing do "estado aloha", o máximo em matéria de férias. Até na capital, Honolulu, que parece superdesenvolvida como Hong Kong, as montanhas e a costa estão visíveis de quase todos os pontos. Obama passava boa parte do tempo se divertindo com os amigos: praticando *body-boarding* em Sandy Beach, acampando e fazendo caminhadas na reserva florestal de Mokulei'ia e Peacock Flats, assistindo a filmes no velho Cinerama Theater, matando o tempo no Mr. Burger Drive-In, perto da universidade, ou no Zippy's, comendo chili com arroz. Para não falar das experiências com todos os tipos de maconha: *Maui Wowie, Kaua'i Electric, Puna Butter, Kona Gold*. Quando Barry estava no colégio, a idade mínima para dirigir era de quinze anos. Punahou encarnava o paraíso para adolescentes americanos bem de vida.

Barry era conhecido na escola como um rapaz inteligente, interessado e amistoso, jogador obsessivo de basquete, chegado aos esportistas e amigo dos interessados por artes, capaz de se enturmar em quase todos os grupos. Ao contrário de outros adolescentes, ele guardava para si suas confusões, sem dramatizar seus sentimentos. Para a maioria, ele era alegre e bem-disposto. Compunha poemas para a *Ka Wai Ola*, a revista literária do campus. Cantava no coro. Participava das festas colegiais e ajudou a fazer um filme chamado *Narc Squad*, baseado no drama policial *The Mod Squad*, da ABC. ("Um branco, um negro, um loiro" era o slogan do *Mod Squad*. Dos três jovens policiais que se infiltravam nas quadrilhas, Barry fazia o papel do que usava *dashiki*. Mas ele não usou o traje africano na cena da festa na piscina.)[13]

Contudo, a afirmação da sua identidade era mais complicada do que parecia. Em sua visão edulcorada da escola e do próprio Havaí, os professores e alunos de Punahou tendiam a encarar a etnicidade apenas como um elemento a mais. O autorretrato de Obama em suas memórias, como um jovem problemático tentando lidar com raça e racismo, chocou diversos mestres e colegas. Eric Kusunoki, um de seus professores, confessou sua surpresa com o teor do livro. "No Havaí a etnicidade é difusa. Prefiro não pensar nos alunos em termos de pretos e brancos, no geral eles tendem a um moreno dourado", disse. "Todos são mestiços e todos são diferentes. Por isso fiquei um pouco surpreso quando li o livro. Obama frequentou minha classe todos os dias durante quatro anos. Expressava-se muito bem, nunca parecia aborrecido ou perdia a calma. Estava sempre sorrindo e se ajustou muito bem à escola."

Constance Ramos, de família húngaro-filipina, escreveu: "Nunca vi Barry como 'negro'. Até hoje não vejo. Sinceramente, em um nível emocional mais profundo eu não sei o que 'negro' significa: por que Barry deveria se enquadrar nesta categoria de 'cor' se o seu tom de pele é quase igual ao meu? Ninguém me chama de 'negra'. Para mim permanece obscuro o motivo de a cor da pele ser tão importante para tantas pessoas".[14]

São poucos os escritores e observadores da vida em Punahou que permitem que a autoimagem radiante do lugar seja obscurecida por um toque de ansiedade ou por uma nódoa sombria. A romancista Allegra Goodman é uma exceção, ao descrever um lugar onde as muralhas do privilégio eram quase inexpugnáveis e vigiadas o tempo todo:

> O adorável lar tropical de pessoas de origens tão diversas não se encontra além das diferenças — tem tudo a ver com elas. As tensões fervem entre havaianos nativos e recém-chegados. As culturas estratificadas da Polinésia, da Ásia e da América enfrentam preconceitos e ignorância, em geral veiculados em piadas racistas que às vezes se manifestam em violência física. O corpo discente de Punahou é multicultural e recebe uma generosa ajuda financeira. Mas, para alguns, Punahou simboliza privilégios exclusivos. Mais de uma vez, quando eu estudava lá, rapazes de fora invadiam a escola. Os professores davam o alarme: "Os burros entraram na escola de novo" — com a palavra "burros" designando os meninos pobres nativos.[15]

No colegial, Barry desistiu de escrever cartas ao pai, preferindo empreender sozinho o esforço de se compreender. Aos trancos e barrancos, de modo comovente e autodidata, ele ia aprendendo a ser negro. Segundo seu professor de matemática e ciências, Pal Eldredge, a postura de Barry mudou. "Sua ginga, o jeito de andar, se alterou", disse. "E não fui o único a notar." Passo a passo ele começou a imersão na cultura afro-americana que vicejava a milhares de quilômetros dali. Ouvia Marvin Gaye e Stevie Wonder, Grover Washington e Miles Davis; assistia na televisão a Richard Pryor e ao programa *Soul Train*. Lia por conta própria *Filho nativo*, de Richard Wright, poemas de Langston Hughes, *A autobiografia de Malcolm X*, *As almas da gente negra*, ensaios de James Baldwin, *O homem invisível*, de Ralph Ellison.

Obama não podia, nem pretendia, iniciar sua jornada nas vizinhanças. Honolulu não era Detroit nem Lansing, a zona sul de Chicago ou o Harlem — e muito menos os vilarejos do delta do Mississippi —, mas ele não escapou de momentos de humilhação racial. Ele menciona um incidente de passagem, quando teria onze ou doze anos, que um colega branco, Kristen Caldwell, recordaria vários anos depois com muito mais detalhes.

> Quando comecei a ler mais sobre os primeiros anos de Barack Obama em Punahou, minha primeira impressão foi que as questões raciais foram exageradas. Depois me dei conta de que eu não tinha como saber qual foi a experiência e a percepção dele — assim como ele não podia saber qual era a minha. Mas eu me lembro muito bem de um incidente: nós estávamos no *lanai* (pátio) vendo os cartazes recentes com as chaves de um campeonato de tênis [...]
>
> Todos faziam a mesma coisa: procuravam o próprio nome e depois acompanhavam a linha com o dedo para ver com quem jogariam se passassem para as fases seguintes do torneio [...]
>
> Barry fazia o mesmo que todos, seu comportamento era perfeitamente normal. Mas Tom M. aproximou-se e disse para ele não tocar o cartaz, pois iria sujá-lo. Ele escolheu Barry, e a intenção era claríssima: as mãos de Barry não estavam sujas, mas sua pele mais escura mancharia o quadro. Quem presenciou a cena ficou de queixo caído, horrorizado, pasmo [...]
>
> Barry lidou bem com a situação, dosando a frieza de sua reação para evitar o desrespeito. "O que você quer dizer com isso?", perguntou com voz firme. Vi nos olhos de Tom que ele percebeu ter ido longe demais — seu comentário pegou mal, ele tinha avançado o sinal e havia testemunhas. Gaguejou uma resposta e acabou alegando que só estava brincando. Mas todos nós sabíamos que não se tratava de uma brincadeira. Tanto que não teve a menor graça.
>
> Parte de nossa inocência tinha se perdido: foi o preço de um comentário nojento, que jamais esqueci.[16]

Não foi o único incidente. No nono ano, segundo o colega de classe Ronald Loui, um professor de educação física aconselhou os estudantes a modificar o estilo de corrida. "Vocês devem correr como um negro", recomendou o professor. "Não sejam tão rígidos, mexam os quadris!" Obama, único negro da classe, de acordo com Loui, "sentiu um profundo constrangimento, e em parte para fugir da situação desconfortável ele parou de correr".

No colegial, Obama encontrou alguns colegas negros mais velhos para conversar. Passava um bom tempo com Keith Kakugawa — "Ray", nas memórias —, mas pelo jeito os monólogos ressentidos de Keith sobre o "homem branco" só fizeram aumentar a raiva e a confusão de Obama. (Na idade adulta, Kakugawa passou sete anos na cadeia por crimes relacionados a drogas e furto de automóvel. Quando começou a criar embaraços para a campanha de Obama — dizendo aos repórteres que *A origem dos meus sonhos* era impreciso e pedindo dinheiro —, um porta-voz, Bill Burton, declarou: "Sem dúvida a história de Keith é triste e trágica".)[17]

Embora seus companheiros mais constantes — Greg Orme, Bobby Titcomb e Mike Ramos — não fossem negros, Obama mantinha sólidas amizades com dois estudantes afro-americanos mais velhos de Punahou: Rik Smith, que hoje é médico, e Tony Peterson, que trabalha na Igreja Metodista Unida. Os três se encontravam semanalmente na frente do Cooke Hall para o que chamavam zombeteiramente de Cantinho Étnico. Falavam sobre as aulas, filosofia, raça — e também da forma como a questão racial afetava suas oportunidades de sair com moças de Punahou, quase todas brancas, asiáticas ou mestiças. Perguntavam um ao outro o que significava "agir como branco" e "agir como negro". Chegaram até a discutir se viveriam para ver a eleição de um presidente negro — e concluíram que isso simplesmente não seria possível.

Costumavam conversar sobre os mesmos mistérios que intrigavam outros da mesma idade. Na primavera de 1976, Tony gravou em fita uma sessão do Cantinho Étnico, pois precisava fazer um trabalho escolar sobre o tempo e tentou reunir material com os outros.

Rik: Vocês já pensaram na questão do tempo?
Barry: Sim.
Tony: Já pensei a respeito.
Rik: Então, vamos pensar no tempo. O que é? O que é o tempo?

Tony: Eu não sei.

Barry: Bem... o tempo é apenas uma coleção de experiências humanas... preste atenção, acho que vai soar bem, cara! O tempo é uma reunião de experiências humanas combinadas, de modo a formar uma longa sequência de pensamentos encadeados.

O diálogo é uma mescla da peça *Entre quatro paredes* com o filme *Picardias estudantis*. "Éramos três rapazes negros tentando impressionar uns aos outros com nossa inteligência", disse Peterson, rindo. "Não transávamos com todo mundo, não zoávamos com a turma. Então desafiávamos uns aos outros."

Eles também criavam mecanismos mútuos de proteção, segundo Rik Smith. Punahou se definia como um exemplo de respeito multicultural, mas Smith, dois anos mais velho que Obama, descreveu uma festa de Halloween em Punahou na qual dois estudantes apareceram com o rosto pintado de preto, cobertos de trapos — "fantasia de menestrel". Os rapazes que se fantasiaram não tinham ideia da conotação racista. Na verdade, sentiram-se ofendidos pela reação negativa de Rik. Como poderiam ser racistas se eram tão puros de coração? Quase todos os adolescentes tendem a se ver como excluídos — existe nisso certo consolo, a solidão se transforma numa espécie de charme —, mas Obama, Smith e Peterson viviam discutindo entre si se eram negros ou indivíduos em primeiro lugar. As respostas fornecidas pela escola de Punahou os confundiam.

"A experiência de Barack foi igual à minha", declarou Smith. "Falo sobre esse assunto com os meus filhos e eles não conseguem imaginar isso na Califórnia. Quando eu era criança, em Seattle, não podia brincar na hora do recreio, os meninos não me deixavam jogar beisebol. Uma das histórias curiosas de que me recordo diz respeito a uma menina *haole* de quem eu gostava, uma pessoa legal, mas que nunca saía comigo.* Era estranho, pois quando passava da meia-noite eu entrava escondido no quarto dela e depois ia embora. Mas ela não falava comigo na escola. Era uma atividade *interessante*."

Os assuntos do Cantinho Étnico não envelheceram. "Quando Barry discursou na Convenção Democrata de 2004 e falou sobre o desejo de erradicar a ideia de que um menino negro com um livro na mão estava bancando o branco, aqui-

---

* Haole: termo havaiano que significa "ser de fora". (N. T.)

lo constituía uma parcela considerável do que conversávamos na época do colégio", contou Tony Peterson. "Os jovens entram em conflito com suas identidades. Se for birracial, parecer negro e crescer numa família branca, os problemas são profundos."

Ronald Loui, sino-americano, disse: "As pessoas no Havaí não têm uma noção real da distância entre negros e brancos. Muitos ídolos daquela época eram negros. Todos nós ouvíamos Earth, Wind & Fire, todos fingíamos ser o Dr. J na quadra de basquete, e mesmo assim havia pais dizendo aos filhos para tomar cuidado com os negros".

Numa etapa posterior da vida, Obama pronunciou discursos e deu entrevistas com avaliações positivas do Havaí, de Punahou e de sua peculiar condição familiar. "Fui criado como uma criança indonésia e havaiana, como criança negra e criança branca", disse a seu biógrafo inicial, David Mendell. "E o benefício que obtive com isso foi uma multiplicidade de culturas que me nutriram, todas elas." Soa bem no discurso de um homem maduro, mas a experiência concreta daqueles anos, no cotidiano vivido por Obama, muitas vezes foi penosa.

A mãe de Barry visitava o filho em Honolulu quando podia, ou pagava a passagem para ele passar férias na Indonésia sempre que possível, mas Barry crescia fora de suas vistas. Ele ainda desfrutava da energia, da doçura e da inteligência materna, mas agora sua mãe tinha pouco a oferecer em relação ao que mais o incomodava. Quando ingenuamente buscou um ponto em comum com o filho — "Sabe, eu não me *sinto* branca!" —, ele se revoltou contra sua tentativa. Residente da Indonésia, Ann Dunham cristalizara os axiomas, esperanças e atitudes do período pioneiro da luta pelos direitos civis e pouco se envolveu com o que veio depois: ressentimentos mútuos, poder negro, Panteras Negras, confrontos por causa de ônibus escolares e ações afirmativas. "Eu me lembro bem da tristeza dela diante da raiva que sentia em parte da comunidade afro-americana", contou Obama.[18]

Como Ann poderia saber como é ser homem e negro nos Estados Unidos — e quem poderia ajudá-lo, além de poucos adolescentes tão confusos quanto Obama? "Certos problemas hormonais e de rebeldia adolescente foram acirrados pelo fato de eu não ter pai", disse Obama. "Por isso acabei exagerando nos estereótipos do comportamento masculino negro — não dar prioridade aos estudos, buscar respeitabilidade, praticar muitos esportes."[19]

★ ★ ★

"Éramos todos meio *desgarrados*", relata Maya Soetoro-Ng. Maya, que morava com Ann na Indonésia enquanto Barry estudava em Punahou, contou que ela e o irmão mais velho enfrentavam a falta de raízes de maneiras distintas. "Viajávamos a muitos lugares, às vezes por quatro ou cinco meses", inclusive para o Paquistão, a Tailândia e a Índia, disse. "Tempo suficiente para captar a textura dos locais e conhecê-los de verdade, pelo menos um pouco. Sinto um impulso irresistível de viajar. Depois dos 34 anos, em 2004, quando nasceu meu filho, o impulso arrefeceu, mas não desapareceu. Hoje esse impulso fala muito baixo. Creio que Barack não sentia tanta paixão por viajar. Com nossos avós e outros, ele presenciou exemplos fortes da importância de pertencer a uma comunidade, de possuir raízes, de manter a lealdade, de permanecer num lugar e desenvolver o relacionamento com o ambiente e as pessoas. Acho que isso se tornou muito desejável para ele. Não posso falar por Obama, mas certas decisões de nossa mãe talvez tenham soado egoístas, em comparação."

Na idade adulta, Obama sempre manifestou um amor profundo pela mãe — logo reconhecendo a influência dela como a mais forte em sua juventude —, embora consiga também se distanciar e avaliar de forma crítica as escolhas que ela fez quando jovem. "Quando penso em minha mãe", disse durante a campanha, "suponho que tenha havido uma certa mistura entre centrar-se no que ela era e naquilo em que acreditava. Mas havia também uma certa inquietude. Acho que ela estava sempre procurando alguma coisa. Não se sentia confortável vendo sua vida confinada a um determinado quadro."[20]

Maya não acredita que a mãe tivesse conhecimento da crise de identidade do filho enquanto ele se adaptava a Punahou. "Com certeza parte do otimismo de nossa mãe servia como lembrete constante para nós dois de que éramos especiais, pois vínhamos de múltiplos mundos e podíamos acessar vários ambientes com facilidade", diz. "Quando nos sentíamos deslocados ou pouco à vontade aqui ou ali, ela sempre buscava uma perspectiva otimista da situação. Não era do estilo do meu irmão verbalizar seu desgosto ou falar dos problemas que o atormentavam. Ele é dessas pessoas que resolvem tudo sozinhas, a seu modo. Ele encontra as soluções refletindo e caminhando. Nunca foi neurótico."

Durante os três últimos anos da estadia de Barry em Punahou, Ann trabalhou em Jacarta em pesquisas de campo para sua dissertação de doutorado em antropologia. Quando concluiu o mestrado, seu interesse se concentrou na aquisição de conhecimentos e da capacidade necessários para atuar no campo do desenvolvimento internacional. Ela só completaria a dissertação em 1992, aos cinquenta anos. Nesse meio-tempo ela pesquisou e escreveu, trabalhando como agente comunitária para a Fundação Ford e o Banco Mundial, além de coordenar as pesquisas do banco Rakyat, um dos maiores da Indonésia.

Com sua personalidade gregária e cativante, Ann conheceu muitos diplomatas, empresários e especialistas em desenvolvimento, mas se envolvia cada vez mais na vida dos indonésios — em Jacarta e nas províncias. Seu casamento sofreu com isso. A atividade petrolífera internacional absorvia Lolo, sempre em reuniões, jogos de golfe e jantares de negócios. Ann antipatizava com os estrangeiros endinheirados do setor, que passavam o tempo inteiro reclamando dos empregados, "os locais", procurando maneiras de tornar Jacarta mais parecida com "a nossa terra". Ann falava indonésio fluentemente. Pessoas interessantes frequentavam sua casa, ela dava jantares para artistas, escritores, especialistas em desenvolvimento. Passou a realizar viagens frequentes da capital para os centros regionais, principalmente aos vilarejos no centro de Java, perto de Yogyakarta.

"Ela me dava aulas em casa e me levava aos vilarejos", contou Maya. "Aldeias de ferreiros, olarias, fábricas de cigarros de cravo, vilarejos especializados em cerâmica ou cestos trançados — todo tipo de indústrias têxteis e artesanato." Uma vida interessante e envolvente, que tinha lá o seu preço. Obama admite que a separação da mãe pesou, embora tenha tentado negar isso na época. "Eu não sentia [sua ausência] como privação", disse. "Mas, quando pensava no fato de estar tão distante dela, desconfio que o impacto era maior do que eu percebia."[21]

A distância — e o tempo — acabou pegando todo mundo de surpresa. Quando cursava o colegial, Barry chegou sozinho ao aeroporto de Jacarta para passar o verão com Ann e Maya. Ann entrou em pânico ao buscar o filho na área de desembarque. Em sua concepção, Barry ainda era bochechudo, gorducho, não muito alto, e não o encontrava em lugar nenhum. Será que tinha passado por ela e se perdido no aeroporto? Dificilmente. Teria perdido o voo?

"De repente surgiu aquela... figura! Alto, bonito — outra pessoa!", recordou Alice Dewey, amiga e orientadora acadêmica de Ann. "De repente ele estava mais alto do que ela, falando com voz de homem recém-engrossada, baixa e grave. A voz que todos conhecem agora!"

Desde meados dos anos 1970, Alice Dewey foi uma espécie de "mãe coruja" de Ann, sua amiga íntima e orientadora acadêmica. Quando visitava Jacarta ou, mais tarde, Yogyakarta, Alice costumava se hospedar com Ann. Alice Dewey é neta do filósofo americano John Dewey. Sua sala em Saunders Hall, na Universidade do Havaí, é pequena — do tamanho de dois boxes de chuveiro — mas assustadora: o amontoado dá a impressão de que mais uma folha de papel provocará o desabamento das pilhas e a morte dos presentes por esmagamento. Amigável, com cabelos brancos encaracolados e sorriso astuto, Dewey senta-se à mesa de trabalho numa cadeira rangedeira, rodeada de pilhas de memorandos antigos, pastas abarrotadas, dissertações empoeiradas, tudo precariamente empilhado. Como muitos amigos e colegas, ela define Ann como inquieta, curiosa, divertida e incansavelmente idealista. Rejeita o perfil que alguns traçaram de Dunham durante a campanha, acusando-a de ser uma idealista caprichosa capaz de "ignorar" o filho para correr atrás dos próprios sonhos. "Ela *adorava* o filho, os dois mantinham contato constante. E ele a *adorava* também", disse.

Ann sofria com os longos períodos de separação de Barry, segundo Alice Dewey, mas acreditava sinceramente ser possível levar uma vida pouco convencional e ainda assim dar um jeito de criar os filhos para serem adultos íntegros, independentes. Alice a considerava uma aluna madura, alguém que já possuía sutileza de raciocínio bem antes de iniciar sua dissertação. "Era uma daquelas alunas que fazia a gente pensar: 'Por que não deixá-la dar a aula?'."

Tanto Dewey quanto Dunham interessavam-se muito pela vida e pelo futuro dos artesãos da região central de Java. Elas não estudavam apenas o trabalho deles, mas também o efeito da modernização em seu modo de vida. Será que os artesãos dos vilarejos iam desaparecer? A pesquisa de Dunham e seu ponto de vista continham uma discussão implícita com Clifford Geertz e outros antropólogos, que acreditavam que os artesãos dos povoados estavam condenados à extinção, por várias razões culturais. Onde Geertz via irracionalidade desalentadora implícita nas tradições dos habitantes dos vilarejos, Dunham via vitalidade em potencial. Convencera-se de que, com ajuda de financiamentos modestos de bancos e organizações não governamentais, a indústria doméstica da Indonésia rural não só poderia preservar as tradições e artes ancestrais como também fornecer uma forte alternativa econômica para a agricultura. Seu método de trabalho — socialmente engajado, politicamente direcionado — não estava na moda quando ela realizou sua pesquisa, mas as conclusões se revelaram prescientes. O artesanato em ferro foi apenas uma das atividades javanesas que começaram a se expandir nos anos 1980. A ideia de conceder microcrédito a artesãos e a empreendedores rurais de pequeno porte é corriqueira no século XXI, mas era bem radical e incomum quando Dunham a defendia.

No início, Ann estudou uma variedade enorme de artesanatos — tecelagem, batik, couro, marionetes, ferro, cerâmica, escultura — e pretendia incluir todos eles em sua tese. Examinou tudo, desde o modo como motivos dos épicos hindus eram aplicados no batik de cores firmes até a intricada construção das gaiolas de bambu. Tentou cobrir um amplo espectro acadêmico e inúmeros vilarejos no centro de Java. Dewey recordou: "Quando redigiu sua proposta de dissertação, nós dissemos 'pelo amor de Deus, escolha uma coisa só'. Ela ficou com os ferreiros. O ferro vem da terra, e assim torna-se possível tratar também dos aspectos mitológicos do ofício". Os artífices do ferro javaneses carregam uma história milenar, e Dunham encantou-se tanto com a beleza dos objetos criados quanto com a vida de seus criadores.

Para fazer a pesquisa Dunham precisava ser aceita pelos artífices de Kajar, um vilarejo em Gunung Kidal, região central de Java. Quando iniciou as visitas ao local, no final dos anos 1970, chegava-se ao vilarejo a pé, pois ficava a um quilômetro e meio da estrada; a eletricidade só chegaria a Kajar dali a uma década. Conforme a tradição javanesa, a oficina do ferreiro é sagrada e em geral proibida para mulheres. Os artesãos consideram sua atividade espiritual, e os produtos são sagrados como um crucifixo ou um pergaminho da Torá. As oferendas são penduradas na bigorna. Sob diversos aspectos, o trabalho de Dunham era sobre antropologia econômica, mas ela também tinha uma habilidade necessária ao antropólogo social: a capacidade de obter acesso. Conseguiu que os artesãos a deixassem entrar na ferraria, observar seu trabalho e entrevistá-los longamente, fazendo que os ferreiros revelassem seus pensamentos mais íntimos. Em determinada passagem, Pak Sastro, mestre da cooperativa de ferreiros de Kajar, conta um sonho que teve antes de receber a visita do sultão regional. Como Dunham era americana, eles a consideravam acima de tudo uma hóspede estrangeira, capaz, portanto, de transcender sua condição de mulher no meio de homens.[22]

"Ela conquistou completamente a confiança deles", contou Maya Soetoro-Ng. "Conhecia a família inteira dos artesãos, até os filhos e os netos."

"O fato de trabalhar tão próxima dos ferreiros prova sua sutileza enquanto pessoa", disse Bronwen Solymon, amiga e especialista em arte indonésia. "Se não fosse tão afável, ela não teria obtido acesso àqueles homens e às suas veneráveis artes."

Mesmo concentrando seu tema nos ferreiros do centro de Java, sua dissertação "Peasant blacksmithing in Indonesia: Surviving and thriving against all odds" [Ferreiros rurais na Indonésia: sobrevivência e progresso contra todas as probabilidades] continha no original mais de mil páginas. (Em 2009 a Duke University Press publicou uma versão condensada, editada por duas colegas de Dunham, Alice Dewey e Nancy I. Cooper.) Dunham era uma pesquisadora infatigável. Certas passagens são tão detalhadas e arcanas que beiram o nível da paródia, mas sua tese revela, no estudo de um único vilarejo, as densas texturas culturais inerentes a qualquer outra localidade. Ler o texto é aprender a história, as crenças e as habilidades de quase todos os habitantes do povoado; as intricadas e dinâmicas estruturas sociais, religiosas e de classe; a formação cultural durante séculos de influências nativas e estrangeiras. Por vezes dá a impressão de que o leitor aprende ali mais sobre os *keris* indonésios, as esmeradas adagas feitas pelos ferreiros — sobre a forja e a fundição de ferro, prata e ouro —, do que sobre a queda de Roma em Gibbon.* Não se pode deixar de admirar a complexidade de Kajar e a dedicação de Ann Dunham. Transparece no texto que Dunham tornou-se amiga íntima de muita gente de lá: o chefe da aldeia, Pak Paeran; o mestre ferreiro e empreendedor Pak Sastrosuyono; os artesãos e os burocratas. Há uma inegável afeição pelas pessoas sobre quem ela escreve, e uma óbvia esperança de que o governo indonésio, ao lado de instituições internacionais de desenvolvimento e auxílio, ajude a garantir a continuidade e a saúde das pequenas indústrias e artesanatos, fatores de continuidade cultural e diversidade econômica. O texto de Dunham dirige-se tanto às instituições e entidades que pudessem ajudar o povo de Kajar e outras aldeias indonésias quanto a seus colegas acadêmicos. "Existe um equilíbrio entre intimidade e objetividade", disse Maya Soetoro-Ng. "Ela tentou refutar outros estudiosos, que eram simplistas ou condescendentes em

---

* Referência a *Declínio e queda do Império Romano*, de Edward Gibbon. (N. T.)

relação aos artífices. Enfatizou a antropologia aplicada, o conceito de que seu trabalho deveria ajudar a melhorar a vida das pessoas."

Em cartas a Alice, Ann Dunham relatou seus encontros, mandando notícias sobre seus assistentes e recursos, mexericos acadêmicos e até novidades sobre os livros policiais de Dorothy Sayers que lia para se distrair. Em 28 de julho de 1978, quando Barry cursava o penúltimo ano de Punahou, Dunham escreveu a Dewey, da Indonésia:

Querida Alice,
Finalmente consegui regressar a Gunung Kidul, terminando nosso trabalho da semana passada, exausta mas muito satisfeita com os resultados. Kajar é um vilarejo interessante sob diversos pontos de vista, com destaque para o político. Imagino que um dia possa escrever um artigo curto sobre o modelo de equilíbrio de poder no local e as mudanças provocadas por diversos estilos metalúrgicos vindos de fora [...]

Ficamos na casa de Pak Rianto [...] [que] por sua vez aluga parte da casa para um homem chamado Pak Harjo Bodong (em tradução livre, "Pai Harjo do Umbigão", mas eu não tive coragem de perguntar o motivo). Pak Harjo Bodong era o mais famoso *dalang* [ferreiro] da região de Wonosari. Também já foi um ladrão famoso, preso quatro vezes na juventude [...] Mora lá com a décima segunda esposa (é o décimo marido dela). Os dois setentões são umas figuras [...]

Chegamos a Kajar bem a tempo de pegar a colheita do amendoim. Isso quer dizer que em todas as casas pesquisadas ganhamos copos grandes com um chá pegajoso, enchidos três vezes no mínimo, apesar de nossos "sampuns", bem como tigelas enormes de amendoim com casca [...] Nunca mais vou conseguir olhar para a cara de um amendoim na vida (sim, amendoins têm cara, sim — carinhas nojentas e falsas, aliás) [...]

Esqueci de mencionar que ficamos muito amigas de Pak Atmo Sadiman, *dukoh* de Kajar [...] Ele me deu um novo nome, javanês, "Sri Lestari". Soube que significa "beleza eterna", não foi uma graça da parte dele? Graças a Deus pela existência de homens de meia-idade resolvidos, que não deixam a gente complexada. Amém! [...]

Relendo esta carta, percebo que soa meio irreverente. Influência do lorde Peter Wimsey, creio, que me manteve sã durante as semanas que estive em Gunung Kidul. Gostei muito de *Gaudy night*. Achei *Unnatural death* engraçado, mas não me satisfez tanto, tinha menos achados preciosos [...]

Não li nenhum jornal nem revista no último mês, portanto, se aconteceu alguma coisa excitante, por favor me conte. [...]
Aloha
Ann

Dunham enfeitava a casa com *keris*, bonecas, gravuras e pinturas. "Ann adorava peças bonitas, mas não era uma especialista", explicou Solyom. "Ajudava artesãos de todos os tipos e guardava as obras feitas pelas pessoas que conhecia." Anos depois, quando Michelle e Barack Obama montaram a casa de Chicago, incluíram na decoração gravuras indonésias.

Para ficar mais perto dos vilarejos de sua pesquisa, Ann morava em Yogyakarta e viajava para os povoados do árido planalto central de Java. Lolo a visitava com frequência, mas continuou trabalhando em Jacarta. A casa de três dormitórios de Ann situava-se na área do palácio de férias do sultão, em meio a jardins e espelhos d'água, ruínas e torres, bancas de batik e o antigo mercado de pássaros. Segundo Maya, a mãe de Lolo tinha sangue real. O marido era plebeu e se destacou na guerra de independência contra os holandeses. Ann e Maya viviam com a mãe de Lolo, já bem idosa. "Ela falava holandês e javanês com fluência", ressaltou Maya. "Era uma mulher miúda. Devia pesar no máximo uns cinquenta quilos e teve catorze filhos. Mascava bétel e cuspia numa escarradeira de prata. Era uma dama, como nossa avó do Kansas, embora vivessem em universos distantes. Sua atitude discreta recebia na Indonésia o nome de *halus* — muito refinada, sempre atenta às próprias palavras." Dewey disse que Ann precisava alugar uma casa fora da área do palácio quando Barry a visitava. Eles toleravam a presença de uma estrangeira, mas um adolescente sem sangue real teria sido "exagero".

A separação de Ann e Lolo não foi dramática nem rancorosa. Depois de um longo período separados, eles afinal se divorciaram em 1980. De acordo com a documentação do divórcio, Ann nunca pediu ou aceitou pensão para ela ou para a filha.

Em termos políticos, Dunham podia ser considerada uma "democrata comum", nas palavras de Dewey, mas ela não dava tanta importância à política quanto ao trabalho engajado. Costumava brincar dizendo que queria equiparação de salários, mas desde que pudesse continuar depilando as pernas. "Ela não era ideológica", segundo Obama. "Herdei isso, creio. Ela desconfiava de arengas."[23]

Mary Zurbuchen, que trabalhava para a Fundação Ford, conheceu Dunham quando foram colegas de serviço, nos anos 1980. Embora sempre tenha tentado continuar a pesquisa para sua tese, Dunham precisava ganhar a vida e acabou se destacando como agente comunitária. "Ela se preocupava de verdade com a vida e os direitos das mulheres", disse Zurbuchen. Embora em geral centralizassem a economia doméstica, as mulheres em Java não tinham acesso a crédito. Surgiam vagas para jovens do sexo feminino nas fábricas, mas pouco se falava em melhorar as condições de trabalho. Levantar questões relativas aos direitos humanos e trabalhistas era arriscado, até mesmo para uma fundação como a Ford. Dunham abriu canais de comunicação com líderes sindicais. Ajudou a criar uma organização de defesa dos direitos do consumidor. "Hoje soa anódino", explicou Zurbuchen, "mas naquele tempo uma entidade de defesa dos consumidores que levantasse dúvidas sobre aditivos nos alimentos ou venda de medicamentos falsificados era a última palavra em termos de atuação da sociedade civil."

"Na comunidade estrangeira as atividades apoiadas pela Ford que a interessavam não eram convencionais", prosseguiu Zurbuchen. "Enfrentavam a resistência do governo indonésio e dos militares. Interesses econômicos, aliados aos militares, se opunham a mudanças. Se alguém lutava pela conservação das florestas logo batia de frente com empresas que viviam de explorar a mata, com envolvimento dos militares. Ann enfrentou forte resistência em questões trabalhistas. Interessou-se igualmente por direito de família e herança para mulheres. Quem quisesse combater a poligamia e exercer seus direitos familiares também recebia seu apoio. Obteve progressos, mas lentos."

Ann escreveu a Alice Dewey em 1984, quando trabalhava para a Fundação Ford e lecionava em faculdades provinciais; na sua terra natal o filho tinha se formado na Universidade Columbia e redigia relatórios empresariais para uma firma de Nova York. A carta detalha seus intensos esforços em prol das mulheres no Sudeste da Ásia:

Querida Alice,

Apa kabar? Espero que esta carta encontre os membros caninos, felinos e hominídeos de sua família passando muito bem [...]

Fora a preocupação com os planos para o outono, a vida aqui anda boa. Você deve se lembrar de que estou conduzindo projetos para a Ford relativos à condição feminina, ao emprego e à indústria (pequena e grande). [...] Este ano tenho projetos de porte para mulheres nas fazendas de Java Ocidental e Sumatra Setentrional; para as mulheres nas fábricas de cigarros de cravo, os *kreteks*, no centro e no leste de Java; para vendedoras ambulantes de comida e catadoras nas cidades de Jacarta, Jogja e Bandung; para cooperativas femininas de crédito no leste de Java; para mulheres das fábricas de equipamentos eletrônicos, principalmente na área de Jakarta-Bogor; para mulheres nas cooperativas de artesanato nos vilarejos do distrito de Klaten; para artesãs que usam teares manuais em Timor Oeste; [...] para vendedoras ambulantes de comida na Tailândia (Cristina Szanton gerencia o projeto); etc. Além disso, continuo na equipe que ministra o curso de Sociologia da Família, com Pujiwati Sayogo, na Universidade Agrícola de Bogor, e atuo como especialista em projetos numa pesquisa que ela está coordenando sobre O Papel da Mulher Rural nas Ilhas Externas da Indonésia [...] Em abril a Fundação vai me mandar para uma conferência trabalhista em Bangladesh. Espero poder levar Maya comigo (em vez de mandá-la passar férias em casa, este ano), parando na Tailândia na ida e em Déli na volta [...]

Maya está gostando da International School, onde cursa a oitava série, e pelo jeito está virando gente na hora certa. Ela odeia que eu me gabe, mas não posso deixar de mencionar que tirou notas muito altas este ano [...]

Com carinho,

Ann

Quando descreve a mãe como uma influência marcante, como uma pessoa dedicada ao serviço público e ao aprimoramento da vida dos pobres, sem no entanto enfatizar o aspecto ideológico, Obama se refere a esse tipo de atuação. "Ele se tornou um sujeito ao estilo de Ann, uma pessoa independente, com uma vontade real de mudar o mundo", disse Julia Suryakusuma, jornalista indonésia e amiga de Ann, num simpósio em homenagem a Ann Dunham.[24]

Dunham talvez não tenha sido capaz de ajudar o filho de todas as maneiras que desejava, ou de que ele precisava, mas a seu modo fez o que pôde. Obama recorda-se de que ela lhe dava livros, discos e fitas quando era pequeno, com as expressões importantes da história afro-americana. Obama costumava brincar com a mãe, alegando ser ela uma pioneira da educação afro-cêntrica. Da mesma forma, Ann fez questão de que Maya aprendesse indonésio. O incentivo sem dúvida funcionou. Maya estudou dança javanesa e obteve um Ph.D. em educação; Alice Dewey participou da banca que avaliou sua tese. Seu marido, Konrad Ng, leciona estudos de mídia na Universidade do Havaí e publicou artigos como

"Policing cultural traffic: Charlie Chan and Hawaii detective fiction" [Policiamento do tráfego cultural: Charlie Chan e as histórias de detetives no Havaí].

Ann conseguiu o que seu primeiro marido não fez. Administrou mundos e culturas distantes sem perder a integridade, e essa transição a enriqueceu como pessoa, mesmo tendo complicado seu papel de mãe. Dunham não era lá muito convencional enquanto mãe, mas não pode ser acusada de sufocar as ambições do filho. Maya disse que ela e Ann provocavam Barry no final da adolescência: "Lembro bem de mamãe e eu fazendo brincadeiras como 'Claro, você vai ser o primeiro presidente negro'. Não sei o que nos levava a gracejar assim. Suponho que era por ele estar sempre certo. Mesmo na juventude ele parecia um velho, entende?".

"Quando ele foi para a faculdade", continuou Maya, "eu ainda tinha nove, dez, onze, doze anos, e ainda pegávamos no pé dele assim. Por um lado, creio, caçoávamos dele, mas por trás das brincadeiras havia a noção de que ele faria alguma coisa importante. Sempre senti isso em relação a ele, e minha mãe percebeu desde cedo que o filho ia longe."

Em Punahou, entretanto, ele não fazia o gênero do estudante politizado. Barry Obama era fanático por basquete, do tipo que a gente via passar na rua a caminho da escola ou do armazém sempre brincando com uma bola desgastada de tanto uso. Nos fins de semana ele jogava partidas em quadra inteira na Punahou. Antes e depois das aulas, pela manhã e de tarde até escurecer, treinava com os colegas nas quadras descobertas de Punahou. No livro do ano de Tony Peterson ele escreveu:

> Tony, foi bom ter conhecido você antes da sua formatura, cara. Todas aquelas expedições do Cantinho Étnico até a lanchonete e as partidas de basquete tornaram o ano bem mais agradável, apesar de eu ter gasto uma fortuna na lanchonete. Bom, foi legal conhecer você e espero que possamos manter contato. Boa sorte em tudo que fizer, que se forme logo em direito. No futuro, quando eu for um jogador profissional de basquete e precisar processar o time por causa de dinheiro, vou chamar você.

Barry fez parte da seleção júnior no décimo ano e da seleção da escola no ano seguinte. A quadra de basquete era um setor específico da vida no qual Obama se sentia aconchegado e onde às vezes se deparava com o mundo de fora de Punahou. Alguns soldados negros da ilha jogavam nas quadras perto do prédio em que morava, e Barry não só jogava com eles como aprendeu as gírias, modos e estilos na quadra — coisas impossíveis de adquirir vendo os jogos da NBA na televisão. "Ele não sabia quem era até descobrir o basquetebol", disse seu futuro cunhado Craig Robinson. "Foi a primeira vez que Obama realmente conheceu pessoas negras."[25] Trata-se de um exagero, mas não muito.

Na seleção da escola Barry jogava sob a orientação de Chris McLachlin, um técnico respeitado localmente, afetuoso, com uma visão bem tradicional do jogo. A ênfase de McLachlin no trabalho em equipe disciplinado e na defesa não estimulava o exibicionismo do estilo do herói de Obama, Julius Erving, estrela dos Philadelphia 76's. McLachlin obtinha sucesso com times que privilegiavam a marcação por pressão na quadra inteira, como a usada por Dean Smith na Carolina do Norte, empregando muitas das técnicas ofensivas disciplinadas que John Wooden aplicava na UCLA.

Obama se empenhava nos treinos, impressionando os companheiros de equipe com sua fluidez no drible e suas fintas antes do arremesso dentro do garrafão. Sua tendência de arremessar de longe, porém, valeu-lhe o apelido de Barry O'Bomber. Esbanjava habilidade e disposição, mas não conseguia permanecer na quadra o quanto desejava, pois o time contava com jogadores excepcionais — três dos cinco titulares no último ano se destacaram no basquete universitário e um atacante, John Kamana, fez carreira no futebol americano profissional. Ele se queixava disso aos amigos, mas não desistia de jogar.

"O basquetebol foi uma boa maneira para eu canalizar minha energia", declarou Obama durante a campanha presidencial. "Simbolizava alguns problemas que eu enfrentava, pois questões referentes a identidade racial se manifestavam na quadra. Bem, meu modo de jogar era assumidamente negro, com passes pelas costas e pouca atenção aos fundamentos, enquanto o técnico, Bobby Knight, se preocupava muito com os fundamentos — passes com drible, quatro passes antes de arremessar, esse tipo de coisa. Havia portanto um certo conflito que me mantinha no banco quando eu resolvia discutir. A verdade é que na quadra de rua eu conseguia superar muitos principiantes, e acho que ele considerava proveitosa minha presença nos treinos."[26]

"Tivemos diferenças por causa de seu estilo de rua e do nosso, mais estruturado", contou McLachlin. "Obama pedia para jogar mais, chegou a solicitar uma reunião com ele e alguns outros. Ele defendia o lado dele com todo o respeito, no que tinha toda a razão [...] Poderia ser titular em qualquer outra equipe estadual." No último ano Obama atuou bem em alguns jogos, e o avô ficou contente quando ouviu um elogio ao neto numa transmissão da rádio local. "Foi bom para conseguir algumas oportunidades posteriores", declarou Obama muitos anos depois, em tom de brincadeira.[27]

No último ano de Barry, Punahou derrotou a Moanalua High School por 60 a 28, ganhando o campeonato estadual. Como ocorrera durante a temporada inteira, Obama não passou de coadjuvante. "Não é fácil, quando a gente é jovem, se dar conta de que nunca será o melhor numa atividade que você adora", disse Larry Tavares. "Barry foi obrigado a reconhecer que teria de buscar outras opções."

Em 1999, Obama escreveu um artigo para o *Punahou Bulletin* no estilo carinhoso dos ex-alunos bem-sucedidos: "Quando me mudei para o Havaí e comecei a estudar na Punahou, tive de reconhecer que o Havaí não estava imune às questões de raça e classe, questões que se manifestavam na pobreza de muitas famílias havaianas e nas diferenças gritantes entre as condições que desfrutávamos em Punahou e nas escolas públicas desamparadas que muitos dos nossos contemporâneos eram forçados a suportar. Minha consciência cada vez maior das injustiças da vida resultou numa adolescência mais turbulenta do que a dos meus colegas de classe, suponho. Como adolescente afro-americano numa escola com poucos afro-americanos, eu provavelmente questionava minha identidade com mais intensidade do que a maioria. Enquanto filho de pais separados, vivendo numa família de condições relativamente modestas, eu nutria mais ressentimentos do que as circunstâncias justificavam, e nem sempre canalizava esses ressentimentos de modo construtivo".

"Mesmo assim", conclui otimista, "quando olho para os anos passados no Havaí, vejo que tive muita sorte de ser criado lá. O espírito de tolerância no Havaí pode não ser perfeito nem completo, mas era e continua sendo real. A oportunidade oferecida pelo Havaí — vivenciar a variedade cultural num clima de respeito mútuo — tornou-se parte integrante da minha visão de mundo e base para os valores que mais aprecio."[28]

Todavia, como autor de sua biografia, Obama lançou uma luz mais reveladora sobre seus anos em Punahou. Em sua autobiografia ele menciona momentos de raiva, confusão e drogas que serviam como válvula de escape provisória. Cansado de "tentar resolver a confusão que eu não tinha criado" — a confusão no caso era o relacionamento inexistente com o pai —, Obama parou de pensar nele, ou pelo menos tentou.[29] Na passagem que pode ser a mais famosa do livro, Obama escreveu: "A maconha havia ajudado, bem como a bebida; talvez um pouco de pó quando se podia pagar".[30] Quando entrevistei Obama em 2006, ele não negou nada, nem tentou justificativas envergonhadas do tipo não tragou ou era jovem e irresponsável. Foram as desculpas de seus dois antecessores — Clinton e Bush. E ele tragava?

"A ideia era essa, certo?", respondeu, abrindo um sorriso.

Sem dúvida, era. "Estávamos no Havaí dos anos setenta — para onde quer que você olhasse havia cartazes com folhas de maconha", disse Kelli Furushima, uma colega de classe. "Era como se os anos sessenta não tivessem passado, portanto era uma coisa festiva, recreativa. Nada a ver com uma fuga profunda sombria ou distanciamento da sociedade. Entrava no esquema das palmeiras ao vento, do céu azul, das ondas quebrando na praia, fazia parte da vida paradisíaca da ilha."[31]

Obama usava drogas com certa frequência, e não se mostrava especialmente relutante quanto à divulgação do fato. Em seu livro do ano, *The Oahuan*, consta a foto padrão do último ano, de terno branco estilo anos 1970, bem como uma foto com uma garrafa de cerveja e seda Zig Zag. Na legenda, Obama agradece a "Tut e Gramps", e a "Choom Gang". Na gíria havaiana, "chooming" significa fumar maconha.

"Tenho certeza de que minha mãe desaprovaria, se tivesse alguma ideia do que se tratava", disse Obama.[32]

Em carta escrita na Indonésia, Ann tentou alertar Barry no último ano a respeito de suas notas e das possibilidades de ingressar na faculdade. "É uma pena que tenhamos de nos preocupar tanto a respeito [da média a ser atingida], mas você sabe como anda a disputa por uma vaga nos cursos superiores atualmente. Você sabia que na época de Thomas Jefferson, e até os anos 1930, qualquer um que tivesse dinheiro para pagar a anuidade entrava em Harvard? [...] Eu não acho que estejamos produzindo muitos Thomas Jefferson hoje em dia. Em vez disso, produzimos muitos Richard Nixon."[33] A Obama não faltava potencial para ser um aluno classe A, mas sua falta de interesse e objetivo o prejudicava, bem como as farras. Obama admite: "Eu provavelmente jogaria basquete melhor e tiraria notas melhores se não farreasse tanto".³⁴ Relembrando não só as drogas que usou mas também a heroína que lhe ofereceram (que ele recusou), Obama se pergunta, num momento crucial, dramático, se não havia corrido o risco de trilhar um caminho mais perigoso que o do farrista típico do colegial:

> Drogado. Puxador. Foi para esse caminho que eu havia me dirigido: o papel final e fatal do jovem aspirante a homem negro. Eu não procurava a droga para provar que eu sabia das coisas. Não naquele momento, pelo menos. Eu embarcava nessa justamente procurando o feito oposto, alguma coisa que pudesse estimular questões sobre quem eu era fora da minha mente, alguma coisa que pudesse estabilizar meu coração, dissipar as fronteiras de minha memória.³⁵

Durante uma das visitas a Obama no último ano de colegial, Ann Dunham soube da prisão de um dos amigos de Barry por causa de drogas e entrou em seu quarto para conversar a respeito. Tentou expressar sua preocupação com as notas baixas e a falta de iniciativa para enviar os formulários solicitando vagas em faculdades. Barry exibiu para a mãe o sorriso tranquilizador que sempre funcionara. Barry sabia que estava desorientado. Raiva, drogas, carência afetiva, revolta racial — ele não confiava em nada. "Na melhor das hipóteses, essas coisas eram um refúgio; na pior, uma armadilha", escreveu. "Seguindo essa lógica enlouquecedora, a única coisa que você poderia escolher como sua era se retrair em uma espiral de raiva cada vez menor, até que ser negro significasse apenas o conhecimento da sua completa falta de poder, da sua derrota. E a ironia final: se você recusar tal derrota e se rebelar contra os seus captores, eles terão um nome para isso também, um nome que pode cerceá-lo da mesma maneira. Paranoico Militante. Violento. Negro."³⁶

Barry estava muito *distante* da "América negra". O centro de vida afro-americana mais próximo era Los Angeles, a cinco horas de voo. Uma das atitudes mais consequentes e responsáveis que Stanley Dunham adotou em seu papel de figura paterna foi levar o neto para conhecer um de seus amigos afro-americanos no bairro conhecido como Jungle, em Waikiki. Espécie de comunidade boêmia à beira-mar composta por ruas estreitas, hotéis baratos, pensões, estudantes, mochileiros e surfistas, Jungle abrigava um poeta e jornalista veterano chamado Frank Marshall Davis.

Davis morava nos Koa Cottages, na Kuhio Avenue. Usava camisa estampada e bermudas de calças velhas cortadas. Estava sempre recebendo visitas que chegavam para beber, talvez fumar um baseado, conversar, jogar palavras cruzadas ou bridge. Seu bangalô funcionava como um salão 24 horas: literário, político, divertido. Frank Davis era um dos homens mais interessantes de Honolulu, e Stanley Dunham, um de seus visitantes regulares.

Como Stanley, Frank Marshall Davis vinha do Kansas.[37] Crescera na cidade de Arkansas, "uma vila modorrenta", como costumava dizer, a setenta quilômetros ao sul de Wichita. Em suas memórias, *Living the Blues*, Davis diz: "Como praticamente todos os afro-americanos — e uma alta porcentagem de brancos — resulto de uma mistura étnica". Predomínio africano, um oitavo mexicano, e "não sei mais o quê".[38] O Kansas de Frank não tinha muito a ver com o de Stanley — era uma terra de linchamentos e racismo declarado —, mas os dois se tornaram amigos. Frank Davis era um contador de histórias, capaz de discorrer sobre tudo, da Renascença do Harlem aos vários encantos das surfistas em Waikiki. Falava com uma voz grave e profunda como a de Barry White e dominava as discussões contando histórias sobre a avó escrava por horas a fio; o peso de ser negro na cidade de Arkansas, incluindo um quase linchamento aos cinco anos de idade; sua aclamada carreira como colunista e editor na imprensa negra de Chicago, Gary e Atlanta; a amizade com Richard Wright e Paul Robeson. Nos anos 1930 e 1940, Davis escreveu quatro volumes de poemas sobre a vida dos negros — *Black man's verse*, *I am the American negro*, *Through sepia eyes* e *47th Street*, recebendo elogios de críticos como Alain Locke, para quem Davis cumpriria a promessa de uma nova Renascença Negra na poesia.

Em 1948, Paul Robeson foi ao Havaí para uma apresentação patrocinada pelo International Longshore and Warehouse Union — ILWU (Sindicato Internacional dos Estivadores e Carregadores), uma entidade de esquerda. Robeson encantou-se a tal ponto do ambiente nas ilhas que declarou aos repórteres: "Seria um tremendo impacto para os Estados Unidos se o Havaí fosse admitido como estado. Os americanos não acreditariam na harmonia racial que existe aqui. Isso poderia acelerar o processo democrático nos Estados Unidos".[39] Em 1946 Davis casou-se com uma mulher mais jovem, uma socialite branca de Chicago chamada Helen Canfield. Robeson exaltou o Havaí de tal maneira que Helen leu mais sobre as ilhas e ela e Frank resolveram se mudar para Honolulu por um tempo, pensando em passar o inverno por lá. Divorciaram-se em 1970, mas Davis continuou morando lá. "Não gostava muito do que lia a respeito da situação no continente, portanto preferi ficar por aqui", declarou Davis ao jornal Black World em 1974. "Como aqui não ocorrem os confrontos existentes entre brancos e negros em muitas áreas continentais, a vida tem sido um alívio."[40]

Em Honolulu, Davis dirigia uma empresa jornalística que logo faliu. Trabalhou também com o ILWU e escreveu para o jornal semanal da entidade, o Record de Honolulu, que durou de 1948 a 1958. Alguns dos "companheiros dos Freedom Riders" de Chicago o acusaram de "fugir da luta", escreveu Davis, mas no Havaí ele se mostrou menos inflamado do que no território continental, mais à vontade, embora nunca tenha renegado suas convicções políticas.[41] Publicou colunas iradas sobre a repressão aos sindicatos, condições nas fazendas, poder das famílias oligárquicas havaianas, relações raciais. Tornou-se um dos muitos esquerdistas que nos anos 1950 foram investigados e difamados pelo Comitê de Atividades Antiamericanas do Congresso. No Havaí, porém, estava a milhares de quilômetros de seus perseguidores.

"Desde o início desenvolvi um senso de dignidade humana", ressalta Davis em Living the Blues. "No continente, os brancos agiam como se a dignidade fosse um bem exclusivo deles, algo a ser concedido a quem considerassem merecedor. Mas a dignidade é um direito humano, adquirido com o nascimento. No Havaí finalmente tomei posse desse direito, roubado pela estrutura branca de poder como castigo por eu ser negro. Mesmo na zona sul de Chicago, onde eu não passava de uma gotinha no oceano negro, sofria com a consciência de que havíamos sido enfardados feito algodão naquela área por decisão dos brancos. Foi um alívio poder voar sem que as asas fossem cortadas pelas tesouras do racismo."[42] Davis sabia bem que "sob a plácida superfície do aloha havia racismo disfarçado", e que abrira mão dos prazeres da zona sul. "O Havaí não foi feito para quem só consegue ser feliz entre os seus", advertiu. "Não serve para os que se identificam apenas com a Afro-América. O 'Little Harlem' não passa de meia dúzia de bares, barbearias e um ou dois restaurantes étnicos."

Dawna Weatherly-Williams, amiga e vizinha — ela chamava Frank Davis de "papai" —, disse ao Daily Telegraph que Stanley Dunham costumava visitá-lo com o neto no início dos anos 1970. "Papai estava com os pés levantados, e ao vê-los gritou: 'Oi, Stan! Então esse é o menino!'", recordou. "Stan andava prometendo levar Barry para uma visita, pois tínhamos muito em comum — os filhos de Frank eram meio brancos, o neto de Stan e meu filho eram meio negros. Barry estava bem-vestido, de blazer, creio. Cansado e faminto. Tinha um rosto mais redondo — não era pontudo como agora. Ríamos como bobos, Frank, Stan e eu, pois imaginávamos que conhecíamos os segredos da vida, e que os compartilharíamos com Barry. O rapaz nunca tinha visto alguém que se parecesse com ele."

"Frank era também um grande ouvinte, vai ver por isso Barack gostou dele. Tenho certeza de que influenciou Barack mais do que ele admite. Sobre justiça social, descobrir mais a respeito da vida, sobre o que é importante, como usar o coração e a mente. Talvez tenha sido melhor assim, ele não fazer tanta onda em cima disso, ele na verdade não supervalorizou nada, pois estava muito à frente de seu tempo."

Na adolescência, Obama visitava Davis por iniciativa própria, indo de carro pelo canal Ala Wai até Jungle. Certa noite Frank contou uma história sobre o avô, mencionando que muitos anos antes os Dunham haviam contratado uma jovem negra para ajudar Ann. "A filha de um pastor, acho que era isso. Ele contou que ela se tornou parte da família."[43]

Parte integrante da família — linguagem da classe média branca séria para aliviar a culpa por contratar negros para limpar a casa e cuidar das crianças.

Barry tinha falado com Frank sobre o temor de sua avó ao cruzar na calçada com um negro de aparência assustadora. Tudo a respeito do incidente era confuso — o medo da avó, a vergonha de Stanley —, mas Frank, que se considerava amigo da família, deu a impressão de entender bem o caso. Explicou que nem o branco mais solidário jamais compreenderia a dor de um negro. ("No fundo, ele é um bom homem. Mas ele não me *conhece*. Não mais do que conhecia a garota que cuidava da sua mãe. Ele *não* pode me conhecer, não da maneira que eu o conheço."[44]) Afinal, como era possível que Stanley pudesse visitar Frank, tomar uísque e cochilar na poltrona, enquanto Frank não podia fazer o mesmo na casa de Stanley?

"O que estou tentando lhe dizer é que a sua avó está certa de ter medo", explicou Frank Davis. "Ela está tão certa quanto. Ela compreende que as pessoas negras têm razão para odiar. É assim que as coisas são. Para o seu bem, eu gostaria que fosse diferente. Mas não é. Assim, talvez seja melhor você se acostumar."

Durante a campanha de Obama à presidência, a blogosfera de direita atacou Frank Marshall Davis. Entre outras coisas, ele foi acusado de ser comunista de carteirinha, envolvido com pornografia e influência perniciosa. Sofreu ataques virulentos e insistentes. Para eles, a amizade com Frank Marshall Davis fazia parte de um quadro maior de vínculos com radicais. Apesar de o relacionamento não ter sido constante nem duradouro, e desprovido de grande importância ideológica, segundo o próprio Obama, Davis o fez vivenciar algo profundo e desconcertante na juventude. Naquela noite em Jungle, em Waikiki, ele se sentiu completamente sozinho. Para se compreender melhor, teria de abandonar o Havaí e ir para outro país.

3. Ninguém sabe o meu nome

O desempenho acadêmico de Obama em Punahou foi mediano, mas, apesar de classificado como classe B, suas perspectivas eram boas para o curso superior. Assim como as melhores escolas preparatórias da Nova Inglaterra, Punahou emplacava rotineiramente os alunos mais destacados nas melhores faculdades e universidades do país — e os menos destacados, como Obama, se davam quase tão bem. A exemplo da maioria dos colegas, Obama sofreu um ataque de "febre insular". Queria ir embora da ilha de qualquer jeito. Soube por uma moça que conheceu no Havaí da existência da Occidental, uma instituição pequena e muito respeitada, com cerca de seiscentos alunos em Eagle Rock, perto de Pasadena, na Califórnia. Aceito por várias faculdades, Obama resolveu correr o risco: escolheu a Occidental.

Obama escreveu sobre uma derradeira visita a Frank Marshall Davis pouco antes de partir para o continente e iniciar o ano letivo como calouro. Como sempre, o velho amigo saudou Obama efusivamente — e depois o desafiou. Provocar Obama era seu jeito de aconselhá-lo. Havia dito que rapazes negros que tinham a sorte de chegar à universidade invariavelmente emergiam para o mundo com "um grau avançado em concessões".[1] Agora afirmava que ninguém tinha contado a Obama a verdade a respeito do "preço verdadeiro da admissão" num curso superior.

E qual seria este preço?, perguntou Obama.

"Deixar a sua raça na porta", respondeu Davis. "Deixar o seu povo para trás."

Um lugar como a Occidental não daria a Obama uma educação de verdade, Davis insistiu, ele apenas seria "treinado". "E irão treiná-lo tão bem que você começará a acreditar no que eles lhe dizem sobre oportunidades iguais, o modo de vida norte-americano e toda essa merda. Eles lhe darão um escritório e o convidarão para jantares luxuosos, e lhe dirão que você é uma fonte de orgulho para a sua raça. Quando você quiser realmente dirigir as coisas, eles puxarão a sua corrente e lhe dirão que você pode ser um negro bem treinado e bem pago, mas continua sendo o mesmo negro de sempre." Vá para a faculdade, disse Davis, mas fique de "olhos abertos".

Obama via Davis um pouco como via sua mãe — como um produto da época. Mesmo assim não conseguia ignorá-lo. Mesmo antes de se integrar à vida afro-americana Obama havia sido alertado quanto aos perigos da cooptação, das quotas e dos limites da tolerância branca. Obama logo descobriu que a consciência política e a integridade prescritas por Davis não podiam ser facilmente seguidas na Occidental. Em estilo colonial espanhol e com um ambiente agradável, a Occidental tornara-se cenário favorito de Hollywood; de filmes dos irmãos Marx a *Patricinhas de Beverly Hills*, a escola funcionava como um campus californiano genérico. A faculdade era cercada por um bairro hispânico de classe operária, mas os estudantes quase não saíam do campus; quando o faziam era para andar de patins na calçada de Venice Beach, surfar na praia de Newport ou assistir a um show no centro. Todos se conheciam. "Oxy é como Peyton Place,* muito pequena", disse Phil Boerner, colega de classe e amigo de Obama. Em setembro de 1979 Obama se mudou para um quarto para três no alojamento conhecido como Haines Hall Annex. Dividia o quarto A104 com um paquistanês chamado Imad Husain, hoje banqueiro em Boston, e Paul Carpenter, banqueiro do setor hipotecário em Los Angeles. Seus colegas de quarto se mostraram cordiais e receptivos. No salão reinava uma diversidade incomum para a Occidental: havia afro-americanos, asiáticos, hispânicos e árabes. A Occidental recebia principalmente jovens da classe média e da classe média alta da Califórnia, mas Obama se adaptou bem,

---

* Localidade onde se passava o seriado de tevê *A Caldeira do Diabo*, dos anos 1960. (N. T.)

pelo que consta. Embora recebesse ajuda financeira, ninguém o considerava em posição inferior.

A Occidental exigia que os calouros adotassem o currículo básico. No ano anterior à chegada de Obama, o movimento multicultural havia exercido certa influência na Occidental: a bibliografia passou a incluir mais textos da África, Ásia, Oriente Médio e América Latina, além dos Estados Unidos e da Europa. Obama preferiu cursar matérias de política, história e literatura, com um mínimo de ciências. Desde o começo um de seus professores favoritos foi Roger Boesche, estudioso de Tocqueville que lecionava pensamento político americano e europeu. Como calouro, Obama fez um curso de análise da política norte-americana com Boesche que abrangia os teóricos liberais dos Estados Unidos e da Grã-Bretanha dos séculos XVII e XVIII e *The Federalist Papers*.* No ano seguinte cursou teoria política com Boesche, lendo textos de Nietzsche, Tocqueville, Sartre, Marcuse e Habermas. Boesche era um liberal assumido em relação às questões políticas do momento — a disputa eleitoral iminente entre Reagan e Carter, a invasão soviética do Afeganistão em 1979, a possível volta do serviço militar obrigatório — e Obama o apoiava.

Obama estudava bastante, mas passava também um bom tempo no Cooler, o grêmio estudantil decrépito preferido pela turma com a qual mais se identificava. Como ele mesmo relatou: "Os estudantes negros mais politicamente ativos. Os estudantes estrangeiros. Os chicanos. Os professores marxistas, as feministas e os poetas performáticos de *punk rock*. Nós fumávamos cigarros e usávamos jaquetas de couro. À noite, nos dormitórios, discutíamos o neocolonialismo, Frantz Fanon, o eurocentrismo e o patriarcado. Quando amassávamos o cigarro no carpete do corredor ou ouvíamos música tão alto que as paredes começavam a tremer, estávamos resistindo aos constrangimentos sufocantes da sociedade burguesa".[2] Como memorialista, Obama desconsidera suas pretensões de universitário, mas também dedicava seu tempo a atividades mais democráticas. Ele e os amigos eram fanáticos pelos Lakers e assistiam aos jogos na televisão da pizzaria local. Aderiu também à prática de exercícios constantes. Obama corria longas distâncias pela manhã, além de jogar basquete e tênis.

---

* Série de 85 artigos ou ensaios advogando a ratificação da Constituição dos Estados Unidos. Publicada em dois volumes em 1788, trata-se de uma versão lúcida da filosofia e da motivação do sistema de governo americano. (N. T.)

No princípio, chamavam Obama de Barry ou Obama. Alguns professores, vendo seu verdadeiro nome na lista de chamada, tentaram usar Barack, mas atenderam aos pedidos de Obama de ser chamado de Barry. Quando ele falava sobre sua origem, minimizava a angústia ou o tom confessional. "Eu não acho que ele era um sujeito atormentado", comentou Phil Boerner. "Parecia muito feliz, embora um tanto reservado. Não mencionava certos fatos de sua vida anterior, que acabei descobrindo depois. Nós vivíamos o momento presente."

A música que irrompia do equipamento do quarto de Obama e dos outros no corredor do dormitório incluía bandas como B-52s, The Specials, Talking Heads, Roxy Music, UB40, Jimi Hendrix, Stevie Wonder, Earth, Wind & Fire, Bob Marley, Black Uhuru, The Flying Lizards. Obama também gostava de jazz: Miles Davis, John Coltrane e Billie Holiday, além de artistas contemporâneos comerciais como Grover Washington Jr. O traje costumeiro de Obama era calça jeans ou bermuda, camiseta ou camisa estampada havaiana e chinelo. Completava o visual com um Marlboro pendurado nos lábios. ("Eu fumo assim para manter o meu peso", declarou Obama a um amigo. "Quando casar eu paro, engordo e pronto."[3]) Pelos padrões da época e do local, ele não exagerava no uso de drogas. Mas a maconha e o haxixe eram tão comuns quanto a cerveja nas festas dos dormitórios Haines, e Obama não hesitava em participar da folia. O segundo semestre de seu segundo ano de faculdade ganhou o apelido de "primavera de cocaína em pó", e Obama nunca negou ter "cheirado uma carreirinha". Só quando se transferiu para Columbia ele decidiu parar com as drogas e se dedicar aos estudos e ao seu futuro.

Phil Boerner, que foi colega de corredor de Obama quando eram calouros e que depois da transferência dos dois para Columbia tornou-se seu colega de quarto, manteve um diário na juventude, e num registro de 1983 relatou uma cena noturna típica no dormitório da qual participou o amigo:

Momento: Calouro em Oxy. O som no quarto do Barry está ligado — um álbum dos Stones ou de Hendrix — e o disco está pulando. Estou no salão do lado de fora — "o Anexo". Ouço a agulha arranhar, e deduzo que tem alguma coisa errada. Espio dentro do quarto — a porta deles ficava sempre destrancada, mas dessa vez não estava nem mesmo fechada — e vejo Barry deitado na cama. Entro na ponta dos pés para desligar o som. Quando me aproximo do aparelho, que fica ao lado da cama, ele abre um olho e me encara. Não fala nada, mas eu sinto que preciso explicar o motivo de entrar de fininho em seu quarto. Não pretendia roubar nada, como ele poderia deduzir se fosse um sujeito desconfiado, coisa que ele não era. Aí falei para ele: "O disco está riscado", e desligo o som. Ele resmunga alguma coisa, "obrigado", talvez, vira de lado e volta a ressonar baixinho. Saio do quarto e fecho a porta atrás de mim.[4]

O círculo de Obama era multirracial. Entre os amigos íntimos havia três estudantes mais velhos do Sul da Ásia: dois paquistaneses, Mohammed Hasan Chandoo e Wahid Hamid, e um indiano, Vinai Thummalapally. "Acho que uma das razões para ele se sentir à vontade conosco era o fato de sermos aceitos praticamente por todos", relatou Hamid. "Não chegamos cheios de preconceitos raciais. Não carregávamos aquele fardo americano. Éramos morenos, digamos assim, e nos dávamos bem com brancos e negros. A empatia imediata com ele se deu por deixarmos que ele fosse quem era, alguém capaz de conciliar. E acho que Barack se vê assim, como alguém capaz de compreender, por razões óbvias de sua formação, a origem tanto de negros quanto de brancos. Como político, ele não é o típico candidato negro ou o típico candidato branco — nisso reside parte de sua força —, mas as coisas eram mais difíceis quando ele era jovem. Mas, graças a sua energia, capacidade e talento, Obama era um indivíduo cativante. As pessoas simpatizavam com ele de cara. E ele se adaptava bem. Tinha jeito — e seus dons tornavam o mundo menos problemático para ele do que teria sido para alguém menos dotado."

Havia poucos estudantes negros na Occidental no tempo de Obama — cerca de 75 em seiscentos.[5] "E se podia contar em dois dedos os professores negros", disse um colega de classe de Obama.[6] Os estudantes afro-americanos encaravam a Occidental de várias maneiras. Alguns se isolavam em suas turmas, sentavam nas "mesas de negros" na hora do almoço, construindo um mundo social fechado tanto para preservar a cultura negra quanto por falta de receptividade dos alunos brancos. O jornal semanal da faculdade, *The Occidental*, citou um estudante negro, Earl Chew: "Entrar aqui foi duro para mim. Muitas coisas que eu sabia como estudante negro — que eu sabia como negro e ponto-final — não eram aceitas aqui no campus".[7]

Obama circulava com certo desembaraço entre vários grupos, como fazia em Punahou. Louis Hook, líder da Associação dos Estudantes Negros, ressaltou que Obama não era um membro ativo e dedicado do grupo; na verdade, "aparecia e sumia". A maioria dos estudantes negros do campus, segundo Hook, tentava prolongar o "clima do movimento pelos direitos civis", e alguns dos amigos ou conhecidos de Obama estranhavam que andasse com colegas asiáticos e brancos, como ele fazia. "Obama era um cara versátil, que transitava por diferentes comunidades", conclui. "Isso era incomum. Alguns apreciavam, mas outros faziam restrições. Havia uma divisão nos rapazes negros, entre os que necessitavam de um reforço de sua própria cultura e os que conseguiam viver tanto dentro quanto fora dela. Obama pertencia à categoria dos que não haviam crescido na tradição afro-americana. Portanto, ele lidava com essa tradição, mas vivia sossegado sem ela também."

Obama descobriu que a maior parte das queixas dos estudantes negros na Occidental eram as mesmas dos outros: "Sobreviver às aulas. Conseguir um emprego bem pago depois de formados. Arranjar namorada". Na verdade, escreveu Obama: "Eu havia tropeçado em um dos segredos mais bem guardados sobre as pessoas negras: que a maioria de nós não estava interessada em revolta; que a maioria de nós estava cansada de pensar em raça o tempo todo; que, se nós preferíamos ficar juntos, era principalmente porque esse era o modo mais fácil de deixar de pensar nisso, mais fácil do que ficar furioso o tempo todo ou procurar adivinhar tudo o que os brancos pensavam de nós".

Como muitos outros estudantes, Obama tentava se encontrar. "Ele ainda não tinha se definido", disse Margot Mifflin, que saía com Hasan Chandoo, um grande amigo de Obama. "Na época não percebi o esforço enorme que empreendia para se definir. Uma amiga em comum disse, não faz muito tempo: 'Desde quando Barry é negro? Ele é tão branco quanto negro'. Ela queria dizer que ele era mestiço. Criado por avós brancos e pela mãe branca. Ela não acreditava haver cinismo no modo como Barry se apresentava, mas sabíamos que ele era tão negro quanto branco. Não me lembro de ter conversado com ele sobre raça. E todos nós o chamávamos de Barry."

Um dos amigos negros de Obama na Occidental, um estudante mais velho chamado Eric Moore, filho de um oficial da aeronáutica, crescera em Ohio, no Colorado e no Japão. Como parte do programa da Operation Crossroads,* Moore trabalhou durante três meses numa clínica médica rural no distrito de Siaya, no

---

* Programa de intercâmbio cultural EUA-África criado em 1958.

Quênia, perto do lago Vitória, não muito longe de onde Barack pai nascera. A tribo Luo domina a região, e Obama se mostrou ansioso por saber mais sobre as aventuras de Moore naquelas aldeias. "Serviu como elo entre nós", recordou Moore. "Por coincidência, em certos aspectos eu sabia mais a respeito dele do que ele mesmo, naquela altura."

Um dia, pouco depois de voltar do Quênia, Moore perguntou a Obama: "Que história é essa de um mano ser chamado de 'Barry'?".

Era uma pergunta natural, Moore alegou: "Ele não assumia seu lado queniano, ao menos não abertamente. Orgulhava-se da sua origem, mas não tinha ido para lá. Ele me contou que seu nome verdadeiro era Barack Obama. E eu disse: 'É um nome muito forte. Eu o assumiria, imporia o Barack'".

Não houve um momento específico em que Obama decretou o fim de Barry — alguns amigos jamais fizeram essa transição —, mas quando saiu da Occidental, após dois anos de estudos, ele não se apresentava mais ao estilo antigo. Começava a se ver — e a insistir — no "Barack Obama".

"Faz sentido", disse a irmã Maya. "Ele amadureceu. 'Barry' é apelido de criança. Na Indonésia era 'Beri', e nossos avós do Kansas hesitavam um pouco em relação a Barack, por causa da pronúncia enrolada do 'r' da época. O pai dele, que também era Barack, fez ajustes semelhantes. Ele se apresentava como *Bar-ack*."

No segundo ano, Obama dividiu um apartamento em Pasadena com Hasan Chandoo. Bonito, elegante, charmoso, rico, não religioso e politicamente radical, Chandoo vinha de uma família muçulmana xiita que vivera em vários países e fizera fortuna no transporte marítimo. Chandoo tinha passado a maior parte da vida em Karachi, frequentando uma escola americana na qual parece ter se formado em pôquer e golfe. Na Occidental transformou-se num estudante mais sério, embora tenha conquistado fama pela política esquerdista e pelas festas noite adentro. Dedicava-se mais às festas do que à política. Era uma figura exuberante, que andava pelo campus num Fiat vistoso.

O apartamento dos dois era simples e despojado. "Tinha dois quartos e pouca decoração", relatou Margot Mifflin. "Dava a impressão de que não tinham terminado de se mudar. Davam festas frequentes e Hasan preparava uma comida muito apimentada, sugerindo depois que aliviássemos o ardor com iogurte. Dançava-se muito: o álbum *Remain in light* dos Talking Heads tinha acabado de sair, e Bob Marley estava no auge — Barry também gostava da música meio boba de Grover Washington."

Os amigos de Obama do Sul da Ásia "eram muito progressistas, inteligentes e sofisticados", segundo Eric Moore. "Hasan Chandoo parecia o Omar Sharif, fazia o gênero playboy internacional requintado. Eram paquistaneses, porém banqueiros, empresários, seculares e cidadãos americanos. Gente muito refinada e sofisticada."

Chandoo e Hamid, entre outros, ajudaram a "inflamar" Obama politicamente. "Na faculdade, Hasan era socialista, marxista. Era estranho, pois era de família rica", disse Mifflin. "Mas era socialista à moda da época — um idealista que acreditava na igualdade econômica, só isso. Não sei bem como ele definia o socialismo, mas estudou-o a fundo. Barack aprendeu muito com ele, em especial as noções de justiça e igualdade que apregoa atualmente." Chandoo, por sua vez, nunca sofreu influência de doutrinas: "A única doutrina, no caso dele, era a austeridade!".

Pregar um crachá ideológico em Chandoo e em Hamid, bem como em Obama, não seria apenas injusto: também atribuiria a eles uma postura mais militante do que assumiam. "Eu diria que éramos *idealistas*, versados em termos de compreensão de todas as ideologias", explicou Hamid. "Eu me lembro de ir para casa, no Paquistão, e sentar na frente da minha mãe para proferir um discurso eloquente sobre os benefícios do socialismo. Ela dizia: 'Wahid, isso é bom e interessante, mas você vai crescer'. Acho que foi isso mesmo que aconteceu. Não éramos marxistas. Em nosso idealismo, acreditávamos em melhores condições de vida para as massas, não apenas para uns poucos. Se isso for considerado socialismo, então talvez tenhamos tido ideias socialistas na época. Barack era muito parecido. Não me lembro de discordâncias entre nós. Refletíamos com coerência. Todos tentávamos evoluir."

"Barry e Hasan passavam boa parte do tempo discutindo política", contou Mifflin. "Um de nossos amigos lembra de uma sessão do grupo de estudos em que Obama se levantou para discorrer sobre temas políticos e alguém falou: 'Você deveria ser o primeiro presidente negro'. Por outro lado, ninguém pensava seriamente nele como 'o cara' — a pessoa supertalentosa que chegaria tão longe. Era apenas um membro do nosso grupo."

Por vários anos Obama manteve contato com seus amigos do Sul da Ásia, particularmente Hamid — que foi executivo da Pepsi Co. por muitos anos — e

Chandoo, que se tornou consultor e investidor. Durante a campanha, e mesmo depois dela, Hamid e Chandoo evitaram contatos com a imprensa para não dizer algo que pudesse ser usado contra eles ou, pior ainda, contra Obama. Sabiam muito bem que os oponentes mais virulentos, na campanha de 2008, poderiam a qualquer momento manipular o mito de que Obama era muçulmano. "Chegamos ao ponto de repórteres baterem na porta de nosso apartamento no meio da noite", contou Hamid.

Quando Obama entrou na escola, o debate político na Occidental centrava-se na invasão soviética do Afeganistão e na reação de Jimmy Carter. Ocorriam também passeatas com velas contra a proliferação de armas nucleares, manifestações contra a tentativa de Carter de reinstituir o serviço militar obrigatório e, em 1980, em repúdio à eleição de Ronald Reagan. *The Occidental* publicou um editorial de apoio a Jimmy Carter que destacava mais a rejeição a Reagan do que o apoio envergonhado ao candidato condenado ao fracasso. O título foi "Lukewarm" (Morno).

A raça ocupava um lugar central nas discussões, tanto como questão política dentro do campus quanto por sua importância na política nacional e internacional. Antes de Obama se matricular na Occidental, houve um incidente com uma professora de história da arte muito querida, chamada Mary Jane Hewitt, uma afro-americana cuja promoção foi negada. Dois repórteres de *The Occidental* ouviram falar em possíveis irregularidades no processo de promoção e, com a ajuda de um guarda de segurança terceirizado do campus, invadiram o prédio da administração e consultaram a ficha da professora. Os editores de *The Occidental* não a publicaram, mas a ficha foi usada como base para a reportagem. "Ficamos paranoicos", declarou um dos editores. "Sentamos na linha de cinquenta jardas do campo de futebol americano e discutimos o que fazer. Fumando maconha sem parar. Los Angeles era assim." No final das contas, a invasão vazou e os dois repórteres foram submetidos a uma sindicância interna. Dois dos professores mais esquerdistas do campus, Norman Cohen e David Axeen, atuaram como advogados de defesa dos estudantes-repórteres. Ninguém foi punido.

Assim como grande parte dos universitários, Obama vacilava no direcionamento de seus ímpetos políticos. "Quero entrar para o serviço público", Obama disse a Thummalapally. "Quero escrever e ajudar pessoas carentes."[8] Mas o que pretendia fazer exatamente era vago. Aos olhos de alguns colegas calouros, Obama se mostrou menos despreocupado no segundo ano. "Vi uma mudança nele", disse Kent Goss, colega de classe e companheiro firme de basquete. "Ficou mais sério, mais focado, mais cerebral [...] Passou a andar com outra turma, um pessoal mais sério, mais intelectualizado."

Além de matérias mais acadêmicas, Obama fez um curso de redação criativa e chegou a pensar em fazer carreira como escritor. Publicou poemas em *Feast*, a revista literária do campus, e também na *Plastic Laughter*, uma publicação xerocada que o amigo Mark Dery editava. Dery ficou conhecido como o "poeta punk" da faculdade. O melhor e mais longo dos dois poemas de Obama publicados em *Feast* revela influências dos beats e de poetas que na época preferiam o verso livre; "Pop" reflete bem o relacionamento de Obama com o avô, Stanley Dunham. Obama o mostrou aos amigos sem contar que se referia ao homem que desempenhou um papel importante em seu desenvolvimento em Honolulu, além de sua luta para amá-lo e se libertar dele no percurso para a vida adulta.

> *Sitting in his seat, a seat broad and broken*
> *In, sprinkled with ashes,*
> *Pop switches channels, takes another*
> *Shot of Seagram's, neat, and asks*
> *What to do with me, a green young man*
> *Who fails to consider the*
> *Flim and flam of the world, since*
> *Things have been easy for me;*
> *I stare hard at his face, a stare*
> *That deflects off his brow;*
> *I'm sure he's unaware of his*
> *Dark, watery eyes, that*
> *Glance in different directions,*
> *And his slow, unwelcome twitches,*
> *Fail to pass...**

* Sentado na poltrona, uma poltrona larga e gasta/ Polvilhada de cinzas,/ Meu avô muda de canal, toma outra/ Dose de Seagram's, puro, e pergunta/ O que fazer comigo, um jovem imaturo/ Que desconsidera a impostura do mundo, pois/ As coisas têm sido fáceis para mim;/ Olho fixamente para o seu rosto, um olhar/ Que desvia sua expressão;/ Com certeza ele não percebe seus/ Olhos escuros, aguados, que/ Fitam direções diferentes,/ E seus tiques lentos, indesejados,/ Que não passam... (N. T.)

Nem todos da turma dos literatos da Occidental gostavam de Obama. Um colega de classe o descreveu como "muito GQ",* e, nas palavras de Mifflin, "o grupo dos artistinhas dizia que ele era muito sofisticado, afável demais".

Obama estava longe de ser um artista sombrio. Conforme todos os relatos, ele se interessava por mulheres e saía muito com elas, mas não teve namorada firme durante os dois anos na Occidental. "Alguns estudantes se amarravam logo, mas Barry não", disse Margot Mifflin. "Nunca o vi saindo com a mesma moça por muito tempo. [...] Mas o lance de Barry não era sair com as beldades do campus. Ele queria saber de ideias e posicionamentos. Queria estar com pessoas que refletiam sobre a realidade."

"Todos gostavam dele", relatou Lisa Jack, uma amiga que tirou uma série de fotografias de Obama em 1980. "Era caloroso, simpático, um cara do tipo topa tudo. Se ele visse alguém sentado sozinho no The Cooler, ia sentar com a pessoa. Nunca soube de nenhum relacionamento sério, mas ele não tinha problemas em fazer que as mulheres se sentissem atraídas por ele. Não era safado nem desrespeitoso. Chegava nas garotas com jeito. Era difícil não gostar dele."

Lawrence Goldyn, um dos professores de ciência política de Obama na Occidental, cientista político pela Stanford e um dos poucos homossexuais assumidos do campus, entrou para o corpo docente da faculdade nos anos 1970. Obama cursou política europeia com Goldyn, que sofreu muito na Occidental devido ao desprezo da direção. "Eu era meio radioativo", disse. "Acabei tendo de ir para o curso de medicina para ganhar a vida. Foi uma época difícil. Eles diziam que eu me concentrava demais na política sexual [...] Olhavam para mim e só conseguiam ver o homossexual, homossexual, homossexual." Goldyn tornou-se conselheiro do grêmio estudantil gay. "Para mim sobravam os excluídos, as mulheres negras, os homossexuais que gravitavam em torno da minha pessoa", explicou. "Acho que os rapazes de cor e os homossexuais não estavam muito à vontade lá. Sentiam-se de fora." Goldyn sentia-se recompensado por estudantes como Obama, que demonstravam consideração e o procuravam depois das aulas. "Era um grupo pequeno — não muita gente, só um punhado", recordou. "Eram rapazes politizados, mais velhos, que me procuravam por gostar dos meus pontos de vista. Um calouro ou aluno do segundo que fizesse isso mostrava coragem intelectual."

---

* Abreviatura de *Gentlemen's Quarterly*, nome de uma revista mensal masculina. (N. T.)

Durante a campanha presidencial Obama declarou a uma revista gay, a *Advocate*, que Goldyn "era um sujeito maravilhoso. O primeiro professor assumidamente homossexual com o qual mantive contato, o primeiro gay assumido investido de autoridade que conheci. Não passava o tempo inteiro fazendo proselitismo, mas era resolvido e a amizade que desenvolvemos me educou em várias questões do gênero".[9]

Muitos professores do campus, ativistas nos anos 1960, relatavam aos alunos as passeatas contra a guerra e as manifestações pelos direitos civis. Esses professores gradualmente substituíram homens e mulheres da geração da Segunda Guerra Mundial. "A transformação ocorreu justamente no período em que Obama estudou aqui", disse Roger Boesche, que havia sido ativista político nos anos 1960, quando estudava em Stanford. Ouvir a história dos jovens professores era ao mesmo tempo fascinante e frustrante. Entre os amigos de Obama — entre muitos jovens que frequentaram a universidade nos anos 1970 e 1980 — prevalecia a sensação de ter chegado atrasado, uma impressão de que o engajamento político perdera muito de seu ímpeto. Eles chegaram tarde demais para a marcha sobre Washington, a revolta de Stonewall, as manifestações contra a guerra e a favor da liberação feminina. Certos ou não, muitos sentiam o ímpeto, mas lhes faltava uma causa.

Entre as tendências políticas do campus, a Aliança Democrática Socialista era uma das poucas com energia e capacidade de organização. Um universitário chamado Gary Chapman, que hoje leciona política tecnológica na Universidade do Texas, formou a Aliança pouco antes de Obama ingressar na Occidental, e seus membros penduraram um grande cartaz no pátio central com o retrato de Karl Marx. Em 1978-9, um ano antes da matrícula de Obama, alguns alunos simpatizantes da Aliança tentaram impor uma agenda política — contra o apartheid e pelo aumento da diversidade no campus — apresentando uma chapa de candidatos esquerdistas ao diretório central dos estudantes. Caroline Boss, amiga de Obama e uma das principais líderes esquerdistas da Occidental, disse que a faculdade logo se tornou cenário de intensas discussões sobre a política externa americana, estudos feministas, direitos dos homossexuais, estudos latinos e urbanos — e, em especial, o regime de apartheid na África do Sul.

"Passamos três anos em intenso proselitismo para conscientizar o campus das práticas vigentes na faculdade e do que ocorria na África do Sul", declarou Caroline Boss. "Antes de Barry já havíamos realizado uma passeata lamentável, porém real, até o Bank of America, para eu sacar meus vinte dólares."

Boss e outros iniciaram uma campanha para convencer os membros do conselho da Occidental a vender as ações das multinacionais que mantinham negócios com a África do Sul do apartheid. O movimento pelo desinvestimento ganhou certa notoriedade em 1962, quando a Assembleia Geral das Nações Unidas aprovou uma resolução não obrigatória impondo sanções econômicas à África do Sul. Em 1977, um pastor batista e militante dos direitos civis, o reverendo Leon Sullivan, levou a questão à imprensa. Sullivan, membro do conselho da General Motors, a maior empresa americana empregadora de negros sul-africanos, liderou uma campanha de responsabilidade corporativa voltada à GM e a outras companhias sediadas nos Estados Unidos com interesses na África do Sul. Sua sugestão de código de conduta corporativa, os Princípios de Sullivan, impunha às multinacionais a concessão de direitos iguais aos trabalhadores negros. Nos campi do país inteiro os estudantes solicitaram aos conselhos mantenedores que boicotassem firmas que continuavam a negociar com o regime do apartheid, e em algumas instituições — Hampshire College, Michigan State, Universidade de Ohio, Universidade Columbia e Universidade de Wisconsin — os protestos causaram impacto significativo. Houve piquetes, ocupações, debates com professores, construção de barracos e outros gestos que lembravam um pouco os movimentos contra a guerra e pelos direitos civis. Nelson Mandela declarou mais tarde que o movimento pela venda das ações acelerou o colapso do regime do apartheid, isolando-o ao provocar a fuga de bilhões de dólares de aplicações de capital. Os críticos do desinvestimento acusavam de hipócritas os defensores das medidas — por que não exigiam o mesmo dos investidores nos países comunistas? — ou, como Ronald Reagan e Margaret Thatcher, pregavam uma política de "engajamento construtivo".

Na Occidental, um pequeno grupo de estudantes preparou um relatório para o conselho da faculdade alegando que o desinvestimento era a atitude correta a adotar, e que não provocaria necessariamente prejuízos às aplicações da escola. Contavam com o apoio da Aliança Democrática Socialista, de um grupo estudantil afro-americano chamado Ujima e dos núcleos hispânicos e homossexuais, além de uma coordenação da aliança chamada Coalizão do Terceiro Mundo. Ainda assim havia bastante apatia no campus, especialmente entre os pré-profissionais e o pessoal das fraternidades.

Obama comparecia a reuniões de vários grupos, mas não com muita frequência. "Obama, por personalidade, preferia observar", disse Boss. "Ele se envolvia aos poucos, mas com profundidade, no sentido político. Tinha uma forte curiosidade intelectual. A perspectiva de uma vida passiva o frustrava. Durante o segundo ano ele apresentou uma evolução inegável, estabelecendo objetivos e metas. Isso era notável — por exemplo, quando resolveu se declarar 'Barack', e não mais 'Barry'. Foi uma tomada de decisão. Conversamos a respeito, e ele falou com outras pessoas também. Chegou e anunciou: 'Pessoal, vou usar meu nome completo'. Ele associava essa atitude a uma ligação com o pai. Sentia orgulho do pai e de sua herança, embora ainda não tivesse pesquisado isso. Mas intuía que o pai era um sujeito predestinado, alguém que começou pastoreando cabras e acabou ocupando cargos governamentais. Deixara um legado, uma missão a ser levada adiante."

"Obama enfrentou um ambiente internacional e um universo havaiano rico em etnias, tornando-se um verdadeiro cosmopolita", prosseguiu Boss, "e aí veio para cá e deparou-se com as questões da América continental, conheceu uma série de afro-americanos com um sentido mais aguçado e uma compreensão mais profunda da história da escravatura e da experiência americana. Interessou-se pelo significado disso tudo para ele, pessoalmente. Nesse processo de descoberta, a história de sua formação universitária, uma pessoa essencialmente cosmopolita, embarca no processo de autoconhecimento e depara-se com a questão do 'Quem sou eu?'."

Chandoo, Obama, Caroline Boss e inúmeros estudantes, alguns da Aliança Democrática Socialista, outros das várias associações étnicas do campus, programaram uma manifestação pelo desinvestimento para 18 de fevereiro de 1981. Foi a primeira incursão de Obama num papel político público.

Margot Mifflin recordou que era "um ensolarado dia de inverno" no qual cerca de trezentos estudantes — militantes, negros, de outros países, surfistas loiros — se reuniram na frente de Coons Hall, o envidraçado prédio principal da administração, apelidado de "showroom da Chrysler" devido a sua arquitetura sem charme.[10] O conselho da faculdade havia agendado uma reunião ali. Os organizadores da manifestação montaram uma lista de oradores que incluía Norman Cohen, professor de história americana; um visitante da África do Sul, Tim Ngubeni; e estudantes de várias tendências: Caroline Boss, Earl Chew, Chandoo e Obama. Os universitários carregavam placas com os dizeres "Apartheid mata" e "Chega de lucrar com o apartheid".

Obama deveria abrir os discursos. Ele contou que, ao preparar sua curta fala, lembrou-se da visita do pai à sala da quinta série, e de como cativara todos com suas palavras. "Se eu pudesse encontrar as palavras certas", pensou.[11] Caso conseguisse isso, provocaria impacto. Segurou o microfone em estado de "transe". O sol batia em seus olhos, mas ele via ao longe, para lá das cabeças dos manifestantes, que alguém jogava *frisbee*.

"Há uma luta em andamento", Obama começou dizendo. Percebeu que apenas uma minoria lhe dava ouvidos. Ergueu a voz. "Repito, há uma luta em andamento! Está acontecendo do outro lado do oceano. Mas é uma luta que diz respeito a cada um e a todos nós. Quer saibamos disso ou não. Queiramos isso ou não. Uma luta que exige escolher um lado. Não se trata de uma luta entre negros e brancos. Nem entre ricos e pobres. Não — a escolha é mais difícil. Trata-se de uma escolha entre dignidade e servidão. Entre justiça e injustiça. Entre comprometimento e indiferença. Uma opção entre o certo e o errado..."

Obama não era o melhor nem o mais dramático orador da manifestação. O jornal da faculdade não o menciona. O que a maioria dos presentes recorda a respeito de sua participação foi que dois estudantes brancos, que faziam o papel de policiais truculentos da África do Sul, interromperam seu discurso antes que ele pudesse concluí-lo e o arrastaram para fora do palanque, conforme havia sido combinado, num gesto teatral de guerrilha. Seu momento passara.

Outros oradores provocaram impacto maior. Ngubeni, estudante sul-africano que participara em seu país do movimento radical Consciência Negra e partidário de Steve Biko, mártir da luta contra o apartheid, declarou que o movimento precisava começar pelos Estados Unidos, pois "todos os patrões estão aqui".[12]

Quando a manifestação acabou, a euforia de Obama havia evaporado. Viu alguns membros do conselho olhando os estudantes pela janela, rindo. Temeu que o protesto e seu discurso tivessem sido uma farsa infantil. Para a maioria do campus a manifestação não passara de uma pequena interrupção numa tarde modorrenta. "Depois do evento uma dupla de cantores de música folk se apresentou e nós voltamos para a classe, entusiasmados", escreveu Mifflin anos depois.[13]

Mas Obama causou uma boa impressão, pelo menos em alguns. "Ele falou do mesmo jeito que fala agora — de modo razoável, passional mas sem radicalismo, sem gritaria", disse Rebecca Rivera. "Então, antes que pudesse terminar, a encenação estúpida que haviam programado o arrancou do palanque. Ele estava indo muito bem. Eu me lembro de ter pensado: quem é esse cara? E por que nunca ouvi falar dele? Quando as pessoas começaram a se dispersar, lembro-me de ter dito a Barry: 'Foi um belo discurso, espero que você intensifique sua participação'. Mas estávamos na primavera, e logo ele se foi, claro. Partiu em busca de maiores e melhores metas."

O envolvimento de Obama com a política estudantil foi sincero porém esporádico, frio e distanciado. ("Eu estava do lado de fora novamente, assistindo, julgando, cético."[14]) Rivera e muitos outros lembram que Obama se envolvia conforme o caso. "Ele me dava a impressão de que 'só vou participar quando for muito importante'", declarou. "Os problemas que nós, minorias estudantis, discutíamos, pareciam importantes, mas eram meio triviais."

O corpo docente da Occidental se opunha ao apartheid e votou pela venda das ações por unanimidade, mas o conselho resistiu teimosamente: mesmo em 1990, quando o governo branco da África do Sul estava encurralado, os conselheiros derrubaram uma moção a favor do desinvestimento. "Então ficou claro que caberia a Nelson Mandela cuidar de tudo para nós", afirmou Boesche.

Apesar das frustrações políticas, Obama gostou da Occidental. Mas ele almejava um ambiente mais amplo e cosmopolita. Queria se afastar do ambiente confinado de uma faculdade pequena. "Eu me preocupava com questões urbanas", disse anos depois, "e queria conviver mais com pessoas negras das metrópoles."[15] Tinha planos de se mudar para o leste, de preferência para Nova York, e explorou a possibilidade de transferência para a Universidade Columbia.

"Sentíamos que ocupávamos um nicho específico e queríamos que a vida fosse mais difícil", explicou Phil Boerner, que também tinha se candidatado a uma vaga na Columbia naquela primavera. "Era um ambiente de clube de campo. Queríamos tornar as coisas mais duras para nós. Obama costumava dizer aos amigos que pretendia ir para um lugar onde o clima fosse frio e sombrio, para ser obrigado a passar os dias trancado dentro de casa estudando."

Caroline Boss se lembra de Obama na faculdade com afeto e admiração: "Sabe, foi um caso de autoconhecimento. Ele queria meter a mão na massa, aprender a respeito dos Estados Unidos, sendo negro, parte da história e da condição americana, e conseguiu isso na Califórnia. Com o tempo a Califórnia lhe pareceu muito acomodada, ele se considerava meio largado, levando tudo na flauta, saindo demais, por isso tomou a decisão: vou para um lugar frio. E escolheu o Harlem".

Exceto para os que o conheciam bem, Obama deu a impressão de sumir sem dar nem adeus. Ken Sulzer, um dos primeiros amigos de Obama no campus, recordou: "Eu me lembro de que no quarto ano alguém perguntou: 'Ei, por onde anda o Obama?'. Não tínhamos notado sua partida. Sorte dele, pensei. Uma década depois, quando soube que se tornara o primeiro afro-americano a presidir *The Harvard Law Review*, disse para mim mesmo: Puxa vida! É Barry Obama. Agora virou Barack? Quem diria!".

No verão de 1981, antes de chegar a Nova York, Obama viajou para a Ásia por três semanas; primeiro ao Paquistão, para visitar Chandoo e Hamid, depois para a Indonésia, para ver a mãe e Maya. "Eles viajaram juntos pelo Paquistão e a Fox News deturpou tudo, tentando dar a impressão de algo horrível", disse Margot Mifflin. Na verdade, a viagem reaproximou Obama das realidades do mundo em desenvolvimento. "Quando voltou, ele falou que estava chocado com muitas coisas, principalmente a pobreza", relatou Mifflin. "Eles passearam pelo interior, e a maneira como os camponeses se curvavam para os donos das terras quando eles passavam, em sinal de respeito, o deixou arrasado."

"É verdade", concordou Hamid. "A viagem o virou pelo avesso, por assim dizer. Exposto a um lugar como o Paquistão, na idade adulta, ele viu como as pessoas viviam de modo diferente. Ficou hospedado comigo e com Hasan em Karachi, mas quis conhecer o interior também. Fomos para a zona rural de Sindh, nas terras de um senhor feudal que estudou comigo até o colegial. Percorremos as fazendas dele, onde o sistema feudal ainda vigora. Barack pôde ver como o dono vivia e como os servos e empregados eram subservientes [...] Barack também conheceu lá um indivíduo descendente de africanos. Os africanos foram levados ao Paquistão pelos árabes muitos anos atrás — parte do comércio escravagista, mas em sentido inverso. Ver alguém assim deixou Barack muito impressionado. Sentou-se na frente dele e, apesar de não haver um idioma em comum, os dois tentaram se comunicar. Aquele momento ficou marcado em sua mente."

Obama passou grande parte do tempo no Paquistão com as famílias dos amigos — a de Chandoo era abastada; a de Hamid, da alta classe média pelos padrões locais —, mas também jogou basquete com as crianças do bairro e explorou a vizinhança de Karachi durante o Ramadã. Conversando com os amigos, ele aprofundou seu conhecimento das divisões políticas e religiosas de uma cultura política muito complexa. "Sou da seita sunita e Hasan é xiita, portanto, aprendemos muito dialogando um com o outro", explicou Hamid.

Como estudante transferido, Obama não conseguiu alojamento na Columbia, por isso nos anos seguintes morou numa série de apartamentos modestos fora do campus. No primeiro ano ele combinou de dividir um apartamento no terceiro andar, sem elevador, com Phil Boerner, amigo da Occidental, na 142 West 109th Street, perto da Amsterdam Avenue. Os dois rachavam o aluguel mensal de 360 dólares. Os luxos do apartamento incluíam aquecimento de passagem, água quente irregular e cômodos enfileirados. Mas eles se adaptaram, usando a ducha do ginásio esportivo da Columbia e a biblioteca Butler como refúgio por longas horas.

Obama enfatizou a ciência política em seu currículo — em especial a política externa, as questões sociais, a teoria política e a história americana —, mas também cursou literatura moderna com Edward Said. Mais conhecido por sua defesa da causa palestina e pela crítica acadêmica veemente ao "orientalismo" eurocêntrico praticado por autores e estudiosos ocidentais, Said possuía uma obra importante em crítica e teoria literária. Mesmo assim a abordagem teórica de Said não animou Obama. "Minha posição, compartilhada por Obama, era de que deveríamos ler as peças de Shakespeare, e não sua crítica", disse Boerner. "Said se interessava mais pela teoria literária, que não atraía Barack nem a mim." Obama referiu-se a Said como "instável".

Nas horas vagas Obama perambulava pela cidade, e aos domingos frequentava o culto da Igreja Batista Abissínia, uma conferência socialista na Cooper Union, feiras culturais africanas no Brooklyn e no Harlem, espetáculos de jazz no West End. Dava longas caminhadas e corria no Riverside e no Central Park. Fazia compras no sebo Strand, no centro, na Papyrus e em outras livrarias próximas do campus da Columbia. Quando Chandoo o visitou, eles foram ouvir um discurso de Jesse Jackson no Harlem. As noitadas caíram para o segundo plano. Principiava a época definida ironicamente por Obama como seu "período ascético".

"Quando me transferi, decidi estudar muito e levar a vida a sério", declarou

Obama à revista dos ex-alunos da Columbia duas décadas depois. "Eu passava muito tempo na biblioteca. Quase não tinha vida social. Era como um monge."[16] Obama costumava jejuar aos domingos, jurou abandonar as drogas e a bebida (foi menos feliz em relação ao cigarro) e começou a escrever um diário, segundo sua própria descrição, composto por "reflexões e péssima poesia".[17] Ele escreveu a respeito de sua infância e adolescência, e esses registros o ajudaram nas memórias que redigiria anos depois. Comprometeu-se com o próprio aperfeiçoamento. Pertencia à geração disposta a embarcar e a aproveitar o primeiro grande *boom* de Wall Street no início dos anos 1980, mas estava decidido a resistir às tentações financeiras do período. Sua personalidade assumiu posturas virtuosas e abnegadas: "Temeroso de reincidir nos velhos hábitos, assumi a atitude, se não as convicções, de um pastor de esquina, preparado para ver a tentação em todo lugar, pronto para conquistar uma vontade frágil".

Obama me disse: "Sabe, hoje estranho quando leio entrevistas de professores meus da escola que declaram: 'Ele sempre foi um grande líder'. Lembranças do gênero são um tanto questionáveis. E creio que embarcar em especulações similares é tão duvidoso para mim quanto para qualquer outra pessoa. Posso dizer que eu sentia vontade de mudar o mundo de algum jeito, de torná-lo um lugar melhor, e que o impulso se manifestou na época em que me transferi da Occidental para Columbia. Portanto, nessa fase, a respeito da qual escrevi em meu primeiro livro, por algum motivo muitas coisas latentes interiorizadas — questões de identidade, objetivos, questões relativas à minha vivência internacional, e não apenas questões raciais — começaram de certo modo a convergir. No período de minha mudança para Nova York, quando entrei na Columbia, comecei a enfrentar tais questões, escrevendo muito a respeito, lendo e refletindo durante longas caminhadas pelo Central Park. Emergi do outro lado, por assim dizer, pronto e disposto a arriscar minhas chances numa iniciativa um tanto improvável: mudar para Chicago e me tornar organizador comunitário. Portanto, posso afirmar que considero este o momento no qual encontrei a seriedade de objetivos que me faltava até então. Bem, é difícil dizer exatamente o que provocou isso, se foi somente uma questão de atingir certa idade em que as pessoas começam a se tornar mais sérias, ou se foi uma combinação de fatores, como a morte de meu pai, a percepção de que nunca o conhecera e a mudança do Havaí para um lugar como Nova York, que instigava um monte de novas ideias".

Obama e Boerner viviam frugalmente. Almoçavam sanduíches nas imediações da Broadway. À noite cozinhavam arroz com feijão ou escolhiam os pratos mais em conta do Empire Szechuan, na 97th com a Broadway. Obama usava calças cáqui ou jeans de lojas de excedentes do exército e casaco de couro.

Um dos melhores amigos nos primeiros meses de Nova York foi Sohale Siddiqi. Nascido e criado no Paquistão, Siddiqi deixou vencer o visto de turista e morava no Upper East Side como imigrante ilegal, trabalhando de garçom e vendedor numa loja de roupas; bebia, usava drogas e ia levando. Obama e Boerner não aguentavam mais o apartamento e resolveram procurar outro lugar para morar. Depois de morar sozinho num apartamento no segundo semestre, Obama resolveu dividir com Siddiqi um apartamento no sexto andar de um prédio sem elevador na 339 East 94th Street.

"Não tínhamos a menor chance de conseguir o apartamento, a não ser que fantasiássemos um pouco no contrato de aluguel", declarou Siddiqi,[18] que exagerou a respeito do trabalho dizendo que tinha um emprego bem pago num bufê. Obama recusou-se a mentir, mas eles conseguiram alugar o apartamento assim mesmo. Não admira. O imóvel era um lixo, num bairro cheio de drogados.

Os colegas de moradia levavam vidas muito diferentes, mas se davam bem. Siddiqi era libertino, aproveitando ao máximo as atrações dos anos 1980, todas as "luzes brilhantes da cidade grande". Os dias de farra de Obama, ainda que moderados, tinham passado. "Eu achava que o negócio dele era a autocensura: negar o prazer, a boa comida e tudo mais", disse Siddiqi. "Naquela época eu achava que ele era um santarrão quadrado que se levava a sério demais. Eu perguntava por que tanta seriedade. Ele realmente se preocupava com o sofrimento dos pobres. E me passava sermões que eu achava um tédio. Por sua vez, ele devia me considerar irritante [...] Nós dois estávamos meio perdidos. Nós dois éramos alienados, embora ele não se definisse assim."

Apesar de se sentir exasperado com Obama, Siddiqi aprendeu a admirar seu temperamento brando. Notou que Obama não disse nada quando a mãe de Siddiqi, que nunca havia convivido com um negro, foi rude com ele. Muito tempo após a mudança de Obama, Siddiqi enfrentou um sério problema com a cocaína, em consequência de suas farras constantes, e Obama se mostrou um amigo confiável. Os anos se passaram, e para afastar a imprensa Siddiqi gravou uma mensagem reveladora na secretária eletrônica: "Meu nome é Hal Siddiqi e eu endosso esta mensagem. Vote pela paz, vote pela esperança, vote pela mudança, vote em Obama".[19]

* * *

Na noite de 24 de novembro de 1982, durante o primeiro semestre de seu último ano na Columbia, o pai de Obama saiu dirigindo o carro depois de uma noite bebendo num bar tradicional de Nairóbi, perdeu o controle do veículo e bateu num toco de seringueira, morrendo na hora.[20]

Obama pai tinha passado o dia trabalhando no novo projeto de infraestrutura para a capital queniana. Embora tenha se tornado um sujeito amargurado, segundo todos os relatos, sempre se arriscando a perder oportunidades de trabalho, seu dia havia sido bem razoável. Ouvira rumores de que poderia ser promovido a um cargo relativamente importante no governo, talvez no Ministério das Finanças, e naquela noite pagou bebidas para todos os amigos. O futuro promissor de Obama pai se encerrou sem a concretização de suas ambições e desamparando dezenas de familiares que dependiam de seu prestígio e de sua ajuda financeira. "Ele não dava conta", disse Auma, irmã de Obama. "Era um só, para cuidar de centenas de pessoas."[21]

Uma tia de Nairóbi telefonou para Barack Jr., e apesar do chiado da ligação ela conseguiu dar a notícia. Centenas de pessoas compareceram ao velório de Barack pai, mas a imprensa, controlada pelo governo, não prestou grandes homenagens a ele. "Na época de sua morte", escreveu Obama, "meu pai ainda era um mito para mim, tanto para o melhor como para o pior."[22]

Na Columbia, Obama seguiu frequentando reuniões e conferências, inclusive uma do ex-líder do SNCC e militante do Poder Negro, Kwame Ture (Stokely Carmichael), mas não participava de passeatas e piquetes nem se envolveu com os movimentos. "Não me lembro de ele ir a manifestações ou assinar petições", declarou Phil Boerner.

Obama se revelou um estudante sério, ainda que discreto. Graduou-se em ciência política com ênfase em relações internacionais e passou a se interessar pelo impasse nuclear entre Estados Unidos e União Soviética. No último ano, no curso de Michael Baron sobre política externa americana e política internacional, redigiu um trabalho sobre as perspectivas do desarmamento bilateral para um seminário. O curso analisou o processo decisório e os perigos do "pensamento em grupo", a maneira como políticas desastrosas são desenvolvidas, a exemplo da escalada na Guerra do Vietnã.

Em março de 1983 Obama escreveu um artigo para o *Sundial*, publicação universitária semanal, com o título "Breaking the war mentality" (Rompendo a mentalidade belicosa).²³ Nominalmente era um relato sobre dois grupos do campus — o Arms Race Alternatives — ARA (Alternativas à Corrida Armamentista) e o Students Against Militarism — SAM (Estudantes contra o Militarismo). Mas o artigo deixa claro a repulsa de Obama ao que considerava militarismo da Guerra Fria e seus pensamentos favoráveis ao movimento pelo congelamento dos arsenais nucleares, que andou muito na moda nos primeiros anos do governo Reagan antes de Mikhail Gorbachev assumir o poder em Moscou. Obama escreveu:

> Geralmente o foco limitado do movimento pelo Congelamento, bem como as discussões acadêmicas sobre a capacidade de ataque e contra-ataque, atende aos interesses do complexo industrial-militar, como atesta o contínuo acréscimo de verbas aos bilhões de dólares que já consomem. Quando Peter Tosh canta "everybody's asking for peace, but nobody's asking for justice" [todos estão pedindo paz, mas ninguém está pedindo justiça], somos forçados a indagar se o desarmamento ou as questões relativas ao controle dos armamentos, desvinculados das questões econômicas e políticas, não seriam mais um modo de concentrar a atenção nos sintomas do problema em vez de atacar a doença em si.
>
> Na verdade, a enfermidade mais abrangente do sistema de ensino superior em especial, e da experiência americana como um todo, é que padrões complexos de conhecimento e teoria foram desvinculados das escolhas individuais e das políticas governamentais. O que os membros do ARA e do SAM tentam fazer é repetir o que aprenderam a respeito da situação corrente e invocar as palavras da formidável lista disponível na biblioteca Butler, usando nomes como Thoreau, Jefferson e Whitman para fundamentar a lógica distorcida da qual hoje fazemos parte.

Tanto no seminário quanto no artigo para o *Sundial*, Obama demonstrou simpatia pela necessidade urgente de reduzir, ou até eliminar, os arsenais nucleares. Numa carta a Boerner, alegou jocosamente ter escrito o artigo para o *Sundial* "puramente para melhorar" seu currículo. "Para não ficar de mãos vazias, né?" Na mesma época ele começou a despachar cartas para diversas organizações de cunho social, procurando emprego.

Dois meses antes da formatura, Obama confessou a Boerner que andava entediado. "A escola continua no mesmo ritmo, com longos períodos de dormência alternados por descobertas ocasionais", escreveu numa carta a Boerner. "Nada significativo, Philip. A vida vai passando e eu sinto aumentar a competência e a maturidade. Cuide bem de si e de Karen, mande um cartão decente a caneta, seu maluco, para as palavras não serem borradas pelos dedos do carteiro. Escrevo outra vez quando souber minha situação para o ano que vem. OBAMA."

Quando todos à sua volta buscavam cursos de direito, pós-graduação e programas de *trainee* em bancos de investimento, Obama enfiou na cabeça que devia se tornar organizador comunitário. Era um jovem a quem faltava a sensação de pertencer a uma comunidade e de ter metas estabelecidas, e trabalhar como organizador o aproximaria da comunidade, quem sabe até da "querida comunidade" a que King se referia na geração anterior. Aos vinte e poucos anos, Obama admitiu, ele "agia principalmente por impulso", ávido por superar os sonhos acalentados por seus pais e se vincular a um passado romântico.[24] Ele se lembra de ficar acordado até tarde da noite pensando no movimento pelos direitos civis, em seus heróis e mártires: estudantes que desafiaram a segregação e exigiram atendimento nos balcões dos bares e lanchonetes, estudantes do SNCC registrando eleitores no Mississippi, pregadores e fiéis na cadeia entoando músicas de protesto. Obama queria participar do legado do movimento. No entanto, como o movimento pertencia ao passado, procurou se integrar ao que persistia até o momento.

"Essa era a minha ideia de organização comunitária: uma promessa de transformação."[25] Segundo o amigo Wahid Hamid, Obama "já tinha a noção de que desejava se envolver com a ação comunitária, mas não pelos caminhos consagrados. Buscava um jeito de causar impacto profundo, sem sucumbir ao esquema tradicional de se tornar pesquisador financiado por um banco de investimentos ou advogado corporativo".

No verão de 1983, depois da formatura, Obama visitou a família na Indonésia. Mandou um cartão-postal para Boerner, dizendo: "Estou sentado de sarongue na varanda, tomando café forte, fumando cigarro de cravo, admirando o sol se pôr atrás dos arrozais nos terraços de Java. Muito sossegado, muito longe daquela loucura toda. Estou na metade das férias, mas ainda sinto o peso da existência tensa. No momento meus planos são incertos; o mais provável é que volte depois de passar um ou dois meses no Havaí".

Quando voltou a Nova York, Obama ficou sabendo que as inúmeras cartas enviadas a grupos de organização e outras instituições progressistas não receberam resposta. Frustrado e sem dinheiro, candidatou-se a um emprego no final do verão de 1983 na Business International Corporation, um grupo de consultoria e editora que reunia dados sobre finanças e negócios internacionais para emitir relatórios e *newsletters* destinados a clientes corporativos e grupos de trabalho governamentais voltados ao comércio.

"Eu me lembro bem dos contatos com ele", disse Cathy Lazere, supervisora da Business International. "Era magro e alto, seguro de si, inteligente. Tão jovem que em seu currículo ainda havia informações sobre o curso colegial. Estudara um pouco de economia internacional na faculdade. E, como era de esperar, ele falou sobre seu nome, um pouquinho sobre a mãe na Indonésia e o pai queniano. Eu o contratei, mas podemos dizer que o salário não dava nem para pensar em pagar as dívidas de faculdade." Fundada por Eldridge Haynes, da McGraw-Hill, a Business International, ou BI, como é mais conhecida, foi um dos primeiros institutos de pesquisa voltados à obtenção de informações para empresas multinacionais.

Obama trabalhou na divisão de serviços financeiros, entrevistando especialistas em negócios, pesquisando tendências no comércio exterior, acompanhando o desenvolvimento dos mercados. Além disso, editava um guia de referência para mercados estrangeiros chamado Financing Foreign Operations e escrevia para uma *newsletter*, a Business International Money Report. Abordava questões como *swaps* cambiais e empréstimos alavancados. (As taxas de juros, *swaps* cambiais e outros derivativos cobertos por Obama para a Business International Money Report eram componentes da engenharia financeira que levaram à crise de 2008.) Obama também ajudou a redigir relatórios financeiros sobre o México e o Brasil. O serviço exigia um mergulho profundo na economia e nos negócios internacionais, mas o ambiente pouco tinha a ver com o mundo das altas finanças. O escritório, situado perto da sede das Nações Unidas, era composto por jovens formados em economia ou relações internacionais ansiosos para aprender o lado técnico dos negócios e dos mercados. Mesmo assim eles se divertiam — Obama inclusive — ao entrevistar banqueiros sobre esquemas esotéricos de financiamento que mal compreendiam.

Em suas memórias Obama apresenta uma descrição do ambiente do escritório bem mais charmosa e formal do que era na realidade. Ele não tinha secretária e usava mais jeans do que terno. "Usávamos processadores de texto Wang compartilhados pela garotada", explicou Lazere, "e me lembro de Barack concentrado no trabalho, fumando Marlboro. Naquele tempo as pessoas ainda podiam fumar. Equilibrado e ponderado, ele sem dúvida possuía uma certa inteligência emocional, a capacidade de entender o que as pessoas queriam."

Obama não se interessava por economia — embora tenha participado de um seminário na Columbia sobre ajuda externa e fluxos de capital entre os países desenvolvidos e subdesenvolvidos —, mas acabou se envolvendo em pesquisas sobre companhias, investimentos e níveis de risco, uma atividade que considerava às vezes absurda e até moralmente incômoda. Mantinha um certo idealismo juvenil que desprezava até mesmo um envolvimento provisório com o mundo do comércio: "Às vezes, depois de uma entrevista com investidores japoneses ou comerciantes alemães de títulos de crédito, eu flagrava o meu reflexo nas portas do elevador — via-me de terno e gravata, uma pasta na mão — e, por um segundo, imaginava-me como um líder de indústria, vociferando ordens, fechando negócios, antes de lembrar quem eu disse a mim mesmo que queria ser e me sentia culpado por minha falta de determinação".[26] Ele falou sobre sua contrariedade com a mãe na Indonésia. Numa carta a Alice Dewey, Ann Dunham falou sobre o filho:

> Barry está trabalhando em Nova York este ano, economizando uns trocados para viajar no ano que vem. Minha impressão, a partir de uma conversa telefônica meio resmungada, é que ele trabalha numa empresa de consultoria que faz relatórios sob encomenda sobre as condições sociais, políticas e econômicas dos países do Terceiro Mundo. Ele chama isso de "trabalhar para o inimigo", pois alguns textos são feitos para empresas comerciais que pretendem investir nesses países. Pelo jeito está aprendendo muito a respeito das realidades da política e das finanças internacionais. Acho que essas informações lhe serão úteis no futuro.

De vez em quando Obama mencionava seus ideais no escritório. William Millar, colega de elaboração nos relatórios financeiros, lembra de Obama dizendo que eles deveriam boicotar todas as firmas que negociavam com a África do Sul. "Esclareci que ele precisava levar em conta que as companhias fora da África do Sul contratavam negros e ofereciam oportunidades e salários decentes", disse Millar. "É isso que acelera a mudança, não o isolamento."[27]

Os supervisores de Obama gostavam dele. Consideravam-no inteligente mas reservado, com "uma certa arrogância, um ar misterioso estudado". Eles o chamavam carinhosamente de "Mr. Cool". Certa tarde, quando Obama almoçava num restaurante coreano com um colega, a conversa recaiu em exercícios físicos. Obama mencionou que ia ao Riverside Park depois do serviço, e nos fins de semana.

"Eu também ando lá", disse o colega.

"Eu não ando", retrucou Obama. "Eu corro."

As pessoas do escritório consideravam Obama um sujeito simpático, fazendo hora para ganhar algum dinheiro e seguir em frente. "Quando eu passava uma tarefa, ele sorria e dizia 'Pode deixar'", conta Lazere. "A bem da verdade, eu achava que ele ia acabar virando romancista ou algo assim e estava procurando conhecer melhor o mundo. Grande observador, ele se mantinha afastado, analisando tudo e sem se envolver muito." Obama mantinha a vida profissional separada da social, preferindo sair com amigos da Columbia ao envolvimento com os colegas da firma. "Ele sempre me pareceu meio distante", disse Lou Celi, na época gerente da divisão de finanças globais. "Naquele tempo eu concluí que ele preferia ficar na dele, não me parecia tão sociável quanto outros membros da equipe. A gente sabe tudo a respeito da vida fora do trabalho de algumas pessoas. Não era o caso com Obama."

"Havia diversas mulheres afro-americanas trabalhando na biblioteca, no setor de recortes de matérias para consumo interno", relatou Cathy Lazere. Elas selecionavam artigos relevantes sobre negócios, finanças e comércio, além de servirem como recepcionistas. "Em geral eram uns dez anos mais velhas que Obama — da minha idade ou mais. Ele provocava frisson, mas pelo que sei pouco interagia com elas. A maioria das pessoas deduzia por sua postura que se tratava de um rapaz bem de vida, vindo de colégio particular. Alguns colegas meus de Yale, formados em escolas particulares, pareciam os meninos perdidos do Peter Pan. Eu tinha a impressão de que Barack era assim. Por trás da fachada sofisticada eu notava uma certa solidão, pois ele nunca se envolvia muito com o que ocorria ao seu redor."

Obama participava às vezes de um grupo de discussão noturno que incluía Phil Boerner e sua futura esposa Karen; Paul Herrmannsfeldt, que depois trabalhou na McGraw-Hill; George Nashak, que atua junto aos sem-teto; e Bruce Basara, que tentaria um doutorado em filosofia. Eles liam Nietzsche, Sartre, *Os cadernos de Malte Laurids Brigge* de Rilke e *Murphy* de Samuel Beckett. Boerner admitiu que era normal o grupo deixar de ler os textos para se basear nas lembranças dos cursos que haviam frequentado. De todo modo, servia para refletir e conversar "sobre assuntos sérios depois da faculdade".

Obama saiu da BI depois de um ano e pouco, dizendo aos colegas que pretendia se dedicar à organização comunitária. Um grande erro, Ceci lhe disse na entrevista de desligamento. "Agora ele transmite segurança, mas na época Barack era como muitos rapazes que terminam a faculdade e não sabem que sentido dar às suas vidas", disse. "Conhecia seu talento para escrever, calculei que faria carreira no setor editorial. Na verdade ele tinha outros objetivos."

"Apesar da firmeza, Barack tentava refletir sobre sua vida", comentou Lazere. "Era o único profissional negro da equipe, e Nova York o fez pensar em sua identidade e no que faria da vida, suponho."

No início de 1985, Obama conseguiu emprego no New York Public Interest Research Group — NYPIRG (Grupo de Pesquisas de Interesse Público de Nova York), uma entidade sem fins lucrativos fundada nos anos 1970, com apoio de Ralph Nader, para promover reformas nos direitos do consumidor, no meio ambiente e no governo. Ele passou os quatro meses seguintes trabalhando em um escritório instalado num trailer na esquina da 140th Street com a Convent Avenue, ajudando na mobilização dos estudantes do City College de Nova York. Estimulava os alunos a escreverem cartas e se manifestarem a respeito de uma série de questões: uma campanha com passageiros que viajavam em pé para reformular o transporte público na cidade; uma mobilização para evitar a construção de um incinerador de lixo municipal no Brooklyn; uma campanha pelo registro de eleitores; e outra para implementar reciclagem. Sua primeira experiência em organização não durou muito, e pouco afetou as fundações da cidade, mas bastou para impressionar sua supervisora, Eileen Hershenov, com suas ambições para o futuro.

"Barack e eu mantivemos conversas realmente engajadas sobre modelos organizacionais", disse Hershenov. Os dois falavam sobre a admiração pelas campanhas de registro de eleitores de Bob Moses com o SNCC, dos métodos de organização radicalmente diferentes de Saul Alinsky em Chicago e do SDC durante a Guerra do Vietnã. "Tratávamos também de modelos de liderança carismática, dos prós e contras disso, do que se pretendia alcançar, dos perigos de não deixar para trás uma organização real", continuou Hershenov. "Não se esqueça de que vivíamos a era Reagan. Não se via muita gente nas ruas batalhando por movimentos sociais. Tampouco éramos comunistinhas. Mas refletíamos sobre as formas de engajamento: o que daria certo agora das experiências dos anos 1960, quais as estruturas e modelos davam certo e quais não funcionavam."[28]

Obama lidava com estudantes do City College, em geral mais velhos, de baixa renda, dos quais alguns já haviam constituído família. "Eles não dispunham de muito tempo", explicou Hershenov. "Como fazer com que se organizassem, principalmente quando o que oferecíamos não estava ligado a políticas de identidade nem à atraente teoria e militância marxista, tipo Gramsci? O NYPIRG, grupo inspirado por Nader, era tido como sem graça e burguês. Mas Barack conseguia envolver os alunos em questões comunitárias cotidianas, ele era muito bom nisso. Embora não fosse radical, Barack tinha estudado os radicais e sabia usar sua linguagem quando necessário. Tinha o dom da palavra, dialogava com todo mundo: estudantes da esquerda e de centro, professores, qualquer um."

Obama foi de carro a Washington com líderes estudantis para incentivar os membros da bancada de Nova York no Congresso a fazer oposição aos cortes no financiamento público para bolsas de estudos. Depois de entregar um abaixo-assinado aos congressistas instalados no Rayburn Building, ele e alguns amigos passearam pela cidade a pé e acabaram na Pennsylvania Avenue, espiando a Casa Branca através dos portões. Obama nunca tinha visto o prédio. Lá dentro atuava o alto comando do governo Reagan — um governo que Obama e os amigos consideravam um inimigo ideológico. Acima de tudo, Obama surpreendeu-se com a proximidade da Casa Branca com a rua. "Isso transmitia a noção de que nossos líderes não eram muito diferentes de nós", escreveria mais tarde. "Eles continuavam sujeitos às leis e ao nosso consentimento coletivo."[29]

No final do ano acadêmico Obama percebeu que Nova York já tinha dado o que tinha que dar. Hershenov quis convencê-lo a ficar mais um ano. Era difícil conseguir um organizador tão responsável. "Perguntei se ajudaria eu me ajoelhar e implorar", contou. "E foi o que fiz. Mas não adiantou nada. Tinha chegado a hora de sua partida."

PARTE DOIS

Em meu corpo corriam muitos sangues, inclusive algum sangue escuro, tudo misturado no ardor de seis ou mais gerações. Na época eu era um novo tipo de homem, ou o mais antigo. De todo modo, eu era inevitavelmente eu mesmo.

Jean Toomer, *Autobiographical writings*

4. A metrópole negra

Foi no outono de 1968 que Saul Alinsky, o criador da organização comunitária e um dos democratas radicais mais originais que os Estados Unidos já geraram, conheceu uma jovem decidida de Wellesley College chamada Hillary Rodham. A exemplo de muitos estudantes universitários da época, Rodham estava no meio de uma transformação política — no seu caso, de republicana favorável a Goldwater para republicana favorável a Rockefeller e adepta de Eugene McCarthy, no intervalo de poucos anos. No verão anterior ao ano de sua formatura ela se tornou uma espécie de turista política. Em junho e julho trabalhou no escritório de Melvin Laird em Washington, congressista republicano por Wisconsin que seria nomeado secretário de Defesa por Richard Nixon.[1] Em seguida, como voluntária pró-Rockefeller, compareceu à convenção nacional republicana em Miami, hospedando-se no hotel Fontainebleau, onde apertou a mão de Frank Sinatra e viu Nixon conquistar a indicação para concorrer à presidência.[2] Finalmente, passou algumas semanas com os pais no subúrbio de Park Ridge, em Chicago. Certa noite, foi ao centro com a amiga Betsy Ebeling e, em frente ao Green Park, à distância, testemunhou a polícia do prefeito Richard J. Daley espancando manifestantes pacifistas.[3] Em Chicago, Rodham ouviu falar muito em Saul Alinsky, sempre em campanha para recrutar voluntários.

Alinsky já tinha deixado sua marca três décadas antes no Back of the Yards de Chicago, um bairro pobre de empregados de frigoríficos e matadouros que serviu de cenário para *A selva*, o popularíssimo romance-reportagem de Upton Sinclair. Nascido em Chicago, veterano organizador sindical, o jovem Alinsky dedicou-se a organizar o Yards. "As pessoas viviam oprimidas e desmoralizadas, desempregadas ou trabalhando por salários de fome, doentes, vivendo em cortiços imundos sem aquecimento e mal tinham o que comer e vestir", contou Alinsky, referindo-se aos primórdios das tentativas de organização no bairro. "Aquilo era um poço de ódio: poloneses, eslovacos, alemães, negros, mexicanos e lituanos se odiavam, e todos odiavam os irlandeses, que por sua vez retribuíam o sentimento em dobro."[4]

Alinsky tinha inimigos no Yards, inclusive os mandachuvas da prefeitura, que não gostavam de interferências externas, e os militantes racistas coléricos da Father Coughlin's National Union for Social Justice (União Nacional pela Justiça Social do Padre Coughlin) e os Silver Shirts (Camisas Prateadas) de William Dudley Pelley, que vociferavam contra a influência dos banqueiros internacionais e dos predadores judeus. Seu principal aliado era a igreja católica: na época, Chicago era sede de uma das dioceses mais liberais do país. Alinsky se via como um homem de ação, engajado mas impassível, atento e estudioso do que fazia o mundo girar: o poder. Ele desprezava idealistas ingênuos e abstrações morais, valorizando conquistas concretas e não dogmas e discursos. Para combater o derrotismo e a apatia dos trabalhadores de matadouros e frigoríficos ele apelava para seus interesses. Compreendia seus descontentamentos e se dedicou a organizá-los para que se defendessem por conta própria.

Alinsky incentivou movimentos contra os donos dos cortiços e promoveu piquetes em frente a lojas que exploravam a clientela. Comandou manifestações do tipo "sit-in" na frente do gabinete do prefeito Edward Joseph Kelly, cuja máquina política era tão implacável e abrangente que, nas palavras de Alinsky, fazia a versão de Daley parecer "a Liga pelo Voto Feminino".[5] Além de revolucionário democrático, Alinsky destacava-se nas táticas políticas. Dispunha-se de bom grado a explorar a vaidade e a ansiedade de Kelly, desde que isso rendesse resultados. Embora associassem Kelly ao massacre do Memorial Day em 1937, quando a polícia de Chicago abriu fogo contra operários siderúrgicos grevistas desarmados, ele ainda buscava o apoio do presidente Franklin Roosevelt, liberal e pró-trabalhista. Não havia nada que Kelly se recusasse a fazer, segundo Alinsky, para obter um convite para visitar a Casa Branca. Discípulo e biógrafo de John L. Lewis, o poderoso líder do Congress of Industrial Organizations (CIO),* Alinsky disse que, se Kelly conseguisse um acordo razoável com os operários dos matadouros e frigoríficos, ele obteria um endosso do CIO. Esse apoio, garantiu a Kelly, o transformaria milagrosamente num "verdadeiro amigo dos trabalhadores", e portanto alguém aceitável para Roosevelt.[6] Alinsky havia encontrado um meio de atrair Kelly. Os dois chegaram a um acordo.

Pragmático, Alinsky mantinha sua energia apesar da idade e desprezava os líderes do movimento jovem que acorreram a Chicago em agosto de 1968 para a Convenção Democrata. Não tinha muita paciência com aqueles garotos. O que eles entendiam de poder e das reais necessidades e desejos americanos? Afinal, em seu ponto de vista, eles não passavam de diletantes — yuppies mimados que fumavam maconha e tomavam ácido, que nunca tinham conhecido um trabalhador ou um padre na vida. "Que merda", disse Alinsky. "Abbie Hoffman e Jerry Rubin não seriam capazes de organizar nem um almoço, quanto mais uma revolução."[7]

Hillary Rodham não era exatamente uma revolucionária. Quando ingressou na Wellesley, em 1965, sua ambição era comandar os Jovens Republicanos do campus. Conseguiu. Com o tempo, porém, passou a dar mais atenção ao movimento pelos direitos civis e à Guerra do Vietnã e começou a mudar seu posicionamento. Não chegou a apoiar os radicais do SDS. Foi eleita presidente do grêmio estudantil, e nessa função tolerava e até apreciava as intermináveis reuniões do comitê. Tornou-se uma liberal pragmática, combatendo as regras rígidas de vestuário, aboliu restrições a visitas íntimas nos dormitórios, reformou currículos acadêmicos obsoletos. Sem dúvida preocupava-se com problemas nacionais — particularmente com o Vietnã, com questões raciais e com o florescente movimento feminista —, mas, ao contrário de alguns colegas, concentrava-se nos problemas que podiam ser resolvidos. E por essas razões Alinsky atraiu sua atenção.

Depois do sucesso no Back of the Yards, Alinsky organizou outras comunidades na zona sul de Chicago, nos *barrios* do sul da Califórnia e nos cortiços de Kansas City, Detroit e Rochester. Conduzia seu trabalho com talento e habilidade ímpares. Em 1964, ameaçou o prefeito Daley, que pretendia abolir uma série de concessões feitas aos pobres da zona sul, com um "shit-in", uma ocupação

---

* Sindicato que reúne trabalhadores da indústria dos Estados Unidos. (N. T.)

prolongada do aeroporto O'Hare.⁸ O aeroporto era a menina dos olhos da máquina de Daley — sua encarnação em vidro e concreto — e Alinsky ameaçou paralisar as operações convocando milhares de voluntários para ocupar todos os banheiros e mictórios a um sinal seu. Daley fez as concessões. Quando atuava na comunidade negra de Rochester, em meados dos anos 1960, Alinsky ameaçou organizar uma manifestação na Filarmônica de Rochester para obrigar a Kodak a contratar mais negros e a tratar com os líderes comunitários negros. Uma centena de partidários de Alinsky jantaria "porções enormes de feijão" e se sentaria com a elite de Rochester durante o concerto. "Dá para imaginar as inevitáveis consequências?", perguntou, antecipando a futura *"blitzkrieg* flatulenta".⁹

Alinsky pode não ter sido um teórico, mas sua visão dos males dos Estados Unidos no pós-guerra influenciou gerações de organizadores comunitários. Quando um entrevistador quis saber se ele concordava com Nixon a respeito da existência de uma "maioria silenciosa" que desprezava tudo que se referia aos anos 1960, ele descartou o conceito, mas afirmou que o país se encontrava num estado de terrível desordem, caminhando no sentido de um "fascismo americano nativo" ou no rumo de mudanças sociais radicais.¹⁰

> Neste momento eles estão paralisados, chafurdando na apatia, levando o que Thoreau chamava de "vidas em quieto desespero". Sentem-se oprimidos pelos impostos e pela inflação, envenenados pela poluição, aterrorizados pela criminalidade urbana, amedrontados pela nova cultura jovem, atônitos com o mundo computadorizado que os rodeia. Trabalharam a vida inteira para adquirir uma casinha no subúrbio, tevê colorida e dois carros, mas agora a boa vida parece ter virado cinza em suas bocas. A vida pessoal é geralmente frustrante, os empregos são insatisfatórios, eles sucumbiram aos tranquilizantes e aos estimulantes, afogam a ansiedade no álcool, sentem-se prisioneiros de casamentos de longo prazo ou se refugiam cheios de culpa no divórcio. Estão perdendo seus filhos e os seus sonhos. São alienados, despersonalizados, sem qualquer sentimento ou participação no processo político, e se sentem rejeitados e sem esperanças [...] Todos os antigos valores parecem tê-los abandonado, deixando-os sem rumo num mar de caos social. Creiam em mim, este é um bom material organizacional.¹¹

Alinsky declarou que sua tarefa era usar o desespero, "entrar e esfregar as feridas do descontentamento" para galvanizar as pessoas para mudanças sociais radicais: "Vamos dar a eles um caminho para participar do processo democrático, um jeito de exercer seus direitos como cidadãos e reagir ao sistema que os oprime, em vez de ceder à apatia". Era uma definição tão boa de organização comunitária quanto qualquer outra.

Alinsky chegou a essas conclusões sobre a condição da sociedade americana por experiência própria. Seus pais eram judeus ortodoxos emigrados da Rússia na virada do século que chegaram aos cortiços da zona sul. O pai começou trabalhando como alfaiate, passou a gerenciar uma confecção que explorava os operários e acabou abandonando a família. Aos dezesseis anos, Alinsky se "amigou" com uma mulher mais velha, de 22 anos. Quando o pai morreu, em 1950 ou 1951, deixou uma herança de 140 mil dólares — da qual Saul recebeu cinquenta dólares.[12]

Quando estudava criminologia na Universidade de Chicago no início dos anos 1930, Alinsky decidiu pesquisar o Outfit, ou sindicato do crime, uma quadrilha então controlada por Al Capone que dominava a cidade e a prefeitura. Costumava ir ao hotel Lexington, frequentado pelos homens de Capone. Como não constituía ameaça àqueles gângsteres invulneráveis — que se divertiam com ele —, Alinsky conseguiu passar horas ouvindo Big Ed Stash, um dos pistoleiros de Capone, e Frank (The Enforcer) Nitty, outro asseclas importante, contarem histórias sobre bebidas clandestinas, mulheres, jogatina e assassinato. "Eu era estudante numa classe de um homem só, e eles estavam ansiosos por me ensinar tudo", relatou Alinsky. "Provavelmente eu acariciava os seus egos."[13] Alinsky não chegou a escrever sua tese. Em vez disso, aproveitou seus conhecimentos sobre os meandros do poder em Chicago para se lançar na política progressista, levantando fundos para a Brigada Internacional da Guerra Civil Espanhola, o Newspaper Guild (sindicato dos jornalistas), agricultores sulistas e diversos grupos do eleitorado trabalhista.

No final dos anos 1950, Alinsky foi procurado por líderes negros de Chicago para tratar do problema de Woodlawn — um bairro da zona sul de Chicago que, segundo ele, fazia "o Harlem parecer Grosse Pointe"*.[14] Em 1960 passou a trabalhar com Nicholas von Hoffman, jovem organizador comunitário branco que depois se destacaria como jornalista, com Robert Squires, organizador negro, e com Arthur Brazier, pastor pentecostal que transformou uma igreja de garagem

---

* Cidade-subúrbio rica e tranquila de Michigan. (N. T.)

numa das maiores congregações da zona sul. Com eles, Alinsky fundou The Woodlawn Organization (TWO), cuja meta era deter a deterioração e a discriminação que já haviam comprometido comunidades como Lawndale, na zona oeste. "Era a época da chamada renovação urbana, o que para nós significava expulsão dos negros", disse Brazier.

Nick von Hoffman explicou que "não havia idealistas naquele tempo. Era desolador, pois dávamos os primeiros passos na questão das relações raciais. Qualquer branco que se envolvesse com o problema era tachado de comunista. Dois ou três anos antes havíamos feito a primeira tentativa de lidar com a questão racial no sudoeste de Chicago. Recebemos financiamento da igreja católica. A região, fronteira entre áreas ocupadas por brancos e negros, pegava fogo. Se uma família negra mudasse para a parte branca e sua casa fosse incendiada, os bombeiros não apareciam. Os bancos locais se uniram com os especuladores imobiliários para comprar casas desocupadas, evitando assim que fossem adquiridas pela comunidade negra".

Aliados a militantes e clérigos do bairro, Alinsky e von Hoffman obtiveram uma série de êxitos inesperados combatendo o comitê de ensino, que mantinha uma segregação de fato, lojas de departamentos que não contratavam negros, comerciantes que vendiam mercadorias a preços extorsivos e a Universidade de Chicago, que tentava expulsar moradores de baixa renda e abrir espaço para a construção de prédios novos. Von Hoffman circulava pelo Walnut Room do hotel Bismarck, onde conheceu os chefes políticos da Junta de Supervisores do condado de Cook e os líderes da Junta de Corretores de Imóveis de Chicago. Durante os almoços — "um *ice cream soda* e três martínis" — ele tentava fechar acordos com eles. A Woodlawn Organization tornou-se um paradigma lendário da organização comunitária. Além de combater a Universidade de Chicago, realizou campanhas de registro de eleitores, conseguiu melhorar a polícia e impor reformas em habitação, saneamento básico e educação.

Hillary Rodham se interessou tanto pelo que ouvia a respeito de Saul Alinsky que, ao retornar a Wellesley para cursar o último ano, resolveu escrever sua tese, sob orientação de Alan Schechter, sobre Alinsky e projetos voltados ao combate à pobreza nos Estados Unidos. Rodham partiu de suas leituras abrangentes e das entrevistas com Alinsky para elaborar um estudo que leva a investigação para além da lenda de Alinsky para avaliar seus sucessos e limitações enquanto organizador. Ela considera Alinsky parte de um grupo "peculiarmente americano" de democratas radicais que deixaram de lado a retórica pretensiosa: "A maioria das posturas defendidas por Alinsky não parece 'radical'. Ele usa a linguagem de nossas escolas e igrejas, de nossos pais e amigos, de nossos iguais. A diferença é que Alinsky realmente acredita nelas e reconhece a necessidade de mudar as estruturas atuais de nossas vidas para que se possa colocá-las em prática".

A tese de Rodham é por vezes empolada por certo exibicionismo universitário, mas apresenta uma análise ponderada. Ela previu o papel essencial que Alinsky desempenhava em seu movimento. Sem ele o movimento afundaria, alertou. Alinsky sobressaía por sua personalidade abrangente, distinta e provavelmente insubstituível. A organização comunitária, após sua morte — que viria logo, em 1972 —, sofreria com debates internos e perderia o rumo, como a psicanálise depois de Freud. Outro aspecto importante: embora elogiasse a metodologia objetiva de Alinsky, Rodham expressava preocupação com sua relutância a entrar na política partidária para promover mudanças numa escala maior.[15]

"Apesar de ter seu perfil publicado na edição de domingo do *New York Times* e de viver confortavelmente, com suas despesas pagas, ele se considera um revolucionário", ela escreveu na conclusão. "E é mesmo, de um modo muito importante. Se os ideais que Alinsky sustenta fossem alcançados, o resultado seria uma revolução social." Rodham inseria Alinsky na linhagem de Eugene Debs, Walt Whitman e Martin Luther King, todos personagens que, segundo ela, "eram temidos por adotarem o mais radical dos credos políticos — a democracia".[16]

Alinsky escreveu a Rodham oferecendo um cargo na Industrial Areas Foundation Institute [Instituto Fundação para Áreas Industriais], onde ela aprenderia a ser uma organizadora comunitária. "Tendo em vista que três quartos dos Estados Unidos são de classe média, uma ênfase nova e há muito devida pelo Instituto recairá sobre o desenvolvimento de organizadores para a sociedade de classe média", escreveu Alinsky.[17] Rodham, universitária de destaque e oradora da formatura de Wellesley, dispunha de um amplo leque de opções profissionais para depois de formada: vagas nos cursos de direito de Harvard e Yale e o convite de Alinsky para ser treinada e atuar como organizadora comunitária. Ela optou pelo curso de direito, e Yale lhe pareceu intelectualmente mais flexível do que Harvard. Nas notas finais de sua tese de conclusão ela escreveu que a oferta de Alinsky fora "tentadora, mas após um ano tentando compreender sua incoerência eu precisava de três anos de rigores legais".[18]

Dezesseis anos depois, Barack Obama estava no salão principal de leitura da biblioteca pública de Nova York, na 42nd Street, folheando jornais à procura do emprego que mais desejava. Consultou um exemplar de *Community Jobs*, um jornal pequeno que publicava anúncios de vagas no serviço público. Em Chicago, um organizador chamado Jerry Kellman, seguidor (em parte) da tradição de Alinsky, procurava alguém para trabalhar com ele na zona sul, onde as siderúrgicas estavam fechando e milhares de pessoas corriam o risco do desemprego num cenário de moradias deterioradas, lixões tóxicos, escolas ruins, gangues, drogas e crimes violentos. Kellman, líder da Calumet Community Religious Conference [Associação Religiosa Comunitária de Calumet], coalizão de igrejas para auxiliar os moradores da área, buscava desesperadamente um organizador afro-americano. Os bairros do extremo sul eram quase inteiramente habitados por negros, e um judeu branco de cabelos crespos de Nova York como ele precisava de apoio lá.

Para organizadores brancos naqueles bairros, "conseguir algum progresso ali era como vender hambúrguer na Índia", disse Gregory Galluzzo, colega de Kellman. "Jerry *precisava* contratar um organizador negro." Yvonne Lloyd, residente da zona sul que trabalhava diretamente com Kellman, disse que os afro-americanos da área não viam com bons olhos os organizadores brancos. "Os negros se ressentem quando chega alguém que não conhecem na comunidade deles", disse. Lloyd e outra ativista negra que atuava com Kellman, Loretta Augustine-Herron, pressionavam pela contratação de um afro-americano.

O anúncio no *Community Jobs* era longo e descritivo. "Eu calculei que, se pudesse traçar um quadro da devastação e mostrar a área como multirracial, embora majoritariamente negra, alguém se interessaria pela vaga", disse Kellman. O endereço no pé do anúncio era 351 East 113th Street, a residência paroquial do padre Bill Stentzel na Holy Rosario, uma igreja católica no extremo sul. Kellman usava alguns cômodos como base de suas operações.

Obama mandou o currículo para Kellman.

"Quando recebi a carta assinada por 'Barack Obama' eu pensei, que diacho? Honolulu? Deve ser japonês", disse Kellman. "Minha esposa era nipo-americana, então perguntei o que ela achava. Ela também calculou que havia uma boa chance de ele ser japonês."

* * *

Como muitos jovens promissores e ambiciosos, em especial com o pai ausente, Barack Obama sentia muita falta de mentores. Ele tinha o dom de conquistar a simpatia dos mais velhos e levá-los a mostrar mundos desconhecidos. Mais do que muitos contemporâneos seus, percebeu que podia aprender com os veteranos tarimbados que tinham um conhecimento especial do modo como as coisas funcionavam, e sua vontade de aprender despertava neles a vontade de ensinar. Nos anos seguintes, Obama travou amizade e absorveu o que pôde de pessoas experientes como Laurence Tribe, da Faculdade de Direito de Harvard; Jeremiah Wright, da Trinity United Church of Christ; Emil Jones, do Senado Estadual de Illinois; Valerie Jarret, Judson Miner, Abner Mikva, Newton Minow, David Axelrod, Penny Pritzker, Bettylu Saltzman e muitos outros destaques do mundo político e empresarial de Chicago: Pete Rouse, Richard Lugar e Richard Durbin, do Senado americano.

Jerry Kellman foi o primeiro de seus mentores. Na formação dos conceitos de Obama sobre comunidade, mudanças políticas efetivas, modo de contar histórias e gerar relacionamentos, Kellman talvez tenha desempenhado o papel mais influente na existência de Obama fora da família. Kellman nasceu em 1950 em New Rochelle, Nova York, um subúrbio imenso e diversificado do condado de Westchester. Quando estava na sétima série a Corte Suprema impôs a integração do sistema escolar de New Rochelle, no primeiro caso do gênero no norte. Quando cursava o colegial, suas paixões políticas eram Israel — atuava com tanta intensidade com grupos jovens judaicos que foi escolhido para apresentar David Ben Gurion num jantar para arrecadação de fundos para Israel — e o movimento dos direitos civis. Ainda no colegial, ajudou na campanha de um candidato negro para presidente do conselho estudantil, além de organizar uma série de grupos de discussão entre estudantes brancos e negros. Kellman e seus amigos lamentaram o assassinato de Martin Luther King Jr., e no dia seguinte à sua morte iniciaram uma campanha para a direção da escola abandonar a leitura de *Little black Sambo* [O negrinho Sambo] nas escolas frequentadas pelas crianças dos conjuntos habitacionais locais. Na formatura, ele ajudou a organizar uma passeata de protesto contra a Guerra do Vietnã.

Em agosto de 1968, Kellman se matriculou na Universidade de Wisconsin, em Madison, e desde o início ficou claro que ele se diplomaria em movimento estudantil. Militante de encontros e manifestações contra a guerra, participou da organização de uma marcha de mil estudantes para abolir o alistamento compulsório para o Reserve Officers Training Corps — ROTC [Corpo de Treinamento de Oficiais da Reserva] — uma semana antes do início das aulas. A passeata foi um sucesso, e a política foi alterada. Quando cursava o primeiro ano, o *Journal* de Milwaukee publicou uma reportagem sobre um novo tipo de radical, com o perfil de Kellman. Mas, apesar da reputação no campus por seu envolvimento político, ele acreditava que o SDS, grupo radical dominante na universidade, era "maluco", e que sua retórica revolucionária era uma palhaçada inexequível, perigosa e violenta. No ano seguinte, 1970, Kellman pediu transferência para a Reed College, no Oregon; não demorou para que um grupo de extremistas opositores da guerra jogasse uma bomba no prédio da matemática de Wisconsin, matando um físico chamado Robert Fassnacht, além de ferir várias pessoas. Na Reed, um grupo de professores, revoltado contra a tradicional estrutura acadêmica, resolveu criar uma "faculdade comunitária". Com recursos do Carnegie Endowment (Fundo Carnegie), eles iniciaram uma "comunidade de estudos" em fazendas e no centro. Kellman passava a maior parte do tempo orientando pessoas a respeito do alistamento.

No verão de 1971, Kellman foi a Chicago, desde muito o centro padrão americano de organização comunitária. ("Era isso ou ir morar num *kibutz*.") Ele dormia no chão da casa dos companheiros e trabalhava em restaurantes, e por um tempo picou cebola e grelhou salsicha no Tasty Pup. No geral, porém, aprendia sobre organização e se inteirava da realidade de Chicago: o isolamento e as condições precárias das comunidades negras pobres das regiões sul e oeste, a estrutura da máquina pública de poder político, táticas discriminatórias dos bancos de hipotecas e incorporadores imobiliários. Nessa cultura política cruel e rígida, Kellman descobriu que as pessoas comuns cuidavam de seu cotidiano, desprovidas de senso comunitário, coesão ou esperança. Elas não defendiam seus interesses, pois automaticamente descartavam qualquer possibilidade de êxito. "Eles martelavam na gente a questão do interesse", disse Kellman. "Isso era puro Alinsky. Só interesse. Bem pé no chão. O que era o interesse próprio e como usá-lo para organizar a comunidade."

Em Austin, bairro do extremo oeste, ele passava noites bebendo com líderes religiosos e comunitários, ouvindo a história da vida das pessoas e detalhes sobre a perda dos direitos civis. Ele não queria mais apenas acabar com a guerra. Tentava evitar que um banco fechasse a agência no bairro, obrigar a prefeitura a fechar um buraco na rua ou substituir uma placa, levar a polícia a prender um traficante local. Promovia encontros com religiosos para angariar apoio, com pessoas comuns para formar uma comunidade enérgica, com políticos para que tomassem as atitudes corretas.

Como muitos jovens organizadores, Kellman ficou obcecado por seu trabalho. Não parava muito tempo no mesmo lugar. Saltava de Austin para o condado suburbano de DuPage, de Lincoln, no Nebraska, para a Filadélfia. Para contemporizar, agradar à mulher e poder ganhar a vida, estudou por um tempo na Universidade de Chicago, mas a vida acadêmica não servia para ele.

Em 1982, Kellman treinou organizadores para um grupo ligado à igreja, o United Neighborhood Organization [Organização Unida do Bairro], converteu-se ao catolicismo alguns anos depois e entrou para a Calumet Religious Conference, que atuava junto às igrejas negras, passando a organizar as áreas mais pobres da zona sul. Ele e colegas como Greg Galuzzo, seguidor de Alinsky com ampla experiência em organização, e Mike Kruglik, nativo de Chicago, realizaram um levantamento da devastação causada pelo fechamento de todas as usinas da região de Calumet, que ia do extremo sul até Indiana. Com 30 mil trabalhadores num único setor, Calumet era uma espécie de Detroit local: em tempos passados produzia mais aço do que Pittsburgh. No momento, por causa da concorrência estrangeira e do custo da modernização das usinas, os trabalhadores tinham perdido o emprego e as siderúrgicas enferrujavam, abandonadas.

A tentativa pioneira de Kellman de organizar os líderes religiosos locais deslanchou quando o cardeal Joseph Bernardin declarou que os párocos avessos ao projeto deviam se apresentar para uma confissão. O padre Stenzel, da igreja Holy Rosary, ajudou Kellman a reunir dez paróquias, que contribuíram com mil dólares cada e prometeram auxiliar na organização dos paroquianos interessados. Kellman sabia que não conseguiria manter coesa uma organização que tentasse juntar os bairros brancos de Indiana com as áreas negras da zona sul. Por isso, para lidar com a parte sul e obter acesso a mais recursos, ele concebeu o Projeto de Desenvolvimento Comunitário de Chicago. Prometeu ao seu grupo de militantes locais, todos negros, que conseguiria um organizador afro-americano. Mas tudo o que tinha a oferecer eram um salário miserável, um público refratário e uma probabilidade remota de sucesso.

"Era mais fácil prometer do que cumprir", admitiu Kellman. "Lógico, precisávamos de alguém muito capacitado, mas se o sujeito fosse inteligente o bastante para trabalhar como organizador, seria também inteligente o bastante para não fazer isso. E se fosse negro, orgulho da família, por que lutar pela descensão? Não fazia muito sentido. Era duro, eu não conseguia ninguém que me agradasse. A pressão aumentava. Eu ia adiando. Enrolando. Colocava anúncios e examinava currículos. No *Tribune*. No *Times*. No *Free Press* de Detroit. Cheguei a pôr um anúncio no *Community Jobs*."

    Kellman leu o currículo de Obama e ligou para ele em Nova York. Os dois conversaram por duas horas. ("Pelo telefone, percebi que ele não era japonês.") Semanas depois Kellman foi a Nova York visitar os pais e marcou encontro com Obama num café na Lexington Avenue. O rapaz lhe pareceu jovem demais. Obama tinha 24 anos. Kellman achava que candidatos brilhantes e muito jovens tendiam a desanimar logo. Organização comunitária é um serviço isolado, tedioso e muito frustrante. Em geral, as batalhas se arrastam e terminam ocas, sem resultados satisfatórios. Um jovem com opções pode cair fora ao primeiro sinal de tédio ou derrota. Kellman já conhecera um jovem organizador que se sentiu tão decepcionado com a atividade que precisou ser liberado para procurar ajuda psiquiátrica.

    Os termos de contratação de um organizador como Obama, que precisava ser treinado, eram bem modestos — salário anual de 10 mil dólares, mais 2 mil para despesas com o carro. "Mas essas condições absurdas fazem parte da situação", disse Kellman. "Portanto, repassamos a história de Obama e ficou claro para mim que ele nunca ficava muito tempo no mesmo lugar, e que se mostrava diferente onde ia." Desde o contato inicial, Kellman viu Obama como alguém à procura de si mesmo e de um lugar para chamar de seu.

    "Ele não parava de perguntar: 'O que você vai me ensinar, e como vai me ensinar?'", recordou Kellman. "Vi Obama como alguém de fora que desejava trabalhar com os pobres, com pessoas que haviam enfrentado a discriminação racial. Seus heróis pertenciam ao movimento dos direitos civis, mas o movimento tinha acabado. Era até onde ele conseguia ir. E precisava viver numa comunidade negra."

    Kellman inquiriu Obama sobre seu passado e, como a maioria das pessoas, considerou a abundância de detalhes difícil de absorver de imediato. Kellman tentou pressioná-lo: por que não continuava os estudos? Não queria ganhar dinheiro? Obama disse que a eleição de um prefeito negro em Chicago, Harold Washington, em 1983, o motivara. Por que não vai trabalhar para ele?, quis saber Kellman. Por que organizar? Mas Obama só repetia quanto o movimento dos direitos civis o inspirava e insistia em sua vontade de trabalhar no nível mais básico.

Obama admitiu a Kellman que tinha outra motivação para querer ser organizador na zona sul. Pensava em se tornar romancista. "Ele me disse que sentia dificuldade para escrever, que precisava se obrigar a escrever", contou Kellman. Não procurava apenas experiências, mas uma identidade e uma comunidade. E também buscava material.

Antes de ser oficialmente contratado por Kellman, Obama precisava da aprovação de uma pequena diretoria, que se reunia na igreja católica de Santa Helena da Cruz, na região sul. Muitos ativistas comunitários da área eram mulheres negras de meia-idade que exigiam de Kellman a contratação de um organizador afro-americano. "Três pessoas foram entrevistadas antes de Barack. Mas ninguém atendia às exigências", disse uma das diretoras, Loretta Augustine-Herron. "Queríamos alguém como nós, mas não era só isso. Se Barack não demonstrasse capacidade para compreender nossas necessidades, não teria dado certo. Mas ele tinha sensibilidade. E sinceridade de sobra. Explicou a nós o que sabia e o que não sabia. Quando descrevemos nossas dificuldades, ele as compreendeu. Não veio com soluções ridículas para problemas que não tínhamos." Augustine e os outros só se preocupavam com um aspecto: "Ele era tão jovem. Será que estava à altura da tarefa?".

Obama decidiu se mudar para Hyde Park, um bairro integrado onde se situava a Universidade de Chicago. Conseguiu alugar um apartamento barato de primeiro andar na East 54th Street com Harper Avenue. Como já havia feito em Nova York, mobiliou o apartamento como se fosse um monge: cama, mesa pequena, um par de cadeiras e alguns livros. Mais tarde arranjou um gato cinzento que chamou de Max. Hyde Park foi um bairro adequado para Obama desde o início. Era uma área predominantemente negra, mas integrada e habitada por muitos intelectuais, graças à proximidade com a universidade. Bastava uma curta caminhada para ir de Hyde Park aos bairros onde trabalharia, como Roseland e West Pullman, no extremo sul.

Durante as primeiras semanas em Chicago, Obama passava muitas horas com Kellman, conversando e passeando pela zona sul. "Ele era muito idealista

— ingênuo por falta de experiência", segundo Kellman. "Não tinha experiência com os membros dos comitês distritais de Chicago, não sabia nada de propinas e de tudo mais. Falávamos muito sobre raça, discutíamos maneiras de lidar com essa questão. Estávamos tentando organizar os negros com padres brancos. Barack sempre precisou lidar com as reações de outros à sua pessoa, que não tinham nada a ver com ele, mas sim com o fato de ser negro ou de parecer negro. Boa parte de seus conflitos vinha de descobrir quem ele era, independentemente das reações alheias, e ele se concentrava nisso. Tinha passado a vida na escola, que não é um ambiente representativo em termos de raça, e pela primeira vez estaria num bairro e seria identificado de determinada maneira. Nunca vivera num lugar onde a raça fosse tão determinante."

Kellman levou Obama para ver as fábricas abandonadas e os navios enferrujados no porto abandonado, além de promover encontros com líderes comunitários. "Para ele, parecia um passeio por um país exótico", contou Kellman. "Tinha muito a aprender sobre a maneira como as pessoas viviam, e aprendeu sem grande esforço aparente, graças a seus dons. Sentia-se à vontade e conversava facilmente com as pessoas."

Os livros básicos para organizadores iniciantes eram os dois panfletos teóricos de Alinsky: "Reveille for Radicals" [Alvorada para radicais] e "Rules for Radicals" [Regras para radicais]. Kellman os considerava triviais e improvisados, por isso recomendou a biografia de Alinsky escrita por John L. Lewis e *The power broker*, a titânica biografia do engenheiro Robert Moses, o grande e não eleito autor da reforma urbana de Nova York, escrita por Robert Caro. Os livros serviriam como um curso rápido sobre o modo como as cidades e as relações de poder ocorrem na realidade. "As decisões em Chicago não eram tomadas onde deveriam", explicou Kellman. "Vereadores e representantes estaduais não decidiam; os comitês distritais, sim, e tomavam muitas decisões em função da segunda profissão de seus membros, que eram agentes funerários, vendedores de seguros, advogados."

Obama dedicava a maior parte do tempo compilando listas de padres, pastores e líderes comunitários e marcando entrevistas com eles. A ideia é que o organizador não se jogue numa comunidade como um Moisés de casaco de couro preto, pronto para ser o líder. Em primeiro lugar ele deve *ouvir*, e só depois tentar engajar um número suficiente de pessoas na formação de um grupo de lideranças eficazes. Ele os ajuda a aprender a analisar o poder e até a falar em público. Esse grupo passa a confrontar administradores eleitos e burocratas municipais, tomando o poder com as próprias mãos.

De noite, Obama redigia longos e meticulosos relatórios sobre o que tinha aprendido nas entrevistas. Com frequência desenhava os interlocutores nas margens, para lembrar-se melhor de nomes e rostos.

"Ele era muito disciplinado na vida que levava", contou Kellman. "Nos primeiros meses como organizador ele não tinha vida social, por isso eu temia perdê-lo. Não saía com ninguém. Fazia entrevistas, redigia relatórios, lia — e nos finais de semana visitava igrejas negras e escrevia contos. Era muito aplicado e disciplinado, monástico no sentido de estudar e se enfurnar, não do celibato." Para relaxar, Obama jogava basquete e corria na beira do lago, parando apenas para fumar um cigarro — seu vício mais ostensivo. Comia frugalmente. Se o amigo e colega de organização John Owens pedia uma sobremesa, Obama dizia, como um padre irônico: "Você fez por merecer isso?".

"Não creio que fizesse muita coisa além de trabalhar", disse Loretta Augustine-Herron. "Isso me preocupava! Trabalhava sete dias por semana, em geral. Reuniões de manhã cedo, seguidas de outras reuniões, até dez da noite. Ia a lugares que eu considerava arriscados, eu o prevenia, mas ele ia assim mesmo."

Quanto mais Obama conhecia a zona sul e seus moradores, mais incluía em seus escritos o que via e ouvia. Ocasionalmente, mandava rascunhos dos contos para amigos antigos, como Phil Boerner, ou os dava para Kellman e Kruglik lerem.

"Ele me mostrou dois ou três contos", recordou-se Kruglik. "Eram sobre as ruas da zona sul de Chicago, como as via e sentia, a paisagem desoladora do inverno. Um dos contos era sobre um pastor sobrecarregado de problemas, que no entanto não desistia de formar uma congregação forte e também de cuidar bem de si mesmo. O espírito do pastor é iluminado por uma energia que lhe permite agir assim. As histórias eram muito descritivas. No início eu me perguntava de onde ele tirava a energia para fazer tudo aquilo. Imaginei que ele poderia ter copiado de alguém. Mas as histórias eram sobre gente que eu conhecia." Obama estava conhecendo e fazendo amizade com os frequentadores negros das igrejas da zona sul, gente como Dan Lee, diácono da igreja de Santa Catarina, em West Pullman, e o reverendo Alvin Love, jovem ministro da Primeira Igreja Batista de Lilydale. Os colegas organizadores de Obama não tiveram nenhuma dificuldade para se identificarem nos seus contos.

Kellman se recorda de ter lido um conto sobre uma pequena igreja: "Barack contou a experiência de estar no estrangeiro pela primeira vez. A igreja de garagem era um lugar para lá de exótico, no caso dele. Naquela altura da vida, a Indonésia lhe era mais familiar. Mas ele quis escrever sobre o que via". (Kellman lamentou não ter guardado cópias dos contos de Obama. "Teria arrasado nos leilões on-line.") Outro conto, *A man of small graces* [Um homem de pequenas graças], descreve um personagem da zona sul que parece ter sido inspirado por Lolo Soetoro, o padrasto de Obama.

Quando dispunha de algum tempo livre, Obama muitas vezes preferia ficar sozinho. Às vezes Kruglik o arrastava para clubes de jazz e blues — Obama gostava do Jazz Showcase, no centro — ou o levava para assistir a um jogo de basquete: Bears, Bulls, White Socks ("Incrível como ele logo se tornou torcedor do Chicago", disse Kruglik. "Também, para quem mais poderia torcer? Honolulu? Jacarta? Isso fazia parte de sua integração a Chicago, seu novo lar.") Nas tardes de domingo, Kellman às vezes conseguia convencer Obama a caminhar até Montrose Harbor ou até sua casa em Beverly, um bairro irlandês e negro da zona sul, para fazer um churrasco no quintal. "Uma coisa que percebi, pessoalmente, foi que ele gostava de passar o tempo conosco simplesmente porque éramos uma família", disse Kellman.

Uma colega organizadora de Obama, a irmã Mary Bernstein — "Meu pai era judeu, mas minha mãe ganhou a briga" —, costumava brincar com ele a respeito da sua vida social. "Certo dia", contou a irmã Mary, "entrei na sala dele e Obama estava sentado à mesa, mexendo o chá, e falou: 'Como vão as coisas, ir-mã?'. Ele sempre me chamava de 'ir-mã', e eu o chamava de 'O-bama'. E ele disse: 'Ir-mã, como faço para arranjar uma namorada?'. Respondi: 'Barack, as moças que conheço são muito velhas para você, e são todas freiras. Eu sou a última pessoa no mundo a quem perguntar'."

Kellman e outros amigos concordam em que Obama, por mais encantador que fosse, mostrou-se por um bom tempo reticente em termos de informações sobre seu passado e seus sentimentos. Contudo, conforme Kellman e ele passavam mais tempo juntos, ficou claro que Obama ainda refletia sobre questões relativas a sua família e sua identidade, sobre política e seu próprio futuro. Chamava a atenção dos amigos e colegas em Chicago quanto Obama admirava a mãe pela independência e pelo idealismo social. Em relação ao pai a conversa mudava. "Ele não queria repetir a vida do pai", disse Kellman. Ao observar a seriedade de

Obama, bem como sua calma e sua vida modesta, Kellman não pôde deixar de pensar que o rapaz se mantinha em oposição ao pai, um sujeito amargo, brilhante, volátil e totalmente irresponsável.

Obama e Kellman faziam longas caminhadas pelo parque, almoçavam no McDonald's perto das antigas siderúrgicas, e por vezes a conversa se afastava dos assuntos profissionais. "Namorar era um desafio", explicou Kellman. "Como se pode viver em dois mundos? Ele poderia se casar com uma branca? Onde ele moraria? Seria correto pedir uma moça assim em casamento? Será que só o amor importava? Ele pensava muito em casamento, acalentava planos de longo prazo e refletia sobre a maneira de lidar com as questões decorrentes. Restava ainda a questão do dinheiro: como trabalhar naquilo que acreditava e viver decentemente? Qual o grau de sacrifício? Não seria melhor bancar o esperto e ganhar muito dinheiro? Conversávamos sobre tudo isso. E sobre os políticos. Quando deveríamos trabalhar com eles, quando militar na oposição? Eles eram inimigos ou aliados? Deveríamos atuar dentro do sistema ou fora dele para defender nossas propostas? Seria possível integrar o sistema sem perder a noção do que é justo?"

Obama saiu com várias moças — nesse departamento, segundo Kellman, "ele se mostrou mais do que capacitado para cuidar de si mesmo". No final do período como organizador, Obama tinha uma namorada firme, uma estudante branca da Universidade de Chicago, onde cursava antropologia. Mesmo que Obama soubesse que a relação não iria longe. Kellman declarou: "Os dois estavam comprometidos com projetos que exigiam dedicação. Eles se separaram por motivos geográficos. Os dois tinham compromissos que os afastariam de Chicago. A longo prazo, no geral, Barack queria ter filhos e uma casa própria. Queria uma família — mesmo jovem e solteiro, antes de ter conhecido Michelle, vivendo um relacionamento que sabia que não ia durar".

Quando chegou a Chicago, Obama já havia feito as pazes tanto com seu nome quanto com sua identidade racial. Sua atuação na zona sul lhe dava algo mais amplo — uma ligação profunda com a comunidade afro-americana. Ele não era mais um estudante querendo fazer amizades numa Associação de Estudantes Negros. Aquilo ali era a vida cotidiana, de contatos naturais, fosse em casa em Hyde Park — ambiente integrado, de classe média, universitário — ou no extremo sul, entre os pobres e desvalidos.

"Barack acreditava que tinha sido negro a vida inteira", disse Mike Kruglik. "Em parte, como explicou, por andar pelas ruas da zona sul sem ninguém perguntar se ele era mestiço ou negro, ao contrário do que ocorria com muita gente em outros lugares. Ninguém perguntava isso quando ele acenava para um táxi em Nova York. Agora ele era um organizador comunitário negro numa comunidade negra com o propósito de criar uma organização capaz de dar voz aos negros. Havia uma síntese entre o modo como se identificava em termos culturais com a atuação enquanto organizador comunitário. Ser organizador comunitário o ajudou a criar uma comunidade negra. Antes disso, ele nutria um conceito romântico de comunidade negra, até descobrir que não havia uma comunidade nos moldes imaginados por ele: a comunidade era fragmentada, e em grande parte dispersa. Obama precisava recriar essa comunidade. Ouvi muitas coisas assim de sua boca. Havia uma sensação orgânica em relação a ele, de que era um rapaz sério, ajudando as pessoas a lutar por sua comunidade. E ele *queria* fazer parte da comunidade e defendê-la."

Um de seus colegas negros de organização, John Owens, tinha sido criado em Chatham, na zona sul de Chicago, e se declarou fascinado pelo modo como Obama tratava questões raciais com a "mente aberta". "Ele se preocupava em ser justo com os brancos, tanto quanto com os negros, enquanto para o afro-americano médio que cresceu na comunidade a preocupação de ser justo em geral vale apenas para seus pares. Ele sempre quis ser equilibrado na análise das situações. Nesse aspecto, era capaz de manter vínculos mais fortes com os brancos do que a média dos afro-americanos."

As impressões iniciais de Obama sobre Chicago constam numa longa e detalhada carta escrita à mão ao seu velho amigo Phil Boerner:

Phil

Minhas mais humildes desculpas pela falta de comunicação nesses meses recentes. O trabalho tem ocupado a maior parte do meu tempo, e nos momentos livres eu me dedico principalmente a tomar fôlego. As coisas estão começando a entrar nos eixos agora, portanto espero poder escrever mais no futuro.

E qual seria a sua desculpa?

Chicago, cidade maravilhosa, de ruas largas, parques luxuriantes, prédios grandes e bem construídos, o lago Michigan a tomar a parte oriental inteira, grande e móvel como um oceano. Embora seja uma cidade grande, com problemas de cidade grande, a escala e o impacto do lugar não se comparam a NY, principalmente por causa da dispersão, da ausência de superlotação. Imagine Manhattan reduzida à metade, depois misturada aos bairros numa faixa contínua de terreno, e você terá uma ideia de como é aqui. A cinco minutos de carro do Loop (o centro da cidade) vemos casas térreas com estrutura de madeira, quintal e olmos altos.

Essa distribuição influencia os moradores. Não parecem tão rígidos e neuróticos quanto os residentes em Manhattan, nem tão rápidos quanto eles em estabelecer contato. A gente ainda vê muitos costumes rurais nos modos das pessoas: a secretária no arranha-céu parece uma moça da roça; o som dos grilos numa noite quente sulista sublinha as palavras da jovem negra no balcão da loja. Em Chicago, também uma cidade de bairros em proporção maior do que NY, as várias tribos são discretas, cada uma no seu canto, formando distritos variados e reproduzindo o ambiente de sua terra natal. A gente vai ao setor polonês da cidade e não escuta falar inglês; caminha pelo bairro indiano, colorido como um bazar, e jura que poderia estar num bairro de Nova Déli.

Claro, a divisão mais pertinente aqui ocorre entre a tribo negra e a branca. A fricção não aparenta ser mais forte do que em NY, porém se manifesta com intensidade maior, pois um negro ocupa a prefeitura, e a câmara dos vereadores é branca. As raças vivem separadas espacialmente: onde eu trabalho, na zona sul, a gente pode andar quinze quilômetros em qualquer direção sem ver um único rosto branco. Há exceções — eu moro em Hyde Park, perto da Universidade de Chicago, e o bairro se mantém misto graças à pesada influência da universidade. Mas, no geral, vale a regra — separados e desiguais.

Trabalho em cinco bairros diferentes, com condições econômicas distintas. Num deles converso com um grupo de proprietários furiosos: operários, motoristas de ônibus, enfermeiras e administradores de igrejas cuja região da cidade passou a ser ignorada pelo Departamento de Vias Públicas e Saneamento desde que os brancos se mudaram de lá, vinte anos atrás. Em outro tento formar um grupo de mães que vivem da previdência social. Mães aos quinze, avós aos trinta, bisavós aos 45. Tento ajudá-las a conseguir cursos profissionalizantes e creches públicas. Nos dois casos, entro no salão e faço promessas que, espero, eles me ajudarão a cumprir. Em geral confiam em mim, apesar de já terem visto jovens bem-intencionados passarem por aqui antes querendo mudar o mundo, mas que acabam sucumbindo ao apelo do escritório de uma grande empresa. E em pouco tempo aprendi a me preocupar muito com eles e a querer fazer tudo o que puder por eles. Mas é difícil. Circulo muito de carro, passo horas ao telefone tentando romper a letargia, enfrento reuniões cansativas. A frustração aumenta quando vemos uma taxa de evasão de 43% nas escolas públicas, sem saber por onde começar para reduzir essa porcentagem. Mas em cerca de 5% do tempo a gente vê alguma coisa acontecer — uma dona de casa tímida enfrentando um funcionário incompetente ou um senhor grisalho falando com uma súbita esperança na voz. Isso aponta para as possibilidades, de pessoas cuidando de suas próprias vidas, batalhando lado a lado para obter um pouco de justiça. E são essas possibilidades que nos animam a insistir e superar os obstáculos.

Dois colegas de equipe, brancos de trinta e tantos anos, fazem o mesmo nos subúrbios brancos. O que aproxima as duas áreas é a economia devastada — a região chegou a ser a maior produtora de aço dos Estados Unidos, e hoje as siderúrgicas fechadas apodrecem, descoradas e imóveis como fósseis de dinossauros. Temos conversado com sindicatos importantes sobre a possibilidade de trabalho conjunto para manter aberta pelo menos a última usina de grande porte, mas ela pertence ao LTV, um conglomerado com sede em Dallas que pretende fechá-la assim que for possível para receber retorno de impostos.

Afora isso não resta muito a relatar. Meu apartamento é uma quitinete confortável perto do lago (o aluguel aqui é metade do de Manhattan). Como costumo trabalhar à noite, em geral reservo as manhãs para mim: corro, leio e escrevo. Estou anexando a primeira versão de um conto que acabei de terminar; se tiver paciência, faça uma crítica, passe para George comentar e devolva assim que possível, com alguma coisa que vocês tenham escrito.

Está esfriando, e eu morro de medo do inverno em Chicago. Como está o tempo por aí? Sinto falta de NY e das pessoas que vivem aí — do metrô, da sensação de caminhar pelas ruas de Manhattan, da vista do centro da ponte do Brooklyn. Espero que esteja tudo bem com você, dê lembranças a Karen, a George, ao Paul e a todos que conheço.

Com carinho,
Barack

Obama chegou a Chicago em junho de 1985, dois anos depois de Harold Washington ter vencido as eleições e se tornado o primeiro prefeito negro da cidade. Para os afro-americanos foi uma conquista memorável, que marcaria o fim do tradicional domínio da máquina política branca e do que era comumente chamado de "política de fazenda", e os moradores estavam sempre dispostos a falar sobre isso. Obama entrava numa barbearia ou no café Valois e recebia uma aula rápida sobre a vitória de Washington. Via cartazes da campanha em todos os cantos, rasgados e amarelados, mas ainda firmes nas vitrines das lojas. Via os retratos do prefeito nas barbearias da zona sul, ao lado das fotos de King, Malcolm e Muhammad Ali. Obama juntou-se aos admiradores de Washington e acompanhava o drama diário das batalhas do prefeito com uma câmara ainda dominada por vereadores da velha guarda, acostumados à máquina partidária, sendo o mais famoso deles "Fast Eddie" Vrdolyak.

Não dá para saber como Obama teria agido se respondesse a um anúncio para trabalhar em outra cidade, mas é óbvio que a história dos afro-americanos em Chicago — e a história política única de Chicago, que culminou com a tentativa de Washington de formar uma coalizão multirracial — forneceu a Obama um legado rico que o ensinou e o acolheu. "O primeiro presidente afro-americano só poderia ter saído de Chicago", declarou Timuel Black, veterano da zona sul e historiador da imigração negra do Sul. Tim Black veio do Alabama para Chicago na infância com a família, cresceu na zona sul e dedicou-se a escrever e a compilar seu *Bridges of Memory* [Pontes da memória], uma história oral em dois volumes da migração negra e da vida afro-americana na cidade. Black passou décadas lecionando na faculdade, militando na política e morando na zona sul, e foi um dos veteranos a quem Obama recorreu quando trabalhava como organizador. Os dois se encontraram pela primeira vez num bar de estudantes perto da universidade, na Medici com a 57th, onde Obama o interrogou por horas sobre a história da migração e o desenvolvimento político e social da zona sul. O fascínio de Obama não se restringia à história da Chicago negra; ele decidiu entrar na história, fazer parte dela. Em Chicago ele encontrou uma comunidade, igreja, esposa, propósito e uma carreira política — e foi conquistado por seu passado. "Ele mergulhou até o pescoço", disse Black. "Fez dela a sua história."

Os afro-americanos residem na zona portuária que se tornou Chicago há mais de dois séculos.[19] Segundo a lenda, os índios potawatomis, habitantes originais do local, costumavam dizer: "O primeiro homem branco a se instalar em 'Chickagou' foi um negro". O primeiro colonizador a se fixar foi Jean Baptiste Point du Sable, um negro de fala francesa que chegou a "Chickagou" no final do século XVIII. Até a Guerra de Secessão, os negros eram oficialmente proibidos de residir em Illinois, mas nos anos 1840-50 os polemistas escravocratas apelidaram a região de "o sumidouro da abolição", por causa dos escravos que chegavam sem parar através do Underground Railroad.*[20]

A grande migração de afro-americanos para Chicago começou em torno de 1910: a migração foi um processo ocorrido em levas, com auge nos anos 1940 e 1950, mas só terminou mesmo nos anos 1970. No total, elevou a população negra de Chicago de irrisórios 2% para 33%, transformando a política e a cultura da cidade. No Sul, a infestação por gorgulho arruinou muitos fazendeiros de algodão, e depois a mecanização transformou seu cultivo para sempre, desempregando milhares de pessoas; ao mesmo tempo, no Norte industrial surgiam milhares de empregos nos matadouros, em usinas e nas fábricas, inclusive porque a Primeira Guerra Mundial, e depois a lei de imigração de 1924, fechou as fronteiras aos europeus. Além disso, muitos brancos partiram para a frente de batalha. A grande enchente do Mississippi de 1927 também levou milhares de meeiros negros a procurar trabalho e moradia lá. Durante a migração, o jornal negro mais importante, o *Chicago Defender*, semanário editado por Robert S. Abbott, nativo da Geórgia, publicava apelos edulcorados aos negros do Sul incentivando-os a questionar as condições de vida no Sul e se mudar para o Norte, para uma vida de fartura e liberdade:

> Não deem ouvidos a ninguém [...] Já viram que eles não vão mudar as leis para ajudar vocês. Ou vão? Eles pararam seus ônibus Jim Crow? Vocês podem comprar passagens nos carro-leitos Pullman, onde quiserem? Conseguem um julgamento justo nos tribunais? No passado deixávamos que outros pensassem por nós — hoje pensamos e agimos por conta própria, com o resultado de que nossos "amigos" estão alarmados com nosso progresso. Gostaríamos de agradar a essas almas altruístas e continuar vivendo como escravos no Sul, mas nos despedimos daquela região do país e pegamos o trem entoando a canção "Good-bye, Dixie Land".[21]

Trens lotados de famílias negras paravam todos os dias na estação central de Illinois. Entre 1916 e 1919, dezenas de milhares de negros chegaram a Chicago vindos do Sul. Um Cinturão Negro começou a se formar na zona sul, no triângulo entre as ruas 26th, ao norte, 55th ao sul e State, até o lago Michigan. Um bairro imenso, densamente habitado, que passou a ser conhecido como Bronzeville.

---

* Rede de rotas clandestinas usadas para a fuga de escravos para os estados do norte ou para o Canadá. Outras rotas levavam ao México. (N. T.)

Até certo ponto os apelos otimistas do *Defender* eram genuínos. Os negros realmente encontraram oportunidades maiores em Chicago, e num mundo de segregação Bronzeville tornou-se de fato ponto de referência da vida negra americana, um "universo paralelo", como Timuel Black o classificou, com "instituições paralelas" negras: igrejas, teatros, casas noturnas e loterias de números clandestinas conhecidas como *policy wheels*. John (Mushmouth) Johnson tornou-se o primeiro chefão negro do jogo em Chicago, ajudando irlandeses como "Hinky Dink" Kenna e "Bathhouse John" Coughlin a impulsionarem suas carreiras como líderes políticos do bairro First Ward.[22]

Mesmo assim muitos brancos de Chicago resistiam à afluência e à expansão de Bronzeville usando todos os métodos possíveis. Entre julho de 1917 e março de 1921, explodia uma bomba a cada três semanas, em média, nas casas ocupadas por negros. A associação comunitária de Kenwood e Hyde Park determinou que os negros não podiam se mudar para o lado leste da State Street para não "contaminar o valor dos imóveis".[23] Incorporadores imobiliários aproveitaram para lucrar com o medo dos brancos. Um dos grandes barões da especulação imobiliária, Frederick H. Bartlett, distribuiu panfletos aos brancos de Douglas, Oakwood e Kenwood com os dizeres: "Os negros estão chegando. Os negros estão chegando. Se você não vender para nós agora, talvez não consiga nada depois".[24] Os brancos que sofriam de "crioulomania" venderam suas casas a preços vis para os incorporadores que, aceitando entradas irrisórias, revenderam os mesmos imóveis pelo dobro ou triplo do preço aos negros recém-chegados. Corretores vendiam casas a brancos prometendo haver restrição contratual que garantia a ausência de vizinhos negros. Ao mesmo tempo, crescia o ressentimento dos negros contra o racismo dos brancos. Soldados negros que haviam lutado na Europa e voltaram para casa para serem novamente tratados como seres inferiores passaram a adotar uma postura cada vez mais militante.

O evento que incendiou a longa saga de conflito racial em Chicago ocorreu na tarde de 27 de julho de 1919. Um adolescente negro chamado Eugene Williams foi nadar no lago Michigan e cruzou a linha imaginária que marcava a 29th Street, penetrando numa "área branca". Um grupo de jovens brancos o apedrejou até a morte. Um grupo de negros que tentou resgatar Williams deteve um tal George Stauber, um dos rapazes brancos, e pediu a um policial branco que o prendesse. O policial se recusou, o que deu início a um confronto. Foram quatro dias de violência nas tabernas e salões de bilhar, passando de um bairro a outro. Membros dos "clubes atléticos" irlandeses, armados com porretes e outras armas, saíram à procura de "crioulos" e "tições", mas para sua surpresa os negros reagiram e chegaram a incendiar casas próximas das docas e da ferrovia. A edição do *Defender* de 2 de agosto falava em "uma onda de ódio queimando como o calor do dia"; o jornal descreveu corpos abandonados em ruas e becos, gangues controlando áreas inteiras de Chicago, a polícia municipal omissa ou incapaz de restaurar a ordem, uma metrópole consumida pelo medo, pela violência e pela raiva: "Mulheres e crianças não foram poupadas. O trânsito parou. Fios telefônicos foram cortados".[25] Na liderança do conflito estava uma gangue branca do bairro irlandês de Bridgeport conhecida como Hamburg Athletic Club. Entre seus membros havia um adolescente — e futura liderança — chamado Richard J. Daley. Quando as batalhas finalmente cessaram, mais de 38 homens e rapazes haviam sido mortos — 23 eram negros.

Naquele verão o poeta jamaicano Claude McKay, então morador do Harlem, publicou um soneto chamado "If we must die" [Se vamos morrer] sobre os conflitos raciais que explodiam no país.[26] Os versos iniciais refletem a indignação e a determinação dos homens e das mulheres em bairros negros como o Harlem e a zona sul de Chicago:

> *If we must die, let it not be like hogs*
> *Hunted and penned in an inglorious spot,*
> *While round us bark the mad and hungry dogs,*
> *Making their mock at our accursed lot.**

Por toda a Chicago, os limites entre bairros brancos e negros permaneceram tensos por vários anos na sequência dos distúrbios de 1919. *The Property Owners Journal*, publicação oficial da Associação de Kenwood e Hyde Park, lançou um alerta que refletia a profundidade do ódio e os maus presságios:

> Todo homem de cor que se muda para Hyde Park sabe que está prejudicando o imóvel de seu vizinho branco. Portanto, trava uma guerra contra o homem branco.

---

* Se vamos morrer, que não seja como porcos/ Caçados e acuados em um canto inglório,/ Enquanto a matilha louca e esfaimada late ao redor/ Escarnecendo deste nosso povo amaldiçoado. (N. T.)

Consequentemente, não merece qualquer consideração e abre mão de seu direito de ser empregado pelo homem branco. Se os empregadores adotassem como regra recusar empregos aos negros que insistirem em residir em Hyde Park, danificando a propriedade de um homem branco, ela logo apresentaria bons resultados.[27]

Os negros de Chicago buscaram refúgio no Partido Republicano. Em parte por lealdade à agremiação de Lincoln, votaram em William Hale Thompson para prefeito. Durante seus três mandatos — de 1915 a 1923 e de 1927 a 1931 — o prefeito Thompson, apelidado de Big Bill e Bill the Builder, recebeu de boa vontade o apoio dos negros para sua chapa. Empregou tantos negros que seus oponentes passaram a chamar a prefeitura de cabana do Pai Tomás. Durante as campanhas eleitorais os funcionários do Partido Democrata saíam às ruas com órgãos que tocavam "Bye, Bye, Blackbird", distribuindo panfletos que mostravam Thompson como maquinista de um trem vindo da Geórgia repleto de negros e a legenda: "Este trem partirá para Chicago no dia 6 de abril, se Thompson for eleito".[28]

O político negro pioneiro da zona sul foi um empresário bem-sucedido — empreiteiro, decorador e corretor imobiliário — chamado Oscar Stanton De Priest. Filho de ex-escravos de Florence, no Alabama, De Priest elegeu-se vereador em 1915, mas renunciou dois anos depois ao ser indiciado por corrupção e formação de quadrilha; tendo Clarence Darrow como advogado, De Priest acabou sendo inocentado. Em 1928, concorrendo no primeiro distrito congressional como republicano, De Priest tornou-se o primeiro membro da Câmara dos Representantes desde a Reconstrução.

Com a ascensão de Franklin Roosevelt, os negros de Chicago começaram a transferir sua preferência para o Partido Democrata do novo prefeito, Anton Cermak, criador das bases de uma máquina política que governou a cidade por meio século. Cermak foi prefeito apenas de 1931 a 1933, mas ajudou a instalar no executivo municipal poloneses, ucranianos, judeus, checos, italianos e negros. Chegou a cooptar os irlandeses de classe baixa de Bridgeport e Back of the Yards. Em 15 de fevereiro de 1933, num evento público em Bayfront Park, em Miami, Cermak levou um tiro no peito enquanto cumprimentava o recém-eleito presidente Roosevelt. Tudo indica que o alvo do atentado era Roosevelt. As últimas palavras atribuídas a Cermak, dirigidas a Roosevelt — "Fico contente por ter sido eu e não o senhor" — constam de uma placa em sua homenagem em Bayfront Park.

Políticos de etnia branca dominavam a máquina de Chicago, mas alguém precisava controlar a zona sul negra. Um político hábil chamado William Levi Dawson, que trocara os republicanos pelos democratas, logo se tornou chefe do que se denominaria "submáquina", um prolongamento negro da Prefeitura. Dawson nasceu em Albany, na Geórgia. Seu avô tinha sido escravo e o seu pai, barbeiro. Quando a irmã de seu pai foi estuprada por um branco, o pai retaliou e precisou fugir para o Norte. Dawson, ainda jovem, formou-se na Fisk em 1909 e trabalhou como carregador e porteiro. Lutou na França na Primeira Guerra Mundial, foi vítima de gases de combate. Pouco depois, perdeu uma perna num acidente.

Sujeito cortês, mas astuto, de bigodinho fino aparado, Dawson retornou a Chicago e passou a atuar num distrito eleitoral da zona sul. Como político local e depois deputado, sua prioridade seria buscar o bem-estar econômico e institucional possível para os bairros negros das zonas sul e leste. Qualquer tentativa de atuação ideológica, reforma, direitos civis e poder lhe pareciam indulgentes, iniciativas de jovens radicais intempestivos condenadas ao fracasso. No Congresso ele se opunha diretamente a Adam Clayton Powell Jr., do Harlem, militante e orador inflamado que defendia os direitos civis. Dawson mantinha vínculos com os principais ministros, com o *Defender* e com os líderes distritais — o universo paralelo das instituições negras de Chicago. Era mestre em neutralizar rebeliões em suas fileiras. Quando a seção local do NAACP denunciou Dawson por não se pronunciar contra o assassinato de Emmet Till, em 1955, ele reagiu. Seus correligionários leais concorreram aos postos de delegados na convenção local do NAACP, venceram e assumiram o controle da organização. Em 1956 ele se opôs a uma lei federal que acabava com a segregação nas escolas, por medo de perder recursos federais. Em 1960 ele aconselhou a campanha de Kennedy: "Vamos evitar expressões ofensivas aos nossos bons amigos sulistas, como 'direitos civis'".[29]

Dawson acreditava agir conforme a tradição de Booker T. Washington, travando batalhas possíveis e deixando o resto para o dia seguinte. O conselho dado a Kennedy era, em sua visão política realista, um meio de garantir o voto dos congressistas sulistas para ações concretas de ajuda aos pobres. Mas a realidade social da Chicago negra do pós-guerra era extremamente complexa, e estava acima da capacidade da atitude antiquada de Dawson de lidar com o poder. A conciliação estava ganhando pouquíssimas batalhas.

Mesmo assim, a zona sul era uma das comunidades negras mais vibrantes do país em termos culturais. Com o fermento da Renascença do Harlem na memória, a zona sul poderia ser chamada de capital negra dos Estados Unidos. Joe Louis morava lá. O *Defender* local passou a ser diário em 1956. Joseph H. Jackson, pastor da Igreja Batista Olivet e líder da conservadora Convenção Nacional Batista, vivia lá. Muitos dos melhores artistas de blues, cantoras gospel, músicos de jazz e atores frequentavam o Savoy Ballroom e o Regal Theater. Chicago abrigava figurões do sistema como Dawson e Jackson, além de uma gama de radicais políticos, líderes religiosos e de seitas, inclusive Elijah Poole, que adotou o nome de Elijah Muhammad e transferiu a sede dos Muçulmanos Negros de Detroit para a zona sul. Richard Wright, que partiu do Mississippi para o norte e chegou a Chicago ainda jovem, insistia em que a vida era tão dura na zonal sul que ninguém deveria se surpreender com a cultura política que surgisse lá algum dia. "Chicago é a cidade onde surgiu o pensamento negro mais incisivo e radical", escreveu na introdução a *Black Metropolis*, clássico estudo de 1945 de St. Clair Drake e Horace Clayton sobre a zona sul. "Existe na cidade uma beleza crua e aberta que parece matar ou brindar a pessoa com o espírito da vida. Senti esses extremos de possibilidades, morte e esperança enquanto vivia lá, meio faminto e temeroso de uma cidade para a qual havia fugido com a ideia maluca de escrever e contar a minha história. Mas eu não sabia qual era a minha história."[30]

Nos anos 1940 o crescimento de uma população negra diferente e heterodoxa na zona sul inspirou a imprensa branca a publicar incontáveis manchetes apavorantes. Os bairros brancos da zona sul formaram "associações de melhoramentos" destinadas a impedir a presença de negros. Bares locais instalaram campainhas e trancas para barrar negros. Um negro de Chicago precisava se cuidar para não entrar no bairro errado, pois arriscava-se a iniciar uma confusão como a ocorrida perto do lago em 1919.

Mesmo depois de a Suprema Corte, no caso Shelley vs. Kraemer, ter proibido em 1948 o apoio estadual a restrições contratuais e prometido acabar com a segregação habitacional, Chicago continuava sendo uma das cidades mais segmentadas do país em termos raciais. (Continua assim até hoje.) Quando uma família negra se mudou em 1951 para um apartamento na cidade operária branca de Cicero, milhares de pessoas atacaram o prédio durante várias noites seguidas, até que a Guarda Nacional foi enviada para pôr um fim à violência.[31] O prefeito Martin Kennelly, nativo de Bridgeport e cria da máquina, mandou a polícia à zona sul para fechar as loterias clandestinas, e Bill Dawson resolveu fazer valer sua vontade. O Comitê Central Democrata do condado de Cook deveria decidir se apresentava Kennelly novamente como candidato a prefeito na eleição de 1951. Furioso com o ataque da prefeitura contra os pontos de apuração da loteria ilegal, Dawson mandou uma mensagem de Washington dizendo que se opunha à indicação de Kennelly. Dawson disse a Kennelly: "Quem você pensa que é? Eu tenho os votos. Eu elegi você. Você não faz falta, mas os votos fazem".[32] O Comitê Central resolveu conciliar: daria mais um mandato a Kennelly e, em 1955, escolheria outro candidato de Bridgeport, Richard J. Daley.

De início o prefeito Daley se apoiou no princípio de Cermak para as máquinas políticas: uma organização eficiente não poderia contar apenas com a base irlandesa, precisava formar uma coalizão com todos os grupos étnicos e usar com eficácia os mecanismos de apadrinhamento. Para Daley, os negros constituíam um grupo de apoio confiável. Seriam cruciais para sua primeira eleição. Mas Daley não podia tolerar uma submáquina independente. Logo depois de tomar posse passou a sabotar Dawson, tirando-lhe o direito de nomear os membros dos comitês em seus distritos.

A eficiência brutal de Daley era indubitável. Graças à articulação com vereadores, membros de comitês e funcionalismo municipal, ele distribuía milhares de empregos — 45 mil, no auge da máquina. Estava tão intimamente envolvido com os nomeados que seria capaz, diziam, de chamar pelo menos a metade dos 40 mil funcionários pelo nome. Graças a sua sagacidade, Daley conseguiu abrigar uma cultura política que ia dos histriônicos populistas distritais aos liberais independentes como o governador Adlai Stevenson e o senador Paul Douglas. Enquanto um bom número de membros da máquina aceitou propinas ou cometeu outros crimes com o passar dos anos, Daley vivia modestamente, ia a missa todos os dias e mostrava um carrancudo respeito por alguns de seus adversários políticos. Mesmo assim, o apresentador de rádio e historiador oral Studs Terkel disse certa vez a seu respeito: "Ele é maravilhoso quando se trata de construir coisas como vias expressas, estacionamentos e complexos industriais. Mas, quando se trata de curar as dores e males dos seres humanos, deixa muito a desejar".[33] Isso valia especialmente para a questão racial.

Daley herdara sentimentos racistas horrorosos a respeito dos negros, homens e mulheres. Quando prefeito, sua antipatia pelos negros revelou-se aos poucos, mas acabou eclipsando suas qualidades. Por mais iludido que fosse, ele se considerava justo, acreditando que os negros seriam assimilados e progrediriam da mesma forma que outros grupos étnicos. Uma condescendência das mais equivocadas. Quando um rapaz da Carolina do Sul chamado Jesse Jackson mudou-se para Chicago depois de ganhar fama nas campanhas pelos direitos civis no Sul, Daley ofereceu-lhe um emprego — como cobrador de pedágio na via expressa.[34]

Daley aplicou políticas de segregação de fato, não tanto por defender teorias sobre a inferioridade da raça como por sua visão do poder político e da forma como conservá-lo. No final dos anos 1950 e início dos 1960 ele ergueu uma série de conjuntos habitacionais imensos — Henry Horner Holmes, perto da zona oeste; Stateway Gardens, na zona sul; Cabrini-Green, na zona norte próxima; e as 28 torres de dezesseis andares do Robert Taylor Homes. Para isolar Robert Taylor e Stateway dos bairros brancos, ele criou a via expressa Dan Ryan, para consolidar a separação das raças.

A partir de 1959, quando a Liga dos Eleitores Negros apresentou candidato independente a secretário municipal, surgiram sinais de resistência a Daley na comunidade negra. Na convenção nacional do NAACP de 1963, em Chicago, Daley foi expulso do palco sob vaias por se opor à integração no sistema público escolar. Os seis negros que se elegeram vereadores nos anos 1960, porém, eram tão submissos que receberam o apelido de "os seis silenciosos". O vereador mais ativo nas questões raciais era Leon Despres, um branco; Despres era um exemplo típico dos democratas liberais do pós-guerra, que se mantinham distantes da máquina política e se consideravam independentes. Alguns negros que o admiravam chamavam Despres de "o único negro da Câmara Municipal".

"Quando eu levantava uma questão sobre discriminação, segregação, opressão, direitos civis ou propunha uma lei para tratar desses problemas, o que vinha fazendo cada vez mais, Daley sempre mandava um dos 'Seis Silenciosos' responder", declarou Despres.[35] Um desses seis, Claude W. B. Holman, do quarto distrito, praticava uma forma de lealdade e devoção a Daley que parecia norte-coreana em sua paixão cega. Despres se recorda de que Holman disse certa vez a Daley, na frente das câmeras: "Você é o maior prefeito da história — o maior prefeito do mundo e do espaço sideral também".[36]

Mesmo quando o movimento dos direitos civis ganhou destaque na vida política americana, lutando e celebrando conquistas no Sul, ativistas negros de Chicago como Willoughby Abner, Timuel Black, Albert Raby e Dick Gregory pouco puderam fazer para enfrentar a implacável máquina de Daley. "Um negro decente que queira entrar na política de Chicago", declarou Gregory em meados dos anos 1960, "não precisa enfrentar apenas um negro submisso, mas também uma máquina alimentada pela droga e pela prostituição [...] A gente tem de respeitar Daley. Ele se mata para ser prefeito, governador, promotor e presidente da seção local do NAACP".[37]

O desafio mais dramático à hegemonia de Daley ocorreu em meados dos anos 1960, com Martin Luther King Jr. Depois das vitórias obtidas nas ruas de Selma, Montgomery e Birmingham, e de pressionar Lyndon Johnson com sucesso no caso do direito ao voto, King e sua equipe passaram a debater onde e como fazer a campanha no Norte. Adam Clayton Powell, entre outros, não se entusiasmou com a ideia de levar o movimento a Nova York, por isso King começou a pensar que Chicago, com 800 mil negros, poderia ser a escolha adequada. Num comício no centro da cidade, em 1965, King disse:

> Chicago é a cidade mais segregada do Norte. Os negros continuam fugindo da cortina de algodão apenas para descobrir que, depois de muitos anos de indiferença e exploração, Chicago não é uma nova Jerusalém. Hoje estamos protestando contra os entraves educacionais e culturais que nos tolhem tanto quanto as correntes na Geórgia.[38]

Apesar dos alertas e da oposição de alguns membros de seu círculo íntimo, King se instalou em Chicago e lançou um plano ousado, embora vago, contra a miséria e a discriminação. Alugou um apartamento num prédio desolador em Lawndale, na zona oeste. "King decidiu vir a Chicago porque Chicago era única no sentido de ter um dono, uma única fonte de poder", disse Arthur Brazier, o ministro pentecostal que trabalhava com Saul Alinsky em Woodlawn, e na época estava com King. "Não era o caso de Nova York ou de qualquer outra cidade. Ele achou que coisas poderiam ser realizadas se Daley fosse convencido da atitude correta de apoiar a abertura dos bairros e das escolas integradas."

Daley se revelou um oponente ardiloso e turrão. No Sul, King fora ajudado pela magnitude grotesca e pela brutalidade inevitável de seus adversários. Bull Connor, Jim Clark e George Wallace eram inimigos ideais para um movimento baseado na linguagem dos Evangelhos e nas táticas de Mahatma Gandhi. O contraste moral se tornava cada vez mais evidente para milhões de americanos. No caso de Daley, King se deparou com um oponente mais esquivo, mestre na arte da manipulação política e de compromissos públicos seguidos de traições privadas. Ademais, ele estava em casa.

No início, um assessor de King, Andrew Young, afirmou: "Não vemos o prefeito Daley como inimigo. Em 1963, ele promoveu um dos maiores e mais bem-sucedidos espetáculos beneficentes que a SCLC já viu na época de Birmingham. O prefeito Daley e Mahalia Jackson foram os responsáveis pelo sucesso".[39] Contudo, o medo de Daley agora era básico: se conseguisse registrar mais eleitores, o movimento pelos direitos civis ameaçaria a coalizão e a própria existência da máquina. "A máquina atendia bem à comunidade negra, mas seus dias chegavam ao final e estávamos ali para anunciar isso", disse Andrew Young. "Mas Daley não se mostrou disposto a largar o osso."

Daley não contava apenas com a obediência dos quadros políticos negros. Muitos clérigos negros, por exemplo, perceberam que poderiam perder o patrocínio da prefeitura se apoiassem King abertamente. Quem daria emprego aos seus paroquianos? Quem recolheria o lixo, taparia os buracos nas ruas, cuidaria da rede elétrica ou do esgoto e combateria o crime no bairro? King não podia oferecer essas coisas, mas Daley podia tirá-las. Tinha condições de dificultar a vida. Dorothy Tillman, que chegou à cidade com King e a SCLC e mais tarde se elegeria vereadora, disse: "Chicago foi a primeira cidade à qual chegamos como membros da diretoria da SCLC e os ministros e políticos negros nos mandaram voltar para o lugar de onde viemos".[40]

A Nação do Islã, liderada por Elijah Muhammad, ampliava sua presença na zona sul, atraindo principalmente jovens descontentes e mulheres cansadas dos obedientes ministros cristãos. Mas King não podia esperar nenhuma ajuda da Nação do Islã, que recusava a integração. "No mínimo, eram mais ardentes na defesa da segregação do que o prefeito Daley, uma vez que este pregava a tolerância racial da boca para fora, enquanto os muçulmanos defendiam a supremacia negra", escreveu Ralph Abernathy, o conselheiro mais próximo de King. "Eles provavelmente se uniriam a nós se propuséssemos matar todos os brancos, mas sem dúvida não queriam saber de alguém que pregava o evangelho do amor fraterno."[41]

As perspectivas de sucesso em Chicago eram tão desanimadoras que ocorreram divisões dentro das próprias fileiras de King. "Nunca vi tanta falta de esperança", disse Hosea Williams, conselheira de King. "Os negros de Chicago têm a sensação de impotência mais forte que já vi. Eles não participam do processo de governo por terem sido abatidos psicologicamente. Estamos acostumados a trabalhar com pessoas que querem ser livres."[42]

Mesmo assim King organizou uma manifestação enorme para 10 de julho de 1966, no principal estádio de futebol americano da cidade, o Soldier Field. Num dia em que a temperatura chegou a 37 graus centígrados, com 38 mil pessoas no recinto, King foi conduzido a um tablado no banco traseiro de um Cadillac conversível branco. Membros da gangue Blackstone Rangers ergueram uma bandeira do Poder Negro. Mahalia Jackson, Stevie Wonder e Peter Yarrow cantaram. E King, apresentado por uma liderança da arquidiocese de Chicago, proferiu um discurso que anunciava o descontentamento do movimento com a situação em Chicago e em outras cidades do Norte:

> Sim, estamos cansados de ser fisicamente linchados no Mississippi, e cansados de sermos espiritual e economicamente linchados no Norte. Viemos aqui hoje também para lembrar Chicago da terrível urgência do agora. Não é hora de se dar ao luxo de relaxar ou ingerir a pílula tranquilizante do gradualismo. Viemos aqui hoje também para afirmar que não vamos mais permanecer imóveis, agoniados pela privação, esperando que outros providenciem nossa liberdade [...] A liberdade nunca é concedida de forma voluntária pelo opressor. Precisa ser exigida pelo oprimido [...]
>
> Neste dia, daqui para a frente e cada vez mais, devemos deixar claro que livraremos Chicago de todos os políticos, sejam negros ou brancos, que acreditam em controlar o voto dos negros em vez de conquistar o voto dos negros.[43]

King não somente empregou uma de suas frases preferidas — "terrível urgência do agora", usada na marcha de Washington três anos antes para mostrar sua recusa a protelar mudanças — como também reconheceu o apelo cada vez mais forte de um movimento radical pelo poder negro e tentou sugerir uma interdependência moral das raças: "O negro precisa que o homem branco o liberte de seus medos. O branco necessita que o negro o livre da culpa. Qualquer abordagem que negligencie a necessidade de uma coalizão pela consciência é equivocada e irrefletida. A doutrina da supremacia negra é tão ruim quanto a doutrina da supremacia branca".

Depois de liderar os manifestantes numa longa marcha até a prefeitura, King, reproduzindo o ato de Martinho Lutero ao pregar as 95 teses na porta da igreja do Castelo de Wittenberg, pregou uma lista de exigências em termos de moradia, emprego e educação na porta do prefeito.

Daley não negou uma audiência a King. Na verdade, convidou-o a ir a seu gabinete e, numa combinação de cortesia e estratagema teimoso, declarou que defenderia mais igualdade se King, por sua vez, encerrasse as manifestações e saísse da cidade. De vez em quando, como recordou Arthur Brazier, Daley provocava King ao lembrá-lo de que ele era o líder da SCLC, dizendo: "Por que você está aqui em Chicago? Por que não volta para o Sul?".

King manteve a pressão, convocando passeatas na zona oeste, em bairros negros onde foi recebido com carinho e em áreas brancas como Marquette Park, onde o receberam com gritos de "Volte para a África!" e atiraram uma pedra que acertou sua cabeça. "Nunca vi nada assim na minha vida", disse King. "Creio que as pessoas do Mississippi deveriam vir a Chicago para aprender a odiar."[44]

"Eu nunca tinha visto brancos assim no Sul", disse Dorothy Tillman. "Aqueles brancos, pendurados nas árvores feito macacos, atiravam tijolos, garrafas e outras coisas. Sabe, era um racismo de cortar com faca, um novo patamar do racismo, atiçado pelo ódio. O mais triste era que os bairros onde entramos eram em sua maioria habitados por filhos e netos de imigrantes [...] A maioria veio para cá fugindo da opressão."[45]

Roger Wilkins, jovem advogado afro-americano que trabalhava no Departamento de Justiça do governo Johnson, foi mandado a Chicago para dialogar com os dois lados e preparar um relatório para Washington. Wilkins descobriu que as táticas da SCLC, bem-sucedidas no Sul, pareciam inofensivas em Chicago. Visitou o apartamento de King em Lawndale — "Era feio e as escadas cheiravam a urina" — e o encontrou negociando com os líderes de duas gangues, os Blackstone Rangers e os Devil's Disciples, para organizarem uma passeata não violenta contra Daley e montarem programas comunitários diversos. "A Guarda Nacional de Illinois estava lá, com carros blindados, os rapazes queriam atirar coquetéis molotov e Martin salvou a vida deles", recordou Wilkins. "Ele não os deixava partir. Estava conduzindo um seminário sobre a não violência." Depois que os chefes das gangues partiram, King explicou a Wilkins que estava aprendendo em Chicago, nas palavras de Wilkins, que "você pode ter todos os direitos do mundo, mas se for pobre esses direitos não significam nada; e, se for a uma escola péssima, não foi a lugar nenhum. Martin entendia agora que o sistema inteiro estava desequilibrado, e que esse desequilíbrio excluía os negros pobres.

O que ele queria fazer não tinha a ver só com raça. Era algo mais profundo, relativo à pobreza". Wilkins estava entre os que acreditavam que se King não tivesse sido assassinado, menos de dois anos depois, teria iniciado um movimento contra a pobreza tão profundo quanto a luta pelos direitos civis que liderou no Sul.

Daley fez promessas que não cumpriu e ofereceu acordos que não tinha a menor intenção de honrar. Cansado e temporariamente derrotado, King foi embora de Chicago. "Como Herodes, Richard Daley era uma raposa, esperto demais para nós, esperto demais para a imprensa [...] esperto demais para seu próprio bem e para o bem de Chicago", escreveu Ralph Abernathy.[46]

No entanto, os apuros de King em Chicago, assim como a Guerra do Vietnã, ajudaram a radicalizá-lo. Ele começou a se dar conta de que o problema do racismo tinha raízes mais profundas do que imaginava. Segundo o perfil de King feito por David Halberstam na *Harper's*, Chicago "o aproximou de Malcolm mais do que qualquer um poderia ter previsto cinco anos antes — e o afastou ainda mais de aliados tradicionais como Whitney Young e Roy Wilkins".[47] Essa derrota o levou a propor, em 1967, uma campanha pelos pobres e um plano estilo Marshall de bilhões de dólares para recuperar as áreas centrais das cidades.

Quando King foi assassinado em Memphis, no dia 4 de abril de 1968, ocorriam confrontos em Chicago. Quarteirões inteiros na zona oeste, o mais recente enclave negro da cidade, foram destruídos. Numa entrevista coletiva, Daley revelou até onde ia sua antipatia pelos negros da cidade. Alegou que a polícia havia agido com excessiva prudência. Os policiais deveriam ser instruídos, declarou, "a atirar para incapacitar ou mutilar qualquer incendiário ou saqueador — matando os incendiários e ferindo ou detendo os saqueadores".[48]

Dava a impressão de que Daley, usando trapaças políticas e pura brutalidade, havia conseguido esmagar as forças reformistas que tinham "invadido" a sua cidade: a Woodlawn Organization, a SCLC, os hippies, os yuppies e o SDS. As vitórias de Daley, porém, estavam longe de serem permanentes. Aos poucos, até alguns políticos negros obedientes, veteranos da sua submáquina, mudaram de ideia.

Ralph Metcalfe, medalha de prata nos cem metros rasos nas Olimpíadas de 1936 em Berlim e líder do terceiro distrito, foi um bom exemplo. Metcalfe foi protegido de Dawson e seu sucessor no Congresso — um leal membro da máquina. Quando King foi a Chicago, Metcalfe estava entre os líderes negros que deixaram claro que ele não era bem-vindo: "Nós temos lideranças adequadas aqui".[49] Em 1972, a polícia parou um dentista negro, amigo de Metcalfe, e o algemou e o maltratou sem razão. Pouco tempo depois, outro dentista negro sofreu um derrame dirigindo um automóvel e bateu num carro estacionado; a polícia o prendeu numa cela por cinco horas e ele entrou em coma. Metcalfe pediu a Daley que fosse a seu escritório, mas Daley se recusou. Depois desse pouco caso, Metcalfe rompeu com Daley e com a máquina, dizendo: "O prefeito não entende o que acontece aos negros nas ruas de Chicago, e provavelmente nunca entenderá".[50]

Richard J. Daley faleceu em 1976, depois de 21 anos no cargo. Nem seus aliados mais leais puderam dizer que ele foi bem-sucedido na tentativa de impedir as mudanças raciais em Chicago. "O que Daley fez foi sufocar King", declarou seu assessor de imprensa, Earl Bush, ao *Chicago Sun-Times* em 1986. "Mas Daley não podia sufocar o movimento pelos direitos civis."[51]

Michael Bilandic, sucessor de Daley e também político da máquina eleitoral de Bridgeport, governou de modo inepto até 1979, dando lugar a Jane Byrne, que se apresentou como reformista na primeira eleição pós-Daley, mas que depois de eleita ignorou seus aliados minoritários da campanha e governou com lideranças da máquina. Quando chegou a hora de sua campanha pela reeleição, em 1983, ela enfrentou dois oponentes: Richard M. Daley, o herdeiro do pai, e Harold Washington, congressista da zona sul.

Harold Washington começou como uma das peças na engrenagem da máquina — teve Ralph Metcalfe como mentor e seu pai fora capitão distrital em Bronzeville. Mas tanto como senador por Springfield quanto como membro do Congresso, ele se tornou um dos favoritos dos brancos liberais, bem como dos negros de Lakefront e da zona sul que buscavam uma nova geração de líderes eficientes. Apesar da sombra lançada por Daley e sua máquina, a tradição progressista na política de Chicago prosseguia: Ida Wells, Jane Addams, Saul Alinsky, Adlai Stevenson, Paul Douglas, Eleitores Independentes de Illinois, diversas correntes negras partidárias da integração e ativistas mais radicais da zona sul. Muito mais intelectualizado do que costumava deixar transparecer, Washington foi um estudioso dos progressistas da cidade, e se dedicou a conquistar a prefeitura reivindicando essas tradições e sua profunda experiência no turbilhão da política de Chicago.

Nas primárias do Partido Democrata, os apoiadores de Washington esperavam que Byrne e Daley dividissem o voto branco étnico e que Washington conseguisse vencer graças a uma união dos negros com uma parcela dos brancos liberais. Em cidades majoritariamente negras como Gary, Cleveland e Detroit, uma nova geração de prefeitos negros chegava ao poder. Em Chicago, onde os afro-americanos constituíam apenas 40% da população, a demografia não decidia. Usando uma retórica que lembrava (embora com menos vigor) a de Barack Obama na geração posterior, Washington recusou-se a assumir o papel de candidato racial.

"Estou revoltado e cansado de me chamarem de 'candidato negro'", disse na abertura de um comitê eleitoral. "Eles não falam em Jane Byrne como candidata branca. Não quero nem mesmo ser chamado de 'inteligente'. Isso é humilhação. Está na cara que sou inteligente. Tampouco é necessário me classificarem como 'articulado'. Por que não chegam e dizem simplesmente que eu sei do que estou falando? Richard M. Daley acredita que deve ser prefeito só porque o pai dele era prefeito. Não temos o direito divino dos reis neste país, pelo que me consta."[52]

Washington não se lançou com um apoio nacional maciço. O ex-vice-presidente Walter Mondale, que desejava concorrer com o presidente Reagan no ano seguinte, apoiou Daley; Edward Kennedy, figura importante entre os democratas de Illinois, apoiou Byrne. O único jornal ao lado de Washington era o *Defender*. Os fundos para a campanha eram limitados, e grande parte das bases pertencia às igrejas locais.

Entre os ministros que batalharam firme por Washington estava o carismático líder da Igreja Unida de Cristo da 97th Street, o reverendo Jeremiah Wright. Ele e alguns colegas coletaram assinaturas para um anúncio de adesão a Washington que saiu no *Defender*. O manifesto dizia que a igreja negra "que segue com firmeza a tradição do dr. Martin Luther King Jr." e "se ergue sobre os ombros dos escravos africanos que cantavam 'a ser escravo, prefiro ser enterrado em minha cova'" só poderia apoiar Harold Washington.[53] Para descrever seu ponto de vista, os autores do anúncio se classificavam como "cristãos negros sem desonra nem arrependimento" — uma frase que Wright acabou adotando como lema para sua igreja.

Washington esmagou Daley e Byrne nos debates e sua estratégia se mostrou eficiente, resultando em uma vitória apertada nas primárias. "Ninguém precisa ter o dom da imaginação fértil para ver os paralelos entre Harold Washington em

1983 e Barack Obama em 2008", disse Clarence Page, colunista do *Chicago Tribune* e ganhador do prêmio Pulitzer que cobriu as duas eleições. "Em 1983 nós tínhamos uma candidata forte, Byrne; o populista do cinturão dos bangalôs, Richie Daley; e o estraga-prazer negro. A qualidade decisiva de Harold Washington era a oratória. Na manhã seguinte ao primeiro debate, depois que Harold venceu sem sombra de dúvida, víamos broches de Washington pela cidade inteira. E, claro, no momento em que ele ganhou as primárias democratas ocorreu um milagre: metade de Chicago passou a ser republicana de um dia para o outro. E então a base negra se perguntava se Harold era 'negro o bastante', enquanto os brancos pensavam que ele era 'negro demais'. Soa familiar, não acham?"[54]

Chicago era um baluarte do Partido Democrata de longa data, mas de repente brancos da cidade inteira se tornaram republicanos, pouco se importando com quem seria o candidato do partido. A animosidade racial se intensificara tanto que praticamente qualquer republicano branco teria alguma chance de derrotar um afro-americano democrata. Ademais, os republicanos atacavam um ponto fraco: podiam trazer à baila, sempre que podiam, o fato de Washington ter deixado de apresentar sua declaração de renda por vários anos (embora pagasse os impostos); em 1972 um juiz federal o condenou a dois anos de prisão, com suspensão da pena depois de cinco semanas.

O oponente republicano de Washington, Bernard Epton, era de Hyde Park e tinha uma reputação de homem de princípios. Opositor do macarthismo desde o começo, participou da passeata com os funcionários do saneamento em Memphis depois da passagem de Martin Luther King por lá. Como representante do estado, lutou contra o racismo das imobiliárias. Epton concorreu na convenção republicana com a expectativa de (a) disputar com Daley ou Byrne e (b) provavelmente perder.

Quando Washington conquistou a indicação, Epton disse a coisa certa: "Não quero ser eleito só por ser branco". Mas logo depois se traiu. Conforme sua ambição crescia, passou a aceitar as instruções de consultores republicanos de Washington, que lançaram um slogan de campanha que apelava aos instintos racistas: "Epton para prefeito. Antes que seja tarde demais". Alguns cabos eleitorais de Epton distribuíram panfletos dizendo que se recusavam a votar num "babuíno"; outros usavam broches inteiramente brancos. Nas ruas dos bairros brancos circulavam panfletos descrevendo as "promessas de campanha" de Washington: "Aumentar os impostos dos branquelos!". Ou: "Trocar os ônibus da CTA (Chicago

Transit Authority) por Cadillacs Eldorado!".⁵⁵ Os folhetos acusavam Washington de querer transferir a prefeitura para a Martin Luther King Drive e a administração municipal para o restaurante Leon's Rib Basket. Outro folheto insinuava que Washington era um molestador de crianças.

Leanita McClain, negra e membro do conselho editorial do *Tribune*, descreveu em sua coluna a atmosfera racista raivosa predominante na campanha:

> O *Chicago Tribune* apoiou Harold Washington em longo e eloquente editorial de domingo. A intenção era persuadir os intolerantes. Deveria levar qualquer pessoa sensível ao menos a pensar no assunto. Fracassou. Choveram cartas e telefonemas na redação. As cartas mais camaradas traziam as palavras "MENTIRAS" e "AMIGOS DA NEGRADA" sobre o texto do editorial.
>
> Para envergonhar essas pessoas, para fazer que olhassem para si mesmas, o jornal publicou uma página inteira com essas ofensas. Mas, quando o espelho foi apresentado a eles, os preconceituosos se alegraram. A página só serviu para reconfortá-los e mostrar que existiam em grande número. É isso que está errado nesta cidade: ser racista tornou-se tão respeitável e esperado quanto frequentar a igreja.
>
> A panfletagem racista sujou as ruas da cidade como as blitze aéreas da Segunda Guerra Mundial. Alegavam que o metrô seria rebatizado de "Soul Train" [...] Nas delegacias de polícia corriam rumores sobre confrontos entre parceiros de viatura negros e brancos de longa data. Panfletos que proclamavam a nova cidade de "Chicongo", com baquetas de bateria no brasão municipal, surgiram nos quadros de avisos das delegacias. As escolas chegaram a formular planos para lidar com a violência racial, por via das dúvidas.⁵⁶

Haskel Levy, assessor de Bernard Epton, disse que ele se tornara instrumento involuntário de uma campanha racista. Mas, em vez de repudiar o racismo, Epton repudiou Haskel Levy. Atirou o paletó de Levy no corredor e disse: "Fora daqui, porra!".⁵⁷

O suposto homem de princípios os abandonou ao pressentir a vitória. "Não me envergonho de ser branco!", Epton passou a dizer.⁵⁸ Discursou a um grupo de republicanos no distrito 47: "Alguns de meus grandes amigos liberais acham que precisam provar que são liberais votando num negro sentenciado à prisão para governar uma cidade cujo orçamento supera 2 bilhões de dólares. Chamam isso de liberalismo. Eu chamo de pura idiotice". Epton agora usava sua habilidade para açular as massas brancas e seus ressentimentos. Um jovem repórter do *Tribune*, David Axelrod, descreveu Epton como "volátil e caprichoso, dado a ataques e repentes inexplicáveis".[59]

Naturalmente, Harold Washington ficou furioso. Acusou Epton, que já fora um colega cordial em Springfield, de soltar "os cães do racismo".

Não havia dúvida de que Epton os soltara, mas Washington usou a sagacidade em vez da raiva para reagir aos piores aspectos do preconceito. Quando lhe perguntaram num programa de rádio se ele, quando prefeito, pretendia substituir todos os elevadores da cidade por cipós, Washington riu: "Duvido que tenhamos 3 milhões de Tarzans na cidade".[60]

A fúria racista se revelou com toda força em 27 de março de 1983, domingo de Ramos. Acompanhado pelo vice-presidente Mondale, Washington foi até São Pascoal, igreja católica no noroeste da cidade. Uma multidão racista o recebeu aos gritos de "Morte aos Negros", "Oportunista" e "Epton". Alguém pichou a frase "Morte aos Negros!" na parede da igreja. Durante a cerimônia, os manifestantes fizeram tanta algazarra na porta que Mondale e Washington precisaram ir embora. Pouco depois a campanha chamou a atenção do país inteiro, pois a *Newsweek* publicou reportagem de capa sobre a "Medonha eleição em Chicago". David Axelrod cobriu o evento para o *Tribune*. "Foi uma das piores coisas que já vi", recordou. "Racismo descarado, vociferado. Pensei que as pessoas iam acabar se machucando, ou algo pior."

Em Chicago os democratas costumavam derrotar de lavada os republicanos nas eleições para prefeito, e para quase todos os outros cargos eletivos. Mas, apesar da tradição e da enorme diferença em quantidade de eleitores registrados, Washington venceu Epton por uma vantagem de pouco mais de 3% dos votos. A campanha de Washington uniu integracionistas, nacionalistas negros, liberais de Lakefront, empresários, ativistas comunitários, membros das igrejas, estudantes universitários e esquerdistas dos anos 1960. Quase não foi suficiente. Um número assustador de brancos, democratas tradicionais, leais à antiga e claudicante máquina política, mudou de lado e votou em Epton — ou melhor, votou contra Washington. No final, a vitória de Washington se deveu em larga medida ao recorde de comparecimento dos afro-americanos.

Quando a equipe de Washington organizou um "café da manhã da unidade" depois da eleição e convidou Epton a participar, ele se recusou, preferindo viajar para a Flórida. Mas nada poderia reduzir o entusiasmo dos vencedores. "Para os negros, a vitória de Washington foi como a vinda do messias", disse Don Rose, um dos assessores da campanha. "A sensação era de que um de nós tinha removido o véu da opressão, nós havíamos conseguido. Foi o 'Sim, nós podemos' original."

Como jovem organizador, Obama absorveu esses eventos significativos. Leu e pesquisou a respeito, procurou conversar com pessoas que se lembravam tanto de Daley e King quanto de Dawson e DePriest. Em *A origem dos meus sonhos* ele registra a adulação de Harold Washington em sua barbearia de Hyde Park, descreve a sensação de esperança que o novo governo municipal levou aos cortiços da zona oeste e aos conjuntos habitacionais da zona sul. Obama, como jovem organizador comunitário, ouvia todos os dias algo a respeito.

Na prefeitura, Washington dedicou-se a ser o prefeito da cidade inteira, de todos os bairros e de todas as pessoas. Formou um governo de coalizão capaz de resistir à ideologia contrária ao New Deal, à indiferença ao racismo e aos cortes draconianos de Ronald Reagan, que assumira o poder dois anos antes.

Na adolescência, Harold Washington trabalhou para o Civilian Conservation Corps — CCC (Corpo Civil de Conservação) e serviu num batalhão de engenharia no teatro de operações do Pacífico, na Segunda Guerra Mundial. Fez sua carreira política no terceiro distrito de Chicago. Apoiava os milhares de operários das usinas siderúrgicas que foram demitidos sem indenização quando elas fecharam. Aos olhos de Washington sua vitória não fora apenas uma conquista dos afro-americanos, mas uma vitória — apesar do que o resultado indicava — de uma "cidade multiétnica, multirracial e multilinguística", como declarou em seu discurso de posse. Na comemoração do pleito o conjunto tocou "Take the 'A' Train", mas também "Hava naguila", "Besame mucho", "When Irish eyes are smiling", "Auf wiedersen", "O sole mio" e "Fanfarre for the common man".[61] O desejo de Washington de estender a mão aos inimigos, em vez de concentrar esforços nas pessoas que o elegeram, afastou muitos militantes nacionalistas de sua coalizão eleitoral — vozes importantes como a do jornalista Lutrelle Palmer: "Ele nunca foi o que eu chamaria de prefeito negro", declarou Palmer. "Os negros desejavam algo muito simples: justiça. [...] Mas Washington se mostrou justo *demais*."[62]

Obama era muito jovem para se lembrar dos Kennedy e de King. Harold Washington foi o primeiro político eleito que o inspirou na vida. Para Obama, a carreira de Washington revelava o valor de uma vida no interior da política eleitoral. Mike Kruglik acredita que desde o início Obama considerava a possibilidade de se candidatar um dia — a prefeito, quem sabe. "Barack admirava Harold Washington, inspirou-se nele", disse Kruglik, "e quando analisou o caminho para o poder, no seu caso, pensou em ser advogado, depois legislador estadual, depois congressista, depois prefeito — como Harold. Mesmo antes da Faculdade de Direito de Harvard ele pensava nisso. Costumava dizer: 'Se você realmente quer que algo seja feito, ser prefeito ajuda'. Era uma questão de poder integrada aos seus objetivos."

A admiração de Obama não era absoluta. Washington realizou um governo desorganizado e sofreu constante oposição dos vereadores ligados à antiga máquina municipal. "Tratávamos Harold com cinismo, embora fosse impossível não gostar dele", declarou Jerry Kellman. "Harold interessava-se por Harold. Às vezes Barack sentia-se frustrado pela falta de receptividade de Washington em relação aos problemas da comunidade e o via como um sujeito complicado e cheio de defeitos." O problema, segundo Kellman, "era que para chegar a uma posição de poder na política de Illinois Barack tinha como única opção seguir as pegadas de Washington — do Senado estadual ao Congresso, e depois à prefeitura. A política racial impedia outras opções. Era verdade, até onde qualquer um de nós conseguia enxergar na época. Mas Barack não se via como mais um Harold Washington. Acreditava ter habilidade e visão organizacional, algo que faltava a Harold, e Barack esperava encontrar uma maneira de colocá-las em prática".

No momento, porém, Obama não podia se dar ao luxo de perder tempo com ramificações das forças políticas que se encontravam fora de seu controle. O trabalho cotidiano ocorria nos porões das igrejas, nos ginásios colegiais, nas salas de espera da burocracia travada. Esse era o cenário de sua formação política. Ele entrevistava pessoas: padres, ministros religiosos, ativistas, funcionários locais, policiais, professores, diretores escolares, operários, malandros e lojistas. Um organizador entrevista pessoas sem parar, pergunta sobre suas vidas, tragédias e frustrações, seus desejos e aspirações. Obama e os colegas se consideravam fracassados quando eram tratados como visitas. Quanto mais se tornassem instrumentos comunitários, maiores as probabilidades de sucesso.

"A narrativa é o mecanismo mais poderoso que possuímos", declarou Kellman. "De um ponto de vista espiritual, grande parte do que é importante a respeito de nós não pode ser vista. Se não conhecemos a história das pessoas, não sabemos quem são elas. Se queremos compreendê-las ou tentar ajudá-las, precisamos conhecer sua história."

Embora Obama tivesse amigos em Hyde Park, a imensa zona sul era sua comunidade, o foco do seu trabalho e da sua vida. Quanto mais se aproximava da população da zona sul, mais conseguia fazer com que acreditassem na possibilidade de mudança. "Barack gosta das pessoas e cria fortes laços com elas", disse Kellman. "Ele teve a oportunidade de fazer isso aqui, ao contrário do que ocorreu em Nova York. Havia a possibilidade de criar intimidade. Ele queria conhecer a comunidade negra, e se sentiu em casa. Queria ser eficiente. E as pessoas perguntavam: 'Qual igreja você frequenta?', 'Veio aqui só para passar uns meses ou pretende morar mesmo em Chicago?', 'Quem são seus pais?'. Essas perguntas, que parecem bem inocentes para a maioria, eram muito delicadas para Barack. Aos poucos, porém, ele se apaixonou pela cidade e se tornou morador local. Estava em seu elemento na zona sul. Deparou-se com uma comunidade considerada homogênea, mas que na realidade é diversificada em termos de renda e em diversos outros aspectos. Quando encontra a diversidade, Barack reina no ambiente. A diversidade da comunidade negra o ajudou muito. Ele sabia circular pelos diversos mundos, mais do que em qualquer outro lugar. Havia muitas comunidades em Chicago. Al Sharpton jamais teria alcançado a proeminência que desfruta em Nova York na cidade de Chicago. Com o tempo, até Jesse Jackson passou a ser visto como alguém que não era sofisticado o bastante para a comunidade."

A organização comunitária apresenta uma taxa de sucesso baixíssima. Para cada triunfo como o de Alinsky em Woodlawn, alinhavam-se dezenas de fracassos, projetos iniciados com muita esperança que murcham por indiferença e frustração. Para os residentes locais, os jovens organizadores eram incômodos, meio cômicos, embora bem-intencionados. Mike Kruglik lembrou: "Sempre perguntávamos uns aos outros: 'Por que fazer um trabalho que só ferra a gente o tempo inteiro?'".

Certa manhã de inverno, pouco depois de ter começado a trabalhar como organizador, Obama esperava a hora da saída na porta de uma escola para distribuir panfletos. Um funcionário administrativo da escola que o conhecia o abordou, dizendo: "Sabe, Obama, você é um rapaz brilhante. Cursou até a faculdade, certo?".

Obama fez que sim.

"Mas eu não consigo entender como um rapaz brilhante como você, que fez faculdade e tirou diploma, vira organizador comunitário."

"Como assim?", perguntou Obama.

"O salário é baixo, a jornada de trabalho é longa, e ninguém valoriza o seu trabalho."[63]

Obama tentava fazer progressos em bairros da zona sul como Roseland, West Pullman e Altgeld Gardens, um conjunto habitacional desolador e isolado no extremo sul. Apoiando-se bastante nas dez paróquias católicas (e em seus padres brancos), Obama esperava organizar bairros negros cujos habitantes eram, em sua maioria, batistas ou pentecostais. Ia de igreja em igreja em busca de ministros favoráveis a sua causa. Certo dia, tocou a campainha da Primeira Igreja Batista de Lilydale, na 113th Street. Um jovem ministro chamado Alvin Love atendeu e pensou: *quem é esse garoto magricelo?*

"Eu não sabia o que era um organizador", disse Love. "Eu era jovem, tinha cerca de duzentos paroquianos. Começamos a conversar. Ele soltou o verbo sobre seu nome e sua origem. Disse que seu sotaque era do Kansas e explicou o motivo." Obama perguntou quais eram as questões que preocupavam Love, e Love falou sobre crime, pichações, arrombamentos, gangues e a explosão do consumo de crack. "Éramos ambos jovens, e eu tentava descobrir um jeito de integrar minha igreja à comunidade", explicou Love. "Vi nele uma dádiva dos céus." Obama explicou que, até então, os organizadores eram brancos católicos, mas que ele estava tentando ampliar a atuação para chegar a todos os "acionistas" da área.

"Por isso eu me envolvi com ele", recordou Love. Nos meses seguintes Obama seguiu tentando ampliar seu círculo de militantes na paróquia de Love e em outros locais, treinando ativistas em sessões semanais, nos salões das igrejas e em reuniões comunitárias.

A maioria dos dias de Obama era de pura frustração. Pela norma, trabalhava-se durante anos num projeto — a batalha contra a expansão dos perigosos depósitos de resíduos tóxicos, por exemplo — até uma aparente vitória, só para ver a ideia engavetada por um burocrata municipal. Mas Obama estava recebendo uma educação política, racial e sentimental. Conheceu gente de todos os tipos, que jamais encontraria no Havaí ou na faculdade: jovens nacionalistas negros cheios de orgulho e disposição para ouvir teorias conspiratórias sobre coreanos que financiavam o Klan e médicos judeus que injetavam o vírus da aids em bebês negros. Conheceu professores cheios de idealismo e compaixão, mas também exauridos pelo caos nas salas de aula. Teve encontros com funcionários do governo, pregadores, mães solteiras e seus filhos, diretores escolares, pequenos empreendedores, e todos revelavam a Obama seus medos e frustrações. Aprendera muita coisa nos livros, mas havia algo mais imediato, visceral e duradouro na sua formação atual. Fazia parte de seu trabalho perguntar e ouvir. Ele chamava as narrativas que colecionava de "histórias sagradas".

Obama leu Saul Alinsky, mas não adotou seu estilo hostil. Era metódico nas entrevistas e nos relatórios: gentil, até charmoso nos contatos, mas relutava em se envolver. A abordagem rígida de Kellman para a organização não combinava com Obama. Kellman considerava seu protegido analítico e moderado demais. Também se preocupava por exigir demais de Obama, temendo que ele se desencaminhasse na vastidão da zona sul. Os dois obtiveram algumas pequenas vitórias: criação de um programa de prevenção ao uso de drogas nas escolas, chamado Projeto Impacto; uma iniciativa de forçar a municipalidade a liberar os fundos prometidos a uma escola de maioria negra, o Chicago High School para Ciências Agrícolas, na 111th Street. Mas Kellman temia que uma onda de frustração levasse Obama embora. Convidou-o para trabalhar com ele em Gary, mas Obama se recusou. Já havia fincado raízes na zona sul.

"O que eu via em Obama era cautela, muita cautela", disse Kellman. "Tenho a tendência oposta, ou seja, impulsividade. Barack reflete. Sofre antes de correr riscos. Quando o sujeito é organizador, precisa tomar atitudes destinadas a provocar reações. Sempre que precisava reunir pessoas e levar um grupo até alguma repartição, ele se preocupava: será que estou provocando um confronto? Não queria trair um relacionamento. Por isso não seguia a cartilha de Alinsky. E havia o machismo, que impedia os organizadores de dizer que eram motivados por ideais, não por interesse próprio. Contudo, a maior parte das coisas que fazemos na vida é, claro, uma combinação dos dois elementos. Barack compreendia isso, assim como eu, e portanto os ensinamentos de Alinsky sobre interesses próprios recebiam a contrapartida dos apelos do dr. King para nosso senso comunitário. Obama concordava plenamente, porém, com a necessidade de alcançar o poder para realizar alguma coisa, e com a definição operacional de poder numa democracia como pessoas organizadas e fundos organizados. Acreditava em conseguir juntar organização com política, e se via como um organizador-político. Ainda se vê, pelo que vejo."

No primeiro ano em Chicago, Obama trabalhou parte do tempo em Altgeld Gardens, um imenso conjunto habitacional de baixa renda no extremo sul. Ao contrário de conjuntos de edifícios altos como o Robert Taylor Holmes (que já foi demolido), Altgeld Gardens — ou "the Gardens", como os residentes o chamavam — continha sobrados em estilo de bangalôs distribuídos em cerca de 1500 apartamentos. Inaugurado em 1945 para abrigar veteranos de guerra afro-americanos, Altgeld é o conjunto mais isolado da cidade, distante do comércio e dos serviços públicos, embora não seja o bairro mais pobre. Os apartamentos são modestos, mas no geral bem cuidados. Na época da chegada de Obama as mães solteiras predominavam, vivendo com dificuldade do auxílio governamental. As ameaças ao local partiam das gangues, que tornavam as saídas noturnas perigosas; de uma estação de tratamento de esgotos ao norte, que emitia "um odor pesado e pútrido", nas palavras de Obama; do rio Calumet a oeste, também fedorento e poluído com seus barcos cargueiros enferrujados; e dos lixões clandestinos espalhados por toda a parte.[64]

Obama passou os primeiros meses em Altgeld conversando com as pessoas nas escolas e igrejas. Ele não tinha acesso aos fundos necessários para resolver os problemas mais óbvios, claro. Por isso pedia aos presentes nas reuniões de pais e mestres que aderissem a abaixo-assinados.

Mais ou menos na mesma época, primavera de 1986, Linda Randle, organizadora no imenso conjunto habitacional Ida B. Wells, na Martin Luther King Drive, chegou ao prédio 534 e notou a presença de uma lona amarela enorme e, atrás dela, de uma máquina barulhenta. Ao se aproximar, fragmentos de uma substância desconhecida atingiram seu rosto. Ela quis saber o que estava acontecendo.

"Surgiram dois sujeitos usando trajes espaciais", recordou Randle. "Bati nas máscaras e perguntei: 'O que estão fazendo aqui?'."

"Removendo amianto", respondeu um deles. Usado antigamente como isolante térmico, o amianto provoca câncer de pulmão e outras doenças quando se desintegra e é inalado.

"Do prédio inteiro?"

"Não, só do primeiro andar."

O prédio era enorme, e Randle ficou intrigada, pois os técnicos se restringiam ao setor administrativo. Mais de 10 mil pessoas moravam no Ida B. Wells, e a limpeza não incluía os apartamentos residenciais. Randle retirou um pouco do isolante térmico — amianto — que recobria um cano e o guardou numa sacola. Depois conversou com o diretor de serviços aos moradores e perguntou o que estava acontecendo. "Ele me disse: 'Linda, não dá para ganhar dinheiro com isso. Deixa pra lá'. E eu respondi: 'Tudo bem'. Saí e fui até a residência vizinha. Chamei a EPA (Agência de Proteção Ambiental) e pedi análise do material. Também tirei alguns tacos soltos do chão. O técnico veio e levou tudo para o laboratório."

Enquanto aguardava o resultado dos testes, Randle procurou Martha Allen, redatora do *Chicago Reporter*, uma publicação mensal investigativa. Alguns residentes contaram a Randle e Allen que as crianças comiam pedacinhos de amianto descascado. Allen entrevistou moradores, médicos, funcionários da EPA e da prefeitura para preparar uma brilhante reportagem para a edição de junho de 1986 do *Reporter*. Concluía que milhares de pessoas corriam risco de morte por residirem no conjunto habitacional Ida B. Wells.[65] A fotografia da capa mostrava uma menina de sete anos, Sarah Jefferson, carregando no colo a sobrinha, Mahaid, ao lado de um cano de água quente revestido com amianto em frangalhos.

Randle procurou um grupo de organizadores chamado Community Renewal Society [Sociedade de Renovação Comunitária]. Lá teve o primeiro contato com Obama. ("Ele parecia tão jovem!") Obama relatou a ela uma experiência similar em Altgeld Gardens. Desde 1979 os moradores do conjunto tentavam tomar providências a respeito do amianto, e recentemente uma senhora dos Gardens chamara a atenção para um anúncio classificado de um jornal local: a Chicago Housing Authority — CHA (Secretaria de Habitação de Chicago) solicitava projetos para remoção de amianto — mas não de todos os apartamentos, e sim apenas do setor administrativo. Obama organizou uma delegação das mulheres de Altgeld para se reunir com o administrador e cobrar soluções. O responsável mentiu, dizendo não haver amianto nas unidades residenciais.

Obama e Randle descobriram logo que dezesseis dos dezenove conjuntos habitacionais de Chicago tinham amianto: Wells era o maior, e Altgeld vinha em segundo lugar. "Conversamos sobre a atitude injusta", disse Randle. "E percebemos que precisávamos fazer algo a respeito."

Em Chicago, e na maioria das cidades, segundo Kellman, "as questões ambientais não resultavam em ações concretas naquele tempo — as pessoas se incomodavam mais com drogas, gangues e crimes —, mas notamos uma profunda revolta contra os privilégios".

Em Altgeld, Obama trabalhou com as colegas Yvonne Lloyd e Loretta Augustine-Herron. Em 1966, Augustine-Herron e o marido, funcionário do correio, foram obrigados a se mudar do conjunto com os filhos, pois não se enquadravam mais como famílias de baixa renda. Em 1967 os médicos diagnosticaram leucemia na filha mais velha, que morreu dois anos depois. "Altgeld foi construída em terreno poluído; eu havia lido e escutado rumores sobre câncer causado por poluição", disse ela. "Interessei-me pelo assunto e me dei conta de que um número cada vez maior dos meus vizinhos sofria de câncer e doenças respiratórias. O problema era a quem procurar e o que fazer para resolver a situação." Ela se consolou em conversas com Obama. "Barack tinha sensibilidade", contou Augustine-Herron. Antes até de surgir a questão do amianto, Obama dedicava muitas horas em conversas com ela, na mesa da cozinha, tratando dos problemas da zona sul. "Barack é seis meses mais velho que o meu filho mais velho", comentou. "Acredito que eu tenha chegado a conhecê-lo bem. E falávamos muito sobre minha filha."

No início, Obama e os outros acreditaram que a solução do problema se concretizaria numa reunião com o secretário de Habitação de Chicago, Zirl Smith. Quando Obama, Randle e mais dez pessoas chegaram ao encontro com Smith, às onze da manhã, ele as deixou esperando. Randle, porém, tinha entrado em contato com a imprensa, pedindo aos repórteres que aparecessem ao meio-dia. Eles chegaram fazendo perguntas sobre o problema do amianto em Altgeld Gardens e em Ida B. Wells. Uma estação local de televisão filmou uma das mulheres, que descreveu o problema, e colocou a imagem no ar naquele mesmo dia. Quando notou a presença de repórteres, a secretária de Smith conduziu rapidamente o grupo a uma sala vazia.

"Eles nos ofereceram café e donuts, dizendo: 'O secretário vai receber vocês logo mais'", relatou Randle. "Agora a imprensa não podia mais nos ver." Eles esperaram mais duas horas. Finalmente, Randle disse a Obama que seria melhor irem embora, e foi o que fizeram. Enquanto esperavam o ônibus, Randle disse a Obama: "Barack, isso é o começo de uma longa luta. Não adianta procurar o CHA, nós precisamos primeiro ir até o Departamento Federal de Habitação e Desenvolvimento Urbano" (Department of Housing and Urban Development — HUD).

"A gente tem de começar pelo topo da montanha." Quando chegaram em casa, Obama e Randle passaram o número do telefone de Zirl Smith aos moradores do conjunto. "Vamos disparar telefonemas", disseram a eles.

O que mais entusiasmou Obama não foi a cobertura da imprensa, mas sim o fato de que as mulheres que ele ajudara a organizar e a levar de ônibus ao centro conseguiram falar com muita clareza na frente das câmeras, apesar do nervosismo. Sua delegação era menor do que esperava, mas os membros atuaram em conjunto, e deram ao grupo o jocoso apelido de exército de Obama. E ainda arranjaram um apelido para ele — Baby Face.

Obama escreveu que a visita ao CHA, com sua pequena tropa, o alterou de modo fundamental.[66] Não foi por causa da publicidade maciça recebida, e certamente não houve sucessos concretos — o amianto continuou lá por vários anos. Para um jovem recém-saído da faculdade, porém, o caso serviu de indicação de que era possível fazer alguma coisa. Mas ele logo percebeu os limites dessas possibilidades.

Quando Obama e outros finalmente se reuniram com funcionários do HUD e do CHA, foram informados de que não poderia haver remoção do amianto *e* a realização de reparos básicos. ("Ficou um rombo *enorme* na minha banheira", disse Randle.) As agências governamentais tentaram sabotar os organizadores, procurando alguns moradores para consertar o encanamento. Depois de outras reuniões, Zirl Smith concordou em fazer mais do que aquilo. "Ele não sabia de onde tirar o dinheiro para remoção do amianto, mas afirmou que tentaria", disse Randle. "Liguei para Barack e disse que não sabia se ele estava falando a sério, mas que precisávamos insistir naquilo."

O artigo de Martha Allen no *Chicago Reporter* gerou amplo interesse da grande imprensa local. Walter Jacobson fez uma reportagem para a rádio WBBM.[67] Tanto o *Tribune* quanto o *Sun-Times* passaram a escrever sobre o problema.

Em seguida, Obama organizou uma reunião comunitária na igreja de Nossa Senhora do Gardens com Zirl Smith, diretor executivo do CHA. Mais de setecentas pessoas compareceram ao ginásio quente e abafado da igreja — em sua maioria mulheres solteiras, embora também houvesse idosos, crianças e até repórteres.

Obama tinha jeito para ser organizador — preparava pautas para esses encontros, treinava oradores e reservas, fazia anotações numa prancheta e marcava reuniões de acompanhamento para avaliar o desempenho. Mas não conseguiu orquestrar aquela reunião da maneira que esperava. A multidão, já bem irritada, enfureceu-se com o atraso de Smith, de mais de uma hora. O sistema de alto-falantes era fraco e fanho. Kellman tentou assumir o controle, incentivando os presentes a cantar, mas Obama logo o puxou de lado dizendo que talvez não fosse uma boa ideia um organizador branco conduzir uma manifestação em Altgeld Gardens.

"Ele me pediu para evitar muita exposição", recordou Kellman. "Ficou muito nervoso. Ainda era seu primeiro ano, afinal."

Obama passava o microfone para seus militantes, torcendo para que conseguissem controlar a multidão, explicar o problema do amianto e matar o tempo até a chegada de Zirl Smith. Todos começaram a gritar e a vaiar. Quando Smith afinal apareceu, Obama disse a uma oradora que não deveriam entregar-lhe o microfone, pois ele monopolizaria a discussão inteira. Randle começou perguntando a Smith se ele pretendia tratar do problema — sim ou não? Quando Smith se preparou para responder, ela não lhe entregou o microfone, apontando para sua boca. Ele prometeu trabalhar para resolver a questão. "Vamos tentar determinar a gravidade da contaminação por amianto..." — mas deixou claro que iria embora se ela não lhe passasse o microfone. Após quase duas horas de espera no calor abafado, a multidão atingira o auge da irritação. Uma pessoa passou mal. Smith disse que chamaria a ambulância, do seu carro. Mesmo assim, ninguém lhe entregou o microfone. Mais dez minutos e ele saiu do ginásio da igreja contrariado.

"Caos! Nossa reunião sensacional acabou em confusão!", disse Randle.

"Chega de pagar aluguel!", gritaram alguns inquilinos de Altgeld quando Smith se dirigia para o carro.

Obama se sentiu humilhado. A possibilidade que vislumbrara no escritório do CHA no Loop tinha se evaporado. Algumas mulheres o cercaram e o acusaram aos gritos de tê-las constrangido, fazendo com que passassem por idiotas na frente dos funcionários municipais e das câmeras de tevê.

Naquela noite ele entrou em contato com um colega, John Owens, organizador afro-americano que tinha frequentado com ele um curso de verão de treinamento num mosteiro perto de Malibu, na Califórnia. Obama estava desolado. Durante o curso eles tinham estudado bastante os princípios fundamentais da organização — preparação, entrevistas, análise do poder, táticas —, mas agora seus planos estavam arruinados. "Barack estava muito perturbado", disse Owens. "Ele achou que não havia preparado as pessoas como deveria."

Corria o ano de 1986. O amianto seria removido apenas em 1990, e uma parte permaneceu lá por mais alguns anos. Mas a cidade havia começado a agir. O CHA realizou novos testes, criou uma "linha de emergência do amianto" para responder a questões sobre danos à saúde e pediu ao governo federal para pagar o custo da retirada do produto dos conjuntos habitacionais. Levaria tempo, mas pelos padrões da organização o resultado foi favorável.

Mas a miséria de Altgeld Gardens de 1986 continuava lá. Nos dois anos seguintes, trabalhando em questões como reforma educacional, banco de empregos e segurança pública nos Gardens e em outros bairros da zona sul, Obama fez muito menos progressos.

"Era difícil para todos nós", contou Linda Randle. "Nas batalhas como organizadores conhecemos mais derrotas do que vitórias. Faz parte do serviço. A gente passa o dia na rua, conversa com as pessoas e pensa que está conseguindo alguma coisa, mas não é bem assim. Às vezes precisamos recuar um passo e observar o caso por outro ângulo para descobrir para onde as pessoas querem seguir. E repetir isso muitas vezes."

"Organizar é um trabalho de Sísifo", explicou Kruglik, recordando aquela noite em Altgeld. "A estrutura do poder num lugar como Chicago não é muito diferente da que existia trinta ou quarenta anos atrás. Barack se revoltava com o sofrimento do povo, com a injustiça daquela pobreza. Sabia que as pessoas sofriam por causa das decisões tomadas por quem detinha o poder."

Naquele tempo, Obama meditava muito sobre fé e religião. Em todas as igrejas e centros comunitários visitados por ele, mais cedo ou mais tarde alguém lhe perguntava a que igreja pertencia. Obama evitava responder, mudava de assunto.

"Ele sofria pressão constante para aderir a uma igreja", contou Alvin Love, da Igreja Batista de Lilydale. "Eu não o intimava, como faziam outros ministros, por isso Obama se sentia à vontade para conversar comigo. Ele entendia a contradição de atuar como organizador comunitário apoiado na igreja sem participar de nenhuma delas, e sentia essa pressão. Ele falou: 'Eu acredito, mas não quero entrar numa igreja por conveniência. Quero agir com seriedade e me sentir confortável no lugar escolhido'. E ele *visitava* igrejas. Quando ele aparecia, a gente nunca sabia se vinha como organizador ou para rezar. Com o passar dos anos tive a impressão de que era tanto para rezar quanto para trabalhar."

Love sugeriu que Obama pedisse conselhos a um pastor mais velho, L. K. Curry, na Igreja Batista Emmanuel, na 83rd Street. Depois de ouvir Obama falar sobre sua busca espiritual e seu interesse por questões de justiça social, Curry recomendou que procurasse um dos ministros mais conhecidos da zona sul, Jeremiah Wright, pastor da Igreja Trindade Unida de Cristo, na 95th Street. Todo esforço organizacional podia contar com o apoio de Wright — além disso, Curry disse a Obama, ele ia gostar do que veria dentro da capela.

Filho e neto de pastores, Jeremiah Wright cresceu no ambiente miscigenado da cidade de Germantown, na Pensilvânia, condado da Filadélfia. Frequentou a Universidade Virginia Union de 1959 a 1961, uma instituição historicamente negra de Richmond, e depois passou seis anos nas forças armadas — foi fuzileiro naval de 1961 a 1963 e fez treinamento para técnico cardiopulmonar no Centro Médico Naval Nacional de Bethesda, em Maryland. Em 1966, um ano antes de dar baixa, participou da equipe que cuidou de Lyndon Johnson quando ele sofreu uma cirurgia cardíaca. Wright terminou o bacharelado e fez mestrado em língua inglesa na Universidade Howard, além de obter outro mestrado em história da religião pela Universidade de Chicago.

Comparado à maioria dos afro-americanos das cidades do Sul e do Norte, Wright cresceu em ambiente de classe média, mas não protegido. Num sermão que comoveu profundamente Obama, "A audácia da esperança", Wright confidenciou ter sido preso aos quinze anos por furto de automóvel, e ter se afastado brevemente da igreja ao ir para a faculdade, flertando com o islã por influência de Malcolm X: "Tentei ser muçulmano por pouco tempo: '*As salaam alaikum*'".[68] Sofreu com o racismo — na Virgínia, nas forças armadas e até mesmo na tolerante Germantown — e compreendeu sua complexidade. "Quando eu era garoto", disse num sermão chamado "Soltem o trailer", "as pessoas costumavam comprar um creme clareador chamado Nadinola para tentar mudar o que Deus havia feito."[69]

Nos anos 1960 a Igreja Unida de Cristo, uma agremiação majoritariamente branca, fundou uma pequena paróquia na zona sul, na 95th Street, esperando atrair os proprietários de residências da área. No início dos anos 1970, os paroquianos da nova igreja, Trindade, queriam cantar música gospel no lugar dos tradicionais hinos europeus; queriam que a igreja se envolvesse mais com o movimento dos direitos civis, com a militância social e com a cultura africana. Na época a maioria dos ministros da zona sul adotava uma postura culturalmente conservadora: temiam o movimento de liberação dos negros, temiam a reforma nos seus cultos, relutavam em adotar posições políticas que os colocassem em campo contrário ao de seus patronos da prefeitura. Como consequência, os jovens que procuravam uma identidade negra mais forte, além de um lar espiritual, estavam abandonando a igreja para aderir à Nação do Islã, ao nacionalismo negro ou a pequenas seitas como os Israelitas Hebreus Negros. A Trindade prometia um lar cristão para jovens política e socialmente conscientes, e pretendia que a consciência social fizesse parte de sua fé.

Jeremiah Wright, que chegou a Chicago em 1969 e tornou-se pastor da Trindade em março de 1972, estava entre os jovens clérigos que responderam à atmosfera política em transformação e enfrentaram o desafio de crenças e seitas rivais. Ele havia crescido numa família educada, onde se discutiam tanto as lembranças da segregação na Vírginia quanto os heróis da cultura e da educação negra. Na Virginia Union ele se politizou cada vez mais, e na Howard ouviu Stokely Carmichael apregoar os ideais do poder negro, leu as obras de estudiosos afrocêntricos como Cheikh Anta Diop e estudou com alguns dos acadêmicos negros mais carismáticos, como Sterling Brown. Foi naquele momento, disse, "que os rapazes viraram negros". Assim como outros pregadores jovens e instruídos, Wright percebeu que chegara o momento para uma igreja negra que fosse um centro de solidariedade racial e de luta por justiça social, a exemplo do que ocorrera nos anos anteriores à Guerra de Secessão. Era como se Wright tivesse passado a vida se preparando para assumir uma igreja como a Trindade.

"Os membros da igreja disseram: Não, não, não... não queremos ser muçulmanos ou hebreus, nós somos cristãos", relatou. "Queremos ser uma igreja negra numa comunidade negra. A bem da verdade, não estamos fazendo nada pela comunidade. Precisamos de mudanças." Em Chicago, Wright vira igrejas que ofereciam "música de alta qualidade" ou "um forte componente de justiça social", mas raramente ambas. Wright queria as duas coisas. Ele se apresentou à Trindade como um intelectual dedicado, formado em seminário, mas era também um sujeito moderno, consciente de sua raça, decidido a consolidar uma igreja comunitária comprometida não só com os direitos civis mas também com os problemas cotidianos que afligiam a zona sul: crime, gangues, drogas, adolescentes grávidas, discriminação, pobreza e educação precária.

Wright assumiu a Trindade com menos de cem fiéis. No início, disse a Roger Wilkins, num documentário da PBS de 1987, *Keeping the faith* [Mantendo a fé], que

Trindade não passava de "uma igreja branca com cara negra".[70] Ele expandiu a igreja, chegando a mais de 6 mil paroquianos. Criou dezenas de programas educacionais e tornou-se um dos exemplos da teologia de libertação negra do país. A política de Wright abrangia tanto líderes dos direitos civis, radicais ou liberais, quanto o Poder Negro — em 1977, ele colocou uma faixa na igreja com os dizeres: "Liberdade para a África do Sul" —, graças a sua visão social progressista incomum. Ele aprovava a ordenação de ministras, pregava a tolerância aos homossexuais e promovia orientação para vítimas do HIV-aids.

Uma importante influência intelectual contemporânea sobre Wright e sua igreja foi James Cone, jovem e brilhante professor de teologia de Fordyce, no Arkansas. Depois de sofrer humilhações no Sul de Jim Crow na juventude, Cone reagiu ao impulso dos confrontos de 1967 em Detroit escrevendo *Black theology and black power* [Teologia negra e poder negro], um manifesto passional por uma igreja negra determinada a "emancipar o evangelho de sua 'brancura', permitindo que os negros conseguissem chegar a uma autoafirmação honesta através de Cristo".[71] O livro saiu em 1969, quando Cone completava 31 anos.

Estudante dos teólogos europeus modernos — Paul Tillich e Karl Barth em particular —, Cone reconheceu que sua igreja, embora pregasse justiça e misericórdia, pouco ou nada tinha a dizer sobre o sofrimento em sua comunidade. Num país que seguia oprimindo os negros, a igreja que pregava o evangelho de Cristo precisava exigir uma mudança radical: "A não ser que a teologia se torne uma 'teologia do gueto', falando em nome dos negros, a mensagem do evangelho não contém uma promessa de vida para os negros — é uma mensagem sem vida".[72] Cone chegou a pensar em abandonar a igreja, mas acabou decidindo transformá-la. Para ele a negritude tornou-se a metáfora central para o sofrimento de Cristo, e o próprio cristianismo seria "uma religião de protesto contra o sofrimento e a aflição do homem".[73] O texto de *Black theology and black power* cita teólogos europeus que Cone havia estudado no curso de teologia, quando era um jovem pastor, além de incluir ideias e a linguagem de Frederick Douglass, Frantz Fanon, a Declaração de Independência, Martin Luther King, Malcolm X e James Baldwin. Seu tom é escancaradamente feroz. Como explicação (e sem se desculpar, por certo), Cone cita Baldwin: "Ser negro neste país e ser relativamente consciente significa passar o tempo inteiro com raiva".[74] O livro de Cone concebe uma síntese radical da fé cristã com o poder negro, a mensagem de amor de King e a insistência de Malcolm. Para ele o cristianismo precisava se concentrar nos oprimidos, e para este papel Deus obviamente havia escolhido os homens e mulheres negros. (Por vezes, Cone alerta que seu conceito de "negritude" não se restringe aos afro-americanos, constituindo uma metáfora para os despossuídos; ele não é suprematista nem separatista.)

Cone lembra ao leitor que a igreja negra americana, nascida na escravidão, era uma instituição singular, voltada contra uma sociedade branca que roubava a liberdade, a família, a língua e a coesão social dos negros. Os *spirituals*, segundo ele, não eram apenas canções de protesto, mas "um ajustamento psicológico à existência da servidão".⁷⁵

A teologia negra da libertação concebida por Cone e implantada por Wright em sua igreja se baseia em conceitos do século XIX: no abolicionismo de David Walker de *Appeal*, publicado em 1829, que se refere ao "Deus dos etíopes"; nas narrativas de escravos de Frederick Douglass, que distingue o cristianismo de Jesus Cristo ("bom, puro e sagrado") do cristianismo americano ("ruim, corrupto e malvado"); no jornal *Voice of the Missions* do bispo Henry McNeil Turner, onde escreveu: "Temos o direito, biblicamente ou não, de acreditar que Deus é negro, assim como os brancos têm o direito de crer que Deus é um homem branco formoso, simétrico e ornamentado". Em *The black church in America* [A igreja negra na América], E. Franklin Frazier escreve: "A 'cor' de Deus só pode assumir importância numa sociedade em que a cor desempenha um papel majoritário na determinação da capacidade humana, do privilégio humano e do valor humano. Não se tratava nem se trata da questão de Deus ser fisicamente negro ou não, mas sim da questão de um homem negro poder se identificar com um Deus branco e depender de Seu amor e proteção".⁷⁶ Cone e Wright pertenciam a uma longa tradição que unia noções de rebelião e fé. Teólogos da libertação negra lembravam a seus leitores que Nat Turner, Gabriel Prosser e Denmark Vesey não haviam sido apenas escravos rebeldes; eles eram pregadores. A igreja AME Sion era conhecida como "igreja da liberdade", pois servia de lar espiritual para abolicionistas como Frederick Douglass, Harriet Tubman, Sojourner Truth e Eliza Ann Gardner.

Wright não era um seguidor puro de Cone. Apoiado em suas leituras sobre história afrocêntrica e teologia, Wright rejeitou a noção de Cone de que os senhores brancos de escravos haviam arrancado dos negros os vínculos espirituais e culturais com a África. Ao contrário de Cone, Wright insistia nas origens africanas dos *spirituals* e dos blues, e no geral sofreu uma influência mais marcante do afrocentrismo. Na igreja, Wright costumava usar trajes coloridos ao estilo africano. Também passou a crer em algumas teorias duvidosas derivadas do afrocentrismo. Por exemplo, para explicar as supostas diferenças entre os "estilos de aprendizado" de europeus e africanos, Wright endossava o conceito de que africanos e afro-americanos eram povos "do lado direito do cérebro", que não são "objetivamente orientados", e sim "subjetivamente orientados". "Eles aprendem com as pessoas", mais do que com os livros.[77]

De início Obama aproximou-se de Wright como organizador. Queria que a Trindade, com seus milhares de fiéis, considerasse uma coalizão com outras igrejas da zona sul.

Wright recebeu o jovem de braços abertos, mas riu de sua ideia. "Isso não vai acontecer nesta cidade", disse. "Nunca vi nada assim. Estou aqui desde 1969. Não concordamos uns com os outros a respeito de batizar em nome de Jesus, ou em nome do Pai, do Filho e do Espírito Santo." As igrejas de Chicago, insistiu, eram muitas e conflitantes demais. Algumas acreditam em discursos em êxtase, outras são conformistas e tradicionais. Algumas apoiam ministros homossexuais e ministras; outras não, com firmeza. As divisões são mais profundas do que as existentes entre judeus ortodoxos e conservadores, entre hassídicos e reformistas, explicou Wright. A ideia de organizar todas as igrejas em torno de Roseland, como proposto por Obama, era impossível. Wright provocava Obama por conta de seu idealismo, dizendo: "Você sabe o que os irmãos de José disseram quando o viram chegar, atravessando os campos? 'Vejam, o sonhador!'".

A reação de Wright foi típica dos pastores das maiores igrejas negras da zona sul. Ministros como James Meeks, da batista Salem, disseram aos organizadores que seria mais fácil para eles, politicamente, pegar o telefone e ligar para o prefeito. Meeks trabalhou em parceria com o Projeto de Desenvolvimento Comunitário por curto período, segundo Alvin Love, "mas Barack não conseguiu segurá-lo. Um dos maiores problemas do organizador comunitário é administrar os egos ao lidar com pastores". Wright, de acordo com Love, "imaginava estar muito na frente de qualquer organizador em questões de justiça social. Por que tratar com um organizador?".

Mesmo assim, Obama, fascinado com Jeremiah Wright, passou a discutir questões mais íntimas com ele. Ann Dunham sempre se definiu como "espiritualizada", não hesitando em fazer que os filhos lessem trechos do Antigo e do Novo Testamento, do Alcorão, do Bhagavad-Gita e de outros textos religiosos, mas nunca frequentou a igreja, jamais foi crente no sentido comum do termo. Como não foi criado numa igreja, Obama tinha muitas questões, acadêmicas e teológicas. Wright disse: "Sua busca era: 'Eu preciso de uma fé que não seja contra a fé de outras pessoas, e só o que ouço é que você vai para o inferno se não acreditar nas mesmas coisas que eu'. De mim ele não ouviu nada disso".

Os colegas de Obama não se surpreenderam quando ele se decidiu por uma igreja negra, a de Jeremiah Wright e a Trindade. "Barack não teve problemas para entrar numa igreja negra, pois ela se baseava na justiça social", disse Kellman. "Alguns ministros podem ser terríveis, interesseiros, mas historicamente essas igrejas têm apoiado os fiéis desde a escravidão. Era mais ou menos tudo com o que podiam contar, e ainda continua sendo assim nessas comunidades. Obama tinha uma vaga noção disso, mas até chegar a Chicago ele ainda não havia vivenciado isso. Ouvira fitas de King, o seu apelo. Sabia que a igreja era fundamental para o movimento dos direitos civis. Queria participar de uma comunidade de pessoas que vissem os valores como algo central em suas vidas. No judaísmo não existe salvação individual. É uma comunidade. Barack defendia uma igreja com esse sentido. Levou anos para aprender a usar isso em sua própria retórica."

Se buscasse apenas uma igreja grande e influente, Obama poderia ter escolhido a do reverendo Arthur Brazier, uma enorme igreja pentecostal na zona sul. Brazier trabalhara com Alinsky na Woodlawn Organization e foi um dos ministros negros que apoiaram King em Chicago. Mas Wright era ainda mais militante e progressista politicamente. "O reverendo Wright e eu temos diferentes perspectivas do cristianismo", declarou Brazier. "O reverendo Wright está mais interessado na liberação dos negros, ele é um tipo humanista que procura libertar os afro-americanos da política tradicional. Minha visão privilegia o lado espiritual. Eu me preocupava mais, como me preocupo até hoje, com a aceitação de Jesus Cristo pelas pessoas. Em conquistar almas para Cristo. O movimento dos direitos civis era um complemento: como cristão, eu não poderia fechar os olhos à injustiça. Mas, na minha opinião, a igreja não existe para fazer isso. Deve conquistar almas para Cristo."

Quanto mais Obama comparecia aos cultos na Trindade, mais a retórica de Wright influenciava seu pensamento e sua forma de expressão. Obama admirava a maneira como Wright reagia às necessidades de sua comunidade — ajudava paroquianos com aids, criava grupos de apoio para viciados em drogas e álcool, fundou a Academia Kwame Nkrumah, uma escola básica "centrada na África", e todos os anos levava membros da igreja para a África, no verão.

Os pronunciamentos políticos de Wright, que duas décadas depois conturbaram a campanha presidencial de Obama, ainda não estavam em evidência. "A única questão problemática era como lidar com Louis Farrakhan", explicou Kellman. "Na comunidade negra as pessoas tendiam a ultrapassar limites e não se importar com o antissemitismo, desde que ele ajudasse as pessoas. Não creio que Barack seguia Wright nesse aspecto."

Os amigos de Obama, brancos e negros, dizem que seus motivos para aderir à Trindade eram complicados, e que a Trindade era sem dúvida uma "igreja de poder" na cidade. Obama a via "como uma base de poder", segundo Mike Kruglik. "Não se pode interpretar Obama sem pensar no fator poder. Mesmo naquela época. Por muito tempo eu não falei disso, mas ele me disse na época que a possibilidade de se eleger prefeito de Chicago o atraía. Segundo sua análise, o prefeito daquela cidade era muito poderoso, e todos os problemas com os quais lidava poderiam ser resolvidos se o prefeito se concentrasse neles."

De fato, Obama trabalhava com os pobres e a classe operária, e se voltou inicialmente para a Trindade por conta do ponto de vista de classe. Havia igrejas negras — e brancas também — que situavam a fartura ao lado da bondade, e ele queria se certificar de que estava no lugar certo. "Algumas pessoas dizem que as ações da igreja são voltadas para a classe alta", ele comentou com Wright.[78]

Em 1981, um comitê da Trindade comandado por um paroquiano chamado Vallmer Jordan adotou um documento de doze pontos sobre "autodeterminação", chamado "O sistema de valor negro".[79] Redigido sob influência do movimento Poder Negro, o documento foi minuciosamente analisado durante a campanha presidencial de Obama. Ele defende o compromisso com Deus, com a comunidade negra e com a família, bem como a dedicação à educação ("Devemos afastar o anti-intelectualismo"), à ética rigorosa e à autodisciplina, caridade para instituições negras e apoio a políticos negros honestos. No Artigo 8, sobre a "desaprovação à ambição de virar classe média", faz um alerta à comunidade negra para o enfraquecimento provocado pela divisão entre os membros mais afortunados e talentosos e aqueles cujas vidas são consumidas pelo infortúnio, pelo crime e pelo encarceramento ("colocando-os em campos de concentração e/ou estruturando um ambiente econômico que induz os jovens cativos a lotar cadeias e prisões"). Embora seja permitido buscar a prosperidade de classe média, "com todo o nosso poder", membros da comunidade devem evitar a sedução "de um sistema socioeconômico de classes que, enquanto os treina para ganharem mais dólares, os hipnotiza para acreditarem que são melhores do que os outros e os ensina a pensar em termos de 'nós' e 'eles', em vez de 'nós' apenas".

Vallmer Jordan admitiu que houve um "núcleo de resistência" ao artigo sobre a "classe média" por parte dos frequentadores da igreja, até ficar claro à congregação, inclusive a um número substancial de membros abastados que não mais moravam na comunidade e iam à igreja de carro todos os domingos, que eles estavam sendo alertados contra sua própria alienação potencial, contra seu afastamento da comunidade.

"Nós nos recusamos a ser aristocráticos", afirma Wright. A anedota corrente diz que a Trindade tem administradores de empresas, bacharéis, médicos, advogados, doutores, mas também temos quem ajude crianças desamparadas. "Temos prosperidade, mas esses títulos não significam nada aqui", continuou. "O que importa é que fomos feitos à imagem de Deus. Esse tipo de mensagem, e a tentativa de disseminar esta mensagem, nos torna diferentes."

Quando críticos conservadores insinuaram durante a campanha que o Sistema de Valor Negro era uma espécie de manifesto nacionalista negro, Obama retrucou: "Aqueles são os valores que o movimento conservador, em particular, considera necessários ao progresso dos negros. Por isso me intriga que eles tenham objeções ou critiquem o cerne de um documento que basicamente adota valores profundamente conservadores, como autoconfiança e autoajuda".[80]

Em poucos anos Obama fez do Projeto de Desenvolvimento Comunitário um programa compacto e eficaz, mas viu com clareza seus limites. O relacionamento com Kellman passou por fases delicadas, mas eles ainda se reuniam, caminhavam e conversavam sobre trabalho e política. Obama já pensava em uma atuação mais abrangente, procurava maneiras de causar maior impacto. Sabia que não queria a vida convencional de executivo ou advogado corporativo. Certa vez Kellman o enviou a Northbrook para desenvolver um projeto, e Obama passou a usar terno e andar diariamente de trem. "Nunca quis um cotidiano desses", Obama disse a ele. "Não consigo viver assim. Parece um pesadelo."

No final de outubro de 1987, em seu terceiro ano como organizador, Obama foi com Kellman a uma conferência sobre igreja negra e justiça social na Escola de Teologia de Harvard. Certa noite, quando caminhavam por Cambridge, Obama revelou a Kellman que andava pensando seriamente em se mudar de Chicago. Obama falou do pai, de quanto aprendia nos encontros com os meios-irmãos sobre a vida de Barack pai em seus últimos anos — da raiva impotente, da incapacidade de realizar os sonhos pessoais e políticos que acalentava quando era um estudante promissor na Universidade do Havaí. Obama queria se sair melhor: decidira conquistar os instrumentos necessários para deixar sua assinatura num quadro bem maior do que o disponível para um organizador comunitário.

Chegara o momento de prosseguir com sua formação, Obama disse a Kellman. Ele queria estudar direito em Harvard.

"A Faculdade de Direito de Harvard foi também uma decisão pessoal madura", disse Kellman. "Ele queria ganhar dinheiro, viver bem. Não era materialista, de jeito nenhum. Mas almejava uma segurança que permitisse sustentar uma família." O dinheiro sem dúvida teve um papel nessa decisão. Na época, o salário de Obama tinha chegado a 35 mil dólares anuais. Pretendia ganhar um pouco mais. Queria uma família, uma renda estável. Mas, acima de tudo, queria progredir, adquirir os instrumentos necessários para uma carreira política. No geral, disse Obama, o organizador conhece mais fracassos do que triunfos: os ganhos eram muito pequenos e raros. Kellman, que logo depois largaria a atividade organizadora por um tempo, não o contestou. No mínimo, seu nível de frustração era mais profundo. As conversas no curso de teologia intensificaram a convicção de Kellman de que um dia Obama regressaria a Chicago e concorreria a um cargo eletivo.

Em 25 de novembro de 1987, Harold Washington, que fora reeleito no ano anterior, faleceu em sua sala na prefeitura — segundo Obama, uma morte "repentina, simples, cabal, quase ridícula em sua mediocridade".[81] Como a maioria da população da cidade, Obama passou boa parte do Dia de Ação de Graças assistindo ao canal de televisão que transmitia o velório na prefeitura, com uma fila enorme debaixo da chuva. Ouviu a WVON, a principal emissora de rádio negra da cidade, que entrevistou afro-americanos que consideravam Washington um rei tombado. Obama admirava Washington em vários aspectos, mas também o criticava por não ter formado uma organização política forte. "Toda a política negra estava centrada em um único homem radiante como o sol."[82] Depois de oito dias de negociações a câmara municipal escolheu para prefeito Eugene Sawyer, negro e membro da antiga máquina. Sawyer apoiara Washington, mas precisou se aliar aos vereadores brancos conservadores como os "Eddies": Edward Vrdolyak e Ed Burke, arqui-inimigos de Washington nas chamadas "guerras da câmara". (Epítome de um vereador corrupto da máquina, Vrdolyak encerrou sua carreira em 2008 com uma série de indiciamentos por crimes federais e uma condenação por fraude contra os correios.)

Obama foi à prefeitura testemunhar o que chamou de "segunda morte": a posse de Sawyer. Do lado de fora ele observou a multidão, composta principalmente por homens e mulheres negros mais idosos que denunciavam os vereadores afro-americanos que fizeram conchavos com Vrdolyak e acenavam com notas de um dólar para Sawyer, chamando-o de Pai Tomás. Nas semanas seguintes à morte de Washington e ao espetáculo lamentável da posse de Sawyer, alguns dos amigos de Obama, entre eles Mike Kruglik, se convenceram ainda mais de que um dia ele voltaria a Chicago para se candidatar.

No final de sua temporada como organizador, Obama conheceu Bruce Orenstein, organizador da United Neighborhood Organization [Organização da Vizinhança Unida], que trabalhara com ele na tentativa de encontrar uma maneira de tornar os aterros locais lucrativos para financiar melhorias para a comunidade no extremo sul.[83] A proposta elaborada por eles obteve o apoio de Harold Washington, mas foi abandonada com sua morte. Sawyer não era Harold Washington. Tanto Obama quanto Orenstein se frustraram e planejavam ir embora — Obama para cursar direito, Orenstein para desenvolver projetos de vídeo. Enquanto tomavam uma cerveja, Orenstein perguntou o que Obama pretendia ser dali a dez anos. Obama respondeu: "Vou escrever um livro e quero ser prefeito de Chicago".

Obama pediu cartas de recomendação para a Faculdade de Direito de Harvard a John McKnight — cofundador, com Greg Galuzzo, da Gamaliel Foundation e professor de comunicações na Northwestern — e a Michael Baron, seu professor de política na Columbia. (Ele também tentou Yale e Stanford.) McKnight conheceu Obama quando ele chegou a Chicago, ainda como *trainee*. Obama lhe disse que agora, tendo visto o que podia ser feito em "nível de bairro", ele queria explorar o que poderia ser feito na vida pública. McKnight, que estivera envolvido em organização por várias décadas e compartilhava a tradicional desconfiança dos organizadores em relação aos políticos, fez um alerta: um organizador era advogado do povo e de seus interesses; um político, segundo ele, era "o oposto", alguém que sintetiza compromissos e interesses. Será que isso o satisfaria de alguma maneira? "É por isso que eu quero entrar para a vida pública", retrucou Obama. McKnight concordou em escrever a carta. Pensava que Obama não havia recebido notas excepcionais na faculdade. "Duvido que ele tenha se destacado na faculdade." Mas sua inteligência e dedicação como organizador o impressionaram muito.

Assim que deixou o emprego de organizador, Obama escreveu um artigo curto para uma publicação mensal local, a *Illinois Issues*, chamado "Why organize? Problems and promise in the inner city" [Por que organizar? Problemas e perspectivas na área urbana]. No artigo, Obama deixa claro que estava se afastando da experiência em Chicago acreditando que nem a política eleitoral nem os programas governamentais de desenvolvimento ajudariam as cidades, a não ser que fossem "fortalecidos nas bases por uma abordagem sistêmica da organização comunitária". Apesar da esperança gerada pela eleição de prefeitos negros como Washington em Chicago e Gary em Indiana, as taxas de evasão escolar no colegial ainda chegavam a 50%; as antigas formas de discriminação haviam sido substituídas pelo racismo institucional; a fuga da classe média e o declínio do apoio público na era Reagan deixaram os centros degradados em desespero.

Obama não saiu inteiramente frustrado da experiência em Chicago. Ele creditava ao Projeto de Desenvolvimento Comunitário e a programas similares conquistas em treinamento profissional, prestação de contas pelas escolas e melhoria nos programas contra o crime e as drogas. Ele e os colegas conseguiram criar um centro de treinamento profissional na Michigan Avenue, em Roseland, no local de uma loja de departamentos fechada. (Harold Washington compareceu pessoalmente para cortar a fita inaugural.) Mesmo assim, como tantos outros projetos nos quais Obama e seus colegas organizadores trabalharam, a iniciativa na área de empregos fracassou pela falta de vagas na região. O centro fechou em três anos. "Sei que realizamos muitos treinamentos", disse Alvin Love. "Mas não sei quantas pessoas realmente conseguiram novos empregos."

Em 1988 as ideias de Obama referentes a organização não se restringiam mais a Saul Alinsky. Para Obama, organizar era uma maneira de pensar na solução de problemas específicos, e também de formação cultural. "Tendemos a ver a organização como algo mecânico, instrumental", disse Obama em 1989 numa mesa redonda organizada pelo Woods Charitable Fund, de Chicago. "Creio que Alinsky não enfatizou isso, até certo ponto, mas penso nas ligas preconizadas por Alinsky — e acho que John L. Lewis compreendeu que estava formando uma cultura. Quando examinamos o que ocorreu com a organização sindical, uma das perdas tem sido a noção de formar uma cultura, de reunir histórias e levar as pessoas a refletir sobre o significado de suas vidas e como as pessoas do bairro podem ser heróis, participando de uma força maior. Isso foi deixado de lado."[84]

Obama agora via equívocos profundos nas teorias e opiniões de Alinsky. A crítica de Alinsky a Martin Luther King, por exemplo, indicava uma aversão não só à liderança carismática como também a uma visão de longo prazo. Obama contestava particularmente a ênfase de Alinsky no confronto. Ele acreditava que chegara a hora de descobrir novas maneiras de atrair os jovens afro-americanos. "Eles não comparecem às reuniões na prefeitura nem vão ler 'Reveille for Radicals' (Alvorada para os radicais)", disse Obama. "Eles vão assistir a um filme de Spike Lee ou ouvir um grupo de rap."[85]

Obama passou a pensar na política em sentido amplo e em como ele, ou qualquer outro, poderia levar a experiência de organizador para um cargo público eletivo. "Como vincular algumas das lições mais importantes sobre organização — prestação de contas, treinamento, liderança e tudo mais — com as mensagens poderosas derivadas do movimento dos direitos civis, ou o que Jesse Jackson vem fazendo e o que tem sido feito por outros líderes carismáticos?", perguntou aos presentes à mesa redonda. "Essa atuação gera uma sensação de esperança. Jesse Jackson pode ir até essas comunidades e fazer que as pessoas se animem e se inspirem. A estrutura organizacional consolida o que está faltando. Os melhores organizadores na comunidade negra no momento são os traficantes de crack. Eles são fantásticos. Possuem uma tremenda habilidade empreendedora. Quando falo em visão ou cultura, tem a ver com o fato de que organizar as comunidades não pode ser algo apenas instrumental. Não pode ser só cívico. Não pode ser apenas: 'Vamos conquistar o poder, chamem o vereador' etc. Tem de ser uma recriação e reforma do modo como essas comunidades se veem."

Obama não poderia ter antecipado a amplitude de seu futuro político, mas é evidente que pensava no efeito que alguém como ele poderia causar, tanto em imbuir uma sensação de esperança na comunidade quanto em fornecer a estrutura organizada para tornar a esperança um instrumento para a reforma. Ele rejeitava a "suspeita dos políticos" típica dos organizadores. Desprezar a política, disse na mesa redonda, era desprezar "um grande campo de manobra do poder.

É lá que ocorrem as principais discussões e os diálogos. Marginalizar-se desse processo é danoso, e isso precisa ser repensado".[86]

Atraído para a organização comunitária pelo exemplo e pelo romantismo do movimento dos direitos civis, na época do encerramento de sua experiência Obama refletia sobre o modo de combinar elementos de liderança carismática, princípios de organização e um conjunto de princípios políticos e públicos liberais. Não estava mais interessado em atuar do lado de fora, suas energias se voltavam para a política eleitoral. Cursar direito — e escolher uma instituição como Harvard — era parte do aprendizado dos fundamentos de um sistema que até então vira basicamente do meio da rua.

Obama jamais abandonou completamente o mundo da organização comunitária. Nas férias, durante o curso de direito, visitava a nova namorada em Chicago, Michelle Robinson, além de se encontrar com Kellman e Kruglik. Mais tarde atuou nos conselhos da Woods Foundation e do Lugenia Burns Hope Center, que colaboravam com os esforços de levantamento de fundos da cidade. Discursava em numerosos encontros e sessões de treinamento. Embora tivesse aprendido muito com sua experiência, passou a analisar as possibilidades dos líderes carismáticos — fossem distanciados do poder, como King, ou envolvidos com ele, como Washington — e o que poderia ser alcançado num processo político de luta e conciliação.

Em maio de 1988, Obama superou o primeiro capítulo de sua vida em Chicago. Terminou seu namoro. ("Encontrei-a algumas semanas depois da partida de Obama e ela me pareceu triste, desolada", recordou John Owens. "Barack costumava deixar uma profunda impressão nas mulheres.")

Obama passou a liderança do Projeto de Desenvolvimento Comunitário a Owens e decidiu agir em escala maior. "O maior sucesso de Barack em Chicago não foi em termos de cimento e massa", disse o amigo e colega reverendo Alvin Love. "Ele descobriu coisas sobre si mesmo e sua comunidade. Isso foi importante. Mas o que ele realmente conseguiu foi dar a pessoas como Loretta, John Owens e Yvonne Lloys, bem como a dezenas e dezenas de outras, os instrumentos para prosseguir com o trabalho, estivesse ou não por ali."

Antes de partir, Obama deu seu gato Max a Jerry Kellman. Em seguida, despediu-se dos amigos e deixou a cidade em seu carro.

5. Ambição

No início do outono de 1988, Obama chegou a Cambridge certo de que aprenderia o que mais tarde chamou de "um modo de pensar", tendo assumido dívidas de milhares de dólares por esse privilégio. Ao contrário de muitos estudantes que seguiam o curso de direito sem outra razão a não ser o valor como destaque no currículo, Obama se matriculou em Harvard consciente, por ser um lugar sério capaz de oferecer avanços no conhecimento que jamais adquiriria como organizador na zona sul de Chicago. Em Harvard ele entraria para o mundo dos supermeritocratas de sua geração, passando de observador a participante. "Aprenderia sobre taxas de juros, fusões de corporações, o processo legislativo; sobre como se estabelecem empresas e bancos; como incorporações imobiliárias prosperam ou fracassam", escreveu. "Iria aprender o valor do poder em toda a sua complexidade e detalhe, aprendizados que teriam me prejudicado antes de vir para Chicago, mas que agora eu poderia levar de volta para onde eles eram necessários, de volta para Roseland, de volta para Altgeld; trazer tudo isso de volta como o fogo de Prometeu."[1] Harvard incluía ainda uma dimensão pessoal: Barack pai tinha abandonado a esposa e o filho de dois anos para estudar lá. Se Obama herdara algo do pai, foi a noção de que Harvard era *sine qua non*, um lugar em que se entra para ir até o fim, alcançar o máximo. Em Harvard ele se igualaria ao pai, e o superaria; em Harvard ele adquiriria a serena confiança e a noção de seu próprio destino.

Um candidato a político moderno, em particular um democrata como Barack Obama, chega à Faculdade de Direito de Harvard com plena consciência de que o curso de direito — alunos e professores — havia fornecido boa parte da massa cerebral do New Deal, da New Frontier e da Great Society.* Antes de Obama, Rutherford B. Hayes fora o único presidente formado pela Faculdade de Direito de Harvard, mas os ex-alunos da escola sempre estiveram bem representados no Congresso e, principalmente, na Suprema Corte. Na formação atual da Suprema Corte, John Roberts, Antonin Scalia, Anthony Kennedy e Stephen Breyer se formaram lá. (Ruth Bader Ginsburg estudou lá por um ano e criou a revista *Harvard Law Review*, antes de se mudar com o marido para Nova York e concluir o curso na Columbia.)

A curta distância a pé da Harvard Yard, a Faculdade de Direito apresenta uma mistura de estilos arquitetônicos que abrange do Austin Hall, criação românica de H. H. Richardson em 1883, ao Harkness Common, um projeto meio brutal do catálogo Bauhaus de Walter Gropius. O terreno foi doado pela família Royall, fazendeiros do Sul que levaram os escravos para o Norte, para uma propriedade em Medford, Massachusetts. Em 1781, Isaac Royall Jr. deixou para Harvard uma doação que ajudou a fundar a primeira cátedra de direito da faculdade. Os resultados da venda da propriedade de Medford, em 1806, serviram para fundar a Faculdade de Direito como um todo. Estabelecida em 1817, no início a escola era pequena e relativamente insignificante, até que, em 1870, Christopher Columbus Langdell entrou em Harvard e criou um novo currículo, baseado no estudo de casos legais individuais, com o estilo das inquirições socráticas.

Quando Obama chegou a Harvard o currículo do curso de direito era mais flexível do que no tempo de Langdell, e o corpo discente era mais diversificado, mas a escola ainda continuava sendo rebelde, caracterizada por conflitos políticos e ressentimentos internos. Como se ridicularizasse sua própria infelicidade, a co-

---

* New Frontier: termo usado por John F. Kennedy em seu discurso de aceitação da candidatura à presidência dos EUA na Convenção Nacional do Partido Democrata, em 1960. Great Society: uma série de programas domésticos proposta pelo presidente Lyndon Johnson, que sucedeu a Kennedy. (N. T.)

munidade da escola se referia a si própria como um baluarte de refregas internas levantinas — "A Beirute do Charles",* ou "A Beirute da formação jurídica".

Obama dizia que a Faculdade de Direito de Harvard era "um lugar perfeito para examinar o funcionamento da estrutura do poder".[2] Realmente, a "estrutura do poder" — um termo comum no círculo dos organizadores — e como ela funciona ou deixa de funcionar, examinada pelos membros da Faculdade de Direito de Harvard, era o campo de uma batalha que se travava havia uma década quando Obama se matriculou. Em 1977, um grupo de estudantes de direito — radicais, como muitos se identificavam prontamente — se encontraram em uma conferência em Madison, no Wisconsin, para discutir a recém-formada escola de pensamento que logo seria chamada de Estudos Legais Críticos. Influenciados pelo pós-estruturalismo, pela teoria crítica da Escola de Frankfurt e pelo Realismo Legal dos anos 1920, os estudiosos interessados nos Estudos Legais Críticos procuravam desmistificar a lei, a linguagem legal e os estudos jurídicos, contestando sua autodefinição como um sistema desinteressado com base em precedentes. Os Estudos Legais Críticos defendiam que o direito era política por outros meios, que o discurso e a prática legal — bem como a formação jurídica — não passavam de mais um nível do poder constituído, uma maneira de reforçar a primazia e os privilégios dos ricos, poderosos, homens e brancos. Segundo os defensores dos Estudos Legais Críticos, muitas das condições do *status quo* legal — alta taxa de encarceramento entre pessoas de cor, penas mais altas para drogas aplicadas principalmente aos pobres — foram consagradas num sistema legal que apenas finge ser coerente e não ideológico.

Muitos alunos de Harvard no final dos anos 1970, nos anos 1980 e início dos 1990, que não pertenciam necessariamente à esquerda, se entusiasmaram com essa análise. Os principais Críticos de Harvard eram três acadêmicos bem diferentes entre si: Morton Horwitz, Duncan Kennedy e Roberto Mangabeira Unger.

"Barack não estudou diretamente com Horwitz ou Kennedy, mas as ideias deles estavam por toda a parte, e ele absorveu o espírito do momento", disse Kenneth Mack, colega de classe de Obama e hoje professor de direito em Harvard. "O crítico mais importante para os estudos de Obama — embora ele não fosse um acólito — foi Roberto Unger."

---

* Referência a Raymond Charles Père (1854-1929), arquiteto levantino de ascendência francesa. (N. E.)

Teórico social nascido no Brasil, Unger era um acadêmico capaz de combinar carisma pessoal com um jeito de estudar que atraía os alunos mais jovens. O sistema legal americano, segundo Unger, *pretende* ser neutro e se basear em precedentes, mas na verdade atua para garantir a permanência e o direito de propriedade das elites: a lei protege contra os desafios radicais às elites e trata apenas de questões específicas. Unger é mais filósofo político do que professor de direito, e os estudantes mais convencionais de Harvard evitavam seus cursos. "A descrição do curso dele no catálogo era incompreensível, e a gente sabia que nas aulas ele era pior ainda", disse um quase contemporâneo de Obama.

Obama fez dois cursos com Unger. O primeiro foi de jurisprudência. Como Unger ensinou na classe, jurisprudência era uma crítica radical ao pensamento político ocidental e à teoria legal contemporânea. Foi a exposição acadêmica mais prolongada de Obama aos rudimentos dos Estudos Legais Críticos. Um colega de curso de Obama descreveu jurisprudência como "um argumento de múltiplos passos" que examinava e depois questionava os pressupostos do pensamento jurídico americano.

No terceiro ano, Obama se matriculou no curso de Reinvenção da Democracia, no qual Unger combinava a crítica às democracias ocidentais — ou ao neoliberalismo, como ele dizia — com as formas potenciais que a democracia podia — ou deveria — assumir. Unger se posicionava contra os "mandarins" que controlavam a sociedade democrática contemporânea e tentavam, em termos radicalmente experimentais, fomentar a reavaliação das instituições ocidentais. Ele propunha a adoção de uma "herança social universal" que ia bem além dos termos do New Deal.

"O curso de Reinvenção da Democracia era relativamente curto e muito intenso", explicou Unger. Em classe, ele comparava o caminho "ousado, mas informe" das iniciativas de FDR nos primeiros dias do New Deal, seu "experimentalismo institucional", com o "foco mais restrito" dos últimos anos de seu governo. Analisava também o que via como o fracasso do Partido Democrata na segunda metade do século XX em dar continuidade aos esforços iniciais do New Deal. As reformas do governo Johnson, por exemplo, eram consideradas modestas. A classe debatia a supremacia republicana nos Estados Unidos do pós-guerra — suas concessões aos interesses financeiros e sua retórica cultural dirigida à classe média majoritária.

"Todos reconhecem que o exercício político conservador do final do século xx não teria atingido tanto sucesso se o Partido Democrata e os progressistas em geral não houvessem abdicado completamente de sua responsabilidade de viabilizar e defender uma alternativa para o país", disse Unger. "Muitos temiam, porém, que seria difícil superar a derrota e apresentar uma alternativa sem o *deus ex machina* de uma crise com dimensões semelhantes à Depressão dos anos 1930."

Unger, que mais tarde trabalharia no governo de Luiz Inácio Lula da Silva, refutava a ideia proposta por alguns colegas de que Obama teria ficado decepcionado pela natureza abstrusa do curso teórico. "Obama participou da parte mais filosófica da discussão com o mesmo vigor com que atuou na parte mais orientada para o contexto", declarou por e-mail de São Paulo. "A impressão que você relata, de impaciência com a exploração especulativa, é falsa. Não faz justiça a ele nem a mim classificar essas conversas sob as lentes do tropo de atividade filisteia contra o teórico iluminado. Ele sempre se interessou pelas ideias, grandes e pequenas."

Unger continuou a se comunicar esporadicamente com Obama "por correspondência, por e-mail e pelo BlackBerry" no decorrer dos anos e manteve contato durante a campanha presidencial, mas acrescentou: "Não posso dizer que em algum momento tenhamos nos tornado amigos". Unger evitou tratar do assunto com a imprensa por uma "razão muito simples":

> Eu sou esquerdista, por convicção e temperamento, e revolucionário [...] Qualquer associação minha com Barack Obama durante a campanha só poderia prejudicá-lo.

Unger disse que Obama, quando estudante e depois, compartilhava com outros americanos esclarecidos "um forte senso dos limites que a política e a cultura americana impõem ao que pode ser dito e feito e, em última análise, ao que pode ser sentido e pensado". Esse senso de cautela tolhe o debate político e diminui a capacidade de ousadia política: "Obama provavelmente é mais inteligente do que Franklin Roosevelt, mas lhe falta a providencial autoconfiança que dava a Roosevelt sua ousadia". Unger também fez uma análise da personalidade e da "subjetividade" de Obama:

> A maneira de Obama lidar com outras pessoas e agir no mundo exemplifica plenamente a cordialidade alegre e impessoal — a distância média — que marca a socia-

bilidade americana. (Permita-me falar como crítico. Lembra-se dos encontros de Madame de Staël, que nos privavam da solidão sem nos fazer companhia? Ou dos porcos-espinhos de Schopenhauer, que hesitam entre passar frio a distância ou espetarem uns aos outros de perto, até encontrarem uma posição intermediária aceitável?) A alegre cordialidade impessoal serve para mascarar os recônditos de solidão e o caráter sigiloso dos americanos, e isso vale tanto para Obama quanto para qualquer outro. Ele é enigmático — parecia assim antes, e parece agora — de um modo caracteristicamente americano.

Ademais, ele se mostrou excelente no estilo de sociabilidade que é mais valorizado na classe profissional e empresarial americana e serve como supremo objetivo da educação nas melhores escolas preparatórias: como cooperar com seus pares lançando sobre eles o encanto da sedução carismática, que não obstante se disfarça sob o verniz da autodepreciação e da informalidade. Obama não dominou esse estilo na escola preparatória, mas mesmo assim se tornou um virtuoso nele, como condição de ascensão na sociedade americana que é. Como costuma ocorrer, quem se coloca de fora se mostra melhor nisso do que a imensa maioria que já estava dentro.

Juntamente com as conquistas educacionais meritocráticas, o domínio do estilo social consagrado tornou Obama o que ele é, no sentido real, o primeiro presidente americano de elite — o primeiro que fala e age como membro da elite americana — desde John Kennedy [...]

A raça miscigenada de Obama, sua evidente e assumida negritude, sua origem de classe externa à elite e a falta de herança financeira, a experiência no Terceiro Mundo na infância — tudo isso cria distância para alguém externo, enquanto o caráter de elite adquirido faz a distância parecer menos ameaçadora.

Quando Obama apareceu no campus, também surgiu um número cada vez maior de estudiosos conservadores e liberais centrados na Sociedade Federalista, um grupo com muitas ramificações que começou a atuar em 1982 em Harvard, em Yale e na Universidade de Chicago. O principal dogma dos federalistas era, em seus próprios termos, a contenção judicial: os críticos argumentaram que a defesa da contenção pelos federalistas era uma forma de ativismo conservador. Entre os fundadores havia juristas conservadores como Robert Bork. (Na Corte Suprema atual, Antonin Scalia e Samuel Alito são federalistas.) Alguns federalistas acreditam na abordagem em termos de lei e economia, um casamento teórico da economia de livre mercado de Milton Friedman com o minimalismo judicial, e assumiram as teses pioneiras de Smith e Pareto, bem como as do economista Ronald Coase, além de juristas como Frank Easterbrook e Richard Posner. Na Faculdade de Direito de Harvard, onde um liberal é considerado centrista, o advento dos federalistas — uma minoria ruidosa — elevou a tensão política no campus.

"Posner não era de Harvard, claro, mas Barack se mostrou extremamente interessado no que ele estava dizendo e escrevendo", disse Mack. "Alguns estudantes de esquerda não liam nada da escola de 'lei e economia' por uma questão de princípio. Não era o caso de Barack."

A combinação de radicais, liberais e conservadores federalistas gerou disputas constantes na escola de direito, em particular sobre decisões referentes à distribuição de cargos. No outono de 1987, uma das jovens discípulas dos Estudos Legais Críticos, Clare Dalton, especialista em direito de família e esposa do economista Robert Reich, teve sua contratação negada, apesar do apoio maciço do comitê de avaliação externo. Quando Derrick Bell, o primeiro professor negro a conquistar um lugar na Faculdade de Direito de Harvard, realizou uma manifestação de quatro dias em apoio a Dalton, Robert Clark, professor eminente do curso, comentou: "Estamos numa universidade, não no balcão de uma lanchonete nos cafundós do Sul".[3] Depois ele se desculpou pela observação, mas o tom do conflito já estava determinado.

"Quando Barack chegou ao campus, em 1988, todos os debates e conversas estavam mudando para a questão racial", disse Elena Kagan, que se tornou reitora da faculdade e depois, em 2009, nomeou Obama como procurador-geral. Em parte como resultado das ações afirmativas, entre 10% e 12% dos estudantes da Faculdade de Direito eram afro-americanos, e o ambiente racial, como em muitas outras instituições, era marcado por um meio-tom geral de ressentimento e inquietude. No refeitório, os negros costumavam sentar com outros negros, e os brancos com brancos. Alguns colegas de Obama me contaram que, como estudantes de vinte e poucos anos, eles começavam a imaginar suas vidas profissionais no "mundo dos brancos" — em firmas de advocacia, em corporações e no serviço público —, mas o processo de adquirir confiança, identidade e equilíbrio não era nada fácil na Faculdade de Direito de Harvard.

"Tínhamos a sensação de que havia muitos estudantes brancos pensando em nós com seus botões: vocês, estudantes negros, realmente pertencem a este lugar?", comentou Earl Martin Phalen, amigo de Obama. "Por isso muitos de nós nos mostrávamos um tanto provocativos, insistindo com raiva: 'Somos tão inteligentes quanto vocês. Muito mais gente entrou aqui com pistolão do que pela ação afirmativa'."

A turma do curso de direito, com mais de quinhentos alunos, se dividia em quatro seções. Obama fez todas as matérias do primeiro ano na Seção Três. Entre seus professores estavam Mary Ann Glendon, feminista antiaborto e depois embaixadora do governo Bush na Santa Sé, em direito de propriedade; um especialista em direitos humanos, Henry Steiner, em direito civil; Richard Parker, estudioso constitucional, em legislação criminal; um especialista em direitos civis, David Shapito, para direito processual; e um professor visitante da Northwestern, Ian Macneil, para contratos. "Sentíamos que estávamos na classe mais difícil, dura e inflexível", reclamou um dos colegas de Obama, David Dante Troutt. "Parecíamos um grupo de controle na presença de sujeitos que estavam tomando uma droga nova revolucionária."[4]

Para Mack, Obama era mais maduro e centrado que seus colegas de classe: ele parecia "conhecer as coisas do mundo", não apenas por ser alguns anos mais velho como também por seus modos serenos, comprometimento intelectual e evidente desejo de entrar para o serviço público e não em uma corporação. Mack e outros amigos do primeiro ano, como Cassandra Butts, no início praticamente desconheciam o passado complicado de Obama. Por sua aparência, não deduziriam nenhuma das complexidades da vida dele. Obama parecia afro-americano, e se apresentava como tal.

"Ficamos amigos quase imediatamente, e nos dois anos seguintes nos encontramos com muita frequência", contou Mack. "Ele não se interessava por muitas das coisas que atraíam o pessoal mais jovem. Desde o começo mostrou muita seriedade. Não comparecia muito a grandes festas. Costumávamos jantar e beber na casa dele. Combinava mais com seu conceito de uma noite social agradável do que uma festa com vinte e tantas pessoas. Eu ia a muitas festas e não me lembro de ter visto Barack nelas. Mas ele conversava sobre esporte, política, vida pública, relações internacionais. Queria falar sobre tudo. E se interessava muito por Martin Luther King e pelo movimento dos direitos civis. Era versado nas ideias e na retórica de King. Pensava muito a respeito disso, num nível que a maioria dos estudantes não alcançava. Ele já citava King, repetindo uma frase que apreciava: 'O arco do universo moral é longo, mas se curva na direção da justiça'.

Isso era uma motivação para Obama, no sentido de que as coisas exigiam muito tempo para serem conquistadas e que era preciso ter fé a longo prazo."

Obama vivia do mesmo jeito que em Nova York e em Chicago.[5] Alugou um apartamento de subsolo de setecentos dólares por mês em Somerville, uma localidade de classe trabalhadora perto de Cambridge, e o decorou com móveis de segunda mão. Jogava basquete com os amigos no ginásio, fazia as refeições numa lanchonete em Harvard Square e, como a maioria dos colegas de classe, passava quase todo o tempo estudando. O romancista Scott Turow, seu amigo e correligionário político em Chicago desde o começo, entrou para a escola de direito em 1975. Turow descreve a pressão do primeiro ano em suas memórias, *One L* — nervos em frangalhos, sono precário, cigarros aos montes —, que Obama leu e com a qual se identificou. Obama, que ocupava um lugar fixo na biblioteca da faculdade e ficava dias inteiros estudando, disse a Turow que eles passaram pelas mesmas experiências em Harvard. Além dos detalhes do "campo de recrutas" do livro, Turow conta como a escola encorajava a ambição férrea nos estudantes, a "quase inescapável tentação de avançar, apesar dos obstáculos, dificuldades e tombos, para conquistar o que para nós parecia ser o topo da montanha mais alta".[6]

Desde o começo, Obama atraiu a atenção em Harvard por conta de sua atitude confiante e capacidade de absorver e sintetizar argumentos alheios de modo a fazer o oponente mais estridente se considerar compreendido. Certa vez, num debate sobre a ação afirmativa com a equipe da *Harvard Law Review*, Obama falou como se costurasse diversos argumentos soltos pela sala, avaliando seu peso relativo, sem julgar nem descartar um ponto de vista. "Se alguém entrasse, presumiria que ele era o professor", disse Thomas J. Perrelli, amigo de Obama que depois foi trabalhar no seu Departamento de Justiça. "Ele conduzia a discussão, mas não tentava impor sua perspectiva. Atuava mais como mediador."[7]

O estilo franco e cauteloso de Obama, que sempre buscava o consenso, tornou-se motivo de piada entre seus amigos. Um grupo saía para ir ao cinema e provocava Obama, imitando sua solicitude: "Você quer pipoca com sal? Ou melhor, você *quer* pipoca?".[8]

Num ambiente político onde argumentos acalorados eram a regra, até os amigos estranhavam a mente aberta de Obama. "No curso de direito fizemos um seminário juntos, e Charles Fried, conservador obstinado, daria uma palestra", contou Cassandra Butts, colega que conheceu Obama no setor de bolsas de estudo.

Surgiu a questão da Segunda Emenda, e Fried expressou sua visão do absolutismo da Segunda Emenda. "Um dos nossos colegas era a favor do controle de armas — vinha de um ambiente metropolitano no qual a questão das armas era importante", prosseguiu Butts. "Embora Barack concordasse com nosso colega, mostrou-se mais do que disposto a ouvir os argumentos de Fried. O fato de Fried ter crescido no bloco soviético — na então Checoslováquia — o impressionou muito. "Lá não existem essas liberdades. Depois da aula nosso colega continuou criticando Fried, mas Barack não foi muito veemente, o que me deixou confusa."[9]

Obama também impressionava os professores com sua capacidade de ouvir sem se manifestar. Ian Macneil, professor visitante da Northwestern, disse que Obama se destacava até numa classe grande. "Eu sempre me sentia um pouco impaciente na sala de aula, e se os alunos discordassem demais eu os interrompia antes da hora. Quando eu fazia isso com Barack, ele dizia: 'Posso terminar?'. E não era indelicado, era apenas firme."[10]

Embora fosse popular, Obama não demonstrava nenhuma voracidade social. Ele sempre precisou de momentos de solitude. "Barack nunca absorvia energia no meio de uma multidão aleatória", disse David Goldberg, colega de classe e hoje advogado de direitos civis em Nova York. "Barack precisa de um contexto. Não tem a capacidade de enfrentar qualquer situação ou de ser atraído pelas pessoas. Ele precisa de um pequeno impulso, de algum desafio."

Conforme os amigos de Obama aprendiam mais sobre sua formação, mais eles chegavam a conclusões a respeito de sua atitude diferente e de seu jeito de lidar com as pessoas, intelectual e pessoalmente. "Barack é o intérprete", definiu Cassandra Butts. "Ser um bom intérprete exige fluência nos dois idiomas, assim como fluência cultural nos dois lados. Quando alguém chega a um país estrangeiro e não conhece a língua, depende do intérprete, ele serve de bússola. Barack funcionou assim para mim quando o conheci. Ele tem sido o intérprete supremo em sua vida política. Como pessoa birracial, ele conseguiu compreender os dois mundos em que viveu: a identidade como homem afro-americano e o mundo branco da mãe e dos avós. Habitando os dois mundos, ele funciona como intérprete para os outros. Conviveu com pessoas dos dois mundos em seus momentos mais íntimos, quando sua humanidade e suas imperfeições estavam à mostra. Em seu papel de intérprete, ele explica um lado para o outro."

Sempre que possível, Obama escolheu sua identidade racial, foi atrás dela. No momento em que chegou a Harvard, a questão estava resolvida fazia tempo.

Sem hesitar, ele se tornou membro ativo da Associação dos Estudantes Negros. "Ele atua fora dos limites da América negra", disse Randall Kennedy, professor afro-americano da escola de direito. "Obama foi criado no Havaí, puxa vida. Quando chega à América continental e tenta encontrar seu caminho, tem de trabalhar em cima dessa questão. Precisa correr atrás de respostas. Não foi socializado como outras pessoas. Não posso deixar de pensar que na época ele considerou isso como um fardo, mas talvez tenha sido benéfico ele ter perdido algumas das coisas que perdeu. No mínimo aprendeu as respostas, mantras e slogans, os ressentimentos arraigados daquela época, adquiridos na faculdade — ele fala em seu livro de quanto é útil a capacidade de se comunicar facilmente com os brancos. Vale lembrar que na época, para alguns negros, entender-se com os brancos não era tido como virtude, mas como vício."

Tanto Obama quanto Butts se matricularam num curso optativo de Kennedy, chamado "Raça, racismo e a legislação americana". Kennedy causava alguma controvérsia pelos artigos críticos no *The New Republic* e em outras publicações sobre certos aspectos da ação afirmativa. Na primeira aula, Obama e Butts observaram o previsível debate travado entre alunos negros, que contestavam as críticas de Kennedy, e os estudantes de direita, quase todos brancos, que a endossavam. Obama anteviu um semestre inteiro de brigas. Desistiu do curso.

Para muitos estudantes negros, o professor mais acolhedor era Charles Ogletree, advogado de direitos civis e acadêmico, originário de uma família de fazendeiros do vale central da Califórnia. Ogletree, conhecido como Tree pelos amigos e alunos, entrou para o corpo discente de Harvard em 1985 e assessorou Anita Hill durante as audiências no Senado para a confirmação de Clarence Thomas na Suprema Corte. Em Harvard, ele conduzia a "escola aos sábados", um seminário livre para o qual convidava palestrantes de fora, promovia debates, ajudava calouros nos trabalhos do curso e ensinava a arte de passar nos exames de direito, além de supervisionar discussões sobre temas que iam da controvérsia política do momento às conquistas do passado e metas futuras do movimento dos direitos civis, passando por questões específicas em história do direito. Ogletree levou um sobrevivente dos campos de internação para japoneses durante a Segunda Guerra Mundial. Jesse Jackson falou sobre o cenário político e o empresário de boxe Don King, que na juventude em Ohio estivera envolvido como operador de loteria clandestina anônimo no caso Mapp *vs.* Ohio, um processo importante de busca e apreensão no início dos anos 1960. Os alunos da escola aos sábados em geral eram afro-americanos, mas todos eram bem-vindos. Às vezes Ogletree convocava alunos avançados para discorrer sobre os argumentos de um caso controverso. "Barack comparecia a muitas sessões", recordou Ogletree. "O curso dava a todos uma oportunidade extra de aprendizado legal, pois eles ouviam os professores elaborarem seus conceitos e também se preparavam para as aulas e exames. Barack se interessava pela vitalidade do debate em torno do poder e da legislação, bem como pela representatividade prejudicada de determinados grupos."

"A identidade negra não lhe foi dada — ele a buscou", prosseguiu Ogletree. "Ficou claro na Faculdade de Direito de Harvard que a maioria de seus companheiros eram rapazes afro-americanos com os quais ele compartilhava uma imensa gama de experiências, desde falar besteira na quadra de basquete a questões sobre legislação e política. Ele lia muito. Dedicava um bom tempo na faculdade à leitura de estudos sobre o movimento negro. Sem dúvida conhecia Richard Wright e James Baldwin, mas também sabia tudo sobre a geração de Thurgood Marshall e todos os autores formados nas faculdades historicamente negras. Conhecia bem a história do movimento dos direitos civis, e queria aprender mais ainda."

O professor que se tornaria o mentor intelectual de Obama em Harvard era um liberal clássico — o estudioso constitucional Laurence Tribe. Defensor dos direitos civis, Tribe é considerado, por quase todos os padrões, como um dos acadêmicos mais brilhantes no estudo das questões constitucionais de sua geração ou de qualquer outra, uma mente privilegiada que se dedica a questões importantes para a vida prática.

No ano anterior à chegada de Obama na escola de direito, a convite de Joseph Biden, de Delaware, presidente do comitê judiciário do Senado, Tribe testemunhou contra a indicação de Robert Bork para substituir Lewis Powell feita por Ronald Reagan. Tribe se comportou com tanta segurança e fluência em seus argumentos orais, que Biden decidiu torná-lo sua testemunha-chave. Em três horas de depoimento, Tribe atacou os escritos judiciais de Bork, insistindo em que ele estava "fora da corrente principal" em questões como privacidade, direitos de reprodução, seleção escolar e outros temas. Como liberal, Tribe acredita ser a Constituição um documento vivo, que exige interpretação constante à luz da visão expandida da dignidade humana, argumentando que a "intenção original", mantra de conservadores como Bork, é uma cortina de fumaça para encobrir a resistência às mudanças sociais evolutivas. Sob muitos aspectos, Tribe serviu como embasamento intelectual para o esforço de barrar Bork. Ninguém questionava suas credenciais: ele havia vencido nove dos doze casos que levou à Suprema Corte. O Senado votou pela rejeição de Bork por 58 a 42, e Reagan acabou indicando Anthony Kennedy para a vaga. (Embora não fosse liberal, Kennedy era bem menos conservador nos votos e opiniões escritas do que Bork.)

O testemunho de Tribe e suas frequentes aparições na televisão foram tão eficazes que se tornaram uma missão camicase no que dizia respeito a seu futuro. Tribe almejava uma nomeação para a Suprema Corte, esperava que um presidente democrata o indicasse, mas depois das audiências sobre Bork os republicanos, elefantes dotados de memória longa, juraram que jamais o perdoariam.

Tribe nasceu em Xangai em 1941, de pais judeus fugidos dos pogroms czaristas. Seu pai foi internado num campo de concentração japonês perto de Xangai e solto quando a guerra acabou. Levou a família para São Francisco. Tribe foi um prodígio de versatilidade. Ganhou bolsa integral para Harvard, estudou matemática e se formou com distinção, obtendo os créditos necessários ao doutorado. Mas não seguiu carreira em matemática, pois viu que não poderia se comparar ao seu contemporâneo Saul Kripke, um filósofo e lógico excêntrico que escrevia sobre lógica modal desde os dezessete anos de idade.

Procurando um campo com "ramificações na vida real", Tribe se matriculou na Faculdade de Direito de Harvard e, depois de formado, começou a lecionar. Aos 29 anos foi contratado por Harvard, e em 1978 publicou um tratado de setecentas páginas intitulado *American Constitutional Law* (Direito constitucional americano), obra consagrada sobre a doutrina constitucional moderna. Como litigante na Suprema Corte, Tribe apresentou casos sobre liberdade de expressão, direitos dos homossexuais e direitos da mulher. Em 1986 assumiu o caso Bowers *vs.* Hardwick, no qual defendeu os direitos dos gays, homens e mulheres, de praticarem sexo consensual sem temer um processo por parte do Estado. A Corte decidiu contra o cliente de Tribe, Michael Hardwick, e a favor do estado da Geórgia, por cinco a quatro. Pouco tempo depois da aposentadoria, Lewis Powell admitiu publicamente seu arrependimento por ter votado com a maioria, e em 2003, num caso chamado Lawrence *vs.* Texas, a decisão foi revista. Anthony Kennedy, que em larga medida devia o emprego a Tribe, redigiu a opinião da maioria.

Tribe também se distinguiu na academia, e ficou rico advogando para clientes corporativos. Teria recebido honorários de 3 milhões de dólares pela assessoria em um processo de 10 bilhões de dólares da Pennzoil contra a Texaco. Vários colegas se disseram chocados pelo artigo de 1994 chamado "Midas touch in the ivory tower: The Croesus of Cambridge" [O toque de Midas na torre de marfim: o Creso de Cambridge], publicado na revista mensal *The American Lawer*, que afirmava que Tribe ganhava de 1 milhão a 3 milhões de dólares por ano.[11]

Quando a turma de 1991 chegou ao campus, Tribe já havia lecionado para milhares de estudantes. Certa tarde — de 29 de março de 1989 — ele deixou uma nota em sua agenda dizendo: "Barack Obama, Um L.!". Dessa forma ele não se esqueceria do impressionante encontro naquele dia com o estudante que o procurara em sua sala para conversar. "Barack queria me conhecer porque se interessava pelo meu trabalho", recordou Tribe. "Logo vi que ele cursava direito por motivos sérios. Não fazia o curso para ter várias opções, como muitos estudantes. Barack sabia claramente que desejava conhecer a infraestrutura legal das instituições: legislação corporativa e constitucional como base. Fiquei impressionado com sua maturidade, objetividade e fluência."

Tribe nomeou Obama seu principal assistente de pesquisa, e os dois trabalharam juntos em três projetos: o livro de Tribe *Abortion: The clash of absolutes* [Aborto: o choque de absolutos]; um artigo profundo teórico chamado "The Curvature of Constitutional Space" [A curvatura do espaço constitucional], no qual Tribe usava metáforas tiradas do universo da física quântica e da relatividade de Einstein para descrever obrigações societárias e legais; e um artigo chamado "On reading the Constitution" [Sobre a leitura da Constituição]. Obama logo se familiarizou com a física e outros temas desconhecidos para ele. Para o texto de "The Curvature of Constitutional Space", Tribe e Obama passaram horas discutindo o caso DeShaney *vs.* Condado de Winnebago, uma questão de direitos infantis que chegou à Suprema Corte em 1989. O caso envolvia um menino chamado Joshua DeShaney. Quando os pais se divorciaram no Wyoming, em 1980, o pai ficou com a custódia da criança, que foi morar com ele no Wisconsin. Em pouco tempo os assistentes sociais receberam denúncias de que o pai batia no filho. Depois de um relatório dos abusos e da hospitalização do menino em janeiro de 1983, o Departamento de Serviço Social do condado de Winnebago obteve uma ordem judicial para manter o menino afastado do pai e internado no hospital, mas uma "equipe de proteção infantil", formada por um psicólogo, um detetive, diversos assistentes sociais, um pediatra e um advogado local, recomendou à corte juvenil a devolução do menino ao pai. Os espancamentos — e as queixas — recomeçaram. Em 1984, o pai bateu tanto no filho que Joshua entrou em coma e foi submetido a uma cirurgia no cérebro. Como resultado dos traumas dos espancamentos seguidos, o menino ficou retardado e paralítico. Mesmo assim a Suprema Corte absolveu o condado de Winnebago de qualquer responsabilidade constitucional pela criança.

O presidente da Suprema Corte, William Rehnquist, votou com a maioria. Segundo seu parecer, "o fracasso do Estado em proteger um indivíduo contra a violência privada" não constituía negação dos direitos da vítima. "Embora tivesse consciência dos perigos que Joshua enfrentava no mundo livre, o Estado não participou de sua criação, nem fez nada para torná-lo mais vulnerável a eles." A decisão provocou uma reação passional inusitada de Harry Blackmun, de voto dissidente: "Pobre Joshua! Vítima de ataques repetidos por um pai irresponsável, violento, covarde e intempestivo, abandonado [pelos funcionários municipais] que o colocaram numa situação perigosa [...] Eis um triste comentário sobre a vida americana e os princípios constitucionais".

Em suas discussões com Obama, Tribe definiu a decisão da maioria como uma forma de "cegueira newtoniana". Em outras palavras, "a lei reconheceu apenas forças distantes, e não a forma como o espaço em torno do menino fora deformado. Barack e eu falamos a respeito dessa metáfora tirada da física, da forma como o poder do Estado curva e deforma a ação social".

"Ao repassar os escritos sobre Einstein", continuou Tribe, Obama ressaltou que, "se for negada a responsabilidade do Estado, então não há espaço social para a escolha particular. É uma questão de organizar o mundo para que as pessoas sejam mais cobradas em seu papel de agentes. Eu me lembro de conversar sobre o modo como o caso se relacionava a pais negros que precisavam ser responsabilizados. O tema que surgia com muita frequência era a responsabilidade mútua. As instituições legais precisavam encorajar as pessoas a cuidarem umas das outras, e qualquer arranjo institucional que deixe as pessoas completamente por conta de seus próprios recursos era falho na origem".

O artigo foi escrito por Tribe, não por Obama, mas os dois passaram muitas horas juntos na sala de Tribe e em caminhadas pelas margens do rio Charles debatendo casos similares. Obama não falava com Tribe sobre se candidatar, mas deixou claro que escolhera a escola de direito para encontrar maneiras melhores de "ajudar as pessoas cujas vidas foram destroçadas", nas palavras de Tribe. Quando uma nota legal sem assinatura de Obama sobre o aborto surgiu anos depois, durante a campanha presidencial, Tribe disse: "Foi coerente com o nosso pensamento compartilhado sobre os problemas do aborto, a incomensurabilidade dos argumentos: integridade corporal por um lado, e o valor da vida embrionária do outro. Ele mantinha em mente os dois valores, de um modo que seria significativo para as duas partes".

O que Tribe e Obama mais discutiam era a própria lei, e raramente enveredavam para a abstração filosófica. "Ser direto com Larry Tribe era mostrar que você queria ser advogado", disse Martha Minow, liberal que dava um curso sobre lei e sociedade. "Os alunos que se definiam como radicais ou esquerdistas tomavam outro rumo. Não era o caso de Obama."

Minow, que se tornou reitora da escola de direito em 2009, também foi mentora de Obama em Harvard, e os dois desenvolveram uma amizade com grandes implicações na vida profissional e pessoal de Obama. Minow cresceu em Chicago, filha de Newton Minow, diretor da Comissão Federal de Comunicações no governo Kennedy e sócio do escritório de advocacia de Sidley Austin. Obama conheceu sua futura esposa, Michelle Robinson, quando ela estagiava na empresa, no verão. Quanto mais Minow conhecia o passado de Obama, mais compreendia sua capacidade de discutir as questões políticas e raciais mais explosivas com um inabalável equilíbrio entre envolvimento e frieza. "Obama é negro, mas sem o tormento de ser negro", disse. "Ele se identifica claramente com a história afro-americana e com os direitos civis, mas passou boa parte da vida — boa parte, não toda — sem essa terrível opressão."

"Barack é um universalista que não nega suas particularidades", prosseguiu Minow. "Ele é muito específico, um africano afro-americano, sendo também filho e neto de brancos. Ele pode se identificar com povos diferentes, e faz isso. Nos Estados Unidos as pessoas são definidas pela 'raça', quer concordem ou não. Ele lutou com isso enquanto estudante universitário e como aluno de direito. Mas acabou por aceitar e assumir quem ele é, e ao mesmo tempo mantendo o senso especial universalista que ocuparia um lugar muito importante em sua mensagem política futura."

Em Harvard, depois num seminário conduzido pelo cientista político Robert Putnam, Minow notou a habilidade de Obama em mudar seu tom e linguagem apenas o suficiente para deixar a pessoa à vontade — o professor branco de Harvard, um amigo negro do centro, o presidente do banco, clérigos, conservadores, liberais e radicais. Mais tarde, quando ele entrou para a política, os repórteres que cobriam seu cotidiano identificaram a mesma postura. "Ele sabe ligar e desligar os sinais que funcionam melhor", explicou. "Não se trata de algo ruim, longe disso. Creio que embute a promessa de uma sociedade multicultural."

"Isso ocorre em parte por ele ser birracial, em parte por causa do pai e do abandono, e também da Indonésia", continuou Minow. "Tudo o levou a uma busca pela autodefinição, o que lhe dá uma capacidade de pensar na questão da raça sem dramatização."

Com o passar dos anos, Obama continuou mantendo contato com Tribe e Minow. Eles discutiam espionagem eletrônica, Guantánamo, a politização do Departamento de Justiça no governo Bush, futuros juízes da Suprema Corte. Às vezes discordavam — por exemplo, sobre casamentos entre pessoas do mesmo sexo, que Tribe defendia e Obama desaprovava.

"No geral, Obama adotava uma atitude voltada à solução do problema", disse Tribe. "Ele aparentemente não se pauta por uma abordagem apriorística, portanto o que emerge é bem pragmático, experimental até. Seria difícil descrever seus pressupostos, a não ser que o país deve honrar os conceitos de justiça, decência, preocupação mútua e o quadro de referências estabelecido pelos pioneiros, incluindo-se as mudanças provocadas pela Guerra de Secessão e pelo New Deal, como modelo para definir o que somos. Quando era ministro da Justiça, Earl Warren costumava perguntar, após uma argumentação oral: 'Mas isso é justo?'. Barack formula sua questão característica: 'É o que aspiramos ser, enquanto país? Nós somos assim?'."

No discurso proferido em março de 2007 na Brown Chapel, em Selma, para recordar o Domingo Sangrento, Obama comentou que, como membro da geração de Josué, ele se apoiava no "ombro de gigantes". Em Harvard, o gigante foi Charles Hamilton Houston. Poucos estudantes entravam na Faculdade de Direito conhecendo esse nome. Contudo, à sua moda, Houston foi tão crucial para o movimento dos direitos civis quanto as passeatas em Selma. Ele foi seu precursor. Em Harvard, foi precursor também de Obama.

Em maio de 1915, *The Crisis*, publicação oficial do NAACP, proclamou em uma linha: "Charles H. Houston, aluno de cor do Amherst College, foi eleito para Phi Beta Kappa".[12] Era o primeiro reconhecimento público ao homem que se tornou, nos anos 1930 e 1940, o principal arquiteto da batalha jurídica contra a segregação nas escolas.

O movimento pelos direitos civis de Houston, todavia, não privilegiava a cultura ou a contestação. Era um movimento de advogados que militavam em casos que buscavam igualdade de direitos aos cidadãos de cor. Na esteira do final da Guerra de Secessão, entre 1865 e 1870, da aprovação de emendas à Constituição (Décima Terceira, Décima Quarta e Décima Quinta), as esperanças nascidas na Reconstrução se esvaíram, sufocadas por quase um século de linchamentos, segregação nas escolas e serviços públicos e outros elementos do racismo institucional americano. "Charles Houston tornou-se uma figura crucial, fundindo a paixão de Frederick Douglass pela liberdade dos negros com as exigências de William DuBois de igualdade para os negros, conforme previsto na Constituição dos Estados Unidos", escreveu Richard Kluger em *Simple Justice*, a história da luta pelo fim da segregação e do caso Brown *vs*. Comitê de Educação.[13]

Nascido em 1895, Charles Hamilton Houston foi criado numa Washington marcada pela segregação. Seu pai, advogado bem-sucedido, pertencia à restrita burguesia negra da capital. Formado pela turma de 1922 da Faculdade de Direito de Harvard, Houston foi o primeiro negro mencionado numa nota da *Law Review*.

Depois da graduação em Harvard, Houston lecionou na Universidade Howard. Fundada em 1867, a Howard surgira como consequência do Freedman's Bureau.* Originalmente, o prédio abrigava uma cervejaria. Muitos médicos, dentistas, advogados, enfermeiros e engenheiros que surgiram na época, formando uma classe média e uma *intelligentsia* negra, frequentaram Howard. A força motriz responsável pela expansão da faculdade foi seu primeiro presidente negro, o economista e ministro Mordecai Johnson. Aconselhado por Louis Brandeis, Johnson reorganizou a escola de direito e contratou Charles Houston para organizar o corpo docente — que deveria ter um objetivo político definido. O aluno mais importante de Houston foi Thurgood Marshall, que se tornou seu protegido no Fundo de Defesa Legal do NAACP.

Houston atacou o princípio da "separação com igualdade" da decisão da

---

* Criado pelo Congresso em março de 1865, o Bureau of Refugees, Freedmen and Abandoned Lands destinava-se a dar assistência médica, judiciária e alimentar aos ex-escravos, além de administrar propriedades abandonadas. O Bureau abriu milhares de escolas e algumas faculdades. (N. T.).

Suprema Corte de 1896 em Plessy vs. Ferguson, colecionando numerosas vitórias contra a discriminação racial.¹⁴ Em 1936, no caso Murray *vs.* Pearson, por exemplo, Houston confirmou que a Universidade de Maryland não podia excluir estudantes afro-americanos — como havia feito com Thurgood Marshall. Em Missouri, uma *ex rel.** Gaines *vs.* Canadá exigiu oportunidades educacionais iguais para jovens de todas as raças, um princípio que foi estendido ao país inteiro pela Suprema Corte. Houston se comprometia com suas causas; como ele mesmo disse, "se não for um engenheiro social, o advogado não passa de um parasita da sociedade".

As batalhas travadas na época por Houston e discípulos como Marshall, Spottswood Robinson, A. Leon Higginbotham e William Hastie receberam pouco apoio do mundo branco. Como ressalta Genna Rae McNeil, biógrafa de Houston, ele apareceu antes da ascensão de King e do movimento pelos direitos civis, numa era em que as opções se limitavam à "defesa do separatismo negro, acomodação ao sistema, colaboração com a classe trabalhadora predominantemente branca" da esquerda, ou "filiação a grupos que defendiam a justiça para todos para a derrubada do governo".¹⁵

Houston morreu em 1950, quatro anos antes que Marshall atuasse no caso Brown *vs.* Comitê de Educação, que derrubou o amparo legal para a segregação nas escolas. Tinha apenas 54 anos. Após a vitória decisiva em Brown, Marshall rendeu homenagem a Houston, dizendo: "Carregamos as malas para ele, só isso".¹⁶

Houston tornou-se um símbolo importante para os universitários afrodescendentes de Harvard. "Houston foi uma figura de porte na formação das nossas mentes", disse Ken Mack. "E aconteceu de Barack entrar bem no momento em que Houston vinha sendo recuperado pela memória histórica. Era um personagem especialmente importante para os estudantes negros da *Law Review*. "Aquele livro" — *Groundwork*, a biografia de Houston escrita por Genna Rae McNeil, publicada em 1983 — "havia acabado de sair. A gente caminhava pelo prédio e via as fotos dos editores desde 1900, apenas rostos brancos, até chegar a 1922, quando surgia a única face negra, de Houston. Era uma coisa muito forte para alguém pensar que, de certa forma, tornara-se o herdeiro de uma das figuras mais

---

* Expressão latina, *ex rel.* é abreviatura de "ex relatione", indicando no processo que o Estado participa de uma demanda judicial particular por haver interesse público na questão. (N. T.)

importantes na luta pelos direitos civis na história americana." (Em 1991 Obama filmou um *Black history minute* para a TBS, sobre a vida de Houston.¹⁷)

Durante décadas a *Law Review* conservou todas as características de uma instituição da elite americana, inclusive o preconceito racial. Nos primeiros 85 anos contou apenas com três membros negros: Houston; William Henry Hastie, que depois trabalhou com Houston no NAACP e se tornou juiz do tribunal federal de apelação; e William Coleman, depois secretário de Transportes no governo Ford. (A primeira mulher a presidir a *Review* foi Susan Estrich, eleita em 1976, que coordenaria em 1988 a fracassada campanha presidencial de Michael Dukakis.)

A *Harvard Law Review* concentrava os alunos mais inteligentes e ambiciosos da escola: apenas três ou quatro dúzias eram selecionadas numa turma de mais de quinhentos estudantes. Frankfurter considerava a admissão nesse grupo como "uma das práticas mais completas de democracia".¹⁸ A *Review*, segundo ele, criava "o ambiente e os hábitos da objetividade e do altruísmo, respeito pela excelência profissional e gosto pela competência no ramo do direito". Havia outras publicações no campus — a *Harvard Civil Rights-Civil Liberties Law Review* (na qual Obama adquiriu alguma experiência), a *Harvard Journal on Legislation*, a *Harvard International Law Journal*, a conservadora *Harvard Journal of Law and Public Policy* —, mas a *Law Review* sempre ocupou o centro das atenções, tanto das firmas de direito corporativo e bancos de investimentos quanto de juízes em busca de auxiliares. Entre os editores prevalecia uma sensação de superioridade e predestinação. A tradição vem de longe. Oliver Wendell Holmes e Louis Brandeis passaram a selecionar automaticamente dois editores proeminentes da *Law Review* como seus auxiliares, a cada ano. Entre os ex-alunos que participaram da *Review* destacam-se, entre outros: Felix Frankfurter (1906), Antonin Scalia (1960), Richard Posner (1962) e Telford Taylor (1932), um dos advogados no julgamento de Nuremberg; o ex-secretário de Estado Dean Acheson (1918) e o ex-procurador-geral Elliott Richardson (1947); os senadores Thomas Eagleton (1953) e Robert Taft (1913); o ex-presidente de Yale, Kingman Brewster (1948), e o ex-editor do *Washington Post*, Philip Graham (1939); o poeta Archibald MacLeish e Alger Hiss (1929).

Obama quase perdeu a oportunidade de se candidatar a uma vaga na *Law Review* — e de entrar para o seleto clube dos eleitos: seu precário Toyota Tercel quebrou quando ia ao correio despachar o formulário de inscrição.¹⁹ Só depois de uma série de telefonemas frenéticos ele conseguiu carona com um colega de classe, Rob Fisher. Como as notas de Obama eram boas — tinha se diplomado com distinção —, ele conseguiu a vaga.

A *Law Review* situava-se em Gannett House, um edifício branco de três pavimentos em estilo neogrego. O nome é uma homenagem a Caleb Gannett, ministro que residiu nas imediações no século XVIII. Os editores da *Law Review* costumavam passar de quarenta a sessenta horas semanais no local. Os editores calouros revisavam e editavam artigos, checavam notas de rodapé e citações, sempre de acordo com "The Uniform System of Citations" (o guia de estilo, mais conhecido como Livro Azul, vendido pela *Review* e maior fonte de renda da publicação).

As funções de comando da *Law Review* destinam-se aos estudantes do segundo ano, que as disputam ferozmente. O cargo principal é o de presidente, mas há também membros da Suprema Corte, tesoureiro, editor-responsável, alguns editores executivos, dois editores de notas e três editores supervisores. Desempenhar qualquer uma dessas funções constitui um trunfo para conseguir emprego nas melhores bancas de advogados, juizados e departamentos legais das grandes corporações do país.

O primeiro ano de Obama na *Law Review* foi típico: tarefas minuciosas e reuniões exaustivas, aliviadas apenas pela necessidade de frequentar as aulas e fazer os trabalhos do curso. No pouco tempo livre que restava ele jogava basquete ou relaxava no salão de lazer dos editores de Gannett House. O salão, segundo Mack, "era o lugar onde logo se consagravam impressões e avaliações de um grupo de pessoas muito ambiciosas".

Os debates políticos na Gannett House eram ainda mais inflamados do que no resto do campus. Radicais discutiam com liberais, liberais discutiam com conservadores federalistas: nas palavras de um editor, "Todos gritavam com todos". Brad Berenson, colega de classe de Obama, membro da Sociedade Federalista que trabalhou no governo Bush, disse: "Trabalhei em Washington por vinte anos — na Casa Branca, na Suprema Corte —, mas o ambiente político mais encarniçado que conheci foi o da *Harvard Law Review*".

Tanto como calouros ou veteranos do curso de direito, os afro-americanos da *Law Review* enfrentavam o mundo da elite branca, mas ali as discussões e a ansiedade por status eram particularmente vívidas. "Participar da *Law Review* foi minha experiência de vida mais intensa em termos raciais, pois as atitudes e preconceitos baseados na raça se entrelaçavam com as linhas políticas e ideológicas dos ambiciosos estudantes que compunham a redação", explicou Mack. "Muitos editores brancos desconfiavam, consciente ou inconscientemente, da capacidade intelectual dos editores e autores afro-americanos. Ser levado a sério como intelectual era para eles uma batalha ingrata."

"Sinceramente, éramos apenas muito polarizados na Law Review", disse Christine Spurell, afro-americana, amiga e colega de classe de Obama.[20] "A gente chegava ao campus e os estudantes negros sentavam todos juntos. O mesmo ocorria na Law Review. Os alunos negros sentavam juntos. Barack era o único realmente capaz de transitar por grupos diferentes, com credibilidade em todos eles [...] Não sei como ele conseguia se comunicar tão bem na época, chegando a conviver socialmente com eles, algo que eu teria sido incapaz de fazer [...] Não creio que agia assim por interesse. Acho que pensava: alguns desses caras são legais, todos são inteligentes, alguns são engraçados, todos têm algo a dizer."

No verão de 1989, a professora e amiga Martha Minow recomendou Obama ao pai, Newton Minow, sugerindo que o contratasse como estagiário no verão. Ela o definiu como "o melhor aluno que já tive". Descobriu que o recrutador da firma já havia tomado as providências. Em Sidley, em Chicago, Obama conheceu uma advogada da firma formada na Faculdade de Direito de Harvard chamada Michelle Robinson, que havia sido designada para "supervisionar" seu estágio de três meses. Como todos na firma, Robinson já conhecia Obama de nome — era o "geninho", como costumavam chamá-lo — e sua tarefa era levá-lo para almoçar e tomar conta dele.[21] Sabia que Obama era mestiço e crescera no Havaí. Para Robinson, nascida e criada na zona sul, ninguém vinha do Havaí, era apenas um lugar onde os ricos passavam férias. A origem e reputação de Obama a impressionaram.

"Ele parecia bom demais para ser verdade", ela disse a David Mendell.[22] "Eu já tinha conhecido muitos irmãos de cor que chegavam com reputação semelhante, por isso calculei que fosse mais um desses sujeitos espertos, bons de conversa, capazes de impressionar as pessoas. Saímos para almoçar e ele apareceu de paletó esporte gasto e um cigarro pendurado no canto da boca, e pensei: 'Bom, lá vem. Chegou o rapaz bonito de fala mansa. Já vi este filme antes'."

Para sua surpresa, Robinson considerou Obama engraçado, autocrítico, "intrigante" — "Nos entendemos bem logo de cara" —, mas sua intenção era manter o relacionamento no nível profissional,[23] por isso recusou os convites de Obama para sair. No começo do verão, Michelle havia feito uma "proclamação" à mãe: "Não estou preocupada em sair com ninguém... vou me concentrar nas minhas coisas". Além disso, ela e Obama estavam entre os poucos afro-americanos da firma: para Michelle, a ideia de sair com Obama era "deselegante".[24] Preferiu apresentá-lo a uma amiga. Não adiantou. "Cara, ela é o máximo!", Obama comentou com um amigo. "Vou lançar o meu feitiço pra cima dela."[25]

Robinson finalmente aceitou passar um dia com Obama — "mas não era para ser um encontro". Robinson morava com os pais em South Shore, não muito distante do apartamento de Obama, em Hyde Park. Os dois passaram juntos um longo dia de verão. Primeiro foram ao Art Institute, depois almoçaram ao ar livre no café do museu. Um conjunto de jazz tocava enquanto comiam. Depois passearam pela Michigan Avenue e foram assistir *Faça a coisa certa*, o último filme de Spike Lee. Michelle considerou Obama sedutor: conhecia um pouco de arte e estava mostrando a sua "sofisticação". Ela se divertiu e ficou encantada. Os dois voltaram a Hyde Park e tomaram sorvete na Baskin Robbins, uma rede na qual Obama trabalhara na adolescência, em Honolulu. Ali deram o primeiro beijo que, segundo a lembrança de Obama anos depois, "tinha gosto de chocolate".[26]

"Creio que no final do dia eu estava perdida", contou Michelle.[27]

Robinson havia saído com rapazes antes, mas nunca tivera um namorado firme; nenhum preenchera os requisitos. Barack, de sua parte, tinha saído com muitas moças, mas só uma vez levara uma namorada para conhecer a família no Havaí. Depois de alguns encontros, Michelle convidou Barack para jantar na casa dos pais dela, um modesto bangalô de tijolos na Euclid Avenue, em South Shore. Ele cativou os pais dela, que se preocupavam com o fato de Obama ser mestiço. Assim como a filha, eles jamais haviam conhecido alguém assim. Os Robinson não precisaram criar uma identidade afro-americana do modo complicado e prolongado de Obama. A riqueza e a história da vida negra americana transpareciam na trajetória da família: um trisavô de Michelle, o escravo Jim Robinson, colhera arroz na fazenda Friendfield, em Georgetown, na Carolina do Sul. E a complexidade genealógica tão comum entre afro-americanos também caracterizava a família Robinson. A genealogista Megan Smolenyak descobriu entre os tetravós de Michelle Obama uma escrava chamada Melvinia, que deu à luz em 1859 um filho mestiço, resultado da união com um branco. Embora em geral o contato sexual entre brancos e negras na época fosse forçado, nada se sabe a respeito do pai do primogênito de Melvinia exceto sua raça. A história da família de Michelle Obama inclui ainda uma linhagem indígena.

A família Robinson chegou ao norte durante a Grande Migração. Os colegas de Michelle no curso médio, num colégio para estudantes promissores, eram em sua maioria afro-americanos; a escola fora batizada em homenagem ao líder dos direitos civis Whitney Young. Uma das melhores amigas de Michelle era Santita Jackson, filha de Jesse Jackson.

O pai de Michelle, Fraser Robinson III, trabalhou na prefeitura durante trinta anos fazendo manutenção de caldeiras e bombas numa estação de tratamento de água e chegou a encarregado. Foi ainda capitão voluntário na força local, pelo Partido Democrata. Passou a usar duas bengalas para caminhar quando começou a sofrer de esclerose múltipla, e depois uma cadeira de rodas motorizada. (Fraser Robinson morreu de complicações decorrentes de uma cirurgia nos rins, em 1991.) A mãe de Michelle, Marian, cuidou dos filhos até sua entrada no colegial e depois trabalhou como secretária para a loja Spiegel's, de vendas por catálogo.

Os Robinson eram trabalhadores, solidários e ambiciosos em relação aos filhos. "Quando uma criança negra cresce no mundo branco, muitas vezes as pessoas dizem — com ou sem malícia, conforme o caso — que você não é bom o bastante", disse Craig Robinson.[28] "Ter uma família como a nossa, que nos lembra constantemente como somos inteligentes e bons, quanto nossa companhia é agradável e nosso sucesso, possível, a luta é dura. Nossos pais nos deram uma pequena vantagem inicial, estimulando nossa confiança."

Em 1981, Michelle seguiu os passos do irmão Craig, estrela do basquete, e entrou em Princeton. Numa turma de 1400 alunos havia 94 afro-americanos. Entre os afro-americanos matriculados em faculdades da Ivy League vigorava a noção de que Princeton era um ambiente particularmente adverso. Até o final dos anos 1980 existiam setores na universidade — alguns restaurantes de clubes em particular — que se orgulhavam de sua reputação de "a universidade mais ao norte da antiga Confederação". Havia somente cinco afro-americanos como professores titulares no corpo docente, e poucos cursos de estudos afro-americanos. Uma das colegas de quarto de Michelle em seu ano de caloura em Pyne Hall, uma moça de Nova Orleans chamada Catherine Donnelly, mudou-se na metade do ano letivo. A mãe de Donnelly sentiu tamanho incômodo com a ideia de sua filha compartilhar um apartamento com uma negra que telefonou a ex-alunos influentes e pressionou a administração da universidade a conseguir outro quarto para Catherine. "Era a minha vergonha secreta", recordou Donnelly.[29]

No segundo ano, Robinson dividiu um apartamento com três outras moças de cor e participou de várias organizações negras, inclusive a Organização pela Unidade Negra. Boa parte de sua vida social ocorria em torno do Third World Center. Robinson formou-se em sociologia, com especialização em estudos afro-americanos, e apresentou uma tese de conclusão do curso intitulada "Princeton-educated blacks and the black community" [Negros formados em Princeton e a comunidade negra]. "Minha experiência em Princeton propiciou uma consciência bem mais ampla da 'negritude'", escreveu.[30] "Descobri que em Princeton, por mais que alguns de meus professores e colegas se esforçassem para ser liberais de mente aberta em relação a mim, eu às vezes me sentia um visitante do campus, como se ali não fosse o meu lugar. Independentemente das circunstâncias em que ocorria meu relacionamento com os brancos, em Princeton eu tinha a impressão de ser sempre negra em primeiro lugar, e aluna em segundo."[31] Michelle enviou centenas de questionários para sua tese a ex-alunos negros, perguntando sobre suas vidas e atitudes, se defendiam uma ideologia "integracionista e/ou de assimilação" ou uma visão "separatista e/ou pluralista". A tese reflete seu profundo desapontamento com o grande número de ex-alunos negros que, em sua opinião, eram rápida e completamente assimilados pela sociedade branca dominante. A tese revela uma jovem capaz de enfrentar não apenas Princeton como também as questões maiores com que se deparava alguém criada na zona sul de Chicago que obtivera um diploma Ivy League e precisava decidir o que fazer da vida.

Marvin Bressler, professor de sociologia em Princeton que conheceu bem Craig e Michelle Robinson quando eram alunos, disse que os dois cresceram numa versão afro-americana da "família Norman Rockwell": uma família muito unida que enfatizava a lealdade, o trabalho duro, a igreja e o respeito pelos mais velhos. Seu mundo era a zona sul, quase inteira afro-americana. Ir para Princeton, segundo Bressler, deixava jovens como Craig e Michelle profundamente desorientados: "Eles chegam como calouros. Encontram instituições ligadas à raça que competem por sua participação. E perguntam: 'Sua identidade fundamental é a feminina? Ou afro-americana?'. Paira sobre isso um intenso desconforto que o aluno vê inicialmente como preconceito. Não há discriminação no sentido antigo, mas quem vem de Chicago se depara com torres góticas e sujeitos finos de Groton, elegantes, confiantes e seguros".

Michelle se preocupava com a possibilidade de seu vínculo com a vida afro-americana se tornar mais tênue conforme ela permanecia ligada a instituições dominadas pelos brancos. Robin Givhan, uma afro-americana de Detroit, entrou em Princeton um ano depois de Michelle e agora trabalha no *Washington Post*, onde cobre a vida de Michelle. "Quando a gente está na faculdade, tudo gira em torno de nós e dos nossos dramas — paranoia, neuroses, inseguranças", recordou Givhan. Ela descreveu os modos radicalmente diversos com que seus amigos negros em Princeton lidavam com seus inúmeros dramas. Crystal, de Nova Jersey, "partiu para uma viagem à África com o cabelo em coque e voltou com trancinhas coladas no crânio, profundamente consciente de sua raça — que se tornou o aspecto definidor de sua personalidade". Beverly, de Michigan, amiga de Brooke Shields, evitava o Third World Center, "assumindo a postura de 'eu não sou tão negra assim'". O modo como Michelle Robinson chegou a Princeton, segundo Givhan, reflete uma genuína e compreensível necessidade de se apegar a um sentido comunitário, o temor de ser assimilada pelo "mundo branco dominante". Universitários brancos, às voltas com seus próprios dramas, preferiam ignorar estudantes como Michelle.

Anos depois, ao ler os elogios de colunistas brancos à autenticidade de Michelle Obama, Givhan considerou as descrições ignorantes e condescendentes: "Um lado meu pensava: por que a baixa expectativa? Ela cursou Princeton e Harvard. Era uma executiva. Por que o deslumbramento? Um lado meu considerava isso irritante. Eu poderia citar uma dúzia de amigas como Michelle ou mais. O que ela fez foi apenas normal. Em muitos aspectos ela é excepcional, e era desalentador verificar que ela precisou atenuar sua excepcionalidade para se apresentar como normal".

Quando entrou para a Faculdade de Direito de Harvard, Michelle Robinson demonstrou bem menos ansiedade em relação às complicações para se adaptar à instituição. Charles Ogletree, professor responsável por sua orientação em Harvard, recordou: "A questão para ela era manter a identidade transmitida pelos pais afro-americanos ou se transformar em algo diferente do que eles pretendiam, por força da formação em uma universidade da elite. Quando entrou em Harvard ela já havia respondido isso. Conseguiu ser brilhante e negra".

Michelle Robinson trilhou um caminho diferente do seguido por Obama no curso de direito. Aproximou-se mais de Ogletree do que dos professores brancos. Atuou mais na associação dos estudantes negros, participou de uma das publicações voltadas aos afro-americanos e trabalhou na organização Legal Aid, ajudando clientes indigentes em casos de inquilinos contra proprietários. Considerou seriamente continuar na Legal Aid após a conclusão do curso, mas Ogletree garantiu que ela se sairia "muito bem" se escolhesse uma firma como Sidley Austin, onde estagiara no verão, desde que extraísse deles a promessa de poder atuar em alguns casos sem cobrar nada.

Apesar das diferenças de formação e ênfase, estava claro que Michelle e Barack não fariam carreira num escritório como Sidley Austin. Quando se conheceram, Obama disse a Craig Robinson: "Acho que gostaria de lecionar algum dia, e talvez concorrer a um cargo eletivo". Robinson perguntou se ele pretendia se candidatar a vereador. "Ele disse que não, que sonhava em um dia concorrer ao Senado", segundo Robinson. "E depois falou: 'E provavelmente me candidatar um dia a presidente'. Eu respondi: 'Tudo bem, mas não diga isso a minha tia Gracie'." Obama, por sua vez, não se lembrou de ter feito o comentário, mas acrescentou: "Se o assunto surgiu, e eu afirmei o interesse pela política eleitoral [...] minha aspiração teria sido mais alta do que chegar a vereador".[32]

O prêmio mais cobiçado da *Law Review* é a presidência da publicação. Uma proporção espantosa da equipe (chega à metade) costuma se candidatar ao cargo. No início, Obama mostrou relutância em concorrer. A eleição ocorreria em fevereiro de seu segundo ano. A reputação de Obama crescia entre colegas afro-americanos e professores. Christopher Edley Jr., cujo pai havia sido orientando de Thurgood Marshall, eleito para a *Review* em 1975, fora o primeiro editor negro em muitos anos. Como professor, via um potencial enorme em Obama.

"Há certos aspectos da formação em direito que podem ser imensamente valiosos", disse Edley. "Um deles, claro, é estudar como as instituições de governança e propriedade operam: de que maneira agem os tribunais, as legislaturas e as agências reguladoras. Segundo, instila hábitos mentais que considero muito poderosos, mesmo quando não se está lidando com o setor que uma visão estreita considera ser 'a lei'. Para estudantes de direito é muito importante compreender o argumento da outra parte. Se for litigante, uma habilidade indispensável é tentar antecipar e dissecar o melhor argumento que seu oponente apresentará, aprofundar-se até compreender o argumento como se fosse seu. Isso lhe confere uma certa humildade, pois o obriga a encarar as debilidades de sua posição e entender que um problema difícil apresenta, por definição, bons argumentos para os dois lados. Nisso residia a grande força de Barack. Bem, por que ele parecia odiar debates na disputa presidencial e não se mostrou lá muito convincente no início? Porque a diferença entre um grande advogado e um bom debatedor é que o advogado valoriza as nuances e espera o momento de se concentrar na melhor maneira de se comunicar. Seu talento, o tal hábito mental, também se evidencia na disponibilidade para tratar com pessoas das quais discorda. Para um bom advogado é antiético ter a convicção farisaica de monopolizar a verdade. Ele é treinado para apreciar a complexidade. Não chega a ser relativista, mas se mostra humilde e firme em seus princípios ao mesmo tempo. Enfrenta os problemas usando seus parâmetros, opiniões e princípios, mas se mantém aberto ao debate. Barack era assim."

Depois de conversar com amigos como Cassandra Butts, Obama decidiu se candidatar a presidente da *Law Review*. "A maioria dos meus colegas da *Law Review* eram alguns anos mais novos do que eu", declarou Obama.[33] "Pensei que poderia aplicar ao cargo um pouco de bom-senso e conhecimentos gerenciais. Eu já investia um bom tempo na *Law Review*, e minha atitude passou a ser: por que não concorrer à presidência da *Law Review*?"

Maturidade, e não ideologia, seria o atrativo de Obama. "Um detalhe difícil de recordar, mas verdadeiro, era que o pessoal da *Law Review* ficava de queixo meio caído com Obama, pois ele dava a impressão de fazer parte do corpo docente, ser mais do que mero estudante de direito", disse David Goldberg, rival liberal na disputa pela presidência. "Muitos professores se mostravam indiferentes aos alunos. Mas o tratavam com deferência, quase adulação. Sem dúvida, por ser ele brilhante e afro-americano. Além disso, demonstrava excepcional maturidade e sensatez, sem deixar de lado o coração."

No ano de Obama, dezenove dos 35 segundanistas membros da equipe editorial da *Law Review* decidiram concorrer à presidência. Os estudantes em final de curso juntavam-se aos segundanistas que não eram candidatos num salão de reuniões em Pound Hall, onde realizavam a assembleia e votavam. Os candidatos a presidente aguardavam na cozinha, ao lado do salão, e preparavam a refeição dos eleitores durante as deliberações. Os eleitores estudavam volumosas pastas com os melhores trabalhos dos candidatos, com amostras de textos e artigos para a *Law Review*. O processo — detalhado, argumentativo, pomposo — tomava o dia inteiro e podia seguir noite adentro.

"Em determinado momento", recordou Goldberg, "alguém enfiava a cara pela porta da cozinha e dizia, X, Y e Z, voltem ao salão. Eram os candidatos excluídos da eleição, que se uniam aos eleitores. Os que permaneciam na cozinha suspiravam aliviados.

O único conservador a continuar na disputa depois das rodadas eliminatórias foi Amy Kett, uma candidata preparada, mas com poucas possibilidades. Sua facção de conservadores fiéis, porém minoritários, sabia que ela não tinha muita chance. Contavam, no entanto, que unidos eles poderiam influenciar o resultado. Brad Berenson e outros conservadores procuravam alguém que os tratava sem preconceitos, e que "não levasse diferenças políticas para o lado pessoal".

"Em lugares como Harvard e Yale, os jovens costumavam demonizar quem manifestasse opiniões políticas dissidentes", disse Berenson, "e elas não faltavam em Harvard nos anos 1990, quando tudo era politizado. Barack não fazia parte daquela turma. Ele conquistou a afeição e a confiança da maioria. A única crítica dos conservadores o acusava de ser duas caras, de levar todo mundo a pensar que estava sempre concordando, quando na verdade ocultava seus verdadeiros sentimentos. Eu nunca concordei com essa crítica."

Quando membros da *Law Review* recordam agora o processo eleitoral quase todos pensam nos termos dos programas de televisão, como uma espécie de *No Limite* intelectualizado e estendido. Um representante dos eleitores entrou na cozinha e fez a proclamação. Amy Kett estava fora — saíra da ilha. (Sua carreira não sofreu nada: Kett foi nomeada assistente de Sandra Day O'Connor na Suprema Corte.)

"Naquela altura a escolha estava na mão dos liberais, e eu me lembro que o voto conservador passou *en masse* para Barack", disse Berenson. "Prevaleceu a impressão geral de que ele não achava que éramos pessoas ruins, apenas equivocadas, e que nos dava crédito pela fé e inteligência."

Ao meio-dia e meia restavam apenas os candidatos David Goldberg, liberal branco que seguiria carreira jurídica em liberdades civis, e Barack Obama.

Finalmente, alguém foi procurar os dois e dar a notícia. Obama seria presidente. "Antes que eu pudesse dizer uma só palavra, outro estudante negro" — Ken Mack — "aproximou-se, me agarrou e abraçou com força", recordou Obama.[34] "Foi então que me dei conta de que não dizia respeito somente a mim, mas a nós. Eu atravessava uma série de portas que outros abriram."

A notícia da histórica eleição de Obama — foi o primeiro afro-americano a presidir a *Law Review* — ecoou no noticiário do mundo inteiro. Obama, entrevistado para o *New York Times* por Fox Butterfield, reagiu com muito tato, reconhecendo tanto as expectativas dos colegas afro-americanos de faculdade quanto o aumento de sua responsabilidade. "O fato de eu ter sido eleito indica que houve muito progresso", disse.[35] "É estimulante. Mas acho importante que histórias como a minha não sejam usadas para afirmar que está tudo bem para os negros. A gente deve lembrar que há centenas ou milhares de estudantes negros com igual ou maior talento que não tiveram chances como a minha [...] tenho interesse pessoal em apresentar a perspectiva de uma minoria forte. Minha opinião quanto a isso é irredutível. Mas, como presidente da *Law Review*, desempenho um papel limitado, como primeiro entre iguais."[36]

Earl Martin Phalen, amigo de Obama, entusiasmou-se com a eleição, a exemplo de muitos estudantes afro-americanos do campus. Eles haviam formado vínculos em classe, ouvindo as crueldades cometidas contra seus antepassados — crimes como escravização, linchamentos, as leis Jim Crow, uma miríade de discriminações e humilhações — e portanto, para sua geração, a vitória tornava Obama seu Charles Hamilton Houston. "Ele afirmou nossa excelência intelectual e identidade enquanto pessoas de cor", disse Phalen, hoje um militante na área educacional. "Barack também se orgulhava do fato, e reconhecia sua importância histórica, mas para ele não se tratava de uma reparação." Phalen é negro, adotado e criado por uma família branca numerosa de Boston. "A gente valoriza a raça e compreende seu significado", explicou Phalen, "mas no final das contas tivemos uma formação similar, e sabíamos que o principal aspecto era o caráter. Barack sabia disso."

Obama concedeu muitas entrevistas depois da eleição e só escorregou uma vez, quando declarou sem pensar a um repórter da Associated Press que "os subúrbios me entediam". Quase todos os artigos incluíam o que a escritora Ryan Lizza chamou de "os elementos essenciais da Obama-mania": "o fascínio por sua história de vida, citações favoráveis de amigos que apostavam em sua eleição para presidente, um dia, e a capacidade de reflexão de Obama, franca e por vezes ostensiva".[37] Obama disse ao *Boston Globe* uma frase que repetiria durante sua carreira política: "Em certa medida, sou um representante simbólico das muitas mudanças que foram alcançadas".[38]

O passo seguinte para o novo presidente da *Law Review* seria formar uma equipe editorial, um processo complicado por conta de ego, política e raça. Obama poderia ter escolhido para o alto escalão uma combinação de afro-americanos e liberais. Em vez disso, seguiu o sistema tradicional de seleção, e como resultado três dos quatro editores executivos eram conservadores: Amy Kett, Amam Charnes, que depois trabalharia no Departamento de Justiça de Bush, e Jim Chen, que seguiria carreira acadêmica depois de assessorar Clarence Thomas. Brad Berenson, Kenneth Mack, Julius Genachowski e Tom Perrelli também assumiram funções de destaque na equipe ideologicamente abrangente.

Era quase inevitável, considerando a atmosfera de ressentimento e as longas décadas de negação do preconceito racial pela *Law Review*, que Obama não conseguisse agradar a todos, a começar por outros afro-americanos. Sua amiga Christine Spurell jamais conseguiu entender o pendor de Obama por ouvir os conservadores com tanta atenção e sintetizar seus pontos de vista; na época ela era mais abrasiva e impaciente que o amigo. Mas trabalhou mais de sessenta horas por semana no primeiro ano da *Review*, formando uma boa parceria com Obama na edição de um artigo sobre Martin Luther King. "Meu coração explodiu de orgulho", ela disse quando Obama se elegeu presidente, contando que ele lhe daria uma posição de destaque. Sentiu-se traída quando isso não aconteceu.

"Semanas depois Obama me chamou a sua sala e disse: 'Precisamos resolver o problema que surgiu entre nós'", disse. "Eu estava furiosa com ele. Obama falou algo na linha: 'Não sei qual é o problema. Talvez por sermos mestiços? Sei lá'. Acho que ele quis dizer que isso nos tornava tão familiares um para o outro que despertava irritação ou desconfiança. Não sei. Eu me lembro de ter chorado durante a conversa, em grande parte por raiva e frustração, o que mostra bem quanto estava desolada. Lembro-me de ter dito algo como: 'Não me importa qual é nosso problema, não vai dar para resolvê-lo, e eu não estou interessada em resolvê-lo'."

Depois da conversa os dois combinaram uma trégua, segundo Spurell, e quase duas décadas depois ela concluiu que Obama a descartara por ser muito belicosa e agressiva — características que ele não suportava. "Eu não tinha paciência com os idiotas do outro lado, e Barack tinha. Isso me irritava, chegava a dar raiva, mas fez dele a melhor pessoa, e certamente a mais preparada, para presidir a *Law Review*."

O auge do mandato de um ano de Obama como presidente pode muito bem ter ocorrido no banquete anual no Harvard Club, que celebra a troca da guarda na publicação. Evento formal, o banquete reúne toda a equipe da *Review*, bem como ex-alunos e seus cônjuges. Quase todos os convidados do banquete eram brancos, mas os garçons, que usavam trajes brancos engomados, em geral eram afro-americanos. Obama falou sobre a importância de um rapaz negro e magro de "nome engraçado", não somente para ele, mas por abrir uma porta para todos. Ao expressar sua gratidão às pessoas que "pavimentaram o caminho", alguns colegas de Obama notaram que os garçons no fundo do salão prestavam muita atenção ao discurso. No final, quando todos aplaudiam em pé, um dos garçons mais velhos percorreu o corredor com passos rápidos para apertar a mão de Obama.

A *Harvard Law Review* publica edições mensais durante o ano acadêmico — mais de duas mil páginas, no total — e Obama passava de quarenta a sessenta horas por semana na Gannet House, lendo, reunindo-se com editores, editando artigos. Porém não levava a publicação muito a sério. Tinha plena noção do absurdo — estudantes de direito selecionando e editando o trabalho de juristas e estudiosos experientes — e não abrigava ilusões sobre a influência da *Law Review* no universo mais amplo da academia e da jurisprudência. A circulação da *Review* chegava a 4 mil exemplares, era o jornal mais citado do gênero, mas, em geral, quando as discussões esquentavam, Obama dizia: "Lembrem-se, colegas, ninguém lê isso". David Ellen, que sucedeu a Obama como presidente da *Law Review*, disse: "Passávamos a maior parte do tempo juntos, conversando, quando foi feita a transição dele para mim, e sua ênfase era manter a *Review* em perspectiva. Ele sabia que a publicação não era grande coisa no mundo real, e sabia disso por já ter vivido lá fora".

"Barack conseguia motivar as pessoas a fazerem coisas além de seu interesse pessoal, e levar pessoas sem muita coisa em comum a manter o vínculo com um projeto maior — com uma abordagem muito amigável", disse David Goldberg. "Politicamente, sem dúvida ele era liberal, na minha opinião. Mas nunca pensei nele como pensador progressista, e sim como uma pessoa ponderada."

Obama editou o Volume 104 da *Law Review*. Não há distinção ideológica perceptível nas edições sob sua responsabilidade, com exceção do desejo de misturar tudo. No período, a *Review* publicou artigos abrangentes — um deles atacava frontalmente a política das ações afirmativas — e liberais, no conjunto. Artigos que estimulavam a abertura, por parte de idosos, mulheres e afro-americanos, de ações contra discriminação. Contudo, ainda que fosse liberal, Obama não era muito previsível. Trabalhou estreitamente com Robin West, na época professora da Universidade de Maryland e especialista em teoria legal feminista, num artigo que criticava juízes conservadores e mesmo liberais que punham os direitos acima da liberação. Citando Vaclav Havel, West escreveu que o senso de responsabilidade dos cidadãos não era menos importante que seus direitos. Argumentou que as metas da tolerância e da diversidade poderiam ser "enfraquecidas, e não fortalecidas, se os direitos fossem levados 'a sério demais', a ponto de deixarmos de lado o exame de nossas responsabilidades".

Segundo West, Obama concordava com ela. "Por isso não chegou a surpreender vê-lo, tantos anos depois, defendendo argumentos similares sobre raça, racismo e responsabilidade, sem permitir que esse discurso caísse nas mãos de conservadores e libertários sociais."

As posições de Obama embutiam um toque discreto de teoria feminista e da posição legal do Estado perante mulheres grávidas e abuso de drogas. Houve múltiplas reações a um artigo controverso de Randall Kennedy em um volume anterior chamado "Racial critiques of legal academia" [Críticas raciais da academia legal], em que acusava a academia branca de aceitar irrefletidamente trabalhos medíocres de acadêmicos negros. Obama também supervisionou a publicação de um artigo de Charles Fried, professor conservador da Faculdade de Direito de Harvard e ex-procurador-geral durante o governo Reagan, no qual atacava a ação afirmativa como uma forma de "balcanização racial".

Em seu pequeno universo, a *Harvard Law Review* costuma ser avaliada por sua eficiência — saiu na data prevista? Foi bem editada e revisada? Todos os anos, até sua morte em 1994, Erwin Griswold, ex-reitor da Faculdade de Direito e ex-procurador-geral, enviava cartas frequentes ao presidente — chamadas de "Grisergramas" — elogiando bons artigos ou, habitualmente, apontando defeitos de estilo, raciocínio, edição ou oportunidade. Os "Grisergramas" de Obama foram majoritariamente elogiosos.

Em janeiro de 1960, dez anos após a morte de Charles Houston e seis anos depois de Brown, Derrick Bell, um jovem advogado do Departamento de Justiça, deixou o governo para trabalhar em tempo integral com Thurgood Marshall no Fundo Legal de Defesa do NAACP. Não foi uma decisão difícil para Bell. O Departamento de Justiça o enfurecera ao exigir que abandonasse a militância no NAACP, pois isso comprometia sua objetividade legal.

"Foi muita *petulância*, não acha!", declarou Bell.

Ele passou os oito anos seguintes no movimento de direito civis e depois dedicou-se aos estudos acadêmicos, em que continuou sendo, em suas palavras, "um ardoroso defensor" dos afro-americanos.

Na época de Barack Obama, Derrick Bell era o símbolo mais vívido da política racial na Faculdade de Direito de Harvard. Seu avô materno era cozinheiro ferroviário na Pensilvânia. O lado paterno da família vinha do interior do Alabama, do Cinturão Negro, tendo migrado para o norte até chegar a Pittsburgh. Seu pai, que não chegou a completar o curso médio, trabalhou em siderúrgicas e foi faxineiro de uma loja de departamentos de Pittsburgh. Em 1962 Bell ajudou James Meredith a ser admitido na Universidade do Mississippi. Na cidade de Harmony, no Mississippi, em 1964, ele atuou ao lado de uma organizadora local radical chamada Biona MacDonald. Muitos brancos resistiam a qualquer mudança, encenando demonstrações de força para intimidar os negros, dando tiros nas janelas de famílias negras. Os bancos locais negavam empréstimos e hipotecas a simpatizantes do movimento. Bell surpreendeu-se com o destemor de Biona MacDonald, que insistia nos protestos contra a segregação apesar das ameaças e espancamentos, e perguntou como ela suportava a pressão. "Não posso falar pelos outros", ela respondeu, "mas, no meu caso, eu não passo de uma velha. Vivo para *azucrinar* os brancos."

Bell tentou fazer a transição de advogado de direitos civis a acadêmico do direito, mas recusaram emprego a ele em Michigan, George Washington e em mais meia dúzia de faculdades. Ele era bom, ao que consta, para lecionar em Harvard ou obter uma vaga de professor visitante, mal pago, mas não para ser titular. Só depois do assassinato de Martin Luther King Jr., em 1968, os cursos de direito do nível de Harvard foram compelidos a romper a barreira da cor. Os administradores afinal se deram conta de que as vitórias legais em Brown *vs.* Comitê de Educação e a lei dos Direitos Civis de 1964, que proibia a discriminação no emprego, pouco serviram para integrar o corpo docente das universidades. Os distúrbios ocorridos depois do assassinato abriram seus olhos.

Derek Bok, reitor da Faculdade de Direito de Harvard, pegou um avião para Los Angeles e ofereceu o emprego a Bell, garantindo que ele "seria o primeiro, e não o último". Tudo bem, respondeu Bell, "pois eu não quero entrar como quota".[39]

Depois de dois anos como professor titular, Bell ameaçou pedir demissão. Durante as duas décadas seguintes ele ameaçou ir embora várias vezes, sempre para obrigar Harvard a contratar mais professores negros, e depois professoras. "Minha vida é uma manifestação enérgica da decisão de não engolir sapos", declarou Bell.

Em Harvard, Bell perturbou a paz também com seus textos iconoclastas. Em "Serving two masters" [Servindo a dois amos], ensaio de 1976 publicado no *Yale Law Journal*, e no livro *And we are not saved* [E não fomos salvos] de 1987, ele reafirmou seu papel no movimento para integrar as instituições americanas, chegando à conclusão de que ele e o movimento dos direitos civis haviam sido lamentavelmente logrados. Perdia aos poucos a fé na capacidade de progresso dos Estados Unidos. Bell escreveu em "Serving two masters": "Chegou o momento de os advogados de direitos civis encerrarem seu compromisso obstinado com o equilíbrio racial".[40] Ele insistia num novo conceito de "realismo racial" — um realismo que alguns interpretam como desespero. "As pessoas negras jamais conquistarão plena igualdade neste país", afirmou no livro *Faces at the bottom of the well* [Rostos no fundo do poço].[41] "Até mesmo o esforço hercúleo que saudamos como bem-sucedido não produzirá mais do que 'picos temporários de progresso', vitórias a curto prazo que resvalarão para a irrelevância conforme os padrões raciais se adaptem de modo a manter o domínio branco. Trata-se de um fato duro de aceitar, mas que a história endossa. Não devemos reconhecer nisso um sinal de submissão, mas um ato de fundamental desafio." Bell argumentou que, não obstante suas boas intenções, em certos aspectos Brown *vs.* Comitê de Educação levou a uma integração *fracassada*. Quando os brancos mudaram do centro das cidades para os subúrbios, a receita de impostos caiu e os negros foram deixados para trás, com escolas precárias e sem verbas. A situação teria sido melhor, argumentou Bell, se a parte "igual" dos "separados, mas iguais" ideal, do caso de Plessy *vs.* Ferguson, de 1896, tivesse recebido apoio.

No segundo ano do curso de direito de Obama, depois que Harvard recusou a contratação como titular de Regina Austin, uma professora visitante negra da Universidade da Pensilvânia, Bell ameaçou tirar licença por tempo indeterminado, sem remuneração. Bell patrocinou os escritos de Austin sobre barreiras raciais e sexuais, mas Austin não tinha funções na Justiça federal nem consultoria jurídica registradas em seu currículo: suas credenciais, no sentido convencional, não eram excepcionais. "Mesmo assim eu acreditava que Regina era perfeita", disse Bell. "Ela falava o que precisava ser dito. E militava muito mais do que eu. Mas eles" — o comitê de seleção da Faculdade de Direito — "sempre diziam não. Sempre pediam para ver o próximo candidato, e o próximo." Em 1990 havia quatro homens negros no corpo docente, mas nenhuma negra. Segundo Martha Minow, Erwin Griswold, reitor de 1946 a 1967, costumava convidar as raras mulheres estudantes do campus para tomar chá e dizia: "Bem, por que vocês estão aqui, tirando o lugar de um homem?".

Em 9 de abril de 1990, sem consultar Regina Austin, Bell escreveu ao reitor Robert Clark dizendo que aquela carta era "um aviso firme, mesmo que inadequado, de minha intenção de tirar uma licença não remunerada", que segundo ele se prolongaria indefinidamente, "até que uma mulher de cor receba e aceite o convite para ser professora titular desta faculdade".[42] "Isso tudo estava acontecendo enquanto minha mulher, Jewel, sofria muito com um câncer", explicou Bell. "Quando eu contei o que planejava fazer, ela respondeu: 'Derrick, por que tem de ser sempre você?'." Boa parte da carta de Bell a Clark pedia desculpas — por ter deixado de perceber antes a importância de haver mulheres negras no corpo docente.[43]

Bell mostrou a carta aos colegas e iniciou uma greve de fome. Alguns estudantes elaboraram um plano de ação diferente para apoiar a diversidade: declararam, com certa pompa, que fariam os exames finais, mas em vez de entregues eles seriam depositados em juízo até a universidade contratar mais membros das minorias.

A reação de Obama ao protesto de Derrick Bell interessava aos colegas. Obama apoiava a luta pela diversidade no campus, mas nunca militara abertamente na controvérsia referente a Bell, nem em qualquer outra questão política. A popularidade de Obama e sua condição de "primeiro" em Harvard eram tão importantes que Cassandra Butts o convidou para fazer um discurso numa manifestação no campus.

"Barack era presidente da *Law Review* — primeiro afro-americano a assumir a função —, um cargo importante, por isso fiquei contente quando ele se posicionou", disse Derrick Bell. "Não dava para considerar a *Law Review* um baluarte da defesa da ação afirmativa. Na época, foi preciso travar uma batalha intensa só para acrescentar um concurso de redação como critério adicional para entrar na *Review*."

De calça cáqui e camisa azul-clara, Obama aproximou-se do microfone na área externa de Harkness Commons ao lado de outros estudantes, de Bell e de cartazes que diziam "Diversidade Já" e "Refletindo a Realidade".[44] Obama discursou em apoio à luta de Bell pela conquista de um cargo de professor titular por uma mulher de cor. Chamou Bell de "Rosa Parks da educação legal": "Eu me lembro de ele ter ido até a frente e ter conversado conosco, em vez de dar uma aula", contou Obama. Elogiou Bell por "falar a verdade" e ao final do discurso o abraçou diante da multidão reunida. Charles Ogletree recordou que o discurso de Obama se destacou pela eloquência e pela intensidade emocional: "Embora ele não fosse o defensor mais inflamado ou mais importante naquele debate".

Todos se lembram de Obama da mesma maneira: defendia posições progressistas nas controvérsias políticas e raciais do campus, mas nunca assumia a liderança. Preferia sempre o discurso da reconciliação ao da insistência.

"Barack era um sujeito politicamente engajado, mas isso não ocupava uma posição central em sua personalidade institucional", disse Christopher Edley Jr. "Como organizador comunitário, ele sentiu os problemas na carne em Chicago, antes de ir para Harvard. A política institucional na Faculdade de Direito de Harvard pode consumir a pessoa que não tiver a perspectiva fornecida pela familiaridade com uma política do tipo efetivo. Minha impressão era de que Barack, embora simpatizante das lutas locais, mirava algo muito à frente. E, francamente, isso era cativante. Eu sentia uma ligação mais forte com ele por conta de minha experiência pessoal na política nacional. Para Obama era difícil se entusiasmar muito com a militância local."

Bell acabou saindo de Harvard e nunca mais voltou. (Hoje leciona na Universidade de Nova York.)

Nas discussões na *Law Review*, Obama insistia num tema importante: os estudantes de Harvard e de outras instituições privilegiadas deviam trabalhar pelo bem comum. "Um dos luxos de cursar a Faculdade de Direito de Harvard é que isso nos dá a chance de correr riscos na vida", disse Obama numa entrevista, na época.[45] "A gente pode tentar fazer coisas que vão causar melhorias na sociedade e ainda assim cair de pé. É isso que a formação em Harvard nos concede: confiança e segurança suficientes para buscar nossos sonhos e dar algo em troca."

Um dos debates nos quais Obama se envolveu com certa paixão na *Review* referia-se à ação afirmativa. Ele apoiava a ideia, e quando a amiga Cassandra Butts decidiu resenhar o influente livro de Shelby Steele, *The content of our character* [A composição de nosso caráter] — uma análise conservadora das relações raciais que via a ação afirmativa como uma política que reforçava a psicologia da vitimização entre os negros e ressaltava a virtude dos brancos —, Obama conversou com ela a respeito da crítica. A "retórica simplista" criticada por Butts em seu artigo de 1989 para a *Harvard Civil Rights-Civil Liberties Law Review* assemelha-se muito à retórica de Steele, quase duas décadas depois, em seu livro *A bound man: why we are excited about Obama and why he can't win* [Um homem determinado: por que estamos entusiasmados com Obama e por que ele não pode ganhar]. Steele afirmava que o candidato fora apanhado por uma dinâmica racial na qual os candidatos negros são "contestadores" — que acusam os brancos americanos de racismo crônico e exigem políticas defasadas como a ação afirmativa — ou "negociadores", que aceitam minimizar a história do racismo americano em troca de apoio político branco.

Em Harvard, no meio do debate sobre o baixo número de mulheres na *Law Review* e a possibilidade de usar algum tipo de ação afirmativa para promover seu crescimento, Jim Chen, um dos conservadores mais articulados da publicação, escreveu uma carta realista para a *Harvard Law Record*. Ele se opunha à ação afirmativa por causa da marca que deixava nos beneficiados.

Obama escreveu para a *Record* defendendo a ação afirmativa, e encerrou a carta com um argumento mais introspectivo:

> Gostaria de acrescentar uma nota pessoal na resposta à carta do sr. Jim Chen publicada na edição de 26 de outubro da *Record*, na qual desfia amplas objeções à política de ação afirmativa adotada na *Review*. Respeito a preocupação pessoal do sr. Chen quanto aos possíveis efeitos da ação afirmativa, como o estigma, e não questiono a profundidade nem a seriedade de seus sentimentos. Devo dizer, porém, que na condição de beneficiado indubitável dos programas de ação afirmativa durante a carreira acadêmica, e como alguém que poderia ter sido beneficiado pela ação afirmativa da *Law Review* quando fui escolhido para participar da publicação no ano passado, não me sinto pessoalmente estigmatizado, seja na comunidade acadêmica

como um todo ou como membro da equipe editorial da *Review*. Na verdade, minha eleição como presidente da *Review* no ano passado parece indicar que, ao menos na redação da *Review*, e possivelmente para a maioria dos professores de Harvard, a ação afirmativa não macula em nada o sucesso dos membros dos grupos historicamente sub-representados.

Concordo, portanto, com a sugestão de que, no futuro, nossa preocupação com esta área seja adequadamente voltada a qualquer empregador capaz de insinuar que alguém como o sr. Chen, com um extraordinário currículo de êxitos acadêmicos, não tenha qualificações para trabalhar numa grande corporação, ou que seu sucesso seja de algum modo imerecido. Esses atributos não dizem tanto respeito a méritos ou problemas da ação afirmativa quanto à ignorância e o preconceito tragicamente enraizados em profundidade na comunidade legal e na sociedade como um todo.

Barack Obama
Presidente da *Harvard Law Review* [46]

Vale notar a destreza e a segurança do argumento: Obama ressalta que a ação afirmativa pode ajudar também um asiático-americano como Jim Chen (embora ele ignore o fato de que a ação afirmativa seja motivo de controvérsia também entre asiático-americanos). Como político maduro, Obama passou a rejeitar a necessidade de ação afirmativa para afro-americanos que, como seus filhos, já haviam obtido acesso às vantagens do sistema americano. Alguns de seus amigos de Harvard dizem que Obama acreditava que a ação afirmativa provavelmente o ajudou a entrar em Columbia e em Harvard. "Não tenho como saber se fui beneficiado pela ação afirmativa em minha admissão para Harvard ou na eleição inicial para a *Review*", declarou Obama a *The Journal of Blacks in Higher Education*.[47] "Se foi o caso, não sinto vergonha por esse fato, pois defendo que a ação afirmativa é importante exatamente para os beneficiados que se mostram à altura do desafio quando surge a oportunidade. Pessoas fora de Harvard podem ter visto minha eleição para a presidência da *Review* como consequência da ação afirmativa, uma vez que não me conhecem pessoalmente. Pelo menos um amigo meu, branco, mencionou que um juiz de corte federal de apelação perguntou, durante o período em que o auxiliou, se eu havia sido eleito por mérito. E o caso veio à tona entre os que tomavam as decisões de contratação da Faculdade de Direito [da Universidade de Chicago] — algo que não teria sido sequer mencionado se fosse um ex-presidente branco da *Review*."

Quase todos os colegas de Obama na *Review* aprenderam a valorizar seu talento para a mediação. Aprenderam o bastante com seu passado para brincar com ele. Na edição anual de paródia da *Law Review*, "The Revue", eles "citaram" Obama referindo-se a sua origem complicada: "Nasci em Oslo, na Noruega, filho de um operário da fábrica Volvo e pescador em meio período. Minha mãe fazia backing vocals para o ABBA. Eram boa gente". Em Chicago, "descobri que era negro, coisa que tenho sido sempre, desde então".[48] Depois da eleição, ele uniu as pessoas num "grupo feliz, coeso", enquanto "melhorava a vida de todos os americanos que não me conheciam concedendo uma série de entrevistas articuladas e admiravelmente maduras para todos os veículos de comunicação".

Em seu último ano no curso de direito Obama passou a refletir seriamente sobre o futuro — e os professores estavam pensando nisso também. Christopher Edley Jr. foi um dos membros do corpo docente que anteciparam um futuro grandioso e ambicioso para Obama: "Ele chamava a atenção na classe, mas não era dos alunos mais comunicativos. Aprendi a conhecê-lo melhor fora da aula, quando passou a frequentar meu escritório e conversar comigo. Declaro que fui o primeiro a usar a expressão 'calma sobrenatural' para descrevê-lo, uma característica que chamava muito a atenção. Mesmo quando falava a respeito de opções de carreira, ele parecia tão centrado que, além da inegável inteligência, eu sentia vontade de comprar ações dele. Sabia que os ganhos de capital seriam enormes".

David Wilkins, um jovem professor afro-americano da Faculdade de Direito, disse: "Depois que Barack foi eleito presidente da *Law Review* eu conversei com ele — para cumprimentá-lo e também para saber o que pretendia fazer no cargo. E falei: 'Claro, você vai servir de assistente para alguém da Suprema Corte, e provavelmente poderá escolher o juiz de sua preferência. Depois, talvez se torne professor de direito' — como se isso fosse o máximo possível. Ele me lançou aquele olhar calmo ao qual já estávamos acostumados, com uma mistura de espanto e respeito, e seguiu-se uma longa pausa. Depois ele falou: 'Bem, sem dúvida tudo isso seria uma grande honra, mas não é o que tenho em mente para mim'. Ele era assim: com os pés totalmente no chão. E sabia, mais ou menos, *exatamente* o que queria fazer".

Abner Mikva, ex-congressista por Chicago e juiz do tribunal de apelação federal para o distrito de Columbia, ofereceu o cargo de assistente a Obama, que o recusou. Mikva espantou-se. Tratava-se do segundo tribunal do país em importância, um degrau que garantiria um cargo na Suprema Corte. Obama pretendia ir direto para a Suprema Corte? Queria escolher um juiz específico para assessorar? Seria muita insolência. Mas não era nada disso.

Em Harvard, Obama descobriu que o estudo do direito era, como escreveu, "decepcionante em alguns momentos, uma questão de aplicar regras estritas e procedimentos antigos a uma realidade pouco cooperativa; um tipo de contabilidade exaltada que serve para regulamentar os casos daqueles que têm poder".[49] A linguagem não diferia muito do jargão esquerdista do campus. Mas Obama também via o direito como uma forma de memória, "uma conversa contínua de uma nação que discute com sua consciência". Na linguagem dos documentos fundadores da nação ele podia ouvir a linguagem de Frederick Douglass e Martin Delany, as lutas do movimento pelos direitos civis, os campos de internação nipo-americanos, os judeus russos nas fábricas precárias, os imigrantes do Rio Grande, os inquilinos de Altgeld Gardens — todos "clamando por reconhecimento" e formulando as mesmas questões que Obama dirigia ao fantasma de seu pai: "Qual é a nossa comunidade e como pode essa comunidade reconciliar-se com a liberdade? Até onde chegam nossas obrigações? Como podemos transformar mero poder em justiça?". O idealista estava formulando novas perguntas, depois de reunir suas ferramentas.

Michael McConnell, estudioso constitucional conservador depois nomeado por George W. Bush como juiz de apelação, ficou tão impressionado com a edição meticulosa e equilibrada de Obama para um artigo que escreveu para a *Law Review*, "The origins and historical understanding of free exercise of religion" [Origens e compreensão histórica do livre exercício da religião], que sugeriu ao diretor do comitê de seleção da Faculdade de Direito da Universidade de Chicago, Douglas Baird, para ficar de olho em Obama para a função de professor. McConnell ficou impressionado com a edição de Obama, uma versão melhorada do artigo e não um texto transformado até se tornar irreconhecível pelo autor. Baird considerava McConnell um ótimo avaliador de talentos, por isso chamou Obama e perguntou se ele estava interessado.

"A bem da verdade, não", respondeu Obama. "O que eu quero é escrever um livro."[50]

6. Uma narrativa de ascensão

Quando Obama saiu de Cambridge para se lançar na vida pública não poderia antecipar alguns dos saltos que acelerariam sua carreira: políticos veteranos que abriram caminho para lhe dar oportunidades decisivas; uma derrota eleitoral devastadora que acabou por se tornar um tipo de presente; rivais políticos que implodiram quando notícias sobre suas lamentáveis vidas pessoais vieram a público; convites para falar numa manifestação contra a guerra em 2002 e, dois anos depois, numa convenção nacional. Em retrospecto, o maior salto de todos pode ter sido o chamado de Jerry Kellman, não de uma metrópole como Nova York (onde ele poderia ter se perdido e esperado muito mais tempo para se projetar), nem de cidades como Detroit ou Washington (onde poderia se candidatar a prefeito, sem ter porém esperança de uma carreira posterior). Chicago era, para Obama, um lugar de sorte: metrópole antiga, centro político com uma enorme base afro-americana, mas situada num estado cuja demografia repetia a do país como um todo. Depois da derrocada da máquina de Daley, Chicago se abriu para políticos jovens, negros e latinos. Chicago era o lar de Obama, sua comunidade; era também o lugar ideal para ele iniciar a vida política. Obama não havia passado tempo suficiente lá para se tornar uma figura conhecida — faltava profundidade a suas raízes —, mas a cidade lhe proporcionava uma série de oportunidades e lições profundas.

Quando retornou a Chicago, depois da graduação, Obama poderia arranjar emprego num escritório de advocacia de grande porte, ou num banco de investimentos de sua escolha. Em vez disso aceitou o convite da firma mais conhecida de direitos civis da cidade, Davis, Miner, Barnhill & Galland. Com uma dúzia de advogados, o escritório estava sediado num edifício de tijolos na West Eerie Street, ao norte do Loop, e concentrava-se em direitos do eleitor, do inquilino, do empregado e em casos vistosos contra monopólios — a clássica firma liberal "boa gente". Judson Miner, advogado liberal que fora conselheiro de Harold Washington para assuntos corporativos, levou Obama para o escritório e o convenceu, numa série de longos almoços, que ele trabalharia em casos que o fariam "dormir muito bem todas as noites". O serviço, prometeu Miner, seria uma espécie de continuação de suas tarefas como organizador na zona sul.

Obama também tinha a oferta de Doug Baird para lecionar em meio período na universidade de Chicago. Assumiria como lente — professor adjunto, sem titularidade — e teria um salário, benefícios e uma pequena sala no sexto andar da biblioteca jurídica D'Angelo. No começo, Baird não solicitou aulas a Obama, pois tanto ele quanto o reitor, Geoffrey Stone, sabiam que Obama dedicaria a maior parte do tempo a escrever um livro sobre raça e direito ao voto. Quando ele decidiu tornar o livro uma reflexão mais pessoal sobre família e raça, eles não se incomodaram.

Todos os empregadores de Obama em Chicago — Allison Davis e Judson Miner no escritório de advocacia, e os reitores da universidade — adotaram uma postura indulgente em relação à diversidade de interesses de Obama: mais cedo ou mais tarde, supunham, ele aumentaria seu envolvimento ou partiria para a carreira política. A inteligência, o charme e a ambição serena eram evidentes. Em seu primeiro encontro com Geoffrey Stone, Obama ainda não tinha trinta anos, e mesmo assim a assistente de Stone, Charlotte Maffia, uniu-se à legião que previa um destino grandioso para ele: calculou que Obama seria governador de Illinois. Apenas ocasionalmente ouviam-se resmungos ressentidos contra a decisão do jovem advogado de investir em sua ambição literária. "Ele dedicava muito tempo ao livro", admitiu Allison Davis a um repórter da *Chicago Magazine*.[1] "Alguns sócios não gostavam muito de ver Barack sentado com o teclado no colo e o pé em cima da mesa, escrevendo um livro."

Obama iniciava a vida em Chicago com um espírito bem diferente do da primeira vez, tendo deixado para trás o ascetismo forçado e os períodos intermitentes de isolamento. Quando iniciou a vida de advogado e professor, em 1992, contava com uma comunidade e com um parceiro. O livro avançava lentamente, mas o relacionamento com Michelle Robinson sobrevivera ao afastamento durante o curso de direito. Eles estavam noivos, morando juntos em Hyde Park, e pretendiam se casar logo.

Na primavera de 1992, antes que pudesse realizar muita coisa como advogado ou terminar seu livro, Obama comprometeu-se a comandar uma campanha pelo registro de eleitores nas comunidades afro-americana e hispânica, chamado Projeto Voto. A iniciativa visava combater a redução de programas sociais pelo governo Reagan por meio do registro de 150 mil eleitores num universo de 400 mil eleitores afro-americanos não registrados em Illinois. A tarefa precisava ser completada até 5 de outubro.

O Projeto Voto, fundado pelo ativista de direitos civis Sandy Newman em 1982, pouco antes da bem-sucedida campanha de Harold Washington para seu primeiro mandato na prefeitura, não podia se basear no antigo método da máquina do Partido Democrata, que preenchia as listas graças a pagamentos em dinheiro, conhecidos como "bounties" (bônus). O programa precisava de um diretor familiarizado com a cidade, dotado de capacidade de organização, alguém capaz de contatar pessoas em igrejas, escolas, centros comunitários e nas ruas. "Eu ouvia falar muito em Obama nos círculos da organização comunitária", disse Newman, diretor nacional do Projeto Voto. Jacky Grimshaw, uma conhecida militante de Chicago, pressionou Newman para entrevistar Obama, dizendo que ele possuía capacidade gerencial e habilidade diplomática para recrutar voluntários e persuadir grupos comunitários a participar da campanha. Depois de conversar sobre a tarefa com Obama, Newman chamou John Schmidt, sócio do escritório de advocacia Skadden Arps, que aceitara ser um dos supervisores do Projeto Voto em Chicago, e pediu que se reunisse com Obama.

Schmidt procurou Obama, que na época treinava organizadores na zona oeste, e o convidou para ir a seu escritório. Quando conversavam, Schmidt se deu conta de que em longa carreira em direito, e como assessor direto de Richard M. Daley na prefeitura, ele jamais havia conhecido alguém capaz de recusar uma oferta para ser assistente da Suprema Corte. O trabalho que discutiam era tedioso, e Schmidt temia que Obama desistisse depois de alguns dias, ou semanas.

Tradicionalmente, a máquina partidária de Chicago não queria registrar ninguém para votar se a pessoa não fosse votar em seus candidatos. Como resultado, a lei eleitoral municipal exigia que os eleitores participassem de sessões de treinamento no Comitê Eleitoral, no centro da cidade, e que aprendessem a preencher os formulários com exatidão. Os formulários eram depois reunidos para a elaboração das listas de eleitores registrados. Isso exigia que os voluntários, em geral mulheres vinculadas à igreja, ficassem na porta dos templos aos domingos persuadindo as pessoas a assinar as listas.

Obama disse que não o incomodava a perspectiva de um trabalho maçante. Sua única restrição para aceitar a tarefa seria a perda da data para entrega do original de seu livro, 15 de junho, e sugeriu trabalhar meio período para o Projeto Voto, mas Newman descartou a possibilidade. "Perguntei a ele: 'Você quer escrever suas memórias, sendo tão jovem, ou salvar a democracia?'." Havia muita coisa em jogo: a era Reagan-Bush chegava ao décimo primeiro ano, os democratas de Illinois tinham uma chance de eleger Bill Clinton para a Casa Branca, bem como de levar uma afro-americana ao Senado, Carol Moseley Braun. Obama aceitou a oferta de Newman para gerenciar o Projeto Voto em Illinois — centrado basicamente no condado de Cook. O salário chegava a 25 mil dólares anuais. Em certa medida, seria uma extensão de seu trabalho como organizador comunitário, além de servir como ponte para a política eleitoral. Por meio do Projeto Voto ele contataria membros dos comitês, vereadores, legisladores estaduais, advogados, ativistas, clérigos — a intrincada teia de associações que formava a cultura política de Chicago e do estado de Illinois. Se conseguisse registrar um número significativo de novos eleitores democratas, ele acumularia o capital que mais conta: promissórias políticas.

Obama soube que Sam Burrell, vereador do extremo oeste, no distrito 29, havia se destacado na tarefa de registrar eleitores, por isso marcou uma reunião com Carol Anne Harwell, jovem assessora de Burrell, e tentou convencê-la a participar do Projeto Voto. "Creio que Barack nunca tinha ido ao extremo oeste", recordou Harwell. "Ele chegou ao escritório num carro preto velho, usando jaqueta de couro estilo motoqueiro, com mochila nas costas e pasta na mão." Obama impressionou Harwell com sua inteligência e entusiasmo. Apesar dos anos como organizador, porém, ela percebeu que lhe faltava um pouco de malícia das ruas. "Ele não conhecia todas as gírias", disse. "Se alguém falasse 'Ah, isso é mil grau', ele não entenderia. Hip-hop não era a praia dele." Quando aceitou ser assistente de Obama, Harwell descobriu o que ele levava na mochila — o laptop e o original de seu livro.

Obama tinha uma verba para empregar no projeto. Ed Gardner, da família proprietária da Sheen, empresa de produtos para cabelo, prometeu ajudar na campanha. Os outros responsáveis pelo comitê de finanças seriam Schmidt e John Rogers, fundador da Ariel Investments, uma das maiores companhias controladas por negros da cidade, colega de Craig Robinson em Princeton. Schmidt e Rogers procuraram pessoas abastadas de Chicago, como o incorporador e ex-vereador Bill Singer e o patrono das artes e incorporador Lewis Manilow.

Obama preocupava-se mais com a apatia e o distanciamento político dos eleitores não registrados do que com recursos financeiros. "Vemos hoje centenas de jovens negros falando em 'poder negro' e usando camisetas do Malcolm X", disse Obama no início da campanha a Vernon Jarrett, colunista do *Sun-Times*. "Mas eles não se dão ao trabalho de se registrar e votar. Lembramos a todos que Malcolm certa vez fez um discurso chamado 'Urna ou Bala', e hoje vemos muitas balas na rua, mas não um número suficiente de urnas."[2] Obama havia visitado o Quênia, governado por um partido único, e contou a Jarrett que seus amigos e parentes africanos sentiam inveja dos irmãos e irmãs americanos: "Eles não compreendem a razão para alguém abrir mão de votar em quem quiser".

Obama montou escritório na South Michigan Avenue e começou a procurar registradores que fossem tão persuasivos quanto confiáveis. Treinou pessoalmente setecentos registradores — de um total de 11 mil — e ajudou a montar uma campanha de relações públicas em parceria com uma firma chamada Brainstorm Communications, dirigida por negros. Obama e sua equipe calcularam que cartazes e panfletos contendo um slogan direto, como "Registre-se para votar", não atrairiam os jovens. Naquele ano Spike Lee havia lançado a biografia filmada de Malcolm X, e Obama e seus colegas pensaram por algum tempo em usar as palavras de Malcolm, "por estrita necessidade". Mas optaram por "É uma questão de poder".

"Pegamos o 'X' de Malcolm e fizemos cartazes e camisetas com o slogan 'É uma questão de poder', que conquistaram tanta popularidade que conseguimos vendê-las", contou Carol Anne Harwell. "Claro, as pessoas da comunidade afro-americana sabiam que o 'X' se referia ao Malcolm, mas moças brancas usavam a camiseta também, e uma delas falou: 'Veja só! Sou a número dez!'."

Os voluntários do Projeto Voto espalharam os cartazes pelos bairros afro-americanos e hispânicos, como Pilsen. As duas maiores emissoras de rádio controladas por negros da cidade, a WVON e a WGCI, veicularam anúncios explicando onde as pessoas poderiam se inscrever, enquanto restaurantes fast-food de proprietários negros permitiam que os registradores abordassem eleitores em potencial enquanto eles comiam hambúrgueres e fritas.

Obama enfrentou uma resistência geracional por parte de militantes e nacionalistas negros tradicionais. Lutrelle (Lu) Palmer, chefe da Organização Política Negra Independente e jornalista popular militante conhecido como "Pantera com caneta", engajou-se no pequeno contingente que considerava Obama jovem, altivo e inexperiente demais para ser levado a sério. Palmer havia registrado milhares de eleitores para Harold Washington na campanha de 1983, e não tinha paciência para a tentativa de Obama de trilhar o mesmo caminho. Numa entrevista para o *Chicago Reader*, Palmer declarou que Obama "veio a nossa sede e tentou nos envolver [no Projeto Voto], mas não gostamos da atitude dele. Mandamos o sujeito passear. Sua arrogância e postura nos incomodaram".[3]

Contudo, apoiado no relacionamento com líderes religiosos e ativistas comunitários negros estabelecido na época de organizador, Obama fez mais do que superar resistências. O Projeto Voto atingiu sua extraordinária meta, registrando quase 150 mil novos eleitores. Pela primeira vez na história de Chicago, o alistamento nos distritos majoritariamente negros foi maior do que nos distritos brancos. O Projeto Voto desempenhou um papel primordial na eleição de Carol Moseley Braun, primeira afro-americana a ser eleita para o Senado e segunda afro-americana a chegar ao parlamento local desde a Reconstrução. Em sua corrida presidencial contra George W. Bush e Ross Perot, Bill Clinton tornou-se o primeiro candidato democrata a vencer em Illinois desde que Lyndon Johnson derrotara Barry Goldwater em 1964.

Com 31 anos de idade na época, Obama foi tão bem-sucedido como líder do Projeto Voto que chamou a atenção dos operadores políticos do Partido Democrata em Chicago. Na coletiva de imprensa convocada para anunciar os resultados do Projeto Voto, Obama foi discreto e ficou de lado, deixando que Jesse Jackson, Bobby Rush e outros políticos veteranos do Partido Democrata aparecessem. "Não foi modéstia. Barack não é modesto", disse Schmidt. "Mas para ele era mais importante a potencial aliança futura com aquelas pessoas do que ocupar o centro do palco naquele momento. Isso era muito mais precioso do que ser a estrela de uma pequena entrevista coletiva em 1992. Coisa raríssima. Obama sempre mostrou um nível de certeza e uma visão de futuro invulgares."

O esforço de Obama também chamou a atenção da comunidade empresarial. O *Crain's Chicago Business* noticiou que Obama havia "galvanizado a comunidade política de Chicago como nenhum político tarimbado conseguira".[4]

Um dos vínculos mais importantes formado por Obama durante o Projeto Voto foi Bettylu Saltzman, filha de Philip Klutznick, rico incorporador que havia sido secretário de Comércio no governo Carter. Residente em um arranha-céu nas margens do lago Michigan, Saltzman era um membro conhecido dos Lakefront Liberals de Chicago, grupo de esquerda composto principalmente por judeus que foi fundamental para levantar fundos naquele ano para democratas de Illinois como Paul Douglas, Adlai Stevenson, Paul Simon e Harold Washington. Saltzman frequentava regularmente um grupo chamado Senhoras que Almoçam, formado por mulheres influentes de Chicago e que incluía Christie Hefner, diretora da Playboy Enterprises; a filantropa Marjorie Benton; Isabel Stewart, que dirigia a Fundação para Mulheres de Chicago; Amina Dickerson, da Kraft Foods; a colunista Laura Washington; e Julia Stasch, da MacArthur Foundation. Saltzman, ademais, era popular entre as famílias de origem judaica mais abastadas da cidade: os Crown e os Pritzker. Quando Obama visitou Saltzman para pedir apoio ao Projeto Voto, ela se tornou mais uma no enorme contingente de pessoas que chegaram em casa e disseram ao cônjuge que haviam acabado de conhecer um homem que seria o primeiro presidente negro. "Falei com todo mundo a respeito do cara", afirmou. "Todo mundo", no caso de Saltzman, queria dizer a pequena turma de milionários de Chicago que um dia ajudaria a formar a base financeira das campanhas políticas de Obama.

O encontro com Saltzman e outros, durante o Projeto Voto, significou a apresentação de Obama à zona norte de Chicago. Ele já conhecia a diversidade da zona sul — as igrejas, os bairros afro-americanos, a política liberal de Hyde Park e a universidade. Agora chegaria à Costa Dourada, à zona norte e aos subúrbios do norte — enclaves liberais, também, mas com muito mais dinheiro.

Don Rose, consultor político que havia trabalhado com Martin Luther King e diversos políticos liberais nos anos de Chicago, disse: "Obama é provavelmente a pessoa que conheço que trabalha melhor em rede de relacionamentos. Bill Clinton pode rivalizar com ele, mas Barack é espantoso. Primeiro, chega a Chicago com referências de Martha, filha de Newton Minow. Depois Newt o apresenta ao círculo dos advogados liberais da classe alta. Ele arranja emprego como organizador, contata igrejas e monta uma rede de pastores e voluntários que se dedicam a outras organizações beneficentes e fundações semelhantes. Consegue entrar na Universidade de Chicago, onde monta outra rede, nas escolas de direito e de administração — e todos disputam a primazia de conhecer aquele brilhante jovem negro. Há também os contatos de Harvard. Liberais da elite, financiadores e diretores de instituições: Bettylu Saltzman também fazia parte do grupo de Minow, e tem muitos amigos. São círculos e mais círculos que se tocam ou podem ser interligados por pontes. Um jovem ambicioso consegue conhecer muitas pessoas. Se conseguir impressionar uma ou duas pessoas em três ou quatro grupos assim, e se fizer isso para obter prestígio empresarial, político ou social, o sujeito vai longe".

Saltzman também tinha amigos no mundo político, e logo entrou em contato com David Axelrod, ex-repórter do *Chicago Tribune* que se tornara consultor de campanha para candidatos democratas. Estrategista que ocultava sua sagacidade atrás de um charme lacônico, Axelrod havia trabalhado para Simon, Stevenson e Harold Washington, além de dirigir a fracassada campanha para o Senado do advogado especializado em danos pessoais chamado Al Hofeld e que mantinha um relacionamento especial com Richard M. Daley. "Bettylu me ligou dizendo: 'Quero que você conheça o jovem que está dirigindo o Projeto Voto'", recordou Axelrod. "Ela disse: 'Sei que soa estranho, mas acho que ele pode vir a ser o primeiro presidente negro'. Ela realmente disse isso. Pensei haver um bocado de exagero, mas fiquei interessado em conhecê-lo." Saltzman conhecia muita gente ligada a fundações e a grandes empresas, bem como políticos. "Barack logo entrou para o círculo dela, e todos se interessaram, pois ele causava muito boa impressão, mesmo sendo jovem", contou Axelrod.

Quando um repórter da *Chicago Magazine* que estava escrevendo um perfil de Obama após o sucesso do Projeto Voto quis saber de seus planos eleitorais, Obama saiu pela tangente. Obviamente não era a primeira vez que tocavam no assunto. "Quem sabe? Mas não já. Será que essa resposta é um 'talvez' político? Minha resposta sincera é que serei candidato se puder conseguir mais do que militando fora do governo. Não sei se isso vale para já. Vamos esperar, ver o que acontece em 1993. Se os políticos no poder atualmente, na cidade e no estado, se sensibilizarem com as necessidades dos eleitores afro-americanos, trabalharei para eles de bom grado. Caso contrário, vou trabalhar para substituí-los."[5]

★ ★ ★

Obama casou-se com Michelle Robinson em 3 de outubro de 1993, quando o Projeto Voto já perdia seu ímpeto, antes das eleições. Rodeado de convidados do Quênia, do Havaí e de Chicago, Jeremiah Wright comandou a cerimônia na Trindade. Wright falou na importância do casamento e da responsabilidade, especialmente no caso de homens negros. Como o pai de Michelle, Fraser, havia falecido no ano anterior, seu irmão Craig a conduziu até o altar. Na festa, realizada no centro cultural South Shore, a música era "da velha guarda, do tipo que dava para dançar", recordou Carol Anne Harwell. Santita Jackson, colega de classe de Michelle no curso médio e filha de Jesse Jackson, cantou na festa.

O relacionamento de Obama com Michelle, porém, não estava livre de complicações. As ambições e o ego considerável de Barack costumavam bater de frente com o desejo de estabilidade e companheirismo de Michelle. Mas o relacionamento era sua âncora afetiva. Poucos anos depois do casamento, antes de Obama declarar a intenção de concorrer ao seu primeiro cargo eletivo, uma fotógrafa chamada Mariana Cook visitou Barack e Michelle no apartamento deles em Hyde Park e fotografou o casal no sofá, sob gravuras indonésias. Cook também os entrevistou para um livro sobre casamentos que estava escrevendo.

Obama, por sua vez, acreditava ter encontrado algo profundo na esposa. "Durante a vida inteira venho formando uma família, por meio de histórias, lembranças, amigos e ideias", declarou a Cook. "Michelle vem de um ambiente muito diferente — bem estável, família nuclear, mãe em casa, irmão e cachorro, morando na mesma casa a vida inteira. Representamos duas vertentes familiares deste país — o ramo que é sólido e estável e o ramo que rompe os constrangimentos das famílias tradicionais, sendo capaz de viajar, separar e mudar. Creio que esse traço me levou a imaginar como seria ter uma vida familiar estável, sólida e segura."[6]

Os comentários de Michelle não eram menos amorosos, mas ela deixou clara sua percepção de que o marido seguia por rumos desconhecidos. "Há uma forte possibilidade de Obama seguir a carreira política, embora isso não esteja claro", declarou. "Isso gera uma certa tensão. Sinto muita aversão à política. Acredito que ele seja um sujeito bom demais para a brutalidade e o ceticismo dessa vida. Quando alguém se envolve com a política, sua vida se torna um livro aberto, e as pessoas que entram nem sempre têm boas intenções. Sou muito reservada, gosto de viver cercada por pessoas que amo e nas quais confio. Na política a gente precisa se relacionar com muita gente diferente."

Passado o Projeto Voto e a eleição, Obama retornou ao livro. Seu compromisso de escrever um livro sobre raça fora assumido desde a época de Harvard. Pouco depois de sua eleição para presidente da *Harvard Law Review*, em fevereiro de 1990, uma agente literária de Nova York, Jane Dystel, leu um artigo sobre a conquista do cargo no *New York Times*. Dystel ligou para Obama em Cambridge e sugeriu que escrevesse um livro. Ela o estimulou a preparar uma proposta, que submeteria aos editores. Dystel, cujo pai fora diretor da Bantam Books, sem dúvida tinha visto algo especial em Obama, que a visitou em seguida em Nova York. Sua sócia Jay Acton, que representava James Baldwin, pensou que poderiam convencer Obama a escrever um livro como *Da próxima vez, o fogo*.[7]

Mais tarde, quando relatou essas conversas com os editores a seu amigo e colega de curso de direito Judd Miner, Obama mostrou-se surpreso com as conclusões precipitadas a seu respeito. Ele citou um editor que "me pediu para escrever sobre a minha pobreza e a luta para sair do gueto, em Chicago. Respondi: 'Eu nunca passei por isso, e gostaria de escrever sobre o caminho que percorri'".

Dystel promoveu um leilão entre editores e acabou vendendo o livro de Obama para a Poseidon Press, uma pequena filial da Simon & Schuster dirigida pela editora Ann Patty. Consta que o adiantamento superou os 100 mil dólares. Obama recebeu metade do valor na assinatura do contrato.

Enquanto cursava Harvard, Obama fazia anotações para o livro. Em pouco tempo percebeu que não tinha interesse em escrever um livro sobre problemas comuns — direitos civis, legislação, ação afirmativa ou organização. Em vez disso, queria escrever sobre si mesmo, sobre a luta pela identidade e o espectro elusivo do pai. Com base nos diários que mantinha desde os tempos de colegial, passou a trabalhar com afinco. Após o casamento e a lua de mel ele passou um mês sozinho escrevendo num chalé alugado na praia de Sanur, em Bali.[8]

Obama precisou de muito tempo para terminar o livro. "Ele tinha de se reconciliar com eventos de sua vida que para outras pessoas exigiriam anos de terapia antes que se sentissem à vontade para abordá-los", disse a amiga Valerie Jarrett. O texto demorava a sair, segundo ela, "porque tudo estava muito cru".

No decorrer do processo Obama enfrentou dificuldades típicas da indústria editorial. No verão de 1993 a Simon & Schuster fechou a Poseidon. Quando fecham um selo, os editores costumam transferir os títulos que consideram promissores para outro selo da mesma editora e tentam se livrar dos projetos com poucas chances de sucesso. Obama tinha perdido prazos e apresentado rascunhos precários, incompletos. "Éramos um investimento de risco", explicou Ann Patty, "e quando a Poseidon foi fechada a Simon & Schuster guardou o ouro e se livrou dos riscos."

Dystel levou o livro, já intitulado *Dreams of my father* [A origem dos meus sonhos, em português], para a Times Books, selo da Random House dirigido por Peter Osnos, ex-editor e repórter do *Washington Post*. A Times Books pagou a Simon & Schuster 40 mil dólares pelo livro — um ótimo negócio para a Random House, diga-se de passagem. A Simon & Schuster acabou perdendo o resto do adiantamento que havia feito.

Henry Ferris, editor da Times Books que trabalhou diretamente com Obama, quase só se comunicava com ele por telefone e correio expresso. Obama se mostrou receptivo às sugestões editoriais. Ferris pediu que reduzisse um episódio de trinta páginas a quinze, o que Obama atendeu sem reclamar nem hesitar. "Ele aprendia depressa", contou Ferris. (No prefácio para a edição de bolso de 2004, Obama descreveu como se incomodava ao ler o livro e que sentia "vontade de cortar umas cinquenta páginas" e se livrar de uma frase "entrecortada, a expressão de uma emoção que parece indulgente ou repetitiva".[9])

Ferris impressionou-se com a personalidade firme e a noção de que o jovem autor tinha de seu potencial. "Ele refletiu tanto a seu respeito e a sua trajetória que resolveu escrever uma autobiografia aos trinta anos", disse Ferris. "Sabia que seu caso era especial, que sua família era muito interessante. Mostrava boa percepção narrativa. Eu o via como uma pessoa que na época encontrava-se em situação de falar sobre relações raciais de nosso país de um modo que eu não consigo, e que poucos conseguem. Ele compreendia o mundo branco e o mundo negro, foi jogado de um lado para o outro, repetidamente. Eu me lembro de ele falar nisso, de estar em condições de falar a respeito das coisas de um modo que outros não conseguiriam."

Em *A origem dos meus sonhos* Obama adotou o mais antigo e talvez o mais rico dos gêneros literários afro-americanos: as memórias. A tradição memorialista começa com as primeiras narrativas dos escravos: "A narrative of the uncommon suffering and surprizing deliverance of Briton Hammon, a negro man" [Uma narrativa de sofrimentos incomuns e a surpreendente libertação de Briton Hammon, um homem negro], panfleto publicado em Boston em 1760; "A narrative of the most remarkable particulars in the life of James Albert Ukawsaw Gronniosaw, na African Prince, as related by himself" [Uma narrativa das particularidades mais admiráveis da vida de James Albert Ukawsaw Gronniosaw, um príncipe africano, relatadas por ele mesmo], de 1770; e depois, em 1789, um best-seller internacional, *The interesting narrative of the life of Olaudah Equiano, or Gustavus Vassa, the African, written by himself* [A interessante narrativa da vida de Olaudah Equiano, ou Gustavus Vassa, o africano, escrita pelo próprio]. Equiano contou a história de sua captura da infância, aos onze anos, a venda a um capitão de navio e, depois de comprar sua liberdade, a vida na Inglaterra como abolicionista. Existem mais de 6 mil narrativas de escravos conhecidas pelos estudiosos.[10] Como destaca o teórico literário Henry Louis Gates Jr., os textos surgiram da necessidade de afirmação da identidade dos autores e de seu povo, como seres humanos pensantes, e não, como definia a lei americana, como animais possuídos pelos homens brancos: "Privados do acesso aos estudos, instrumento para a cidadania, roubados do direito à identidade pela legislação, à filosofia e à pseudociência, impedidos até de possuir uma história coletiva enquanto povo, os negros americanos — começando pelas narrativas de escravos em 1760 — publicaram suas histórias *individuais* em número impressionante, numa tentativa ampla de narrar a história coletiva da 'raça'".[11]

Qualquer levantamento ou plano de estudos da autobiografia afro-americana tende a começar por alguns textos considerados fundamentais: as três narrativas de escravidão de Frederick Douglass; *Up from slavery* [Vindo da escravidão], de Booker T. Washington; *Incidents in the life of a slave girl: written by herself* [Incidentes na vida de uma jovem escrava: contados por ela mesma], de Harriet Jacobs; *The souls of black folk* [A alma das pessoas negras] e *Dusk of dawn* [Crepúsculo da aurora], de W. E. B. DuBois; *The big sea* [O grande mar], de Langston Hughes; *Black boy* [Rapaz negro], de Richard Wright; *Dust tracks on a road* [Marcas de pó numa estrada], de Zora Neale Hurston; *Notes of a native son* [Notas de um filho da terra] e *Nobody knows my name* [Ninguém sabe meu nome], de James Baldwin; *The autobiography of Malcolm X* [A autobiografia de Malcolm X]; *I know why the caged bird sings* [Eu sei por que o pássaro engaiolado canta], de Maya Angelou. *The au-*

tobiography of an ex-colored man [A autobiografia de um ex-homem de cor], de James Weldon Johnson, e *Invisible Man* [O homem invisível], de Ralph Ellison, são romances, mas baseiam-se tão claramente nos eventos da vida dos autores que costumam ser discutidos junto com as memórias citadas. Dependendo do crítico que realiza o levantamento, a lista pode incluir ainda Ida B. Wells, William Pickens, Anne Moody, Claude Brown, Eldridge Cleaver, Ralph Abernathy, Roger Wilkins, George Jackson, Angela Davis, Alice Walker, Amiri Baraka, John Edgar Wideman, Audre Lorde, John Hope Franklin, bell hooks, Brent Staples e Itabari Njeri. Algumas memórias em coautoria, como as de Billie Holiday (*Lady sings the blues* [A dama canta blues]), Dick Gregory (*Nigger* [Crioulo]), Sammy Davis Jr. (*Yes, I can* [Sim, eu posso]) e Count Basie (*Good morning blues* [Blues do bom-dia]) podem reivindicar um lugar numa lista mais ampla. Obama se insere na tradição também pela ordem: em geral, na literatura europeia, um autor escreve romances, peças de teatro, poemas e depois, no final da carreira, suas memórias; entre escritores afro-americanos é mais comum *começar* a vida literária pela afirmação da autobiografia.

Na juventude Obama buscou pistas de sua identidade na leitura intencional de DuBois, Hughes, Wright, Baldwin, Ellison e Malcolm X. Ele também mencionou textos de Douglass, Marcus Garvey, Martin Delany e uma série de romancistas — em particular, Toni Morrison. Na verdade, a leitura como meio de transformação é característica da autobiografia afro-americana, o que vale também para muitos memorialistas marginalizados de qualquer etnia. Em todos os tipos de memórias, o jovem em busca de um modo de superar as circunstâncias adversas ou sua própria confusão sempre passa pela estante de livros. Malcolm X, por exemplo, fornece um relato detalhado de seu autodidatismo. Ele lê histórias de Will Durant e H. G. Wells, o que lhe dá uma visão inicial da "história do povo negro antes de sua chegada a este país"; lê *The Negro in our history* [O negro em nossa história], de Carter G. Woodson, que "abriu meus olhos para os impérios negros antes que o escravo negro fosse levado para os Estados Unidos, e a luta inicial dos negros pela liberdade".[12] Em *Alma no exílio*, Eldridge Cleaver relata a leitura de Rousseau, Paine, Voltaire, Lênin, Bakunin e *Catecismo do revolucionário*, de Nechayev, como meio de detalhar seu próprio catecismo radical.[13] Autobiografias de jovens também revelam a leitura de outras memórias para adquirir domínio sobre o gênero. Claude Brown contou numa palestra em Nova York, em 1990, que estudou meticulosamente a estrutura das narrativas de escravos de

Douglass e de Richard Wright em *Black boy* antes de escrever *Manchild in the promised land* [Filho varão na terra prometida]), as lembranças de sua criação no Harlem nos anos 1940 e 1950.[14] Até Sammy Davis Jr. em sua autobiografia Harlem-a-Hollywood, *Yes, I can*, se mostra ávido para contar ao leitor que enquanto servia como "limpador de latrinas" no exército ele se tornou leitor obsessivo de Wilde, Rostand, Poe, Dickens e Twain; e que isso o ajudou a suportar o racismo dos outros soldados.[15]

Embora seja lícito supor que Obama já pensava numa carreira política na época da publicação do seu livro, nem mesmo ele, ambicioso e seguro de si, poderia prever que *A origem dos meus sonhos* forneceria material precioso para eleitores, jornalistas, redatores de discursos e consultores de mídia durante a campanha presidencial. Depois da consagração de Obama como político nacional, ficou difícil ler o livro apenas dentro do espírito com que foi escrito: o texto se tornou uma fonte inesgotável de histórias que podiam ser usadas na política. *A origem dos meus sonhos* é importante exatamente por ter sido escrito quando Obama era jovem e descompromissado. "Barack é quem afirma ser", disse Michelle Obama. "Não há mistério nele. Sua vida é um livro aberto. Ele escreveu tudo, qualquer um pode ler. Ao contrário dos outros candidatos, ele realmente se expôs antes de ter ambições políticas, portanto é um livro sem segundas intenções. É a história de quem ele é."[16]

Muitos jornalistas ansiosos por escrever ou filmar o perfil de Obama quando ele se candidatou leram *A origem dos meus sonhos* e manifestaram contrariedade por ele não ter escrito o livro segundo padrões exatos de pesquisa acadêmica ou veracidade jornalística. Na verdade, ao contrário de outros autores de memórias, Obama alerta o leitor para os termos flexíveis do livro. Explicita sua consciência da "tentação de enfeitar os acontecimentos a favor do escritor", ou para "lapsos seletivos de memória".[17] Ele não quis fazer um relato puramente factual. Apropria-se de técnicas ficcionais. Embora o livro se baseie em seus diários e em conversas com pessoas da família, "os diálogos necessariamente são uma aproximação do que me foi realmente dito".[18] Ademais, alguns personagens são amálgamas: os nomes (com exceção dos membros da família e de pessoas conhecidas) foram alterados, e a cronologia foi mudada para ajudar a contar a história. O que há de excepcional nisso não é Obama se permitir tais liberdades, e sim que as use desde o início.

W. E. B. DuBois definiu o padrão de sinceridade para esse tipo de memória ao escrever: "Autobiografias não constituem autoridades indiscutíveis. São sempre incompletas, frequentemente suspeitas. Por mais ansioso que eu esteja para contar a verdade, existem dificuldades; a memória falha, especialmente nos pequenos detalhes, portanto se torna no final uma teoria sobre a minha vida, com muitos esquecimentos e imprecisões, com um testemunho valioso que muitas vezes não é a verdade absoluta, apesar de minha intenção de ser franco e justo".[19] Ele admite que seu livro *The autobiography of W. E. B. DuBois* é um mero "solilóquio de um velho sobre como foi sua vida em sonho quando a vê esvoaçar para longe, lentamente; e no que gostaria que os outros acreditassem".

A memória de Obama é uma mistura de fatos comprováveis, recordações, recriações, invenções e engenhosa elaboração. O leitor não pode ser criticado por perguntar a diferença entre uma biografia e um romance obviamente baseado em fatos. Um escritor moderno como Philip Roth constantemente invoca esse fogo cruzado de distinções entre gêneros literários e deliberadamente desperta no leitor a necessidade de perguntar o que é verdade e o que não é, enquanto lembra que a vida, como ela é vivida, constitui uma confusão desestruturada, ao passo que o escritor de ficção constrói uma impressão da realidade ao moldar a vida, usando-a como a argamassa verbal necessária para contar uma história, e assim revelar verdades emocionais ou filosóficas.

Autobiografias de afro-americanos costumam se apoiar numa estrutura que o teórico literário Robert Stepto chama de "narrativa de ascensão". O narrador começa em condições desfavoráveis, como encarceramento ou severa privação. Supera os constrangimentos para se libertar, descobre sua identidade e deixa sua marca no mundo. (Quando o jovem Frederick Douglass enfrenta afinal o malvado capataz e "domador de escravos" Edward Covey, ele escreve: "Vocês viram como um homem se tornou escravo; agora vão ver como um escravo se tornou homem".[20]) Por vezes o narrador não conhece um de seus pais, ou os dois; talvez desconheça a data de nascimento. ("Dos meus ancestrais eu não sei praticamente nada", escreveu Booker T. Washington em *Up from slavery*.[21]) Ele avalia e descreve suas privações, a opressão que o mantém prisioneiro. Enfrenta julgamentos. Empreende uma jornada: faz a travessia da África para a América e escapa do feitor de escravos; ou, como Wright, troca o Sul de Jim Crow por uma cidade nortista; ou, como Washington, volta ao extremo Sul; ou, como Malcolm X, viaja de um lugar a outro procurando encrenca e acaba preso. Lê. Estuda. Passa por experiências. Enfrenta a falta de pai ou o pai que está lá mas não é confiável.

Ele *aprende*. E, conforme acumula experiência e supera adversidades, começa a descobrir sua identidade, quando em geral adota um novo nome.

No caso de muitos autores, inclusive Douglass, Hughes e Malcolm X, parte da luta pela identidade inclui o confronto com o fato de ter um dos pais ou avós brancos. O narrador começa a encontrar seu lugar na comunidade dos afro-americanos. Descobre sua missão e parte para cumpri-la. Douglass torna-se abolicionista destacado, encontra Lincoln na Casa Branca e o pressiona a integrar as forças da União. DuBois ajuda a fundar a NAACP, torna-se um gigante no mundo acadêmico e encerra a longa vida em Gana.

Obama leu os memorialistas negros enquanto ainda morava no Havaí, como "lição de casa" de um jovem que tentava "reconciliar o mundo presente com o que eu conhecia desde o meu nascimento".[22] Contudo, em todos os livros que lia, encontrava autores cheios de um deprimente desprezo por si mesmos, que fugiam ou se escondiam em várias partes do mundo, e para Obama são "todos homens exaustos e amargos, o demônio em seus calcanhares".

Obama considera Malcolm X a grande exceção. Apesar das óbvias diferenças de época, religião, temperamento e política, não chega a ser impossível entender por que Obama se interessa tanto por Malcolm. Primeiro, a narrativa de Malcolm diz respeito à mistura de raças, a um pai ausente e a invenção de si mesmo. Ele começa a vida como Malcolm Little, torna-se "Detroit Red" nas ruas, "Satã" na prisão, ministro Malcolm X e depois El-Hajj Malik El-Shabazz. "Seus repetidos atos de autocriação me impressionaram", escreveu Obama.[23] "A rude poesia de suas palavras, a sua insistência sobre o respeito, prometia uma ordem nova e inegociável, marcial em sua disciplina, forjada por uma vívida força de vontade."

Obama impressionou-se com uma frase de Malcolm: "Ele falava de um desejo seu, o desejo de o sangue branco que corria em suas veias, ali por um ato de violência, pudesse ser de alguma maneira expurgado".[24] A referência foi feita a um momento de *Autobiografia de Malcolm X*, quando Malcolm, na condição de ministro da Nação do Islã, faz um discurso em Detroit e menciona o estupro de sua avó:

> Somos todos negros para o homem branco, mas temos mil e uma cores diferentes. Virem para o lado, *olhem* uns para os outros! Que tom de negro africano poluído pelo demônio do homem branco vocês são? Vocês me veem — nas ruas eu costumava ser chamado de Detroit Red. Sim! Sim, aquele estuprador ruivo miserável era

meu *avô*! Assim, tão próximo! O pai da minha mãe! [...] Se eu pudesse drenar o sangue dele que polui o meu *corpo*, que polui a minha *cor*, eu faria isso! Pois odeio cada gota do sangue do estuprador que há em mim! E não sou só eu, somos *todos* nós! Durante a escravidão, pensem nisso, era *raro* que uma de nossas avós, bisavós e trisavós conseguisse escapar do feitor de escravos estuprador [...] Olhem uns para os outros e vejam, irmãos e irmãs, e *pensem nisso*! Você e eu, poluídos com todas essas cores — e esse demônio tem a arrogância e a ousadia de pensar que nós, suas vítimas, devemos *amá-lo*![25]

Criado por uma mãe branca amorosa e pelos avós brancos, Obama escreveu que desde a adolescência sabia que a presença da família branca, do sangue branco, não poderia jamais se tornar uma abstração: "Malcolm descobrira, no fim da vida, que alguns brancos poderiam viver a seu lado como irmãos do Islã, e isso parecia oferecer um pouco de esperança quanto a uma eventual reconciliação; no entanto, essa esperança referia-se a um futuro remoto, em uma terra distante. Enquanto isso, eu esperava para ver de onde viriam as pessoas que estavam dispostas a trabalhar por esse futuro e povoar esse novo mundo".[26]

O Malcolm de Obama não é o Malcolm da metade da sua carreira. Ele admira o "Urna ou Bala", mas não a tendência militante e separatista ou a fé em Elijah Muhammad. Admira o orgulho viril de Malcolm, a eloquência, a evolução pessoal resoluta e a revelação no final da vida de que a fé religiosa e o separatismo são incompatíveis. Na escola de direito a tendência de Obama era sempre pela conciliação. Assim é também o Malcolm que ele deseja: um líder seguro, carismático e eloquente que passa a ver sua fé sob uma luz mais abrangente e humanista, o militante que começa a entender o valor de um abraço mais abrangente. A tragédia que oblitera esse final feliz ocorre no dia 21 de fevereiro de 1965, quando pistoleiros da Nação do Islã assassinaram Malcolm no salão Audubon, em Washington Heights.

No contrato original com a Simon & Schuster, datado de 29 de novembro de 1990, *A origem dos meus sonhos* recebeu o título provisório de *Journeys in black and white* [Jornadas em preto e branco]. Como Obama escreveu, o livro é "a procura de um menino por seu pai e, por meio dessa busca, de um sentido possível para sua vida como um negro norte-americano".[27] A maneira mais limitada de ler o livro é procurar referências diretas com a realidade, descobrir "quem é quem". Pode-se identificar "Marty" (de uma forma geral) como a figura de Jerry Kellman. Ou saber que o nacionalista amargurado "Rafiq" se baseia num ativista comunitário de Chicago chamado Salim Al Nurridin. Ou que o militante "Ray" de Punahou seja um ex-presidiário chamado Keith Kakugawa. E assim por diante. Algumas dessas pessoas reais surgiram no noticiário durante a campanha protestando contra certos aspectos de sua descrição. (Kakugawa declarou que não era obcecado por raça; Al Nurridin contestou a apresentação de sua ideologia.) Ann Dunham, que estava morrendo de câncer no útero e no ovário no Havaí, leu rascunhos do livro do filho, e embora o admirasse também fez restrições. Disse à amiga Alice Dewey que não era tão ingênua assim a respeito da questão da raça como o filho a retratou.

A origem dos meus sonhos é uma confissão extensa e relativamente sincera de Obama *antes* de ele se tornar homem público, um político. Devemos ler seu livro como a obra de um jovem refletindo sobre alguém ainda mais jovem lidando com incontáveis questões: o que é raça? O que significa ser afro-americano? O que leva alguém criado por brancos a se identificar como negro? Qual é a maneira certa de viver? E qual é a relevância da raça para essas considerações morais?

A história de Obama contém muitos dos elementos familiares das autobiografias afro-americanas: uma busca pelo pai ausente, pela identidade racial, por uma missão e uma comunidade, uma jornada física que ecoa em outras buscas. Obama, entretanto, é mais privilegiado do que seus antecessores em muitos aspectos. Pertence à classe média. Foi beneficiado pela passagem do tempo e por muitas leis. Consegue acesso a instituições privilegiadas inacessíveis a seus precursores. E isso apresenta um problema para ele, tanto como pessoa quanto como autor. Os gramados e pátios de Punahou, Occidental, de Columbia e a Faculdade de Direito de Harvard não são cenários típicos para batalhas épicas.

Ademais, Obama cresceu, por vezes frustrado com isso, *depois* do movimento pelos direitos civis. Seu mundo, embora não esteja livre do racismo, é um mundo no qual a cultura popular que o rodeia exibe inúmeros ídolos afro-americanos, desde os músicos que via na televisão quando era criança no Havaí até as figuras que muito o influenciaram na idade adulta. Além disso, seus amigos brancos escutavam os mesmos discos, viam os mesmos shows, idolatravam os mesmos astros. Conscientes ou não, eles acabaram comprovando o conceito de Ralph Ellison de que nossa imagem dos Estados Unidos é impossível de ser esboçada sem os afro-americanos, em muitos modos visíveis e invisíveis. Uma de suas primeiras noções de racismo vem de quando assistia televisão na Indonésia, a milhares de quilômetros da América negra, e notou que o personagem de Bill Cosby na série *Os destemidos* nunca consegue arranjar mulher, enquanto seu parceiro Robert Culp sai com elas regularmente. De volta ao Havaí, uma colega de classe pediu para tocar o cabelo dele, como se fosse tocar a pele de um animal na fazenda. Doloroso, mas não chegam a ser momentos dignos de figurar em um livro como *Manchild in the promised land*.

Por sua própria natureza, narrativas de ascensão devem começar por privação, opressão e drama existencial. Obama parece estar atento a essa questão, e no início do livro escurece o cenário o quanto pode. Aos 21 anos ele mora em Nova York na East 94th Street, entre a First e a Second Avenue. A privação sempre esteve distante da East 94th Street e da Park Avenue, da Madison ou da Fifth Avenue, embora a rua fosse muito pior do que é agora. Os residentes de longa data no prédio disseram a um repórter do *New York Times* que havia assaltos no local e que o uso de drogas era comum.[28] Mesmo assim, não chegava a ser uma Bushwick. Ali perto situam-se o restaurante Elaine's e a 92nd Street Y. Obama está na "parte daquela fronteira instável e sem nome entre o leste de Harlem e o resto de Manhattan", sabendo que a mera menção ao Harlem deixaria um branco não residente em Nova York de sobreaviso.[29] A área é "nada atrativa", "sem árvores", escura. A campainha vive quebrada, o aquecimento é esporádico, ouve-se som de tiros no meio da noite e um *"dobermann* preto do tamanho de um lobo" circula pela vizinhança com uma garrafa vazia de cerveja entre os dentes. Para temperar a cena ameaçadora com um toque de ressentimento de classe, Obama conta que "os brancos dos melhores bairros próximos dali" levavam os cães para passear em sua rua, "para deixar os animais defecar em nossas calçadas".

Obama ressalta os aspectos solitários e frugais de sua vida. Sua "alma gêmea" é um vizinho silencioso e recluso que mora sozinho e acaba morrendo sozinho, uma pilha disforme no patamar do terceiro andar.[30] "[Eu] desejei ter sabido o nome daquele velho homem", registra o narrador em tom grave. "Senti como se um entendimento tivesse se partido entre nós — como se, naquele quarto deserto, o velho estivesse sussurrando uma história não contada." Um parágrafo depois percebemos o efeito literário tentado por Obama: a morte de um velho, com sua "história não contada", antecipa em um mês a morte do Velho, o pai de Obama, que é, claro, a história não contada mais importante que Obama resolve pesquisar e contar. Quando fritava ovos "em uma fria e sombria manhã de novembro" Obama recebe a notícia de Nairóbi por meio de um telefone cheio de ruído.[31]

O livro de Obama é uma narrativa multicultural picaresca, uma busca tanto mundial quanto interna que o levará a Honolulu, Jacarta, Los Angeles, Nova York, Chicago, Nairóbi e ao ancestral vilarejo de Kogelo. Durante o percurso ele acumula conhecimento, desvenda camada após camada de segredos até formar sua personalidade madura e harmoniosa. Quando escreveu um novo prefácio para a edição de 2004, Obama era o candidato do Partido Democrata a senador federal por Illinois e insiste em que o livro, "uma jornada pessoal, interior", tornou-se "um debate público mais amplo, um debate no qual estou profissionalmente engajado e que moldará as nossas vidas e as vidas de nossos filhos por muitos anos ainda".[32] Sua jornada não é pessoal, simboliza um anseio político nacional. Raramente os escritores insistem com tanto arrojo na importância de seus livros.

No final de cada uma das três longas partes das suas memórias ("Origens", "Chicago" e "Quênia"), o narrador em prantos atinge uma epifania: primeiro, chora ao ver o pai num sonho e resolve procurá-lo; depois chora na igreja de Jeremiah Wright, quando percebe que encontrou tanto uma comunidade quanto uma fé; e, finalmente, se esvai em lágrimas no túmulo do pai, quando percebe que depois de tantas descobertas sobre o pai — a inteligência, os fracassos, o final trágico — ele consegue se reconciliar com a família e o passado.

Não é difícil compreender por que leitores politicamente solidários mostraram disposição para veicular alegações extravagantes e extraliterárias sobre o livro de Obama durante a campanha presidencial. Não o leram como se o autor fosse o advogado de direitos civis e professor de direito que Obama era quando o livro foi publicado, mas como o candidato que pretendia suceder a George Bush, um presidente insistentemente anti-intelectual, um executivo que recusava a introspecção, para ele uma indulgência suspeita.

A raça ocupa o centro do relato de Obama, que a exemplo de todo bom narrador aproveita qualquer oportunidade que surge de abordar seu tema principal. Quando escreve a respeito do passado distante do lado materno da família, tenta incluir as recordações raciais dos avós, pessoas que, "como a maioria dos norte-americanos brancos da época", nunca haviam "dado muita atenção às pessoas negras".³³ As leis Jim Crow assumiam "uma versão mais informal e branda" na região de Wichita, em Kansas, onde ele cresceu: "Os negros estavam lá, mas era como se não estivessem. Eram como o pianista Sam no filme Casablanca, ou a empregada Beulah ou Amos e Andy nos populares programas de rádio norte-americanos: sombras, presenças apagadas, silenciosas que não provocavam nem paixão nem medo". No entanto, quando viveram por um breve período no norte do Texas após a guerra, os Dunham começaram a sentir o peso da raça. No banco, dizem para Toot, avó de Obama, que um "crioulo" como o faxineiro, sr. Reed, nunca deveria ser chamado de "senhor". Sua mãe Ann, com onze ou doze anos, é discriminada por ser "amante de crioulo" e "ianque nojenta" por ter uma amiga negra. Nesse caso, Obama toma o cuidado de registrar suas dúvidas; a memória, com sua natureza ardilosa, também é um tema. "É difícil avaliar o peso desses episódios", escreveu.³⁴ Obama mostra-se cético quando o avô diz que ele e Toot se mudaram para o Texas para fugir do racismo no Sul, pois Toot insinua que uma oportunidade melhor de trabalho pesou mais. A predileção de Obama, como o livro acaba mostrando, é reconciliar possibilidades. Ele suspeita de que na cabeça do avô os sofrimentos dos negros teriam se misturado aos dele: "o pai ausente e a alusão ao escândalo, uma mãe que havia partido", a sensação de que na juventude ele foi evitado por não ser totalmente respeitável — um "carcamano", como os parentes por afinidade o chamavam. "Seus instintos lhe disseram que o racismo fez parte daquele passado, integrado aos costumes, à respeitabilidade e ao status; estava nos risinhos, nos sussurros e nas fofocas que o mantiveram 'do lado de fora', olhando para dentro."³⁵

Obama também é justo com o Havaí, com a "terrível conquista dos nativos" das ilhas por meio de "quebra de tratados e doenças trazidas pelos missionários" e pelos barões da cana e do abacaxi. "Para a minha família, recém-chegada" — em 1959, ano em que o Havaí se tornou estado —, isso "havia de alguma maneira desaparecido da memória coletiva, como a névoa da manhã que o sol afugentou."³⁶ Há alguma coisa profunda e encantadora em Obama quando ele entra nesse espírito de tentar compreender a complexidade dos fatos sem sentimentalismos.

Os artifícios literários de Obama às vezes parecem um pouco forçados. No capítulo 2 ele recorda um dia na Indonésia aos nove anos, quando vivia com a família, na biblioteca da embaixada americana em Jacarta, onde a mãe leciona inglês. A cena é descrita em detalhes palpáveis: o trânsito intenso da rua que conduz à embaixada, cheia de riquixás e minivans lotados, "mulheres morenas e enrugadas, vestidas com desgastados sarongues marrons" e seus cestos de frutas, "dois elegantes fuzileiros navais" em frente à embaixada, o chefe da mãe dele, que "cheirava a loção pós-barba e o colarinho engomado era bem ajustado ao pescoço".[37] Obama se lembra de ignorar relatórios do Banco Mundial e pesquisas geológicas, preferindo a coleção da revista *Life*. Ele folheia os anúncios: "pneus Goodyear e o Dodge Fever, a TV Zenith ('Por sinal a melhor!') e a sopa Campbell ('Hummm, bom!')". Depois vê a foto de uma japonesa "cuidando de uma menina em dificuldade": a menina encurvada é paralítica. Em seguida vê a foto de um negro que usou tratamento químico para clarear a pele. "Havia milhares de pessoas como ele", descobre, "mulheres e homens negros na América que se submeteram ao mesmo tratamento em resposta a anúncios que prometiam a felicidade como uma pessoa branca." Lendo isso, Obama relembra: "Meu rosto e pescoço ficaram quentes". O artigo foi como uma "emboscada" em sua sensibilidade e inocência. "Imagino outras crianças negras, naquela época e agora, passando por momentos semelhantes de revelação", escreveu.

Durante a campanha presidencial, um jornalista do *Chicago Tribune* procurou esse artigo.[38] Não existia. Obama respondeu, hesitante: "Pode ter sido na *Ebony*, ou na... como saber onde saiu?". No arquivo da *Ebony* não constava nada no gênero. Talvez Obama estivesse pensando no livro de John Howard Griffin, *Black life me* [Minha vida como negro]. Jornalista e texano branco autêntico, ferido na Segunda Guerra Mundial, Griffin resolveu pesquisar a vida dos afro-americanos no Sul, em 1959. Como repórter da *Sepia*, revista destinada aos negros, Griffin raspou o cabelo, enfrentou longas sessões de raios ultravioletas e ingeriu doses enormes de um medicamento prescrito por um dermatologista para escurecer a pele; depois viajou por Louisiana, Geórgia, Alabama e Mississippi, onde conheceu as humilhações sofridas pelos homens e mulheres de cor. Seu livro, publicado em 1961, tornou-se best-seller e continuou sendo popular por várias décadas nas escolas americanas. Contudo, na cidade em que residia com a família, no Texas, um boneco representando Griffin foi enforcado.

Obama, obviamente, procurava ali uma verdade emocional, e sem dúvida na época houve artigos publicados sobre homens e mulheres negras que usavam cremes clareadores. A cena remete ao famoso momento na biografia de Malcolm X, quando ele faz sua primeira alteração cosmética "degradante" ao permitir que o barbeiro alise seu cabelo com uma mistura de lixívia com batata chamada congolene.[39]

Obama nem sempre se mostra compreensivo em relação a Ann Dunham. Isso responde em parte pelo teor dramático do livro: seu amor patente por uma mulher inteligente, idealista, corajosa e envolvida com o mundo, mas às vezes ingênua a ponto de irritar e normalmente distante milhares de quilômetros. O pai de Obama, quase ausente da vida do filho, pouco mais que um espectro, é bravo e indulgente consigo mesmo e rígido com o filho em sua única viagem ao Havaí. Mesmo assim, ele é o objeto singular da imaginação do narrador, ocupa o centro da busca de um jovem por sua raça e sua história.

Obama se orgulha da mente aberta da mãe, em sua insistência para que a família evite se comportar como "americanos feios" no exterior. Insiste para que a família resista à tentação de tratar as pessoas como "os outros", "estrangeiros" ou "nativos" ignorantes. Mais do que seu marido indonésio, ela não assume tacitamente que um hábito cultural americano, individual ou coletivo, seja superior ao indonésio. Ela aspira ao cosmopolitismo. Isso sem dúvida exerceu uma enorme influência sobre Obama, como pessoa e como político. Contudo, no início do livro, Obama reflete sobre a mãe com desconfiança. É o adolescente cuja vaidade reside no modo como ele "vê através" da mãe. "A confiança de minha mãe em incutir essas verdades em mim", escreveu, "dependia de uma fé que não possuía, uma fé que ela negava ser religiosa; que, de fato, a sua experiência lhe dizia ser sacrílega: uma fé em que pessoas racionais, pensantes, podiam traçar o próprio destino."[40] Obama não aceitava bem a admiração culpada da mãe pela cultura negra. Quando ela lhe dá discos de Mahalia Jackson e gravações dos discursos de Martin Luther King, ele suspira. "Todo homem negro era o juiz Thurgood Marshall ou o ator Sidney Poitier; toda mulher negra era Fannie Lou Hamer ou a cantora Lena Horne", escreveu, repetindo o tom sarcástico de adolescente. "Ser negro era ser herdeiro de uma grande herança, de um destino especial, fardos gloriosos que somente nós éramos fortes o bastante para carregar."

Obama percebe que precisa aprender a ser afro-americano quase por conta própria. Não é algo que sua mãe ou seus avós poderiam prover, por mais bem-intencionados que fossem.

Às vezes Obama sentia que era uma fraude quando tentava evocar a linguagem e os ressentimentos de seus raros amigos negros. Quando eles falavam que "é assim que os brancos vão tratar você", a frase soava esquisita. "O termo branco era extremamente incômodo na minha boca, no princípio; eu me sentia como um estrangeiro que tropeça em uma frase difícil."[41] Incomodado, Obama para de "mencionar" a raça da mãe, "quando comecei a desconfiar que, ao fazer isso, estava agradando aos brancos".[42] Mas, ao mesmo tempo, ele tem plena noção de não ser nenhum Richard Wright, que empreendeu a clássica migração do Mississippi para a zona sul de Chicago. Nem é Malcolm Little, cujo pai, ministro batista e organizador do Instituto Garvey, foi morto em Lansing.

"Estávamos na droga do Havaí", escreveu Obama.[43] "Dizíamos o que queríamos; comíamos onde queríamos; sentávamos à frente no ônibus. Nenhum dos nossos amigos brancos, caras como Jeff ou Scott do time de basquete, havia nos tratado de maneira diferente da que tratavam um ao outro. Eles gostavam de nós e nós gostávamos deles. Merda, parecia até que muitos deles queriam ser negros — ou, pelo menos, ser o Doutor J."

De todo modo, Obama se sentia perdido, quase desarvorado, sem a presença de adultos afro-americanos para ajudá-lo a se encontrar. Para um adolescente negro num mundo quase todo branco, o Havaí se torna um paraíso confuso e constrangedor. "Mas, do jeito que as coisas eram, aprendi a me mover de um lado para o outro entre meus dois mundos, o negro e o branco, compreendendo que cada um possuía sua língua, costumes e estruturas de significado, convencido de que, com um pouco de colaboração de minha parte, os dois mundos afinal se conciliariam."[44]

Não falta humor a Obama na intimidade. Por vezes o gracejo irônico, zombeteiro, se intromete em suas aparições públicas. Como escritor, porém, ele costuma ser sincero ao extremo. O capítulo 5, que abrange os anos na Occidental, é aberto com ele deitado no sofá às três da manhã, ouvindo Billie Holiday cantar "I'm fool to want you" [Sou louca por querer você] depois de uma festa no apartamento. Hasan tinha ido para a casa da namorada, Obama está tomando uma bebida e fumando um cigarro e somos levados a crer que a festa foi uma tremenda farra. Ele pensa no pai, nas drogas que ingeriu, na falta de afeto na juventude, nas rusgas com a mãe. O disco acaba. "De repente, eu me senti muito sóbrio", e serve-se de outra bebida. "No andar de cima, eu podia ouvir alguém dando a descarga no vaso e caminhando pelo quarto. Outro insone, provavelmente, ouvindo sua vida passar no tique-taque do relógio. Esse era o problema com a bebida e as drogas, não era? Em algum ponto, elas não conseguiam parar aquele tique-taque, o som de um certo vazio."[45] É uma cena às três da manhã, em que Frank Sinatra encontra Jean-Paul Sartre.

Obama enfatiza dois aspectos de sua vida na Occidental, e quase exclui o restante: ele ensaia diferentes vozes afro-americanas e descreve sua politização crescente. Uma versão de *A origem dos meus sonhos* em audiolivro pode ser mais interessante que o texto impresso, e uma das razões para isso é o fato de Obama, que admite ter se tornado um mestre em alterar a voz e a sintaxe para se acomodar à situação, imitar os amigos negros da Occidental com categoria: Marcus, "o mais consciente dos irmãos", com uma irmã nos Panteras Negras; Joyce, que insiste em sua identidade multirracial; Tim, com os pulôveres de xadrez escocês e o peculiar interesse por música *country*. Conforme o livro avança, ele se mostra igualmente hábil na imitação de "Rafiq", o nacionalista negro, de "Marty", o organizador, e de seus parentes quenianos. Obama não zomba deles, mas há um toque cômico nas vozes, uma rica textura na performance. Com isso nos mostra também um pouco da imensa diversidade da comunidade negra, com seu amplo espectro de características, ansiedades, talentos e origens.

Os aspectos específicos da formação de Obama são *sui generis*, mas na Occidental ele começa a se identificar com um problema irritante e bem comum: a ansiedade em relação à autenticidade. Mais uma vez ele depara com a razoável boa fortuna de estudar numa faculdade perto de Pasadena, num campus aprazível: "Eu era mais como os estudantes negros que haviam crescido nos subúrbios, crianças cujos pais já haviam pagado o preço da fuga. Era possível identificá-los na hora pelo seu modo de falar, pelas pessoas com quem se sentavam na lanchonete. Quando pressionados, eles se irritavam e recusavam-se a ser rotulados. Eles não queriam ser definidos pela cor da pele. Eles eram indivíduos".[46] Mas Obama via a mentira dessa atitude. A raça é um "fato". As pessoas que insistem na própria individualidade, os que pretendem driblar a barreira da cor, de tribo, também se iludem. "Elas falavam sobre a riqueza de sua herança multicultural e tudo soava muito bem, até você notar que elas evitavam as pessoas negras."

O modelo que faz Obama compreender o tipo de vida que pretende escolher é uma garota de Chicago muito franca a quem chama de Regina. Incisiva, ela pede para chamá-lo de Barack. É uma moça sensacional. Mora com a mãe (pai ausente) na zona sul de Chicago. Fala em tabernas, salões de bilhar, vizinhos de parede-meia, de "noites na cozinha com tios, primos e avós, o guisado de vozes que borbulhava em risos".[47] A imagem que fazia da vida negra enche Obama de anseios — "desejo de um lugar e de uma história fixa e definida". Obama não se envolve apenas com o movimento antiapartheid: ele resolve viver, como adulto, numa grande comunidade afro-americana. Fica a impressão de que o surgimento de Regina é um prenúncio de Michelle Robinson.

O livro de Obama tem uma dinâmica, mas não se trata de um movimento para escapar aos fardos pesados dos pioneiros memorialistas — as amarras da escravidão, as leis Jim Crow, a prisão ou um lar opressor. Sua dinâmica corresponde a uma busca interior, para esclarecer as dúvidas de sua personalidade dividida.

Estudante bem informado que amadurece na era do multiculturalismo e da teoria crítica, Obama tem plena consciência do conceito acadêmico de que a identidade é, em larga medida, uma construção social. A raça é um fato, uma questão de genética e atributos físicos, além de uma questão social e de elaboração individual. Um tema dominante no livro é a percepção de um jovem que tem algo a dizer dentro de tudo isso, que não é apenas um "produto" da história familiar: ele tem de dar sentido a sua herança e às circunstâncias de sua existência, e depois decidir quem pretende ser e o que quer fazer com tudo isso. Identidade e raça são questões sobre as quais ele exerce alguma influência.

Em Chicago, Obama entra no reino da atividade política em que uma parte essencial de sua atividade coincide com sua busca interna: ele atua basicamente na zona sul. E ao indagar a respeito dos problemas dos pastores, padres ou ativistas comunitários ele acrescenta dados ao seu conhecimento sobre a vida das pessoas. Todas as formas possíveis de pensamento político e militância dos políticos negros — integração liberal, nacionalismo negro, afrocentrismo, apatia, ativismo e até a tendência ao pensamento conspiratório — ficam sendo conhecidas e têm voz em suas memórias. Numa reunião com um colega chamado Deacon Will, um salão cheio de gente se inspira com um comovente relato de Will contando sua própria vida. "Então, como se a visão desse homem grande chorando tivesse regado a superfície seca dos seus corações, outras pessoas também começaram a falar de suas lembranças", escreveu Obama. "Elas falaram sobre a vida nas pequenas cidades sulistas: as lojas nas esquinas onde os homens se reuniam para ouvir as notícias do dia ou ajudar as mulheres a carregar suas compras; a maneira como os adultos tomavam conta das crianças, mesmo quando eram de outras pessoas ('A gente não podia aprontar nada, pois nossas mães tinham olhos e ouvidos no bairro inteiro.'); o sentido de decoro público que essa familiaridade havia ajudado a manter. Em suas vozes não existia nem um pouco de nostalgia, elementos da memória seletiva. O todo do que eles recordaram soou vívido e verdadeiro, o som da perda compartilhada."[48] É uma cena sentimental, mas o leitor não pode deixar de pensar que centenas de situações similares ajudaram a criar o estilo de pensar e atuar politicamente de Obama: a crença nas "histórias sagradas", como forma de comunicação política, compreensão e coesão.

Obama não é tão sentimental em relação à política. Na verdade, quando reconta os contatos diários com o desespero da zona sul desindustrializada, seu instinto de personalizar a própria visão se combina com a capacidade de ver os problemas com certo distanciamento, com uma noção clara de como as forças do mercado e as alterações nas condições econômicas criam ou arrasam lugares como a zona sul com uma brutalidade histórica:

> Procurei imaginar os indonésios, que agora seguiam para as fábricas estabelecidas ao longo do rio Calumet, juntando-se às massas de trabalhadores assalariados para montar os rádios e tênis vendidos na Michigan Avenue. Imaginei esses mesmos trabalhadores indonésios daqui a dez, vinte anos, quando suas fábricas terão fechado como consequência de uma nova tecnologia ou de salários mais baixos em alguma outra parte do mundo. E, então, vi sua descoberta amarga de que seus mercados desapareceram, de que eles já não se lembravam de como trançar as próprias cestas, nem de como entalhar os próprios móveis, nem de como cultivar a própria comida. Mesmo se lembrarem essas artes, as florestas que lhes davam a madeira agora pertenciam aos interesses das madeireiras, e as cestas que trançavam foram substituídas por peças de plástico mais duráveis.[49]

Essa passagem soa extremamente semelhante à descrição que a mãe faz em sua tese da forma como as mudanças econômicas modernas ameaçavam a cultura dos vilarejos javaneses onde ela fazia sua pesquisa de campo de doutorado. Em Chicago, Obama realiza uma pesquisa de campo à sua moda.

Na zona sul, Obama entrou em contato com o espectro completo do pensamento político negro. O bairro onde morava, Hyde Park-Kenwood, era também o lar de Louis Farrakhan, Jesse Jackson e de intelectuais de várias ideologias e tendências. A exposição de Obama aos pontos de vista políticos debatidos regularmente na rua e em emissoras de rádio negras, mas ausentes em programas como "Meet the Press" ou "Washington Week", é algo levado a sério por ele. Obama concede a Rafiq muitos parágrafos para a exposição da visão nacionalista negra, que interessa ao autor mas acaba por frustrá-lo. Ele lê *The Final Call*, jornal da Nação do Islã, e ouve discursos nacionalistas no rádio, mas lamenta que o chamado para a conscientização e o estímulo ao amor-próprio, veiculados na geração anterior pela voz de Malcolm X, tenha se tornado uma ilusão descabida, "mais uma desculpa para a falta de ação". Obama teme que o tipo de nacionalismo negro pregado por Rafiq e outros tenha "duas correntes": uma transmitindo a mensagem afirmativa de "solidariedade e confiança mútua, disciplina e responsabilidade comunitária", e outra se apoiando no ódio aos brancos. Obama conclui que Rafiq tem razão em pensar que "no fundo, todos os negros eram nacionalistas em potencial. A raiva continua ali, amordaçada e frequentemente escondida".[50] Mas um nacionalismo que depende da animosidade racial, que se sujeita a teorias conspiratórias, contradiz a moralidade que a mãe lhe ensinou, uma moralidade feita de "sutis distinções entre indivíduos de boa vontade e os que me desejavam o mal, entre malícia ativa e ignorância ou indiferença". Obama afirma que o nacionalismo, a exemplo da visão direitista rósea de Reagan, depende de um pensamento mágico. Afro-americanos, segundo ele, são os que pelo menos podem se dar ao luxo de fazer de conta. Por isso a organização comunitária insiste no pragmatismo. E, como ao nacionalismo falta um "plano factível", Obama segue em busca de novos caminhos.

Chicago foi também o lugar onde Obama tentou descobrir como a raça se encaixava em sua vida adulta. Como a questão da tribo, em especial quando é tão complicada e misturada, entra na escolha de quem amar, ou com quem se casar? Obama sai com moças brancas e negras, e não hesita em incluir essas experiências em sua narrativa. Ele nos diz que amou uma mulher branca em Nova York: "Tinha os cabelos escuros e os olhos quase verdes. Sua voz soava como um sino ao vento".[51] Eles saíram juntos durante um ano. A certa altura a moça o convidou para ir à casa de campo da família. Era outono. Eles passearam de canoa pelo lago gelado. A família conhece a terra, "o nome dos primeiros colonizadores — ancestrais deles — e, antes disso, os nomes dos índios que caçavam naquelas terras". A casa é herança de família, assim como o próprio país, ao que parece. Na biblioteca amontoam-se fotos de dignitários que o avô dela conheceu. E Obama, que não precisa nos lembrar que sua herança é composta de elementos mais esquivos, vê o abismo existente entre ele e aquela mulher. "Percebi que nossos mundos — o meu e o da minha amiga — eram tão distantes quanto o Quênia é da Alemanha", escreveu. "E soube que, se ficássemos juntos, eu acabaria vivendo no mundo dela. Afinal de contas, era isso o que eu havia feito toda a minha vida: viver como um estrangeiro." Ele é o "étnico" de centenas de romances, o sujeito de fora que, misturando deslumbramento com apreensão, entra para o mundo da ordem estabelecida por meio do romance.

A conexão o atormenta. Quando saem do teatro depois de assistir a uma peça sobre raça engraçada, porém amarga, a acompanhante de Obama está confusa. Ela pergunta por que os negros "eram sempre tão raivosos". Os dois discutem. Passam por um momento familiar do choque cultural romântico: Obama é como um dos jovens bengaleses-americanos de Jhumpa Lahiri na residência da amiga branca rica, anglo-saxônica e protestante. Mas Obama, como sempre, se recusa a descrever o rompimento como evidência de um abismo intransponível. "É possível que, mesmo que ela fosse negra, ainda assim não desse certo", afirmou. "Quer dizer, muitas mulheres negras por aí me fizeram sofrer da mesma maneira."

Obama encerra a parte sobre Chicago com a descoberta da Igreja da Trindade Unida em Cristo. A cena não flerta apenas com o melodrama: como um retrato da revelação, apoia-se na nossa boa-fé. Sentado no banco da igreja numa manhã de domingo, Obama ouve na música e na voz do ministro a convergência de uma "única nota" das muitas histórias de vida que vinha escutando nos últimos três anos. Então, como em tantas outras memórias (muito mais importantes), de santo Agostinho a Malcolm X, Obama dramatiza sua mudança espiritual, sua descoberta da fé. Até então vinha resistindo ao salto ou o adiava, apesar das exortações de muitos ministros e ativistas bem-intencionados, mas havia chegado a hora de unir as histórias de sofrimento e redenção com *a* história de sofrimento e redenção. "E naquela única nota — Esperança! — ouvi algo mais; ao pé daquela cruz, dentro das igrejas na cidade, imaginei as histórias de pessoas negras comuns se fundindo com as histórias de David e Golias, de Moisés e o faraó, dos cristãos na cova do leão, do campo de ossos secos de Ezequiel. Essas histórias — de sobrevivência, libertação e esperança — tornaram-se nossa história, minha história; o sangue derramado era o nosso sangue, as lágrimas nossas lágrimas; até que essa igreja negra, nesse dia ensolarado, parecia uma vez mais o fio condutor dessas histórias para as gerações futuras e para um mundo mais amplo. Nossas tentativas e vitórias se tornaram únicas e universais, negros e mais que negros."[52] As lágrimas de Obama naquele instante não eram lágrimas de desespero, como as derramadas no final do capítulo "Origens". São lágrimas de alívio, de alegria por ganhar algo tão profundo: o conforto da comunidade, a imensidão da fé.

Obama começa parte de sua viagem ao Quênia, realizada no verão de 1988, com uma série de gestos portentosos. Passa três semanas na Europa antes de seguir para a África e faz um relato sombrio de sua decepção com Paris, Londres e Madri (uma praça tinha "sombras ao estilo do pintor grego De Chirico"). Ele é "um ocidental que não estava completamente à vontade no Ocidente, um africano a caminho de uma terra cheia de estranhos".[53] Na estrada entre Madri e Barcelona ele conhece um africano que fala espanhol, uma contraparte sua do Senegal. ("Qual era o nome dele? Não consigo lembrar agora; apenas outro homem faminto longe de casa, um dos filhos das antigas colônias de argelinos, indianos e paquistaneses que agora rompiam as barricadas de seus antigos mestres, montando sua invasão maltrapilha e aleatória. E, ainda assim, enquanto andávamos em direção às Ramblas, eu me sentira como se o conhecesse há tempos; como se, vindos de pontos opostos da terra, estivéssemos, de algum modo, realizando a mesma jornada."[54]) Não é uma sequência lá muito convincente; mesmo o leitor favorável percebe um jovem tentando dramatizar sua solidão injetando-lhe o máximo de carga simbólica e significado político artificial.

A atmosfera carregada de simbologia permanece durante a viagem de cinco semanas pelo Quênia. No aeroporto de Nairóbi ele conhece a linda Omoro, que o ajuda com a bagagem e o deslumbra ao reconhecer seu nome. Durante o livro (e, como sabemos, durante sua carreira política), o nome de Obama passou a ser o símbolo de sua identidade, tanto por causa da luta interna pela identidade quanto pela forma como os outros o viam. "Pela primeira vez em minha vida", escreveu, "senti o conforto, a firmeza de identidade que um nome pode trazer, como ele pode carregar uma história nas lembranças de outras pessoas."[55] E ele ainda nem saiu do aeroporto.

No primeiro dia Obama sofre um choque de reconhecimento: todos se parecem com ele! "Tudo isso enquanto uma procissão constante de rostos negros passava diante de nossos olhos, rostos redondos dos bebês e faces desgastadas dos velhos; belos rostos que me fizeram entender a transformação que [amigos de Obama] afirmaram ter ocorrido depois de sua primeira visita à África. Durante algumas semanas ou meses, pode-se experimentar a liberdade de não se sentir observado, a liberdade de acreditar que seu cabelo cresce como deve crescer e que seu quadril ondeia como deve ondear [...] Aqui o mundo era negro e você podia ser como é."[56]

Mas a ingenuidade de Obama e sua ânsia de transformação recuam quando ele começa a ouvir as histórias dos parentes, dos homens e mulheres que ampliam seus conhecimentos sobre o pai e de tudo o que ele passou a representar em sua mente. Auma, irmã de Obama que estudou na Alemanha, havia passado algum tempo com o irmão nos Estados Unidos. Durante o primeiro contato ela não só relatou os fatos básicos da vida do pai em Nairóbi — o trabalho numa empresa petrolífera americana e em vários ministérios, as intrigas políticas de Nairóbi, sua lamentável decadência — como também se mostrou disposta a separar o mito da realidade. Ao contrário de muitos outros, ela era cética e muito inteligente. Quando conta a história de como Jomo Kenyatta convocou o Velho (como ela chamava Barack pai) e o alertou para "ficar de boca fechada", ela acrescentou: "Não sei quanto desses detalhes são verdadeiros".[57] Mas é certo que Barack pai era um sujeito arrasado pelas decepções políticas e também pela "culpa de sobrevivente", alguém que teve a sorte de ser levado de avião para outro mundo e voltar com um curso superior. Auma é solidária, mas tem uma visão bem mais clara do que a da mãe de Obama. Segundo ela, o Velho era um marido terrível e um pai pior ainda. Bêbado, violento, entrava cambaleando no quarto de Auma tarde da noite e a acordava para reclamar que havia sido traído. Obama percebe logo que o pai já estava no meio da decadência quando foi visitá-lo. As revelações batem de frente com o mito da grandeza do pai, acalentado por ele durante muito tempo, sustentado pela mãe amorosa e bem-intencionada. Trata-se de um mito no qual não pode mais se apoiar, ele percebe. "Sentia como se meu mundo tivesse virado de cabeça para baixo", escreveu Obama sobre as descobertas a respeito do pai. "Como se tivesse acordado e encontrado um sol azul contra o céu amarelo, ou como se os animais tivessem começado a falar como os homens." Obama percebe que vinha "lutando contra nada mais do que um fantasma".[58] E nessa descoberta há uma sensação de sabedoria e até mesmo de libertação: "A fantasia de meu pai tinha ao menos me poupado do desespero. Agora ele estava morto, verdadeiramente. Não podia mais me dizer como viver".

Conforme Obama passa mais tempo com Auma e suas tias, primos, sobrinhos, sobrinhas e meios-irmãos, sua própria vaidade começa a esmaecer. Sentado entre os parentes no apartamento simples de um deles, com os "móveis gastos" e o "calendário de dois anos atrás", ele reconhece a mesma disposição de negar a pobreza, as mesmas conversas, a mesma "ausência de homens" que conhecera na zona sul. O apartamento é "igual aos apartamentos em Altgeld".[59] Obama entende na África que seu ascetismo universitário voluntário é uma abstração inútil, quase indulgente. E ao andar por uma favela imensa de Nairóbi chamada Mathare, com seus barracos de zinco e esgoto a céu aberto, ele compreende o que é a culpa do sobrevivente.

Certo dia ele e uma relutante Auma vão a um safári. Mais uma vez Obama não consegue resistir ao peso simbólico do que vê. No Great Riff Valley, onde foram encontrados fósseis dos primeiros hominídeos, "Lucy" inclusive, o mesmo lugar que o pai de Obama descreveu aos estudantes atentos no Havaí, Obama senta e observa hienas disputando a carcaça de um gnu no final da tarde, enquanto os abutres aguardam a vez na periferia da matança. "Era uma cena selvagem, e ficamos ali por um longo tempo, observando a vida alimentar-se de si mesma, o silêncio interrompido apenas pelo quebrar de um osso ou pelo vento, ou pelo ruído das asas de um abutre que se esforçava para elevar-se na corrente", escreveu. "Pensei: esta é a aparência da Criação. A mesma quietude, o mesmo quebrar de ossos. Ali no crepúsculo, naquela colina, imaginei o primeiro homem surgindo, nu e de pele rugosa, agarrando um pedaço de sílex em sua mão desajeitada, ainda sem palavras para o medo."[60]

Obama finalmente visita o cenário de sua origem. Com a irmã Auma, a mãe adotiva Kezia, a tia Zeituni e os irmãos Roy e Bernard, ele pega o trem para Kisumu, a cidade mais próxima do ancestral vilarejo de Kogelo. Está viajando pelos trilhos instalados pelos ingleses a partir de 1895, ano do nascimento de Onyango Hussein Obama. Enquanto o trem noturno avança, Obama passa por um de seus não pouco frequentes devaneios. O colonialismo e sua herança são um tema recorrente em seu livro, e mais uma vez ele cruza os fios de sua vida pessoal e da política para imaginar o resultado. Teria o encarregado britânico, na viagem inaugural do trem, "sentido triunfo, confiança de que a luz da civilização ocidental finalmente penetrara na escuridão africana? Ou sentira um pressentimento, uma percepção súbita de que todo esse empreendimento era um ato de loucura, de que essa terra e o povo sobreviveriam aos sonhos imperiais?".[61]

Em Kogelo, Obama conhece "Granny" (trata-se da vovó, ou Mama Sarah, como é conhecida no local, mãe adotiva de Barack pai) e ouve dela a história de sua família, como se fosse uma declamadora mítica de épicos homéricos. Em entrevistas com jornalistas visitantes Sarah fala o que pensa. Quando Obama faz que reconte a história familiar, ela é uma presença oracular. Sentada do lado de fora da porta de sua casa simples, ela fala por um longo tempo, começando assim:

Primeiro, havia Miwiru. Não se sabe quem veio antes. Miwiru gerou Sigoma, Sigoma gerou Owiny, Owiny gerou Kisodhi, Kisodhi gerou Ogelo, Ogelo gerou Otondi, Otondi gerou Obongo, Obongo gerou Okoth e Okoth gerou Opiyo. Os nomes das mulheres que os pariram foram esquecidos, pois esse era o costume do meu povo.[62]

Ela conta a história toda: a migração da família de Uganda a Kogelo. As batalhas contra os bantos. A saga de Onyango. É um relato do Gênesis, do Êxodo, das gerações — lembrado e contado na língua luo, com a sagacidade de uma anciã de aldeia. O solilóquio inicial ocupa mais de dez páginas, e depois de algumas narrativas é retomado por mais dezoito páginas. Pode-se dizer com razoável certeza que essas citações extensas foram elaboradas a partir dos esforços de Obama para extrair o máximo de informações que pudesse, e que ele recriou as palavras dela do modo mais poético possível. Mas não se trata de pura invenção. Recitar assim é uma rica tradição luo: com frequência, até os idosos iletrados sabem recitar a história da família de muitas gerações.

A história do pai e do filho, de Onyango e Barack pai, com suas tentativas de ir até o mundo maior e voltar, as tentativas de se tornarem cosmopolitas — um no apogeu do colonialismo, outro quando o colonialismo enfraquece e some —, é uma história trágica e extraordinária. Sob diversos aspectos, Onyango é uma figura antipática, ríspida e cruel, mas sua curiosidade e ambição fascinam o neto. Onyango, segundo Sarah, "ficou curioso e decidiu quem eram os forasteiros". Seguiu a pé para Nairóbi e voltou "muitos meses depois" usando roupas de homem branco: calça, camisa e os "pés cobertos por sapatos", uma visão que assustou as crianças da aldeia. Eles acham que Onyango foi circuncidado, que se poluiu de algum modo, e por isso está escondido dentro daquelas roupas estranhas. É um exilado do Éden, agora afastado do mundo do vilarejo. Logo a presença do homem branco se faz sentir em todas as partes do Quênia e, segundo Sarah, contaminam as normas econômicas e os valores culturais da África negra: "[...] descobrimos que precisávamos de açúcar, chaleiras e xícaras para beber chá. Tudo isso comprado com peles, carne e vegetais".[63] Depois os luos começaram a trabalhar por salário, pela "moeda do homem branco". Seguiram-se as armas, a guerra e a queda em desgraça. "O respeito pela tradição diminuiu, pois os jovens viam que os anciãos não tinham mais poder. A cerveja, que antes era feita de mel e bebida raramente, agora vinha em garrafas, e os homens se embriagavam. Muitos de nós começamos a provar a vida do homem branco e decidimos que, em comparação, nossas vidas eram pobres."[64]

No final de um longo dia com o neto, Mama Sarah revira um baú que contém itens valiosos do passado e dá alguns a Obama, "como se fossem mensagens em garrafas": o documento gasto que Onyango portava quando servia aos britânicos, uma das cartas de Barack pai solicitando vaga numa universidade americana. ("É isso, pensei. Minha herança", escreveu Obama, melancólico.[65]) Finalmente ele sai da choupana da avó e vai até o quintal contemplar duas lápides de concreto revestidas de ladrilhos, os túmulos de seu avô e de seu pai:

> Em pé entre os dois túmulos, senti que tudo ao meu redor — os campos de milho, a mangueira, o céu — fechava-se, até que fui deixado apenas com uma série de imagens mentais, e as histórias de vovó tornaram-se vivas [...][66]
>
> Por um longo tempo, sentei-me entre os dois túmulos, chorando. Quando minhas lágrimas finalmente secaram, senti uma calma descer sobre mim. Senti que o círculo finalmente se fechara. Eu percebera quem era, com o que me importava, não era mais apenas uma questão intelectual ou de obrigação, não era mais uma construção de palavras. Eu via que minha vida nos Estados Unidos — a vida negra, a vida branca, o senso de abandono que sentira quando menino, a frustração e a esperança que testemunhara em Chicago —, tudo isso estava conectado a este pedaço de terra a um oceano de distância, conectado por mais que o acidente de um nome ou da cor da minha pele. A dor que eu sentia era a dor de meu pai. Minhas questões eram as questões de meu irmão. A luta deles era meu direito de nascença.[67]

O epílogo de *A origem dos meus sonhos* amarra tudo com eficácia. O mágico devaneio de recuperar o passado é rompido antes de Obama voltar para casa. Uma professora de história chamada Rukia Odero, amiga de seu pai, o alerta contra a ida à África numa falsa busca pela "autenticidade".[68] Obama deve entender, diz, que nem todas as questões foram resolvidas.

Logo o narrador nos atualiza. Ele admite que a Faculdade de Direito de Harvard nem sempre foi divertida ("três anos em bibliotecas pouco iluminadas"), mas seu idealismo e retórica elevada não diminuem. Nas palavras da Declaração de Independência, diz, ele também escuta o espírito de Frederick Douglass e Martin Delany, de Martin e Malcolm, das famílias japonesas nos campos de internamento e dos trabalhadores judeus em condições precárias nas fábricas, dos agricultores das terras áridas e do povo de Altgeld.⁶⁹

A história termina como nas comédias tradicionais — com um casamento. Quando Michelle Robinson entra na história tudo se encaixa. Rodeado pela família americana e pela africana, por amigos do tempo em que era organizador e estudante de direito, de Punahou, da Occidental e de Columbia, Obama e Michelle se casaram em cerimônia conduzida pelo reverendo Wright. "A um final feliz", Obama diz ao brindar, e, seguindo a tradição do Quênia, derruba um pouco da bebida no chão.⁷⁰ Reconciliação completa. Como convém a tantas narrativas de ascensão, Obama se encontrou, achou uma esposa e uma família, uma comunidade e uma cidade, uma fé e uma causa. Seu casamento une o negro e o branco, os Estados Unidos e o Quênia. E, como quase todas as milhões de pessoas leram o livro sob a luz de uma busca maior, o herói e sua história são elevados a patamares míticos.

Peter Osnos e seus colegas da Times Books não tinham ambições comerciais desmedidas para *A origem dos meus sonhos*. "As esperanças sobre Obama estavam na média", disse Osnos. "A maior parte das provas era simples, mas no caso preparamos uma prova final encadernada, benfeita, o que indica um certo interesse. Apostávamos no aspecto multicultural." O livro recebeu resenhas favoráveis no *New York Times*, no *Washington Post* e no *Boston Globe*, mas pouca publicidade. Obama foi entrevistado em Los Angeles para o programa de tevê a cabo "Connie Martinson Talks Books", e no final do programa Martinson virou para o autor e disse: "Sabe, eu nunca falei isso a ninguém, mas você vai longe na carreira política". Como parte de sua modesta viagem de divulgação, Obama realizou leituras para grupos de leitores em livrarias, incluindo a que frequentava, a Fifty-seventh Street Books, em Hyde Park. Na Eso Won Books, uma livraria afro-americana de Los Angeles, apenas nove pessoas foram vê-lo. Obama simplesmente fez todo mundo sentar em círculo, e após alguns minutos de leitura começou a revelar detalhes de sua vida. Como um bom organizador comunitário, ele se interessou pelas pessoas: "Diga o seu nome e o que você faz".⁷¹

A Times Books enviou cerca de 12 mil exemplares de *A origem dos meus sonhos* para as livrarias e vendeu 9 mil — uma quantidade respeitável. Por menos de 10 mil dólares, a Times Books cedeu os direitos do livro para a Kodansha, uma editora de origem japonesa que se especializava em livros multiculturais para o público americano.

A origem saiu no verão de 1995. Os anos 1990 foram generosos em autores ansiosos para escrever sobre si, sobre suas famílias, suas privações, seus vícios, prisões, redenções, alucinações, casos amorosos, doenças, perdas e redenções. Alguns desses livros — como *Perto das trevas*, de William Styron, *Angela's Ashes* [As cinzas de Ângela], de Frank McCourt, *The liar's club* [O clube dos mentirosos], de Mary Karr, *Girl, interrupted* [Garota interrompida], de Susanna Kaysen, *Becoming a man: half a life story* [Tornando-se homem: história de meia vida], de Paul Monette, e *The Color of water* [A cor da água], de James McBride, todos publicados em 1996 — refletiam as ambições literárias de Obama: honestidade, valor literário e vendas surpreendentes. Obama esperou mais de uma década até que o livro se tornasse um best-seller.

Obama não é o primeiro presidente a revelar pendores literários antes de concorrer ao cargo. O mais fecundo dos presidentes literatos foi Theodore Roosevelt, que iniciou seu primeiro livro, uma história naval da Guerra de 1812, quando ainda estudava em Harvard. Roosevelt destacava-se como leitor: conseguia ler dois ou três livros por noite. Seu biógrafo Edmund Morris disse que, em 1906 (já na presidência!), Roosevelt leu quinhentos livros ou mais, inclusive *todos* os romances de Trollope, as obras completas de Thomas De Quincey, a prosa completa de Milton, a poesia de Scott, de Poe e de Longfellow, além de *Life of Oliver P. Morton* [A vida de Oliver P. Morton], de William Dudley Foulke.[72] No total, Roosevelt escreveu 38 obras, inclusive (antes da carreira política) as biografias de Thomas Hart Benton, senador pelo Mississippi e defensor da expansão para o oeste, e de Gouverneur Morris, autor do preâmbulo da Constituição americana, bem como um relato histórico em quatro volumes, *The winning of the West* [A conquista do oeste], relatos de suas muitas viagens de caça e dezenas de resenhas literárias e artigos científicos. Woodrow Wilson, doutor em história e ciência política pela Johns Hopkins, escreveu *Congressional government* [Governo congressional] e outros estudos acadêmicos antes de sua eleição para governador de Nova Jersey e para presidente. Herbert Hoover não era estranho às letras. Com a esposa Lou, ele traduziu do latim o tratado renascentista de Agricola sobre mineração, *De Re Metallica*. Os esforços literários de John Kennedy combinavam a aura de patrocínio dinástico e assistência profissional: seu pai providenciou a publicação de sua tese em Harvard, *Why England slept* [Por que a Inglaterra dormiu]. Seu assessor Theodore Sorensen e outros ajudaram bastante na produção industrial de *Política e coragem*.

A origem dos meus sonhos não deve ser supervalorizado como um texto puramente literário. Outros políticos escritores, como Vaclav Havel e André Malraux, escreveram obras mais importantes e maduras antes de assumirem cargos públicos. Não resta dúvida, porém, de que nenhum político americano representativo antes de Obama se aventurou a se retratar *pessoalmente* com a força e a intensidade emocional de *A origem dos meus sonhos*.

No início da história da República americana era impossível imaginar obras políticas pessoais. Os fundadores da pátria eram filósofos-estadistas que viam o poder executivo como um freio ao legislativo rebelde e corrupto. A propaganda pessoal em campanha aviltava o candidato. "Motivos relacionados ao recato", disse George Washington, "me impediram até agora de conversar ou escrever sobre o assunto, e sempre que posso eu o evito, com decência."[73] Washington consagrou a presidência dos Estados Unidos como um cargo que não devia ser almejado nem recusado. Mesmo numa democracia, deveria ser algo concedido, não buscado. O historiador M. J. Heale chamou essa postura presidencial inicial de "a tribuna muda".

A divulgação pessoal na cultura política americana começa para valer com Andrew Jackson. Ao se retirar das forças armadas, em 1815, e construir uma casa numa fazenda de quatrocentos hectares perto de Nashville, Jackson contratou John Eaton, jovem advogado e um de seus comandados na Guerra de 1812, para escrever sua biografia. Vários anos depois, Jackson usou o texto hagiográfico de Eaton, *Life of Andrew Jackson* [A vida de Andrew Jackson], na disputa presidencial de 1824. Considerado como a primeira biografia de campanha publicada nos Estados Unidos, o livro apresentava Jackson como algo totalmente novo na política americana: "o sujeito que se fez sozinho". Quando Jackson finalmente conquistou a presidência, em 1828, escolheu para secretário da Guerra seu biógrafo, John Eaton.

O tipo de autodescrição de Jackson não saiu mais da moda na política americana. Em 1852, pouco depois de terminar *The Blithedale romance* [O romance de Blithedale], Nathaniel Hawthorne escreveu uma descuidada biografia de Franklin Pierce, um colega do Bowdoin College. Em cerca de um mês estava pronta. A recompensa de Hawthorne foi o consulado de Liverpool; a recompensa do país foi um presidente lamentável. William Dean Howells escreveu *The life of Abraham Lincoln* [A vida de Abraham Lincoln] em poucas semanas, sem conhecer o sujeito. Publicado em 1860, o perfil serviu como base para milhões de outros: a "sóbria choupana do colonizador", o lenhador autodidata sincero, o "jovem caipira" que lia *Commentaries on the laws of England* [Comentários sobre as leis da Inglaterra], de Blackstone, "sob um frondoso carvalho" nos bosques vizinhos a New Salem. "As pessoas passavam, e ele não as notava", escreveu Howells sobre os estudos de Lincoln na floresta, "e as saudações dos conhecidos recebiam como resposta o silêncio, ou um olhar vazio."[74]

O gênero apresenta variações: o modesto guerreiro-estadista domina a cena, embora ocasionalmente apareça um lenhador intelectual como Lincoln. Mas a matriz permanece imutável: a ascensão de circunstâncias modestas para uma vida adulta de prestação de serviços altruístas ao país. Os biógrafos registram a manifestação da mãe de Jackson, que contou ao filho como era a pobreza na Irlanda; Henry Clay perdendo o pai na infância; o chalé de madeira de Henry Harrison; e Teddy Roosevelt em San Juan Hill. Os biógrafos iniciais de Roosevelt descrevem a sala de aula de Groton como se fosse entalhada em madeira de pinheiro. "Os biógrafos de campanha americanos ainda seguem o mesmo roteiro escrito quase dois séculos atrás", ressalta o historiador Jill Lepore. "A leste das bobagens e a oeste das besteiras, a Jovem da Esperança sempre amadurece para se tornar um Homem do Povo. Será que um dia vamos parar de eleger Andrew Jackson?"[75]

A origem dos meus sonhos de Obama não tinha a intenção de ser uma biografia de campanha, mas acabou servindo para isso. Para um político que transformava o pessoal em político e situava sua própria história e origem como centro da candidatura, escrever *A origem dos meus sonhos* foi o ato supremo de autocriação. Suas histórias ocupam o centro do pensamento de Obama, seu conceito de si mesmo, sua retórica pública.

Nas semanas finais da campanha presidencial de 2008, quando se tornou cada vez mais evidente que só um milagre como o de Dorian Gray poderia salvar John McCain da derrota, Jack Cashill, um escritor conservador, editor de revista e ex-apresentador de programa de entrevistas no rádio, defendeu uma teoria popular em diversos sites de direita, entre eles American Thinker e World Net Daily, de que Barack Obama não era o autor de *A origem dos meus sonhos*. Uma acusação que, se fosse comprovada, ou se *acreditassem* em sua veracidade, poderia ter destruído a candidatura. O próprio Obama admitiu que muita gente se envolveu com a campanha "por sentirem que me conheciam, graças aos meus livros".[76] A acusação de fraude fornecia um potencial diabólico para seus detratores. Insinuava que o homem destinado a se tornar o primeiro presidente afro-americano, louvado pela linguagem e eloquência, não poderia ser um escritor tão bom.

O verdadeiro autor do livro de Obama, sugeriu Jack Cashill, seria Bill Ayers, mais conhecido como cofundador do Weather Underground, o "terrorista" citado nos discursos de Sarah Palin. Cashill escreveu que havia estudado em profundidade os livros de Ayers, autor de memórias e obras sobre educação e, por meio de um processo que chamou de "desconstrução", esse Derrida ressurgido alegou que os textos continham muitos pontos em comum e que despertavam suspeitas. Por exemplo, Cashill escreveu, os dois erraram a grafia de Frantz Fanon, que saiu "Franz". Ambos se mostravam obcecados pelos olhos: "Ayers tem fixação pelo rosto, e pelos olhos em especial. Ele fala em olhos 'brilhantes', olhos 'luminosos', olhos 'risonhos', olhos 'faiscantes', olhos 'como gelo' [...] Obama também revela fixação por rostos, e pelos olhos em especial. Ele também fala em olhos 'brilhantes', olhos 'luminosos', olhos 'risonhos', olhos 'faiscantes' [...] Obama também usou uma expressão bem específica, 'como gelo'".[77]

E por aí vai.

As afirmações de Cashill não iriam além de um mero lampejo na órbita lunática mais extrema da internet não fosse o fato de que vozes bem mais poderosas tentaram fazer que a teoria emplacasse. Um redator do popular blog The Corner, da *National Review*, declarou que os estudos eruditos de Cashill eram "detalhados, embasados e preocupantes".[78] Durante seu programa de rádio nacional de 10 de outubro de 2008, Rush Limbaugh partiu da zombaria de um trecho de *A origem dos meus sonhos* para apoiar a tese da autoria de Ayers:

> Sabe, circulam por aí versões de que ele talvez não tenha escrito o livro [...] Não há prova de que Obama tenha escrito nada antes disso, exceto um poema, e o poema era tão ruim quanto "A River, Rock, and Tree" que Maya Angelou declamou na posse de Slickster, em 1993. Não há prova de que ele tenha talento para escrever.

Não vimos nada do que ele escreveu na Faculdade de Direito de Harvard, nem de quando estudou na Columbia, nem conhecemos os esboços que teria feito. Mas, ao ler seus livros, ou ouvir o audiolivro em que lê sua biografia, há coisas que não aparecem quando Obama se levanta e fala. Eu gostaria que ele passasse por um teste sobre seu próprio livro. Sabem que Charles Barkley disse certa vez que foi citado erradamente em seu próprio livro? (risos) Eu realmente acho que Obama deveria passar por um teste sobre seu livro.

Talvez nem tenha sido a insinuação mais racista de Limbaugh durante a campanha. Quando levou ao ar a canção "Barack, the Magic Negro", paródia de "Puff, the Magic Dragon", sua audiência deve ter aumentado. Sua definição de Obama como "Halfrican American" [Meiafro-americano] pode ter sido mais perniciosa naquele momento, pois ecoava rumores de que o candidato não tinha certidão de nascimento americana, frequentara um madraçal na Indonésia quando pequeno e que, na verdade, era cidadão queniano ou indonésio.

De todo modo, as calúnias de Cashill e Limbaugh sobre as memórias de Obama — negação das qualidades literárias e da autoria — mostram um terrível elitismo. A escrita elevava o escravo do estado de não ser, de mercadoria, à condição humana.[79] Como escreveu Henry Louis Gates Jr.: um escravo escrevia, acima de tudo, "para demonstrar que pertencia à comunidade humana". Na narrativa de Frederick Douglass, seu dono, o sr. Auld, diz: "O aprendizado estraga o melhor negro do mundo [...] Se ensinarmos aquele negro (falava de mim) a ler, não vai ter como segurá-lo".[80]

Mesmo assim, escritores como Douglass precisavam pedir a homens brancos que autenticassem seus textos, para contestar os Jack Cashill e Rush Limbaugh* da época, sempre dispostos a denunciar fraudes. Para apaziguar o leitor branco desconfiado, os abolicionistas William Lloyd Garrison e Wendell Phillips redigiram prefácios para o livro de Douglass que servem como selo de endosso dos brancos. Garrison ouviu Douglass contar sua história de vida num discurso no Atheneum, em Nantucket, em 1841, e se mostrou disposto a confirmar a autoria do texto. "O sr. Douglass fez bem em preferir escrever sua própria Narrativa, com seu estilo pessoal, e conforme o máximo de sua habilidade, em vez de contratar

---

* Jornalistas de oposição ao presidente Obama. (N. T.)

alguém", escreveu Garrison. "Trata-se, portanto, de uma produção inteiramente sua."[81] Garrison garantiu que Douglass era alfabetizado. O próprio título indica a necessidade de negar uma simulação. O nome da obra é: *Narrative of the life of Frederick Douglass, an American slave, written by himself* [Narrativa da vida de Frederick Douglass, um escravo americano, escrita por ele mesmo].

Um século e meio mais tarde, pensando que algum progresso racial fora obtido, Barack Obama e seu editor não tiveram a ideia de incluir endossos do gênero.

PARTE TRÊS

E ele testou suas verdades contra a deterioração de Chicago.

Saul Bellow, *Dezembro fatal*[1]

7. Alguém que ninguém mandou

No verão de 1991, Barack Obama voltou para Chicago e aguardou o início de sua vida pública. Abner Mikva, referência na política liberal independente de Chicago, além de juiz do Tribunal de Apelação, oferecera a ele o cargo de assistente, e, embora Obama tenha recusado, os dois se tornaram amigos e tomavam café ou almoçavam juntos no Quadrangle Club de Hyde Park para conversar sobre política. Obama confidenciou que em determinado momento — em breve, esperava — iria disputar um cargo eletivo. Mikva começava a entender que Obama, embora fosse mais sereno, menos ávido e sedento de sucesso que Bill Clinton, não era modesto em suas ambições. "Pensei: esse cara é mais ousado do que Dick Tracy", disse Mikva. "A gente não chega a Chicago e finca a própria bandeira sem mais nem menos."

Baseado em sua longa experiência, Mikva contou a Obama um dos casos mais famosos na história política de Chicago. Mikva cresceu em Milwaukee, onde a cultura política era tão aberta que, segundo a lenda, alguém que se apresentasse na sede de um partido como voluntário de manhã poderia terminar como titular do condado ao anoitecer. Aluno da Faculdade de Direito da Universidade de Chicago, em 1948 Mikva quis trabalhar para o Partido Democrata, que estava lançando dois liberais como candidatos: Paul Douglas para o Senado e Adlai Stevenson para governador. Certa noite, a caminho de casa, Mikva parou na sede do distrito. "Timothy O'Sullivan, membro do comitê distrital", estava escrito numa janela. Mikva entrou e perguntou se poderia trabalhar para Stevenson e Douglas. O membro do comitê distrital tirou o charuto da boca e perguntou: "Você foi mandado por quem?".

"Ninguém me mandou aqui", respondeu Mikva. "Eu só queria ajudar."

O sujeito pôs o charuto de volta na boca e franziu a testa.

"Não queremos um cara que ninguém mandou", disse, descartando o jovem estudante de direito.

Relembrando a história e a reação resignada de Obama, Mikva explicou: "Chicago é assim. Um lugar onde as pessoas encaixam os parentes nos empregos, onde a máquina comandava tudo, e em certa medida ainda comanda. Ninguém pode chegar e ir entrando".

Obama fez o possível para manter distância da máquina partidária. Passou doze anos como advogado e professor. Seu trabalho de meio período nas duas profissões também ajudou a formar sua sensibilidade política, aprofundar suas ideias (principalmente sobre raça e direito) e ampliar sua rede de contatos. Judson Miner, orientador de Obama na empresa de advocacia Davis Miner, servia de modelo para a política fora do sistema, longe da máquina. Em 1969, dois anos depois de se formar na escola de direito e um ano depois dos confrontos na convenção do Partido Democrata, ele fundou o Conselho de Advogados de Chicago, uma organização de advogados progressistas que visava criar uma ordem dos advogados alternativa para lidar com os problemas do sistema legal e melhorar os serviços aos pobres. O conselho produziu relatórios analisando os candidatos a juiz, realizou campanhas por reformas judiciais e publicou artigos na imprensa local. Miner não cultivou a reputação liberal de um William Kunstler, mas aos trinta e poucos anos adquiriu fama similar nos direitos civis. Em Chicago ele era *o* advogado de direitos civis, conhecido pela defesa de causas relacionadas a discriminação sexual ou racial, ações pelo direito de voto, direitos do inquilino ou casos corporativos de destaque. Entre os afro-americanos, em particular, Miner foi elogiado por ter sido assessor em assuntos corporativos de Harold Washington — o cargo jurídico mais alto da prefeitura — nos últimos dois anos de seu mandato.

A Davis Miner era um escritório conceituado, com cerca de doze advogados. Como ocorre em todas as firmas pequenas de direitos civis, um dos maiores problemas era enfrentar quase sempre a imensa LaSalle Street, empresa capaz de lançar seu exército de advogados em defesa da prefeitura ou de corporações de grande porte, apresentando uma moção da defesa atrás da outra, sufocando a outra parte com uma avalanche de trabalho e honorários acumulados.

Entre 1992 e 1995, Obama foi um associado comum da Davis Miner, embora dedicasse muito tempo a escrever e a dar aulas. De 1997 a 2004, quando concorreu ao Senado, ele foi "contratado" e passou a ganhar por hora. Obama pouco comparecia ao fórum, e seu currículo legal é modesto. Participou de audiências como advogado em cinco casos distritais e em cinco casos levados ao Sétimo Juizado da Corte de Apelações.[2] No total, segundo Miner, Obama "colaborou" em trinta casos, quase sempre em papel secundário ou terciário. No geral, redigia memorandos e petições, além de preparar depoimentos escritos. "Eu era um dos melhores redatores", recordou Obama. "Acabei redigindo a parte mais cerebral dos textos e me afastei das audiências. Eu me arrependo um pouco de não ter me envolvido mais com os julgamentos."[3]

Obama não acumulou um conjunto volumoso de processos, mas os casos em que atuou refletiram as virtudes que buscava quando recusou emprego em grandes escritórios e assistência nos tribunais superiores. Ao contrário de muitos de seus colegas de Harvard, que recebiam salários anuais de seis dígitos em grandes escritórios e esperavam mais ainda, Obama enfrentava as grandes corporações nos tribunais por um salário de 50 mil dólares anuais, em vez de defendê-las. Em 1994 ele trabalhou num caso contra o Citibank e as práticas do banco relativas a hipotecas para minorias. No mesmo ano participou da equipe de advogados que defendeu um corretor de valores chamado Ahmad Baravati no Sétimo Juizado. Baravati fora incluído numa lista negra por seu empregador, Josephthal, Lyon & Ross, por ter denunciado práticas fraudulentas na empresa. Argumentando que um árbitro tinha o direito de conceder a Baravati 120 mil dólares de compensação por danos, Obama enfrentou o juiz Richard Posner, um dos principais juristas conservadores do país. No final, Posner deu ganho ao cliente de Obama. ("Eu fiz o parecer neste caso, mas não me lembro dos advogados", disse Posner. "Não foi um caso memorável.")

Em 1995 o governador de Illinois, Jim Edgar, recusou-se a implementar a legislação que permitia aos cidadãos fazer o registro eleitoral quando tirassem carteira de motorista. Republicano, Edgar era contra a lei, pois ela levaria ao registro de mais democratas que republicanos. Uma série de grupos progressistas, inclusive a League of Women Voters [Liga das Mulheres Eleitoras] e a Association of Community Organizations for Reform Now — ACORN [Associação das Organizações Comunitárias pela Reforma Imediata], representadas por Obama, uniu-se ao Departamento de Justiça numa ação judicial. Obama, cujo principal interesse jurídico em Harvard e Chicago era o direito ao voto, não falou durante os procedimentos no tribunal, mas seu lado venceu a causa.[4]

Como professor na Universidade de Chicago, Obama penetrou num universo muito diferente da organização comunitária na zona sul, dos escritórios de direitos civis do centro e mesmo da Faculdade de Direito de Harvard. Obama havia conhecido diversos conservadores em Harvard, tinha chegado à presidência da *Law Review* em parte graças à minoria de conservadores que o considerava um liberal disposto a ouvi-los. O corpo docente da escola de direito de Chicago era ideologicamente diversificado — e se orgulhava, acima de tudo, de seu ambiente aberto a debates acalorados —, mas o lado conservador predominava.

Havia porém muitos liberais entre os professores: Geoffrey Stone, Abner Mikva, Lawrence Lessig, Elena Kagan, David Strauss, Diane Wood, Martha Nussbaum e Cass Sunstein eram alguns dos colegas e amigos de Obama. Mas, como no departamento de economia, a escola de direito mantinha um forte contingente de libertários da "lei e economia", como Richard Epstein, Alan Sykes e juristas nomeados por Reagan como Richard Posner e Frank Easterbrook. Assim como a escola de economia atraía estudantes ansiosos por embarcar na teoria monetarista desenvolvida ali por Milton Friedman e George Stigler, muitos alunos de Chicago haviam deixado de lado vagas oferecidas por Harvard, Yale e Columbia para estudar com o contingente de racionalistas de direita em Hyde Park. Seus pontos de vista não eram menos variados que os dos liberais, mas no geral eles estavam menos interessados em termos como "justiça" e "igualdade" ("termos sem conteúdo", segundo Posner) e mais na liberdade econômica e interesses do indivíduo. Desde o final do século XIX, em termos gerais, os conservadores de Chicago haviam desdenhado o que consideravam um consenso insípido entre acadêmicos liberais da área de direito. Eles se opunham à regulamentação governamental, ativismo judicial e legislação voltada à distribuição de renda. Falavam tanto em mercado quanto em precedentes legais. Argumentavam a favor de uma presidência menos restrita e eram contra a política social imposta por decreto judiciário.

A escola de direito de Chicago tem um terço do tamanho da de Harvard, mas o número de conservadores no corpo docente e de estudantes ativos na Sociedade Federalista era muito grande. Uma das consequências da revolução de Reagan, contudo, foi que o corpo docente de Chicago perdeu membros para os juizados federais, Departamento de Justiça e agências reguladoras. Como resultado, alguns conservadores que continuavam lá quando Obama chegou acreditavam que a originalidade da escola fora erodida muitos anos antes. "O apogeu dos conservadores ocorreu no final do século XIX, um período ruim, com muita desordem, marcado pela decadência do país e o excesso de regulamentação", declarou Posner. "Havia uma resistência razoável à ação afirmativa e ao relaxamento dos padrões acadêmicos, e os conservadores, mesmo nos anos 1980, eram destemidos e destacados. Mesmo que os elementos conservadores persistam em Chicago, é importante não os exagerar, pois trata-se de uma questão relativa. Em todas as eleições a maioria dos professores de Chicago vota nos democratas, enquanto nos cursos de direito de Harvard ou Yale a porcentagem chegue perto de 90 por cento." Em 2008, Posner, talvez o mais respeitado conservador num juizado federal, passou a admirar Obama — "especialmente depois que um de meus assistentes, que havia trabalhado com ele na *Harvard Law Review*, garantiu que ele não era tão liberal assim", explicou. "Isso me tranquilizou."

Em Chicago, o currículo de direito constitucional é dividido em cursos separados sobre questões estruturais e direitos individuais. Obama lecionou no último, concentrando-se em questões como proteção igualitária, direito ao voto e privacidade, em vez de abordar temas como a separação dos poderes.

Obama também lecionava num curso em forma de seminário chamado Questões Atuais do Racismo e da Legislação. Sob sua orientação, pequenos grupos de estudantes preparavam apresentações sobre temas complicados: adoções inter-raciais, escolas negras só para homens, alteração dos distritos eleitorais para privilegiar uma raça, sentenças discriminatórias, crimes de ódio, política assistencial, liberdade reprodutiva para mulheres que tomaram drogas durante a gravidez ou negligenciam os filhos, compensações aos descendentes de escravos, discursos racistas, financiamento dos estudos. Em vez de adotar livros inteiros, Obama, como muitos outros professores, indicava uma pilha considerável de textos. Para estabelecer um conceito histórico e teórico de raça, ele recomendou trechos de

George Fredrickson, *The arrogance of race* [A arrogância da raça], e de Kwame Anthony Appiah, *The uncompleted argument: DuBois and the illusion of race* [A discussão incompleta: DuBois e a ilusão da raça]. Os dois textos tratam dos argumentos históricos a respeito de a raça ser uma questão biológica ou de formação social. Para contestar a política de remoção dos índios de Andrew Jackson, que propunha a transferência das populações de americanos nativos para a margem oeste do rio Mississippi, ele indicava, além de casos jurídicos e da proclamação de Jackson, trechos de *O direito das gentes*, de Emeric de Vattel, filósofo suíço da lei natural que exerceu grande influência sobre os fundadores da República americana. Obama recomendava os casos legais essenciais sobre escravidão, um discurso do nacionalista Martin Delany e dois textos de Frederick Douglass: "Is it right and wise to kill a kidnaper?" [É certo e sensato matar um sequestrador?] e "The right to criticize the American institutions" [O direito de criticar as instituições americanas]. Usando esse mesmo critério, Obama abordou a Reconstrução, o retrocesso e a ascensão das leis Jim Crow por meio da legislação essencial e dos casos legais — a Proclamação da Emancipação, os Códigos Negros da Carolina do Sul, as Emendas de número 13, 14 e 15, Plessy *vs.* Ferguson — e uma série de documentos sobre linchamento, trechos de *Up from slavery*, de *The souls of black folks* e discursos de Marcus Garvey, líder pioneiro do nacionalismo negro. No estudo da era dos direitos civis, Obama recomendou a "Letter from Birmingham jail" [Carta da cadeia de Birmingham], de King, e discursos de Malcolm X, além da crítica conservadora de Robert Bork em *Civil rights — a challenge* [Direitos civis — um desafio]. Incluiu um debate ideologicamente inflamado sobre ação afirmativa e legislação dos direitos civis entre Randall Kennedy, professor afro-americano liberal de Harvard; Charles Cooper, litigante conservador que trabalhava no Departamento de Justiça do governo Reagan; e Lino Graglia, professor de direito na Universidade do Texas que chamava a ação afirmativa de "fraude". Os três ensaios que Obama indicou haviam sido apresentados pela Sociedade Federalista em Stanford em 1990, em simpósio sobre o futuro da legislação sobre direitos civis e publicados no ano seguinte numa edição especial do direitista *Harvard Journal of Law and Public Policy*.

Na parte final do curso, os alunos de Obama leram outra série de textos ideologicamente opostos: o conservador ensaio de Shelby Steele, "I'm black, you're white, who's innocent?" [Eu sou negro, você é branco, quem é inocente?]; a crítica radical de Derrick Bell em *Faces at the bottom of the well* [Faces no fundo do poço]; a análise de Bart Landry da escala e da natureza da nova classe média negra; o estudo sobre tensão racial de John Bunzel para a Universidade Stanford; e um trecho de *The truly disadvantaged* [Os verdadeiros prejudicados], de Julius Wilson, um estudo sociológico do isolamento social do afro-americano pobre.

Quando o *New York Times* publicou o plano de estudos de Obama na internet durante a campanha presidencial, o repórter Jodi Kantor solicitou opiniões de quatro proeminentes professores de direito sobre o curso, abrangendo todo o espectro ideológico. Akhil Reed Amar, estudioso constitucional de Yale, elogiou a "seriedade moral" do conteúdo programático de Obama para o seminário sobre raça e chegou a comparar Obama a Lincoln como pensador jurídico e moral, um político que, nas palavras de Amar, compreendia melhor a Constituição do que os juízes da Suprema Corte de sua época.[5] "Alguns dos grandes mistérios e tragédias da vida humana e da sociedade americana — envolvendo casamento, divórcio, educação dos filhos, clonagem, direito de morrer com dignidade, infertilidade, orientação sexual e, claro, raça — são analisados nesse material de modo a encorajar os estudantes a pensar não só na lei, mas também na justiça, na verdade e na moralidade", escreveu Amar. Os comentários foram ardorosos também por parte da direita. John C. Eastman, professor de direito na Universidade Chapman e ex-assistente de Clarence Thomas, disse que Obama estava "conduzindo os alunos a uma avaliação honesta de visões conflitantes", e o libertário Randy Barnett, professor de direito na Georgetown e membro sênior do Cato Institute, ressaltou que os sumários de questões legais decisivas sobre raça e direito estavam "extraordinariamente livres da cantilena e da polêmica que costumam afligir as discussões acadêmicas sobre raça". Pamela S. Karlan, especialista em questões eleitorais na Faculdade de Direito de Stanford, ao ler o programa do curso de Obama e as questões da prova para a turma de direito constitucional inferiu que ele "poderia ter sido um acadêmico de primeira linha, se o interesse dele fosse seguir esse caminho".

O entusiasmo dessas opiniões profissionais pode ter sofrido influência das emoções da campanha eleitoral de 2008, mas combinam com o que os alunos de Obama dizem a respeito de suas experiências em classe no decorrer dos anos. Estudantes liberais consideravam Obama um "enviado de Deus", como disse um ex-aluno, por sua mente aberta e sua personalidade marcante. Sua avaliação como professor estava entre as mais altas do curso de direito, e invariavelmente lhe davam crédito pela capacidade de levar os estudantes a ver a complexidade de um dado problema, além da postura tranquila e acolhedora. Um dos alunos,

Byron Rodriguez, que fez os cursos de Obama sobre racismo e legislação e direito de voto, disse que ele dava atenção especial a estudantes de origem humilde e era um liberal assumido, mas seu estilo o levava a tentar apresentar sempre todos os pontos de vista, desafiando os alunos a debatê-los de forma imparcial. "Eu me lembro de ter lido a contestação de Bork à legislação dos direitos civis, e de Obama ter tentado mostrá-la à luz mais favorável possível", disse Rodriguez.

"Ele era diferente dos outros professores de Chicago", declarou Daniel Sokol, aluno de Obama na turma de racismo e legislação, que depois se tornou professor de direito na Universidade da Flórida. "Boa parte dos docentes era muito socrática em termos de método, mesmo nos cursos de nível mais alto. Obama era exigente no questionamento, mas não se concentrava em um só aluno. Era um pequeno seminário. Eu me sentia melhor quando ele fazia perguntas difíceis. Não tinha nada a ver com o modelo inquisitorial de ensino, tão popular na Universidade de Chicago."

Richard Epstein, membro sênior do corpo docente e libertário famoso pela verve corrosiva e pelo estilo socrático agressivo, riu ao admitir as diferenças de estilo com Obama, dizendo que, ao ouvir um aluno fazer uma análise equivocada, alguns professores a contestam — "caras como eu" —, forçando o aluno a estudar e a pensar mais. Segundo Epstein, Obama era o tipo de professor capaz de ouvir uma análise equivocada e a colocar em perspectiva, corrigindo e aprofundando o tema, sempre tomando o cuidado de fazer o aluno sentir que está sendo ouvido.

De um modo bem tradicional, Obama insistia para que os estudantes aprendessem a compreender e a defender todos os lados de uma questão. "Mas houve um momento em que ele baixou a guarda", recordou um ex-aluno. "Ele nos disse o que pensava das compensações, que concordava com a *tese* das reparações. Mas achava que na prática não podia funcionar. Deu para perceber que ele tinha atravessado o sinal, e que isso o deixava desconfortável. Concordar com as reparações em tese significa ir além da desculpa, dizer que podemos realmente mudar a dinâmica do país com base em outras situações em que houve reparações. Por exemplo, a turma comentou compensações em outros cenários: a Alemanha e o Estado de Israel, os índios americanos. Falamos a respeito de desculpas e da Comissão da Verdade na África do Sul. Depois de quinze minutos de debate, surgiram as complexidades — quem é negro, até que ponto se deve recuar no tempo, a questão dos imigrantes recentes que ainda sofrem com o racismo e podem ter reivindicações — até que ele finalmente disse: 'Por isso é que não pode funcionar'."

Como havia acontecido na época em que foi organizador e estudante de direito, Obama ficou conhecido pelo ímpeto de reconciliar pontos de vista díspares, por procurar convergências onde elas poderiam existir e, ao fazer isso, estabelecer alianças. Cass Sunstein, prolífico estudioso de direito que lecionou em Chicago e depois em Harvard, foi um dos melhores amigos de Obama no curso de direito. Sunstein se considera tanto liberal quanto minimalista jurídico e compartilha o temperamento intelectual de Obama — relutando em se posicionar muito à frente do eleitorado em questões legais e morais decisivas. Durante a campanha presidencial, quando perguntaram a Sunstein qual era a visão de Obama sobre a ideologia legal, ficou a impressão de que não havia uma diferença muito grande entre as atitudes manifestas na sala de aula em Chicago e as que expressava enquanto político. "Ainda que exista uma convicção moral profunda de que o casamento gay é errado e que a maioria dos americanos acredita por princípio que o casamento é uma instituição entre um homem e uma mulher, não sei ao certo se ele [Obama] tem a mesma visão, mas ele não é um sujeito impositivo", declarou Sunstein à escritora Larissa MacFarquhar.[6] "Impor suas ideias a pessoas com convicções religiosas é uma coisa que ele relutaria muito em fazer", acrescentou. "[John] Rawls fala de tolerância cívica como modo de vida, um caminho que permite a convivência, e alguns liberais pensam igual [...] Creio que Obama se parece mais com Learned Hand quando diz: 'O espírito da liberdade é o espírito que não tem muita certeza de estar certo'. Obama leva a frase a sério. Acredito que o motivo de os conservadores o aceitarem é que talvez Obama concorde com eles em alguns casos, e mesmo que esteja do lado contrário ele sabe que pode não ter razão. Não consigo lembrar de um político americano que tenha pensado assim."

Obama não se envolvia muito com os grupos de estudo, seminários e almoços nos quais os professores trocavam ideias e discutiam seus projetos em curso. Mantinha-se um pouco distante: primeiro, por estar trabalhando no Projeto Voto, em seu livro e nos casos do escritório de advocacia, e depois por causa da vida política. "Minha sensação era de que ele só se sentia próximo de Cass Sunstein e de alguns outros liberais", disse Richard Posner. Mesmo assim, ele era muito conhecido e querido. "Sempre teve essa mesma aura: quando ele dizia 'bom dia', e a gente acreditava", contou Epstein. "Ele tem carisma — como Bill Clinton, mas sem as fraquezas de Clinton. Sabe fazer que as pessoas se sintam ouvidas e queridas. Clinton estava sempre seduzindo. Obama apresenta uma versão mais completa da experiência."

Obama foi uma presença constante em Hyde Park por doze anos, mas, quando conquistou uma cadeira no legislativo estadual e precisou passar boa parte da semana em Springfield, mudou o horário da turma para as manhãs de segunda-feira e as tardes de sexta. Embora fosse um professor dedicado, mostrava pouco interesse pela carreira acadêmica. Nunca publicou um único artigo acadêmico. Mesmo assim os reitores da Chicago o tinham em alta conta e, como estavam ansiosos para aumentar a diversidade do corpo docente, acabaram por conceder a ele o título de "professor sênior", um título que fora concedido a três magistrados do Sétimo Juizado, dois conservadores (Richard Posner e Frank Easterbrook) e uma liberal (Diane Wood). Mesmo sem ter publicado nada com seu nome, foi aventada a possibilidade de lhe conceder uma posição de titular. Obama educadamente os desencorajou. "Barack não se dedicava a publicações acadêmicas, pois sabia para onde queria ir, para o serviço público", disse a filósofa Martha Nussbaum, que lecionava na escola de direito. "Isso o fazia feliz. Ao pensar nisso seus olhos brilhavam."

Antes de embarcar na história da ascensão política de Barack Obama, seria útil fazer uma pausa para um exercício mental. Aí vai:

Diga o nome do senador estadual em quem votou.

Não, não os dois titãs legislativos que representam seu estado na capital do país, Washington. A pergunta é: quem representa o seu distrito na capital do seu estado?

Obrigado. Agora que você encontrou o nome dele no Google e está tentando descobrir a pronúncia correta e detalhes afins, imagine que este homem ou mulher honesto, embora quase sempre anônimo, apareça de tantos em tantos anos vindo de Trenton, Harrisburg, Tallahassee ou Lansing e se torne o presidente dos Estados Unidos, como num reality show da televisão. Acrescente à equação o fato de ele ser afro-americano, embora por mais de dois séculos todos os residentes da Casa Branca tenham sido brancos e protestantes, exceto por um intervalo de mil dias em que o presidente foi um branco católico.

Quem poderia prever uma coisa dessas? Por incrível que pareça, um dos primeiros mentores de Barack Obama. Em suas memórias, *Livin' the blues*, o poeta e pensador radical Marshall Davis, de Waikiki, escreveu: "Até a eleição de Franklin D. Roosevelt, nossa esperança não podia almejar mais do que a escolha de alguém para o que chamavam de 'Ministério da Cozinha' da presidência. Desde então temos trilhado um caminho rumo ao salão oval, passo a passo".[7] Mesmo assim, é difícil imaginar que Davis tivesse em mente o rapaz magro e revoltado que costumava visitá-lo em Waikiki e perguntar como viver a vida sendo negro nos Estados Unidos.

Até 1994 as ambições de Barack Obama na vida pública pertenciam mais ao reino da fantasia; as avenidas de acesso e os caminhos para os cargos pareciam bloqueados. Todos os cargos políticos, até mesmo os menos importantes, estavam ocupados.

Iniciar uma carreira política exigia muito mais do que o desejo de ingressar nela. Dependia de uma oportunidade e de uma rede de apoio para aproveitá-la. Quando Obama regressou a Chicago, em 1991, não estava claro onde surgiria uma oportunidade. A prefeitura, destino previsto para ele pelos amigos organizadores, estava fora de questão no momento, e talvez por vários anos. Richard M. Daley, que melhorara muito seu desempenho desde a derrota para Harold Washington, havia se adaptado à diversidade racial da cidade de um modo que seu pai nunca conseguiu, e parecia um elemento permanente. A prefeitura se transformara numa dinastia, tanto quanto a casa dos Habsburgo. O congressista do distrito de Obama, o ex-membro dos Panteras Negras Bobby Rush, se reelegia rotineiramente, com o mínimo de campanha. A vereadora do quarto distrito — o de Obama, em Hyde Park — era uma ex-professora de história afro-americana chamada Toni Preckwinkle, muito popular, com eleição assegurada. O fato de ter pele clara e ser casada com um branco, o professor Zeus Preckwinkle, gerava alguns comentários ferinos em alguns bairros do distrito, mas não chegava a ser um problema: ela era tida como honesta, independente e liberal, com profundas raízes na comunidade. Finalmente, a senadora estadual na área de Obama, outra ex-educadora, Alice Palmer, era tão querida quanto Rush e Preckwinkle. Alice ficou conhecida pelo apoio a leis progressistas em Springfield e pela ajuda na organização das manifestações contra o apartheid em Chicago. Veterana das campanhas de Harold Washington, Palmer contava com o apoio firme entre os líderes de direitos civis na cidade, inclusive um contingente influente de nacionalistas negros. O marido de Palmer ajudava em sua popularidade. Edward (Buzz) Palmer tinha comandado a Liga Afro-americana de Patrulheiros, organização progressista num departamento de polícia acusado de racismo e violência desnecessária.

Por isso Obama precisava ter paciência.

Enquanto esperava, ele conheceu pessoas. Como se viu, Obama esbanjava sociabilidade. Assim como já havia percorrido as igrejas como organizador comunitário, ele e Michelle agora aceitavam inúmeros convites para almoços, jantares, festas, churrascos e recepções de entidades assistenciais respeitáveis. Além disso, os dois se associaram ao East Bank Club, no centro, um imenso ginásio na beira do rio Chicago onde muitos moradores de certa classe se encontravam para praticar exercícios, almoçar, fazer a unha ou cortar o cabelo, esbarrando uns nos outros como que por acaso. O East Bank Club era, como um sócio o descreveu, "o primeiro clube de campo urbano do mundo", um lugar onde era possível ver Oprah Winfrey em roupas de ginástica e membros do Balé Joffrey se alongando. O local era frequentado por políticos, empresários, judeus, afro-americanos — era um lugar, segundo um sócio proeminente, que "reforça o centro desta cidade provinciana e fornece oportunidades de relacionamento a pessoas obcecadas com a visibilidade". O preço do título, se comparado aos vigentes em Nova York e em Los Angeles, era modesto, assim como o nível de esnobismo.

O mundo social dos Obama começou a se expandir em progressão geométrica. Eles eram inteligentes, atraentes, interessados e ambiciosos. Entraram em vários círculos ao mesmo tempo: o mundo liberal e integrado de Hyde Park, o mundo intelectual da Universidade de Chicago, os conselhos de fundações assistenciais, o ambiente expandido dos afro-americanos pós-direitos civis que frequentaram universidades de prestígio, fizeram fortuna e queriam exercer influência política. Jovens e idealistas, os Obama atraíam pessoas mais velhas que queriam conhecê-los e orientá-los. Apesar da recusa de Obama à oferta de emprego no escritório Sidley Austin e da decisão de Michelle de sair da firma, Newton Minow os levou ao festival de Ravinia para ver a Sinfônica de Chicago, onde encontraram amigos poderosos. Bettylu Saltzman, herdeira e ativista política que ajudou Obama durante o Projeto Voto, encarregou-se de apresentar Barack e Michelle a algumas das pessoas mais ricas da cidade. Graças aos colegas de faculdade, Obama aproximou-se de professores, advogados, médicos e executivos do principal centro intelectual da cidade.

Um dos sócios do escritório de advocacia de Obama, Allison Davis, fazia parte de um grupo pequeno, de elite, em Hyde Park — famílias afro-americanas que colecionavam recordes de ascensão havia duas ou três gerações. O bisavô de Davis fora advogado abolicionista; seu avô dirigiu uma comissão antilinchamento do NAACP; o pai fora orador da turma na Williams (embora não pudesse morar nos dormitórios por ser negro), e como antropólogo foi o primeiro acadêmico afro-americano a conquistar a posição de titular pleno na Universidade de Chicago, algo inédito nas universidades americanas de ponta. Em 1947, o pai de Davis levou a família ao Havaí para estudar o sistema escolar integrado de lá, que era único. Davis tem pele clara, tanto que se tornou uma espécie de antropólogo de si mesmo, registrando o que os brancos falavam a respeito dos negros quando pensavam não haver negros por perto para ouvi-los.

Allison Davis era o mais velho da nova geração. A elite negra abastada da cidade existia havia muito tempo, exemplificada pelo investidor imobiliário Dempsey Travis, destaque na política democrata do antigo esquema, autor de histórias de políticos negros e do jazz na cidade. Na zona sul sempre houve médicos, advogados, vendedores de carros e comerciantes ricos. Agora se formava uma massa crítica de afro-americanos que, tendo frequentado as melhores universidades do país, dedicavam-se a criar uma nova elite. Davis organizava muitos jantares, e na época do Natal e do Ano-Novo organizava uma tremenda festa, convidando a jovem elite negra e o pessoal da universidade, da prefeitura, políticos do condado de Cook, membros das fundações e artistas. "A velha guarda não ia — era para a nova geração", explicou Marilyn Katz, ex-radical do SDS que chefiava uma empresa de relações públicas com clientes na administração municipal. "A gente encontrava diversificação: profissionais liberais negros, *intelligentsia* branca progressista, empreendedores da zona norte, como Buzzy Ruttenberger, professores da Universidade de Chicago, pais de alunos de colégios particulares como Parker, St. Ignatius e Lab School, em Hyde Park. Anos depois ocorreria uma intersecção entre essas escolas e o comitê de finanças da campanha de Obama em Illinois. No começo, Barack aparecia mas ainda não era um astro."

Davis conhecia todo mundo, pelo jeito, e todos frequentavam suas festas: John Rogers, criado em Hyde Park — onde uma rua recebeu o nome de sua mãe, Jewel Lafontant, advogada e figura proeminente na política republicana —, bem como a fundadora da firma Ariel Capital Management. Jim Reynolds Jr., da Loop Capital Markets. Robert Blackwell Jr., da firma de consultoria em tecnologia Electronic Knowledge Interchange. O editor Hermene Hartman. Todos se tornaram amigos de Obama. "Eu tentava incluir Barack e Michelle em tudo", disse Davis.

Obama também conheceu alguns operadores de intenções duvidosas em Chicago. Quando ainda frequentava a Faculdade de Direito, recebeu oferta de emprego da Rezmar Corporation, incorporadora e construtora de casas populares pertencente a um imigrante sírio chamado Antoin (Tony) Rezko, que chegara a Chicago aos dezenove anos para estudar engenharia civil. Fez fortuna montando franquias de comida rápida — os restaurantes chineses Panda Express e as pizzarias Papa John's — e associou-se a Muhammad Ali em outros negócios. Rezko percebeu que um dos melhores meios de acesso aos ricos de Chicago eram as conexões políticas, e logo iniciou sua ascensão no setor. A pedido de Ali, organizou atividades de levantamento de fundos para Harold Washington, em 1983. Em 1989, Rezko e seu sócio Daniel Mahru fundaram a Rezmar. Em parceria com diversos grupos comunitários, eles conseguiram empréstimos do governo para construir apartamentos na zona sul. Em 1990, um dos vice-presidentes da Rezko, David Brint, procurou Obama em Harvard, depois de ler a seu respeito num jornal, e lhe ofereceu emprego — um dos muitos que ele recusou.[8] Mais tarde, Allison Davis foi nomeado pelo prefeito para a Comissão de Planejamento de Chicago, e Davis Miner cuidou dos aspectos legais da associação entre a Woodlawn Preservation and Investment Corporation e a Rezmar. Obama não participava muito das operações imobiliárias na Davis Miner; no total, dedicou apenas cinco horas de trabalho à Rezmar.[9] Mas o contato havia sido feito, e a amizade se formou. Quando chegou a hora de Obama entrar na política, Tony Rezko estava preparado.

Se Obama estava interessado em seguir carreira política, pensavam seus conhecidos e amigos, ele agia com bastante elegância. "Barack estabeleceu alianças variadas", disse Davis, "mas era tão afável e gregário que nunca tive a impressão de que preparava o terreno para pedir aos convidados contribuições a sua futura campanha." Davis achava que Obama podia seguir carreira política em Chicago, se tivesse uma boa oportunidade. "Todos os acordos haviam sido fechados em Nova York, tudo fora dividido e negociado", disse. "Se abrimos o *New York Times* de domingo na coluna social, vemos que esse segmento se estagnou, tornou-se mais europeu em termos de tradição, acesso e posições de influência. Aqui em Chicago não enfrentamos as mesmas barreiras."

De longe o mais importante dos novos amigos na vida de Barack e Michelle Obama foi Valerie Jarrett. Formada em Stanford e na Faculdade de Direito de Michigan, Jarrett começou a vida profissional trabalhando em um escritório de advogados corporativos. O serviço era tão maçante, tão distante de seu desejo de causar um impacto político e social, que ela costumava fechar a porta da sala e ficar olhando pela janela do septuagésimo nono andar da torre Sears, chorando, lamentando o que havia feito de sua vida.[10]

Jarrett pertencia a uma das famílias afro-americanas de maior prestígio e talento da cidade. Seu bisavô, Robert Taylor, foi um dos primeiros arquitetos afro-americanos credenciados. Um dos avôs, Robert Rochon Taylor, chefiou o Departamento de Habitação de Chicago; ironicamente, um dos conjuntos habitacionais mais pavorosos de Daley recebeu seu nome. Jarrett nasceu em Shiraz, no Irã, onde o pai, James Bowman, famoso patologista e geneticista, dirigia um hospital. A mãe de Valerie, Barbara, especializou-se em educação infantil. Quando os Bowman voltaram para casa, em Chicago, Valerie falava fluentemente francês e parse, além do inglês.

No dia da eleição de 1983, Valerie fez campanha para Harold Washington, de porta em porta, num conjunto habitacional perto de Cicero. Quando foi trabalhar usando um broche com o nome "Washington", recebeu olhares desconfiados de vários advogados brancos da firma. Após a vitória nas urnas, Washington persuadiu muitos dos profissionais liberais negros da cidade a trabalhar na prefeitura. Em 1987, Jarrett foi trabalhar na Judson Miner, no setor de consultoria corporativa de diversos projetos de renovação urbana perto do aeroporto O'Hare. Depois da morte de Washington muitos dos profissionais negros da prefeitura se demitiram, decepcionados com Eugene Sawyer, seu sucessor, muito mais fraco, muito mais obediente à máquina partidária. Os que não saíram na época acabaram saindo quando Daley se elegeu em 1989. Jarrett, que passou a acreditar que o jovem Daley não herdara o racismo do pai, ficou e acabou como chefe de gabinete de Daley, acumulando o cargo de comissária do Departamento de Planejamento e Desenvolvimento. Trabalhar para Daley, na opinião de alguns amigos de Jarrett, foi uma forma de se vender, de traição racial, mas em pouco tempo ela se tornou uma das pessoas mais bem relacionadas de Chicago.

David Wilkins, professor de direito de Harvard nascido em Hyde Park, passou de 1995 a 1999 trabalhando num projeto de pesquisa sobre negros em profissões relacionadas à lei. Descobriu que a maioria dos advogados da cidade conhecia Jarrett. "Ninguém, na minha geração de negros de Chicago, era mais respeitado que Valerie", disse Wilkins. "Valerie fazia a ponte entre as elites brancas de North Shore com as elites negras da zona sul. Daley foi sagaz o suficiente para deduzir que precisava do apoio dos negros para governar. Sabia que não havia outro Harold Washington na fila, e precisava se prevenir contra uma ameaça do gênero. Enquanto isso, Valerie ia aprendendo como o verdadeiro poder era exercido. Conhecia todo mundo. Depois de comandar o setor habitacional por algum tempo, assumiu também o Departamento de Trânsito e a Bolsa de Chicago — instituições reguladoras quase independentes, que detinham muito poder."

Em julho de 1991, uma colega de Jarrett na prefeitura, a advogada Susan Sher, entregou a ela o currículo de uma jovem talentosa da Sidley Austin: Michelle Robinson. Alguém escreveu no currículo que Robinson queria sair da firma; sofria de tédio e estava ansiosa para "retribuir".[11]

"Disseram que era uma profissional exemplar, desencantada com a prática do direito", recordou Jarrett. "Pensei: conheço bem o tipo, pois eu era exatamente assim. Concluí que eu me daria bem com alguém como ela."

"Ela é perfeita para você", Sher disse a Jarrett.[12]

Jarrett conheceu Robinson e quase imediatamente ofereceu-lhe um cargo em seu setor. Mas, antes de aceitar, Robinson convidou Jarrett para jantar com ela e o noivo, Barack Obama.

Apesar de ser mais velha e infinitamente mais experiente na vida pública de Chicago, Jarrett ficou nervosa com a possibilidade de conhecer Obama. Já tinha ouvido falar muito dele. Ter sido o primeiro presidente negro da *Harvard Law Review*, disse, "representou um avanço grande para a comunidade afro-americana do direito".

Eles se encontraram num restaurante chamado Café Le Loup e logo iniciaram uma longa conversa sobre suas viagens quando eram crianças. "Barack me deixou muito à vontade", contou Jarrett. "Ele e eu compartilhávamos uma visão do posicionamento dos Estados Unidos no mundo, muitas vezes diferente da visão das pessoas que nunca viajaram para fora do país na infância." Graças às viagens, Jarrett acreditava ter passado a ver os Estados Unidos com mais objetividade, como mais um país no meio dos outros, e não como centro de toda a sabedoria e experiência. "Em certo sentido, éramos filhos únicos, pois a irmã dele é muito mais nova e eu sou filha única", prosseguiu. "Isso nos forçou a conviver muito com os adultos desde pequenos, e portanto a participar, ficar na mesma sala onde os adultos conversavam sobre política internacional. Nós dois fomos inundados por informações variadas, o que nos permitiu desenvolver o interesse pela diversidade de pensamento e o modo como ela nos influencia. Creio que foi isso que nos aproximou."

Jarrett também observou Barack e Michelle juntos. Ainda não estavam casados, mas teve a impressão de que os dois eram mesmo "almas gêmeas".

"Na época fiquei surpresa com o fato de duas pessoas criadas em mundos tão diferentes compartilharem os mesmos valores", disse. "Michelle teve quase tudo que faltou a Barack na infância: pai e mãe, família reunida em casa para jantar, irmão, unidade familiar, casa própria. Era uma família nuclear tradicional do bairro, que assumia valores iguais: trabalho, responsabilidade pessoal, tratar os outros como espera ser tratado, compaixão e decência básica. No final das contas, os dois foram criados com esses valores. O pai de Barack o abandonou, deixando um vazio em seu coração, creio. Ao conhecer Michelle e o pai dela, ao ver um relacionamento tão próximo, ele pensou: quero que minha vida seja assim. Muitas vezes a gente recria a infância. Costumam dizer que filhos de pais alcoólicos se tornam alcoólicos. Acho que às vezes a pessoa decide fazer o oposto. No caso, Barack determinou que seria o contrário do pai, como marido e como pai."

Michelle Robinson aceitou trabalhar com Jarrett, que começou a convidá-la para eventos sociais frequentes, com Obama. Queria integrá-los aos diversos mundos de Chicago, que conhecia bem graças aos pais e ao trabalho. Jarrett acabou se transformando numa emissária dos dois para todos, dos líderes da pujante comunidade empresarial negra a titãs da mídia como Linda Johnson Rice, editora da *Ebony* e da *Jet*, passando pelos políticos municipais e estaduais.

"Eu não sentia vergonha de ligar para as pessoas e dizer: 'Você precisa conhecer o cara. Vamos tomar um café, almoçar, o que quiser'", recordou Jarrett. "Às vezes eu ia junto, mas nem sempre. Meus pais têm um quintal enorme, costumamos convidar muitas pessoas para ir lá; Michelle e Barack os visitavam com frequência, conheceram bastante gente. Sempre senti que fazia um favor à pessoa quando o apresentava a alguém. Não fazia isso apenas para ajudá-lo em sua carreira política."

"Acho que Barack sabia que tinha talentos natos extraordinários. Ele sabe muito bem quanto é inteligente [...] Sabe quanto é perspicaz. Sabe que tem imensa capacidade de compreender as pessoas. E sabe que tem a habilidade — extraordinária, quase sobrenatural — de assumir milhares de perspectivas diferentes, digeri-las e dar-lhes sentido, e acho que nunca foi desafiado intelectualmente. Quero dizer, é o tipo de sujeito que odiamos na escola de direito, capaz de pegar um livro na véspera do exame final, ler tudo e tirar a nota máxima. Vi nele não apenas um espírito disposto, mas também alguém com um talento extraordinário, que precisava ser desenvolvido para que ele fosse feliz." Jarrett tinha absoluta certeza de que uma das poucas coisas que o absorveram completamente, antes de concorrer à Casa Branca, foi escrever *A origem dos meus sonhos*. "Ele passou a vida inteira muito entediado", ela disse. "Ele é talentoso demais para fazer as mesmas coisas que os outros fazem. Nunca viveria satisfeito com o que contenta as pessoas comuns."

Mike Strautmanis, jovem advogado que conheceu Michelle quando trabalhava como assistente jurídico para a Sidley Austin, fez amizade com os Obama — e tornou-se depois ajudante de confiança tanto de Obama quanto de Jarrett. Nascido em Chicago, Strautmanis viu como Jarrett apresentava seus protegidos a um círculo social depois do outro. "Valerie é o máximo", relatou. "Ela o conduziu até a aristocracia negra. Aos advogados. Aos empresários. Até aos políticos. E não fez isso só com a aristocracia negra, abordou todos os poderosos de Chicago. Convidou-os a passar férias em Martha's Vineyard. Ofereceu jantares com pessoas importantes de todas as áreas para que conhecessem Barack e Michelle. Convidou-os para eventos de caridade, levou-os a participar do conselho de várias fundações. Sem Valerie, Barack teria precisado de mais tempo."

Os contatos de Judd Miner eram menos relacionados ao mundo empresarial. Ele apresentou Obama a pessoas que atuavam em fundações liberais e progressistas como Salim Muwakkil, jornalista afro-americano que escrevia para o *Chicago Tribune*, para o jornal da Nação do Islã e para a publicação socialista *In These Times*. Miner, disse Muwakkil, "queria enredar Obama nos círculos progressistas".

Antes de concorrer a um cargo eletivo Obama conversou com Muwakkil por um longo tempo, no escritório de Davis Miner. "Falamos a respeito dos meandros do movimento negro", disse Muwakkil. Eles falaram sobre os extensos debates entre Martin Delany e Frederick Douglass, entre Washington e DuBois, procurando pontos de convergência. Obama mencionou o movimento das artes negras dos anos 1960 e 1970 e como, em sua opinião, o dogma racial havia sufocado sua vitalidade. Obama disse que se identificava com Douglass e que via limites na política nacionalista.

"Percebi que ele se situava um pouco à esquerda", contou Muwakkil. "Disfarçava bem suas ambições. Não perdia a calma, atenuava suas ambições. Uma das razões do seu profundo conhecimento dos segredos da política negra é ter estudado o assunto durante sua formação. Ele não pertence à narrativa ancestral tradicional. Não faz parte do seu ser. Uma das razões que o levam a ser tão atraente para muita gente é que Obama não tem nenhum senso de ressentimento cultural. Nunca acompanhou a socialização de uma família para a subserviência. Consegue interagir com os brancos com facilidade, coisa que muitos afro-americanos não conseguem. Ele precisou aprender o repertório cultural dos afro-americanos. Nunca precisou lidar com a noção de ser socializado num ambiente que insiste em sua inferioridade, no qual se gasta uma energia enorme provando que não é inferior, ele não viveu esse tipo de dupla consciência. Obama tem a mesma capacidade de autocriação de Malcolm. Foi o que Barack fez. Ele se construiu, como uma espécie de herói existencial. Pegou isso e aquilo e se fez."

Um crime abriu as portas da política para Barack Obama.
No dia 21 de agosto de 1994, Mel Reynolds, representante do Segundo Distrito Congressional de Illinois, foi indiciado pelo grande júri do condado de Cook por interferir com testemunhas. Foi acusado também de uma série de crimes sexuais, inclusive o de manter relações com uma funcionária de campanha de dezesseis anos, chamada Beverly Heard, e pedir que ela tirasse fotos sensuais de uma menina ainda mais nova. Nascido em Mound Bayou, no Mississippi, filho de um pregador, Reynolds parecia ser um jovem de infinito potencial: formou-se numa universidade pública de Illinois, ganhou uma bolsa de estudos Rhodes para estudar em Oxford, fez mestrado em administração pública em Harvard. Por cinco anos ele lutou para derrubar Gus Savage, um nacionalista cuja tendência a fazer pronunciamentos antissemitas ofendeu a comunidade judaica a ponto de Reynolds obter o apoio não só dos Pritzker e dos Crown, em Chicago, como também do país inteiro. Como se não bastasse, Savage referia-se a Ron Brown, primeiro dirigente negro do Comitê Nacional do Partido Democrata, de "Ron Bege" e definia seus críticos como "veados".[13] Costumava zombar do "lobby sionista suburbano" e endossava a definição de Louis Farrakhan de Adolf Hitler: "um grande homem". Depois de trabalhar nas campanhas presidenciais de Edward Kennedy e Jesse Jackson, Reynolds fracassou nas tentativas de substituir

Savage em 1988 e em 1990; em 1989 ele foi acusado de atacar sexualmente uma universitária de vinte anos, mas escapou da condenação. Conseguiu ganhar a eleição de 1992, mas ao ver sua curta carreira no congresso implodir ele se referiu a Beverly Heard como "um caso perdido de perturbação emocional".[14] Durante o julgamento, no verão de 1995, o juiz aceitou como prova uma série de fitas em que Reynolds conversava com Heard usando os termos mais obscenos. A transcrição foi parar no *Tribune*. Admitindo ter cometido "erros", Reynolds negou até o fim ter feito sexo com uma menor, mas foi ao programa *Larry King Live* em setembro de 1995 e anunciou sua renúncia ao Congresso. "Não se pode discutir raça em Chicago", declarou Reynolds, procurando justificativas. "Quem fizer isso será marginalizado." "Beverly Heard", acrescentou numa bravata machista, "armou para cima de mim."[15]

Em novembro de 1994, três meses depois do incidente de Reynolds, Alice Palmer, respeitada senadora do distrito de Obama — o 13º —, formou um comitê para levantar fundos com o objetivo de "explorar" suas chances de suceder Reynolds no Congresso. Em 27 de junho de 1995 ela formalizou o anúncio de sua candidatura. Em setembro, quando o governador Jim Edgar anunciou uma eleição especial, marcada para 28 de novembro para preencher a vaga de Reynolds, Palmer calculou que não teria oposição. Foi um erro de cálculo. A oposição foi numerosa e difícil. Emil Jones, o democrata mais poderoso do Senado estadual e político tarimbado da máquina de Morgan Park, no extremo sul, declarou-se candidato, e o mesmo ocorreu com uma professora chamada Monique Davis e com Jesse Jackson Jr., um oponente de peso. Depois de duas eleições presidenciais, Jesse Jackson pai torcia para que o filho o sucedesse como o político negro mais destacado da cidade e apostava numa carreira nacional para ele. Jesse Jr., com apenas trinta anos e sem ser um astro acadêmico como Obama, não quis seguir o conselho do pai e começar por baixo, como candidato a vereador ou ao Senado estadual.

Obama acompanhava os eventos de perto, e com a abertura da vaga de Palmer no 13º distrito sondou políticos locais como a vereadora Toni Preckwinkle, em quem votava, e a representante estadual Barbara Flynn Currie a respeito de sua candidatura. Ele precisava do apoio de políticos e membros de comitês com capacidade arrecadatória e voluntários que fossem de porta em porta, elementos cruciais numa disputa local. Obama procurou Ivory Mitchell, veterano político da zona sul e diretor da organização democrata do quarto distrito. No terceiro sábado de cada mês, Mitchell promovia um café da manhã à base de ovos com bacon para discutir os problemas do distrito e ouvir funcionários locais. Nos anos de eleição, Mitchell mobilizava essas pessoas para trabalhar com os candidatos apoiados pelo partido local. "Em outras palavras, eu entrava com um exército pré-fabricado", explicou Mitchell.

Obama informou a Mitchell que gostaria de concorrer a um cargo público, provavelmente a cadeira que Alice Palmer desocuparia.

"Tudo bem", respondeu Mitchell. "Quanto dinheiro você tem?"

"Eu não tenho dinheiro *nenhum*", respondeu Obama.

"Bem, se você não tem dinheiro nós vamos ter de financiar a sua campanha", continuou Mitchell.

Mitchell guardava uma boa impressão de Obama. "Ele era inteligente e estava muito *a fim*" — e por isso o mandou falar com Preckwinkle, que se lembrava de Obama do Projeto Voto. Afirmou que ela e outros políticos da região o apoiariam, desde que ele recebesse a bênção de Alice Palmer. Obama confiava que, com um pouco de tempo e persuasão, poderia conseguir isso.

Obama convidou Carol Anne Harwell, amiga de longa data e sua assistente no Projeto Voto, para conversar em seu apartamento. Harwell tinha trabalhado em campanhas bem-sucedidas para dois juízes e para Sam Burrell, vereador da zona oeste, no 29º distrito. Mantinha também arquivos com muitas informações sobre os eleitores que ela, Obama e colegas haviam registrado no Projeto Voto — dados que poderiam ser valiosos numa disputa eleitoral. No final da conversa, Harwell aceitou coordenar a campanha de Obama.

Obama teve mais dificuldade para persuadir a esposa a respeito da sensatez de disputar o Senado estadual. Mal terminara de escrever suas memórias, um projeto que o mantivera trancado sozinho em salinhas por horas intermináveis. Michelle queria constituir uma família e avançar na carreira, mas o marido aparecia com uma proposta que significava passar a maior parte do tempo em Springfield. "Eu me casei por você ser bonito e inteligente", recordou ter dito na época.[16] "Mas essa é a coisa mais idiota que você já me pediu para fazer." Ademais, ela tinha sérias dúvidas a respeito da própria política eleitoral. "Eu não valorizava a política como um meio de obter mudanças", explicou. "E também pensava: seria a política um lugar adequado a uma pessoa boa, decente?"[17]

Para Harwell, "Michelle pensava que Barack não ia conseguir ganhar dinheiro. Que passaria muito tempo fora de casa. Achava que ele conseguiria mais lecionando e trabalhando no escritório de advocacia. Não gostou nada da proposta". Mas, finalmente, Obama prevaleceu. Tomada a decisão, Michelle engajou-se de corpo e alma na campanha, inclusive por seu marido ser candidato pelo bairro onde ela morava. "Ela conhecia aquele povo", disse Harwell. "Era o povo *dela*."

Assim como a família de Michelle Obama, Alice Palmer residia na 78th Street, num modesto bangalô em South Shore. Aos olhos dos eleitores — dos bairros afro-americanos de Englewood, South Shore, Woodlawn e Hyde Park — sua origem era heroica e inatacável. Um dos avós, Joseph Henry Ward, fora escravo. No final do século XIX ele trocou a Carolina do Norte por Indianápolis, onde limpava estábulos para médicos. Quando Ward tinha vinte anos, um dos médicos simpatizou com ele e o ajudou a aprender a ler. Ward cursou medicina e fundou um hospital para afro-americanos numa Indianápolis segregada. Uma das avós de Palmer, Zella Louise Locklear Ward, negra livre que chegara a Indianápolis no final do século XIX, ajudou a fundar o Clube para o Progresso das Mulheres Negras e dirigiu uma casa de saúde municipal para doentes negros de tuberculose.

Alice Palmer chegou ao Senado estadual por nomeação, substituindo Richard Newhouse, o primeiro afro-americano a concorrer à prefeitura de Chicago, cujo prefeito havia renunciado por doença. Chefe do comitê feminino democrata local, Palmer foi uma escolha bem recebida pelos militantes. Seu passado como ativista na política local era irrepreensível. Possuía doutorado em educação pela Northwestern e foi para Springfield decidida a levantar fundos para as escolas de Chicago. Tornou-se popular entre os eleitores — o suficiente, acreditava, para conquistar uma cadeira no Congresso.

No final da primavera de 1995, após uma série de contatos, Obama obteve o apoio de Alice Palmer. Alan Dobry, ex-membro do comitê democrata no distrito, destaque na política de Hyde Park, estava preocupado com a vaga aberta no Senado estadual até que, numa reunião para agilizar sua campanha para o Congresso, Palmer disse: "Descobri uma pessoa sensacional, um rapaz ótimo, não precisamos nos preocupar, ele vai ser um bom senador estadual".[18]

Antes de anunciar sua intenção de concorrer, Obama queria ter certeza absoluta de que Palmer estava engajada na eleição para o Congresso, que não pretendia retomar a candidatura ao Senado estadual nem mesmo se perdesse as primárias democratas para Emil Jones ou Jesse Jackson Jr.

"Eu não havia feito o anúncio público", recordou Obama. "Mas tinha dito que, se o fizesse, precisaria levantar fundos, reunir voluntários, contratar funcionários, alugar uma sala e abrir um comitê eleitoral, o que tornaria muito difícil uma desistência. Ela me garantiu, repetidamente, que estava na disputa [pela vaga no Congresso] para valer."[19]

Palmer não nega isso. "Ele me disse isso", declarou. "E eu falei que não pretendia concorrer [ao Senado estadual]. Quanto a isso não resta dúvida."[20]

Obama também entendeu que contaria com seu apoio. ("Tenho certeza absoluta de que ela [...] fez uma declaração pública, e de certo modo me indicou."[21]) Em relação a isso, Palmer discorda: "Não sei se gosto da palavra 'apoio'. Um apoio, para mim, que passei pela política legislativa [...], é uma coisa muito formal. Não creio que descreva bem a situação. Uma 'aprovação informal' caracteriza melhor o caso".

Palmer anunciou sua candidatura ao Congresso no dia 27 de junho, e na semana seguinte os jornais locais publicaram que Obama seria candidato a sua sucessão. As intenções dela, como disse na época, não podiam ser mais claras. "Rezem por Mel Reynolds e votem em mim", declarou aos repórteres.[22] No último parágrafo de uma reportagem no *Hyde Park Herald*, o repórter Kevin Knapp levantou o tema da sucessão e mencionou Obama, "um advogado com histórico de organização comunitária e campanhas de registro de eleitores" como o mais provável candidato.[23] Mais tarde, no mesmo mês, Obama preencheu a papelada exigida para criar um comitê de levantamento de fundos. Recebeu as primeiras contribuições à campanha em 31 de julho de 1995: 300 dólares de um advogado da cidade, um empréstimo de 5 mil dólares de um vendedor de autos e 2 mil dólares das empresas de comida rápida pertencentes ao velho amigo Tony Rezko.[24]

Em muitos aspectos, não era uma época propícia para se candidatar ao Legislativo pelo Partido Democrata. Bill Clinton ocupava a Casa Branca, mas o partido sofrera derrotas dolorosas nas eleições parciais de 1994. Newt Gingrich liderava o contra-ataque conservador e Clinton confiava cada vez mais em assessores não liberais como Mark Penn e Dick Morris, desdenhados pelos auxiliares mais progressistas e pelo eleitorado que o apoiara em 1992. Em Illinois o governador era republicano, e os republicanos formavam a maioria nas duas casas legislativas. Os senadores estaduais da minoria em Springfield pouco podiam fazer: o governador determinava a pauta e o partido obedecia.

Apesar de todas as limitações do cargo, Obama precisava começar por algum lugar. Tinha de aprender a jogar, conhecer as exigências e as regras ocultas. Conforme ia pensando na organização e no levantamento de fundos, ele pediu o apoio de dezenas de políticos locais do distrito, da cidade e do condado, bem como de ativistas dos bairros próximos. Como Palmer estava envolvida na campanha para o Congresso, Obama tinha todos os motivos para acreditar que enfrentaria pouca oposição nas primárias democratas de março. No seu distrito, a chance de uma vitória republicana era tão grande quanto a de um afro-americano chegar à Casa Branca.

Bill Ayers e Bernardine Dohrn destacavam-se entre os vizinhos e conhecidos de Hyde Park interessados em Obama. Ayers e Dohrn haviam sido líderes do SDS e do Weather Underground e não se arrependiam da resistência violenta à guerra do Vietnã. Conhecidos como ativistas comunitários, dedicavam-se principalmente à educação. Em termos sociais eram uma espécie de Elsa Maxwell* de Hyde Park, sempre convidando pessoas para palestras, debates e jantares em suas casas, e muita gente do bairro, quer aprovasse o comportamento deles nos anos 1960 ou não, costumava comparecer.

"Alguns de nós separávamos o que Bill e Bernardine tinham feito quando eram jovens e o que faziam agora, um trabalho impecável para a comunidade", disse a romancista Rosellen Brown. "Hyde Park é um bairro pequeno, isolado, e todos, de Studs Terkel aos professores que lidam com jovens, iam à casa deles para conhecer pessoas interessantes."

Filho de um rico executivo de Chicago, Ayers lecionava no campus de Chicago da Universidade de Illinois e foi um dos fundadores do Chicago Annenberg Challenge, fundação que distribuía subsídios para programas educacionais, e ajudou Obama a entrar para o conselho da Annenberg. Um convidado para jantar na casa de Ayers se lembra de ter sentado ao lado de Michelle, que assumira o cargo de assessora para relações comunitárias na universidade. A discussão sobre raça, classe e finalmente família fez que Michelle falasse a respeito dos últimos dias da avó. A avó sentia um orgulho enorme pelo fato de Michelle e Craig terem se formado em Princeton e, no caso de Michelle, na Faculdade de Direito de Harvard. Eles tinham progredido, estavam conseguindo se superar. Em seu leito de morte, a senhora disse a Michelle: "Não comece a revolução pelos meus bisnetos. Quero que eles estudem em Princeton também!".

"Ela sabia o valor do diploma de Princeton, e ninguém que conseguira pro-

---

* Famosa colunista social norte-americana dos anos 1940. (N. E.)

gredir queria desistir das conquistas", disse o convidado, recordando a conversa. "Ela sabia que tinha chegado a uma classe definida pela educação privilegiada, e obviamente não tinha nada em comum com as pessoas com as quais crescera."

Antes que Obama anunciasse formalmente sua candidatura, Ayers e Dohrn receberam um pedido para promover uma pequena recepção para ele. Segundo Ayers, Alice Palmer fez o pedido. Embora Ayers e Dohrn não estivessem muito interessados em política eleitoral — por acreditarem que as mudanças para valer provinham de movimentos populares e por verem Obama como alguém bem mais centrista do que eles —, os dois concordaram. "Foi iniciativa de Alice realizar o evento, para passar o bastão", recordou Ayers. "Ela era candidata ao Congresso e queria iniciá-lo na política comunitária. Bom para ela, bom para ele [...] O problema com Obama era que ele me pareceu, desde o começo, um sujeito para lá de esperto. Compassivo, claro, democrata moderado, em cima do muro. Se ele me entusiasmava? Nada disso. Eu gostava dele como pessoa. Organizei a festa porque me pediram. Nós fazíamos muitos eventos: palestras, noites de autógrafos de livros, jantares, reuniões. Para nós, isso era cidadania."

Entre os convidados à recepção estavam Quentin Young, médico que havia muito batalhava por um sistema de saúde unificado, o professor palestino-americano Rashid Khalidi, a romancista Rosellen Brown e Kenneth Warren, que ensinava literatura na universidade, e sua esposa, Maria Warren, que escrevia um blog chamado Musing and Migraines [Reflexões e Enxaquecas]. Young se lembra de Palmer ter apresentado Obama como seu sucessor. Quando foi apresentado a Rosellen Brown, Obama mencionou ter lido *Civil wars* [Guerras civis], romance sobre um casal de refugiados do movimento dos direitos civis e sua vida uma década mais tarde. ("Depois disso, como qualquer romancista, eu provavelmente teria votado nele para o cargo que escolhesse", disse Brown.) A maioria dos convidados gostava de Obama ou não tinha muitas objeções a ele, embora alguns tivessem sentido certa frustração, como Maria Warren.

"Eu me lembro de ele ter sido meio genérico, e de uma das pessoas ter dito: 'Você não poderia falar algo mais substancioso?'", recordou Warren. "Ele não gerou muito entusiasmo, e algumas pessoas comentaram: 'Que pena Alice não se candidatar ao cargo outra vez. Eu me lembro de Barack ter ficado na defensiva, balançando a cabeça." Em 2005, muito antes de Obama se lançar como candidato à presidência, Warren escreveu em seu blog: "Seus 'olhos brilhantes e sorriso fácil' me pareceram falsos e ensaiados — talvez por eu apoiar outro candidato.

Desde então, nunca ouvi algo novo ou impactante da parte dele, nem o vi apoiar qualquer coisa que exigisse a coragem de suas convicções".[25]

Treze anos depois, durante a campanha presidencial, aquela breve reunião que teria sido logo esquecida foi apresentada pelo Partido Republicano como prova de que Obama vinha de um meio perigosamente radical, que os líderes do Weather Underground haviam "lançado" sua carreira política. Uma acusação ridícula. É verdade que Obama encontrou Ayers nos anos seguintes, nas reuniões periódicas dos comitês e em outras ocasiões. Obama elogiou no *Tribune* o livro de Ayers, *A kind and just parent: the children of juvenile court* [Um pai justo e gentil: os filhos das cortes juvenis], embora seus pontos de vista em educação não fossem tão esquerdistas. Os dois participaram certa vez de um debate sobre delinquência juvenil — evento organizado por Michelle Obama em 1997, quando ela era reitora associada de serviços estudantis na Universidade de Chicago. Mas não importa a opinião que se tenha sobre o passado de Ayers — e Obama disse que Ayers era culpado de atos "desprezíveis" durante o movimento contra a guerra —, a afirmação de que os dois eram amigos íntimos ou irmãos ideológicos era falsa.

Conforme continuava a procurar políticos e ativistas do distrito, Obama às vezes recebia conselhos intrigantes. Um político afro-americano sugeriu que mudasse de nome; outro queria que ele incluísse uma foto em todos os materiais de campanha, "assim as pessoas não vão ver apenas seu nome e não vão pensar que você é um negão enorme".[26] Outro conselheiro o alertou, muito sério, para que jamais se deixasse fotografar com um copo na mão — mesmo que contivesse só água ou suco — para o eleitorado não achar que ele não passava de um bêbado.

"Bem, tudo isso pode ser bom em termos de palpites políticos, mas é superficial demais", comentou Obama com Hank De Zutter, redator do *Reader* de Chicago. "Fico surpreso ao constatar que muitos ocupantes de cargos públicos — inclusive os melhores — gastam muito tempo falando a respeito da mecânica da política em vez de discutir assuntos importantes. Eles têm mentalidade de jogador de pôquer, colocam acima de tudo o interesse em conservar o cargo ou deslanchar a carreira, vivem para o jogo político, a corrida eleitoral desenfreada, e só sabem falar nisso."[27]

Em 19 de setembro de 1995, Obama anunciou oficialmente sua candidatura no Ramada Lakeshore, em Hyde Park.[28] Cliff Kelley, ex-vereador e apresentador de um programa de rádio de entrevistas bem popular na WVON, foi o mestre de cerimônias. "Os políticos não são lá muito queridos hoje em dia", declarou Obama ao salão lotado. "Eles ocupam uma posição inferior à dos advogados [...] Gostaria de inspirar uma renovação da moralidade na política. E vou me esforçar ao máximo, pelo tempo que for necessário, para o bem de vocês."

Talvez Palmer não tenha usado a palavra "apoio" para descrever seu entusiasmo com Obama, mas no Ramada, naquele dia, não havia como entender errado seu entusiasmo pelo organizador e advogado de 34 anos. "Neste salão, Harold Washington anunciou sua candidatura a prefeito", ela disse. "As coisas mudaram, mas seu espírito ainda habita o local. Barack Obama representa a continuidade da tradição de independência deste distrito, uma tradição que continuou comigo, e mais recentemente com o senador estadual Newhouse. Sua candidatura é a passagem da tocha, pois ele é a pessoa que o povo acolheu e quer elevar à categoria de seu representante neste distrito."[29]

Carol Anne Harwell procurava um lugar para o comitê de campanha. Pensou ter encontrado um local barato e adequado na 71st Street. "Era limpo, tinha banheiro e, mais importante, tomadas para telefone", recordou. "Michelle entrou lá e começou: 'Não, não, não. Ai, ai'. Acabamos escolhendo um escritório mais a oeste, mais bonito. Michelle decidira conduzir uma campanha de alto nível, sem meios-termos. Levou elegância e graça à campanha. Supervisionava as tarefas, era organizada, mesmo sem saber quase nada de política na época. Quando começamos a passar abaixo-assinados, determinamos uma meta, digamos duzentas assinaturas por dia. Se caísse uma nevasca e voltássemos só com cento e cinquenta, Michelle ficava furiosa e nos mandava de volta para obter o que faltava."

Nas manhãs de sábado, Michelle Obama e Yvonne Davila, amiga e coordenadora de assuntos de campanha, saíam batendo nas portas para coletar assinaturas para viabilizar a candidatura. Elas eram muito mais eficientes que Obama, cujas saídas à noite eram acompanhadas por Harwell. "As velhinhas o adoravam. Ele se apresentava e perguntava do que elas precisavam. Elas queriam pegá-lo no colo. Falavam horas sobre os netos. Barack ainda não tinha o ritmo de Chicago. Não sabia como seguir adiante. Saía para fazer campanha de jaqueta de couro, sem luvas, sem chapéu. Creio que precisei explicar a ele o conceito de roupas de baixo mais quentes."

Pelos padrões modestos de uma campanha para o Senado estadual, Obama tropeçou no começo. Não era um grande orador. Falava alto, em tom professoral, sério — era um bolo sem fermento. No ambiente mais crítico para discursos, as igrejas negras da zona sul, sua fala saía sem graça nem confiança: ele só conseguiria uma boa cadência, desenvolveria referências bíblicas e o vínculo emocional que marcaria suas performances posteriores depois de centenas de discursos nos púlpitos da cidade.

Mas ele estava obtendo os apoios de que necessitava. Sam e Martha Ackerman, de uma influente família dos democratas independentes do Hyde Park, promoveram um café da manhã para Obama. Ministros da área foram convidados. Palmer, o vereador em quem Obama votara, Toni Preckwinkle e o membro local do comitê, Ivory Mitchell, estavam todos ao seu lado, bem como um grupo de liberais ativistas de longa data. Desde o final da Segunda Guerra Mundial o bairro servia de baluarte para desafiar a política da máquina partidária. Os Eleitores Independentes de Illinois formavam a mais importante organização política de Hyde Park, e políticos que se opunham a Daley, como o lendário vereador Leon Despres, também aderiram. Veteranos de numerosas campanhas do Independent Voters of Illinois — IVI (Votantes Independentes de Illinois) como Alan Dobry e a esposa, Lois Friedberg-Dobry, faziam campanha de porta em porta. Químico com Ph.D. na Universidade de Chicago, Alan Dobry era o típico independente da velha guarda de Hyde Park, tendo trabalhado para Despres na sua reeleição para vereador em 1959, no quinto distrito, que inclui Hyde Park, bem como nos bairros negros de Woodlawn.

"Tudo parecia se encaixar naquele outono", recordou Dobry. "Os amigos de Obama forneceriam os recursos: pessoal do escritório de advocacia Judd Miner, de Harvard, colegas da universidade de Chicago. Ele conhecia pessoas habituadas a financiar campanhas políticas independentes." Harwell era da zona oeste, mas atuava na campanha da zona sul com habilidade inegável. Foi ela quem trouxe Ronald Davis, professor de matemática do Kennedy-King College que ajudara a supervisionar o Projeto Voto, e o colocou como coordenador de campo. Jovens voluntários como Will Burns, que logo se formaria em ciência política pela Universidade de Chicago, entregavam panfletos e faziam campanha de porta em porta ao lado de Obama. Burns depois escreveu uma tese de mestrado sobre a maneira como Harold Washington, político ligado à máquina, se transformou em porta-voz do avanço dos afro-americanos, e as coligações que formou. A morte de Washington havia provocado um vazio na política de Chicago. Burns viu em Obama uma espécie de sucessor, livre do velho jargão, dos ressentimentos e do compadrio.

Em meados de outubro Obama fez uma pausa na campanha e foi a Washington para a Marcha do Milhão, uma manifestação de massa organizada principalmente por Louis Farrakhan, líder da Nação do Islã. Muitos dos temas de destaque na passeata ocupavam a atenção de Obama: aumento da taxa de encarceramento entre homens negros; níveis desproporcionais de pobreza, desemprego, evasão escolar; retrato distorcido dos afro-americanos na imprensa. Mas, em função do papel central desempenhado por Farrakhan, que pronunciara discursos raivosos contra judeus e americanos brancos, o evento era complicado para Obama, um afro-americano liberal que concorria por um distrito majoritariamente negro, mas onde havia um grande número de judeus, principalmente perto da universidade. Os oradores de Washington seriam, entre outros, Gus Savage, viúva de Malcolm X, Betty Shabazz, Jesse Jackson, Rosa Parks, Maya Angelou e, claro, o próprio Farrakhan.

Quando voltou, Obama relatou cautelosamente os eventos que presenciara em Washington. Em vez de dar a De Zutter uma frase curta para citação na matéria do *Reader*, ele fez uma análise contida e profunda do problema racial americano que soou similar ao que diria treze anos depois, num momento de crise de sua candidatura à presidência:

> O que eu vi foi uma poderosa demonstração do ímpeto e da necessidade de os afro-americanos se unirem para reconhecer uns aos outros e afirmar o nosso lugar de direito na sociedade [...] Havia uma sensação profunda de que todos os afro-americanos estavam prontos para assumir o compromisso de engendrar mudanças em nossas vidas e comunidades.
>
> Mas faltava aos organizadores da passeata uma agenda positiva, um projeto coerente de mudança. Sem uma agenda dessas, parte da energia vai se dissipar. Assim como dar as mãos e cantar "We shall overcome" não vai resolver tudo, exortar a juventude a ter orgulho de sua raça e desistir do crime e das drogas não vai adiantar se não pudermos dar emprego e futuro aos 50% dos jovens negros desempregados, subempregados, cheios de amargura e ódio. Exortações não bastam, nem a noção de que podemos criar uma economia negra dentro dos Estados Unidos isolada do resto da economia e lidar com seriedade com as questões importantes que nos preocupam [...]
>
> Qualquer solução para a catástrofe do desemprego deve passar por nossa ação criativa dentro de uma economia multicultural, independente e internacional. Os afro-americanos que falam de racismo como uma barreira ao sucesso estão seria-

mente equivocados se não tratarem também das forças econômicas maiores que criam insegurança econômica para todos os trabalhadores — brancos, latinos e asiáticos. Devemos enfrentar as forças que estão achatando os salários, cortando benefícios do povo por todos os lados e criando um abismo entre os CEOs e os operários de salário mais baixo, que aumenta há vinte anos, passando de uma proporção de 10 para 1 a outra superior a 100 para 1.

Isso não significa que a necessidade de olhar para dentro, enfatizada pela passeata, não seja importante, nem que as afinidades tribais afro-americanas não sejam legítimas. Vivemos tempos cruéis, impiedosos, exemplificados pela mentalidade "prendam todos, não façam prisioneiros" que domina o Congresso de maioria republicana. Historicamente, os afro-americanos se voltam para dentro e para o nacionalismo negro sempre que percebem, como estamos percebendo agora, que a tendência predominante nos repele e que os brancos americanos não se importam com os profundos problemas que os afro-americanos enfrentam.[30]

Obama é analítico, frio, intricado e independente de Farrakhan, e sua resposta sincera ecoa a reação a Rafiq, o nacionalista em sua memória, seus comentários feitos anos antes sobre a morte de Harold Washington e as discussões sobre a pressão de uma economia global na vida local. Obama voltava cada vez mais sua atenção para os problemas de classe, mudança sistêmica e política eleitoral. Mais jovem, ele havia demonstrado o respeito aos pioneiros do movimento, mas sentia agora que os dias do nacionalismo e da liderança racial apenas carismática haviam cumprido seu papel, faziam parte do passado.

Mais ou menos na mesma época, Obama ficou sabendo que não estaria sozinho ao postular a indicação do partido. O *Hyde Park Herald* noticiou que haveria pelo menos outros dois candidatos: Marc Ewell, inspetor imobiliário de trinta anos, filho do ex-parlamentar estadual Raymond Ewell, e Gha-is Askia, responsável pelos contatos comunitários da promotoria estadual.[31] Askia era o mais interessante dos dois. Nascido em família batista, Askia era o décimo sexto de dezoito filhos, e se convertera ao islamismo. Seu nome significa "aquele que reconforta os sofredores". Askia contava com o apoio de diversos políticos locais: seu amigo Muhammad Ali prometeu organizar um evento para levantar fundos para sua campanha.

Enquanto a campanha começava a se desenrolar, Obama soube que sua mãe estava gravemente doente. Em 1992, quando morava na Indonésia, Ann Dunham havia terminado as mil páginas da dissertação de doutoramento sobre os artesãos de Java, dedicando a tese à mãe e à orientadora Alice Dewey, bem como a "Barack e Maya, que não reclamavam quando a mãe saía para fazer trabalho de campo". Em 1992 e 1993 ela morou na cidade de Nova York, trabalhando como coordenadora de política para o Women's World Bank [Banco Mundial da Mulher], onde tratou de microfinanciamentos para mulheres de países em desenvolvimento. (Uma de suas tarefas foi criar subsídios para as políticas da Conferência Internacional da Mulher das Nações Unidas, em Pequim; Dunham e colegas pensavam que a maior defensora do microfinanciamento em Pequim seria Hillary Clinton.) No outono de 1994, quando visitava amigos em Jacarta, Dunham sentiu dores abdominais intensas. Os médicos indonésios diagnosticaram uma doença digestiva. No início ela mal comentou a enfermidade com Barack, em Chicago, ou com Maya, que estudava pedagogia do curso secundário na Universidade de Nova York. Finalmente, por insistência dos amigos e parentes, ela consultou médicos no Kaiser Permanente de Honolulu, que detectaram um câncer uterino em estágio avançado. No Memorial Sloan-Kettering Cancer Center de Nova York os especialistas informaram que o câncer tinha avançado demais e não reagiria aos tratamentos disponíveis.

Dunham voltou ao Havaí. "Ela era durona, muito corajosa", recordou Bronwen Solymon, colega nos estudos indonésios. "Continuou interessada nos temas que costumávamos discutir e não se concentrou na doença. No entanto, quando saiu da Indonésia e voltou para casa, acho que já era tarde demais."

No início de novembro ela foi internada na clínica Straub, em Honolulu. "Quando os médicos havaianos informaram que não restava mais esperança eu estava terminando o mestrado em Nova York", disse Maya Soetoro-Ng. "Minha meta era obter o título e passar os últimos dias de minha mãe com ela no Havaí. Pensei que teríamos mais tempo, ela era tão nova! Eu me negava a aceitar os fatos, pensava que ela ainda viveria muitos anos. Mas um dia, quando voltei do curso, ela me telefonou e deixou claro que não teria muito tempo. Confessei que estava assustada, e ela disse: 'Eu também'. Peguei um avião para lá no mesmo dia."

Maya chegou a Honolulu no dia 7 de novembro à tarde. "Quando entrei no quarto do hospital, encontrei minha mãe cercada de amigos e com a minha avó", disse Soetoro-Ng. "Mandei minha avó para casa quando percebi que estava muito cansada. Estava claro que tudo estava terminando. Li para minha mãe trechos de um livro de histórias crioulas que estudava com meus alunos. Escolhi um conto sobre partidas, pois sabíamos que ela não voltaria. E disse a ela que chegara a hora da partida." Naquela mesma noite, por volta das onze horas, Ann Dunham faleceu. Tinha 52 anos.

Para sua enorme tristeza, Obama só chegou a Honolulu no dia seguinte. Mantivera contato constante com a mãe em visitas, telefonemas e cartas. Dunham escreveu muitas cartas encorajando o filho a perseguir seus sonhos. Ele passara a admirar a mãe cada vez mais, não só por seu exemplo moral como também pelo espaço que tivera para explorar sua própria identidade. Só quando adulto entendeu quanto ela era jovem na época de seu nascimento, e como se recuperou da separação de Barack pai. Não passava de uma adolescente, uma mãe de dezenove anos, inteligente e doce, que empurrava o carrinho do filhote afro-americano pelas calçadas de Honolulu e Seattle, em 1963. Nunca pensou muito no assunto. Trafegando de uma cultura a outra, Ann mantinha a postura idealista a respeito da raça mesmo em sua própria família. Ao terminar a tese de doutorado beirando os cinquenta anos, ela disse a Alice Dewey, meio na brincadeira, que pensava em adotar um terceiro filho — quanto mais complicado etnicamente, melhor.

"Ela achava maravilhoso ter um filho afro-americano", disse Dewey. "Na época em que ela morava no Havaí os americanos começaram a adotar crianças asiáticas. Teve início na Coreia, com filhos de soldados americanos. Eram crianças lindas. Ela viu uma na tevê e disse: 'Ah, eu quero uma!'. Realmente, teria completado a cena! E eu não me surpreenderia nem um pouco com isso."

"Ela era uma mãe estupenda em vários sentidos", contou Maya. "Embora não tenha conseguido nos dar um lar estável, com o pai e a mãe presentes, uma casa grande e coisas do gênero, ela nos transmitiu a capacidade de se entusiasmar, a curiosidade, a empatia, o senso de responsabilidade e dever, o amor pela literatura. Era incrivelmente gentil, sua voz firme e amorosa nos acompanhava em todos os momentos, nos ajudava a criar coragem, e ajudou a dar a meu irmão a bravura indispensável às decisões radicais que precisou tomar. Esses aspectos estavam presentes em sua obra. Dá para perceber a solidariedade para com as pessoas no que ela escreveu. Sua postura serena equilibrava idealismo e pragmatismo."

Dias depois, Obama e Maya compareceram ao serviço fúnebre em homenagem à mãe, realizado no jardim japonês do prédio do centro de convenções

East-West Center, no campus da Universidade do Havaí. Maya e Barack fizeram pronunciamentos curtos, recordando a natureza de Ann, suas viagens e as paixões acadêmicas. Depois seguiram de carro para uma baía perto de Lanai Lookout, na costa sul de Oahu, onde o penhasco íngreme é fustigado por ondas que formam redemoinhos de espuma. Eles desceram pelas pedras até se aproximarem das ondas. Barack e Maya lançaram as cinzas de Stanley Ann Dunham nas águas do Pacífico.

No dia 28 de novembro, Jesse Jackson Jr. venceu a disputa democrata nas primárias especiais para o Segundo Distrito Congressional. A fama do pai, os vínculos profundos com a comunidade negra, que ia da Operação PUSH* às igrejas, e sua capacidade de arrecadar fundos superaram de longe o segundo colocado, Emil Jones, e Alice Palmer, que chegou em terceiro, recebendo apenas cerca de 5 mil votos, ou 10% do total. Decepcionada, Palmer disse aos seus correligionários que não pretendia mais disputar a vaga para o Senado estadual. Aos 56 anos, Palmer parecia mais inclinada a retomar suas atividades educacionais em tempo integral.

"Barack ligou para ela e os dois conversaram várias vezes, e Alice disse: 'Dou a minha palavra de que não vou [retomar a candidatura]'", segundo relato de Carol Anne Harwell.

Além disso, seria complicado voltar à corrida pela vaga. Para entrar na lista dos candidatos eram necessárias assinaturas de 757 eleitores registrados no distrito. Em 11 de dezembro, primeiro dia para a apresentação das petições com as assinaturas, Obama apresentou mais de 3 mil, coletadas pela sua campanha. Àquela altura, porém, um grupo pequeno mas influente de ativistas comunitários e amigos de Alice Palmer — a jornalista Lu Palmer, o cientista político Adolph Reed Jr., o historiador Timuel Black e a esposa Zenobia, o acadêmico e jornalista Robert Starks, os parlamentares estaduais Lovana Jones e Donne Trotter e a vereadora Barbara Holt — começaram a formar um comitê pró-Alice Palmer com a intenção de persuadir Obama a desistir e apoiar Palmer. Eram em geral veteranos do movimento dos direitos civis e das campanhas de Harold Washington.

---

* Organização fundada pelo reverendo Jesse Jackson em 1971 para melhorar as condições econômicas dos afro-americanos de Chicago. (N. T.)

Alice Palmer pertencia ao grupo. Obama, na visão deles, não passava de um recém-chegado do Havaí e de Harvard, brando demais, sempre disposto a descartar o que chamava de "política do ressentimento". Eles não o consideravam tão progressista quanto Palmer. Melhor que esperasse a vez. Até Jesse Jackson Jr. deu a impressão de apoiar Alice Palmer, mandando seu organizador de campo às suas reuniões.

O *Chicago Defender* e o tabloide *N'Digo*, voltado ao público negro, passaram a publicar artigos simpáticos a Palmer. O *Defender* noticiou que alguns de seus correligionários andaram procurando Obama para ele "agir como outros afro-americanos em eleições anteriores, desistindo em prol da unidade, liberando Palmer de seu compromisso".[32] O *Defender* mantinha um relacionamento de longa data com Palmer, e mais ainda com Buzz Palmer, que fora durante muitos anos o defensor mais veemente de uma reforma no Departamento de Polícia. Políticos locais passaram a escolher o lado: Toni Preckwinkle ficou com Obama, citando as promessas de Palmer; Emil Jones preferiu Palmer. Robert Starks, professor de ciência política na Universidade Northeastern de Illinois, muito conhecido na zona sul, escreveu no *Defender* levantando a improvável possibilidade de perda da vaga para um político da máquina: "Se [Palmer] não concorrer, a vaga vai para um político de Daley. Pedimos a ela para reconsiderar a decisão de não concorrer, pois duvidamos que Obama possa vencer. Ele não passou ainda tempo suficiente na cidade [...] ninguém sabe quem ele é".[33]

No início de dezembro o comitê informal pró-Palmer convidou Obama para uma reunião na casa de Lovana Jones. Obama compareceu ao encontro com o coordenador de campo de sua campanha, Ron Davis. Eles já sabiam o que ocorreria. Apelando ao sentimento cívico de Obama, os membros do comitê pediram que desistisse da disputa.

"Ele alegou dispor de assinaturas suficientes e se recusou a desistir", recordou Timuel Black. "Fiquei meio bravo. Quando pedimos a Barack que renunciasse, por uma questão de experiência, participação em comitês importantes e assim por diante, não o conhecíamos como conhecíamos a ela. Nossa confiança nela era mais profunda. Prometemos que ele teria nosso apoio para outra candidatura. Mas ele declarou que já contava com um esquema organizado e com fundos."

Alguns apoiadores de Obama viam outro motivo por trás do comitê para a candidatura de Alice Palmer além da lealdade: recursos. Linda Randle, veterana militante da zona sul que trabalhara com Obama na campanha contra o amianto em Altgeld Gardens, disse que Palmer havia ajudado sua equipe a conseguir verbas para projetos comunitários. "Eles viram que isso não ocorreria imediatamente com Obama", explicou. "Eles temiam perder as verbas, pois Barack não era tão favorável a eles — nem um pouco favorável, aliás. Barack era sovina. Se pusesse dinheiro lá, ia querer saber como o usaríamos. Alice nem tanto, pois aqueles eram seus amigos."

"Em Chicago a gente espera a vez, como no Partido Comunista chinês, que leva em conta quem acompanhou Mao na Longa Marcha — e Barack nem mesmo era de Chicago", disse Will Burns. "Mas ele era um sujeito diferente, e não pretendia desistir."

"Eles tentaram intimidar Barack, mas ele não aceitava pressões desse gênero", disse Carol Anne Harwell.

Palmer decidiu concorrer a seu antigo cargo, dizendo que poderia muito bem voltar, como Michael Jordan. Palmer e seus apoiadores acreditavam que a vaga era dela por direito, não obstante o que se falava a respeito de um acordo. "Não se trata de menosprezar sua pessoa, mas Obama não tinha a experiência parlamentar de uma política negra da zona sul", explicou Buzz Palmer. "Éramos militantes da zona sul, mas nunca tínhamos *ouvido falar* de Barack Obama. Ele se apresentava como organizador, mas eu teria sabido se ele fizesse algo importante. Obama entrou na política assim, vindo do nada. Achamos que ele poderia esperar mais um pouco. E, se concorressem um contra o outro, não havia a menor possibilidade de Alice perder para Barack Obama."

Os partidários de Palmer esforçaram-se para obter as assinaturas exigidas para incluir o nome dela na listagem, e até 18 de dezembro, o prazo final, tinham conseguido 1580 assinaturas, o dobro do exigido. Palmer concedeu uma entrevista coletiva num salão de festas de Woodlawn dizendo que não poderia resistir ao esforço de "alistamento".

Naquele dia Obama declarou ao *Tribune* que Alice Palmer o pressionara para desistir, mas que ele tinha se recusado. "Estou desapontado por ela não ter honrado a palavra que deu a mim", declarou.[34]

Durante os feriados, Obama e sua equipe resolveram aderir a uma antiga tradição política de Chicago — eles pretendiam contestar as assinaturas nas petições dos oponentes. A tática, rotineira, às vezes funcionava: em 2007, 67 candidatos a vereador, de um total de 245, foram eliminados por assinaturas insuficientes ou inválidas em suas petições.³⁵ Isso era menos comum, porém, no caso de um ocupante do cargo.

Os voluntários de Palmer tiveram apenas alguns dias para coletar assinaturas, aumentando a possibilidade de acumulação de "nomes ruins": assinaturas falsas ou de pessoas que não residiam no distrito, ou que não fossem eleitores registrados. Algumas assinaturas estavam em letra de forma, e não cursiva, como exigido. Nas campanhas em Chicago em que havia problema com as assinaturas era comum a prática da "mesa redonda" — os voluntários se reuniam numa sala fechada, sentavam em volta de uma mesa com a lista telefônica, procuravam nomes e endereços possíveis e forjavam as assinaturas necessárias. No dia seguinte ao Natal, a campanha de Obama entrou com contestações de todos os oponentes: Palmer, Askia, Ewell e Ulmer D. Lynch Jr., operário aposentado e delegado distrital que tentava conquistar uma cadeira na câmara de vereadores havia anos, sem sucesso. Ron Davis foi de trem até Springfield, onde todas as petições precisavam ser protocoladas. Trouxe de volta cópias das listas da petição de Palmer, e todos puderam ver que eram muito suspeitas, contendo nomes como Superman, Batman, Squirt, Katmandu, Pookie e Slim.

No dia 2 de janeiro, Harwell e outros voluntários foram até o Comitê Eleitoral de Chicago — uma sala no terceiro andar da prefeitura — e pediram para ver as listas das petições dos oponentes de Obama. Passaram a semana seguinte examinando meticulosamente as listas. A campanha de Obama não estava sozinha: o escritório do comitê estava cheio de funcionários e voluntários que comparavam as assinaturas com as listas de eleitores registrados. "Foi uma semana de trabalho voluntário", disse Alan Dobry, que ao lado de sua esposa Lois participou do esforço de revisão das listas.

Relativamente novo na política de Chicago, Obama mostrou-se hesitante em relação ao processo. "Ele queria ganhar a eleição", disse Harwell. "Não compreendia que as pessoas contestassem as petições sem parar. As pessoas tinham o direito de concorrer. Explicamos a ele que não podiam apresentar listas inventadas. Assim que lhe mostramos o Superman e o Pookie, ele entendeu."

Obama e seus apoiadores sabiam que ele perderia para Palmer numa primária só com os dois. Mesmo que tenha hesitado em relação às petições, não foi por muito tempo. "Na minha cabeça, estávamos apenas cumprindo as regras estabelecidas", recordou Obama.³⁶ "Eu refleti sobre a questão [...] as pessoas deviam ter o nome na cédula, mesmo que não cumprissem as exigências [...] Minha conclusão foi que, se você não consegue realizar um esforço bem-sucedido para reunir assinaturas, levanta a questão de quanto sua eleição seria representativa." Em particular, Obama absorveu uma noção tática menos moralista: "Se puder pegá-los, pegue-os", disse Davis a Obama. "Por que dar moleza?"[37] Para ajudar na análise das petições, Davis convocou Thomas Johnson, advogado formado em Harvard, participante de campanhas de Harold Washington e ajudante de Obama no Projeto Voto.

Conforme a equipe de Obama revisava as listas das petições, logo ficou confirmado que todos os oponentes haviam sido no mínimo negligentes na coleta das assinaturas. Havia endereços de outros distritos, nomes inventados e assinaturas em letra de forma.

"Minha mulher e eu trabalhamos com petições e nos lembramos de como a máquina partidária costumava fazer isso para excluir candidatos independentes das eleições, por isso sabíamos o que precisávamos aprender para nossa própria proteção", recordou Alan Dobry. "Quando me candidatei a membro do comitê distrital, em 1986, contra Mike Igoe, filho de um juiz federal, um dos capitães de polícia incluiu uma assinatura sem dúvida falsa, do reitor do corpo discente da Universidade de Chicago — e foi um problema, pois eles erraram na grafia do nome, e o reitor estava em período sabático na França na época da coleta das assinaturas.

"Alice não admitia a possibilidade de perder", prosseguiu Dobry. "É uma ótima pessoa e grande especialista em questões educacionais, mas não se destacava em política. Organizar campanhas não era o seu forte."

Marc Ewell havia registrado 1286 nomes, e a verificação de Obama constatou a falta de 86 assinaturas válidas. Askia registrou 1899 nomes, mas faltavam 69 válidos. Ele admitiu ter pago a funcionários distritais do Partido Democrata cinco dólares por folha para algumas listas, e que eles provavelmente haviam feito uma "mesa redonda" para chegar ao resultado. "Trata-se de procedimento padrão em Chicago — a gente contrata pessoas para preencher as listas", justificou Askia. "Até o prefeito faz isso." E declarou que a campanha de Obama não devia usar "artimanhas" se ele pretendia se apresentar como um novo tipo de político.

Palmer apresentou o dobro de assinaturas exigidas, mas o pessoal de Obama afirmou que dois terços eram inválidas, o que significava a falta de duzentas assinaturas para chegar às 757 necessárias. Segundo Robert Starks, um de seus principais apoiadores: "Nós agimos com muita pressa, o que conduz a assinaturas inválidas".

Até mesmo alguns dos amigos de Palmer no Senado estadual perceberam que ela enfrentava dificuldades. Rickey Hendon, que se autointitulava "homem do povo" e cujo distrito situava-se na zona oeste, perto do United Center, disse que não se opunha às táticas de Obama: "Ora, eu faço isso, e as pessoas tentaram o mesmo em relação a mim. É assim em Chicago. As pessoas inventam muito nesta cidade. Não se pode deixar passar. Foi uma bobagem, Alice deveria ter tomado mais cuidado". Hendon, um dos antagonistas de Obama em Springfield, também não tinha dúvidas quanto à repercussão do caso. Obama, disse, "não seria presidente se Alice continuasse na disputa. Não conheço ninguém que acreditasse numa derrota da Alice naquele momento, naquela época. Ela era a rainha. Era adorada".

Os voluntários de Obama preencheram longos formulários, detalhando cada contestação, e no final o governo aceitou as ponderações. Quando chegou o resultado, eliminando Palmer da lista de candidatos, Obama pediu aos voluntários que não demonstrassem seu contentamento. "Foi muito esquisito", recordou Obama. "Eu preferiria um desfecho inteiramente diferente para esta parte."[38]

"Não foi o melhor resultado", disse Will Burns. "Ele não queria que festejássemos como se tivéssemos feito algo memorável." (Mesmo assim, Alice Palmer ficou ressentida com Barack Obama e disse em particular que ele a decepcionara, que não era o progressista que imaginava quando começou a apoiá-lo. Em 2008, Palmer apoiou Hillary Clinton para presidente.)

Quando a novela da petição acabou, os Eleitores Independentes de Illinois da Organização Independente Distrital de Illinois, o grupo antimáquina mais importante surgido em Chicago depois da Segunda Guerra Mundial, passou a apoiar Obama. Não havia como perder as primárias agora, a não ser pela ocorrência de uma tragédia imprevista. Com os colegas advogados e amigas como Valerie Jarrett, na época diretora do Departamento de Trânsito de Chicago, ele havia levantado mais de 60 mil dólares. Seus dois oponentes de novembro eram insignificantes: uma professora republicana de 67 anos chamada Rosette Caldwell Peyton, e David Whitehead, do partido de Harold Washington, que já tinha concorrido sem sucesso a diversos cargos, inclusive quatro vezes a vereador. O *Chicago Tribune* e o *Chicago Sun-Times* também aderiram a Obama.

No final ele ganhou com 82% dos votos.

★ ★ ★

Que tipo de político Obama aspirava ser? Durante a campanha, seu perfil mais abrangente saiu no *Chicago Reader* em longo artigo de Hank De Zutter. Uma reportagem quase inteiramente favorável, retratando Obama como jovem admirador de Harold Washington, embora o criticasse como líder carismático, cujo sonho das coalizões políticas éticas se evaporou no dia de sua morte, em 1987. "Ele era um líder carismático clássico", declarou Obama, "mas quando morreu tudo se dissipou."[39]

A certa altura, De Zutter acompanhou uma aula de Obama no treinamento dos "líderes do futuro" na comunidade de Grand Boulevard, na zona sul, organizada pela Association of Community Organizations for Reform Now — ACORN [Associação de Organizações para Reforma Agora] e pelo Centers for New Horizons [Centros para Novos Horizontes]. Usando roupas informais e parecendo um "universitário Ivy League", Obama se encontrou com oito mulheres negras para discutir a maneira como o poder se organizava na cidade. Por um tempo, as mulheres falaram em "eles", na forma como aquelas pessoas sem nome passaram a controlar as vidas e riquezas de Chicago. Obama cortou a conversa.

"Um momento, por favor. Mais devagar. Você estão indo muito depressa", disse. "Quero examinar isso por partes. Estamos falando 'eles, eles, eles', mas não nos detemos para especificar isso. Não estamos analisando. Nosso raciocínio é negligente. E se continuarmos assim não seremos capazes de causar o impacto pretendido. Não podemos nos dar ao luxo de ir à luta às cegas, gritando, bancando os malucos, e ao chegar à mesa de negociação não sabermos com quem estamos falando ou o que vamos pedir a eles, nem se é alguém com poder de verdade ou apenas um assessor do terceiro escalão que veio apanhar no lugar dos outros."

Naquela altura Obama tentava fazer uma ponte entre suas atividades durante a primeira temporada em Chicago e a política prática, vinculando as reuniões no salão paroquial em algum porão de igreja da zona sul e as salas de reunião do centro comercial da cidade. Ele transmitiu a De Zutter uma espécie de credo para sua carreira:

> E se um político visse sua função como se fosse a mesma de um organizador, em parte professor, em parte advogado, alguém que não rifa os eleitores, mas os educa

a respeito das escolhas reais existentes? [...] A direita cristã fez um bom trabalho erguendo as organizações com base na responsabilidade e no controle efetivo, nisso foram muito melhores do que a esquerda ou que as forças progressistas. Mas é sempre mais fácil se organizar em torno da intolerância, na estreiteza mental, da falsa nostalgia. Além disso, eles forjaram uma superioridade moral com essa linguagem de valores familiares e responsabilidade.

Agora temos de usar a mesma linguagem — os mesmos valores que fomentamos dentro de nossas famílias, de cuidar do outro, de compartilhar, de se sacrificar pelo outro — e aplicá-la à sociedade como um todo. Vamos falar em criar uma sociedade, e não apenas famílias individuais, baseada nesses valores. No momento temos uma sociedade que ressalta a irresponsabilidade das adolescentes grávidas, mas não a irresponsabilidade de deixá-las sem uma formação que as leve a querer mais.

O idealismo de Obama era em parte o que atraía para a campanha jovens como Will Burns, que acabou por se candidatar a um cargo na zona sul. Ele acenava com um novo tipo de política, ou pelo menos uma união entre as posições políticas liberais convencionais e um temperamento que situava a reconciliação acima do ressentimento. O problema era que Obama tendia um pouco para a ingenuidade. Em tom de desculpa sentida ele admitiu que precisaria levantar fundos com pessoas abastadas para vencer a eleição, mas que "depois de eleito, quando me conhecerem melhor, não vou precisar desse dinheiro, assim como Harold Washington não precisou de recursos para conquistar o voto negro depois de eleito e conhecido".[40] Como candidato presidencial, Obama não só levantou valores sem precedentes, tanto dos ricos quanto de seus eleitores comuns, como deixou de lado a promessa de observar os limites de despesas, superando o oponente republicano nos gastos por uma margem gigantesca.

Obama havia conquistado seu primeiro cargo eleitoral, mas afastou parte da esquerda, tanto entre os negros quanto entre os brancos. Eles suspeitavam de seus vínculos tênues com a comunidade, bem como do seu liberalismo pós-direitos civis. Faltava-lhe certa autenticidade, alegavam alguns: era privilegiado demais, disposto a negociar a "agenda dos negros". "A política em Chicago, fosse com o velho Daley ou com Harold Washington, era uma briga feia, para gente disposta, e tinha de refletir a comunidade", ressaltou Robert Starks. "Tanto fazia ser Daley de Bridgeport ou Washington da zona sul. Obama surgiu para virar os conceitos de ponta-cabeça, e ele saía da tradição de Chicago de ter origem no seio da comunidade."

Adolph Reed Jr., professor de ciência política que na época lecionava na Northwestern, também envolvido na tentativa de reeleger Palmer, assinou um artigo no *Village Voice* que constituía a mais clara expressão de sua desconfiança profunda e precoce em relação a Obama, de suas origens e de sua postura ideológica:

> Em Chicago, por exemplo, conhecemos uma amostra da nova geração de vozes negras comunitárias nascidas nas fundações: uma delas, de um sedutor advogado de Harvard com impecáveis credenciais "do bem", inerte em relação às políticas repressivas neoliberais, conquistou uma vaga no Senado estadual com base principalmente nos princípios liberais e no subdesenvolvimento. Sua ênfase na autossuficiência fundamental suaviza-se com a pátina da retórica da comunidade autêntica, das histórias de reuniões na cozinha, de soluções em pequena escala para os problemas sociais e a previsível ascendência dos processos sobre os programas — o ponto em que políticas de identidade convergem com a antiquada reforma estilo classe média ao favorecerem a forma em detrimento da substância. Desconfio que seu tipo seja a onda do futuro em termos de política americana para os negros, como no Haiti e em todos os lugares influenciados pelo Fundo Monetário Internacional. Até agora a reação dos militantes negros não está à altura do desafio.[41]

Ao tomar o lugar de Palmer, Obama semeou alguns ressentimentos. Ele descobriu isso quando, em Springfield, passou a participar da entidade dos parlamentares negros, o Black Caucus, e novamente em 2000, para sua profunda contrariedade, quando concorreu contra o ex-pantera negra Bobby Rush pela indicação para disputar uma vaga no Congresso. Segundo Will Burns, o caso Palmer causou um efeito duplo na zona sul. Por um lado, disse Burns, "as pessoas aprenderam que ele jogava para valer. Descobriram que escrever um editorial e pedir para fazer algo não significava que ele iria obedecer. As pessoas ficaram com um pé atrás". Por outro lado, o ressentimento contra Obama permaneceu, especialmente nas comunidades em que a porcentagem de afro-americanos era maior, e a renda, menor. "A semente de não ser 'negro o bastante' foi plantada na esteira da primeira eleição", disse Burns.

Apesar da larga margem de sua vitória, Obama sabia que precisava expandir sua base de reconhecimento. Sabia que Hyde Park era um enclave especial — não o consideravam parte da zona sul. Por isso ele montou seu escritório distrital em South Shore, um bairro negro de classe trabalhadora e média onde a esposa crescera.

Obama tomou posse em 8 de janeiro de 1997. Levando-se em conta seu futuro, seria fácil olhar para seu primeiro mandato com portentosa gravidade. Afinal de contas, sete anos depois, quando ocupava o mesmo cargo, as pessoas ouviram seu discurso em Boston e começaram a cogitar se ele, "um negro de nome engraçado", poderia ser o futuro da política presidencial do Partido Democrata. Um senador estadual! Mas, em 1997, ser senador estadual democrata em Illinois significava ocupar um cargo sem status. (Mesmo nos melhores momentos, os senadores estaduais democratas de Chicago mais ambiciosos sonhavam com a eleição para vereador e congressista, ou com uma secretaria estadual.) O líder republicano, ou presidente, James (Pate) Philip, era fisiologista, veterano membro da máquina dado a comentários racistas, e qualquer democrata imprudente o bastante para apresentar um projeto progressista descobria que sua iniciativa seria enterrada para sempre nas comissões temáticas. Philip era um racista do tipo que primeiro proclamava sua falta de correção política, para em seguida discorrer sobre as deficiências dos negros: "Talvez seja uma coisa terrível de se dizer, mas eu vou dizer: alguns não têm a ética do trabalho que nos caracteriza [...] Eu não sei o que fazer a respeito, pois trata-se de um estilo de vida, por assim dizer".[42]

Obama me disse certa vez que Pate Philip "não era neoconservador, e sim o paleoconservador original. Um sujeito enorme, corpulento. Parecia John Murtha, embora praticasse a política de modo bem diferente, mordiscava a ponta do charuto, fazia pronunciamentos politicamente incorretos e aderiu a Newt Gingrich — não apenas ao Contrato com a América — tendo adotado inclusive as regras de Newt Gingrich para o Congresso. Como consequência, não era possível sequer emendar um projeto de lei sem sua aprovação".

As duas câmaras legislativas em Springfield eram praticamente controladas pelos "Four Tops": o presidente do Senado, o presidente da Assembleia Legislativa e os dois líderes da minoria. Eles controlavam as deliberações dos comitês, a agenda legislativa, o pessoal e até o dinheiro das campanhas. Os típicos parlamentares democratas eram chamados de "cogumelos", pois viviam no escuro comendo merda. Obama era um cogumelo que acabava de brotar.

Para os republicanos, a ideologia era uma questão simples. Pate Philip, veterano dos fuzileiros navais e gerente de vendas da fazenda Pepperidge, esforçava-se para manter baixos os impostos e garantir o fracasso de qualquer plano de reformas. No minuto em que assumiu a liderança, em 1992, pregou a abolição da educação bilíngue ("Eles que aprendam inglês").[43]

Obama ia e voltava de Springfield. Na maioria das semanas em que ocorriam sessões do Senado ele fazia a viagem de três horas de carro até a capital na segunda-feira à tarde, pela Interestadual 55, e voltava na quinta à noite. Costumava se hospedar no hotel President Abraham Lincoln na East Adams Street, nas imediações do Capitólio local. Poucos dias depois de ir a Springfield pela primeira vez ele procurou Judd Miner e pediu uma licença sem vencimentos; caso realizasse algum serviço para a firma, receberia por hora.

Mesmo em Springfield, onde muitos dos colegas eram senadores dos subúrbios ou de cidades distantes que não se importavam com as batalhas internas da zona sul, havia um preço a pagar por ter tirado Alice Palmer da eleição e do Senado. Dois senadores afro-americanos em particular, Rickey Hendon, da zona oeste, e Donne Trotter, que representava um distrito que ia da zona sul aos subúrbios, não acolheram Obama com entusiasmo. Eles o consideravam advogado demais, Harvard demais, apressado demais, Chicago de menos e negro de menos. Era uma versão menos sofisticada em termos ideológicos que a postura de Adolph Reed Jr.: Obama seria "vazio" e ilegítimo. O livro de Obama foi resenhado, e alguns trechos saíram no *Hyde Park Herald*, portanto vários colegas já conheciam suas origens. Eles o azucrinavam por ter fumado maconha na juventude e por ter sido criado pela mãe e pelos avós brancos. Perguntavam se ele sabia a que raça pertencia. Hendon zombava de Obama dizendo que ele viera do Havaí para morar em Hyde Park: "Afinal, o que você sabe a respeito da sua rua?".

Ser atormentado faz parte do ritual no primeiro ano em Springfield. A vez de Obama chegou em meados de março, no plenário do Senado. Para ajudar os desempregados, Obama apresentou um projeto de lei criando um guia de empregadores potenciais para ser distribuído aos formados em faculdades locais — uma lei pouco importante. Rickey Hendon não perdeu a oportunidade.

Hendon: O senador poderia pronunciar o seu nome corretamente para mim? Estou com uma certa dificuldade.
Obama: Obama.

Hendon: É irlandês?

Obama: Será, quando eu percorrer a região.

Hendon: Boa piada, mas este projeto vai ser enterrado assim mesmo. Este guia vai incluir os números das empresas de telessexo?

Presidente da Sessão: Senador Obama.

Obama: Perdão, eu não estava prestando atenção ao senador Hendon.

Hendon: Bem, está na cara que não prestou atenção à lei tampouco, a julgar pela pobreza de sua redação. Minha pergunta é: os números para as empresas de telessexo serão incluídos no tal guia?

Obama: Basicamente, a ideia surgiu nas faculdades comunitárias da zona sul. Não sei o que estão fazendo nas faculdades comunitárias da zona oeste. Mas dificilmente incluiríamos isso em nosso guia para os estudantes.

Hendon: Eu gostaria que o senador Collins estivesse aqui para fazer isso — para ouvir o seu comentário. Vamos dizer o seguinte, sobre a lei: eu me lembro de uma senadora muito querida, o nome dela é Palmer — muito mais fácil de pronunciar que Obama — e ela sempre tinha biscoitos e comentários gentis, mas você não põe nada na mesa para nós. Como espera obter votos? Nem usa aquele perfume gostoso, como a senadora Palmer [...] eu sinto falta da senadora Palmer ao ver esses substitutos fracos com suas propostas sem sentido nenhum [...] Recomendo o voto contrário ao projeto, definitivamente. Seja lá qual for o seu nome.

Hendon disse depois que sua motivação fazia parte do ritual de recepção sarcástica. "Ele não estava acima das brincadeiras para os calouros, no que me dizia respeito. Trata-se de uma longa tradição..." Mas Obama o deixou bastante irritado. Hendon, Trotter e outros logo determinaram que Obama tinha objetivos mais altos: vereador, congressista, prefeito, governador. Hendon dizia, brincando, que Obama provavelmente concorreria a "presidente do mundo". Hendon participara da passeata de apoio ao Partido dos Panteras Negras em 1971, depois do assassinato de Fred Hampton. Ele se lembrava do primeiro prefeito Daley, do dr. King, dos tumultos na zona oeste — era um *autêntico* nativo de Chicago, insistia, e não um residente de Hyde Park. Hendon não levava a sério o principal argumento de Obama para justificar sua autenticidade — três anos como organizador comunitário. A sabedoria das ruas, segundo ele, "é algo que se adquire, mas leva algum tempo. Ele não acumulou experiência suficiente como organizador comunitário. Eu *estava* na rua. Eu me destaquei. Sabe, eu tenho amigos como Obama.

Eu o compreendo. Não constitui mistério algum para mim: eu tenho amigos africanos, mestiços, advogados formados em boas faculdades, e por vezes discordamos e discutimos. Meus amigos cheios de diplomas gostam de conciliar e morar em bairros abastados. Eles não veem as coisas como elas realmente são. Um sujeito não se mostra tão conciliador quando vê pobreza em todos os cantos. Quando falávamos de racismo policial, ele nos disse que nunca foi parado pela polícia. Mas eu sou parado a todo momento".

Donne Trotter, senador mais refinado, dado a usar gravatas-borboleta requintadas, demonstrou o mesmo desprezo pelo colega recente na política negra. "Barack não sabia nada", disse Trotter. "Era um recém-chegado, uma entidade desconhecida, uma folha de papel em branco. Não endosso teorias conspiratórias, mas ninguém sabia quem estava por trás dele. Com certeza não era a comunidade que ele tentava representar. Quem era aquele sujeito?"

Assim como Hendon, Trotter não hesitou em duvidar das credenciais de Obama. "Como disse Harold Washington, 'política não é um jogo de cinco-marias' e sim um esporte de contato, portanto o que eu estava dizendo não tinha nada de impróprio", declarou. (A frase sobre cinco-marias na verdade foi cunhada por Finley Peter Dunne, de Chicago, amigo de Mark Twain.) "Não era uma questão de ser negro o bastante. O que sabíamos, por sua própria admissão no livro, era que ele tinha crescido no Havaí. Não era o fato de ter mãe branca, isso não chega a ser incomum, mas ele não tinha a nossa experiência de vida como negros. Na zona sul faz vinte e cinco graus negativos, e no Havaí, vinte e cinco positivos — e ele deve ter passado por um tremendo aperto."

Obama ignorou os insultos de Trotter e Hendon, concentrando-se em formar alianças proveitosas com quem e onde fosse possível. Uma de suas primeiras iniciativas em Springfield foi procurar o líder democrata Emil Jones, a quem conhecera quando trabalhava como organizador ao promover uma passeata perto da casa de Jones. Emil Jones era muito mais importante que Hendon e Trotter. Parlamentar desde 1973, um de oito filhos de um motorista de caminhão, meirinho na vara cível do fórum do condado de Cook e delegado do distrito 34, no extremo sul, Jones era grosseiro, pragmático e fumante inveterado. No Senado, dedicava-se a lutar pela aprovação de leis progressistas e pelo avanço da comunidade afro-americana. Ajudou a fundar instituições como o Kennedy-King College, em Englewood, o museu DuSable de história afro-americana, o museu infantil de Bronzeville e o centro de artes Beverly. Jones era um quadro da velha guarda, e Obama tinha muito a aprender com ele. Jones, por sua vez, se deu conta de que encontrara em Barack Obama um talento único, embora bruto, que ele poderia moldar. Não era todo dia, comentou com um assessor, que um negro formado em Harvard — e sério, honesto, disposto a trabalhar — batia à sua porta.

"Barack era muito idealista quando nos conhecemos", contou Jones. "Ele queria fazer muita coisa, mas não sabia resolver os problemas. Pensava que bastava apertar um botão para tudo acontecer." Jones sentiu logo a animosidade dos senadores amigos de Alice Palmer, que acusavam Obama de traição. "Percebi o ressentimento, mas eles não sabiam que eu conhecia Barack havia muito tempo", disse. A origem também era questionável — "Harvard e tudo o mais" —, mas Jones não se sentiu ameaçado. Os democratas encontravam dificuldades para apresentar projetos de lei, mas podiam se envolver nas negociações, e Jones nomeou Obama seu principal negociador para um projeto abrangente de auxílio e incentivo ao emprego apresentado pelos republicanos. Isso irritou Hendon e Trotter, mas Obama sabia quanto valia o apoio de Jones em Springfield.

Obama também fez amizade com legisladores dos subúrbios e do sul do estado. Durante a sessão de orientação inicial ele conheceu um democrata chamado Terry Link, que havia obtido uma vitória inesperada em seu distrito ao norte de Chicago. Link era branco, tocava uma empresa de empilhadeiras e "mal terminara o curso médio", mas, segundo Obama, "nós nos entendemos bem logo de cara".

"Uma das características de Barack é sua capacidade de adaptação, e no Senado estadual ele descobriu que as coisas não eram transparentes", recordou Link. "Estávamos no plenário, às onze e quarenta e cinco da última noite de nossa primeira sessão, quando nos entregaram o orçamento, um calhamaço de trinta centímetros de espessura. Foi dividido em cinco partes para a votação. Como estávamos em minoria, teríamos apenas alguns minutos até a votação. Barack fechou a cara e disse: 'Acha que os fundadores da pátria elaboraram a Constituição para conduzir as questões estaduais deste modo?'. Foi quando ele percebeu que os procedimentos não correspondiam às suas expectativas."

Denny Jacobs, democrata de um distrito rural, East Moline, recordou que Obama proferia longos discursos em suas primeiras aparições no plenário, e que seu desempenho era recebido muitas vezes com olhares para o alto, pigarros e resmungos irritados. "O Legislativo estadual não é lugar para eloquência", explicou Jacobs. "Ninguém vence com argumentos persuasivos. Vale o fisiologismo político, e ele aprendeu como atuar assim. Se quisesse sobreviver, o sujeito precisava estar preparado para negociar parte de uma lei. Para levar alguma coisa da verba para a saúde, como Barack fez, é preciso abrir mão de alguma coisa, pois a maioria das pessoas, eu inclusive, nos opúnhamos a sua lei abrangente demais. Ele teve de rever suas posturas." Jacobs contou que no começo Obama o irritava com constantes pedidos de esclarecimentos e explicações. No meio de uma audiência da comissão de renda, Jacobs recordou, Obama "ficava fazendo perguntas. Finalmente, virei e disse: 'Faça-me um favor. Espere a sua vez de pedir explicações'. Isso não o incomodou nem um pouco. Ele respondeu apenas: 'Está certo, Jacobs. Vou fazer isso'".

Para conseguir qualquer progresso, os democratas precisavam de um bom relacionamento com os republicanos de centro. "Não éramos tratados como se fôssemos indispensáveis", disse Link. "Sem bons contatos não seríamos sequer consultados ou convidados para as reuniões." Por isso Obama, Link e outros empreenderam um esforço sério para aprender mais sobre os republicanos, e depois compararam suas experiências.

A vida social dos parlamentares de Illinois em Springfield, por tradição, não era um espetáculo edificante. Alguns senadores tratavam a capital como zona livre conjugal, mantinham amantes e saíam com amigos até tarde. Obama levava uma vida impoluta depois do expediente, quase espartana. Na maioria das vezes, quando estava em Springfield, ele dava uma passada rápida em uma ou duas recepções noturnas da cidade — realizadas por lobistas, grupos de pressão, caravanas de Chicago — e voltava ao quarto do hotel, onde lia, corrigia provas, assistia a jogos na ESPN e passava até uma hora conversando com Michelle por telefone, até a hora de dormir. Poucas vezes saía para jantar com lobistas ou colegas de legislatura; nunca bebia muito. De manhã cedo, jogava basquete com um lobista da Ameritech na ACM local ou corria.

Link organizava sessões noturnas com os membros do subcomitê: jogo de pôquer com pingo de um dólar, inicialmente na casa de Link em Springfield e depois no escritório de um grupo de lobby, a Associação Manufatureira de Illinois. Link convidou Obama e outros senadores como Denny Jacobs e Larry Walsh, fazendeiro de Elmwood, além de alguns lobistas. Todos os participantes da mesa disseram que Obama era um jogador cauteloso, fugia de quase todas as mãos e esperava o momento de blefar ou apostar alto com um jogo bom. As apostas nunca eram muito altas — se alguém ganhasse ou perdesse cem dólares numa noite seria um milagre. O comedimento de Obama, escondido atrás de uma nuvem de fumaça de cigarro, chegava a enervar. Bill Brady, um republicano de Bloomington, disse a Obama: "Você é socialista com o dinheiro dos outros, mas não com o seu".[44]

Obama gostava de jogar pôquer, mas sabia também que para ele, o "sr. Harvard", pegava bem participar do jogo. Dava-lhe uma imagem mais próxima de um ser humano comum. Ele disse: "Quando perceberam que eu não tinha nada contra sentar [num bar] e tomar cerveja, assistir a um jogo na tevê, disputar uma partida de golfe ou participar de uma mesa de pôquer, suas expectativas foram em parte frustradas".[45]

Os amigos de Chicago também alertaram Obama para as melhorias realizadas no campo de golfe, por isso no final do dia ele ia com Link e outros para jogar nove buracos antes de escurecer. Mas nas tardes de quinta-feira, assim que a campainha tocava anunciando o fim da sessão, Obama subia no Jeep Cherokee placa número 13, de Illinois, e voava pela I-55 rumo a Chicago. "Ele pegava a estrada imediatamente — não ficava enrolando", contou Link.

Obama tentou formar alianças com jovens senadores negros que não implicavam com sua formação, com suas maneiras ou sua ambição. Em 1998, segundo ano dele no Senado, uma jovem negra de 29 anos, Kimberly Lightford, conquistou uma cadeira por Oak Park e outros subúrbios a oeste de Chicago. Lightford procurou Emil Jones, que a mandou falar com Obama. "Ele é o futuro do Senado", disse a ela.

Lightford visitou Obama em seu escritório eleitoral. "Encontrei um belo jovem articulado", recordou. "Os outros caras eram brancos e velhos. Ele se comportou com educação. Falou muito sobre Michelle. Eles já tinham uma filha, Malia", nascida em 1998. "Eu estava noiva, para casar. Comentou minha campanha em detalhe e eu perguntei: 'Você acompanhou tudo?'. Ele quis saber como obtive recursos: eu havia vencido uma eleição com 12 500 dólares batendo de porta em porta, numa disputa de sete candidatos. Ele sacou o talão e fez um cheque de quinhentos dólares. Pensei, eis aí meu novo irmão mais velho. Quando chegamos a Springfield, em novembro, estavam realizando eleições, e ele me nomeou presidente do Black Caucus* do Senado."

---

* Representantes dos interesses de afro-americanos. (N. T.)

Rickey Hendon, que havia sido presidente, apoiou a indicação de Lightford. Mas ele e Trotter continuaram a implicar com Obama nas sessões do Caucus. "Quando se cansava deles nas reuniões, Barack dava risada ou abandonava o recinto", relatou Lightford. "Ele evitava confrontos. Nunca vi alguém capaz de manter a calma como ele."

Lightford impressionou-se com os modos de Obama. "Fui a primeira senadora a ter um bebê", contou. "Barack cuidou de mim em Springfield durante toda a gravidez. Eu ganhava massagens nos ombros, ou ele queria saber: 'Precisa apoiar os pés? Quer uma manta?'. A mulher dele também estava grávida, ele sabia como era. Demos à luz com duas semanas de diferença."

Lightford, Jacobs e Link previam que o amigo não faria carreira em Springfield. "No dia em que conheci Barack", recordou Link, "percebi que passaria mais tempo no Senado de Illinois do que ele, e que Obama partiria para um projeto maior e melhor: prefeito, presidente do conselho do condado de Cook, algo assim. Ele queria crescer, partir para outra. Via o que estava acontecendo em Illinois, principalmente por ser da minoria, e sabia que não conseguiria realizar muita coisa." "Para ele foi tudo muito fácil em Springfield. Ele já tinha entendido tudo. Estava um passo à frente", acrescentou Lightford.

No primeiro ano de mandato, Obama recebeu uma missão particularmente espinhosa de Jones. Paul Simon, senador aposentado por Illinois, dirigia um instituto de políticas públicas na Universidade de Southern Illinois e tentava esboçar diretrizes éticas para o estado. A política em Illinois tornara-se um pântano ético havia muito tempo. De acordo com a legislação estadual, os senadores podiam usar as sobras de fundos de campanha sem muitas restrições: alguns compravam carros, pagavam a escola dos filhos, construíam novos cômodos em suas casas ou aplicavam o dinheiro em algum fundo de aposentadoria. Os membros também podiam aceitar presentes de lobistas e eleitores — viagens para jogar golfe, títulos em clubes e campos de golfe, jantares requintados. Abner Mikva sugeriu que Simon e Jones conversassem com Obama, e os republicanos convocaram Kirk Dillard, um moderado do condado de DuPage. Obama não foi exatamente um guerreiro solitário nessa disputa, como declarou em 2008, mas ao lado de Dillard e de dois membros da câmara baixa ele se tornou o principal defensor da nova lei da ética, proferindo discursos em plenário e negociando com parlamentares recalcitrantes. Dillard lembrou que zombaram de Obama na reunião do partido quando ele tentou emplacar uma lei abrangente, que limitava as contribuições de sindicatos e corporações, e portanto a tradicional capacidade de os Four Tops distribuírem fundos de campanha a outros membros; Trotter chamou Obama de "o cavaleiro do cavalo branco".[46] Finalmente, em 1998, foi passada uma lei que, mesmo aprovando fundos que já haviam sido coletados, proibia os legisladores de misturar recursos pessoais e de campanha no futuro, bem como de receber presentes caros; a lei também exigia mais transparência do que de costume, para Illinois. A legislação ajudou a incluir Obama como um reformador no mapa político.

Obama tinha uma vitrine consistente, embora modesta, para suas ideias: uma coluna ocasional no *Hyde Park Herald* intitulada "Springfield Report". Entre 1996 e 2004 ele publicou mais de quarenta colunas no *Herald*. Quando anunciou que se candidataria a uma vaga no Senado, ele preencheu um "questionário geral para candidatos" emitido pelo IVI-IPO* solicitando que os doadores fossem especificados (Sierra Club, AFL-CIO, bombeiros), uma biografia resumida e uma série de perguntas com respostas em sim/não sobre temas diversos. Nesse questionário, Obama mostrou um perfil liberal convencional, na linha democrata: financiamento público de campanhas, legislação local sobre uniões estáveis, plano de saúde específico para Illinois, financiamento público para abortos, oposição à espionagem eletrônica e legalização do jogo no condado de Cook. Em suas colunas, porém, era capaz de mostrar as nuances de seu posicionamento.

Na primavera de 1997, quando mil jovens afro-americanos se reuniram no edifício federal Dirksen, em Chicago, para protestar contra o julgamento por drogas e conspiração de Larry Hoover, criminoso condenado e preso, líder de uma gangue conhecida como Gangster Disciples, Obama escreveu: "Há algo terrivelmente errado: no mínimo, isso nos dá uma indicação do grau em que uma porcentagem cada vez maior da juventude que vive nos centros urbanos está alienada dos valores e instituições importantes, considerando as gangues a única fonte de renda, proteção e sentimento comunitário. A razão para tanta alienação não chega a ser difícil de descobrir. Cerca de metade — isso mesmo, metade — de todas as crianças de Chicago no momento crescem na pobreza".[47]

Em outras colunas ele escreveu sobre as taxas exorbitantes dos serviços públicos, a reforma onerosa da previdência, a legislação por dirigir embriagado, a necessidade de manter a confidencialidade dos testes de paternidade, 40 milhões

---

* Independent Voters of Illinois-Independent Precinct Organization [Votantes Independentes de Illinois-Organização do Precinto Independente]. (N. T.)

de dólares sem licitação para um empreiteiro de Springfield que — "não é surpresa saber" — foi o maior doador na campanha de vários políticos republicanos, inclusive o governador Jim Edgar.[48]

Obama superou a inocência de calouro e passou a deixar clara sua disposição para acordos. Durante um debate em Springfield ele declarou: "Eu provavelmente não teria apoiado a legislação federal [de reforma da previdência] por achar que tem vários problemas. Mas acredito muito ser possível fazer uma limonada com limões".[49] Certa vez, quando Obama e Jacobs caminhavam pelos corredores do Capitólio, eles notaram um cartaz cívico listando os passos necessários para aprovar um projeto de lei. Os dois riram e concordaram em que o papel usado no cartaz seria mais útil no banheiro. "Ele se deu conta de que às vezes não se pode ficar com o porco inteiro, mas que um sanduíche de presunto já serve", disse Jacobs. "Barack ficou esperto rapidinho." Sua disposição para aceitar o sanduíche de presunto quando o porco inteiro não estava disponível caracterizaria sua visão pragmática da política até chegar ao Salão Oval.

Quanto mais aprendia a negociar com os republicanos, com senadores do sul do estado ligados a lobbies e com outros supostos antagonistas, menos Obama se importava com a aprovação de Trotter e Hendon. Sua capacidade de ouvir, aceitar regras, fechar acordos e não se ofender pessoalmente, avançando sempre, obteve a aprovação paternalista de Emil Jones. Sua performance na lei da ética garantiu sua reputação de conciliador e negociador.

Apesar de granjear fama de parlamentar dedicado, Obama não escondia seus sentimentos a respeito do trabalho cotidiano de um senador estadual. Não se queixava do salário modesto — 49 mil dólares anuais — nem do longo trajeto de carro entre Chicago e a capital estadual, que lhe permitia fazer telefonemas e ouvir música ou livros gravados. E o lugar era dele enquanto quisesse. Em 1998, Obama teve de disputar a vaga de novo. Teve a sorte de concorrer, segundo Will Burns, "com a única pessoa com um nome mais engraçado que Barack": Yesse Yehudah. Republicano, Yehudah só obteve 11% dos votos. Obama ficaria tranquilamente no cargo até 2002.

No entanto, fazer parte da minoria no Senado estadual, enfrentar para sempre ressentimentos infantis, lutas internas rancorosas e um ambiente insalubre não estava nos planos de Obama. Às vezes contava a Michelle histórias sobre a atmosfera alegre de Springfield, com festas e farras até altas horas, mas ela mal conseguia acreditar. E também vivia entediado — com os detalhes de uma carga enorme de trabalho que pelo jeito não provocava grande impacto na vida dos residentes em seu distrito.

"Springfield pode ser o lugar mais chato da terra", disse o romancista Scott Turow, amigo de Obama. "Para quem morava em Hyde Park, era um deserto intelectual. Ele comentou isso. Tinha a impressão de que não dava para discutir política séria com ninguém. Creio que não estava preparado para o nível básico demais dos termos em debate: um quer isso, outro quer aquilo, a liderança exige tal coisa [...] Em Springfield, sua reação inicial foi: 'Eu quero ir embora daqui e virar escritor'."

Dennis Hutchinson, colega de Obama na escola de direito, disse: "Obama sentia-se infeliz no Senado estadual. Via Springfield como um degrau a ser galgado para marcar presença pública. Sabia que o verdadeiro poder estava em Washington. Além disso, opunha-se ao controle que o prefeito Daley e os próceres democratas exercem. Perguntei-lhe certa vez por que Harold Washington não havia feito um herdeiro. Obama respondeu: 'Essa é fácil', como se eu não soubesse nada e ele fosse explicar tudo para mim, bem didático. 'Sempre que surge uma vaga ou ocorre uma morte ou uma prisão, o prefeito escolhe o sucessor e cria sua própria base de poder na comunidade negra'. Ele parecia conhecer bem a política de Chicago e a história da cidade até os tempos do primeiro Daley e de Martin Luther King, nos anos 1960, e a cooptação dos ministros negros. Tudo aquilo estava em seu arquivo intelectual".

De volta a Chicago, Obama participou de diversos debates e discussões. Entre 1997 e 2000 frequentou também os seminários Saguaro sobre engajamento cívico, realizados periodicamente e dirigidos com intervalo de alguns meses por Robert Putnam, professor da Kennedy School, em Harvard. Mais conhecido por seu livro sobre o declínio das comunidades, chamado *Bowling alone*, Putnam reunia um grupo diversificado de estudiosos (William Julius Wilson, Martha Minow, Glenn Loury e Amy Gutmann), evangélicos (Ralph Reed e Kirbyjon Caldwell), jornalistas (E. J. Dionne, George Stephanopoulos), artistas (Liz Lerman) e políticos conservadores (Vin Weber) para discutir de tudo, das lições da Era da Prosperidade às religiões e à maneira de ampliar o engajamento cívico na vida moderna.

"Reunir o grupo significava montar um gigantesco quebra-cabeças — esquerda, direita, branco, negro — e Obama se enquadrava na categoria de organizador comunitário jovem, urbano e negro", explicou Putnam. "Meu filho atuou na *Law Review* e jogou basquete com ele. Chegou em casa dizendo ter conhecido o sujeito mais impressionante de sua vida."

Obama era um dos menos conhecidos do seminário, mas logo atraiu as atenções. "Obama é a mesma pessoa o tempo inteiro. Quando o vemos em público, não vemos uma imagem criada. É ele mesmo", explicou Putnam. "Não usa máscara, ou pelo menos a máscara se integrou tanto a sua vida que desapareceu. Ele é pensativo, mas não confessional. As pessoas que acreditam conhecê-lo bem sabem que Obama não se abre com facilidade. O traço mais chamativo estava em seu estilo de conduzir discussões sobre tópicos inflamáveis com um grupo de egos inflados. Seu estilo é esperar, ouvindo. Muita gente importante adota essa postura com um ar entediado. Ele não, ele acompanhava o raciocínio. Escutava com atenção. Bill Clinton também sabe ouvir bem, mas Obama, que tem também essa habilidade, mostra-se menos ansioso para revelar seus pensamentos. Mas a certa altura ele diz algo como: 'Ouvi Joe Smith dizer uma coisa, e Nancy dizendo outra, mas acho que Joe e Nancy concordam nisso e naquilo'. E não era só um artifício. Não há nada de trivial na capacidade de passar o dia inteiro ouvindo e encontrando temas comuns no meio de um grupo acalorado. Trata-se de uma qualidade pessoal ou de um aspecto da personalidade. Não creio ter visto a mesma habilidade em mais ninguém." Putnam disse que Obama parecia ao grupo "afetuosamente ambicioso" como político, e que logo passaram a chamá-lo de "governador", perguntando a que concorreria em seguida.

Em 1999, Obama procurava opções na zona sul. O congressista do distrito, Bobby Rush, tinha decidido enfrentar o prefeito Daley pela indicação democrata. Rush se considerava a reencarnação de Harold Washington, um autêntico homem comum disposto a enfrentar um líder da máquina tradicional; convencera-se de que poderia repetir os triunfos de 1983 e 1987 se obtivesse um recorde de votos entre os negros, além do apoio dos liberais de Lakefront. Mal conseguiu o apoio dos negros. Daley ganhou com mais de 40% dos votos. De repente Bobby Rush pareceu vulnerável, e sua vaga no Congresso seria disputada em 2000. Talvez, pensou Obama, a porta para Washington estivesse se abrindo.

8. Negro o bastante

Em 1966, as táticas não violentas e a aura cristã da SCLC não bastavam mais para garantir a liderança isolada do movimento pela liberação dos negros. Usando a linguagem do Poder Negro, Stokely Carmichael radicalizara o SNCC, e organizações mais militantes capturavam a atenção dos jovens negros. Martin Luther King Jr. tinha ignorado o conselho de muitos assessores próximos e aprofundou a crítica à sociedade americana, denunciando a guerra do Vietnã, e no último ano de vida falava em redistribuir a riqueza americana num processo que chamou de socialismo democrático.

Em outubro de 1996, Huey P. Newton e Bobby Seale, que se conheceram quando universitários no Merritt College em Oakland, na Califórnia, formaram o partido dos Panteras Negras. Newton nasceu em Monroe, na Louisiana; seu pai era meeiro e ministro religioso. Na faculdade, Newton leu Marx, Lênin e principalmente Malcolm X, estudou as revoltas de escravos de Nat Turner e Gabriel Prosser e participou de campanhas por um curso de história dos negros — uma raridade na época. Seale, nascido em Dallas, serviu quatro anos na Força Aérea e trabalhou numa siderúrgica. Os dois jovens se revoltaram com os casos frequentes de abuso policial em Oakland e formaram os Panteras, inicialmente uma patrulha armada de autodefesa para proteger os bairros negros da cidade.

Inspiraram-se em Carmichael — não apenas no estilo inflamado de sua retórica como também na maneira de liderar a Lowndes County Freedom Organization — LCFO [Organização pela Liberdade do Condado de Lowndes], que registrava eleitores no Alabama. O símbolo da LCFO era uma pantera negra, e foi adotado por Newton e Seale.

Seale presidia o partido, Newton era ministro da Defesa. Juntos eles redigiram um manifesto político reivindicando autodeterminação para as comunidades negras, pleno emprego, reparação pela escravidão e libertação de prisioneiros negros. O nacionalismo negro adotado, declarou Newton, havia sido "estruturado a partir do programa dos Muçulmanos Negros — com exclusão da religião".[1] Os Panteras adotaram como uniforme jaquetas de couro preto, camisa azul engomada e boinas pretas — segundo Newton, as boinas "são usadas por praticamente todos os militantes do Terceiro Mundo. São uma espécie de chapéu internacional dos revolucionários".[2]

Como parte de um programa de contrainteligência chamado COINTELPRO, o FBI de J. Edgar Hoover investigava o movimento dos direitos civis e procurava desacreditar Martin Luther King. O programa, para o qual abundavam verbas, era um sintoma da paranoia governamental. Em agosto de 1967, Hoover concebeu um projeto mais abrangente. "O propósito das atividades de contrainteligência", escreveu num memorando confidencial, "é expor, dividir, enganar, desacreditar ou neutralizar as atividades das organizações nacionalistas negras impregnadas pelo ódio...".[3] Hoover dedicava-se a "prevenir o surgimento de um 'messias' capaz de unificar e eletrizar o movimento negro nacionalista militante. Malcolm X poderia ter sido este 'messias'; hoje é o mártir do movimento. Martin Luther King, Stokely Carmichael e Elijah Muhammad também aspiram à posição". Hoover acrescentou os Panteras Negras à lista. Em setembro de 1968, cinco meses após o assassinato de King em Memphis, ele definiu o partido dos Panteras Negras como "a maior ameaça à segurança interna do país".

Os Panteras não devem ser confundidos com o SCLC. Na época da eleição presidencial de 1968, Newton estava preso — acusado pelo homicídio de um policial de Oakland. Seu nome constava na lista de candidatos ao Congresso pela Califórnia. Kathleen Cleaver e Seale concorreram a cargos eletivos estaduais. Eldridge Cleaver candidatou-se a presidente pelo Partido Paz e Liberdade, obtendo 30 mil votos. Essas candidaturas simbólicas enfureceram o FBI. "Isso tudo aconteceu numa época em que o FBI se dedicava a nos esmagar", disse Seale. "Hoover sabia que não nos importávamos em sermos constantemente levados aos tribunais — nós *adorávamos* um processo, tínhamos um fundo substancial para o pagamento de fianças —, mas eles queriam acabar conosco de qualquer jeito, matando se necessário."

Depois da eleição de 1968, um jovem carismático chamado Fred Hampton ajudou a abrir a sucursal dos Panteras em Illinois, na zona oeste de Chicago. Na adolescência, Hampton presidira o Conselho Juvenil do NAACP em Maywood, um subúrbio integrado na zona oeste da cidade. Conquistou fama local quando realizou uma campanha para a prefeitura construir uma nova piscina, pois negavam acesso aos negros nas piscinas comunitárias dos bairros brancos.

Os aliados mais firmes de Hampton na sucursal dos Panteras Negras em Illinois eram Bob Brown, ex-organizador do SNCC, e um rapaz chamado Bobby Rush. Nascido em Albany, na Geórgia, Rush mudou-se para Chicago com a família em 1953, aos sete anos. A mãe, professora em meio período, abriu um salão de beleza na zona sul e mudou-se para um apartamento perto do conjunto habitacional de Cabrini-Green. Escoteiro na infância, Bobby abandonou o colegial aos dezessete anos e se alistou no exército. Casou dois anos depois e mudou com a esposa para Hilliard Homes, na zona sul. Em 1968, profundamente abalado pelo assassinato de King e revoltado com seus oficiais superiores, Rush entrou para o SNCC, e quando Stokely Carmichael o encorajou a organizar os Panteras Negras em Chicago, ao lado de outros militantes, ele imediatamente assumiu a tarefa.

Sob a liderança de Fred Hampton, os Panteras de Chicago criaram vínculos com gangues de rua e com uma série de grupos multiétnicos de esquerda: Young Lords, Young Patriots, SDS e o Red Guard Party. Em Chicago, os Panteras realizavam manifestações semanais. Procuravam ganhar credibilidade nas comunidades de classe trabalhadora nas zonas sul e oeste montando programas de café da manhã gratuito, clínicas médicas e seminários de educação política. Armados, sempre dispostos a proclamar sua capacidade de ação violenta, os Panteras não eram confundidos com programas de assistência social, mas no geral as comunidades os recebiam bem.

"Ser Pantera significava buscar um modo de expressão, uma identidade no mundo como um todo, uma existência relevante — por isso cheguei a extremos", recordou Rush. "Li as obras filosóficas de Nietzsche, Erik Erickson — o que mais Huey nos fez ler? —, Hegel, Marx. Huey nos mandava ler essas coisas, que satisfizeram minha busca pelo conhecimento."

Todos os membros dos Panteras Negras de Illinois seguiam a cartilha de Hampton. Ele era bonito, ousado e fisicamente corajoso. Seus discursos não tinham nada da sofisticação de King ou Malcolm — esbanjava insultos contra os "filhos da puta" e os "policiais porcos", alternados com clichês revolucionários do Terceiro Mundo mal digeridos —, mas sua presença visceral atraía muitos jovens negros que, depois de testemunharem muitos incidentes brutais nas ruas e inúmeros assassinatos de seus líderes e heróis, se mostravam receptivos à mensagem da resistência armada. "Fred Hampton, para mim a pessoa mais dinâmica que conheci, personificava a força, a masculinidade, a vida e o amor", contou Rush.

Conforme as seções dos Panteras Negras de todo o país realizavam passeatas, enfrentavam a polícia em batalhas campais e desfiavam sua retórica militante no noticiário noturno, Hoover exigia que o FBI ampliasse os esforços de infiltração nas sucursais locais. Em 25 de novembro de 1968 ele disse a seus comandados para "explorar todas as vias capazes de gerar mais divergências nas fileiras do BPP (Partido dos Panteras Negras)".

O FBI grampeou o telefone da mãe de Hampton e o inscreveu na "lista de agitadores" da instituição. Mas o birô precisava mesmo era de um espião, de um delator. Em Chicago, a polícia identificou um adolescente afro-americano chamado William O'Neal, que havia furtado um automóvel para dar um longo passeio. Roy Mitchell, agente lotado na divisão de Assuntos Raciais do escritório de Chicago, recrutou O'Neal como informante. Prometendo deixar de lado a acusação de furto, além de oferecer um pequeno salário mensal, Mitchell persuadiu O'Neal a se infiltrar nos Panteras Negras e relatar tudo à agência.

O'Neal logo tornou-se guarda-costas de Hampton e descreveu ao FBI em detalhe os membros, as conversas, os planos e as sessões noturnas de educação política com base em Marx, Mao, Fanon e Malcolm X. "Fazíamos a orientação política e líamos alguns parágrafos, depois Fred Hampton e Bobby Rush explicavam para nós, novos membros, o que constava nos textos e o que estava acontecendo", explicou O'Neal. "Eles traçavam paralelos entre o que ocorria e as revoluções do passado em diversos países, como a China e a Rússia."[4]

Em maio de 1969, Hampton foi preso por furtar 71 dólares em sorvetes de um caminhão da Good Humour em Maywood. O juiz negou fiança, alegando que ele era um defensor da "revolução armada". Em novembro, dois policiais de Chicago foram assassinados; o suspeito era um Pantera Negra chamado Jake Winters. Naquela altura, segundo O'Neal, as forças da lei já haviam decidido esmagar os Panteras. Ao mesmo tempo, outros dramas se desenrolavam em Chicago: o julgamento dos 8 de Chicago — incluindo Jerry Rubin, Abbie Hoffman e Bobby Seale — pela acusação de incitar distúrbios durante a Convenção Nacional Democrata de 1968, e os Dias de Fúria, uma tentativa do Weather Underground de "levar a guerra para casa" e acelerar a revolta contra a presença americana no Vietnã.

Em 3 de dezembro de 1969 os Panteras realizaram um encontro de educação política numa igreja da zona oeste que acabou tarde da noite. Depois da reunião, Hampton e a namorada grávida, Deborah Johnson; Mark Clark, líder do Panteras de Peoria, de 22 anos; e um pequeno grupo de amigos e correligionários seguiram para o apartamento de Hampton em West Monroe Street. Semanas antes, O'Neal havia fornecido ao FBI uma planta detalhada do apartamento.

Pouco depois das quatro da madrugada, em 4 de dezembro, um contingente de quinze homens da polícia de Chicago cercou a casa de Hampton. O pretexto do ataque, organizado pelo promotor do condado de Cook, Edward Hanrahan — aliado do prefeito Daley e considerado seu provável sucessor ou candidato a governador —, era cumprir um mandado de busca e apreensão de armas ilegais. Por volta das 4h45 os policiais invadiram o apartamento pela porta da frente e dos fundos, disparando armas automáticas. Sentado com uma escopeta na sala da frente, Mark Clark levou um tiro e morreu na hora. Os policiais invadiram o quarto de Hampton. Deborah Johnson tentou despertar Hampton.

"Acorde, presidente, acorde!", alguém gritou. "Os porcos chegaram! Os porcos chegaram!"[5]

Os policiais entraram no quarto e atiraram em Hampton. Mais tarde, um Pantera chamado Harold Bell testemunhou que os policiais passaram pela porta e viram Hampton na cama sangrando, com o ombro ferido. Ele declarou ter ouvido o seguinte diálogo entre os policiais:

"Esse é Fred Hampton."

"Está morto? Vamos levá-lo para fora."

"Ainda não. Parece que vai sobreviver."

Então, segundo Bell, foram disparados mais dois tiros.

"Agora ele está bem morto", disse um dos policiais.

A polícia convocou uma entrevista coletiva no mesmo dia, mencionou o arsenal encontrado no apartamento e o porta-voz vangloriou-se pelo fato de nem todos os Panteras presentes terem sido mortos. Na cela do distrito de Maxwell

Martin Luther King Jr. em 1965, à frente de manifestantes em Selma, atravessando a ponte Edmund Pettus

Obama e John Lewis na Brown Chapel da Igreja Episcopal Metodista Africana de Selma, em 4 de março de 2007, prestando homenagem ao "Domingo Sangrento"

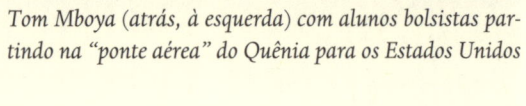

Tom Mboya (atrás, à esquerda) com alunos bolsistas partindo na "ponte aérea" do Quênia para os Estados Unidos

Barack Hussein Obama pai, quando estudante intercambista em Honolulu, Havaí, 1962

Obama aos dois anos de idade em sua casa em Honolulu, em 1963, com a mãe, Stanley Ann Dunham

Ann Dunham com seu segundo marido, Lolo Soetoro, a filha pequena, Maya Soetoro, e Obama em Jacarta, Indonésia, 1968

Depois da mudança para Columbia, Obama com os avós, Stanley Armour Dunham e Madelyn Lee Payne Dunham

Obama no Occidental College em 1980, brincando e fumando um cigarro

Em sua primeira viagem ao Quênia, em 1987, Obama posou com membros de sua família queniana, inclusive a meia-irmã Auma, à esquerda embaixo; a mãe de Auma, Kezia; e sua avó Sarah

A avó de Barack Obama, Sarah, em sua casa na aldeia de Kogelo, no noroeste do Quênia

Obama na Faculdade de Direito de Harvard, em 1990, logo após ser eleito presidente da Harvard Law Review

Liderança de Obama na campanha de registro de eleitores Projeto Voto em Illinois, nas eleições de 1992, reforçou sua posição política, em especial na zona sul de Chicago

Barack e Michelle Obama em sua casa em Hyde Park em 1996, fotografados por Mariana Cook, que os entrevistou para seu livro sobre casais

Harold Washington, prefeito de Chicago, foi um modelo político para Obama

Em 1996, fazendo campanha para o Senado Estadual de Illinois, na zona sul de Chicago

Bobby Rush e Fred Hampton quando eram Panteras Negras

Como deputado em exercício, Rush derrotou facilmente Obama em 2000 — uma disputa que Obama considerou sua educação política

Em 2002, Obama fala contra a Guerra do Iraque em comício em Chicago, evento que impulsionou suas esperanças para a disputa presidencial seis anos depois

Em 2004, Obama fazendo campanha para o senado americano

Obama e esposa recebem aplausos após seu discurso na Convenção Nacional Democrata em Boston, em 27 de julho de 2004

Outro momento de triunfo, quando Obama conquistou fácil um assento no Senado, derrotando Alan Keyes

Cortando o cabelo na sua barbearia predileta, em Hyde Park

À direita: subindo com passos ágeis a escadaria do
Capitólio para uma votação, em novembro de 2005

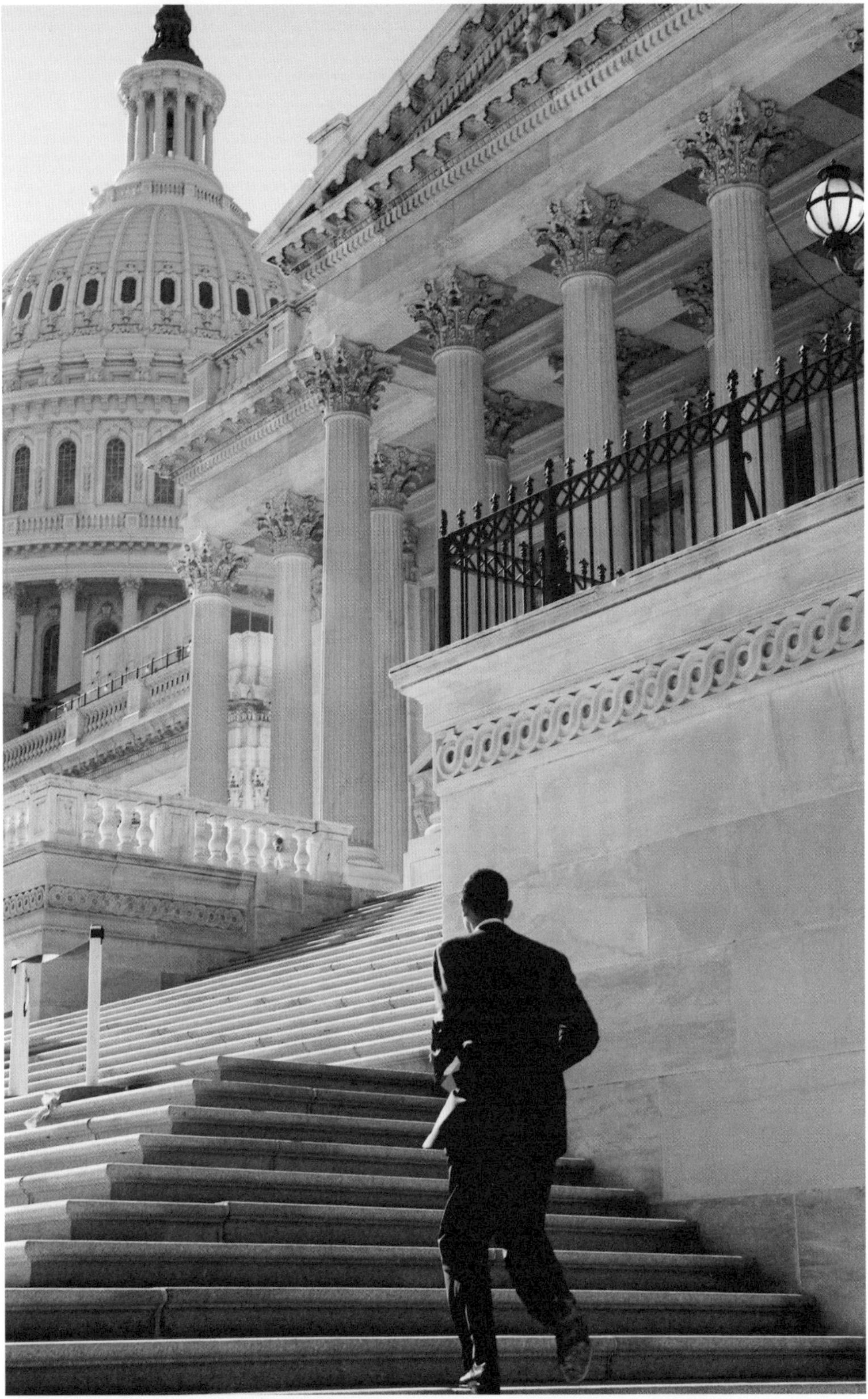

Em fevereiro de 2006, Obama e John McCain posam como boxeadores em uma sala de audiência dos senadores, depois de uma acalorada discussão por carta sobre proposta de reforma das diretrizes éticas do Senado

Um momento gélido com Hillary Clinton antes de um debate nas primárias, no Teatro Kodak, em Los Angeles

Obama com seu amigo e pastor, o reverendo Jeremiah Wright, em março de 2005

O reverendo Joseph Lowery foi um dos líderes da era dos direitos civis que esteve com Obama desde o início da campanha presidencial de 2008

John Lewis, um dos heróis de Obama, começou sendo leal a Hillary Clinton, mas passou a apoiar Obama ao sentir que estava "do lado errado da história"

A festa na noite da eleição no Grant Park, em Chicago

Uma das participantes entre mais de 1 milhão de pessoas que se reuniram em Washington para a posse de Barack Obama, em 20 de janeiro de 2009

Street, alguns Panteras sobreviventes contaram ao advogado Flint Taylor terem ouvido os policiais dizendo "Rush é o próximo".⁶

A polícia invadiu o apartamento de Rush no conjunto Hilliard Homes, mas constatou que havia sido abandonado. Rush se refugiara numa igreja católica, mas compareceu depois a uma das reuniões regulares aos sábados do grupo Operation Breadbasket [Operação Cesto de Pão] de Jesse Jackson, precursor da Operação PUSH. Na frente de 5 mil pessoas, protegido pelos membros da Liga dos Patrulheiros Afro-americanos, Rush se entregou.

"Estão vendo este homem?" Jackson apontou para Bobby Rush, ao seu lado. "Ele não apresenta nenhuma marca, nenhuma cicatriz, e esperamos que volte assim." Dois policiais negros levaram Rush para a delegacia local, discretamente.⁷

Quando foi libertado, Rush levou repórteres até a casa de Hampton, que não havia sido lacrada. Rush declarou que "os buracos nas paredes mostram a todos que os tiros foram disparados por pessoas que entraram no apartamento e foram de quarto em quarto, atirando com a intenção de matar todos os que lá se encontravam".⁸ Só os mais fiéis defensores da polícia acreditaram na ocorrência de um tiroteio com os Panteras. O colunista Mike Royko escreveu: "Os tiros dos Panteras se dissolveram no ar antes de atingir alguém ou alguma coisa. Ou os Panteras atiraram na direção errada, ou seja, uns nos outros".⁹

Aos olhos da comunidade afro-americana, Fred Hampton se tornou um mártir, e Bobby Rush, o símbolo vivo da resistência negra. Milhares de pessoas compareceram ao velório de Hampton, cujo ataúde ficou exposto na funerária Rayner, na zona sul. Entre os que compareceram ao funeral na Primeira Igreja Batista de Melrose Park estavam Ralph Abernathy, Jesse Jackson, Benjamin Spock e líderes de diversos grupos esquerdistas da cidade, entre eles os Black Disciples, a Organização de Defesa Latino-Americana e os Young Lords. A igreja lotou, transbordando gente e fúria, com pessoas gritando palavras de ordem contra o governo. Alguns desmaiaram. Bobby Rush declarou: "Hampton teve a coragem de fazer o povo ver que o poder constituído tem em mente o genocídio".¹⁰ O serviço terminou com a canção "We Shall Overcome", enquanto os Panteras gritavam: "Todo o poder ao povo".¹¹

Semanas depois o FBI deu a William O'Neal um bônus pelos "valiosos e indispensáveis serviços prestados nos meses recentes". Um cheque no valor de trezentos dólares.¹²

★ ★ ★

O assassinato de Fred Hampton marcou o início do declínio dos Panteras Negras e se tornou um marco simbólico na história das relações raciais em Chicago. O assassinato levou Bobby Rush, um orador bem mais desajeitado que Hampton, ao papel de líder dos Panteras Negras de Chicago. "Bobby é um grande líder, mas quieto", disse Bobby Seale. Rush, que lutara muito para superar a gagueira infantil, conseguiu expressar bem sua insistência na posse de armas. Num discurso a universitários de Chicago ele declarou: "Não adianta sair por aí dizendo 'nós vamos superar' sem uma arma na mão".[13] Em 1971 ele cumpriu seis meses de prisão por porte de armas.

O derradeiro triunfo real dos Panteras antes de sumirem do cenário político foi a derrota eleitoral de Ed Hanrahan em 1972, quando ele tentou se reeleger como promotor estadual. Os Panteras participaram da campanha política convencional para evitar sua eleição. A derrota de Hanrahan, porém, não foi a única consequência da violência policial.

O assassinato de Hampton foi um evento tão arrebatador, segundo Rush, que "preparou o terreno" para a eleição de Harold Washington para a prefeitura. Em 1974, contudo, os Panteras haviam deixado de ser uma força política considerável. "Passaram de cinco mil membros a algumas centenas, no máximo", declarou Seale. Em Chicago, pelo menos, o martírio foi seu maior legado. Rush deixou o partido dos Panteras Negras para cursar a Universidade Roosevelt, onde estudou ciência política. Fracassou na tentativa de conseguir um lugar na câmara dos vereadores, e por um tempo vendeu seguros para se sustentar. Em 1983, ano da transformadora vitória de Washington, Rush pegou carona no sucesso dele e se elegeu vereador pelo segundo distrito. Na câmara, Rush foi um apoiador leal de Washington nas intermináveis "guerras da câmara", nas quais ressentidos vereadores brancos como "Fast" Eddie Vrdolyak barravam as iniciativas de Washington em quase todos os setores.

Em 1992 Rush decidiu se candidatar para o Congresso pelo Primeiro Distrito Congressional de Illinois, desafiando Charles Hayes, que conquistara a cadeira de Washington depois que ele foi eleito prefeito. Um dos fundadores da Operação PUSH, com Jesse Jackson, Hayes havia apoiado King. O primeiro distrito havia muito ocupava um lugar de grande importância na política negra, e além de Washington fora ocupado por Oscar De Priest, William Dawson e Ralph Metcalfe. Mais de 70% dos residentes do distrito eram negros, e elegiam políticos afro-americanos para representá-los muito antes que em qualquer outro distrito do país. Incluía partes de Englewood, Woodlawn, Douglas, Oakland, Avalon Park, Chatham, Beverly, South Shore e Hyde Park, além de subúrbios como Oak Forest, Evergreen Park e Blue Island. Rush conseguiu derrotar Hayes lembrando aos eleitores seu papel nos Panteras Negras e um escândalo bancário envolvendo Hayes, que havia sacado a descoberto de sua conta parlamentar em mais de setecentas ocasiões. Foi uma disputa de credenciais raciais e autenticidade que atraiu atenção nacional. Pouco depois de chegar ao Congresso, Rush disse a respeito dos colegas parlamentares: "Alguns se surpreenderam por eu não usar bandoleira ou revólver".[14] Depois de sua posse parecia que ele se reelegeria, legislatura após legislatura, sem que alguém pudesse desafiá-lo seriamente. "Bobby Rush passou de vice-presidente do Partido dos Panteras Negras em Illinois a vice-presidente do Partido Democrata", disse Clarence Page, veterano colunista do *Tribune*. "Só mesmo nos Estados Unidos."

Conforme aumentava seu tédio em Springfield, Obama analisava opções. Será que Bobby Rush, seu congressista, estaria vulnerável em caso de disputa pela indicação? Será que Obama conseguiria convencer os eleitores de que Rush era uma relíquia da superada política racial de Chicago, um parlamentar isolado e de pouco impacto em Washington? Entre os consultados por Obama, quase ninguém acreditava que ele teria chances caso enfrentasse Rush. Newton Minow, Valerie Jarrett, amigos íntimos como Marty Nesbitt e John Rogers, vários aliados políticos locais da zona sul, colegas no escritório de advocacia e da universidade — ninguém, pelo jeito, pensava que fosse uma boa ideia.

Arthur Brazier, um dos mais proeminentes ministros negros de Chicago e amigo de Obama, comunicou que não teria como apoiá-lo. "Eu não queria trair Bobby Rush", declarou Brazier, "e não acreditava na vitória de Obama." Os três anos que Obama dedicara a fazer amigos entre os clérigos da zona sul não bastavam. (De fato, no início da campanha Rush realizou um evento na Fellowship Missionary Baptist Church [Igreja Batista Irmandade Missionária], no qual uma centena de ministros, inclusive Brazier, se reuniu em frente a uma faixa que dizia: "Estamos com Bobby!".)

"Achei uma péssima proposta", disse John Schmidt, amigo de longa data de

Obama e companheiro no Projeto Voto. "O Senado estadual não era um lugar tão ruim de se estar. Isso tem a ver com a falta de modéstia de Barack. Não considerava o Senado estadual um palco suficientemente importante."

Michelle Obama também desconfiava das chances do marido como candidato ao Congresso. Ela estava trabalhando muito em projetos voltados para a comunidade na Universidade de Chicago. Quando Barack ia para Springfield, ela ficava em casa com Malia. E se ele vencesse? Necessitariam de duas casas? Mal conseguiam suportar a hipoteca da atual, e ainda precisavam terminar de pagar empréstimos enormes da faculdade e da escola de direito. Admirava a paixão do marido pela vida pública, mas qual escritório de advocacia da cidade recusaria a oportunidade de contratá-lo por uma pequena fortuna para assumir uma mistura de casos corporativos e gratuitos? Michelle Obama não escondeu das amigas o fato de que as pressões do trabalho, da família, da distância e da ambição do marido resultaram numa pressão enorme sobre o casamento. Também não escondeu sua contrariedade. Quando a equipe da campanha para indicação ao Congresso lhe pedia para procurar doadores, ela costumava se recusar.

"Michelle não participava muito da campanha", disse Chris Sautter, consultor de mídia e de mala direta de Obama. "Compareceu ao anúncio da candidatura e na noite da eleição, mas não me lembro dela em muitas outras ocasiões. Às vezes Obama não conseguia voltar de Springfield a tempo de participar de um evento e pediam a ela que o representasse, mas em geral a resposta era negativa. Ela não se envolveu de verdade com a carreira política dele até a época em que conquistou a indicação para concorrer ao Senado, quatro anos depois."

Obama, que não via a hora de deixar Springfield para trás, buscava um plano aceitável para competir com Rush. A regra na política americana diz que para tirar um representante da Câmara o desafiante precisa, em essência, convencer os eleitores de que o ocupante deve ser afastado por justa causa. O ocupante precisa estar vulnerável, metido em algum escândalo ou politicamente debilitado. Candidatos negros em distritos negros revelavam-se mais difíceis de desalojar. Rush não era nenhum Daniel Webster — caracterizava-se por discursos desajeitados e mediocridade legislativa —, mas sua popularidade no distrito era quase inatacável. Mesmo assim Obama calculou que poderia formar uma base nos lugares onde Rush estava fraco, em bairros como Beverly e Mount Greenwood, no Nono Distrito. Era uma área habitada por brancos e funcionários que trabalhavam na cidade, e na eleição para prefeito o desempenho de Rush ali fora pífio.

Obama contava com o apoio de quatro vereadores da zona sul: Toni Preckwinkle, Leslie Hairston, Terry Peterson e Theodore Thomas.

"A vaga no Primeiro Distrito Congressional é o símbolo da liderança negra em Chicago", escreveu Ted Kleine no *Reader* de Chicago. "Quando Rush o tomou de Charles Hayes, de 74 anos, em 1992, sua vitória sinalizou que os militantes que chegaram à idade adulta nos anos 1960 estavam assumindo o lugar dos pregadores e agentes funerários que lideraram as passeatas pela integração na época do dr. Martin Luther King."[15] Poderia Obama, mais jovem e instruído, persuadir um número suficiente de eleitores de que o tempo dos militantes idosos havia passado? Will Burns, que se oferecera para ajudar Obama mais uma vez, disse: "Foi a primeira vez em que ele concorreu com uma mensagem de mudança, oferecendo um tipo diferente de liderança".

Quando Obama procurou o diretor da organização democrata local, Ivory Mitchell, e pediu seu apoio, Mitchell respondeu: "Muito bem, prepare sua documentação e a submeta a um advogado". Quando Obama voltou, dias depois, confessou que a esposa não queria que ele concorresse. Por isso, quando Donne Trotter, outro senador estadual da zona sul, decidiu disputar a eleição contra Rush e procurou Mitchell, ele conseguiu seu apoio.

"Quando Michelle mudou de ideia e Barack resolveu se candidatar, eu lhe disse que havia prometido apoio a Donne e que, ademais, se Obama concorresse ele acabaria dividindo o voto anti-Bobby, o que seria desastroso", recordou Mitchell. "Barack disse: 'Nada disso, eu posso vencer os dois'. Ele tinha decidido, e pronto."

Quando soube que Obama poderia concorrer, Rush não se preocupou, apesar do fraco desempenho contra Daley. "Conheci Obama em 1992, no final da primavera ou início do verão", recordou Rush em seu escritório em Washington no Rayburn Building, perto do Capitólio. "Eu era diretor nacional de registro eleitoral no governo Clinton. Minha responsabilidade era monitorar os esforços de registro de eleitores e garantir que a alocação de recursos para os amigos de Clinton corresse bem. Obama, na época, trabalhava no Projeto Voto de Illinois. Eu me lembro de uma reunião numa casa na zona norte. Ele era um rapaz muito *persuasivo*, e já na época tinha certo carisma. Também mostrava uma tremenda disposição. Eu sabia tudo sobre sua atividade como organizador comunitário, e por isso o considerava um aliado. Sentia uma certa afinidade com ele."

"Mas quando ele resolveu concorrer contra Alice Palmer", prosseguiu Rush, "eu acompanhei de perto o processo em curso. Ele tinha se comprometido com Alice, mas depois recuou da promessa. Muitos camaradas e colegas se indignaram. Mas eu não fiquei chocado. Não me surpreendo à toa. Percebi que Barack traíra Alice e os aliados de Alice. Ele havia traído os progressistas do grupo, e nós vínhamos de uma estufa de política liberal. Alice representava um desafio às elites liberais brancas." Rush antipatizava com tradicionais democratas independentes como Leon Despres, Abner Mikva e Newton Minow, vendo em Obama um mascote afro-americano.

"Barack não passava de um instrumento no esforço de defenestrar Alice. Sua ambição tornou-se a força empregada para enfrentar Alice e negar sua oportunidade de concorrer pela vaga no Senado", disse Rush. "Barack em si não representava uma ameaça. As forças que o criaram eram as mesmas que sempre tentaram me derrubar. Nunca entendi por que me perseguiam. Em termos ideológicos estávamos do mesmo lado. Mas Barack contava com o apoio dos mesmos quadros ou quadrilhas da elite liberal sediada em Hyde Park. Aqueles caras não gostavam de mim. Eu não era da classe alta. Vinha das ruas de Chicago. Nada de Harvard ou Ivy League, embora tenha dois títulos de mestrado. Nunca fui aceito como membro da elite. Pertencia aos Panteras Negras! Tinha fugido do colegial! E Barack era a antítese de um cara da rua. Considerei isso racismo. Eles queriam alguém de uma estirpe superior [...] Barack não foi o primeiro a investir contra mim. Houve outros da mesma laia. E eu acabei com eles também!"

Para Rush a estirpe e a admiração dos correligionários por Obama parecia uma ofensa pessoal. "Era evidente a existência de um traço elitista — não que fosse *necessariamente* racial, mas havia ali um elemento", continuou Rush. "Aqueles sujeitos eram amigos e aliados ideológicos. Barack, tão desejável para eles, era uma necessidade para os elitistas, para as elites liberais brancas. Suas ambições e desejos combinavam. Não demonstrei raiva na época. Tomei a decisão de não me envolver. Mas pessoas como Lu Palmer e Tim Black ficaram furiosas. Sabe, o sujeito precisa ter uma história na política de Chicago, e, se alguém resolve desafiar quem já tem história, é melhor apresentar algo forte e de próprio cunho."

Rush não desdenhava apenas a associação de Obama com os liberais brancos de Lakefront, mas também seu senso de identificação racial. "Interessante como ele formou uma identidade negra", prosseguiu Rush, levantando da poltrona e dando uma volta teatral pela sala imitando o andar sinuoso de Obama. "O passo de Barack é uma adaptação do que fazem na rua. Trata-se de uma quebrada no joelho que dá uma certa ginga ao caminhar. Olhe. Está vendo?" Rush riu da própria imitação. "E ele é o primeiro presidente dos Estados Unidos a andar assim, isso eu garanto! Mas, se quer saber, eu nunca vi o cara andar assim *naquela época*!"

Rush sentou-se, rindo satisfeito.

"Mas nada disso é novidade", continuou. "Admiro o modo como ele aprendeu. Não posso negar. Ele se adaptou a vida inteira. Teve a disciplina para atingir resultados e antecipar o que a visão que tinha de si exigia, sabe? Barack calculava quase todas as decisões em termos da forma como queria se apresentar. A vida não é uma sucessão de acidentes, em especial para alguém com uma visão grandiosa de si mesmo. Ele planejou tudo. Se o cara deseja ser grande, a ênfase de sua vida tem de estar nisso, é preciso planejar. Foi o que ele fez, em todos os sentidos. Para seu crédito, Barack não negou a identidade afro-americana. Ele a quis muito. Adaptou-se, absorveu a cultura em larga medida. Sua vontade de ser organizador comunitário resultou ainda de ser jovem demais para ter participado do movimento dos direitos na época."

Rush riu e recostou-se na poltrona enorme. "Se tivesse idade suficiente, eu imagino Barack como Pantera Negra — especialmente no grupo que se envolveu na parte teórica", disse. "Assim ele teria alimentado seu intelecto. Talvez até portasse uma arma, isso eu não nego!" (Rush deu a impressão de se deliciar em criar problemas para seu antigo rival.)

Rush não se comoveu com os três anos de Obama como organizador comunitário, descartando a atividade como ilusão de jovens preguiçosos, como se aquilo não passasse do equivalente a um ano sabático no exterior em comparação a sua experiência com Fred Hampton e os Panteras Negras. "Sabe, o cara não pode se declarar ativista se for apenas um pálido reflexo da realidade nua e crua", declarou. "É preciso admitir a verdade — ainda mais quando enfrenta a realidade nua e crua."

Obama decidiu entrar na disputa pela indicação em julho de 1999 e passou o verão tentando montar uma equipe de campanha, além de procurar possíveis doadores. (As primárias ocorreriam no mês de março seguinte.) O comando da campanha coube a Dan Shomon, ex-repórter da UPI e do *Corpus Christi Caller-Times*. Articulado, corpulento e um operador político energético, Shomon desistiu do jornalismo quando trabalhava para agências de notícias em Springfield e ao assumir o posto de assessor legislativo de Emil Jones, líder dos democratas. Em 1997, Jones mandou que seu chefe de equipe, Mike Hoffmann, designasse Shomon para ser assessor de Obama. A princípio Shomon recusou a oferta. Já havia passado um tempo conversando com Obama nos corredores do Capitólio e percebeu de imediato que Obama era um calouro muito ambicioso, alguém de "olhos arregalados", como disse, que pretendia aprovar leis fundamentais abrangendo saúde pública, justiça econômica para os pobres, treinamento profissional e muitos outros assuntos. Shomon acreditava que Obama estaria melhor se "ficasse no mato", como se dizia em Springfield, pois "quem saía muito, e antes da hora, acabava sendo caçado". Shomon não queria saber da dor de cabeça de lidar com um calouro ávido e agressivo.

"Não quero lidar com o Obama", Shomon disse a Hoffmann. "Ele está querendo mudar o mundo em cinquenta segundos e já tem um lugar garantido. Eu cuido de cinco senadores. Não sobra tempo para lidar com esse cara."

Hoffmann e Emil Jones persuadiram Shomon a reconsiderar e ele aceitou jantar com Obama. Como todos no Senado, Shomon sabia que Obama se formara na Faculdade de Direito de Harvard, era erudito e idealista, mas não tinha muita familiaridade com os condados rurais e suburbanos de Illinois. Sabia também que Obama fora "espancado" pelo Black Caucus e muitos de seus correligionários democratas.

"Você conhece a área ao sul de Springfield?", Shomon perguntou a Obama.

Ele admitiu que nunca havia atravessado para o lado sul da linha Mason-Dixon.

Shomon disse: "Obama, eu vou levar você para o sul de Illinois, vamos jogar golfe e você vai conhecer algumas pessoas".

Começava o verão de 1998. Michelle estava grávida de Malia, e Obama calculou que só teria aquela oportunidade antes do nascimento do bebê. Shomon organizou a viagem, uma semana num resort com campo de golfe em Rend Lake, no condado de Franklin. De fato, eles jogaram todos os dias, embora a temperatura beirasse os quarenta graus naquela semana. Compareceram a churrascos, tomaram cerveja, embora "Barack não fizesse questão de beber", segundo Shomon. "Uma ou duas, no máximo."

O sul de Illinois ficava mais perto do Arkansas e do Tennessee do que de Chicago, e a posição política geral em questões sociais como controle de armas é bem mais conservadora. Os dois consideraram a curta jornada uma missão tortuosa de coleta de informações. Shomon deu algumas dicas a Obama: "Não peça nada absurdo, como mostarda de Dijon". Nada de roupas chiques. Seguindo para o sul no Jeep Cherokee de Obama, Shomon e ele se encontraram com um político popular na região, o senador estadual Jim Rea, e compareceram a um jogo de golfe para levantar fundos para ele. Encontraram outro senador estadual, Richard Durbin, num churrasco em Du Quoin. Pararam em cidades pequenas para conversar com os prefeitos. O promotor estadual de Du Quoin falou a respeito de uma ramificação local dos Gangster Disciples formada só por brancos, que vendia drogas. Eles pararam na Universidade de Southern Illinois, em Carbondale, e jogaram golfe com o diretor de atletismo, Jim Hart, ex-jogador dos St. Louis Cardinals. Visitaram uma das famílias de fazendeiros mais conhecidas do sul de Illinois, Steve e Kappy Scates, que se impressionaram com o jeito extrovertido e interessado de Obama. A família Scates cultivava feijão e milho, a fazenda se estendia por dois condados no extremo sul do estado. "Obama descobriu que Illinois era muito mais comprido do que ele imaginava", brincou Kappy Scates.[16]

"Ao voltar ele se deu conta de que aquela gente poderia votar nele — e ajudá-lo apoiando sua campanha", contou Shomon. "Creio que foi realmente uma revelação ele perceber que tinha um forte apelo como político." Shomon acreditava que a diversidade de Illinois — diferenças étnicas, de classe, geográficas e econômicas — seria vantajosa para Obama. Se fosse de Wisconsin ou Vermont, ou mesmo um parlamentar negro restrito a um distrito tradicional afro-americano, ele não teria encontrado o mesmo grau de diferenças. "As viagens provaram que os fazendeiros brancos gostavam dele", declarou Shomon. "Eles votariam nele, simpatizavam com ele. Isso era essencial numa disputa no estado inteiro."

Agora, porém, Obama pedia a Shomon, um branco com mestrado em administração pública na Universidade de Illinois, em Springfield, que o ajudasse a se eleger para o Congresso por um distrito com uma população 70% negra.

Shomon aceitou, embora uma pesquisa interna realizada por ele desse a Obama uma chance reduzida de sucesso. Desde o início, a maior dificuldade da campanha seria fazer que Obama conhecesse melhor o distrito. Afinal de contas, ele não ia concorrer a reitor da Universidade de Chicago. Exceto pelos aficionados em política de Hyde Park, Obama não passava de um segredo bem guardado, com um nome que soava estrangeiro. A pesquisa inicial mostrava um reconhecimento de 90% para Rush e de 9% para Obama.[17] Outra pesquisa revelava que o currículo Ivy League de Obama o tornava aceitável para os eleitores brancos, o fazia parecer confortavelmente moderado, alguém em quem podiam votar, mas pouco afetava a maioria afro-americana, que estimava Bobby Rush. Naquele verão, Steve Neal, decano dos colunistas políticos de Chicago, fã de primeira hora de Obama, escreveu um artigo no *Sun-Times* para elogiá-lo, e o *Tribune* especulou que ele concorreria à candidatura ao Congresso.[18]

Em meados de agosto Obama participou da parada e do piquenique anual Bud Billiken, uma tradição iniciada em 1929 na zona sul por Robert S. Abbott, fundador do *Chicago Defender*, para divertir e organizar os rapazes que entregavam o seu jornal. Com centenas de carros alegóricos e dezenas de milhares de participantes, a parada era um evento importante para os políticos da zona sul, com diversas celebridades e extensa cobertura televisiva. Obama acompanhou a multidão, atraindo pouca atenção. Al Kindle, um operador político afro-americano brusco e astuto que havia muitos anos trabalhava na zona sul para diversos candidatos, cuidava do trabalho de campo para Obama — um modo elegante de dizer que percorria bares, igrejas e até procurava gangues para divulgar o candidato. Quando o viu na parada, afirmou: "Ninguém sabia quem era. Obama parecia meio constrangido". Por isso ele dedicou boa parte do verão a tornar seu nome mais conhecido, tomando café na casa de eleitores, jantando em restaurantes pequenos de lugarejos espalhados pelo distrito.

Em 26 de setembro de 1999, Obama apresentou formalmente sua candidatura a uma centena de convidados em uma recepção no hotel Palmer House, um famoso edifício histórico no centro de Chicago. "Não faço parte de uma organização política muito antiga", disse no lançamento. "Não conto com patrocinadores poderosos. Nem mesmo sou de Chicago. Meu nome é Obama. E, para completar, ninguém me mandou vir aqui", prosseguiu, usando a história de Mikva sobre o membro do comitê distrital que mastigava charutos. "Os homens de Woodlawn afogam suas mágoas no álcool [...] as mulheres têm dois empregos [...] e todos eles me dizem que não podemos mais esperar."[19]

Antes que a campanha começasse, uma tragédia alterou a textura emocional da campanha e paralisou Obama por vários meses. No dia 18 de outubro o filho de Rush, de 29 anos, foi atingido por tiros disparados por dois assaltantes na porta de sua casa na zona sul. Chamava-se Huey, em homenagem a Huey Newton, e morreu quatro dias depois. Bobby Rush ficou arrasado com a perda do filho. ("Sempre achei que quem não chegaria aos trinta era eu.") Como líder dos Panteras, Rush participara de um grupo revolucionário ostensivamente armado, mas como político do sistema apoiara leis que restringiam o porte de armas. "Nossa responsabilidade — *minha* responsabilidade — é eliminar a violência de nossos bairros, de nosso país", declarou.[20] Para Bobby Rush, aquela sempre fora uma mensagem que calava fundo nos eleitores de seu distrito, mas sua força cresceu muito com a morte do filho. Rush anunciou formalmente sua candidatura à reeleição três dias depois do enterro de Huey.

Pouco depois o pai de Rush faleceu, na Geórgia. "Sei que minha fé vem sendo testada", Rush afirmou no discurso que proferiu no dia da morte do pai. "Contudo, é somente de minha fé e do apoio carinhoso de minha esposa, meus familiares e dos meus amigos que tiro a força necessária para prosseguir."[21]

A partir dali Rush fez uma campanha mínima, com uma estratégia minimalista, evitando a maioria dos convites para aparecer ao lado de Obama e Donne Trotter, a nêmesis de Obama no Senado estadual. Trotter não tinha dinheiro nem apoio para vencer a disputa, mas possuía raízes profundas na zona sul. Seu bisavô migrara do Mississippi para Chicago em 1900, e o avô, Walter Trotter, foi um ministro proeminente em Hyde Park. Residente em South Shore, Trotter chegou a trabalhar no programa de café da manhã grátis dos Panteras Negras. Como odiava Obama, parecia tão determinado a prejudicá-lo quanto a derrotar Bobby Rush.

Rush permaneceu em Washington, confiando em seus colaboradores nos distritos e em entrevistas favoráveis da imprensa local. Em geral, quando aparecia na zona sul, fazia campanha pelo controle de armas, tentando vincular sua tragédia pessoal com as mortes em tiroteios no país inteiro. Ele já havia apresentado no Congresso, com outros parlamentares, dezenas de leis contra o porte de armas. A imprensa, inclusive de alcance nacional, não resistiu à história de um ex-Pantera Negra, que costumava andar armado e pregar a resistência armada, fazer campanha pela restrição ao porte de armas pranteando o filho morto de forma violenta. "Creio que a glorificação das armas precisa ser enfrentada", declarou. "Muitos homens só se sentem poderosos se portarem um revólver."[22]

Obama não poderia atacar Rush de frente, e sabia disso. Por várias semanas ele interrompeu a campanha. Até que, nos feriados do final do ano, ele sofreu intensos ataques por estar ausente de Springfield durante a votação crucial de uma lei anticrime chamada Ato de Segurança dos Bairros, que incluía dispositivos de controle de armas. A lei contava com o apoio tanto do prefeito democrata, Richard M. Daley, quanto do governador republicano George Ryan. Como fazia todos os anos no Natal, Obama levou a família ao Havaí para visitar a avó, que tinha quase oitenta anos. Os Obama viajaram no dia 23 de dezembro e pretendiam voltar cinco dias depois, a tempo de pegar o reinício das atividades legislativas. No dia do voo de volta a Chicago, Malia Obama acordou com febre alta. Era uma gripe. Barack e Michelle decidiram esperar mais um dia, para voltarem juntos. Ou Barack regressaria no dia seguinte, enquanto Michelle e Malia ficariam mais um pouco.

A lei restringindo a posse de armas talvez não passasse de qualquer maneira, mas Obama foi atacado por sua ausência na votação. O *Tribune* publicou um editorial criticando os legisladores que faltaram, como ele. "Um bando de carneiros medrosos", dizia.[23] Em uma de suas colunas no *Hyde Park Herald*, Obama apelou à simpatia do público, alegando que a avó idosa e doente teria passado o Natal sozinha se ele não tivesse ido ao Havaí. "Ouvimos os políticos defenderem a importância dos valores familiares", escreveu. "Espero que todos entendam quando um senador estadual tenta respeitar ao máximo esses valores."[24]

Não adiantou. A solidariedade foi toda para Bobby Rush.

"A comunidade negra não dá as costas para quem sofre", disse Will Burns, assistente da direção da campanha. "Na prática, a campanha foi suspensa quase até janeiro. Questão de respeito. Não poderíamos atacar um sujeito que chorava a morte do filho. Aí ocorreu o episódio da votação, quando ele estava no Havaí. Havíamos pedido a Obama que não viajasse. Temíamos que acontecesse alguma coisa. Estávamos encrencados, era muita coisa. E tínhamos começado a campanha bem tarde."

Obama insistiu, fazendo campanha de porta em porta, nas plataformas geladas do metrô, sem chapéu nem luvas. "Nós o chamávamos de 'Kennedy queniano'", contou Will Burns. Mas as complicações continuavam. Jesse Jackson pai, ainda figura influente na zona sul, era um dos líderes negros que apoiavam Rush. Jackson e os outros não viram razão para abandonar o antigo companheiro a fim de favorecer alguém cujo ato mais memorável fora forçar a aposentadoria de Alice Palmer, uma correligionária. Além do mais, Jackson não queria ver Obama crescer e ameaçar seu filho. "Bobby tinha raízes mais profundas", ressaltou Jackson. "Conhecíamos Bobby muito melhor do que conhecíamos Obama."

Um dos aspectos promissores da campanha de Obama, que topava constantemente com afro-americanos mais velhos que o consideravam reservado e desprovido de raízes profundas na comunidade, ou insuficientemente comprometido com um "programa negro", era atrair os jovens, inclusive negros instruídos, que o consideravam representante de uma atitude distinta da dos líderes da geração de Rush. Mesmo nos momentos de maior clareza, quando estavam atrás de Rush nas pesquisas e pressentiam a derrota, Obama e sua equipe mantinham certo otimismo. Segundo Burns, eram uma mistura "aleatória" de "gente desdentada à espera do próximo protetor com a turma dos negros que bebiam vinho barato, liam a *Nation* e citavam *The New Republic*".[25]

Um dos devotados jovens voluntários, o advogado negro Mike Strautmanis, que conheceu Obama graças a Michelle, tornou-se depois amigo íntimo da família e foi chefe da equipe de Valerie Jarrett na Casa Branca. "Voltei depois do último ano de faculdade a Sidley para trabalhar na área jurídica", disse. "Havia uns cinco advogados negros lá e eu bati de porta em porta tentando conhecê-los. Um dia bati na porta de Michelle e me apresentei. Na época ela trabalhava com propriedade intelectual. Estudava um *storyboard* da cerveja Keystone — o anúncio sobre a 'cara de cerveja amarga'. Às vezes nós conversávamos sobre Obama. Eu o conhecia de nome. *Todo mundo* já tinha ouvido falar nele depois que se tornou o presidente da *Harvard Law Review*."

"Iniciamos uma amizade. Falávamos mais dos problemas fundamentais do nosso trabalho, de como queríamos fazer alguma coisa no mundo. Eu procurava um jeito de usar meu diploma para fazer algo útil para as pessoas."

Os pais de Strautmanis nasceram na zona sul. O pai abandonou a família antes do nascimento do filho, e a mãe se tornou uma figura dominante em sua vida. "Ela me levou a pensar que, se eu estivesse numa sala com outras pessoas, a impressão que teriam dependia de mim, da forma como eu me comportava", disse. "Sempre me esforcei para ser educado, inteligente, trabalhador, enfim, *perfeito*. Usei isso para me motivar. Minha família e meus amigos em geral eram da zona sul, pois eu *escolhi* me identificar como afro-americano em termos culturais. Os professores brancos liberais faziam pressão para que eu apresentasse um ótimo desempenho. Eu era importante para eles, e isso fazia com que eu me sentisse bem."

Strautmanis cresceu testemunhando a luta de um prefeito negro contra uma câmara de vereadores persistente, conservadora e não raro racista. "Harold Washington era para mim o mocinho do faroeste", explicou. "Havia os caras bons e os caras ruins, e a gente via o programa todos os dias para saber quem ia vencer o episódio. Ainda guardo o bóton de Harold Washington, azul com raios brancos, como os raios do sol."

Strautmanis participava do grupo de voluntários que ia de porta em porta pedindo votos para Obama. Aqueles afro-americanos instruídos acreditavam que seu candidato era a encarnação da mudança geracional. "Na minha opinião era tudo muito óbvio: Barack era brilhante. Barack percebeu que Bobby Rush se enfraquecera politicamente com a disputa eleitoral pela prefeitura, e que não havia feito nada no Congresso. Ele se perguntava: o que Bobby Rush está fazendo lá? Onde deixou sua marca? Qual é a sua cruzada? Afinal de contas, o que ele fazia lá?"

Na campanha, Obama revelou-se um novato desajeitado, embora sincero. Pedante, distante, às vezes um tanto condescendente, mais adequado a um seminário na Universidade de Chicago do que para o palanque ou o púlpito de uma igreja negra em Englewood. Nos debates, seu hábito de cruzar as pernas e erguer o queixo bem alto, num ângulo soberbo enquanto o oponente falava, dava a impressão de que sua mente estava em outro lugar, ou que o evento não merecia consideração. Com frequência Obama lembrava aos repórteres e eleitores o imenso sacrifício de dispensar uma assessoria na Suprema Corte ou um megassalário nos escritórios do centro para se dedicar à vida pública. Sua escolha não era vista com simpatia por aposentados ou funcionários públicos.

"Ele frequentou uma instituição de elite como Harvard, usava termos empolados, portanto tendia a ser condescendente com as pessoas", resumiu Al Kindle, que tinha o ouvido mais apurado para a voz das ruas entre os operadores da campanha de Obama.

Ron Davis, que trabalhava com Obama em 1996 e voltou a atuar ao seu lado, dizia a Obama: "Seu filho da puta, você precisa aprender a falar melhor, você precisa *conversar* com as pessoas!". Segundo Kindle, Davis "pegava pesado para sacudir Obama".

Newton Minow, que organizou um evento para levantar fundos, recorda: "Barack não era assim tão bom. Alguém fazia uma pergunta, e lá vinha a resposta em tom professoral. As respostas, compridas demais, entediavam. Nunca imaginei que derrotaria Rush. Eu representava uma série de empresas de Chicago controladas por negros, e quando procurei uns quinze ou vinte empresários, inclusive o editor da *Ebony*, ninguém quis contribuir. Todos disseram a mesma coisa: 'Ele que espere a sua vez'".

Dan Shomon, Ron Davis, Al Kindle, Toni Preckwinkle e Will Burns intimaram Obama a se ater ao mais simples, evitando pontificar. Ele precisava relaxar, mostrar alguma emoção e ser um pouco mais agressivo. "A princípio ele não aceitou nossas ponderações", contou Kindle. "Não gostava quando alguém dizia que ele era arrogante. Além disso, corria a história de que ele havia sido 'enviado pelo homem branco', que na verdade era um branco fantasiado de negro, que sua tarefa era dividir e abusar da comunidade negra."

Kindle, que percorria salões de barbeiro e cabeleireiro, cafés e igrejas conversando com ministros e chefes de gangues, sabia que os funcionários distritais que apoiavam Bobby Rush ou Donne Trotter espalhavam que Obama não passava de um forasteiro degenerado, um produto da rica "corja" judaica de Lakefront e da parte mais próxima da zona norte, que fora educado no Havaí e na Indonésia pela mãe e pelos avós brancos, que não era "negro o bastante".

"Barack não cresceu numa comunidade negra, a mãe era branca, e achavam que ele talvez fosse outro Clarence Thomas", declarou Kindle. "Ninguém falava isso na tevê, mas todos comentavam na rua. Por isso ele precisava de mim, para percorrer os bairros e fazer com que o aceitassem. Era uma questão de dizer, sim, ele conhece as pessoas, sim, ele é negro o bastante."

"Há muita desconfiança na comunidade, e alguém de Hyde Park pode facilmente despertar esse sentimento", prosseguiu Kindle. "A Universidade de Chicago tem um histórico de financiar operações de desapropriação de terras, e ele trabalhava lá. Além disso, parte do dinheiro que entrava vinha dos judeus, portanto seria um caso de luta de classes."

Carol Anne Harwell, que acompanhou Obama desde o começo, declarou que a campanha foi um golpe para ele. "Barack suportou muitos ataques", disse. "Falavam da mãe dele, criticavam seus discursos, diziam que ele não era negro — foi muito difícil. Eles o viam como um aproveitador de Hyde Park num distrito de maioria negra."

Esses sentimentos costumavam emergir na WVON, emissora de rádio local cuja sigla significava "the Voice of the Negro" [a voz do negro] e que depois o mudou para "the Voice of the Nation" [a voz da nação]. "A audiência da WVON não era grande, mas atingia formadores de opinião nas comunidades mais afastadas", segundo Will Burns. Os ouvintes ligavam para o programa popular de Cliff Kelley e atacavam Obama, fazendo comparações humilhantes entre o heroico veterano Bobby Rush e o jovem estreante designado para defenestrá-lo. "Não havia panfletos ou mensagens coladas nas portas, mas eles batiam firme nessa tecla", disse Burns. "Em parte era o troco a Barack pelo que havia feito a Alice Palmer, na visão dos nacionalistas."

Os funcionários da base da campanha de Rush e Trotter alimentaram uma eficiente onda de boatos. Ressaltavam as contribuições de apoiadores brancos proeminentes como Minow, Mikva, Schmidt e os romancistas Scott Turow e Sarah Paretsky dizendo que estavam por trás do "projeto Obama", um plano secreto dos brancos ricos para a ascensão de um negro obediente na política. Não importava que o comitê de finanças de Obama fosse composto de jovens executivos negros ou que contasse com o apoio de vereadores negros importantes — Toni Preckwinkle, Ted Thomas e Terry Peterson. Rush e Trotter tratavam esses políticos de "buppies" (black yuppies).[26]

Mike Strautmanis disse: "Visitei minha avó e contei a ela que estava trabalhando para Obama, que íamos tomar o lugar de Bobby Rush no Congresso. Barack tinha saído na capa do *Sun-Times* e eu mostrei a publicação para minha avó. Ela ergueu os olhos, com ar de espanto, e disse: 'Por que ele quer tomar o emprego do Bobby?'. Por um tempo eu fiquei sem palavras. Pensei: que merda. Se não consigo convencer nem minha avó a votar em Barack, estamos encrencados".

Obama chegou à época de Ano-Novo com uma péssima impressão da campanha. Havia levantado quase o mesmo valor em dinheiro que Rush — contando com 9500 dólares de empréstimo pessoal —, mas não via jeito de ganhar a eleição. A campanha dele pouco podia fazer contra a estratégia de Rush, que exaltava sua autenticidade racial e, por prepostos, questionava a de Obama. "Cheguei à metade da campanha sabendo, lá no fundo, que ia perder", recordou Obama. "Todas as manhãs, dali em diante, eu acordava com uma sensação vaga, ruim, sabendo que precisava passar o dia sorrindo, apertando mãos, fingindo que tudo seguia conforme o plano."[27]

Com a cobertura da disputa dominada pela morte de Huey Rush, Obama parecia ter perdido o rumo e a motivação. "Barack não mostrou a disposição necessária para vencer naquela primeira eleição", resumiu Chris Sautter, consultor de mídia de Obama. "Ele nunca havia participado de um pleito competitivo antes. Não gostava de gastar tantas horas em tarefas cansativas. Não entendia quanto tempo era necessário para levantar recursos e fazer propaganda de porta em porta. Depois do assassinato de Huey Rush, ele perdeu o entusiasmo."

Obama não lançou mão de anúncios ou cartas negando qualquer coisa. No geral, insistiu em sua experiência como organizador, em seu trabalho como advogado em defesa do direito de voto, na experiência em Springfield com a reforma da previdência, no controle de armamentos, na ética, em estereótipos raciais institucionais e na ajuda a crianças pobres. Inevitavelmente começava os discursos com uma admissão bem ensaiada: "A primeira coisa que as pessoas me perguntam é: 'De onde vem esse nome, Obama?'. E nem sempre o pronunciam direito. Dizem 'Alabama' ou 'Yo Mama'".[28] Depois recontava sua jornada multiétnica e detalhava suas credenciais liberais. Nunca perdia a calma, e irradiava uma sensação de que, mesmo perdendo, ele representava um novo tipo de político afro-americano.

"Ele nunca passava a impressão de saber que sofreria uma derrota estrondosa", disse Burns. "Talvez pensasse que precisávamos de incentivo, ou temesse que o largássemos na mão. Ele é engraçado. Faz comentários irônicos, tem um senso de humor perverso. Houve um tiroteio numa das zonas em que tentávamos vencer. Eu fui encarregado da manifestação a favor do controle de armas numa igreja. Distribuímos panfletos, telefonamos, concentramos as energias no evento. Chegou a hora. As câmeras estavam a postos — e havia umas dez pessoas. Os ônibus lotados não apareceram. Foi um desastre. Quando a gente trabalha para Obama, sabe que não pode fracassar numa missão. Alguns políticos dão escândalo, gritam. Ele bateu no meu ombro, depois de chamar o evento de entrevista coletiva, e disse: 'Sabe, Will, quando a gente realiza uma manifestação, isso em geral inclui as pessoas. Manifestação é isso'."

Em particular, conforme a campanha fracassava, Obama chegou a conversar com Ron Davis e Al Kindle a respeito de suas altas ambições. "Ele sempre quis ser presidente — era uma espécie de devaneio", contou Kindle. "Na primeira vez em que mencionou seu sonho nós estávamos fazendo a campanha para a candidatura ao Congresso. Ron alertou: 'Não conte para ninguém, mas o cara quer ser presidente'. Nós demos risada, e Ron disse: 'Ele é pirado!'."

Obama conseguiu um fato positivo. No dia 6 de março, o *Tribune* declarou apoio a ele:

> Oito anos atrás, o *Tribune* apoiou Rush com as seguintes palavras, criticando Hayes: "Ele é um político incapaz de abandonar as ideias ultrapassadas de intervencionismo governamental, muito embora esteja muito claro neste distrito que as velhas ideias caducaram". Parece que o mesmo se aplica hoje a Rush. Ele alega experiên-

cia e sabedoria, mas sua abordagem dos problemas não produziu muitos resultados. Talvez fosse o bastante, se ele não deparasse com um oponente de qualidade.

Obama é inteligente e enérgico. Foi o primeiro presidente negro da *Harvard Law Review* e tem um forte compromisso com a comunidade. Apresenta ideias novas para o governo e compreende que, na condição de congressista do primeiro distrito, ele se tornará um porta-voz das questões afro-americanas de alcance nacional e um elemento importante na elaboração de políticas urbanas em Chicago e no resto do país.[29]

No dia 12 de março, domingo, Obama foi recebido com carinho em Beverly, quando participou de uma marcha de 300 mil pessoas na parada irlandesa anual da zona sul. Com o passar dos anos, a parada tornou-se conhecida pela bebedeira desenfreada, e Obama relutava em participar. Simon o convenceu a ir. "É espetacular", disse Shomon. "Tem fiambre bovino com repolho para a família inteira, depois a gente dá a volta no quarteirão para tomar cerveja com o primo Jimmy." Obama começou o dia assistindo a uma missa, tomou um brunch com pão e cozido na casa de Jack e Maureen Kelly com voluntários das redondezas, como John e Michelle Presta, donos de uma livraria no bairro.[30] Obama percorreu a Western Avenue ao lado dos tocadores de gaitas de fole que tomavam cerveja, adolescentes com colares de Mardi Gras e cabelo tingido de verde. Dias depois ele enfrentou heroicamente outro debate maçante com Rush e Trotter, promovido pelo "Chicago Tonight", um programa da WTTW, que terminou empatado.

O apoio do *Tribune* e o desfile ergueram os ânimos, mas não enganaram Obama. Na época, os negros de classe trabalhadora, base do eleitorado democrata no distrito, costumavam ler o *Sun-Times*. No dia 16 de março um editorial do jornal alegou que Obama e Trotter não haviam "convencido o eleitorado" e apoiou Rush.[31] Obama não ganhava nem na imprensa liberal alternativa. O artigo de Ted Kleine no *Reader* de Chicago, intitulado "Bobby Rush está encrencado?", saiu logo antes das primárias, em 21 de março: embora equilibrado, continha trechos letais. Citaram Rush, que teria dito que Obama "foi para a Harvard e se tornou um idiota instruído [...] Esses caras com diplomas iguais aos da elite do leste não impressionam a gente".[32]

O texto descrevia como Rush tinha conseguido virar a mesa geracional contra Obama. No debate na WVON, moderado por Cliff Kelley, Rush falou sobre uma passeata de protesto liderada por ele em 1995, quando um policial de folga matou um sem-teto. Obama o interrompeu, dizendo: "Para nós não basta protestar contra os desvios da polícia sem refletir sobre os meios pelos quais podemos modificar essas práticas".³³ Rush aproveitou a deixa e rebateu: "Nunca conseguimos progredir como povo apenas com base no processo legislativo, e creio que estaríamos realmente numa situação crítica se começássemos a desvalorizar de algum modo o papel do protesto. Foi o protesto que nos trouxe até onde estamos hoje".

"Uma semana depois", relatou Kleine, "Rush ainda remoía a insinuação de Obama de que os dias de protesto da comunidade negra era uma coisa do passado. 'Barack é uma pessoa que lê a respeito dos protestos pelos direitos civis e acha que sabe tudo a respeito', declarou. 'Eu ajudei a escrever essa história, com sangue, suor e lágrimas'." A discussão fez Obama parecer infantil e ingrato.

Kleine entrevistou os candidatos em profundidade e concluiu que Obama falava "como um barítono retumbante, soando como um apresentador de notícias da tevê".³⁴ Também deixou que Trotter seguisse adiante com uma série de comentários que ampliavam a percepção de que Obama não era negro o bastante. "Barack é visto em parte como um branco de cara negra em nossa comunidade", disse Trotter a Kleine. "Basta ver quem o apoia. Quem o impulsionou para que chegasse tão longe e tão depressa? Os indivíduos de Hyde Park, que nem sempre têm os interesses da comunidade em mente."

O artigo retratava Obama como defensivo durante a campanha, rechaçando ataques que, em seu caso, não só eram ofensivos como refletiam uma profunda suspeita em relação a pessoas instruídas por uma parte dos eleitores. Obama declarou ao *Reader* que, quando seus oponentes o fustigavam por ter frequentado a Faculdade de Direito de Harvard ou por lecionar na Universidade de Chicago, eles estavam mandando um recado para as crianças negras: "Se vocês forem instruídos, perderão o contato com a realidade". E insistia em que sua formação permitia que ele vivesse em mais de um mundo — uma qualidade essencial para um político moderno.

"Minha experiência de ser capaz de entrar num conjunto habitacional popular e de dar meia-volta e comparecer a uma sala de reuniões de executivos, conseguindo uma comunicação eficaz nos dois casos, significa que tenho mais capacidade de formar as coalizões e formular as mensagens capazes de abranger um número maior de pessoas. É assim que conseguimos realizar as coisas no Congresso", declarou Obama. "Temos mais coisas em comum do que diferenças com a comunidade latina, com a comunidade branca, e precisamos trabalhar com eles a partir de uma perspectiva política prática [...] Talvez obtenhamos satisfação psicológica em vociferar contra pessoas de fora da comunidade e culpá-las por nossos tormentos. Mas a verdade é que precisamos trabalhar ao lado deles para atingir nossos objetivos políticos."

A campanha de Obama levantou mais de 600 mil dólares, gastando parte da verba com uma série de três spots de rádio que retratavam Obama como novidade, como um idealista sincero mas duro o bastante para obter resultados no Congresso. Um dos spots, escrito por Chris Sautter e seu irmão Craig, se chamava "Blecaute":

> Voz masculina: Ah, não, acabou a luz de novo.
>
> Voz feminina: Outro blecaute!
>
> Voz masculina: Estou cheio disso! Quando alguém vai fazer algo a respeito?
>
> Voz feminina: Obama.
>
> Voz masculina: Como é que é?
>
> Voz feminina: Obama, senador estadual. Ele está lutando por reformas que vão obrigar Con Ed a indenizar os consumidores por falta de energia.
>
> Locutor: Barack Obama, candidato democrata ao Congresso. Como organizador comunitário, Obama lutou para garantir que os residentes de Roseland e Altgeld Gardens recebessem os serviços a que têm direito. Barack Obama. Como advogado, Obama lutou pelos direitos civis e comandou o Projeto Voto, registrando mais de 100 mil eleitores das minorias. Barack Obama. Eleito para o Senado de Illinois, Barack Obama lutou para tornar o serviço de saúde acessível a todos, independentemente da renda, e conseguiu milhões de dólares para investir na prevenção de delitos juvenis em nossa comunidade.
>
> Voz masculina: A luz voltou. Con Ed deve ter ouvido falar no senador Bama.
>
> Voz feminina: É *Obama*. Barack Obama. E ainda vão ouvir falar muito nele.
>
> Locutor: Barack Obama, candidato democrata ao Congresso. Uma nova liderança que trabalha para nós.

A brincadeira com o nome de Obama e a pergunta "Como é que é?" em tom informal pouco efeito produziram. Tampouco adiantaram as raras aparições ao lado dos oponentes. Nos debates patrocinados pela Liga Urbana e pela Liga das Eleitoras, Obama não conseguiu se diferenciar de Bobby Rush. Os voluntários de Obama se entusiasmavam com a habilidade com que ele enfrentava Rush, mas até alguns aliados o consideravam distante, quase chegando ao ponto de ser arrogante. Obama era "meio metido", disse Toni Preckwinkle. "Vivia de nariz para cima, agindo como se fosse bom demais para estar ali."

Se havia alguma dúvida sobre o que aconteceria nas primárias, ela se dissipou quando Bill Clinton chegou à cidade, pouco antes da escolha, para fazer campanha para Bobby Rush.

A popularidade de Clinton na zona sul só tinha aumentado durante a saga do impeachment. Rush posou ao lado de Clinton no gramado da Casa Branca, depois da votação do impeachment pela Câmara. Clinton não se esqueceu disso. Gravou um comercial de rádio de trinta segundos para Rush, que era veiculado sem parar na WVON e em outras emissoras importantes. "Illinois e os Estados Unidos precisam de Bobby Rush no Congresso", declarou Clinton, chegando a se referir à morte de Huey Rush para reforçar o impacto emocional. "Bobby Rush foi um líder ativo do esforço para manter as armas longe dos jovens e dos criminosos, muito antes de sua própria família ser vítima da insensata violência das armas."[35]

O comercial foi ao ar em 13 de março, e Clinton fez campanha para Rush em Chicago naquele dia, dominando o noticiário televisivo. "Até então, para ganhar, precisávamos flagrar Bobby com um rapaz vivo ou uma moça morta", Will Burns disse. "Quando Clinton entrou em cena, foi o fim da linha."

No dia 21 de março, Bobby Rush venceu com 61% dos votos. Obama conseguiu 30%, e Trotter 7%. George Roby, policial aposentado de Calumet Heights, ficou com 1%. O único lugar onde Obama ganhou foi no 19º Distrito, dos professores irlandeses, bombeiros e policiais. Também foi bem na pequena parte do distrito que abrangia subúrbios ao sul, como Evergreen Park e Alsip.

Na manhã seguinte, Obama percorreu as casas do distrito que exibiam a faixa azul escrita "Obama para o Congresso" e bateu nas portas para agradecer o apoio.

Em novembro, Rush venceu por setenta pontos o candidato republicano escolhido para o sacrifício, Raymond Wardingley. O último republicano a conquistar uma cadeira no Congresso pelo Primeiro Distrito havia sido o filho de escravos Oscar DePriest.

Nove anos depois de ter vencido Obama, Rush relembrou a experiência com uma alegria que beirava a inconveniência. "Barack não era bom em debates", disse. "Acadêmico demais. Perdia o controle sobre a plateia. E afinal de contas eu conhecia um pouco de teatro político. A mensagem era simples: de onde veio esse cara? Quem é ele? O que fez? [...] Concentrei meus esforços em garantir que as pessoas soubessem que Barack Obama estava sendo usado como instrumento pelos liberais brancos. Bem, aquela gente o ajudou mais tarde a se candidatar a senador federal e a presidente. Não se pode negar que Obama é brilhante e disciplinado. Um sujeito político, muito calculista."

Na noite de sua derrota, falando a seus apoiadores no Ramada de Hyde Park, Obama disse: "Confesso a vocês, ganhar é melhor do que perder".[36]

Não estava claro se Obama pretendia se candidatar novamente um dia. Steve Neal, em sua coluna no *Sun-Times*, disse que eles ainda ouviriam falar de Obama — talvez se candidatasse a procurador-geral ou tesoureiro estadual —, mas para Obama a perspectiva de conseguir o apoio de Michelle para outra campanha era assustadora. "Eu precisei dar garantias a respeito do rumo a tomar a partir dali", disse a seu pessoal. "Precisamos de um novo estilo de fazer política, capaz de lidar com as questões importantes para as pessoas. O que não está claro para mim é se devo fazer isso como parlamentar eleito ou influenciar o governo de modo a conseguir melhorar a vida das pessoas."[37]

Muito tempo depois da derrota, Obama ainda sentia seu peso: "É impossível não sentir que de certa forma você foi pessoalmente repudiado pela comunidade inteira, que não tem as qualidades necessárias e que, onde quer que vá, a palavra 'derrotado' pipoca imediatamente na cabeça das pessoas".[38]

Obama não é dado a crises de raiva ou depressão, mas perder para Bobby Rush foi decisivo em todos os sentidos. Anos depois, Obama me disse: "Fiquei mortificado e humilhado, eu me sentia péssimo. O pior problema na política é o medo de perder. Trata-se de uma atividade pública que a maioria das pessoas não precisa enfrentar. Obviamente, o lado ruim da publicidade e da notoriedade é que quando você perde as pessoas jogam isso na sua cara". Não só ele perdeu por uma margem superior a dois por um como sofreu insultos insistentes, por não ser "negro o bastante" e por ser professoral e fraco. Será que ele estava preso em Springfield? Se nem Bobby Rush conseguia chegar perto de derrotar Richard Daley, como ele poderia fazer isso? Além da ansiedade profissional, havia problemas financeiros: por conta da campanha, Obama estava devendo 60 mil dólares.[39]

"Ele ficou triste com a possibilidade de estar tudo acabado", disse Abner Mikva, "e começou a pensar onde mais poderia usar seus talentos." Obama começou a pensar se ele e a família não viveriam melhor sem precisar lidar com os aspectos "mesquinhos" da vida política: "implorar por dinheiro, guiar até em casa depois de um banquete que demorou duas horas além do previsto, comida ruim, ar viciado, curtas conversas telefônicas com uma esposa que até o momento me apoiava, mas que estava cansada de criar os filhos sozinha e questionava minhas prioridades".[40]

Michelle Obama também queria opinar sobre o futuro depois de Bobby Rush. Ela tinha sido contra a candidatura desde o início, e agora se perguntava quando o marido sossegaria e encontraria um jeito de conciliar as necessidades financeiras da família com o ímpeto de contribuir para com a comunidade. Não via futuro na política eleitoral. A família não tinha nada de pobre — sua renda anual superava os 200 mil dólares —, mas o fato de que poderiam viver muito melhor era reconhecido pelos dois. Formados pela Faculdade de Direito de Harvard, os dois Obama tinham um imenso potencial de enriquecimento, e Michelle já tinha mencionado seu desejo de passar todo o tempo com a família caso o marido se dedicasse aos negócios. "Minha esperança era ouvir: tudo bem, já chega", disse. "Vamos procurar outros caminhos para causar impacto e ganhar algum dinheiro, começar a economizar para o futuro e angariar um fundo para a faculdade das meninas."[41]

Já há algum tempo Michelle Obama não gostava da vida de mulher de político. "Ela não entendia Springfield", explicou Dan Shomon. "Preocupava-se com a perda de tempo da parte de Obama, que poderia estar ganhando muito dinheiro mas estava lá, mergulhado na mediocridade." Barack estava sempre ocupado, fazendo campanha, viajando, trabalhando em Springfield, lecionando ou advogando, mas Michelle não hesitou em deixar claro que esperava do marido participação nas questões domésticas quando ele estivesse em casa. "Eu me vi obrigado a intermináveis negociações a respeito de cada detalhe da administração doméstica, com listas enormes de coisas que eu precisava fazer, ou que tinha me esquecido de fazer, e enfrentava uma atitude de contrariedade geral", escreveu Obama depois em seu segundo livro, *A audácia da esperança*.[42] Dan Shomon declarou a um repórter da revista *Chicago* que Michelle dissera ao marido: "'Barack, você vai fazer compras duas vezes por semana. Vai pegar Malia na escola. Vai fazer isso e aquilo, e vai se encarregar de blá-blá-blá', de modo que ele tinha tarefas a cumprir, e ele nunca a questionava, nunca reclamava. Dizia que Michelle sabia o que estava fazendo — confiava em sua capacidade de criar os filhos e cuidar da família". (Sasha, a segunda filha dos Obama, nasceu em 2001.)[43]

Sem dúvida Obama poderia voltar para a Universidade de Chicago ou para o escritório de advocacia. Outra opção considerada por ele foi desistir do Senado estadual e assumir a presidência da Joyce Foundation, erguida sobre uma fortuna da indústria madeireira, que aplicava cerca de 50 milhões de dólares anuais em projetos comunitários da cidade.

"Era um serviço sossegado — salário de 1 milhão por ano, títulos de dois clubes de golfe, e eu pensei, pronto, finalmente chegou o dia em que o nosso árduo trabalho vai valer a pena", contou Dan Shomon, que se imaginava trabalhando para Obama como gerente geral da fundação. "Barack poderia ter dado dinheiro para todos os tipos de grupos progressistas, do bem. Ele foi para a entrevista com as mãos trêmulas de medo de conseguir o emprego. Sabia que, nesse caso, teria de sair do jogo, da política."

Obama brilhou na entrevista, mas no final ele e o conselho da fundação perceberam que seu coração não estava naquilo. "Pelo amor de Deus, Barack, é um emprego e tanto", disse Richard Donahue, um dos membros da diretoria. "Mas você não quer."[44] Aliviado, Obama não hesitou em se afastar do universo das fundações.

"Foi uma coisa que Michelle não conseguiu absorver", explicou Shomon. "Por mais que reclamasse de Springfield, Obama estava viciado. Seu narcótico era a política. Ele queria se eleger para um cargo público. De alguma forma a política o completava como pessoa, e ele não ia desistir. Mesmo quando era moroso, quando se sentia abatido pela disputa com Bobby, ele nunca pensou em desistir da política. Preferia recolher os pedaços. Mas, no final das contas, se não fosse por aquela disputa não haveria Barack Obama. Foi o ponto de partida. Aquilo o preparou para o que teria pela frente."

9. A campanha na selva

Um mês depois da derrota para Bobby Rush, Obama comprou uma passagem aérea promocional e viajou para a Convenção Nacional Democrata em Los Angeles, onde seu partido escolheria como candidatos Al Gore e Joe Lieberman. Obama não era delegado. Não conquistara a simpatia do Partido Democrata de Illinois ao concorrer com Rush. Nem tinha sequer uma credencial, mas ainda assim seus amigos o incentivaram a ir e fazer contatos. Mais tarde, Obama entendeu que eles queriam vê-lo novamente em ação e também se divertir um pouco.

Quando chegou ao aeroporto de Los Angeles, Obama foi até o balcão da Hertz para alugar um carro, mas não aceitaram seu cartão American Express. Ele acabou conseguindo convencer um supervisor de que tinha condições de pagar o aluguel.[1] Talvez tenha sido seu ato mais persuasivo em vários meses. Por alguns dias, ele acompanhou os discursos no telão Jumbotron do Staples Center enquanto milhares de democratas, muitos dos quais usavam chapéus engraçados, passavam por ele exibindo seus crachás com acesso à pista. Obama conseguiu chegar aos camarotes, mas não à pista. Não quis ficar muito tempo em Los Angeles.

De volta a Springfield, Obama enfrentou uma rodada de "eu bem que avisei" em seu pôquer de quarta-feira. Aproximou-se ainda mais de Emil Jones, que insistiu em algo que estava bem claro desde o início da campanha. O Primeiro

Distrito Congressional não era a arena política adequada para ele. "Num distrito em que predominavam afro-americanos a campanha deveria girar em torno das questões raciais", sintetizou Jones, recordando conversas com Obama. "E Barack não fez uma campanha assim e acabou derrotado. O que foi bom."

Com o tempo, Obama e seu pequeno círculo de conselheiros e operadores políticos começaram a perceber as vantagens de perder para Rush. Obama passou a ver sua derrota como uma etapa de sua educação política. Ele não tinha como enfrentar o apelo local de Rush, que embora não fosse o exemplar mais nobre da geração da luta pelos direitos civis esbanjava uma credibilidade histórica que Obama, aos trinta e tantos anos, não possuía. Na verdade, como membro do que chamava de geração de Josué, Obama apresentava um apelo mais amplo, mais moderno: graças ao acesso a instituições da elite da vida americana como Columbia e Harvard, além dos liberais e empresários do centro, ele se destacava pela instrução, pelo modo de falar, pela capacidade de atrair um eleitorado que Rush nunca teria.

"Bobby nos fez um favor ao conduzir a campanha daquele jeito — ajudou a definir Obama", disse Al Kindle. "Se Obama tentasse ser 'mais negro', ou ser como Rush para vencê-lo, e obtivesse sucesso, ficaria escravo dessa imagem para sempre. Já se sabia que ele não era um político negro tradicional. A raça lhe deu notoriedade. Ele não era um Harold Washington. Não era um Bobby Rush. Era um líder diferente, que a comunidade precisava absorver, tanto negra quanto branca. Não havia um modelo para isso ainda. O modelo era o outro lado que Harold não podia ser, pois a cidade na época estava dividida demais em termos de raça. Àquela altura da história a região não era mais tão abertamente racista, e não tínhamos políticos execrados como Eddie Vrdolyak, que se mantinham graças ao racismo. Obama se tornou a geração seguinte."

Em 2000 e 2001, era difícil imaginar quando e como surgiria uma segunda oportunidade para Obama na política, se é que surgiria. Muitas comunidades afro-americanas procuravam a geração seguinte de líderes: os homens e mulheres da geração de Rush não tiveram capacidade de desafiar Richard Daley. A situação no Senado não era especialmente promissora: Richard Durbin era o popular sucessor democrata para Paul Simon, e Peter Fitzgerald, um jovem republicano abastado, derrotara Carol Moseley Braun depois de um mandato apenas, por conta de acusações de comprometimento ético. Quando o mandato de Fitzgerald terminou, em 2004, Braun poderia ter se candidatado novamente. Apesar da desorganização financeira da campanha e de sua fama de leniente com a corrupção menor em alguns círculos, ela seguia sendo um nome muito mais conhecido do que o de Obama.

Após perder a indicação para Rush, Obama e Shomon passaram a viajar de novo pelo estado, de modo intensivo. Segundo Shomon, entre 1997 e 2004 eles rodaram quase 60 mil quilômetros para comparecer a jantares, feiras rurais, encontros do Elks-club,* eventos políticos — qualquer acontecimento que ajudasse a torná-lo conhecido no estado.

"No carro, sozinhos, falávamos a respeito de tudo, de casamento a golfe, de mulheres a política", disse Shomon. "Em geral eu ouvia seus conceitos sobre política e estratégia, depois refletia sobre a maneira como as ideias se encaixariam na realidade e o que fazer por seu crescimento político."

Obama interrogou Shomon sobre todos os políticos atuantes no estado. Não pensava mais em concorrer à prefeitura: procurador-geral, governador, senador federal — esses eram os cargos no horizonte de suas ambições no momento. Enquanto isso dava aulas e legislava, arranjou até um tempinho para advogar para a antiga firma em que trabalhava. Robert Blackwell Jr., amigo de Obama e empresário afro-americano, acreditava que ganharia dinheiro com tênis de mesa, que ele chamava de "o primeiro esporte participativo do mundo". Blackwell contratou a firma de Obama por catorze meses, por 8 mil dólares mensais, para estudar contratos.[2] (A contratação tornou-se controversa quando Obama, exercendo mandato de senador estadual, escreveu uma carta recomendando a empresa de tênis de mesa de Blackwell, a Killerspin, para receber verba turística para patrocinar torneios internacionais em Chicago.)

De início não ficou claro aonde ele chegaria com essas viagens e divulgação da imagem. Michelle Obama temia que prejudicasse o futuro do casal. Quando Barack ligava da estrada para contar que seu discurso fora um sucesso, ela retrucava, segundo Shomon, algo no gênero: "Malia está doente, é isso que me preocupa no momento".[3]

Obama não se abalou. O desconforto costumeiro de Michelle também fazia

---

* Ordem Beneficente e Protetora dos Alces dos EUA. (N. T.)

parte de seu relacionamento. Ela entendia o ego e o envolvimento do marido, e aquele era um modo de limitar isso. Embora a política gerasse tensão no relacionamento, nunca causou estragos fatais. Alguns relatos equivocados retratam Michelle como uma reclamona naquela época, mas ela se orgulhava do marido e compartilhava seu desejo de sucesso.

"Duvido que Barack se preocupasse com o fim do casamento", contou Shomon. "Sentia-se apreensivo quanto ao futuro, se seria eleito, se ficaria preso à minoria, se Michelle reclamaria disso ou daquilo. Mas nunca achei que o casamento deles corria um risco *real*."

"Sem Michelle não existe Barack", disse Al Kindle. "Ele precisava dela por questão de imagem, claro, mas a amava para valer. Se Michelle não concordasse com a vida pública, ele não teria se candidatado. O divórcio acabaria com ele. Depois da disputa congressual, ela quis saber: 'Para onde vamos?'. E exigiu que ele tomasse uma decisão. Obama resolveu: 'Vou tentar mais uma vez'. Ele queria largar o Senado estadual e procurar outra coisa. Avaliava as opções. Em parte, o que ela fazia era forçá-lo a resolver o que queria fazer."

Em 19 de setembro de 2001, o *Hyde Park Herald* publicou uma página de reações aos catastróficos ataques terroristas da semana anterior ao World Trade Center, em Nova York, e ao Pentágono.[4] Os dois senadores por Illinois, Peter Fitzgerald e Richard Durbin; o representante de Hyde Park na Câmara, Bobby Rush; as vereadoras Toni Preckwinkle e Leslie Hairston; e a representante estadual Barbara Flynn Curie emitiram mensagens previsíveis de solidariedade e vigilância. Em 2001, Obama ainda era insignificante como político para ser chamado a opinar na mídia nacional, mas no *Herald* ele apresentou uma reação aos eventos que vale a pena citar por inteiro, pela tentativa de explorar o sentido político dos ataques:

> Além da esperança de haver algum tipo de consolo e paz para as famílias enlutadas, alimento também a esperança de que possamos, enquanto nação, aprender com essa tragédia. Algumas lições imediatas são claras, e devemos agir com determinação a partir delas. Precisamos aumentar a segurança nos aeroportos. Reexaminar a eficácia de nossas redes de inteligência. E devemos ser resolutos na identificação dos autores dos atos atrozes, desmantelando as organizações voltadas à destruição.

Devemos nos engajar, porém, na tarefa mais difícil de compreender as origens de tais loucuras. A essência da tragédia, na minha opinião, deriva de uma fundamental ausência de empatia por parte dos atacantes: uma incapacidade de entender e se solidarizar com a humanidade e o sofrimento alheio. Essa falta de empatia, a insensibilidade à dor de um filho ou ao desespero de um pai, não é inata; nem a história nos revela ser específica de uma cultura, religião ou etnia particular. Encontra expressão num tipo específico de violência, e pode ser canalizada por demagogos ou fanáticos específicos. Com maior frequência, porém, ela brota num clima de pobreza e ignorância, de desesperança e desespero.

Precisaremos assegurar, apesar de nossa ira, que qualquer ação militar dos Estados Unidos leve em conta as vidas de civis estrangeiros inocentes. Teremos de nos opor com firmeza ao fanatismo e à discriminação contra nossos vizinhos e amigos, descendentes de nativos do Oriente Médio. Finalmente, precisaremos dedicar mais atenção à tarefa monumental de aumentar as esperanças e as possibilidades dos jovens amargurados de todo o planeta — jovens não só do Oriente Médio como também da África, Ásia, América Latina, Europa Oriental e dentro do nosso território.

Anos depois, na esteira da invasão do Iraque e após muitos outros incidentes terroristas, de grampos ilegais e abuso de prisioneiros, de segurança intensificada e estereótipos, os comentários de Obama podem parecer lugar-comum. Mas nos dias e semanas após o 11 de Setembro qualquer tentativa de entender as "origens de tais loucuras", de compreender como um jovem se torna terrorista — como pode ser moldado pelo desespero econômico e político e pela demagogia de líderes fanáticos —, era vista por muitos com tremenda desconfiança, como se uma tentativa de compreender constituísse falta de indignação contra os terroristas, ou do sofrimento dos milhares de vítimas. E, num comentário de apenas três parágrafos, levantar a questão das mortes de civis numa ação militar norte-americana não era um sentimento comum naquele momento.

Depois dos ataques da Al-Qaeda, Obama descobriu que seu nome, já desvantajoso em disputas políticas, depois do 11 de Setembro tornou-se um apêndice oneroso. Naquele mês ele marcou um encontro com Eric Adelstein, consultor de mídia para candidatos democratas, para sondar discretamente a possibilidade de se candidatar a um cargo estadual — de procurador-geral ou senador federal por Illinois. Acabara de ser esmagado por Bobby Rush, e devia muito dinheiro.

Seu nome rimava com o do terrorista vivo mais famoso do mundo. "De repente, o interesse de Adelstein pelo encontro diminuiu!", Obama disse a David Mendell. "Conversamos a respeito, e ele disse que a partir de agora a questão do nome seria um problema real para mim."[5]

Enquanto aguardava sua próxima oportunidade política, Obama decidiu ser uma presença mais efetiva em Springfield. Ele já tinha percorrido um longo caminho. Quando chegou ao Senado estadual, passou a seus colegas a impressão de rígido, acadêmico e arrogante. Com o passar do tempo tornou-se amigável, caloroso e acessível. Não exibia mais os ares de superioridade do início. Obama estudou Bill Clinton na televisão. Observou até Rod Blagojevich, intelectualmente limitado, mas um craque na relação interpessoal. "Barack não era muito simpático quando chegou ao Senado estadual", disse Dan Shomon. "Só percebeu bem mais tarde a importância de ser afável, de ter charme. Mas aprendeu até a se posicionar para a câmera nos eventos públicos, pois se não aparecesse na tela era como se não tivesse estado lá. Aprendeu os truques para atrair as pessoas."

Ao mesmo tempo, Obama passou a defender questões fundamentais com mais eficiência. Não fazia parte da esquerda do partido, mas defendia com vigor a moratória nas execuções e se opunha à elaboração de perfis econômicos com base racial. Como muitos democratas da legislatura, discordava principalmente do ímpeto da era conservadora em cortar gastos sociais e imposto de renda — um espectro ainda mais concreto nos estados, onde os orçamentos precisavam ser equilibrados. Republicano moderado, George Ryan elegeu-se governador em 1999, tomando posse como um fio de esperança para os democratas, e Obama gostou quando Ryan decretou moratória na pena capital, em 2000. Esperava que fosse um sinal de tendências progressistas na política estadual de Illinois, mas em fevereiro de 2002 o estado enfrentou uma crise orçamentária — déficit superior a 700 milhões de dólares — e Ryan pretendia cortar programas cruciais de bem-estar social. Escrevendo no *Herald*, Obama disse que o estado enfrentava um dos "paradoxos" da recessão. "A pior coisa que um governo estadual pode fazer durante uma recessão é cortar gastos", escreveu.[6]

Contudo, um incidente durante a tentativa democrata de manter o máximo possível dos programas sociais mostrou que os problemas de Obama com alguns colegas afro-americanos não haviam sido superados. No dia 11 de junho, Rickey

Hendon proferiu um discurso inflamado no plenário do Senado exigindo que os recursos para construir um centro para crianças em seu distrito no West Side fossem preservados. Dois incidentes terríveis haviam enfurecido Hendon nos últimos anos, e crianças da zona oeste foram encontradas vivendo em condições desesperadoras. Não havia como Hendon ter sucesso — a maioria republicana votou contra ele —, mas ele ficou surpreso quando Obama também votou contra sua proposta. Exaltado, Hendon, que sentava na frente com a liderança da minoria, recuou para a chamada Fileira Liberal, onde Obama se sentava com outros três democratas: Terry Link, a filha do presidente da Câmara de Illinois, Lisa Madigan, e Carol Ronen, muito ativa em questões relacionadas à homossexualidade.

"Rickey, furioso, gritava e xingava", recordou Terry Link.

Obama tentou acalmar Hendon, argumentando a favor do controle de gastos.

"Obama me explicou que precisávamos mostrar responsabilidade fiscal em épocas difíceis para o orçamento", disse Hendon. "Antes que pudesse indagar a respeito das crianças pobres, vi que eu estava voltando para o meu lugar, estupefato. Ocupei meu lugar como num devaneio ou pesadelo, confuso, e continuei a votar não em corte após corte, com todos os democratas, inclusive a Fileira Liberal. Finalmente ouvi o número da lei que cortaria verbas para a zona sul, do distrito do senador Obama. Barack se levantou para fazer um discurso emocionado, condenando aquele corte específico. Pediu compaixão e compreensão. Bem, o centro de atendimento que pretendiam cancelar era muito semelhante ao que ele havia acabado de condenar na zona oeste com seu voto contrário. O voto pela contenção fiscal tinha ocorrido apenas dez minutos antes, mas agora ele queria compaixão!"[7]

Hendon levantou-se para falar e desafiou Obama no plenário do Senado:

> Hendon: Eu só queria dizer ao último orador que ele é muito caradura ao falar em ser responsável e depois votar pelo fechamento da sede [do Departamento da Criança e dos Serviços de Família] na zona oeste, mas não querer votar pelo fechamento de um centro igual na zona sul. Peço desculpas aos meus amigos republicanos por meus comentários... bipartidários, pois sem dúvida há alguns democratas deste lado do corredor que não se importam com a zona oeste, como o último orador.

Presidente da Mesa (senador Watson): Senador Obama, gostaria de se manifestar? Senador Obama.

Obama: Obrigado, senhor presidente. Compreendo a contrariedade do senador Hendon por causa do... na verdade... eu não me dei conta de ter votado Não na última proposta legislativa. Eu queria registrar que minha intenção era votar Sim. Por outro lado, gostaria que meu caro colega, senador Hendon, me perguntasse sobre o meu voto antes de me citar na tribuna.

Depois de uma tentativa fracassada de mudar o voto, Obama seguiu com raiva até o lugar que Hendon ocupava, na Fileira da Liderança. Segundo a lembrança de Hendon, Obama "enfiou a cara tensa e saliente no meu espaço" e disse: "Você me deixou numa posição constrangedora no plenário do Senado, e se fizer isso de novo vai levar um chute na bunda!".[8]

"Como é?"

"Você ouviu muito bem", Obama disse, "e se for lá atrás, ao lado dos telefones, onde a imprensa não pode ver nada, eu vou chutar sua bunda agora mesmo!"

Os dois saíram do plenário e foram para uma saleta dos fundos. Segundo a versão dramática de Hendon para o incidente, houve confronto físico e eles só não brigaram mais por conta da iniciativa de Emil Jones, que despachou Donne Trotter para apartar os dois antes que descessem ao nível da Federação Mundial de Luta Livre.[9] Terry Link e Denny Jacobs disseram que Hendon exagerou o episódio — Obama não ameaçou Hendon e não houve troca de socos —, mas ninguém nega a ocorrência de um confronto emocional tipo porta de escola que poderia ter fugido ao controle.

Em *Black enough/White enough: The Obama dilemma* [Negro o bastante/branco o bastante: o dilema de Obama], um livro um tanto ressentido, Hendon escreve que o incidente provou que Obama era "bipartidário o bastante e branco o bastante para chegar à presidência dos Estados Unidos". Também provaria, em sua análise, que Obama era duro o bastante para ocupar o Salão Oval. "Se fôssemos atacados por terroristas, ele apertaria o gatilho?", escreveu. "Não resta a menor dúvida que sim." Quando lhe perguntaram o que teria acontecido se Trotter e outros não houvessem separado os dois oponentes, ele afirmou: "Duvido que exista alguém na face da terra capaz de me bater! Se eu apanhasse seria o fim da minha carreira, por causa dos bairros que represento. Dá para ter uma ideia do tipo de briga que teríamos. Graças a Deus as cabeças mais frias prevaleceram. Eu não poderia voltar para a zona oeste se apanhasse de um cara de Harvard. Nem para a zona sul. Teria sido o meu fim".[10] Às vezes esse era o nível dos debates em Springfield, Illinois. E Barack Obama não via a hora de deixar tudo para trás.

No mesmo mês, junho de 2002, Obama trabalhou na campanha de Milorad (Rod) Blagojevich, candidato democrata a governador em seu segundo mandato no Congresso. Filho de um operário da indústria siderúrgica nascido na Sérvia, da região noroeste, Blagojevich foi um estudante de direito indiferente em Pepperdine ("Eu mal sabia onde ficava a biblioteca"), e devia sua estreia na política ao sogro, o vereador Richard Mell.[11] Em 2002, Blagojevich foi um dos 81 democratas da Câmara dos Representantes que votaram a favor da autorização do uso da força no Iraque. Nas primárias para governador, Blagojevich derrotou o ex-procurador-geral do estado, Roland Burris, e o secretário de Educação de Chicago, Paul Vallas. Obama apoiou Burris nas primárias, mas passou a apoiar Blagojevich na eleição. Rahm Emanuel, então membro da Câmara, disse a Ryan Lizza, do *The New Yorker*, que ele e Obama "participavam de um pequeno grupo que se encontrava semanalmente quando Rod concorreu a governador. [...] Basicamente nós conduzimos o processo eleitoral, Barack, eu e mais dois".[12] (O conselheiro da campanha de Blagojevich, David Wilhelm, detalhou depois o comentário de Emanuel, explicando a Jake Tapper, da ABC, que Obama era membro do conselho consultivo, e não um dos principais estrategistas.)[13] Anos depois, quando Blagojevich foi acusado de corrupção em nível federal, Obama mostrou-se reticente a respeito de seu relacionamento com ele, mas durante a campanha foi um membro leal do partido. Obama compareceu em junho de 2002 ao programa local de uma emissora a cabo, apresentado por Jeff Berkowitz ("Meu nome é Berkowitz, e a política é o nosso lance."), e declarou: "No momento, meu objetivo principal é assegurar a eleição de Rod Blagojevich para governador".

> Berkowitz: Você está dando duro para Rod?
> Obama: Com certeza.
> Berkowitz: Rod é o cara?
> Obama: Você tem toda a razão. Sabe, acho que ter um governador democrata vai fazer uma grande diferença. Estou trabalhando firme para chegar a um Senado democrata, com Emil Jones presidente, substituindo Pate Philip, e assim que isso

for resolvido, em novembro, acho que poderemos tomar boas decisões sobre a eleição para o Senado [federal].¹⁴

Na verdade, Obama estava fechando os olhos e pensando no Partido Democrata. "Ele e Blagojevich não se relacionavam", disse Pete Giangreco, consultor de mala direta que trabalhava para Blagojevich. "Os dois vinham de planetas políticos diferentes. Barack era de Hyde Park e da Universidade de Chicago. Rod era um estudante medíocre confesso, que não escondia seu desprezo por intelectuais. Odiava todos de North Shore ou Hyde Park, e exibia seu desdém como se fosse uma medalha. Além disso, a política racial também entrava nessa história. Eles não eram aliados."

Em 2001, Richard Durbin, senador estadual sênior, recebeu um grupo de ativistas e políticos do Partido Democrata. Na ocasião, Dan Shomon mandou confeccionar bótons com os dizeres: "Obama: no estado inteiro em 2002". Mas qual cargo na administração estadual Obama tinha em mente? Lisa Madigan, amiga de Obama da Fileira Liberal, era a provável candidata a procuradora-geral. A vaga de Peter Fitzgerald no Senado federal era a única possibilidade atraente. Fitzgerald havia entrado em choque com seu partido em Washington e em Springfield, mas até o momento não dera sinais de desistência, e a enorme fortuna de sua família de banqueiros significava que ele seria perfeitamente capaz de financiar outra eleição.

Quando faltava cerca de um mês para a eleição de 2002, Obama confidenciou a Abner Mikva que andava pensando em se candidatar ao lugar de Fitzgerald no Senado em 2004. Mikva respondeu: "Você precisa falar com os Jackson primeiro".¹⁵ Jesse Jr., que conquistara seu mandato na Câmara em 1995, também pensava no Senado, segundo Mikva. Obama esclareceu que já sabia. "Estou cuidando disso." Num almoço no 312, restaurante italiano em LaSalle, Obama disse a Jackson que não concorreria se ele fosse candidato. "Não se preocupe", Jackson respondeu; ele pretendia continuar na Câmara.

No final do verão de 2002 o governo Bush intensificava sua retórica pública pela invasão do Iraque. No dia 12 de setembro, Bush discursou na Assembleia Geral das Nações Unidas e declarou: "Se o regime do Iraque nos desafiar outra vez, o mundo precisa agir deliberada e decisivamente para puni-lo. Vamos agir em conjunto com o Conselho de Segurança das Nações Unidas para as resoluções necessárias. Mas os propósitos dos Estados Unidos não devem ser questionados".[16] Em um mês ele obteria o apoio do Congresso para uso da força contra o Iraque.

No dia 12 de setembro, a milionária Bettylu Saltzman, amiga e patrocinadora de Obama na zona norte, estava jantando com o marido e mais dois casais num restaurante vietnamita do centro chamado Pasteur. Saltzman, na época com oito netos, não participava de uma manifestação desde a Guerra do Vietnã, mas, quando o grupo comentou seu desconsolo com o desejo governamental óbvio de mandar tropas para o Iraque, Saltzman disse: "Nós precisamos fazer alguma coisa!". Na manhã seguinte, bem cedo, ela telefonou para uma velha amiga que saberia organizar uma manifestação: Marilyn Katz, uma contadora de histórias de voz rouca, fumante inveterada, líder do SDS na juventude e agora dona de uma empresa de comunicação que ganhava muitas licitações para contratos com o prefeito Daley. O gênio maquiavélico de Daley se manifestara também na modernização da estrutura política de Chicago, eliminando a mão pesada enquanto mantinha a tolerância a corrupções ocasionais, alegando que assim as coisas andavam. A derrota de Daley para Harold Washington em 1983 lhe mostrara a impossibilidade de governar em oposição à comunidade afro-americana: ele precisava incluir os afro-americanos no processo. Ao tornar a prefeitura mais inclusiva, negociando com gente que o pai não tolerava — africanos, hispânicos, veteranos esquerdistas como Marilyn Katz e Bill Ayers, democratas independentes como David Axelrod e Rahm Emanuel —, ele montou uma coalizão mais ampla. Em 1989, semanas depois de ganhar a primeira das seis eleições para prefeito, Daley tornou-se o primeiro prefeito da cidade a desfilar na parada Orgulho Gay anual. Na Chicago de Richard M. Daley, cidade de companheiros improváveis, nada mais natural que uma abastada liberal de Lakefront, como Bettylu Saltzman, se aliasse à ex-radical Marilyn Katz.

"Marilyn se destaca como organizadora, o que não é o meu caso", disse Saltzman. "Por isso a procurei."

"Graças a Deus você ligou", disse Katz, e as duas começaram a discutir os procedimentos.

Dois dias depois elas marcaram uma reunião com umas doze pessoas no apartamento de cobertura de Saltzman, incluindo diversos veteranos militantes de esquerda, Michael Klonsky e Carl Davidson, além de Rhona Hoffman, famosa galerista. "Todos assumiram tarefas", disse Saltzman. Robert Howard, advogado local, conseguiu permissão para usar a Federal Plaza, em South Dearborn, ao meio-dia de 2 de outubro. Marilyn Katz e Davidson, outro veterano do SDS, sabiam que reuniriam um bom número de ativistas de esquerda na Federal Plaza com uma convocação benfeita por e-mail. Em seguida, tentaram montar uma lista de oradores, que incluía Jesse Jackson pai, clérigos e políticos locais variados. Saltzman procurou John Mearsheimer, cientista político da Universidade de Chicago, mas ele já estava comprometido com um evento em Wisconsin, no qual discursaria. Durante a semana ela ligou para a casa de Barack Obama. Michelle atendeu e ficou de transmitir o recado.

"Só falei com ele na segunda-feira a respeito da manifestação de terça", recordou Michelle. "Pouca gente sabia quem era ele. Os únicos que o conheciam moravam em Hyde Park, onde ele tinha amigos e correligionários."

Saltzman procurou Obama simplesmente por intuir que ele tinha futuro. "Eu não o conhecia tão bem quanto Valerie Jarrett e Marty Nesbitt. Moro na zona norte. Sou branca. É um grupo diferente de pessoas. Não sabia o que ele faria. Mas me deixei guiar pelo instinto."

Antes de confirmar a participação no evento, Obama procurou alguns amigos de confiança para discutir as implicações de comparecer à manifestação. Ele já havia encomendado uma pesquisa para analisar as chances de sua candidatura ao Senado federal, e tinha quase certeza de que valia a pena tentar. Para um político de Hyde Park, o risco de discursar era pequeno — na universidade, tanto a esquerda quanto boa parte da direita se opunham à invasão do Iraque —, mas a questão se complicava conforme crescia a distância de Chicago. "A tendência predominante, em termos nacionais, era de apoio à guerra", disse Will Burns. "Os combates ainda não haviam começado, ouvíamos muitas declarações triunfais, falava-se muito em nuvens no formato de cogumelos. Para quem concorria ao Senado havia o risco de o considerarem 'frouxo com o terrorismo'. O 11 de Setembro tinha acontecido só um ano antes."

Pete Giangreco, que aceitara o convite para assessorar Obama e fazer a campanha de mala direta para ele como candidato potencial ao Senado, recebeu um telefonema de Obama para discutir o convite para discursar. "A guerra contava com bastante popularidade no momento", disse Giangreco. "Opor-se a ela não seria problema nas primárias, mas se tornaria um fardo e tanto na eleição geral. Pessoas de todos os tipos antipatizavam com os 'frouxos': democratas fãs de Reagan, grupos étnicos de baixa renda de Chicago, moradores de cidades do sul do estado que não tinham universidades. Do ponto de vista da aceitação, já havia uma dificuldade em relação a esses grupos. O nome Barack Obama era *muito* diferente e não ajudava muito. Embora Roland Burris e Carol Moseley Braun já tivessem vencido eleições estaduais, era sempre um desafio para afro-americanos. Por isso eu disse: 'Você vai atrair os sujeitos de esquerda que são contra essa guerra; aliás, para ser franco, contra todas as guerras. Mas precisa levar em conta os outros'. Ele pensou bem sobre o assunto e respondeu afinal: 'Sabe, meu instinto manda aceitar'. Reagi: 'Se você acredita mesmo nisso, vai marcar pontos pela coragem de emitir sua opinião'."

"Politicamente, a razão pela qual os conselheiros políticos de Barack diziam que seria uma boa ideia ele discursar derivava da necessidade de atrair negros e liberais, e de que não conseguiria o apoio dos liberais se apoiasse Bush na guerra", disse Chris Sautter, consultor de mídia de Obama na disputa pela indicação para a candidatura ao Congresso em 2000. Conforme analisava a questão mais a fundo com Giangreco, Shomon e David Axelrod, Obama concluía que saberia formular um discurso capaz de expressar sua oposição a uma invasão do Iraque sem dar uma impressão desqualificadora de debilidade diante do terrorismo.

Contrariando a previsão do tempo, o sol brilhou no dia 2 de outubro. As pessoas se reuniram na frente do palanque e ergueram cartazes contra a guerra. As estimativas de comparecimento variavam de "cerca de mil" no *Tribune* a "quase três mil" no *Chicago Defender*. Os organizadores ficaram com um cálculo intermediário. Alguns complementos da manifestação lembravam comicamente os velhos tempos. Quando a canção "Give Peace a Chance", de John Lennon, soou nos alto-falantes, Obama virou-se para Saltzman e disse: "Será que eles não poderiam tocar outra coisa?".

Bill Glauber, repórter do *Tribune* que cobria o protesto, descreveu a multidão como uma combinação de estudantes universitários, veteranos do movimento contra a Guerra do Vietnã e "uns poucos ativistas de segunda geração que acompanhavam os pais, radicais da era do Vietnã".[17] Bill Ayers estava lá, assim como a maioria dos diretores da Woods Foundation; não faltaram estudantes da Northwestern e outras faculdades da região. Ressaltando o ambiente tranquilo do protesto, Glauber disse que "não era uma repetição dos Dias de Ira — era uma convocação branda de um movimento pela paz que nascia desesperado para evitar uma nova Guerra do Golfo".

A demonstração durou menos de uma hora. Marilyn Katz leu uma declaração do senador Durbin, que se manifestara contra a guerra: "Quando o Senado votar nesta semana a resolução do presidente Bush de travar uma guerra preventiva contra o Iraque, eu vou votar não. Não creio que o governo Bush tenha respondido a uma questão simples: por que agora?".

Em 2002, até aliados de longa data, brancos e negros, viam Jesse Jackson pai com reservas. As pessoas respeitavam sua participação no movimento pelos direitos civis e as campanhas presidenciais históricas de 1984 e 1988, mas temiam sua propensão para controlar tudo. O relacionamento de Obama com Jackson não era muito caloroso, apesar de Michelle Obama ter crescido como amiga íntima da família. O ponto de conflito, desde o começo, era simples: Jackson tendia a tratar jovens políticos negros de Chicago com desconfiança, na melhor das hipóteses, e Obama, embora respeitasse Jackson, o considerava ultrapassado e vaidoso. Mesmo assim, Jackson continuava sendo um orador confiável de oposição ao governo Bush, e desempenhou bem seu papel naquele dia.

"Esta é uma manifestação para impedir a ocorrência de uma guerra", disse Jackson; depois pediu à multidão que olhasse para o céu e contasse até dez. Baixando os olhos no final, Jackson disse: "Eu acabo de desviar a atenção de vocês do protesto. É isso que George Bush vem fazendo. O céu não vai cair, e não estamos sendo ameaçados por Saddam Hussein". Jackson acusou o governo de desviar a atenção do público de seus fracassos econômicos, acima de tudo.[18]

Além de Jackson, falaram o reverendo Paul Rutgers, o diretor executivo do Council of Religious Leaders of Metropolitan Chicago [Conselho dos Líderes Religiosos da Chicago Metropolitana] e um ex-senador estadual, Jesus Garcia.

O discurso de Obama durou apenas alguns minutos. Foi uma peça de oratória cuidadosamente dosada, enfatizando tanto sua oposição à guerra contra o Iraque quanto sua disposição para usar a força quando necessário. Uma fala destinada a assegurar às pessoas que ele não era um pacifista alucinado, mas enfatizando sua solidariedade ao movimento contra a guerra.

> Gostaria de começar dizendo que estou aqui, nesta manifestação considerada contra a guerra, como alguém que não se opõe à guerra em todas as circunstâncias. A Guerra de Secessão foi uma das mais sangrentas da história, mas foi apenas com o apelo à espada e o sacrifício de multidões que pudemos iniciar o aperfeiçoamento da União e livrar nosso solo da praga da escravidão. Eu não me oponho a todas as guerras.

Meu avô se alistou para a guerra no dia seguinte ao bombardeio de Pearl Harbor e lutou no exército de Patton. Viu mortos e moribundos nos campos de batalha da Europa, ouviu histórias dos companheiros de combate que entraram em Auschwitz e em Treblinka. Lutou em nome da liberdade ampla, que faz parte do arsenal democrático que triunfou sobre o mal, e ele não lutou em vão. Eu não me oponho a todas as guerras.

Depois de 11 de setembro, depois de testemunhar a carnificina e a destruição, o pó e as lágrimas, apoiei o apelo do governo para perseguir e eliminar quem chacina inocentes em nome da intolerância e pegaria em armas pessoalmente, de bom grado, para prevenir a repetição de uma tragédia assim. Não me oponho a todas as guerras. E sei que não falta patriotismo e que não faltam patriotas nesta multidão aqui reunida.

Mas eu me oponho a uma guerra estúpida. Eu me oponho a uma guerra irrefletida. Eu me oponho à cínica tentativa de Richard Perle e de Paul Wolfowitz e de outros guerreiros de poltrona e final de semana deste governo, que empurram suas posturas ideológicas nossa garganta abaixo, sem levar em conta o custo em vidas perdidas e os sofrimentos causados.

Eu me oponho à tentativa de aproveitadores políticos como Karl Rove, que nos distraem do crescimento do número de desassistidos, do aumento da taxa de pobreza, da queda da renda média, que nos distraem dos escândalos corporativos e da Bolsa de Valores, que acaba de passar pelo pior mês desde a Grande Depressão. Eu me oponho a isso. A uma guerra estúpida. A uma guerra irrefletida. A uma guerra que não se baseia na razão, mas na paixão; não nos princípios, mas na política. Quero deixar bem claro — não alimento ilusões a respeito de Saddam Hussein. É um homem brutal. Um homem impiedoso. Um homem capaz de chacinar seu próprio povo para se manter no poder. Ele tem desafiado repetidamente as resoluções das Nações Unidas, ludibriado equipes de inspeção da ONU, desenvolvido armas químicas e biológicas, ocultado sua capacidade nuclear. É um sujeito ruim. O mundo e o povo do Iraque estariam melhor sem ele.

Sei também que Saddam não representa uma ameaça iminente e direta aos Estados Unidos e seus aliados, que a economia iraquiana está arruinada, que o poderio militar do Iraque é uma fração do que já foi um dia, e que em conjunto com a comunidade internacional ele pode ser detido até o dia em que o joguem na lata de lixo da história, como ocorre com todos os ditadores cruéis. Sei que uma guerra bem-sucedida contra o Iraque exigirá uma ocupação americana de duração e custo indeterminados, com consequências indeterminadas. Sei que uma invasão do Iraque sem argumentos sólidos e forte apoio internacional servirá apenas para atiçar a fogueira do Oriente Médio, estimulando os piores impulsos do mundo árabe, e não os melhores, reforçando a capacidade de recrutamento da Al-Qaeda. Não me oponho a todas as guerras. Eu me oponho a guerras estúpidas.

Carl Davidson, um dos organizadores da manifestação, ouvia o discurso quando um amigo o cutucou para perguntar: "Para quem ele está discursando? Não é para esta turma". E David contou ter pensado: esse cara tem planos ambiciosos.[19]

"Foi um protesto e tanto, difícil de realizar", disse Bill Ayers. "Sofríamos uma tempestade uivante de patriotismo nacionalista. Lembro-me bem do discurso de Obama, pois foi feito na cadência da igreja negra. 'Não me oponho a todas as guerras, apenas a guerras irresponsáveis...' Tão Obama: inteligente, agregador e muito moderado."

Obama recebeu aplausos educados, e sua fã e patrocinadora Bettylu Saltzman achou que ele tinha se saído bem. Mas um dos líderes cívicos da manifestação, Juan Andrade Jr., presidente do United States Hispanic Leadership Institute [Instituto de Liderança Hispânica dos Estados Unidos], disse que desde aquela época ouviu discursos magníficos de Obama, mas que "não houve nada de mágico" em sua aparição naquele dia. "Não vi nada no discurso que desse a impressão a qualquer pessoa de que Obama iria longe. Ficamos contentes apenas por ele ser um dos que levantaram a cabeça num momento em que muito pouca gente se dispunha a fazer isso."[20] Outro organizador, Michael Klonsky, líder do SDS que se tornou professor de pedagogia, lembra-se de ter pensado na época que a oposição de Obama à guerra era muito consciente. "Ele sabia que a guerra era um beco sem saída, mas foi muito esperto", declarou Klonsky. "Naquele momento não parecia oportuno dar uma aula sobre guerras justas e injustas. Em retrospecto, acho que lá estava um sujeito com ambições políticas que não queria ser estereotipado."

O discurso contra a guerra de 2002 serviu como precursor de outra fala de Obama, em 10 de dezembro de 2009, em Oslo, quando recebeu o prêmio Nobel da Paz. Ali também Obama falou, por um bom tempo, em contradição com a plateia que o recepcionava. Em Oslo, deixou claro que as escolhas apresentadas a um chefe de Estado, na condição de comandante em chefe, não são as mesmas de um líder popular como King ou Gandhi. Perante uma plateia norueguesa que não poderia estar muito satisfeita com sua decisão de enviar um reforço de 30 mil soldados ao Afeganistão, tomada na semana anterior, Obama recusou a pureza do pacifismo e insistiu na complexidade do mundo real ("Eu encaro o mundo como ele é...") e na necessidade de usar a força, infelizmente, quando a diplomacia falha e as circunstâncias morais e políticas exigem. Em Oslo, Obama implicitamente criticou o uso da tortura e a invasão do Iraque pelo governo Bush, mas sua insistência na complexidade e a recusa em adotar uma retórica puramente pacifista lembravam o discurso da Federal Plaza.

Embora alguns assessores de Obama temessem que expressões como "guerra estúpida" pudessem voltar para assombrá-lo, os fatos revelariam que aquela guerra era muito mais do que estúpida. Foi uma catástrofe que durou mais do que a Segunda Guerra Mundial. No entanto, quando a equipe de Obama quis usar o discurso para mostrar a estratégia e a capacidade de julgamento moral do candidato, descobriu que não existia uma gravação do evento. "Não achamos nada, só um fragmento inútil", disse Giangreco. Se Obama fosse um candidato certo e bem organizado ao Senado, teria providenciado a presença de alguém com uma câmera. "Eu daria tudo por uma gravação", revelou David Axelrod anos depois. "Mas naquele momento ninguém se deu conta de que aquele evento passaria à história."

No final da manifestação Obama disse a Bettylu Saltzman que não poderia ficar mais tempo. Precisava viajar para o sul do estado, para Decatur, sede do condado de Macon.

"Não resta a menor dúvida de que ele estava em campanha", recordou ela. "Por que outro motivo alguém iria a Decatur, em Illinois?"

Os democratas de Illinois obtiveram um sucesso enorme nas eleições de 2002 — o estado em peso condenou o governo Bush. Prometendo "acabar com os negócios de sempre", Rod Blagojevich derrotou o republicano George Ryan e se elegeu governador, e nas duas casas legislativas estaduais formou-se uma maioria democrata — pela primeira vez em 26 anos. No Senado estadual, Emil Jones tornou-se presidente, substituindo Pate Philip.

No início da primavera de 2002, Obama visitou Emil Jones. Desde 1997 Jones atuara como seu mentor nas persistentes realidades da política de Illinois. Ajudara a aliviar a tensão entre Obama e desafetos como Hendon e Trotter. Ex-inspetor de esgotos e membro da velha guarda do partido, Jones via em Obama uma nova estirpe:

> Ele me disse: "Agora você preside o Senado, e com isso adquiriu muito *po-der*." [...] Eu respondi a Barack: "Acha que eu tenho muito *po-der* agora?". E ele disse: "Acho. Você tem muito *po-der*". E eu falei: "E que tipo de *po-der* você acha que eu tenho?". Ele respondeu: "Você tem o *po-der* de eleger um senador federal!".
> E eu falei a Barack: "Parece boa ideia! Não tinha pensado nisso". E eu perguntei: "E você já pensou em alguém que eu poderia eleger?". Ele disse: "Sim. Eu". Foi uma conversa muito interessante. Eu disse: "Vou pensar no assunto". Quando nos encontramos mais tarde, naquele dia, eu falei: "Parece bom. Vamos em frente com isso".[21]

Antes de conquistar a presidência do Senado, Emil Jones não contava com muito prestígio na legislatura. As pessoas levavam mais em conta como esteio do partido Michael Madigan, líder democrata na Casa e pai de Lisa. "A verdade é que Emil sempre foi subestimado", explicou Will Burns, que trabalhou para Jones antes de participar da campanha de Obama pela indicação ao Congresso. "Sempre pensaram que ele não possuía a mesma perspicácia política de Madigan ou Richie Daley. No fundo, subestimavam Jones por ele ser negro. Ninguém dizia abertamente, mas como afro-americano eu não posso desconsiderar o efeito da raça na percepção das pessoas. Valia a impressão de que ele era só um veterano camarada e mais nada. Para Emil, o desafio de ajudar Barack usando sua posição vantajosa para elegê-lo ao Senado era bom para Barack, e também bom para ele."

A coisa mais importante que Jones poderia fazer por Obama naquele momento era providenciar um número maior de relatorias importantes — algo que nenhum democrata conseguia quando o partido era minoritário. Como muitos outros no Senado, Obama adquirira o hábito de driblar votações controvertidas (inclusive sobre aborto) declarando "presente", em vez de "sim" ou "não". A tática, bem conhecida, era adotada para evitar um voto cujo único propósito era expor a oposição, de um jeito ou de outro. Mesmo assim, o uso costumeiro do expediente por Obama — 129 vezes — levou os oponentes a criticá-lo por falta de coragem para assumir suas convicções. Um voto de "presente" costuma ser descrito como um "não suave", ou um "não" com justificativas. Mas Emil Jones não dava a mínima para firulas idealistas. Ignorava criatura do gênero. Depois do encontro, Jones passou a encaminhar projetos de lei para Obama, alguns enterrados em comissões havia anos. Jones sabia que Obama desenvolvera sua habilidade de negociador. Sabia lidar com republicanos e democratas do sul com mais delicadeza que a maioria dos colegas. Quando aprovavam seus projetos, o nome de Obama aparecia como responsável, um auxílio potencial na candidatura a cargos mais importantes.

"Alcançamos a maioria no sétimo ano, e em seguida consegui a aprovação de 26 projetos de lei", disse-me Obama. "Em um ano. Mudamos a pena de morte em Illinois, expandimos os serviços de saúde para crianças, instituímos créditos tributários estaduais. Não que eu fosse mais esperto no sétimo ano do que no sexto, ou mais experiente: acontece que tínhamos poder [...] Pode-se ter a melhor pauta do mundo, mas se a gente não tem o martelo na mão para bater não consegue impor a pauta."

Jones acabou conhecido no plenário do Senado como o "padrinho" de Obama. (E quando Obama despontou como fenômeno no cenário político nacional, Jones escolheu para toque de seu celular as notas iniciais do tema de Nino Rota para os filmes da série *O poderoso chefão*.) Donne Trotter disse que em certas sessões quase todos os projetos de lei apresentados exibiam o nome de Obama. Jones, por exemplo, fez de Obama relator da lei que obrigava a polícia a gravar interrogatórios como forma de inibir brutalidade e confissões forjadas. Obama obteve o apoio de republicanos e até de associações de policiais que inicialmente se opuseram à legislação. Até Blagojevich contestou a proposta no início, que foi a primeira do gênero no país. Em maio de 2003 a lei foi aprovada no Senado por unanimidade, e Blagojevich desistiu de suas objeções. "Eu tinha reservas em apoiar a medida sem a participação das forças policiais", disse o governador. "Mas o senador Obama eliminou vários obstáculos práticos que me preocupavam."[22]

Obama também batalhou por uma lei que bania a efedrina, substância causadora da morte de um jogador de futebol americano da Universidade Northwestern. Conseguiu proibir o uso de fogos de artifício em casas noturnas depois da morte de diversas pessoas em dois trágicos acidentes. Graças ao acordo entre as associações policiais e organizações de direitos civis, ele aprovou uma série de medidas contra a discriminação racial, que exigiam registro policial da raça de todos os motoristas parados para averiguação para envio e análise do Departamento de Transporte. ("Dirigir sendo negro, dirigir sendo hispânico e dirigir sendo árabe não constituem crimes.")[23] Relatou uma lei que incluiu 20 mil crianças no Kid Care, um programa para crianças sem seguro de saúde. E conseguiu aprovar leis reduzindo o imposto de renda para famílias de baixa renda, por meio de créditos tributários.

Obama trabalhou ao lado de instituições de saúde, lobistas de seguros e outros grupos interessados, e liderou a comissão estadual que estudou a expansão dos tratamentos a um número maior de cidadãos. Sempre manifestou apoio a um seguro de saúde universal, mas a comissão preferiu uma reforma modesta. Obama, que jogava pôquer com lobistas e recebeu doações de campanha de representantes de seguros de saúde, declarou num debate durante a campanha para o Senado federal que "havia trabalhado diligentemente com o ramo de seguro de saúde" e com os republicanos depois que surgiram temores sobre a cobertura de saúde abrangente no estado. "O projeto de lei apresentado foi a versão da Casa, que mudamos radicalmente — nós mudamos radicalmente —, e mudamos em função dos temores existentes no ramo de seguro de saúde", declarou.[24]

Jones também arrancou promessas de apoio a Obama de políticos negros como Hendon e Trotter, que não morriam de amores por ele. Os dois só concordaram após discussões acaloradas. "Fiz uma proposta a eles", Jones se recordou de ter dito a Obama. "Mas você não precisa saber qual foi."

Conforme adquiria mais experiência, Obama admitia que para progredir na política de Illinois, transcendendo a base hermética e meio independente de Hyde Park, ele precisava se articular com gente mais alta do que Jones; em particular, com Richard M. Daley. Manter a pureza na política de Chicago — seguir a trilha de um independente como o vereador Leon Despres — significava abdicar da ambição. Para avançar, para conquistar os meios de vencer uma eleição estadual, era preciso navegar nas águas barrentas da política de Chicago. Sob o governo dos Daley a cidade tinha evitado o destino de outras metrópoles industriais do Meio-Oeste, como Detroit. Assim como seu pai construíra rodovias, o aeroporto de O'Hare, o centro de convenções, parques e inúmeros edifícios administrativos, Richard M. Daley havia transformado o centro realizando projetos como o Millennium Park, com direito à magnífica concha acústica projetada por Frank Gehry. Daley, o Jovem, era um prefeito bem melhor do que o pai quando se tratava de escolas, permitindo mais inovações, construindo escolas-modelo e escolas independentes. Também pôs abaixo vários conjuntos habitacionais medonhos, cujos edifícios altos abrigavam dezenas de milhares de pessoas e que haviam se tornado centros de violência das gangues. Mas Daley, a exemplo do pai, fracassou na tentativa de eliminar a cultura política da propina legalizada, a rotineira destinação dos maiores contratos municipais aos amigos da prefeitura — uma realidade conhecida como "pague para jogar". Daley não mostrou tendência a amalgamar uma fortuna pessoal. O Millenium Park pode ser fonte de orgulho cívico e atração turística, mas custou milhões acima do orçado. Chicago é uma cidade de partido único, como Pequim: só um vereador em cinquenta é republicano. E o ímpeto para reformar essas práticas é mínimo. Casos de corrupção, banais ou descomunais, apareciam regularmente no *Tribune* ou no *Sun-Times*, mas os cidadãos reelegiam Daley com uma margem cada vez maior.

Cedo ou tarde qualquer político ambicioso de Chicago precisava tratar com o prefeito e pensar muito antes de criticá-lo. Em 2005, no meio de uma série de investigações de corrupção descritas em detalhe pelo *Sun-Times*, Obama disse ao jornal que os artigos "o fizeram hesitar". Uma hora depois, contudo, ele ligou para o jornal e disse ao repórter que esclarecesse seu comentário. Declarou que Daley "obviamente enfrentava um problema sério no momento", mas que a cidade "nunca esteve tão bonita". Falar em apoiar Daley, porém, seria "muito prematuro".[25] Em janeiro de 2007 Obama declarou apoio a Daley, elogiado por ser "inovador" e "disposto a tomar decisões difíceis".[26]

Quando não estava em Springfield, lecionando ou convivendo com a família, Obama retomava os contatos políticos. Por vezes isso exigia novas viagens ao sul do estado. Significava comparecer a centenas de eventos realizados em Chicago: almoços em clubes de empresários, festas culturais, encontros para levantar fundos em Lakefront e nos subúrbios. Depois da derrota esmagadora para Rush, ele se dedicou a reconstruir as pontes com lideranças comunitárias negras, clérigos, membros democratas dos comitês, vereadores e funcionários municipais. Comparecia regularmente a um grupo de discussão na Miller Shakman & Beem, um escritório de advocacia onde Arthur Goldberg e Abner Mikva haviam trabalhado. Ali Obama conversava sobre política com Mikva, Axelrod, Newton Minow, Don Rose, Bettylu Saltzman e vários outros ativistas democratas. Obama queria se reposicionar como democrata independente do círculo e da organização de Daley, mas também como alguém que não faria uma campanha eleitoral anti-Daley. Dispunha-se a se aliar aos militantes da zona sul, bem como a membros tradicionais do partido, como Emil Jones. "O cara aprendia depressa", disse Don Rose, referindo-se ao período entre as eleições para o Congresso e o Senado. "Quando Obama comete um erro, é só uma vez."

A volta dos democratas ao poder em 2002 também ajudou Obama de uma maneira mais sutil. Como muitos outros senadores estaduais, seu distrito — o 13º — foi reconfigurado. Na primavera de 2001, antecipando uma lavada democrata, Obama procurou um consultor do Partido Democrata chamado John Corrigan numa sala do Stratton Office Building, em Springfield, conhecido como "refúgio sagrado". A sala vive trancada: para entrar é preciso passar pelo leitor de impressões digitais e teclar um código. Lá dentro há muitos monitores de computador. A bancada democrata do Senado tinha contratado Corrigan para examinar os detalhes de realinhamento dos distritos no estado, em busca de vantagens para o partido. Isso era perfeitamente legal. O partido majoritário tinha o direito, dentro das diretrizes legais, de reorganizar os limites legislativos. Os republicanos, claro, preferiam maximizar a porcentagem de afro-americanos num distrito específico. Já que negros votavam sempre nos democratas, era melhor que um distrito contivesse quase 100% de negros, e que o distrito vizinho tivesse um número mínimo de negros. Os democratas preferiam espalhar seus eleitores negros. Como Corrigan mostrou a Obama na tela do computador, a melhor coisa que poderia acontecer em seu distrito seria manter a base de Hyde Park, além de Englewood e outros bairros negros, e esticar o distrito para o norte, na direção do centro, em vez de ampliá-lo a oeste, no sentido dos bairros negros mais pobres. O distrito conservaria sua confiável maioria de afro-americanos e democratas, além de fornecer eleitores negros para outro distrito. Para Obama, havia um bônus adicional, pois ele sonhava com a candidatura ao Senado federal: seu eleitorado incluiria mais brancos ricos e liberais — muitos dos quais judeus — na área do lago. Pelo que Corrigan podia ver, seu amigo não estava mais deprimido pela derrota para Bobby Rush. Ele se preparava para o próximo ato.

"Já vi gente concorrer a um cargo menor do que o do Congresso e desaparecer após a derrota", declarou Corrigan. "Mas Barack se manteve calmo, frio e centrado. Nada parece abalá-lo. Ele não se enfurece. Sempre se mostra criativo quando alguém apresenta uma barreira a transpor. Consegue superar tudo pensando ou conversando."

Em outubro de 2002, Obama viajava mais uma vez pelo sul do estado com Dan Shomon.[27] Certa noite eles estavam parados na beira da Route 4 em Carlinville, uma cidade de 7 mil habitantes no condado de Macoupin. O município era conhecido pelas casas adquiridas pelo catálogo da Sears. Os dois homens, que iam a um jantar político, discutiam o efeito que uma disputa pelo Senado provocaria na família Obama. Shomon sabia que Obama era o tipo de pessoa com tendência a sentir culpa, e pensou que uma disputa eleitoral acabaria por fazê-lo sentir culpa pelas pressões que causaria a Michelle. Já Obama se sentia mal por estar perdendo boa parte da infância das filhas. Quando estacionaram na beira da estrada, Shomon disse: "Acho que você não devia concorrer".

"Mas eu vou me candidatar assim mesmo", retrucou Obama.[28]

10. Reconstrução

Na geração seguinte à Guerra de Secessão, os homens de cor — alguns nascidos livres, outros na escravidão — começaram a lutar pelo acesso aos legislativos estaduais e aos salões do Congresso. Em sua maioria, eram homens dotados de inteligência e bravura: Robert Smalls, que roubou um navio confederado no porto de Charleston e o entregou às forças da União, causou comoção na Filadélfia depois da guerra quando foi expulso de um bonde só para brancos e liderou um boicote ao sistema municipal de transporte. Em 1875, Smalls foi eleito membro da delegação da Carolina do Sul à Câmara dos Representantes. Havia também Hiram Revels, do Mississippi, seminarista brilhante e ministro itinerante, preso em 1854 no Missouri por pregar aos negros; em 1870, o Senado do estado do Mississippi o elegeu para cumprir o restante de um mandato no Senado federal vago desde a guerra, em Washington. Primeiro afro-americano a tomar posse no Senado, Revels passou apenas um ano no cargo. E Blanche Kelso Bruce, abastado proprietário de terras no Mississippi, nascido escravo na Virgínia. Em 1875 ele foi eleito para o Senado federal, onde lutou pela abertura da imigração e pelos direitos dos americanos nativos; na Convenção Nacional Republicana de 1880, Bruce obteve oito votos para vice-presidente.

Para os homens e mulheres negros, porém, a Reconstrução não passou de um intervalo curto entre a escravidão e as leis Jim Crow, entre a opressão pelas armas e o surgimento de restrições insidiosas ao voto e aos linchamentos da Ku Klux Klan. A possibilidade de concorrer a cargos públicos de alto escalão e tomar posse caiu terrivelmente depois da insurreição neoconfederada e do terror de meados dos anos 1870, forçando afinal Washington a suspender a proteção aos negros contra a violência branca. Em 1900, os estados do Sul passara a negar aos negros o direito de voto, de fato e de direito. Como ressalta Eric Foner, principal historiador da Reconstrução, a resistência à participação política dos negros foi retratada com competência e crueza por D. W. Griffith, historiador consagrado e um dos maiores cineastas do país com o filme *O nascimento de uma nação* (1915), e depois pelo best-seller de Claude Bower, *The tragic era* [A era trágica], de 1929, que mostrava os políticos negros como vigaristas vistosos e corruptos, ajudando a justificar a negação de voto aos cidadãos negros e a brutalidade do Klan.[1]

Em 29 de janeiro de 1901 o representante negro da Carolina do Norte, George H. White, adiantou-se para proferir seu último discurso no Capitólio — que se revelou ser o último discurso de um parlamentar negro em Washington por uma geração. White havia proposto uma legislação antilinchamento, mas seus esforços deram em nada. O racismo que ele passou a enfrentar em sua terra natal não podia ser contido. O *News and Observer* de Raleigh expressou a vergonha mesquinha de "a Carolina do Norte ter o único negro no Congresso".[2] A inquietação do jornal passou logo.

"Este, senhor presidente, talvez seja o adeus temporário dos negros ao Congresso americano", disse White aos colegas congressistas, "mas, devo dizer, como uma fênix ele ressurgirá e voltará um dia. Estas palavras de despedida são ditas em nome de um povo revoltado, desolado, ferido e machucado, mas temente a Deus, fiel, industrioso e leal, um povo em ascensão, cheio de força potencial [...] A única explicação que tenho pela franqueza com que me manifestei está no fato de eu ter defendido a vida, a liberdade, a felicidade futura e o direito ao voto de um oitavo da população dos Estados Unidos."[3]

A próxima eleição de um negro para o Congresso aconteceria em 1929 — quando foi eleito Oscar De Priest, de Chicago. Não houve sulistas negros na Câmara até 1973, quando aconteceram a posse de Barbara Jordan, do Texas, e a de Andrew Young, da Geórgia. Os primeiros senadores afro-americanos eleitos na era moderna foram Edward Brooke, republicano de Massachusetts, em 1996, e Carol Moseley Braun, democrata de Illinois, em 1992. E era Carol Moseley Braun que Barack Obama tinha em mente no outono de 2002.

    Moseley Braun havia cumprido apenas um mandato de seis anos no Senado — um período conturbado por acusações de improbidade financeira e por um encontro indevido com o ditador nigeriano Sani Abacha. Moseley Braun perdeu a reeleição para Peter Fitzgerald, um rico republicano conservador que investira 14 milhões de dólares de seu próprio bolso na campanha. Quando a eleição terminou, Braun aceitou a oferta de Bill Clinton para ser embaixadora na Nova Zelândia. A carreira de Fitzgerald, pelo jeito, seria tão breve quanto a de Moseley Braun. Circulavam rumores de que Fitzgerald voltaria à vida privada e à carreira de banqueiro. Após a derrota em 1998, Moseley Braun declarou que jamais voltaria à política eleitoral — "Acreditem em mim. Nunca. Não. *Nein. Nyet*". Mas ela não era exatamente previsível. No final de 2002, Obama esperava para ver se Braun tentaria voltar ao Senado. Operadores da organização do Partido Democrata tentaram arranjar um emprego lucrativo para ela, mas não conseguiram. E Moseley Braun, por seu lado, se importava tanto com Obama quanto Alice Palmer, no final do processo.

    O dilema de Obama era claro: nas primárias democratas de 1992, Moseley Braun obteve uma vitória apertada contra dois candidatos brancos — o titular Alan Dixon e um advogado de danos pessoais, Albert Hofeld. O caminho para Obama vencer uma primária em ambiente concorrido seria dominar o voto dos negros e progressistas em Chicago e nos subúrbios e conseguir pelo menos alguns votos com o eleitorado conservador do Sul. A presença de Moseley Braun na corrida seria problemática e provavelmente decisiva. "Nossas bases se sobrepunham muito — não só ela era afro-americana, como vinha da ala progressista do partido [...] nossas bases de doadores teriam sido muito similares", explicou Obama. "Por isso teria sido difícil, creio, mobilizar uma coalizão abrangente necessária para a minha campanha."[4] Se Moseley Braun resolvesse concorrer, disse, "eu provavelmente abandonaria a política por um tempo".

    Obama viajava pelo estado havia muitos meses, sozinho ou com Dan Shomon, de Rockford a Cairo, de East St. Louis a Paris, como candidato não declarado, mas ainda não convencera seu círculo íntimo de amigos e conselheiros — e muito menos a esposa — de que seria bom concorrer. Tanto Valerie Jarrett, que se tornara amiga íntima e de confiança da família Obama, quanto David Axelrod, conselheiro informal de Obama, disseram a ele que, depois da derrota para Bobby Rush, perder a eleição para o Senado encerraria sua carreira política. Jarrett e Axelrod pensavam que Obama deveria esperar que Richard M. Daley, prefeito havia doze anos, se aposentasse, para se candidatar à vaga dele. Poderia transformar Chicago em algo impensável para Harold Washington. Afinal de contas, Obama pensava na prefeitura desde os tempos de organizador comunitário.

Jarrett conspirou com Michelle Obama para promover um café da manhã em sua casa e, ao lado de dois outros amigos, o investidor John Rogers e o magnata dos estacionamentos Martin Nesbitt, tentar uma intervenção. Jarrett contou que ela "preparou o baralho" com cuidado para dar a decepcionante notícia a Obama: "Estávamos todos contra a ideia. Acreditávamos que seria um erro tremendo para sua carreira e que ele não deveria tentar".

"Mas, ao contrário do que ele normalmente faz, que é circular pela sala falando 'Dê a sua opinião', Barack começou dizendo: 'Eu quero me candidatar, e vou dizer os motivos'", recordou Jarrett. "Ficamos atônitos, pois pensávamos que o objetivo seria conversar a respeito, e não descobrir que ele havia tomado uma decisão. Obama enfileirou todos os seus argumentos. Disse: 'Eu não tinha muito apoio político do alto escalão quando tentei o Congresso. Agora conto com Emil Jones. Ele já se comprometeu. Creio que posso obter apoio de vereadores. Sei que haverá outros concorrentes, mas isso vai me ajudar'."

Obama disse que havia aprendido com os erros cometidos na disputa com Bobby Rush. Naquela oportunidade ele havia desafiado um político negro com profundas raízes em um distrito majoritariamente negro — um ato de heresia sem justificativa suficiente. As campanhas congressuais são feitas de porta em porta: são batalhas nos bairros, que dependem de ser conhecido de longa data, solidariedade racial e afeto pessoal. Na eleição para o Senado, os talentos específicos de Obama — a capacidade de dialogar com o pessoal do subúrbio, tanto quanto com hispânicos e negros, o talento cada vez mais evidente de se apresentar na televisão — seriam cruciais, especialmente se conseguisse levantar fundos suficientes. Obama acreditava que Moseley Braun permaneceria fora da disputa, o que lhe dava uma boa chance. Segundo Jarrett, Obama disse: "Prometi a Michelle que me afastaria da política se perdesse. Isso a faria feliz". E acrescentou: "Se o problema for o medo, saiba que não tenho medo de fracassar, e que você não deve temer o fracasso. Eu preciso de você para ganhar. Por que não se envolve e resolve ajudar a arrecadar fundos, já que isso eu ainda não equacionei?".

No final do café da manhã, Jarrett havia concordado em assumir o comitê de finanças de Obama. Rogers e Nesbitt doariam tempo e dinheiro. Além de cuidar da empresa de administração de estacionamentos, Nesbitt era vice-presidente da Pritzker Realty Group, uma divisão do império Pritzker, uma das maiores fortunas de Chicago. Pouco depois daquele café da manhã, no verão de 2002, Nesbitt convidou a família Obama para ir à casa de campo de Penny Pritzker, no lago Michigan. Após uma conversa com os Obama, Pritzker e o marido, Bryan Traubert, saíram para correr perto da casa e durante a corrida resolveram desempenhar um papel-chave no financiamento da campanha de Obama. Em pouco tempo, outros milionários de Chicago os acompanharam: John Bryan, diretor da Sara Lee Corporation, James Crown e velhos amigos de Obama como Newton Minow e Abner Mikva.[5]

Michelle também aceitou colaborar, embora continuasse muito preocupada. "A grande pergunta em relação ao Senado era: como vamos pagar isso?", conjeturou Michelle. "Não gosto de falar no assunto, pois as pessoas esquecem que nosso cartão de crédito estava estourando o limite. Como iríamos viver? Teríamos duas casas para bancar, uma aqui e outra em Washington. Restavam dívidas do curso de direito, precisávamos pagar a escola das meninas. E economizar para quando chegassem à faculdade [...] Minha dúvida era: seria mais uma jogada no escuro? Isso nos mataria. Meu ponto era: isso é ridículo. Mesmo que você vença, como pretende bancar esse maravilhoso passo em sua vida? E ele respondeu: 'Bem, vou escrever um livro, um bom livro'. E pensei: 'Isso, escreva um livro, muito bem. Sei, sei, sei. E você vai subir no pé de feijão e voltar com os ovos de ouro, João'."[6]

John Rogers, que ajudara Moseley Braun a se reestabelecer em Chicago, quando ela voltou de Auckland, acreditava que poderia sondá-la a respeito de seus planos. "Meu papel era conversar com Carol e determinar se ela pretendia concorrer, e até tentar convencê-la a desistir", disse. Mas Moseley Braun era irritantemente inescrutável. Só o que Obama podia fazer era prosseguir com seu plano de contingência, viajando pelo estado, discursando num evento atrás do outro, e esperar.

Finalmente, no dia 18 de fevereiro de 2003, Moseley Braun encerrou o período de indecisão e anunciou que concorreria a um cargo eletivo. Iria se candidatar a presidente dos Estados Unidos.

Eric Zorn, influente colunista liberal do *Tribune* e um dos que se surpreenderam com a decisão, escreveu que Moseley Braun era "etnicamente comprometida", e que agora "estava fazendo reserva para a terra da fantasia".[7] De qualquer modo, a eleição para o Senado estava totalmente aberta, para os dois partidos, sem tentativa de reeleição, sem um candidato favorito no horizonte. Obama procurou David Axelrod para se aconselhar e planejou uma entrevista coletiva. Ele ia se lançar.

A intenção de Obama não soou inteiramente séria a todos. Alguns colegas da Universidade de Chicago ainda acreditavam que ele poderia ser persuadido a desistir da política para sempre e assumir uma vaga de titular. No encontro para arrecadar fundos na fundação de caridade de Bill Clinton, um colega de Obama da escola de direito, Geoffrey Stone, observou o amigo circular pelo salão com certa piedade. "Depois da derrota para Bobby Rush, as pessoas pensavam que a carreira política de Barack estava encerrada", recordou Stone. "Na recepção, eu via Barack no meio da multidão agindo como político, apertando mãos, olhando as pessoas nos olhos. Pensei: que desperdício! Por que ele faz isso? Vinte minutos depois estávamos comendo camarões juntos. Falei: 'Como amigo, devo alertá-lo que estive observando o salão e não acreditei na sua atitude. Por que não desiste e vira professor de direito?'. Ele respondeu: 'Geoff, obrigado pelo conselho, mas eu preciso disso, realmente. Creio que posso fazer diferença. Preciso tentar'. E desapareceu na multidão novamente, enquanto eu pensava: que pena. Que desperdício."

A sorte não é o menor dos múltiplos fatores que compuseram a ascensão de Barack Obama. Primeiro foi a inesperada queda de Mel Reynolds em 1995, que provocou a decisão de Alice Palmer de concorrer ao Congresso e a subsequente iniciativa de Obama de sucedê-la no Senado estadual. Como candidato ao Legislativo estadual, Obama percorreu um caminho tranquilo: enfrentou uma competição nominal nas primeiras duas campanhas e nenhuma na terceira. Após a derrota decisiva para Bobby Rush — uma campanha em que tudo que poderia dar errado deu errado —, Obama foi beneficiado por um golpe de sorte atrás do outro em sua candidatura ao Senado federal. O primeiro foi a decisão de Moseley Braun de se candidatar à presidência.

Na coletiva de imprensa de lançamento da campanha, Obama declarou que Peter Fitzgerald não tinha feito "lhufas" pelo bem-estar geral. "Quatro anos atrás

Peter Fitzgerald comprou seu lugar no Senado, e desde então só traiu Illinois", declarou. "Mas estamos aqui para recuperar o mandato, em nome do povo de Illinois."[8] Antes de poder rebater qualquer afirmação, Fitzgerald desistiu do Senado. Havia indicado Patrick Fitzgerald como procurador federal, promotor famoso pelas cruzadas empreendidas em Nova York — uma iniciativa que levou ao indiciamento de funcionários corruptos dos dois partidos. Os maiores oponentes de Peter Fitzgerald à indicação haviam sido o líder republicano na Câmara, Dennis Hastert, e George W. Bush. Fitzgerald tinha enfrentado o próprio partido em tudo, do meio ambiente (era favorável) a fundos para a biblioteca Lincoln. Depois de seis anos, cansara de bancar sua vida de político.

Em quase três anos, desde a derrota para Bobby Rush, Obama havia treinado duro para se aperfeiçoar, como um atleta ou músico em concentração. Não somente se tornou um legislador mais atuante (principalmente depois que os democratas conquistaram a maioria), como também deixou de lado sua postura tímida quando se tratava de política no varejo. Após incontáveis discursos, coquetéis, mesas-redondas, jantares para levantar recursos, almoços empresariais e feiras estaduais, depois de falar nos púlpitos das igrejas negras de Chicago e salões da VFW do sul do estado, Obama se tornou um orador exímio, aprimorou seu desempenho na campanha, disciplinou a busca de fundos. Obama começava a desenvolver seu apelo único, o uso de detalhes da vida pessoal como reflexo de um tipo de ideal multicultural, um conceito tão sentimental quanto eficaz. Ele não lutava mais para ser quem não era. Em vez disso, situava-se entre os políticos que forjavam a identidade para a próxima geração de líderes negros, homens e mulheres sem ligação direta com o movimento dos direitos civis, a não ser na ajuda do movimento para que tivessem mais acesso a melhores universidades, a escolas de direito e a outros centros de oportunidade americanos. Ao contrário da geração anterior de políticos negros, em geral sulistas formados em faculdades e seminários historicamente negros, Obama passou por Harvard e Roseland, pelo centro da cidade e por Altgeld Gardens. Conseguia cadenciar a fala de um jeito nas igrejas negras, de outro nos encontros de associações de pais e professores no sul, e de outro ainda numa reunião na sala de alguém no Hyde Park ou no norte mais próximo. Seus críticos notaram as diferenças de entonação e linguagem corporal, denunciando Obama como fraude, mas não restava dúvida de que para a grande maioria das plateias ele se tornava um candidato novo, interessante. E, o que era melhor, bem consciente de sua capacidade de adaptação.

"O fato de eu conjugar os verbos e falar com a voz típica de um locutor do Meio-Oeste sem dúvida ajuda na comunicação com as plateias brancas", disse Obama. "E não resta dúvida de que eu, quando estou perante uma plateia negra, uso um dialeto ligeiramente diferente. A questão é que não sinto necessidade de falar de um modo específico para uma plateia branca. E não sinto necessidade de falar de um modo específico para uma plateia negra. Em relação a essas questões há um constrangimento que a geração anterior precisou superar, e que não me afeta."[9]

Salim Muwakkil, colunista de esquerda que conheceu Obama no início dos anos 1990, notou que ele se sentia bem mais à vontade ao fazer campanha nas comunidades negras de baixa renda, onde perdera feio na disputa congressional de 2000. "Certo dia, Barack estava no Wallace's Catfish Corner da zona oeste, um ponto de encontro de políticos negros dirigido pelo ex-vereador Wallace Davis", recordou Muwakkil. "Sua fala foi interrompida por um grupo radical composto por ex-presidiários, que disseram: 'Estamos cheios de negros metidos que tratam a gente feito lixo. Ninguém dá a menor bola para ex-presidiários. Estamos cada vez mais fortes, e queremos ser ouvidos'. Barack ouviu o apelo. Deu uma resposta séria, bem embasada, usando palavras que eles entendiam, disse que estavam muito enganados se pensavam que, ao atirar para o lado em vez de atirar para a frente, ajudavam sua causa. Eles não engoliram, mas passaram a respeitá-lo."

Obama também se mostrou um político afro-americano capaz de levar os eleitores brancos — que nunca se imaginaram votando num negro para senador — a se aproximarem dele. Eric Zorn, do *Tribune*, acompanhou Obama em diversas recepções e se assombrou com sua facilidade para contatar todos no salão. "Obama conseguia estimular cada um", disse Zorn. "Passava a impressão de que 'você é o tipo de pessoa capaz de aceitar um negro como senador'. Fazia com que as pessoas se sentissem melhor por gostar dele." Os modos de Obama, seu sotaque, sua origem, a abordagem neutra das questões, diziam aos eleitores brancos, entre outras coisas: *Eu não sou Jessie Jackson*. Jackson foi um homem de sua época e de sua história: nasceu no Sul da segregação, liderou o movimento pelos direitos civis. Jackson acabou aprendendo a se movimentar num universo mais amplo, mas a diferença de geração, psicologia, discurso, política e história era inconfundível. Jackson exigia mudanças dolorosas: a maior parte de sua história se caracterizava pela censura acalorada, pela exigência compreensível de reparação. Seria uma ilusão pensar que todas as vitórias haviam sido obtidas, mas Obama, mais jovem, capaz de múltiplas abordagens, mostrava modos mais sossegados e reconfortantes.

Obama parecia ser capaz de fazer os brancos se esquecerem até de seu detalhe mais estranho — o nome. Antes, Dan Shomon realizara uma pesquisa com o nome de Obama, perguntando aos eleitores se não preferiam "Barack (Barry) Obama". A resposta foi positiva por pequena margem. "Desde o início da carreira de Obama muita gente se equivocava pensando que era muçulmano, por causa do nome. Principalmente os negros", recordou. "Mas Barack recusou-se a mudar de nome. Ele era quem era, e pronto."

Emil Jones, originário da zona sul, ambientado no legislativo estadual, acompanhou Obama numa das viagens ao sul de Illinois e ficou surpreso com o talento do jovem político. "Uma senhora idosa me disse: 'Tenho oitenta e seis anos. Espero viver bastante, pois este rapaz será presidente e eu quero votar nele'", recordou Jones. "Era uma velhinha branca! Impressionante. Havia 3 mil pessoas lá. E três negros: ele, eu e meu chofer."[10]

Obama se sentia à vontade mesmo fazendo o que mais detestava — levantar fundos. "Eu me lembro de um dos primeiros eventos de arrecadação de Barack", contou o consultor de mala direta Pete Giangreco. "Foi em Evanston, no jardim de Paul Gaynor, um advogado com tendências esquerdistas de uma tradicional família de esquerda: seu pai era o famoso advogado Mickey Gaynor, e a mãe, Judy, uma formidável arrecadadora de recursos. Seu grupo separou-se dos Estados Unidos durante a Guerra do Vietnã, tornando-se uma espécie de bloco na República Popular de Evanston. De todo modo, o evento para levantar fundos estava lotado de pessoas da antiga, de tradição liberal — pessoas comuns, não estrelas. Era uma noite quente de verão. Obama usou o bordão de que se preocupava com uma senhora idosa do sul do estado que não conseguia medicamentos, mesmo que não fosse sua avó; que se importava com um menino iletrado da zona sul de Chicago, mesmo que não fosse seu filho; e que maltratar um muçulmano injustamente no aeroporto afeta a liberdade dele também. Foi um daqueles raros momentos de arrepiar. Todos os presentes, até o último, disseram ao sair: 'Pode me inscrever como eleitor'. Não era nada do outro mundo, mas a vibração estava lá. Aquelas pessoas se lembravam de Paul Simon, Harold Washington, Bobby Kennedy, tinham esperança e queriam acreditar novamente. A notícia se espalhou: aquele era o cara."

David Wilkins, professor da Faculdade de Direito de Harvard criado em

Hyde Park, organizou um dos primeiros eventos para arrecadar fundos para Obama fora do estado, em sua casa em Cambridge. "Precisei *implorar* para as pessoas comparecerem e doarem cem dólares", recordou Wilkins. "Conseguimos reunir cerca de vinte e cinco pessoas e eu lembro que me senti muito mal. No total, recolhemos cerca de 10 mil dólares. E Barack, sentado perto da janela, passou três horas conversando conosco. Ele era *encantador*. Foi antes de ele virar moda. Era como ver Jimi Hendrix tocar num clube antes de virar Jimi Hendrix."

Para vencer, Obama precisava de uma assessoria profissional de alto nível. No começo, o encarregado da campanha era Dan Shomon, que conhecia bem o estado e tinha longa experiência com o candidato. Al Kindle tirou licença da equipe de Toni Preckwinkle para garantir que Obama tivesse um operador de campo eficiente nos bairros negros de Chicago. Kindle, que trabalhara com Harold Washington e Carol Moseley Braun, destacava-se nas atividades de boca de urna no dia da eleição. Mais importante, Obama agora contava com o aconselhamento de David Axelrod, consagrado como o melhor estrategista político e de comunicações do estado. Personalidade flexível e acessível, Axelrod era um grande defensor do uso da narrativa e da biografia para divulgar um candidato ao público; ademais, não relutava em usar propaganda negativa se a situação exigisse. Axelrod conheceu Obama por meio de Bettylu Saltzman durante o Projeto Voto, em 1992, e dedicou muito tempo a aprender os detalhes a respeito da sua história e de sua personalidade, como preparação para a campanha.

Obama e Axelrod continuaram amigos e conversavam frequentemente sobre política, mas, quando chegou a hora de contratar sua equipe, Obama não procurou Axelrod imediatamente. Axelrod era inatacável, mas mantinha laços com a família Daley, era um membro atuante no sistema político municipal. Assim como quis conversar com Valerie Jarrett antes de concordar com um emprego público na prefeitura para sua esposa, Obama preferiu pensar bem antes de contratar David Axelrod. No final, porém, não foi uma decisão agoniante: Obama queria ganhar. Gostava de Axelrod, confiava nele. Contar com sua participação fazia Obama parecer menos independente, talvez, mas também o ajudava a torná-lo um candidato sério ao Senado federal.

Nascido em 1955, Axelrod cresceu em Stuyvesant Town, um conjunto de apartamentos de classe média construído no pós-guerra em Manhattan, ao norte do East Village. Seus pais eram intelectuais judeus liberais, e na casa dele se discutia muita política. A mãe de Axelrod era repórter do jornal esquerdista *P.M.*, e o pai, psicólogo. Em 1960, quando ele tinha cinco anos, seus pais se divorciaram; ele se lembra de ter viso John Kennedy fazer um discurso de campanha perto de seu prédio, para uma multidão de 5 mil pessoas, naquele mesmo ano. Aos treze anos ele e um amigo venderam material de divulgação no zoológico do Bronx para a campanha de Robert Kennedy à presidência. O assassinato de Robert F. Kennedy em 1968, além da separação e divórcio dos pais, foi um dos acontecimentos mais devastadores de sua infância.

Quando estudava na Universidade de Chicago, Axelrod ficou obcecado com a política local e conseguiu um emprego como redator de uma coluna chamada "Politicking" [Politicando] no *Hyde Park Herald*. Numa fantástica coluna de 1974 ele descreveu um sonho que teve sobre Chicago, em que ao acordar viu uma manchete no jornal: "Daley completa 20 anos como prefeito".[11] Na verdade, Richard J. Daley faleceu dois anos depois. Axelrod acabou trabalhando não só para políticos independentes, como ajudou a restaurar a dinastia Daley.

No ano em que Axelrod começou a trabalhar para o *Herald*, seu pai se suicidou. Logo depois ele resolveu fazer a vida em Chicago. Por recomendação do estrategista político Don Rose, que residia no Hyde Park e lia o *Herald*, o *Tribune* chamou Axelrod para um estágio quando ele se formou, em 1976. Depois de cobrir crime e outros temas metropolitanos por três anos, Axelrod começou a atuar como repórter político e logo se tornou o principal redator político do jornal.

No *Tribune*, os editores favoritos de Axelrod incluíam um ex-fuzileiro naval que tinha se infiltrado num sindicato do crime para fazer uma reportagem. "Era um grupo de figuras digno do filme *A primeira página*", disse. "Eles faziam com que a gente se empolgasse com o trabalho. Faziam a gente sentir que o jornalismo era realmente uma missão."

Apesar de ser um repórter agressivo com belo futuro no *Tribune*, depois de algum tempo Axelrod perdeu o gosto pelo jornal. "As notícias foram muito contaminadas pelo aspecto empresarial", declarou. "Em outras palavras, percebi os sinais que indicavam o rumo que os novos negócios tomariam." Axelrod e sua esposa Susan tinham uma filha, Lauren, que sofrera danos cerebrais irreversíveis em consequência de anos de ataques epilépticos. "O seguro de saúde não cobria quase nada. Pagávamos oito mil, dez mil dólares do nosso bolso, e eu ganhava quarenta e dois mil por ano. Muito pesado. A única razão que me levava a pensar em sair era minha esposa ser uma santa. Ela dizia, basicamente: 'Você precisa ser feliz, caso contrário de que adianta todo o resto?' [...] Ademais, sempre pensei que as duas únicas funções que valiam a pena no jornal eram as de redator e editor. O resto não passava de ganha-pão."

Axelrod deixou o *Tribune* em 1984 para gerenciar a bem-sucedida campanha de Paul Simon para o Senado estadual contra Charles Percy, candidato à reeleição. A campanha de Simon atraiu um grupo de jovens que logo se tornou referência na política de Illinois, inclusive Rahm Emanuel. Depois da eleição, Axelrod dispensou uma oportunidade de atuar para Simon em Washington e montou um escritório de consultoria política, passando a trabalhar para os democratas, tanto independentes, como Harold Washington, quanto para candidatos "do sistema", com destaque para Richard M. Daley. Axelrod recusou cargos nas campanhas presidenciais de Bill Clinton e de Al Gore — os problemas da filha ainda eram sérios demais para permitir que ele viajasse com a frequência necessária —, mas sua reputação cresceu com o sucesso nas campanhas de prefeitos afro-americanos em Detroit, em Washington, em Cleveland, em Houston e na Filadélfia.

Entre as campanhas recentes de que Axelrod participou antes de entrar para a equipe de Obama destacou-se a de Rahm Emanuel em 2002, quando ele se candidatou ao Congresso pelo quinto distrito, na zona norte — a vaga deixada por Rod Blagojevich quando ele se elegeu governador. Embora nascido e criado em Chicago, Emanuel tinha passado muitos anos trabalhando em Washington como assessor de Bill Clinton, e depois fazendo fortuna como banqueiro de investimentos. Quando concorreu ao Congresso, enfrentou acusações de ser um "oportunista milionário". Axelrod ajudou a silenciar essas acusações quando realizou um anúncio de televisão para Emanuel ao lado de um sargento da polícia chamado Les Smulevitz. O cenário era um jantar em Chicago. "Tenho atuado como policial em Chicago há muito tempo e já vi de tudo — armas, gangues e drogas", disse o sargento. Em seguida elogiou as iniciativas de Emanuel de combate ao crime, na época em que assessorava Clinton. "Por isso a Ordem Fraterna da Polícia e os bombeiros de Chicago apoiam Rahm Emanuel para o Congresso. E eu diria isso mesmo que não fosse tio dele."[12]

Axelrod atraía apoios de primeira linha como se fosse um ímã. Com Shomon, ele conseguiu contratar Peter Giangreco, especialista em mala direta que recentemente participara da bem-sucedida campanha de Rod Blagojevich para governador; Paul Harstad, especialista em pesquisas que tinha ajudado Tom Vilsack, de Iowa, em sua campanha para o governo estadual; e, para subgerente de campanha, Nate Tamarin, que trabalhava para Giangreco. Axelrod era o principal estrategista e guru de mídia, mas não podia gerenciar a campanha. Na primavera de 2003 ele convidou Jim Cauley, um operador político rijo de fala direta da região dos Apalaches, no Kentucky, para conversar com ele e Obama sobre a substituição de Dan Shomon como gerente da campanha. O relacionamento entre Shomon e Obama havia esfriado, e alguns membros da campanha acreditavam que tinha chegado a hora de arranjar alguém com experiência mais abrangente.

Cauley impressionara Axelrod quando ajudou Glenn Cunningham, afro-americano, ex-policial e ex-delegado, a se eleger prefeito de Jersey City em 2001. Cauley pensava havia anos no desafio de eleger um afro-americano onde os negros não constituíam maioria, e tinha conseguido fazer isso no caso de Cunningham de forma brilhante.

Quando conheceu Obama em seu modesto escritório de campanha, Cauley disse: "Se você quer fazer uma campanha afro-americana ao estilo antigo, estou fora. Eu nem saberia como fazer isso".

Mas, depois de ouvir Obama por um tempo, Cauley concluiu que ele não se ligava tanto assim à geração de Jesse Jackson e Bobby Rush. Seu grupo incluía jovens afro-americanos eleitos como Harold Ford Jr., do Tennessee; Deval Patrick, de Massachusetts; Artur Davis, do Alabama; e, com o tempo, Adrian Fenty, prefeito de Washington, e Cory Booker, prefeito de Newark. Esses jovens políticos pouco ou nada se lembravam do movimento dos direitos civis, embora tivessem bastante consciência de sua dívida para com o passado. As experiências deles pouco se assemelhavam: Ford, por exemplo, cresceu numa família importante de Memphis e, como filho de congressista, cursou a St. Albans School for Boys e a Universidade da Pensilvânia. Patrick nasceu no conjunto habitacional Robert Taylor Homes, na zona sul de Chicago, filho de um músico da Sun Ra Arkestra que abandonou a família. Patrick recebeu apoio de uma organização sem fins lucrativos chamada A Better Chance — ABC [Uma chance melhor], o que possibilitou sua matrícula na Milton Academy e o levou a Harvard e à Faculdade de Direito de lá. Cauley e Axelrod ansiavam em trabalhar para Obama. Concordavam em que ele não era apenas bem dotado intelectualmente e progressista na política como também um exemplar da nova geração de políticos negros com potencial de vitória em eleições — para governador, senador — até então consideradas fora de seu alcance.

Mesmo com a saída de Moseley Braun da disputa pelo Senado de Illinois, Obama enfrentava uma série de candidatos viáveis nas primárias democratas. Em ordem ascendente aproximada de importância, eram:

Vic Roberts, mineiro aposentado do sul de Illinois.

Joyce Washington, afro-americana, consultora de saúde pública de Chicago que já havia concorrido a vice-governadora.

Nancy Skinner, apresentadora de um programa de rádio liberal na WLS-AM e com diploma em administração pela Universidade de Michigan, sem experiência na política.

Gery Chico, hispânico, ex-diretor de conselho escolar e principal assessor de Richard M. Daley, cuja firma de advocacia foi fechada pouco antes da disputa pelo Senado.

Maria Pappas, tesoureira do condado de Cook, que o *Tribune* descrevia como "conhecida pelas excentricidades públicas, como se exibir com baliza e carregar um poodle na bolsa".[13]

Dan Hynes, inspetor público de 35 anos de Illinois, um candidato sério que desfrutava de grande reconhecimento em sua área. Hynes contava com o apoio dos sindicatos tradicionais e dos principais líderes políticos leais a seu pai, Tom Hynes, ex-assessor do condado de Cook e ex-presidente do Senado estadual, além de chefe do Partido Democrata na região sudoeste. Graças aos contatos do pai, Dan Hynes recebera o endosso de próceres democratas como o chefe do partido, Michael Madigan; do comissário do condado de Cook (e irmão do prefeito), John Daley; e de John Stroger, presidente do conselho do condado de Cook. (Richard Daley não declarava apoio público.) Hynes era sincero e honesto, mas sua extrema cautela o prejudicava. Relutava em se promover, fazia uma campanha pobre e era incorrigivelmente maçante. Na primeira pesquisa da campanha de Obama, Hynes liderava a disputa por larga margem, o que poderia ser devido ao reconhecimento do seu nome.

Finalmente, havia Blair Hull. De todos os oponentes, era o que a equipe de Obama mais levava a sério. Hull comprovava que não havia limite para o grau de esquisitice dos políticos de Illinois, quando já se pensava que havia chegado ao máximo. Filho de um juiz, Hull cresceu em Los Gatos, na Califórnia. Depois de estudar matemática, ciência da computação e administração, ele lecionou ciência e matemática no curso médio por um ano, depois trabalhou como analista de risco. No início dos anos 1990, Hull se interessou pelas teorias do jogo vinte e um de Ed Thorp, autor de *Beat the dealer* [Derrote a banca], um cultuado clássico para contagem de cartas. Com visitas mensais a Las Vegas que duravam vários dias, ele refinou sua técnica de contar cartas. Usando um método conhecido como "Contagem de Pontos Avançada Revere", um esquema mais sofisticado que o de Thorp, Hull e sua equipe passaram a ganhar milhares de dólares cada um. O esquema terminou em 1977, quando um dos colegas de Hull, Ken Uston, publicou suas memórias, *The big player* [O grande jogador].

Hull usou o dinheiro para fundar uma empresa de opções no mercado futuro, via computador, que se revelou mais lucrativa que o vinte e um. Em 1999 ele vendeu a empresa para a Goldman Sachs por 340 milhões de dólares. Para os residentes em Illinois não havia limite legal para os gastos de campanha de um candidato, e Hull calculou que iria longe na política — embora nunca tenha apresentado razões convincentes para se candidatar. "Era um ricaço entediado", declarou um de seus consultores. "Ele achava legal ser senador. E ponto-final."

Hull pensou primeiro em concorrer à Câmara dos Representantes, contra Rahm Emanuel e Nancy Kaszak, pelo quinto distrito. Segundo Hull, Emanuel o procurou para pedir doação, e foi muito agressivo. "Estava bancando o Rahm, era por isso que muitos gostavam dele!" Hull resolveu concorrer também, mas contratou uma pesquisa e percebeu que não ganharia. "Por isso visitei Richie Daley na prefeitura, e Daley queria apoiar Rahm", disse Hull. "Daley falou: 'Você não ia gostar da Câmara. A gente leva anos para chegar a sênior e conseguir realizar alguma coisa. Deveria concorrer ao Senado. Não precisa trabalhar tanto' [...] Eu nunca teria pensado no Senado. Era demais para mim."

Mas a disputa pela vaga democrata ainda não estava definida, e, como Hull tinha o bolso cheio, resolveu concorrer. Assim como Michael Bloomberg em Nova York ou Jon Corzine em Nova Jersey, ele se apresentou como "não político", alguém desprovido de passado político, mas tão rico e bem-sucedido nos negócios que os eleitores poderiam vê-lo como alguém incorruptível e "acima" da política comum. Assim era o conceito tradicional desses candidatos: estar "acima" das disputas. O problema era Hull parecer mais um na longa linhagem de empresários-tecnocratas excêntricos que imaginavam resolver todos os problemas da política usando as mesmas receitas com que fizeram fortuna. Quando Joshua Green, redator do *The Atlantic Monthly*, perguntou a Hull se ele dispunha de algum algoritmo para o sucesso político, ele respondeu: "Com certeza! Pode-se elaborar um modelo de persuasão baseado numa pesquisa de opinião que diz: 'A probabilidade de votar em Hull é... mais alguma variável étnica... com um coeficiente positivo pela idade, um negativo pela riqueza, e isso nos dá uma equação...'". Hull anotou a equação no bloco de Green, que ele julgava ser uma espécie de mapa matemático da vitória:

Probabilidade = 1 / (1 + exp (–1 x (–3,9659056 + (Peso da Eleição Geral x 1,92380219) + (Densidade Populacional Redefinida x 0,0007547) + (Idade Redefinida x 0,019447370) + (Total de Votos nas Primárias x –0,60288595) + (% Etnicidade Distrital x –0,00717530))))

Depois ele disse a Green: "Eis o tipo de inovação que vou levar aos problemas do Senado americano". Anos depois, quando lhe perguntaram se estava brincando ao fornecer uma análise regressiva para obter uma vaga no Senado, Hull permaneceu algum tempo em silêncio antes de responder: "Bem, não estava. Não era uma brincadeira".[14]

Se Hull fosse um homem de recursos normais, sua bizarra confiança na teoria das probabilidades e sua completa falta de conhecimento sobre política o desqualificariam. Em Illinois, todavia, abundavam experiências de candidatos que compraram a vaga como se estivesse em liquidação na loja Marshall Field's. Em 1998, Peter Fitzgerald gastou 14 milhões de dólares da fortuna de sua família de banqueiros para derrotar Carol Moseley Braun. Hull se declarou disposto a gastar o triplo.

Hull contratou um verdadeiro exército de consultores: especialistas em temas polêmicos, gurus de mala direta, mídia e internet, um diretor de comunicações de Chicago, duas equipes distintas de pesquisa — todos com altos salários. Poucos foram trabalhar para Hull por acreditar nele. Não havia nada em que acreditar. No verão de 2002 os conselheiros de Hull gravaram uma entrevista de teste com ele e mostraram trechos para potenciais eleitores, numa pesquisa qualitativa em profundidade. Para todos os presentes no grupo de discussão, Hull parecia comicamente banal e até rude. "Uma senhora pensou que zombavam dela para uma pegadinha do programa *Candid Camera*", contou Mark Blumenthal, um dos pesquisadores que trabalhavam para Hull.

Hull precisava de auxílio. Aproximara-se de David Axelrod antes de decidir se disputava uma vaga na Câmara com Emanuel ou se concorria com Obama, Hynes e outros pelo Senado. Axelrod, que ainda não se comprometera com Obama, não estava imune aos encantos de um cliente rico que financiava a própria campanha: em 1992 ele tinha ajudado a conduzir a malfadada campanha de Al Hofeld, um rico advogado que investira muito dinheiro para obter a indicação democrata para o Senado federal, contra Alan Dixon, que batalhava pela reeleição. Axelrod reuniu-se diversas vezes com Hull. Como muitos outros, Axelrod ouvira boatos sobre Hull: que ele havia feito tratamento para dependência química, que enfrentara um divórcio amargo de uma bem-sucedida corretora imobiliária, Brenda Sexton (com quem tinha se casado duas vezes). Segundo um dos rumores, Hull havia agredido Sexton. Em longas e francas conversas, Hull confirmou os boatos sobre seu divórcio tumultuado e admitiu também um problema com álcool e cocaína.

No final, contudo, Hull resolveu concorrer ao Senado e Axelrod foi trabalhar com seu amigo Obama. Axelrod estava convencido de ter encontrado um político do tipo que surgia "uma vez na vida e outra na morte", apesar de Obama ter apenas uma pequena chance de conseguir a indicação democrata.

"Entre esses dois favoritos, Hynes e Hull, Obama concorria tendo como histórico eleitoral concreto apenas a lavada que levara de Bobby Rush", disse Pete Giangreco. "As pessoas que o conheciam o adoravam. O problema era: será que vamos conseguir divulgar sua história? Haverá dinheiro? Será que vamos fazer com que as pessoas o conheçam como nós o conhecemos?"

Como muitos eleitores não estavam familiarizados com os candidatos, o foco nas primárias de 2004 recaiu nos apoios, em particular de sindicatos e de organizações políticas tradicionais. Mais de uma centena de ocupantes de cargos eletivos de Chicago e do sul do estado declararam apoio a Dan Hynes, que graças ao seu nome obteve também apoio dos sindicatos tradicionais, inclusive o AFL-CIO. Mas Obama surpreendeu os partidários de Hynes ao anunciar o apoio de três sindicatos combativos: o Service Employees International Union — SEIU (União Internacional dos Empregados em Serviços), a Illinois Federation of Teachers (Federação dos Professores de Illinois) e a American Federation of State, County and Municipal Employees — AFSCME (Federação Americana dos Empregados do Estado, Condado e Município). A reputação de Obama como político de centro-esquerda hábil na arte da negociação — com destaque para sua atuação na saúde pública, saúde e cuidados infantis e reforma ética e judiciária — atraiu os líderes sindicais que Obama cortejava havia anos em Springfield e em Chicago.

Além disso, Obama foi contra a Guerra do Iraque desde o princípio. Em 2004 a guerra já havia durado mais do que o previsto pelo governo Bush, sem sinal das armas químicas, biológicas ou nucleares, principal justificativa para a invasão. O contraste entre o apoio de Hynes ao conflito e a oposição de Obama a uma "guerra estúpida" desde a manifestação de outubro de 2002 na Federal Plaza ajudou Obama a ganhar força em subúrbios liberais como Evanston.

Obama também impressionou os repórteres com seu desempenho nos palanques. Começava os discursos com uma variação de seu nome "esquisito", criando um bordão familiar: "As pessoas me chamam de 'Alabama'. Elas me chamam de 'Yo Mama'. E são meus eleitores! Não posso dizer do que meus oponentes me chamam". Ele falava sobre seu passado familiar complicado, sobre as credenciais americanas do "rapaz magrinho" de origem multicultural que chegou a Harvard e ao mundo da política. Depois vinculava sua história à da comunidade e ao futuro dos Estados Unidos. Seus sentimentos e atitudes liberais não chegavam a ser originais, mas ao saírem da boca de um jovem birracial chamado Barack Obama a plateia os recebia com emoções exacerbadas. Os discursos variavam em metáforas e na entonação conforme o evento: nas igrejas negras Obama desfiava referências bíblicas e usava a cadência dos pregadores que conhecera quando organizador; para plateias dos bairros à margem do lago, formadas por brancos de classe média e alta, apresentava uma versão edulcorada de si mesmo como professor de direito de Chicago.

"Obama sobressaía por gostar de certos aspectos da campanha, como testar novos recursos retóricos nos discursos", disse Giangreco. "Mas às vezes ele reclamava da campanha. Não era como Bill Clinton, que adorava a parte estratégica e o corpo a corpo com os eleitores. Obama não mostrava a mesma disposição para aquele jogo. Não era um guerreiro entusiasmado. Mas continuava apresentando um grande desempenho."

Um dos comerciais de Obama terminava com um apelo à esperança e à possibilidade: "Agora eles dizem que não podemos mudar Washington? Eu sou Barack Obama, candidato ao Senado dos Estados Unidos, e trago uma nova mensagem que diz: 'Sim, nós podemos'". *Sim, nós podemos*. A frase lembrava a carreira de Obama como organizador comunitário. Em 1972, o pessoal da United Farm Workers [Trabalhadores Rurais Unidos] tinha usado o slogan "Sí, se puede": "Sim, nós podemos" ou "Sim, é possível". Poucos anos depois o jogador de beisebol Dave Cash, do Philadelphia Phillies, gritou num jogo "Sim, nós podemos", depois que o time dele venceu o Montreal Expos. No começo, Obama não punha muita fé na frase, que considerava excessivamente banal, um recurso meio cínico. "Ele achava a frase fraca", recordou Giangreco. Mas tanto Axelrod quanto Michelle Obama o convenceram de que elevaria o ânimo dos eleitores afro-americanos e de outros acostumados a enfrentar dificuldades e a se sentir resignados.

A primeira mensagem de mala direta de Obama também almejava transmitir um sentimento de ressurgimento e progresso dos afro-americanos. "Finalmente, uma chance de acreditar outra vez" era o título. Mais tarde, virou "A mudança em que podemos acreditar".

A campanha presidencial de Howard Dean em 2004 mostrou ao mundo dos operadores políticos os benefícios da internet, mas à campanha de Obama ao Senado faltavam recursos para um esforço de grande porte na rede — e mais ainda para as pesquisas diárias de acompanhamento que permitiriam avaliar progressos e realizar adequações. Obama frustrou-se com a abordagem inicial da campanha à internet. "Somos iletrados em tecnologia", disse Obama a alguns voluntários numa passeata em Evergreen Park, em julho de 2003. Adiante, na campanha, os voluntários organizaram encontros virtuais no estilo de Dean com Obama candidato ao Senado no Yahoo, mas os resultados foram modestos.[15]

O responsável pelas pesquisas de Blair Hull, Mark Blumenthal, e sua consultora de mídia, Anita Dunn, pensavam que, embora Obama começasse a campanha mal colocado nas pesquisas, seu apelo aos afro-americanos e liberais de Lakefront, setores significativos do eleitorado democrata de Illinois, acabaria por torná-lo o principal adversário. "Eu me lembro de ter comparecido à reunião em que o pesquisador responsável pelo monitoramento da oposição falou sobre Obama", contou Blumenthal. "Não havia nada. Boa família, sem problemas com a justiça, Columbia e Harvard. Mencionava drogas em seu livro, mas não havia meio de Hull usar isso, com seus problemas passados envolvendo álcool e cocaína. Quando o responsável pela oposição disse afinal: 'Bem, Obama é mesmo um liberal. Sua atuação em Springfield confirmou seu liberalismo', nós retrucamos: 'E daí? Nós não somos republicanos. Isso não ajuda em nada'."

Pouco tempo depois a campanha de Hull organizou um grupo de discussão em profundidade para analisar o potencial de Obama. Mostraram aos participantes um trecho de seu discurso de lançamento da candidatura, depois imagens de clérigos negros e Jesse Jackson Jr. elogiando Obama no evento. O lançamento de Obama destinava-se, ao menos em parte, à base afro-americana. Após a derrota para Bobby Rush — que, vingativo, apoiava Hull —, Obama não podia contar com o apoio dos negros. No grupo de discussão a equipe de Hull notou que os brancos presentes na sala quase não reagiram ao filme. Sem mencionar a raça, diziam querer "alguém novo", ou que "a política em Chicago é assim mesmo". Os assessores de Hull desconfiavam de que eles reagiam à imagem de Jackson, cuja família era impopular entre muitos brancos moderados e conservadores. Quando mostraram aos mesmos brancos imagens de Obama sozinho e enfatizaram sua biografia — com destaque para sua escolha como primeiro presidente negro da *Harvard Law Review* e o cargo de professor na Universidade de Chicago — as impressões favoráveis cresceram dramaticamente entre eleitores liberais instruídos. Obama seria o tipo de pessoa que os filhos deles deviam se tornar.

Durante o outono e o inverno de 2003, Hull investiu pesado na mídia do estado para sair do zero e chegar a dois dígitos nas pesquisas — uma estratégia de campanha chamada "exposição constante" —, mas logo depois empacou. A equipe de Hull carregava também o peso do divórcio do candidato. No verão de 2003 ele contou aos advogados, pesquisadores e consultores detalhes que não revelara a David Axelrod. A questão era: deveriam contar a história logo e esperar que a controvérsia acabasse antes das primárias ou tentar esconder tudo? Se revelassem os fatos, a notícia causaria um dano imediato e definitivo à candidatura de Hull? Numa reunião tipo maratona com Hull, os conselheiros e advogados disseram que os registros do divórcio não poderiam ser consultados sem permissão legal — o que era improvável. Hull também garantiu à equipe que Branda Sexton ficaria ao seu lado caso ocorressem vazamentos. Hull pediu aos auxiliares que realizassem uma pesquisa em Ohio para testar a opinião pública caso a verdade viesse à tona, mas eles garantiram que não precisavam disso, podiam economizar o dinheiro. Uma pesquisa mostraria que a divulgação da violência conjugal seria fatal.

Hull decidiu continuar na disputa e abafar o caso enquanto pudesse. Alguns consultores discordaram, mas todos continuaram com ele — e seguiram recebendo seus cheques mensais. "'Teria sido melhor gritar mais com ele", disse Blumenthal. "Mas o dinheiro que ganhávamos falou mais alto."

No dia 16 de março se realizariam as primárias. Hull gastou pesado em televisão, rádio e mídia impressa durante o inverno. Os anúncios o retratavam como membro leal do sindicato, veterano de guerra (o único entre os candidatos), empresário de sucesso, protetor das mulheres e dos idosos, enfim, um antipolítico capacitado para liderar. Foi a melhor campanha que o dinheiro pôde comprar. Hull viajava pelo estado num luxuoso jatinho particular e num trailer vermelho, azul e branco todo equipado apelidado de Hull on Wheels. Distribuía bonés de beisebol aos milhares, com os dizeres "Hull neles". Contratou mais de cem pessoas e uma equipe de colaboradores que espalhava cartazes de um metro pela região, por 75 dólares ao dia. Até pessoas que o saudavam nas paradas da caravana de campanha recebiam dinheiro da organização.

O principal repórter do *Tribune* a cobrir a eleição, David Mendell, ficou tão espantado com a vacuidade a peso de ouro da campanha de Hull que a descreveu no jornal como uma mistura de *O show de Truman* com *O candidato*.[16]

Mendell gostava de cobrir as atividades de Obama. No mundo político de Chicago, Obama se destacava por ser inteligente, puro e dedicado. Até sua própria autoimagem, por vezes sobrevalorizada, era interessante para Mendell, embora o candidato a exagerasse. "A única dificuldade dele era rir de si mesmo", recordou Mendell. "Durante a campanha, alguns oponentes o criticavam por seus votos de 'presente' em Springfield. Certa vez pegamos o elevador e Obama apertou o botão, que não acendeu. Ele insistiu, e nada. Finalmente eu falei: 'É como aqueles seus votos de 'presente!' Sem envolvimento'. Obama me encarou, sério. Nem esboçou um sorriso."

A bem da verdade, no início Obama não ocupava o centro do palco, e sim Hull. Hynes, Pappas e Chico eram praticamente ignorados pela imprensa, que privilegiava Hull. Durante meses Hull confiou em sua capacidade de comprar a vitória, e parecia ter razão. Seu empenho no sul do estado minou Dan Hynes. Ao contrário de muitos de seus assessores, Hull não considerava Obama um candidato forte. "Barack tornou-se um candidato forte no final da campanha, não no início", recordou Hull. O dinheiro, acreditavam os responsáveis pela campanha de Hull, garantiria ao candidato uma vantagem segura sobre Hynes e Obama.

Obama tentava reverter a vantagem financeira de Hull fazendo ressalvas. "Não invejo pessoas extraordinariamente ricas que gastam seu dinheiro", declarou Obama. "Mas sei que se pode comprar tempo na televisão, porém não se pode comprar um currículo, não se pode comprar a experiência necessária para não perder o pé ao chegar ao Senado dos Estados Unidos."[17] Laura Washington, colunista afro-americana do *Sun-Times* e ardente defensora de Obama, escreveu em 15 de fevereiro: "Tenho boas e más notícias para Obama. Minha tia Muriel, judia e avó residente em Highland Park, participa da torcida por Obama há meses. No momento, porém, sente a pressão das amigas que se encantaram com os comerciais de Hull. Ela insiste em que Obama precisa aparecer na tevê — e logo. 'A gente sente a honestidade, o compromisso, sente seu brilhantismo. Se aparecesse na televisão, as pessoas se apaixonariam por ele', disse". Muriel, a tia de Laura Washington, se revelou uma das melhores analistas do pleito.[18]

Intrigado com sua campanha empacada apesar dos muitos apoios, Dan Hynes observava com desespero a ascensão de Hull. Num almoço com David Mendell, o porta-voz da campanha de Hynes apresentou uma pasta com pesquisas sobre a oposição. A pasta continha relatórios indicando que os registros do divórcio de Hull e Brenda Sexton estavam protegidos por sigilo. Mas ela havia solicitado uma ordem de restrição contra ele. "O pessoal de Hynes fez o trabalho sujo", explicou Mendell.

Pouco depois do encontro com o assessor de Hynes, Mendell entrevistou Hull para fazer um perfil do candidato para o *Tribune* e perguntou a respeito do divórcio, da ordem de restrição e de outros problemas. Hull recusou-se a discutir sua vida pessoal. "Ele se revirou na poltrona, mas não quis saber do assunto", disse Mendell, que mencionou a ordem de restrição na reportagem. David Axelrod mencionou a inibitória a Eric Zorn, colunista liberal do *Tribune* que já tinha lido a reportagem e acabou escrevendo a respeito também. Ao mesmo tempo, um repórter agressivo de uma afiliada da CBS, a WBBM, chamado Mike Flannery, passou a pressionar Hull sobre os mesmos documentos.

Por meses Axelrod dedicou-se a pensar numa maneira de apresentar Obama na campanha de mídia que preparava para a etapa seguinte da disputa. Ele e Cauley estudavam a matemática eleitoral e a sincronia da campanha. Baseavam sua estratégia numa premissa simples: cerca de dois terços do eleitorado de Illinois morava na área atingida pelas empresas de mídia de Chicago. O sucesso de Obama dependia da obtenção de quase todo o voto afro-americano e de atrair os brancos progressistas da cidade, do condado de Cook e talvez dos "condados suburbanos" ao redor de Chicago: DuPage, Kane, Lake, Will e McHenry. Em

Illinois o voto negro representava de 22% a 23% do total de votos das primárias: garantindo que mais negros se registrassem e comparecessem à votação, Obama pretendia ganhar dezenas de milhares de votos. A estratégia também defendia que Obama deveria se concentrar em mulheres brancas liberais, que votavam em grande número. A equipe de Obama calculou que nas primárias, com sete concorrentes, ele não precisava de mais do que 35% do total de votos para obter a indicação.

"Havíamos feito uma pesquisa de profundidade com grupos em Evanston, com mulheres brancas de 35 anos em diante", disse Jim Cauley. "Mostramos imagens de Blair Hull, de Dan Hynes e de Obama. Quando mostramos Hynes, uma das mulheres disse: 'Dan Quayle'.* Quando mostramos Hull, ouvimos 'Senhor Cabeça de Batata' e 'embalsamado'. Depois mostramos Obama e ouvimos 'Denzel'. Outra mulher disse: 'Não, é o Sidney Poitier'. Eureca! Foi o momento da minha revelação, e pensei: cacete, vamos ganhar essa corrida. Faltavam cinco semanas."

A disputa mudou. Num debate de rádio em Springfield no final de janeiro, os oponentes democratas de Hull passaram a exigir a divulgação do processo de divórcio e a atacar sua vida pessoal. Um dos candidatos, Maria Pappas, disse a Hull que ele e a ex-mulher "precisavam se fechar numa sala" e resolver seus problemas.[19] Obama preferiu atacar Hull por conta da Guerra do Iraque: "O fato é que você, Blair, calou-se quando as decisões estavam sendo tomadas", disparou Obama, censurando a postura de Hull, que se dizia contra a guerra. "Você se calou a esse respeito."[20]

Em meados de fevereiro as pesquisas de Hull indicavam uma pequena dianteira. Mas a pesquisa de 25 de fevereiro, feita pela CBS 2/Newsradio 780, mostrou que Obama abrira uma vantagem de 27% a 25% sobre Hull — não era um número decisivo, mas sinalizava uma tendência. Não tardou para que Obama proclamasse, satisfeito, que recebera um cheque de 10 mil dólares de Michael Jordan, de longe a maior celebridade de Chicago. ("Pensamos em emoldurar e pendurar o cheque, mas como somos pragmáticos preferimos descontá-lo.")[21]

No começo da campanha Hull apostou que seu processo de divórcio continuaria em segredo. Depois tentou esvaziar a história com uma manobra arrisca-

---

* O controverso e folclórico vice-presidente de George Bush pai (1989-93). (N. T.)

da e irresponsável. Seu porta-voz, Jason Erkes, chamou David Mendell para consultar a documentação do divórcio — nos bastidores, sem divulgar nada. Mendell recusou-se a cooperar nesses termos. O *Tribune* e a WLS-TV se prepararam para peticionar ao juiz, exigindo a quebra do sigilo do processo. "Descobrimos que todos tinham os depoimentos do processo de divórcio — todos menos nós, que participávamos da campanha", disse Anita Dunn. "E sabíamos que, se ganhássemos a causa nos tribunais, o conteúdo seria revelado."

Em 27 de fevereiro, Hull e a ex-mulher, Brenda Sexton, decidiram acabar com o sigilo do processo. Cinco anos depois Hull declarou ter demorado demais para tomar aquela iniciativa. "Eu sabia que havia uma possibilidade de a história vir à tona", disse. Segurar o processo, segundo ele, "foi um risco que considerei válido assumir". Assim que abriram o processo foi fácil de entender por que os assessores torciam pela manutenção do sigilo de justiça. Os documentos mostravam que no dia 12 de março de 1998, Sexton pediu proteção a um juiz da vara cível do condado de Cook alegando que o marido a ameaçara de morte. "Temo muito que, se esta corte não emitir uma ordem de proteção em meu favor, e contra Blair, bem como excluí-lo de minha residência, onde moro com minha filha [...] que Blair continue a me perturbar com violência mental, emocional e física, como fez no passado", declarou. "No momento, temo por meu bem-estar físico e emocional, bem como pela minha filha."[22] Os autos descreviam múltiplos incidentes de abuso verbal e físico, inclusive um incidente em 2 de dezembro de 1997 no qual Sexton declarou: "Blair e eu estávamos discutindo calmamente questões de confiança, e eu comentei que todos desconfiavam dele. Blair reagiu bruscamente, dizendo: 'Sua vaca maldosa. Você é uma f... da p...'. Ele repetiu a frase várias vezes. Depois segurou no espaldar da minha cama, me encarou e ameaçou: 'Você está querendo morrer? Eu vou matar você, sua f... da p...'". Ao relatar um incidente de 9 de fevereiro de 1998, Sexton disse: "Ele segurou minha perna e me deu um soco forte na canela esquerda. Depois disso tentou socar meu rosto com os punhos cerrados, de modo ameaçador, e quase me atingiu".[23]

Sexton tinha pedido 10 milhões de dólares para fazer um acordo, mas acabou aceitando 3 milhões mais metade do valor da casa deles em North Side. Determinado, Hull declarou ao *Tribune* que Sexton e ele "continuavam amigos".[24] Ao mesmo tempo, participantes da campanha de Hull contavam aos repórteres que ele e Sexton não conseguiam ficar juntos nem um minuto.

Hull insistia em que os documentos do divórcio não o desqualificavam para o Senado. "Vocês devem olhar para a reputação total que construí durante a vida, em sessenta e um anos", disse aos repórteres com firmeza.[25]

Mas ele sabia a verdade. Hull consultou um dos assessores, dizendo sem parar: "Para nós acabou, certo?". Estava arrasado. Blumenthal se recorda de que, na manhã em que a história saiu no *Tribune*, Hull foi à cafeteria que frequentava havia décadas para tomar um café com rosquinha. As pessoas sempre o recebiam com palavras gentis. Naquele dia viraram a cara. "Ele se sentiu um pária", contou Blumenthal.

Hull passou a dizer que as alegações de Sexton no processo eram falsas ou exageradas, parte de um esforço complexo para obter vantagens financeiras de um casamento infeliz. "Divórcios tratam de duas coisas: filhos e dinheiro", disse. "E não havia filhos." Hull insistia em que os abusos relatados nos autos não passavam de pura ficção.

Em público, Obama manteve distância dos problemas pessoais de Hull. (Em particular, disse a Dan Shomon: "Se você pretende entrar para a política, não bata na sua mulher".) Mas um artigo do *Tribune* sugere que a campanha de Obama não foi totalmente inocente no caso, e que seus operadores estimularam a imprensa a pesquisar a fundo o assunto antes de Hull e Sexton afinal resolverem liberar os autos do processo. Quando perguntei a respeito, Hull disse apenas: "Vou deixar que você tire suas próprias conclusões". Logo depois ele se apressou em descrever o apoio político e financeiro à campanha presidencial de Obama. Em 2004, a campanha de Obama ao Senado montou "dossiês" — estudos em larga escala e pesquisas sobre a oposição — de seus principais oponentes, Hull e Hynes, mas isso era rotina. (Cada dossiê custou cerca de 10 mil dólares.) Os ajudantes de Obama negaram ter tomado qualquer atitude clara ou dissimulada para chamar a atenção sobre o processo de divórcio de Hull. Dois membros importantes da equipe de Obama insistiram em que os boatos sobre Hull corriam pela cidade inteira, em especial nos círculos políticos de Chicago, de modo que "todo mundo" sabia do caso.

"Ax não vazou a história, mas pode ter soprado as chamas para ajudar o nosso candidato", disse Dan Shomon. "Barack acreditava que a desistência de Blair Hull seria negativa para nós. Queríamos Hynes e Hull no páreo para dividirem o voto branco conservador."

Como todos os demais envolvidos na política de Chicago, os assessores de Obama perceberam que os danos à candidatura de Hull, a poucas semanas das primárias, haviam sido fatais. "As mulheres não gostaram de ler no *Sun-Times* que ele [Hull] chamava a mulher de vaca", recordou Jim Cauley. "Elas se afastaram do candidato na hora, e escolheram alguém que as deixava à vontade. Barack não era ameaçador, e sim um sujeito carismático, inteligente, casado com uma bela mulher, pai de duas filhas."

A revelação dos podres do divórcio de Hull se deu logo depois do início da blitz de mídia planejada meses antes por Obama e Axelrod. Desde o começo a estratégia de Axelrod fora esperar até as semanas finais da campanha para então, quando os eleitores estivessem prestando atenção, investir em anúncios de Obama. Fosse ou não auxiliada pelo conhecimento do passado de Hull por parte de Axelrod e pela desconfiança de que viria a público mais cedo ou mais tarde, a estratégia acabou funcionando de modo rápido e notável.

Primeiro foi ao ar a vinheta em que Obama falava de seu sucesso na Faculdade de Direito de Harvard e dos votos progressistas em Springfield. A presença de Obama na tela é competente, relaxante e dinâmica. Comparado a Hull ou Hynes, ele era Jack Kennedy. E Axelrod conseguiu o final que desejava do candidato relutante: "Eu sou Barack Obama. Concorro ao Senado dos Estados Unidos e aprovei esta mensagem que diz: 'Sim, nós podemos'".

A campanha de Hull mostrou o primeiro anúncio de Obama a um grupo de discussão para avaliar seu efeito potencial. Eles se deslumbraram. "Era uma peça fabulosa, Obama botou fogo na tela", relatou Blumenthal. "As pessoas diziam: 'Uau, eu quero conhecer melhor esse cara'. Anita Dunn garante que a mudança começou ali. Agora o público via alguém que transcendia a questão da raça e a antiga política racial. Depois disso, Obama subiu a perder de vista."

Axelrod pensou em aprofundar a imagem de Obama como herdeiro de um legado progressista no estado convocando Paul Simon, amplamente admirado até nos mais conservadores condados do sul por sua integridade e falta de pretensões. Simon aceitou apoiar Obama publicamente, mas pouco antes do anúncio do apoio ele sofreu complicações durante uma cirurgia para reparar uma válvula do coração e morreu — um golpe terrível para antigos amigos e colegas como Axelrod, cuja primeira campanha havia sido a candidatura de Simon ao Senado, vinte anos antes. Depois do funeral, Axelrod surgiu com a ideia de "substituir o insubstituível", segundo Pete Giangreco. Sheila, filha de Simon, apareceu em um anúncio de trinta segundos dizendo que Obama e o pai eram "da mesma estirpe".

"O anúncio foi muito eficiente", disse Dan Shomon. "Barack sempre contou com o apoio de Simon quando precisou, mas acabou obtendo algo ainda melhor: uma mensagem de além-túmulo."

O último anúncio apresentava material de arquivo, com Simon e Harold Washington evocando o momento de maior orgulho para os negros na história política de Chicago. "Houve momentos em nossa história nos quais a esperança derrotou o cinismo, quando o poder popular triunfou sobre o dinheiro e as máquinas partidárias", recitava o narrador enquanto imagens de Simon e Washington apareciam e sumiam da tela.

A princípio a campanha pretendia usar esses comerciais em uma blitz televisiva de duas semanas na região de Chicago, a um custo aproximado de 800 mil dólares. Mas a combinação da fulminante queda de Blair Hull e o desempenho impressionante da máquina arrecadatória de Obama mudou tudo. De um dia para o outro a campanha conseguiu levantar recursos suficientes para intensificar o investimento no setor de comunicações de Chicago, onde se concentravam os eleitores, e também para bancar anúncios no sul do estado. Foram feitos anúncios em emissoras de Carbondale e até de Paducah, no Kentucky, que atingia o sul de Illinois. "O dinheiro estava entrando", disse Cauley. "E nós acrescentávamos novas praças." Segundo admitiu um dos assessores de Hull a Giangreco, o anúncio colocou a campanha de Obama "num foguete".

O dinheiro não caiu do céu sem mais nem menos. Uma das coisas aprendidas por Obama durante a campanha para o Congresso foi elaborar longas listas de nomes aos quais pedir contribuições. Quando seguia para missões de arrecadação nas casas de eleitores ricos, ele não parava no habitual discurso resumido e em responder a perguntas. Muitos candidatos deixavam os apelos por fundos aos anfitriões ou representantes, mas Obama costumava dizer: "Eu gosto de fazer o trabalho sujo em pessoa", e fazia questão de abraçar os doadores pessoalmente. Quando eles diziam que poderiam doar "cinco" — ou seja, 5 mil dólares —, Obama respondia: "Eu preciso da sua ajuda. Não dá para ser dez?". "Faça uma forcinha!" "Quero ver você sofrer um pouco!" Ele não era tímido. Steven Rogers, empresário e professor da Northwestern, disse ao *New York Times* que certa vez jogou golfe com Obama, e que no sexto buraco Obama contou que pretendia concorrer ao Senado — "e no nono buraco ele disse que precisava de ajuda para saldar umas dívidas".[26]

A presença de Hull complicou o quadro financeiro do pleito. Segundo a chamada "emenda dos milionários" da legislação eleitoral federal, se um candidato rico autofinanciado participa da eleição, seus oponentes podem aceitar contribuições muito superiores ao limite usual. No caso da campanha de Obama, entre os que doaram o valor máximo, ou chegaram perto, destacaram-se as famílias Pritzker e Crown, o incorporador Antonin Rezko e membros da família de George Soros, além de amigos como John Rogers, Valerie Jarrett e Marty Nesbitt, bem como colegas de Harvard e colegas da Universidade de Chicago. Por conta da "cláusula dos milionários", quase metade do total arrecadado por Obama saiu de um grupo de menos de trezentos doadores. No início da campanha, Obama disse a Nesbitt: "Se levantar quatro milhões, eu vou ter 40% de chance de vencer. Se conseguir seis milhões, terei 60% de chance. Se conseguir dez milhões, eu garanto a vitória".[27] No final, Obama e sua equipe arrecadaram mais de cinco milhões, só para as primárias. Por vezes, durante a blitz final de mídia, o dinheiro acabava e eles precisavam tirar os comerciais do ar por um ou dois dias; mas, no geral, os fundos foram suficientes para manter uma forte presença na mídia.

Obama tinha começado a campanha percorrendo o estado em seu Jeep Cherokee, muitas vezes sozinho, conseguindo atrair no sul do estado grupos de cinquenta a cem pessoas. Dirigia o utilitário de um evento a outro enquanto fumava e falava ao celular ou ouvia livros gravados. Mas, conforme o dinheiro entrava e suas chances aumentavam, Cauley e outros persuadiram Obama a parar de dirigir — "O cara perdia tempo procurando vaga para estacionar!" — e vender o carro. No feriado de Ação de Graças de 2003 ele já viajava num utilitário maior, com motorista.

No início de março a disputa praticamente havia se encerrado para Blair Hull — e ele sabia disso. Faltou a uma das entrevistas coletivas que havia convocado, deixando que seu porta-voz explicasse que o candidato dedicava parte do tempo a levar idosos ao Canadá para comprar remédios mais baratos. Os desastres se acumulavam para Hull: faltava pouco menos de uma semana para as primárias democratas quando ele admitiu ter fumado maconha e cheirado cocaína "ocasionalmente", nos anos 1980, e que havia feito tratamento por abuso de álcool.

Como se não bastasse a terrível queda de Hull, uma reportagem do *Tribune* revelou que Jack Ryan, o republicano líder nas pesquisas, conseguira sigilo em seu processo de divórcio encerrado em 1999, ao qual o jornal tentava ter acesso. Ryan era casado com uma atriz de Hollywood chamada Jeri Ryan, estrela de dois seriados famosos da televisão: *Boston Public* — um drama colegial sério em que ela fazia o papel da professora Ronnie Cooke — e *Jornada nas Estrelas: Voyager*, no qual era um ex-zangão Borg igualmente sério chamado Seven of Nine, originário do planeta Tendara Colony, onde pelo jeito todos usavam macacão de lycra colado na pele. Jeri Ryan conheceu o marido em 1990, quando bancava a crupiê de vinte e um num evento de caridade.

Para Obama a vitória nas primárias estava quase garantida. Hull desabava nas pesquisas, Hynes estava empacado e os candidatos restantes não conseguiam se projetar. Obama escapava de críticas da imprensa. Não só impressionava os eleitores e a mídia com seriedade e inteligência como evitou ser foco das atenções até o final da disputa. Nunca foi tema de um anúncio negativo. "Quando você tem 16%, ninguém o ataca, pois não acha que seja um candidato sério", explicou Jim Cauley. Uma das poucas críticas a Obama de que se lembra Cauley surgiu no final da campanha, quando um grupo judeu conservador reclamou que, ao preencher um questionário, Obama referiu-se à "muralha" de segurança de Israel, em vez de chamá-la de "cerca".

Pouco antes da votação nas primárias, Obama recebeu apoios explícitos do *Tribune*, do *Sun-Times* e do *Chicago Defender*, além de muitos veículos dos subúrbios e do sul do estado. Com a candidatura de Hull arruinada, o voto dos eleitores do sul não migrou para Hynes como todos esperavam, mas para Obama. "A noção convencional, pelo menos até 2004, era de que havia poucos afro-americanos no sul do estado, e que os moradores de lá jamais sonhariam em votar num negro chamado Barack Obama", disse Anita Dunn. "O Klan atuara naquela região nos anos 1920. Mas nós vimos que as pessoas desejavam mudanças, pois estavam sofrendo com as condições econômicas. Lá ocorreu o fenômeno pelo qual muita gente se sentiu melhor consigo mesma ao apoiar um afro-americano. Foi uma tremenda antecipação do futuro." Dunn acabou se tornando uma assessora próxima de Obama quatro anos depois, na campanha para a presidência, e sua primeira diretora de comunicações na Casa Branca.

Na noite do domingo anterior às primárias, Obama estava na sede da campanha com Jim Cauley discutindo suas possibilidades. "Uma pesquisa indicou que ele tinha chegado a 48%, no mínimo, e pensei: duvido muito", contou Cauley. "Calculava que ele tivesse um teto — numa disputa de sete candidatos, ninguém consegue mais do que 45%. Barack perguntou: 'Você acha que chegamos a 45%?'. Mas nossa campanha deixou de ser pequena. Tínhamos quatrocentas pessoas a bordo. Obama percorreu o estado inteiro e ninguém da imprensa quis falar com ele, mas assim que apareceu nos anúncios de televisão sua vida mudou. E eu respondi: 'É, cara, você agora se tornou um ser humano diferente'."

No dia das primárias, 16 de março, a campanha de Obama concentrou-se em maximizar a presença de afro-americanos. Despachou camionetes com capacidade para quinze pessoas à zona sul para levar os eleitores às seções. Se alguém não estivesse em casa, um voluntário colava um aviso na porta. Mais tarde, se o aviso sumisse, ele saberia que a pessoa estava em casa. Batia na porta de novo para persuadi-la a votar. Depois chamava a camionete.

Eric Zorn, colunista do *Tribune*, passou algum tempo com Obama no dia das primárias e escreveu que ele "se comportava com a serenidade engajada que vemos no pai da noiva durante um casamento: concentrado, mas não preocupado; feliz, mas não extasiado".[28] A família Obama se hospedou numa suíte no trigésimo quarto andar do Hyatt Regency Chicago, hotel administrado pela família Pritzker. Pouco depois das sete da noite eles souberam que a WBBM-TV previa uma vitória esmagadora: Michelle Obama cumprimentou o marido com o típico gesto americano de vitória e imitou a voz de Sally Fields na apresentação do Oscar: "Eles gostam de você! Eles gostam mesmo de você!".[29]

Nas três últimas semanas da campanha, Obama passou de 16% a 53%. Quando as equipes de televisão chegaram para filmar a cena, Obama apontou para Malia e Sasha, que usavam vestidos de domingo para a festa da vitória. Para Obama, a principal preocupação era que "os vestidos aguentassem até as dez da noite".[30] Hull telefonou para Obama às 8h13 reconhecendo sua vitória. Quando Sheila Simon, filha de Paul Simon, apresentou Obama mais tarde naquela noite para uma multidão eufórica, ela mostrou uma das famosas gravatas-borboleta do pai e afirmou que a única diferença entre o vencedor e seu pai era a gravata.

"Acredito que seja justo dizer que, pelas noções convencionais, não poderíamos ganhar", disse Obama a sua equipe. "Não tínhamos dinheiro suficiente. Faltava organização. Não havia como um magrelo da zona sul com um nome esquisito como 'Barack Obama' vencer uma eleição estadual. Dezesseis meses depois aqui estamos, e os democratas do estado de Illinois inteiro — dos subúrbios, do centro, do norte, do sul, brancos, negros, hispânicos, asiáticos — declaramos todos: Sim, nós podemos!"[31]

Jesse Jackson pai subiu ao palanque e juntou-se a Obama e família naquela noite. O relacionamento entre Obama e Jackson era dos mais complicados. Impetuoso protegido de Martin Luther King, tanto no Sul quanto em Chicago, Jackson fez história com as campanhas presidenciais de 1984 e 1988. Agora testemunhava a ascensão de uma geração que o via com ambivalência. Que ia defenestrá-lo. Jackson havia rejeitado Obama antes, apoiando Alice Palmer para o Senado estadual e Rush para o Congresso, mas desta vez ajudava Obama a chegar ao Senado federal. Na noite das primárias ele disse à multidão: "Com certeza o doutor King e os mártires sorriram para nós".³²

Na manhã seguinte Obama tomou café da manhã com seus oponentes e a liderança do Partido Democrata no estado. Emil Jones chegou triunfal, mas Bobby Rush estava encabulado, pois apoiara Hull por rancor.

Naquele mesmo dia Obama percorreu o estado de avião — Springfield, Quincy, Marion — para agradecer aos eleitores. E, talvez pela milésima vez, declarou aos repórteres que não havia se preocupado com a raça, nem mesmo ao se preparar para a campanha de uma eleição que o tornaria o único afro-americano no Senado. "Tenho um nome inusitado e uma origem exótica, mas meus valores são essencialmente valores americanos", falou (não pela primeira vez, nem pela última). "Tenho raízes na comunidade afro-americana, mas não me sinto limitado por ela."³³

Cerca de uma semana após as primárias, Obama testemunhou uma cena que endossava dramaticamente seu apelo por transcender a questão racial ao viajar para o extremo sul com o senador Durbin, chegando a Cairo, uma cidadezinha de Illinois. Nos anos 1960 e 1970, Cairo servira de sede ao Conselho dos Cidadãos Brancos. As escolas eram segregadas. Queimavam cruzes e perseguiam negros e judeus. Quando Obama e Durbin estavam entrando na cidade de carro, Durbin disse: "Não me esqueço da primeira vez em que estive em Cairo. Faz uns trinta anos. Eu tinha 23 anos e Paul Simon, vice-governador na época, mandou que eu verificasse o que poderia ser feito para melhorar o ambiente em Cairo na questão racial". Quando Durbin chegou, um morador foi buscá-lo e o levou a um hotel.³⁴

Quando Durbin desceu do automóvel, o sujeito disse: "Perdão, mas eu gostaria de lhe dar um conselho. Não use o telefone do quarto, pois o operador da mesa pertence ao Conselho dos Cidadãos Brancos e vai relatar suas conversas". Durbin foi para o hotel e se registrou. No quarto, quando desfazia as malas, ouviu alguém batendo na porta. Atendeu, e um homem disse: "Que diabos você veio fazer aqui?". E foi embora.

"Bem, Dick parecia muito preocupado, eu também me assustei, pois enquanto ele contava a história nós chegamos a Cairo", recordou Obama no ano seguinte, num jantar da NAACP em Detroit. "Por isso eu pensava no tipo de recepção que teríamos. Atravessamos a cidade, passando pelo antigo fórum, e fizemos a curva. De repente vimos um imenso terreno vazio, um estacionamento. Havia cerca de trezentas pessoas paradas lá. Um quarto de negros, o restante de brancos, e todos aparentavam idade suficiente para ter participado do épico confronto ocorrido trinta anos antes. Conforme nos aproximávamos eu notei uma coisa. Todas as pessoas usavam bótons com os dizeres 'Obama para Senador'. E todos sorriam. Começaram a acenar. Dick e eu trocamos olhares, não precisamos dizer nada. Se alguém dissesse a Dick, trinta anos antes, que ele, filho de imigrantes lituanos de recursos muito modestos, nascido na zona leste de St. Louis, voltaria a Cairo como senador dos Estados Unidos, e que levaria consigo um negro nascido no Havaí, de pai queniano e mãe nativa do Kansas, chamado 'Barack Obama', ninguém teria acreditado. Mas aconteceu."

11. Um vento virtuoso

A disputa pela cadeira de senador por Illinois em 2004 não transcorreu num vácuo político, claro, pois naquele mesmo ano George W. Bush tentava a reeleição. Bush assumira o poder em 2000, depois que uma votação de cinco a quatro na Suprema Corte encerrou a recontagem na Flórida, dando a vitória a Bush. O voto negou a presidência a Al Gore que, por qualquer avaliação racional, conquistou a maioria dos votos tanto nacionalmente quanto na Flórida. Na disputa pela indicação democrata em 2004, John Kerry, senador júnior por Massachusetts, superou o desafio do governador de Vermont, Howard Dean, e após uma série de vitórias nas primárias começou a planejar a campanha contra Bush.

Uma das primeiras e melhores oportunidades que um desafiante tem para apresentar sua candidatura — projetar suas ideias políticas e seu caráter para milhões de pessoas de uma só vez — é a convenção partidária. A audiência das convenções na televisão caiu com o passar do tempo, mas os candidatos a presidente e vice ainda causam uma impressão inicial importante, não só com o discurso de aceitação da candidatura como também nos outros pronunciamentos e eventos das primeiras noites de convenção.

A campanha de Kerry contava com Jack Corrigan, advogado de Boston e veterano do partido, para ajudar a montar a convenção, que ocorreria no final de julho no FleetCenter de Boston. Corrigan tinha quase cinquenta anos. Quando era estudante, costumava dedicar tanto tempo trabalhando para diversos candidatos democratas que os colegas zombavam dele dizendo que ao se formar advogado ele já estaria recebendo auxílio-desemprego. Corrigan assessorou Edward Kennedy, Geraldine Ferraro, Michael Dukakis e Walter Mondale, além de ter sido um dos dirigentes da equipe do condado da Palm Beach durante a disputa da recontagem, em 2000. A gerente da campanha de Kerry, Mary Beth Cahill, pediu a Corrigan que desempenhasse um papel mais importante na campanha, mas ele preferiu ficar em casa e assumir a organização da convenção: no início da primavera ele começou a trabalhar na montagem do palco, contratos com sindicatos e lista de oradores em potencial.

"Um dos elementos a considerar é o orador programático, uma das peças do complicado mosaico", explicou Corrigan. Sua primeira atividade política profissional séria aconteceu em Harvard, quando era universitário e se ofereceu a Abner Mikva como voluntário nas eleições para o Congresso, em 1976 e 1978. Durante essas campanhas, Corrigan fez amizade com Henry Bayer, ex-professor e organizador sindical. Sempre que possível, Corrigan e Bayer se encontravam para jantar e passavam horas falando de política. Em 2003, Bayer dirigia a sucursal de Illinois do AFSCME, o maior sindicato de funcionários públicos e de saúde do país. Bayer ligou para o amigo e disse: "Você precisa levantar dinheiro para Barack Obama. Ele está concorrendo ao Senado por Illinois, e é o máximo".

"Por que eu me envolveria com isso?", Corrigan perguntou.

"Porque Ab Mikva está dizendo que Obama é o político mais talentoso que surgiu nos últimos cinquenta anos."

Corrigan se espantou. Mikva era do mesmo estado de Douglas, Stevenson e Simon, e trabalhara na Casa Branca como assessor de Bill Clinton. O melhor político em cinquenta anos? Corrigan ficou interessado.

Corrigan telefonou para Elena Kagan, colega da Faculdade de Direito de Harvard e ex-assessora jurídica de Mikva. Descobriu que Obama havia presidido a *Law Review*, e calculou que Kagan o conhecia de lá. Na verdade, Kagan não conhecia Obama de Harvard, e sim da Universidade de Chicago, onde ambos lecionavam. Ela elogiou Obama em termos quase tão entusiásticos quanto os empregados por Mikva.

"Comecei a pensar: isso é *realmente* interessante", recordou Corrigan, e resolveu ajudar a campanha de Obama ao Senado. Talvez pudesse conseguir o telefone de alguns bancos e organizar um evento para levantar fundos na casa de Larry Tribe, seu orientador em Harvard. Mas a banca de advocacia e a corrida presidencial o absorviam, e no início de fevereiro outros amigos falaram de Blair Hull, que seria um candidato honesto e investira um monte de dinheiro, abrindo vantagem sobre Dan Hynes e Obama.

"Fui visitar Mary Beth Cahill em Washington", relatou Corrigan. "Eu disse: 'Tem um grande cara em Chicago que está a ponto de perder as primárias. Nós deveríamos contratá-lo'. Mary Beth fez que sim e seguimos para o tópico seguinte. Aquele era apenas um dos dez assuntos de que eu precisava tratar com ela." Cahill também tinha ouvido elogios a Obama.

Corrigan regressou a Boston, e poucas semanas depois iniciou-se a ascensão que levaria Obama a vencer as primárias. "Naquele momento eu enfrentava inúmeros problemas com a Convenção", prosseguiu Corrigan. "As obras estavam atrasadas. O cronograma rígido nos dava muita dor de cabeça. Achei que Obama poderia discursar, mas talvez não como orador programático. Incluí o nome dele na lista. Quando se pensa nos oradores de uma Convenção, é preciso levar muitas coisas em consideração: demografia, estados mais disputados, eleições locais. Valia a pena pensar nele."

"Aí eu recebi um telefonema de Lisa Hay, uma velha amiga da campanha de Dukakis que agora era defensora pública em Portland, no Oregon. Lisa estava em Boston para uma conferência, nós tomamos um café juntos e ela me pressionou muito por Kerry não se opor com mais energia à Guerra do Iraque. A certa altura eu falei: 'Lisa, você precisa aderir ao programa e ajudar'. Ela disse: 'Tudo bem, mas eu estou economizando dinheiro para o meu amigo Barack Obama'. Foi então que eu soube que ela tinha concorrido à presidência da *Law Review*, tendo perdido para ele." Hay falou com Corrigan sobre o banquete de posse da nova diretoria da *Law Review* no Boston Harvard Club, no qual os garçons puseram de lado as bandejas e também o aplaudiram.

"Se você quer alguém que sabe fazer um discurso, ele é o cara", Hay disse a Corrigan.

"Além de comovente, a história era meio assustadora", continuou Corrigan. "Eu tive uma visão. O relato de Lisa me fez lembrar de Mario Cuomo." Na longa história dos discursos em Convenções, desde o eloquente apoio de Roosevelt a Al Smith em 1924 e 1928 à performance de Barbara Jordan em 1976 ("Minha presença aqui serve como prova adicional de que o sonho americano não precisa ser sempre adiado"), talvez o mais elaborado e comovente tenha sido o de Mario Cuomo em 1984, como orador programático, "Um conto de duas cidades". O discurso desmistificava o discurso de Ronald Reagan, "Uma cidade brilhante na colina", acusando-o de prometer uma terra quimérica e exclusiva para os ricos e afortunados. Cuomo falou de "outra cidade" — a cidade dos pobres e da classe média, que viam seus sonhos "evaporarem". Dirigir-se diretamente ao presidente em exercício foi uma opção solene, mas eficaz: "Há desespero, senhor presidente, nos rostos que não vê, nos lugares que não visita em sua cidade brilhante". Corrigan e Cahill passaram a considerar Obama alguém capaz de um discurso em termos emocionalmente memoráveis.

No final de maio, Corrigan e Mary Beth Cahill puseram Obama no topo da lista de possíveis oradores programáticos, que incluía ainda Jennifer Granholm, governadora de Michigan, Janet Napolitano, do Arizona, e Mark Warner, da Virgínia. "Também pensávamos em incluir um veterano do Iraque ou um professor", recordou Cahill. "O processo era longo, e começamos a estudar as imagens de todos eles."

Cahill e outros pediram relatórios em profundidade dos possíveis oradores. No caso de Obama, ela falou com Rahm Emanuel, Richard Durbin e com Richard e William Daley, de Chicago. "Os relatos sobre Obama eram entusiasmados", afirmou. "O próprio Obama não se manteve distante do processo. Axelrod e o chefe de equipe de sua campanha, Darrel Thompson, passaram a fazer lobby com o pessoal de Kerry assim que souberam que seu nome entrara na pauta. Donna Brazile, Minyon Moore e Alexis Herman — mulheres afro-americanas que desempenharam papéis importantes no partido durante as campanhas de Clinton e Gore — também batalharam para Obama fazer o discurso principal.

Obama apresentava dificuldades óbvias. Embora fosse candidato democrata ao Senado por Illinois, continuava sendo um parlamentar estadual. Havia também a questão da condenação veemente da Guerra do Iraque, em conflito com a posição de Kerry, que votara a favor da ação militar em 2002 ao lado de Hillary Clinton e outros democratas. A favor de Obama estavam sua idade, a raça e o desejo do partido de emplacar um democrata na segunda vaga de Illinois. Em abril de 2004, Kerry havia passado alguns dias em Chicago com Obama fazendo campanha, visitando um centro vocacional e uma padaria, além de comparecer a uma reunião na prefeitura e a um evento de arrecadação de fundos no Hyatt do centro. Quando Kerry viu Obama discursar no Hyatt, depois de já tê-lo ouvido na prefeitura, o responsável nacional pelas finanças de sua campanha, um banqueiro de investimentos baseado em Chicago, chamado Louis Susman, sussurrou: "Esse jovem um dia vai ganhar destaque na cena política nacional". Kerry revelou a Susman que cogitava abrir um espaço para Obama discursar na Convenção. "Ele deve ser uma figura de destaque em nosso partido agora", disse Kerry, "não daqui a alguns anos."[1]

Nas primárias republicanas, Jack Ryan, ex-sócio da Goldman Sachs, conseguira a indicação derrotando vários oponentes, mas começou a campanha pelo Senado muito atrás de Obama, que já atraía a atenção nacional. A perspectiva de um jovem político da era pós-direitos civis se tornar o único senador negro no meio da acirrada batalha entre Bush e Kerry era uma história irresistível. Em seu perfil para *The New Yorker*, Willian Finnegan acompanhou Obama em sua visita aos líderes do AFL-CIO em Springfield. Na fase primária da campanha a central sindical apoiou Dan Hynes.

"É uma sessão de abraços e reconciliação", Obama explicou a Finnegan quando entravam num salão com 25 líderes sindicais de jaqueta e camisa polo. Obama falou dos empregos perdidos durante o governo Bush, das verbas para rodovias federais, de companhias avessas aos sindicatos que conseguiam contratos milionários. Finnegan, que não foi o único a se surpreender com a desenvoltura de Obama perante plateias brancas, acompanhou-o até o centro de Illinois para visitar um centro comunitário perto de Decatur, onde duas indústrias de grande porte haviam fechado. Obama se apresentou com a brincadeira de costume sobre seu nome e fez um discurso empolgante sobre o ímpeto do governo Bush de defender os interesses dos poderosos e abandonar os despossuídos, recorrendo a clichês sobre responsabilidade individual. Ao voltar do evento, atravessando a planície central do estado a caminho de Chicago, Obama disse: "Eu conheço aquelas pessoas. São meus avós. A comida que botam na mesa é a mesma que eles me davam quando eu era criança. Os modos, a sensibilidade para o certo e o errado — tudo isso é bem familiar para mim".[2]

Jan Schakowsky, congressista democrata dos subúrbios ao norte de Chicago, disse a Finnegan que havia visitado a Casa Branca recentemente para uma reunião com o presidente Bush. Quando saía, percebeu que Bush olhava para seu bóton de Obama. "Ele pulou para trás, quase literalmente", disse ela. "E eu sabia o que ele estava pensando. Por isso expliquei que era Obama, com 'b', e contei quem ele era. O presidente disse: 'Bem, *eu* não sei quem é'. Eu respondi apenas: 'Mas vai saber'."³

Bush já sabia quem era Jack Ryan, o atraente candidato republicano. Bonitão como um cirurgião residente de uma série vespertina de tevê, Ryan era inteligente e abastado — um sócio da Goldman Sachs que fez fortuna e foi lecionar na zona sul de Chicago no Hales-Franciscan, um colégio masculino particular sem fins lucrativos quase inteiramente afro-americano. Criado no subúrbio de Wilmette, formou-se em direito e administração em Harvard. Conservador, opunha-se ao aborto, mas defendia o porte de armas e a desregulamentação do mercado. Ryan disse que a escola onde lecionava era um exemplo da liberdade econômica em ação — uma instituição independente que ajudava as pessoas. E como dedicava seu tempo à instituição, além de dinheiro, Ryan irradiava credibilidade: numa era de "conservadorismo compassivo" ele podia dizer que, no seu caso, isso era mais do que um slogan. Embora também financiasse em parte sua campanha, Ryan era mais simpático e menos tecnocrático que Blair Hull.

Porém a sorte de Ryan mudou no final de junho, quando Robert Schneider, juiz de última instância de Los Angeles, emitiu sentença favorável ao *Tribune* e ao WLS-Canal 7 no processo em que pediam rompimento do sigilo do processo de divórcio de Jack e Jeri Ryan. Ryan sempre defendeu que os autos deviam permanecer fora do alcance do escrutínio público para proteger o filho de nove anos. Embora faltasse ao divórcio dos Ryan o toque de violência indicado nos depoimentos do caso Blair Hull, o processo continha petiscos atraentes para o noticiário a cabo e para a internet, onde logo surgiram fotos de Jeri Ryan em diversos estados de imodéstia no vestir. *Smoking Gun* e outros sites rapidamente divulgaram o depoimento de Jeri Ryan:

> Deixei claro ao Acusado que nosso casamento para mim estava acabado na primavera de 1998. Em três viagens, sendo uma para New Orleans, uma para Nova York e outra para Paris, o Acusado insistiu para que eu fosse a clubes de sexo com ele. O Acusado organizou essas viagens de surpresa. Seriam fins de semana prolongados, uma espécie de fuga "romântica".
>
> Os clubes de Nova York e Paris eram clubes de sexo explícito. O Acusado pesquisou e sabia disso. O Acusado me levou a dois clubes de Nova York durante o dia. Eu me recusei a ficar no primeiro. Tinha colchões nos quartinhos. No outro clube ele

insistiu para que eu entrasse [...] Era um clube bizarro, com jaulas, chicotes e outros instrumentos pendurados no teto. O Acusado queria que eu fizesse sexo com ele ali, enquanto outro casal assistia. Eu me recusei. O Acusado pediu que eu realizasse uma atividade sexual nele, e pediu a outras pessoas que observassem. Fiquei muito incomodada. Saímos do clube e o Acusado pediu desculpas, disse que eu tinha razão, que nunca mais insistiria para que eu fosse a um clube desses. Ele jurou que isso estava fora de cogitação.

Durante a viagem a Paris, porém, ele me levou a um clube de sexo sem contar aonde íamos. Eu lembrei a ele que aquilo estava fora de cogitação. Que tinha prometido nunca mais ir a lugares do gênero. As pessoas faziam sexo em todos os cantos. Chorei, comecei a me sentir mal, fisicamente. O Acusado ficou muito bravo comigo, disse que chorando eu não o "excitava". Nunca superei o incidente, que provocou minha falta de atração por ele. O Acusado sabia que tinha um problema sério. Eu disse que não confiava em sua capacidade de superar aquele problema.[4]

Os documentos também citavam a mãe de Jeri Ryan, Sharon Zimmerman, que declarou: "Jeri Lynn me contou que estava cheia de lhe dizerem como comer, como sentar, o que vestir, enfim, cansada de ser criticada por causa de sua aparência, de ser pressionada a fazer exercícios".

Ryan declarou no processo que foi um marido "fiel e leal" durante o casamento. "Eu arranjei locais românticos para fugirmos da rotina, mas eles não incluíam as atividades descritas", disse. "Fomos realmente a um clube de vanguarda em Paris, no qual nenhum de nós se sentiu à vontade. Saímos e juramos nunca mais voltar."[5] A julgar pelo relato de Ryan, eles poderiam ter entrado inadvertidamente numa produção alternativa de *Ubu Rei*.

Obama participava de um jantar para arrecadar recursos na distante Carbondale quando recebeu a notícia. Como reagir a um caso tão estranho, um *segundo* escândalo sexual? Em abril, depois de sua vitória nas primárias, Obama contratou um novo diretor de comunicações, Robert Gibbs, natural do Alabama, que já havia trabalhado para Ernest Hollings, da Carolina do Sul, no Senado e na campanha de John Kerry. Considerado muito astuto, Gibbs havia ajudado outro político da geração de Josué, o ex-prefeito de Dallas Ron Kirk, que fracassara na tentativa de derrotar John Cornyn por uma vaga no Senado pelo Texas. Assim como Cauley, Gibbs era sulista e branco, com um instinto apurado para a questão racial na política. O problema, porém, agora era sexo. Obama e Gibbs montaram rapidamente uma resposta aceitável, digna e anódina. "Tentei deixar claro durante a campanha", declarou Obama aos repórteres, "que meu foco é fazer o possível para ajudar as famílias de Illinois, e não considero apropriado comentar esse assunto."⁶ (Falar em "famílias" foi um achado.) Mais tarde Obama baixaria a cabeça, em constrangido silêncio, quando os repórteres gritaram perguntas do tipo: "Você acredita que um fetiche sexual define o caráter da pessoa?".⁷

Enquanto a campanha de Obama guardava um silêncio estudado (e atônito) diante de mais um oponente enfrentando uma implosão humilhante, Jay Leno não poupava palavras:

> Na disputa pelo Senado em Illinois, o candidato republicano Jack Ryan acabou de enfrentar um divórcio escandaloso, e nos autos do processo a esposa o acusou de levá-la a clubes de sexo, onde tentou obrigá-la a fazer sexo com ele na frente de desconhecidos. Mas os republicanos não são os defensores da família? Em termos de valores familiares, a diferença entre republicanos e democratas é a seguinte: os políticos democratas traem as esposas. Os republicanos também traem — mas levam a esposa junto! Transformam o caso em evento familiar! Eles incluem a família inteira!⁸

Durante alguns dias Ryan pensou que poderia superar a crise enfatizando os danos potenciais a seu filho e sua revolta contra o juiz que havia liberado o acesso ao processo. "Muita gente me alertou nos últimos meses que seria politicamente prejudicial manter o sigilo sobre o processo, sugerindo liberar os autos", declarou Ryan aos repórteres. "Mas qualquer pai faria o que fiz! Que pai não tentaria proteger informações de seu filho, se pudessem ser prejudiciais, caso todo mundo soubesse? Coisas que pais e mães dizem um ao outro, ou um sobre o outro, devem ser mantidas longe das crianças."⁹ Ryan insistia em que não havia feito nada ilegal. Sem negar a veracidade de seu depoimento no processo de divórcio, Jeri Ryan afirmou que o ex-marido nunca fora infiel nem violento.

"Jack é um bom sujeito, pai amoroso que mantém um vínculo profundo com nosso filho", disse. "Aposto que ele daria um excelente senador."¹⁰

Ryan também obteve apoio do homem a quem pretendia suceder, Peter Fitzgerald (que votara pela culpa do presidente Clinton durante o processo de impeachment) e de Bill O'Reilly, apresentador da Fox News, que disse: "Pensem bem, qualquer político ou sujeito que pensa em se candidatar a um cargo eletivo pode ter uma ex-mulher ou ex-namorada furiosa com ele, e nesse caso está frito, pois ela pode fazer a acusação que quiser".[11]

Mas o apoio político de Jeri Ryan e Bill O'Reilly não influenciariam a seção estadual do Partido Republicano. No início da campanha, a chefe do Partido Republicano em Illinois, Judy Baar Topinka, perguntou a Ryan se havia algo negativo ou constrangedor nos autos do processo. Ele garantiu que não. "Eu o considero um sujeito honesto e confio em sua palavra", declarou ela pouco antes das primárias.[12] A liderança republicana no estado deixou claro, em declarações à imprensa em *on* e *off the record*, que não mais considerava Jack Ryan um candidato viável. Raymond LaHood, republicano moderado da região central de Illinois, foi um dos que pediram a Ryan que abandonasse o pleito. (Obama nomeou LaHood para seu gabinete em 2009, como secretário dos Transportes.)

Em 25 de junho Ryan atendeu ao apelo do partido, queixando-se de que o *Tribune* tinha exigido dele "um padrão mais alto que o de qualquer outro na história dos Estados Unidos".[13] Um dos políticos que se compadeceu de Ryan foi Blair Hull. "Ele é o mais próximo que conheço de um santo", declarou anos depois. "Um sujeito gentil e generoso. É gozado como a gente sofre revezes na vida. Ryan poderia estar no lugar de Obama agora. Era muito parecido com John Kennedy."

Obama manteve sua retórica e imagem pública tão impassíveis quanto possível. "O que aconteceu a ele nos últimos três dias foi um infortúnio", comentou sobre Ryan. "Com certeza não desejo isso a ninguém. Tendo dito isso, a partir de agora creio que é melhor retomar os temas em debate."[14]

Mais ou menos na mesma época em que Ryan sofria essa humilhação pública, a campanha de Obama ouviu rumores de que a equipe de Kerry solicitaria a ele que fizesse o discurso programático na Convenção. Os dois partidos costumavam usar esse discurso para apresentar a próxima geração de líderes. Em 1988 os democratas chamaram a secretária estadual do Tesouro no Texas, Ann Richards, para discursar na Convenção que indicaria Michael Dukakis, e Richards fez um ataque a George H. W. Bush com mais frases curtas do que um monólogo à meia-noite. ("Coitado do George. Ele não pode fazer nada. Nasceu em berço de ouro.") O discurso levou Richards à vitória na eleição para governador do Texas.

Para Mary Beth Cahill, a lista de oradores programáticos era curta e banal

— exceto por Obama. O que vira no vídeo enviado pela campanha do candidato a convenceu de que ele valia o risco. Pouco antes do feriado de 4 de Julho ela recomendou Obama a Kerry, que não se envolvia muito com detalhes da Convenção e aprovou o seu nome. Obama viajava de automóvel de Springfield a Chicago quando recebeu a notícia pelo celular. Assim que desligou ele comentou com o motorista: "Acho que isso é muito importante".[15]

Por não ter um oponente para enfrentar naquele momento, Obama pôde dedicar mais tempo à preparação de seu discurso. Os jornais noticiavam que os republicanos procuravam um substituto para Jack Ryan: talvez Mike Ditka, aclamado atacante e técnico dos Chicago Bears, ou Orion (The Big O) Samuelson, apresentador de rádio conhecido pelo programa diário *National Farm Report* (Notícias da agricultura nacional) e pela gravação de "I yust go nuts at Christmas" (Eu fico maluco no Natal), de Yogi Yorgesson. Andrea Barthwell, diretora do programa antidrogas do governo Bush, era a favorita da ala moderada dos dezenove membros do Comitê Central Republicano de Illinois, mas os conservadores vetaram a ideia e continuaram procurando alguém mais à direita. Nenhum dos candidatos derrotados por Ryan nas primárias parecia ter carisma ou disposição suficientes para entrar numa disputa em que provavelmente perderiam.

Enquanto os republicanos prosseguiam na busca, Obama preparava em Springfield a primeira versão do seu discurso, fazendo anotações e rascunhando trechos em blocos de folhas amarelas em seu gabinete no Senado estadual. Às vezes, para se livrar dos colegas e dos debates sobre o orçamento realizados no plenário, ele ia ao banheiro masculino e trabalhava ao lado da pia.[16] No decorrer da campanha, Obama tinha desenvolvido uma boa noção a respeito das frases e ideias de seus discursos que a plateia recebia melhor, e boa parte do processo de redação era uma questão de reunir num novo texto os elementos impactantes de seus discursos.

Obama enviou o rascunho do texto para Axelrod, que passava férias na Itália, e para a campanha de Kerry.[17] O discurso de Obama foi parar nas mãos de Vicky Rideout, que assessorou a campanha de Dukakis e comandou a equipe de redação dos discursos de Geraldine Ferraro quando ela se candidatou a vice de Walter Mondale, em 1984. A campanha de Kerry determinara, a partir de dados das pesquisas, que o público não queria artilharia negativista pesada contra o governo Bush na Convenção — especialmente quando o país estava em guerra. Rideout mantinha vigilância constante para impedir uma retórica contra Bush em todos os discursos previstos para Boston. Alguns assessores acharam perigosa a relutância em atacar Bush, pois os pesquisados sempre declaravam que detestavam campanhas negativas, embora elas funcionassem muito bem. No entanto, prevaleceu a posição de Robert Shrum, porta-voz da campanha de Kerry, e Obama apresentou um rascunho cujo tema era a esperança — o que teria feito de qualquer maneira.

"Minha impressão clara foi de Obama ter escrito de próprio punho", recordou Rideout. "Ele mandou o rascunho com certo atraso. Eu estava nervosa, pois era um orador de alto risco, ninguém o conhecia direito e ele faria o discurso mais importante, depois do pronunciamento dos indicados. Quando li o texto, suspirei aliviada. Não fazia a menor ideia do que esperar de um senador estadual novato. Não queríamos um discurso à moda de Ann Richards, ofensivo, agressivo. O dele era edificante. Só havia o problema do tamanho, pois era o dobro do que deveria ser."

Uma menção não muito usada por Obama durante a campanha, mas presente no rascunho do discurso, citava o título de um sermão de Jeremiah Wright — "a audácia da esperança". A expressão seria o refrão do clímax do discurso, um toque de clarim para proclamar o otimismo, o voto em Kerry e a renovação do espírito nacional.

Obama dedicou-se a cortar o discurso, com ajuda de Rideout e de sua equipe. Ele se apresentaria no dia 27 de julho de 2004, na segunda noite da Convenção, que durava quatro dias. Não há nada pior que o tamanho excessivo para destruir o ritmo e a eficácia de um pronunciamento político. Nenhum assessor de Kerry se esquecera do discurso embolado de Bill Clinton na Convenção de 1988, que recebeu os aplausos mais calorosos quando ele chegou à frase: "Concluindo...". No início Obama sofreu muito para aceitar cortes, desesperando-se com a instrução de cortar pela metade a versão inicial de 25 minutos. Rideout ressaltou que Obama precisava cortar o material local, sobre Illinois, e "aumentar um pouco o volume" no trecho em que elogiava John Kerry e seu candidato a vice, John Edwards, além de mencioná-los no começo do discurso.

Três dias antes do pronunciamento, Obama, Axelrod e Gibbs pegaram um jatinho Hawker fretado em Springfield, tarde da noite. Àquela altura Obama já havia reduzido a fala para 2300 palavras e decorado quase tudo ensaiando no escritório de Axelrod com um teleprompter alugado: nunca havia usado o equipamento antes. Desde o início de sua carreira política ele usava anotações, o texto integral impresso ou somente a memória. Com o teleprompter ele precisava treinar, evitando fechar os olhos para ler, ou adotar um ritmo constante, como se fosse marcado por um metrônomo, ao ler as duas telas que ladeavam o atril. Entendeu também que falaria ao mesmo tempo para um auditório lotado e para milhões de pessoas que o veriam na televisão, o mais importante. Se gritasse, pareceria abrasivo e descontrolado na tela. Em Chicago, ele ensaiou o discurso quinze vezes ou mais no teleprompter. Quando voava para Boston, Obama contou a história de sua rápida e tenebrosa passagem pela Convenção de Los Angeles, quatro anos antes.

"Vamos torcer para que esta Convenção seja bem melhor", disse.

Eles chegaram ao aeroporto de Logan depois da meia-noite e seguiram direto para o Hilton Boston Back Bay para dormir um pouco. Obama, porém, não conseguiu dormir, e passou um tempo vagando pelo saguão do hotel. "Ele tinha dedicado semanas ao discurso", recordou Jim Cauley. "E me disse: 'Sem erros. Precisamos acertar desta vez'."

Nos dois dias seguintes, Obama dividiu seu tempo entre ensaios do discurso numa das salas sem janelas do FleetCenter e entrevistas. Nos ensaios ele trabalhou com Michael Sheehan, veterano orientador de políticos democratas em discursos que começara a carreira produzindo peças de Shakespeare no Folger de Washington. Sheehan testou várias técnicas específicas para um espaço como o FleetCenter com Obama. Primeiro, ele e Obama percorreram o salão vazio, cavernoso, para sentir a enormidade do local. Sheehan fazia treinamento para os candidatos democratas desde 1988, estava acostumado a conviver com políticos ególatras que faziam questão de circular com um cortejo enorme e surpreendeu-se quando viu Obama acompanhado por duas, no máximo três pessoas: Axelrod, Robert Gibbs e Jonathan Favreau, redator de discursos de vinte e poucos anos que Gibbs conhecia da campanha de Kerry. Quando desceram para o salão de ensaios no porão, Sheehan encorajou Obama a "surfar", ou seja, discursar durante os aplausos sem esperar que cessassem, evitando assim a cadência de começar-parar, começar-parar, que teria o ritmo de um carro no trânsito pesado e pegaria mal na televisão. Eles se concentraram em ênfases e sotaque, nas pausas antes das frases de efeito, no timbre e na cadência. Sheehan mostrou a Obama imagens de "antiexemplos", como o de Alfonse D'Amato, republicano de Nova York que estragava os discursos com sua monotonia e movimentos desajeitados. Acima de tudo, aconselhou Obama a não gritar nem falar alto, como se estivesse num pequeno auditório ou numa feira estadual: era preciso deixar o microfone fazer esse trabalho para ele, variando o volume com moderação para marcar os momentos de emoção intensa.

"Confiar no microfone num salão daqueles era um ato de fé", explicou Sheehan. "Parece aquele momento nos filmes do Indiana Jones em que ele dá um passo para o abismo e há uma ponte invisível. Exige esse nível de confiança [...] Barack não ficou nervoso. Disse: 'Mostre o que eu preciso fazer'. E logo assimilou tudo. Engana-se profundamente quem pensa que ele não passa de um organizador comunitário. Olho para ele e vejo um professor de direito. Ele estuda muito."

Em entrevistas para a imprensa nacional, Obama respondeu a perguntas sobre diversos assuntos, da posição em relação ao Iraque ao seu papel como celebridade emergente. Se Obama ficou nervoso por conta de tanta atenção, não demonstrou nada. A tranquilidade era parte de seu charme. "Gosto de praticar surfe de peito", declarou. "Quando a gente pega uma onda, vai com tudo. E percebe que vai encher a boca de areia. Mas não faz mal, é rápido."[18] Obama, de tão confiante, arriscou críticas às limitações de John Kerry. Quando lhe perguntaram qual o relacionamento do candidato com os eleitores afro-americanos, ele respondeu: "Não resta dúvida de que John Kerry não conseguiu cativar o coração da comunidade negra da mesma forma que Clinton. Seu estilo é mais formal. Ele não é um cara que toca saxofone na MTV".[19]

Obama concedeu tantas entrevistas e ensaiou o discurso tantas vezes que na terça-feira, dia de seu pronunciamento, sentiu um pouco de rouquidão. Na hora do almoço ele fora designado para falar num encontro organizado pela League of Conservation Voters [Liga dos Eleitores Conservacionistas], mas logo encerrou sua participação. Desculpou-se dizendo: "Se eu não preservar minha garganta para hoje à noite, estou perdido".[20]

Obama ficou preocupado quando a campanha de Kerry, que havia revisado todos os discursos para conferir a consistência temática e evitar repetições, ligou para dizer que um trecho extenso — no qual Obama afirmava não haver estados vermelhos nem estados azuis, só os Estados Unidos — apresentava problemas. Segundo eles, Kerry queria dizer algo semelhante. Pediram cortes. "Para Obama aquele seria o ponto alto do discurso, emocionado, com suas frases típicas — ele vinha falando aquilo havia meses — e queria ter absoluta certeza de que a equipe de Kerry considerava fundamental realizar a mudança no último minuto", recordou Vicky Rideout. "Discuti o caso com os redatores da campanha, voltei a Obama e disse: 'Temos um probleminha aqui'."

Rideout repetiu o que lhe haviam dito, temendo que Obama fosse perder a paciência. Afinal de contas, ele tinha trabalhado no discurso havia semanas, com prioridade total. Uma exclusão do trecho principal, de última hora, poderia muito bem enfurecê-lo.

"E só o que ele disse foi: 'Puxa vida, é mesmo?'. Mesmo contrariado, ele não demonstrou raiva", contou Rideout. "Manteve o controle o tempo todo — Obama sem drama. Ele não me deu um tapinha nas costas, como Bill Richardson faria, mas também não soltou fumaça pelas orelhas."

Talvez não, mas Obama estava furioso quando entrou no carro com Axelrod e outro assessor da campanha, a julgar pelo relato da revista *Chicago*. "Aquele puto quer roubar um pedaço do meu discurso", disse Obama, segundo um assessor.[21] Axelrod não se lembra das palavras usadas por Obama, disse que ele estava irritado, mas que logo se acalmou. Numa conversa subsequente com Vicky Rideout, Obama perguntou se a solicitação para cortar a passagem viera diretamente de Kerry ou de algum membro da equipe mais atirado. Rideout conferiu e soube que Kerry tinha feito o pedido pessoalmente. "Nesse caso, a convenção é do John", disse Obama e refez o trecho, deixando porém as frases cruciais.

Por volta das duas daquela tarde, Obama ensaiou numa sala bem debaixo do palco. Ainda se adaptava ao teleprompter, ainda era difícil saber, sem o ruído da multidão, sem as duas plateias, a do local e a da televisão, se ele ficaria totalmente à vontade naquela noite. As emissoras de tevê não transmitiam mais o evento ao vivo — as emissoras a cabo se encarregavam disso —, mas não restava dúvida de que ele receberia bastante cobertura caso fizesse sucesso ou fracassasse estrondosamente. Certos políticos, Clinton inclusive, conseguiram superar um desempenho desastroso na Convenção, mas foram poucos. Apesar da pressão, a história repetida com mais frequência nos círculos de Obama sobre o dia do discurso diz respeito ao diálogo que travou com um grande amigo, Marty Nesbitt. As pessoas o cercavam na rua e no saguão do hotel, pedindo autógrafos e fotos pelo celular. Nesbitt disse: "Sabe, não dá para acreditar. Você parece um cantor de rock".

"Amanhã talvez fique um pouco pior", retrucou Obama.

"Sério?", Nesbitt perguntou. "Por que você acha isso?"

Obama sorriu antes de responder: "O discurso ficou muito bom".[22]

Obama ligou para a avó, Toot, no Havaí, e para as filhas Sasha e Malia, que estavam em Chicago. Michelle Obama, que acompanhara um dos ensaios do marido na véspera, deu um único conselho: "Sorria bastante". Antes do discurso, Obama ficou à espera com Richard e Loretta Durbin numa sala acarpetada de azul, nos bastidores. Obama usava terno preto e uma gravata emprestada de Gibbs.

Quando surgiu de trás da cortina, Obama sorriu para os que o aplaudiam e ouviu a batida pulsante de Curtis Mayfield & the Impressions, que cantavam o sucesso da era dos direitos civis, "Keep on pushing" [Mantenha a pressão]. (Ele sentiu alívio ao ver 5 mil placas em azul e branco com o nome Obama nas mãos dos delegados. Jim Cauley tinha contratado dois universitários para levar um caminhão cheio de placas promocionais de Chicago até Boston, mas o veículo quebrou no meio do nada, antes de chegar a Cleveland; sem tempo a perder, eles conseguiram retomar a viagem.) Após um minuto de aplauso, Obama subiu ao pódio e começou:

> Em nome do grande estado de Illinois, encruzilhada da nação, terra de Lincoln, gostaria de expressar minha profunda gratidão pelo privilégio de discursar nesta Convenção. Esta noite é uma honra especial para mim, uma vez que minha presença neste palco, vamos admitir, era bem improvável.
>
> Meu pai foi um estudante estrangeiro, nasceu e cresceu numa aldeia no Quênia. Cuidava de cabras na infância, a escola que frequentava era um barraco coberto de zinco. O pai dele, meu avô, era cozinheiro, empregado doméstico dos ingleses. Mas meu avô tinha planos grandiosos para o filho. Graças ao trabalho duro e à perseverança, meu pai conseguiu uma bolsa de estudos para ir a um lugar mágico, os Estados Unidos, que era como um farol a sinalizar liberdade e oportunidade a tantos que chegaram antes dele.
>
> Enquanto estudava aqui, meu pai conheceu minha mãe. Ela havia nascido numa cidade do outro lado do mundo, no Kansas. O pai dela trabalhou na indústria petrolífera e em fazendas durante a maior parte da Depressão. No dia seguinte ao ataque a Pearl Harbor, meu avô alistou-se nas Forças Armadas, entrou para o exército de Patton e marchou através da Europa. Em casa, minha avó teve um bebê e foi trabalhar numa fábrica, numa linha de montagem de bombas. Depois da guerra eles estudaram graças às bolsas para ex-combatentes, compraram uma casa pela

FHA e depois se mudaram para o oeste, chegando ao Havaí em busca de oportunidades.

Eles também alimentavam muitas esperanças para a filha, um sonho comum nascido em dois continentes.

Obama começou o discurso, como centenas de outros, com um resumo de suas origens. Não gaguejou, mas começou tenso, um pouco rígido, num tom banal, procurando seu eixo. Nos bastidores, Vicky Rideout e Jack Corrigan observavam Obama. Rideout repassara o texto com ele nas últimas semanas, acreditava que era um bom discurso, de sucesso, mas percebeu que nos dois primeiros minutos Obama não apresentou nada de eletrizante. Não dispunha da gravidade bem dosada de Mario Cuomo nem do tom teatral apaixonado de Jesse Jackson, cujos discursos em Convenções ficaram gravados na memória coletiva do partido.

O discurso foi estruturado para passar da autobiografia para a vinculação do orador com a diversidade e a história da nação ("Sei que minha história faz parte de uma história americana maior"), e depois com a história de pessoas específicas, emblemáticas. Quando Obama começou a falar no sofrimento da gente que conhecera nas viagens de campanha — os operários de Galesburg cuja fábrica fora transferida para o México; as moças da zona leste de St. Louis que não podiam pagar a faculdade; os moradores dos subúrbios de classe média ao redor de Chicago, furiosos com o desperdício tanto no Pentágono quanto na "assistência social" —, em algum momento desse trecho Obama encontrou seu ritmo. O discurso não era o melhor que havia escrito, e seu desempenho não superava o de outros momentos. Em certa medida era uma versão condensada e revista do pronunciamento básico que vinha aperfeiçoando por quase dois anos. Mas as pessoas presentes no salão e os telespectadores não tinham ouvido o discurso antes e desconheciam Obama e suas habilidades, sua capacidade de unir o tom professoral com o pastoral. Rideout disse que sentiu quando "Obama trocou de marcha". Seus ombros relaxaram, a cabeça se levantou um pouco, a voz adquiriu mais segurança quando ele seguiu falando durante os aplausos, como ensaiara. Dali em diante o discurso fascinou os presentes ao auditório, e principalmente os telespectadores. "Naquele momento", declarou Rideout, "deu para perceber que Obama sentiu que deveria mesmo estar ali, proferindo o discurso — como se estivesse *reservado* para ele." A maneira como Obama relaxou e o discurso deslanchou fez Michael Sheehan lembrar da explosão brilhante de um foguete pouco antes de ganhar impulso e subir em alta velocidade.

No floreio final, encurtado para agradar à campanha de Kerry, Obama lembrou os temas familiares de objetivos comuns e a unidade nacional, mas os apresentou de um modo que seria citado por muitos anos:

> Se houver uma criança iletrada na zona sul de Chicago eu me importo com ela, mesmo que não seja minha filha. Se houver um idoso em algum lugar que não consegue pagar pelos medicamentos receitados, isso torna minha vida mais pobre, mesmo que não seja o meu avô.
>
> Se houver uma família árabe-americana sendo detida sem direito a advogado ou a um processo justo, isso ameaça minhas liberdades civis.
>
> Este país funciona a partir de uma crença fundamental: eu sou o guardião de meu irmão, sou o guardião de minha irmã. Ela nos permite correr atrás de nossos sonhos individuais, mantendo a integridade da família americana: *E pluribus unum* — de muitos, um.
>
> Agora mesmo, enquanto falamos, existem os que se preparam para nos dividir, os manipuladores e arautos da negatividade que adotam a política do quanto pior, melhor. Bem, tenho a dizer a eles que não há Estados Unidos dos liberais e Estados Unidos dos conservadores: há apenas os Estados Unidos da América. Não há Estados Unidos dos negros e Estados Unidos dos brancos, Estados Unidos dos latinos e Estados Unidos dos asiáticos: há os Estados Unidos da América.
>
> Os estudiosos costumam repartir e fatiar nosso país em estados vermelhos e estados azuis: vermelho para os republicanos, azul para os democratas. Trago novidades para eles também. Adoramos um Deus poderoso nos estados azuis, e não gostamos de agentes federais bisbilhotando em nossas bibliotecas nos estados vermelhos.
>
> Incentivamos o beisebol desde a infância nos estados azuis, e temos, sim, amigos gays nos estados vermelhos. Existem patriotas que se opõem à Guerra do Iraque, e patriotas que defendem a Guerra do Iraque. Somos um só povo, e todos juramos fidelidade à bandeira das listas e estrelas, todos defendemos os Estados Unidos da América.
>
> No final das contas, é disso que esta eleição trata. Vamos participar da política do cinismo, ou vamos participar da política da esperança?

Soaram bem alto os aplausos para esse trecho do discurso, e, se for possível interpretá-los, os aplausos pareciam refletir anos de frustração com as guerras culturais republicanas, com os confrontos fanáticos, com a estratégia política de dividir para conquistar. Como no discurso de 2002 contra a guerra, transmitia uma mensagem progressista de um modo que soava profundamente patriótico até para quem se considerava republicano ou independente. O discurso serviu a muitos como a bastante aguardada resposta ao moralismo arrogante das Convenções republicanas anteriores, quando figuras como Pat Robertson e Pat Buchanan subiam ao palco. O pronunciamento de Obama dependia de uma plateia capaz de aceitar as mudanças demográficas e culturais do país. A estratégia de Nixon em 1968, com seus apelos raciais implícitos, realizara a profecia de Lyndon Johnson de que seu apoio aos direitos civis e eleitorais para os afro-americanos levaria o Sul para o lado dos republicanos por uma geração. Fosse desejo ou realidade, Obama insistia em seu discurso, em termos políticos e poéticos, que o movimento feminista, a liberação gay, a imigração, a ação afirmativa e muitos outros fatores e padrões ajudaram a reverter essa realidade.

Finalmente, Obama usou a expressão de Jeremiah Wright — a audácia da esperança — para distinguir o "otimismo cego" de "algo mais substancial".

> É a esperança dos escravos sentados em volta do fogo, entoando canções de liberdade; a esperança dos imigrantes que parte para praias distantes; a esperança de um jovem tenente da marinha que patrulha corajosamente o delta do Mekong; a esperança do filho do operário que ousa desafiar as probabilidades; a esperança de um rapaz magro de nome esquisito que acredita haver um lugar para ele na América também.
>
> Esperança em face da dificuldade, esperança em face da incerteza, a audácia da esperança: no final das contas, este é o maior dom de Deus para nós, o alicerce desta nação, a crença em coisas que não vemos, a crença em que dias melhores virão.
>
> Acredito que podemos dar um certo alívio à nossa classe média, e dar às famílias dos trabalhadores um caminho para a oportunidade.
>
> Acredito que possamos dar emprego aos desempregados, lares aos sem-teto, e tirar os jovens das cidades americanas da violência e do desespero.
>
> Acredito que sopra um vento virtuoso em nossas costas, e que podemos fazer as

escolhas corretas e enfrentar os desafios que se nos apresentam nas encruzilhadas da história.

Americanos: nesta noite, se sentirem a mesma energia que sinto, estarão sentindo a mesma urgência que sinto; se sentirem a mesma paixão que sinto, estarão sentindo a mesma esperança que sinto, de que faremos o que precisamos fazer, pois não resta dúvida de que no país inteiro, da Flórida ao Oregon, de Washington ao Maine, o povo se fará ouvir em novembro, e John Kerry será empossado como presidente. E John Edwards será empossado como vice-presidente. E nosso país realizará sua promessa. Da longa escuridão política surgirá um dia brilhante.

Conforme a câmera percorria a plateia, registrava mais do que os costumeiros aplausos orquestrados e acenos distraídos com placas e cartazes. Alguns delegados choravam, outros batiam os pés — para um senador por Illinois. Profissionais como Hilary Clinton, que aplaudiram de pé, reconheceram sem hesitar que estavam sendo apresentados a um jovem político de talento extraordinário. "Creio ter sido um dos momentos mais eletrizantes de que me lembro numa convenção", declarou ela no dia seguinte. "Fiz campanha e ajudei a levantar fundos para ele, e um amigo perguntou: quem é esse Barack Bama?" Clinton afirmou ter retrucado que o nome era Barack Obama. "Em suaíli, quer dizer irmão."[23]

Vicky Rideout, que redigia e editava discursos havia muito tempo, misturada ao público enquanto a canção de Curtis Mayfield era tocada novamente e Obama abraçava a esposa, acenando enquanto as ondas de aplausos se sucediam, pensou que nunca tinha visto nada do gênero: "Um absoluto novato pôr fogo no evento daquele jeito? Foi impressionante".

Os companheiros de Chicago que conviveram com Obama talvez tenham demorado a entender o que tinha acontecido. Will Burns, que fora subgerente da campanha de Obama e gerente de campo na campanha de Rush, comoveu-se com o espetáculo, mas disse a amigos: "Era o discurso que ele fazia para multidões de dez pessoas!". Eric Zorn, colunista do *Tribune*, também já tinha ouvido pronunciamentos similares de Obama, iguais ao que presenciara da plateia. Ele achou que Obama teve bom desempenho, mas não fazia ideia do alcance da reação até chegar ao centro de imprensa, onde os jornalistas acompanharam o discurso pela televisão. "Ficou claro que ele era melhor ainda na tela, por mais que se destacasse ao vivo", observou Zorn.

Todos os apresentadores de noticiário a cabo elogiaram Obama, e as grandes redes correram para obter as imagens e mostrar o discurso nos telejornais noturnos e matinais. Quase instantaneamente, a equipe de Obama passou a receber convites para aparições nas redes abertas. Até os distantes sultões das organizações políticas de Chicago e Illinois deixaram de lado a costumeira indiferença para aderir a Obama. Richard Daley, que mantinha distância da campanha das primárias em Illinois, reconheceu que Obama havia vencido o "grand slam", e o governador Rod Blagojevich declarou, a propósito da eleição para o Senado: "Se a tendência atual prevalecer, Barack Obama está a ponto de obter cem por cento dos votos".[24] Até Bobby Rush, que exibia seu desprezo por Obama como um relógio de ouro, teve de admitir que seu antigo rival era agora uma estrela incontestável: "Sabe o que significa 'Barack' em hebraico? 'Favorecido por Deus'. É fogo. Não se brinca com isso". Depois sorriu e completou: "Ademais, algumas pessoas têm uma vida encantada".[25]

Clarence Page escreveu no *Tribune*:

> Nasce um superstar. Para muitos de nós é difícil conter o entusiasmo por Barack Obama. Mas precisamos tentar. Devemos isso a ele. Não podemos estragar seu desempenho estupendo na Convenção Nacional Democrata sobrecarregando seus ombros com o destino da nação. Pelo menos não por enquanto. Isso poderia esperar, digamos, até a campanha presidencial de 2012?[26]

Em Boston, pelo resto da semana, Obama trocou o palco da Convenção por inúmeras entrevistas, quando as pessoas o rodeavam e pediam autógrafos, sugerindo que se candidatasse a presidente.

No aeroporto Logan, onde Obama esperava o voo para Chicago com outros membros da delegação de Illinois, as pessoas pediam seu autógrafo. Pelo jeito, as únicas pessoas que não o reconheceram em Logan trabalhavam na segurança. Quando passou pela checagem, um guarda puxou Obama de lado, "um negro magrinho de nome esquisito", para uma verificação adicional. Jim Cauley, que viajava em sua companhia, ficou chocado e tentou protestar quando o guarda passou o detector de metais portátil pelas pernas, braços e torso de Obama.

Obama sorriu e disse a seu diretor de campanha: "Cara, isso me aconteceu a vida inteira. Não se preocupe".

Assim que passaram pela segurança, a caminho do portão de embarque, Cauley ouviu o toque de seu telefone celular. Era um assessor de Mikhail Gorbachev, fluente em inglês, falando de Moscou. Gorbachev dirigia uma fundação desde sua saída do governo soviético em 1991, ouvira o discurso e queria falar com Obama. O líder estrangeiro mais importante do pós-guerra estava na linha. Obama falou com ele.

As pessoas continuavam em volta de Obama, dificultando sua movimentação. Cauley conseguiu que o encarregado da sala de espera da primeira classe da Delta permitisse que entrassem. Mais tarde, Cauley encontrou o senador sênior por Delaware, Joe Biden.

Enquanto Obama falava ao telefone, Biden contou a Cauley ter ficado impressionado, e que esperava encontrar Obama em breve em Washington.

"Ele é um bom sujeito. Mas diga a ele que precisa ir manso quando chegar ao Senado", aconselhou Biden.

Antes mesmo de chegar a Chicago, o levantamento de fundos para a campanha aumentou, resultado do impacto do discurso de Obama. Mas a fama recém-conquistada trouxe consigo também pontadas de ansiedade, principalmente entre os afro-americanos com idade suficiente para lembrar o que ocorrera aos grandes personagens negros da história do país. Por mais animados que estivessem os homens e mulheres negros de Illinois e do resto do país com a ascensão de Obama, eles logo se preocuparam com sua segurança. Poucas semanas antes, quando Obama discursava aos formandos da Lab School, escola particular de Hyde Park onde suas filhas estudavam, um dos principais financiadores, pai de colegas de suas filhas, declarou ter escutado vários apelos aflitos. "Muitos amigos meus estão dizendo: 'Peça ao irmão para ter cuidado'", recordou o correligionário. Essa aflição, agora acompanhada por um imenso orgulho, só fez crescer.

Nesse meio-tempo, os republicanos ainda não haviam encontrado um nome para substituir Jack Ryan. Em vez de se acomodar na liderança, por ausência de oponentes, Obama embarcou numa excursão pelo estado, planejada havia muito, visitando trinta condados e 39 cidades grandes e pequenas. O *Sun-Times* publicou a agenda de um desses dias:

08h30 — Comício no condado de Champaign, em Urbana
10h05 — Comício no condado de Douglas, em Tuscola
11h45 — Comício no condado de Coles, em Mattoon

12h45 — Comício no condado de Cumberland, em Neoga
14h40 — Comício no condado de Jefferson, em Mount Vernon
15h55 — Comício no condado de Wayne, em Fairfield
17h00 — Comício no condado de Wabash, em Mount Carmel
17h45 — Comício no condado de Lawrence, em Lawrenceville
18h30 — Comício no condado de Richland, em Olney
20h00 — Comício no condado de Marion, em Salem.[27]

Quando voltou de Boston Obama estava exausto e entusiasmado. Sabia vagamente que faria uma viagem de trailer pelo estado, acompanhado pela família, e achou que passariam a maior parte do tempo juntos — um passeio de férias, com poucas atividades de campanha. Ao examinar a agenda, viu que teria pela frente cinco dias de eventos e comícios em série e chamou Jeremiah Posedel, diretor da região sul do estado.

"Barack me convocou na sexta-feira, e a viagem começaria no sábado", recordou Posedel. "Cheguei em sua casa em Rock Island e percebi que Barack estava bravo. Ele perguntou: 'O que estão querendo fazer comigo? Esta agenda não tem cabimento. É uma *marcha da morte*'."

Quando Obama fez campanha no sul do estado, no condado de Rock Island, um ano antes, Posedel chamou eleitores de 25 condados numa tentativa frenética de juntar pessoas para um "comício". Obama dirigiu três horas até chegar ao local. Apareceram trinta pessoas. "Naquela época, quando a gente telefonava e tentava despertar o interesse de alguém por Barack Obama, a resposta era: 'De quem se trata? *Como* ele é?'. O 'como' era um jeito de perguntar sobre sua raça. A única razão para o comparecimento de alguns gatos-pingados era eu trabalhar para Lane Evans, congressista democrata do sul do estado que apoiara Obama antes. Mesmo assim, eles provavelmente votariam em Hynes. Barack causava ótima impressão, mas muita gente dizia: 'Duvido que ele possa ganhar'. Não mencionavam a raça, mas usavam todas as outras desculpas existentes."

Agora, na triunfal "marcha da morte" de cinco dias, em paradas nas cidades onde Posedel esperava quarenta, no máximo cinquenta pessoas, apareciam centenas, até milhares de eleitores. De repente Obama precisava de cordões de isolamento, passou a apertar mãos aos montes e a discursar em auditórios lotados, com pais que levavam os filhos nos ombros. Ele se apresentava bem em todos os eventos, cumprimentando os presentes, recordando nomes, falando com clareza e entusiasmo, mas quando voltava ao carro Obama mal se dirigia a Posedel. Foi frio com ele até na festa que Posedel organizou para Obama em sua casa de Rock Island. Finalmente, na última parada da excursão, Obama puxou Posedel de lado e disse: "Você fez um ótimo trabalho. Foi uma viagem inesquecível. Sensacional". Parte da estratégia da viagem era livrar Obama para sempre da acusação de não conhecer e jamais haver visitado a região sul de Illinois — uma acusação que perseguiu e atormentou Moseley Braun. Em todos os aspectos, Obama teve de admitir, a viagem fora um sucesso. Depois fingiu que ia socar Posedel na barriga, numa ameaça de brincadeira. "Nunca mais faça isso comigo, porra!"

Obama percebeu que se tornara um fenômeno político. A primeira edição de *A origem dos meus sonhos* era agora um item caro no eBay. Rachel Klayman, editora da Crown, que detinha os direitos sobre a obra, já começara a trabalhar em uma nova edição.

Obama fez o possível para evitar sobressaltos com a nova vida. "Tudo isso é muito interessante, digamos. E muito efêmero", comentou com David Mendell do *Tribune* quando viajavam de carro entre DeKalb e Marengo, paradas da caravana de campanha. "Não sei se vai durar, mas com certeza há o aspecto da novidade neste caso. E a novidade acaba, não permanece quente como agora."[28]

A equipe da campanha estava ganhando também projeção nacional. Dan Shomon, diretor da campanha e auxiliar de Obama desde os primeiros dias como senador estadual, pediu licença do cargo. Sua mãe acabara de morrer de câncer, e ele disse: "Preciso dar um tempo". Tornou-se apenas assessor, reduzindo muito sua influência. Shomon havia sido útil a Obama desde os primeiros anos como senador estadual, mas sua experiência limitava-se a Illinois. Gibbs, Cauley e Axelrod eram consultores comprovadamente mais versáteis. Conforme Obama se transformava num nome nacional, diversos políticos e organizadores de Chicago, essenciais nos primeiros tempos — por exemplo, a vereadora em quem votava, Toni Preckwinkle — ficaram ressentidos, achando que Obama era egoísta e implacável, capaz de deixar de lado os antigos aliados que não eram mais úteis a seu projeto para se aproximar dos ricos financiadores de campanha no norte de Chicago. "Acho que ele é um idiota arrogante, metido, ingrato", disse um correligionário da zona sul. "Ele se afastou dos amigos." Dan Shomon, porém, mesmo que tivesse ficado magoado, agiu discretamente e acabou por desviar sua atenção para a lucrativa atividade de lobista.

No início de agosto o comitê central do Partido Republicano finalmente arranjou um candidato: Alan Keyes. Afro-americano, católico, funcionário do Departamento de Estado e quadro das Nações Unidas durante o governo Reagan, Keyes no papel parecia um desafio interessante para Obama. Doutorado por Harvard, foi orientado pelo cientista político Harvey Mansfield e escreveu uma tese sobre Alexander Hamilton e a teoria constitucional. Por algum tempo foi presidente da A&M University, do Alabama. Era discípulo de Jeane Kirkpatrick. A liderança do Partido Republicano calculava que Keyes poderia tomar votos de Obama entre negros, além de conquistar os eleitores da região sul do estado.

Na realidade, Keyes não conhecia Illinois, e foi uma escolha desesperada dos republicanos para pregar a Ave-maria aos convertidos. Nascido em Long Island, residira em muitos lugares dos Estados Unidos e do exterior. Illinois não constava da lista. Keyes era o tipo mais ostensivo de arrivista vindo de fora, um Quixote errante do movimento conservador. Em 1988 e em 1992 ele concorreu ao Senado por Maryland contra dois concorrentes democratas populares, Paul Sarbanes e Barbara Mikulski, respectivamente, sendo derrotado por larga margem nos dois casos. Nas duas disputas, defendeu a ideologia dos radicais religiosos — o aborto foi seu tema predileto —, e os ataques aos seus oponentes lembravam o de um pregador de rua que amaldiçoava os descrentes. Em 1996 concorreu a presidente, com uma performance bizarra: compareceu a um debate para o qual não fora convidado e acabou detido pela polícia. Em 2000 enfrentou George Bush pela indicação republicana, teve 14% dos votos em Iowa e, para continuar martelando a questão do aborto, permaneceu na disputa até se tornar motivo de chacota. Keyes, que se opunha à Sétima Emenda, produto da Era Progressista e que garante a eleição direta dos senadores federais, pretendia pegar um avião para Chicago, alugar um apartamento nos subúrbios do sul e concorrer ao Senado federal. O moralismo estridente seria novamente seu único tema de campanha. Em poucas semanas ele declarava ao povo de Illinois: "Jesus Cristo jamais votaria em Barack Obama".

Quando Obama soube que seu oponente seria Alan Keyes, não conseguiu ocultar seu incrédulo deleite.

"Dá para acreditar numa coisa dessas?", perguntou a Jim Cauley.

"Não, cara", respondeu Cauley. "Você é o sujeito mais rabudo do mundo."

* * *

Numa tarde quente de agosto, um caminhão alugado estacionou na frente de um prédio de apartamentos no subúrbio de Calumet City, ao sul de Chicago, perto do limite com Indiana. Dois jovens funcionários da campanha descarregaram uma cama com colchão e a levaram ao apartamento de dois quartos no segundo andar — o primeiro endereço de Alan Keyes no estado de Illinois. Keyes havia escolhido Calumet City, vítima da desindustrialização, depois de perguntar a sua equipe, formada às pressas, onde seria o local apropriado para trabalhar e que ele pudesse chamar de lar. Escolha curiosa para um candidato religioso. Originalmente conhecido como West Hammond, o bairro servia de quartel-general para Al Capone, bem como centro de jogatina, prostituição e comércio ilegal de bebidas. Ganhou o apelido de Sin City, a cidade do pecado.[29]

Keyes não se livrou da pecha de oportunista. No discurso de lançamento da sua candidatura ele tentou superar o problema, declarando: "Passei a vida inteira na terra de Lincoln".[30] A imprensa, assim como os eleitores, não se comoveu com a sutileza. Um editorial do *Tribune* lembrou: "O sr. Keyes talvez tenha notado um corpo de água extenso ao chegar em O'Hare. Chama-se lago Michigan".[31]

Obama lidou com o confronto com Keyes como um boxeador lutando o último assalto contra um adversário combalido com a reputação de ter acessos violentos de última hora. Cortou o número de debates e tentou manter distância de Keyes, destacando com seriedade as diferenças entre eles, enfrentando-o só quando foi absolutamente necessário. Nem os suburbanos abastados nem os afro-americanos mostraram muito interesse por Keyes e seus ataques constantes às leis sobre aborto, previdência social e casamento gay. Além do mais, Keyes não tinha dinheiro para bancar uma campanha adequada. A retórica exagerada e suas poucas chances afastavam doadores sérios. Quando Keyes denunciou a filha do vice-presidente, Mary Cheney, por ser lésbica, até o presidente do Partido Republicano no estado, que bancara a candidatura Keyes no início, o chamou de "idiota".

No começo de outubro Obama liderava as pesquisas com uma vantagem de 45%. Mantinha reservas abundantes no banco para gastar com propaganda — suficientes para enfrentar um candidato bem mais forte. Passava algum tempo fora do estado fazendo campanha para democratas menos bem colocados. Keyes participou de uma disputa simbólica, na qual se mostrava disposto a dizer quase qualquer coisa, causar os danos que considerasse necessários para chamar a atenção para suas atitudes.

Na série de debates de outubro, Keyes se comportou de modo racional e até equilibrado quando a discussão abordava o Iraque, a segurança nacional, a política externa e as questões locais. Mas às vezes chamava as posições políticas de Obama de "malvadas e diabólicas", marxistas e socialistas.[32] No geral, a estratégia de Obama era absorver os golpes, impassível, e, quando chegasse sua hora de falar, responder de modo que, sutilmente, Keyes aparecesse como um sujeito à direita do pensamento dominante em Illinois, na melhor das hipóteses. Na pior, não passaria de um demagogo desavorado. No segundo debate, um programa de televisão transmitido na hora do jogo decisivo do campeonato da liga nacional entre o Houston Astros e o St. Louis Cardinals, Keyes reiterou os ataques a Obama, o candidato que Jesus jamais apoiaria. Ao abrir os braços, Keyes disse: "Cristo está aqui, o senador Obama está lá — e os dois não são parecidos".[33]

Obama não ocultou sua revolta. "Por isso eu tenho um pastor", disse, falando com o telespectador, sem olhar para Keyes. "Por isso tenho uma Bíblia. Por isso tenho minhas orações. Duvido que algum de vocês esteja particularmente interessado em receber uma aula do sr. Keyes a respeito de sua fé. Vocês estão interessados em resolver problemas relativos a emprego, sistema de saúde e educação. Não sou candidato a ministro religioso em Illinois. Estou concorrendo ao cargo de senador dos Estados Unidos."[34]

Keyes não aceitava a distinção e disse que Obama se apresentava como homem de fé apenas para conseguir votos. "Nos momentos difíceis, quando a fé deve ser seguida, explicada às pessoas, defendida e reafirmada", disse Keyes, "ele alega separação da igreja e do Estado, uma postura que não consta de nossa Constituição, e que tampouco se pode encontrar nas Escrituras, com certeza."[35]

No palco, Obama tentava ocultar seus sentimentos em relação a Keyes, mas David Axelrod, entre outros, notou que os ataques realmente o incomodavam, e que às vezes o irritavam demais. Keyes era um absolutista religioso, e Obama, que definia sua fé em termos de ambiguidade e dúvida, sofria com os ataques do oponente, que o desestabilizavam. Em um dos debates, Obama tocou no peito de Keyes quando discutiam de improviso, no dia do desfile do Dia da Independência Indígena; uma equipe de televisão captou o momento e transmitiu várias vezes o gesto irritado de Obama, em câmera lenta.[36] Axelrod ficou preocupado. Pensou se Obama conseguiria absorver os golpes mais sérios que inevitavelmente ocorreriam numa eleição disputada, dura. Teria estômago para tanto, o gosto pelo combate, a capacidade de seguir adiante? Keyes não era nada, Axelrod sabia bem. Se pretendia fazer carreira, Obama teria de aprender a superar ataques muito mais violentos, muito mais eficazes do que os de Alan Keyes, um candidato marginal. Obama precisava enrijecer.

No final de outubro, o *Tribune*, que tendia à centro-direita, apoiou Obama na página dos editoriais. O jornal ressaltou que em outros lugares, espalhados pelo país, havia uma incrível ausência de negros eleitos para cargos importantes e citou o Mississippi, com sua população afro-americana de 36% — "a maior do país, e mesmo assim não elegeram um único negro para cargos estaduais de importância desde a Reconstrução".[37]

Dias depois, Obama recebeu outro apoio — pelo menos implícito — da instituição política mais poderosa de todas: Richard M. Daley. Durante a campanha das primárias, Daley não apoiou ninguém, como de costume, mas todos presumiram, Obama inclusive, que Dan Hynes, ligado à máquina partidária, contava com a bênção do prefeito. Segundo Bill Daley, Obama escreveu uma carta ao prefeito durante a campanha das primárias para o Senado dizendo: "Você apoia Hynes, eu compreendo a sua posição. Só espero que, depois das primárias, você venha me apoiar caso eu conquiste a indicação". Bill Daley, que reproduziu o teor da carta a James L. Merrimer, da revista *Chicago*, disse que a decisão de Obama de mandar o recado ao prefeito "foi um ato inteligente. Creio que ele fez isso com um monte de gente".[38]

Durante sua vida política em Chicago e no estado de Illinois, Obama se esforçara para reconciliar seu desejo de ser um democrata independente com a necessidade de manter um relacionamento amigável com a prefeitura. A *détente* de Obama com a prefeitura, sua capacidade de manter as credenciais de Hyde Park e ainda assim criar um vínculo proveitoso com Emil Jones — "o mais partidário do partido", segundo o estrategista Don Rose — servia como indicador de habilidade e ambição em Chicago. Obama não estava sozinho. Entre outros, Abner Mikva, Richard Newhouse, Harold Washington, Barbara Flynn Currie, Carol Moseley Braun e Paul Simon, todos independentes, fecharam acordos com os Daley para alcançar objetivos políticos. Nos anos subsequentes Obama pouco falou sobre os escândalos protecionistas do governo Daley, e em 2006 recusou-se a apoiar um reformista (e sócio de David Axelrod nos negócios), Forrest Claypool, contra um membro da máquina, Todd Stroger, afro-americano leal a Daley, para presidente da Câmara do condado de Cook. Desde o início de sua carreira política, Obama entendeu que um purista, um político inimigo da máquina, como o vereador de Hyde Park Leon Despres, pode garantir um lugar no céu, mas nunca conseguirá um bom lugar na política. Obama apropriava-se das cadências de King, proclamava sua genuína admiração pelo movimento dos direitos civis, mas era um político, não o líder de um movimento. Para ser bem-sucedido como político ele precisava fazer acordos durante sua trajetória. E Obama poucas vezes deixou de fazer isso.

Os motivos de Daley para se aproximar de Obama eram relativamente simples: Obama era democrata, acima de tudo, e Daley não pretendia dar as costas para o partido com o encerramento das primárias. Além disso, com Obama bem instalado em Washington, Daley não precisava mais se preocupar com o desafio de um político afro-americano que antes aspirava ao cargo de prefeito e que se tornara a celebridade do momento no país. "Poucas pessoas do quinto andar" — local do gabinete de Daley na prefeitura — "tinham dado atenção a Obama até então", disse Pete Giangreco. "Mas o mundo moderno de Daley girava em torno das divisões raciais, que são tão imensas e horríveis em Chicago quanto em outros pontos do país. Como sempre, a prioridade em sua agenda era se entender com políticos negros, coisa que o Velho" — Richard M. Daley — "não tinha conseguido fazer." Como independente de Hyde Park, Obama não estava entre os senadores que automaticamente seguiam Daley em Springfield, mas agora os interesses convergiam. A eleição de Obama para o Senado beneficiaria os dois.

Com um contingente completo de imprensa, Obama e Richard M. Daley almoçaram no Manny's, a rotisseria mais famosa da cidade. Tomaram sopa de bolas de matzá e comeram sanduíches de carne fatiada. Apertaram as mãos de todos no local e conversaram por muito tempo depois que as equipes de televisão guardaram o equipamento e seguiram para a cobertura seguinte.

A campanha chegava às semanas finais. Obama já se acostumara com os repórteres que o seguiam por Illinois e com as viagens para fora do estado, bem como com os elogios constantes e a atenção da mídia nacional. Em muitos aspectos a disputa pelo Senado em Illinois serviu de ensaio para o que viria depois, e os repórteres agora se interessavam menos pela disputa com Keyes e mais pela biografia, retórica, pelo temperamento, pela equipe, capacidade de organização e de levantar fundos de Obama. A campanha de Illinois deu margem também para discussões complicadas sobre Obama e questões raciais que ocupariam o centro do debate político americano poucos anos depois. Entre as muitas reportagens, impressas ou na tela, nenhuma investigou melhor esses temas durante a campanha de Illinois do que um artigo de 3 mil palavras na revista de domingo do *Tribune* de Chicago intitulado "The Skin Game: Do White Voters Like Barack Obama Because 'He's Not Really Black?'" [O jogo da pele: os eleitores brancos gostam de Obama por ele não ser 'negro o bastante'?].[39]

O autor do texto, Don Terry, nativo de Chicago de 47 anos, tinha morado quase a vida inteira em Hyde Park. Os paralelos com a origem de Obama deram peso ao artigo de Terry. O pai dele era negro e a mãe, branca; os pais mudaram de Evanston para Hyde Park por ser este um bairro integrado. Como Obama, Terry foi ensinado pela mãe a valorizar e explorar sua identidade racial. Ela dizia que Martin Luther King Jr. era o "maior homem do mundo", e que Paul Robeson "era um herói americano que cantava com a voz de Deus".

Terry publicou seu artigo no dia 24 de outubro, quando Obama já tinha certeza da vitória:

> Na época, eu estava fazendo uma reportagem e seguia para uma penitenciária federal em alta velocidade, numa Mercedes verde. Da cor do dinheiro. A senhora branca ao volante fez questão de mencionar que o automóvel tinha dez anos de idade. Ela não precisava ficar na defensiva comigo. Sei que não se pode julgar um progressista pelo carro que dirige. Além disso eu não mordo a mão que me dá carona.
>
> "Adoro Barack", disse a mulher, cineasta de meia-idade, ao passar por uma placa na beira da pista que proclamava "Armas salvam vidas", em estilo eleitoral, no fim de um milharal.
>
> "Ele é inteligente. Bonito. Carismático", continuou. "Tem potencial para ser nosso primeiro presidente vindo de uma minoria."
>
> "Estou entendendo o que está dizendo", falei. "Mas queria saber uma coisa. Por que você não diz que ele tem potencial para ser o nosso primeiro presidente negro?"
>
> Apanhada de surpresa pela minha pergunta, ela precisou de alguns momentos para responder. "Acho que é porque não consigo pensar nele como negro", respondeu.

Terry sentiu-se perturbado com aquele pensamento — que havia sido profundamente explorado por Bobby Rush, Donne Trotter e muitos outros. Um artigo do *New Republic* também o perturbou, ao afirmar que Obama era "um candidato afro-americano que não era um estereótipo afro-americano".[40] Terry sabia onde as pessoas queriam chegar, por mais atabalhoadas que fossem. Obama era filho de um africano com uma protestante leiga; ao contrário de Terry, não crescera rodeado de negros. Contudo, estava implícito que, se aquela mulher *achasse* que Obama era negro, talvez não sentisse a mesma simpatia por ele.

Terry visitou Obama na sede da campanha, na South Michigan Avenue. A sala estava decorada com cartazes emoldurados de Abraham Lincoln e Muhammad Ali em Lewiston, no Maine, em 1965, tendo ao lado o corpo caído de Sonny Liston. Na mesa dele havia um exemplar do livro *One drop of blood: the american misadventure of race* [Uma gota de sangue: o infortúnio americano da raça], de Scott L. Malcomson, jornalista que atraíra a atenção de Obama com uma matéria no *New York Times* intitulada "An appeal beyond race" [Um apelo acima da raça] sobre seu discurso na Convenção em Boston. Malcomson, como Terry, estava na lista crescente de jornalistas que tentavam compreender aquele jovem político e o modo como parecia encarnar a nova geração.

Obama pôs os pés em cima da mesa. Disse que na juventude escrevera uma autobiografia sobre os conflitos e as complexidades de sua identidade racial, mas que agora, como político, ele se revoltava ao ver que os estudiosos, e não os eleitores, se concentravam em sua identidade na busca por uma explicação de seu sucesso. "Depois das primárias, os estudiosos tentavam entender minha capacidade de ganhar tanto em bairros negros quanto em bairros brancos", disse a Terry. "Era fácil vincular o fato à minha condição de mestiço. Até certo ponto, minha candidatura era um ponto focal conveniente para debater questões" de etnia, assimilação e diversidade. Afirmou que sua capacidade de vencer em áreas negras e brancas "não era consequência do meu DNA [...] É uma consequência da minha experiência". Obama ressaltou que Bill Clinton se saía bem com o eleitorado negro, e que, "pelo que me consta, nas veias dele não corre sangue negro".

Terry concluiu o artigo dizendo que nos últimos tempos ligava a televisão "esperando encontrar alguns minutos de distração do Dilema Americano". Depois de assistir *Adivinhe quem vem para jantar*, ficou claro para ele que o personagem de Sidney Poitier, o dr. John Wade Prentice, "um médico superqualificado, superbonitão, superencantador, residente no Havaí", tinha "muito em comum" com Barack Obama. Assim como o dr. Prentice, que precisou ser extraordinário para conquistar a mão de uma branca "disponível", Terry escreveu, Obama precisava ser tão extraordinário quanto ele para enfrentar o desafio do racismo persistente e chegar a um cargo mais alto. "A raça", segundo Terry, "ainda faz diferença."

O artigo de Terry não abordava todas as questões que acabaram por envolver Obama, mas conseguiu definir um dos aspectos mais essenciais de seu encanto original: grande parte do entusiasmo em torno dele tinha a ver com o observador, com as ansiedades, complexos e esperanças do eleitor americano. "Ele é um teste de Rorschach", escreveu Terry a respeito de Obama. "A gente vê o que quiser ver."

A ânsia de ver um futuro importante para Obama era óbvia: ele havia surgido no instante em que a confiança dos americanos estava em baixa. A insurgência no Iraque crescia, as baixas também. Em maio de 2004, a CBS e o *New Yorker* revelaram que os prisioneiros iraquianos na penitenciária de Abu Ghraib eram torturados e sexualmente humilhados por soldados americanos. O símbolo do escândalo foi a fotografia revoltante de um prisioneiro com a cabeça coberta por um capuz, usando cafetã escuro, obrigado a ficar em pé sobre uma caixa com fios elétricos presos nas mãos. Para milhões de pessoas, George Bush constituía um constrangimento nacional e pessoal — um líder apático, volúvel, petulante, mimado e desonesto. Em Boston, Obama dava a impressão oposta: inteligente, idealista e engajado. Parte de seu encanto, pelo menos aos inclinados a ler o teste de Rorschach dessa forma, tinha a ver com raça, juventude e o nome africano. Quando apresentava sua história — uma narrativa tão reveladora de sua família multicultural quanto de Harvard e do aprendizado na política de Chicago — ele representava o melhor dos Estados Unidos pós-direitos civis, um recomeço sem ressentimentos. Mesmo que o discurso ocasionalmente contivesse platitudes, mesmo que a experiência e os feitos não fossem grande coisa, bem, não fazia diferença para muitos americanos desesperados com George Bush. Eles estudaram o teste de Rorschach que era Obama e viram desenhada uma promessa. No início da campanha Obama enfrentou multidões que cabiam no quintal de Paul Gaynor, em Evanston; agora, antes de enfrentar o eleitorado de Illinois, chegava ao país inteiro. O curioso era que Barack Obama dava a impressão de não se surpreender muito.

"Quando ganhou as primárias em Illinois para o Senado, ele mostrou a amplitude de seu encanto — para brancos e negros de todas as partes", disse o colega advogado Judd Miner. "Venceu em todos os distritos suburbanos nas primárias. Ganhou por larga margem nesses distritos brancos. Depois veio a campanha pelo Senado propriamente dito. Sua confiança só fez crescer. As pessoas sentiam que ele era diferente e inteligente. Obama nunca achava que não conseguiria realizar alguma coisa."

Na noite de Halloween, Alan Keyes promoveu um comício de encerramento de campanha na Spirit of God Fellowship Church [Igreja Solidária Espírito de Deus], no subúrbio de South Holland, em Chicago, pronunciando um longo discurso sobre a necessidade da virtude religiosa na política. Como havia feito durante a campanha, Keyes acusou a mídia de tentar "me retratar como um sujeito inflamado".[41] Falava em ir a Washington, mas era claro que sua ideia não era vencer e sim conquistar um novo púlpito.

Em 2 de novembro de 2004, Obama votou pouco depois das sete da manhã, na Catholic Theological Union de Hyde Park. As câmeras seguiram o candidato e sua família, e Michelle Obama disse: "Não acham que ele já apareceu demais na tevê?".[42]

"Estou esperando você chegar em primeiro!", gritou um morador.

No início da noite o *Defender* de Chicago lançou uma edição especial com a manchete "Sr. Obama vai para Washington". Os Obama seguiram para uma suíte no Hyatt Regency, onde assistiram à televisão e aguardaram os primeiros resultados da votação. Uma multidão de 2 mil pessoas se aglomerou no salão de festas do térreo.

Não demorou a ficar claro que Obama tinha vencido a eleição para senador por Illinois de lavada, derrotando Keyes por 43 pontos percentuais, ou seja, 70% a 27%. Obama assumira uma dianteira tão grande nas últimas semanas de campanha que passou a distribuir dinheiro a outros candidatos democratas ao Senado e ao Comitê Democrata para a Campanha ao Senado. Liberou muitos voluntários para trabalhar em outros pleitos. Apesar de Keyes ter dito que seria "pecado mortal" votar num candidato que apoiava o direito ao aborto, Obama conquistou três quartos do voto católico. O total entre os eleitores negros chegou a 91%.

Pouco depois das nove da noite, Obama desceu ao salão de festas do hotel para saudar seus eleitores, que entoavam a frase já muito familiar: "Sim, nós podemos! Sim, nós podemos!".

"Obrigado, Illinois! Não sei como vocês estão, eu ainda estou exaltado!", disse. "Seiscentos e cinquenta e seis dias atrás eu anunciei, num salão menor do que este [...] ao Senado dos Estados Unidos. Na época, as pessoas se mostraram tão respeitosas quanto céticas. Elas conheciam o trabalho que eu havia feito [...] mas pensavam que num país dividido como o nosso alguém com a minha aparência nunca poderia aspirar ao Senado federal. Elas achavam que, numa nação amedrontada, alguém chamado Barack Obama nunca poderia vencer uma eleição. E, no entanto, aqui estamos!"[43]

PARTE QUATRO

Se a gente não tem discernimento suficiente para perceber quanto de megalomania existe nessa ideia de que deve ser presidente, então provavelmente não deve ser presidente. Há uma ligeira loucura nessa ideia de que a gente dever ser o líder do mundo livre.[1]

Barack Obama, 1º de novembro de 2007, *ABC News*

Você vai tentar ser presidente? Será que não era bom você ser vice-presidente primeiro?[2]

Malia Obama ao pai, quando ele assumiu o cargo de senador.

12. Uma ligeira loucura

Depois de aceitar as últimas congratulações por sua arrasadora vitória na eleição para o Senado, Obama dormiu duas horas. Então acordou para responder às perguntas sobre suas perspectivas de candidatar-se à presidência dos Estados Unidos. Agora, esse era o ritmo da sua vida.

Obama tinha aceitado fazer uma coletiva com repórteres no dia seguinte na sede da sua campanha, no centro da cidade — uma tradição para políticos e lutadores vitoriosos. As perguntas pouco trataram da campanha para senador, apesar de todo o circo que ali se viu. Em vez disso, os repórteres se concentraram quase exclusivamente em um único tema: Obama seria candidato à Casa Branca em 2008? Obama nunca tinha passado nem cinco minutos em um cargo mais alto do que congressista pelo estado de Illinois e jamais concorrera em uma eleição competitiva de fato; contudo, esse tipo de pergunta não era inteiramente falsa ou hipócrita. Na Convenção, e logo depois, Obama não fugira da atenção da mídia — seus consultores agendaram numerosas entrevistas na mídia impressa e em rede nacional, o máximo que ele conseguia dar conta. Em todas essas entrevistas ele foi descrito como uma nova "esperança" ou uma nova "cara" para os democratas. Quando indagado sobre a candidatura à presidência, tal como fazem todas as "esperanças" e "caras novas", Obama descartou a hipótese com timidez, como

467

se fosse uma conjectura absurda. Mas parte da novidade e do charme que ele representava vinha do fato de que a pergunta lhe era feita logo de saída.

Obama já conhecia as regras. Até mesmo a menor sugestão de interesse pela Casa Branca não ficaria bem. A noite das eleições de 2004 fora infeliz para os democratas: George W. Bush reconquistou a Casa Branca. A incapacidade de John Kerry de se defender da lama atirada sobre seu caráter e seu passado — em especial os ataques contra a sua participação na guerra do Vietnã, feitas por um grupo muito bem financiado, chamado Swift Boat Veterans for Truth [Veteranos dos Barcos de Patrulha pela Verdade] — lhe custou caro. Os democratas também perderam quatro assentos no Senado, inclusive o do líder, Tom Daschle, de Dakota do Sul.

Obama tinha muitas qualidades; agora teria de agir com modéstia. Em janeiro de 2005, quando assumisse o cargo, passaria a ser um senador júnior do partido minoritário e, como sabia pelos seus anos como congressista de menor importância em Springfield, havia limites estritos nessa posição. Pelo menos naquela manhã de novembro, Obama precisava aparentar ser um aprendiz ansioso e cheio de reverência pelo Senado. Todo aquele alvoroço em relação à presidência precisava ser "corrigido", como ele disse. A cada vez que lhe faziam a pergunta, com pequenas variações, a irritação de Obama aumentava:

"Não estou concorrendo à presidência. Não vou concorrer à presidência daqui a quatro anos. Não vou concorrer à presidência em 2008."[3]

"Vamos lá, rapazes, o único motivo pelo qual estou sendo assim categórico é porque, se eu não for categórico, vocês vão continuar me fazendo essa pergunta. É uma pergunta boba."

E então: "Pessoal, eu sou senador estadual. Fui eleito *ontem*. Ainda nem botei os pés no Senado americano. Nunca trabalhei em Washington. E a ideia de que vou começar a concorrer para um cargo mais alto não faz sentido. Pelo que entendi, vou ocupar o lugar número 99 em tempo de casa. Vou passar os primeiros meses da minha carreira no Senado tentando saber onde é o banheiro e como lidar com os telefones".

Obama ficou especialmente irritado com Lynn Sweet, uma repórter persistente e veterana do *Sun-Times*. "Lynn, você está ditando as respostas, além das perguntas", disse Obama num tom cansado. "Vamos passar para a próxima pergunta."[4] Mais tarde ele a acompanhou até a saída da sala, para lhe fazer mais uma advertência.

Obama e seus assessores diziam que ele estava cansado depois da campanha. E, naturalmente, era verdade: vinha fazendo um esforço incessante havia bem mais de um ano. Para ser um legislador minimamente competente, teria de aprender a administrar seu tempo e ter discernimento em relação à imprensa e aos constantes convites para discursar em todo o país. Michelle, Malia e Sasha continuariam em Chicago; Obama alugou um apartamento de um dormitório perto do Capitólio, em um edifício próximo à Faculdade de Direito de Georgetown, e voltava para casa nos fins de semana para ficar com a família e reunir-se com seus eleitores. Um dos muitos erros de Moseley Braun como senadora foi passar tempo demais em Washington e se afastar do eleitorado; Obama estava decidido a não fazer o mesmo. Em seu primeiro ano no Senado, realizou 39 encontros com eleitores em Illinois.

Na Convenção, Joe Biden tinha aconselhado Obama a "ir devagar" em Washington. Obama sabia que precisava pelo menos *parecer* que não tinha pressa. Teria de equilibrar suas tarefas como único senador afro-americano e nova celebridade política com seu papel mais direto como soldado raso na instituição. Precisava pelo menos evitar parecer que sobrepunha a celebridade nacional ao empenho sincero de novato.

"Vai ser importante, para mim, dizer não, quando se trata apenas de aparências, de querer ser o principal orador em cada jantar do Fundo da Liberdade da NAACP em todo o país", disse ele a um repórter. "Sabe, é o tipo de situação em que vou ter que explicar para as pessoas que há um limite para o meu tempo. Tenho uma família para cuidar. Mas, quando se trata de falar sobre questões de importância especial para a comunidade afro-americana, não creio que haja conflito com meu papel como legislador eficiente para o povo de Illinois."[5]

Depois da coletiva de imprensa, Obama foi até a Union Station para ser filmado agradecendo aos eleitores. Mas ali também passou o tempo respondendo à mesma pergunta, que lhe era feita vezes sem conta. David Axelrod era encarregado de rebatê-la, embora os repórteres não se dispusessem a aceitar a resposta. "Não estamos tentando abafar as expectativas; estamos tentando apagá-las", disse Axelrod. "Estamos tentando jogar água nelas, acabar com elas. Não queremos que haja nem sequer uma brasa acesa quando se trata desse assunto."[6]

Mas apesar de suas palavras modestas quanto a tentar ser um bom aprendiz, a aprender o ofício de legislador e os costumes da instituição, Obama tinha aguda consciência de que, como novato, seu trunfo mais poderoso no Senado seria a força da sua celebridade e sua importância como único afro-americano na casa. Não precisava esperar para subir aos poucos a escada do tempo de serviço para ganhar uma plataforma pública. Na última semana de novembro, Obama foi a Nova York fazer uma turnê de publicidade no relançamento, em edição de bolso, de *A origem dos meus sonhos* — um fenômeno editorial, deflagrado por seu discurso em Boston, que durou vários anos; o livro ajudou a divulgar sua história e amenizou, para sempre, as preocupações financeiras da família.

Essa turnê, naturalmente, era uma maneira bem estranha de corrigir o alvoroço e acabar com as expectativas exageradas. Em questão de horas Obama estava por toda parte, e as perguntas não eram nada rigorosas. Em *The View*, programa diurno da ABC, Meredith Vieira previu que Obama seria "uma imensa força positiva para este país".[7] Não querendo ficar atrás, Barbara Walters juntou Obama e Mandela na mesma frase.

"Eu não passei 27 anos na prisão", Obama lembrou solenemente a Walters. Obama concordou em dar entrevistas a Charlie Rose, Wendy Williams, Leonard Lopate, Don Imus e David Letterman. No programa de Letterman, ele parecia pronto para ser admitido no clube de humoristas, o Friars Club:

Letterman: O bom do seu nome é que é fácil de pronunciar, e é um nome legal.

Obama: Pois é, também acho, também acho. Sabe, alguns consultores já me aconselharam a mudar de nome.

Letterman: É mesmo?

Obama: Pois é, alguém sugeriu "Cat Stevens", por exemplo...

Letterman: Bem, já houve um cara que se candidatou ao Senado, talvez para um segundo mandato, ou não, creio que era republicano, e houve um problema porque ele costumava ir com a mulher a clubes de *striptease* para fazer sexo.

Obama: Bem, isso aí foi...

Letterman: Será que eu sonhei tudo isso? Por acaso isso lhe diz alguma coisa?

Obama: Houve algumas questões, algumas acusações.

Letterman: (rindo) Pois é.

Obama: Mas nós não tocamos nesse assunto.

Letterman: Sei.

Obama: Resolvemos evitar baixarias, e...

Letterman: E foi esse o seu concorrente, ou ele desistiu?

Obama: Ele desistiu — pois é, os republicanos, sabe como é, pelo jeito eles se divertem muito, considerando toda essa história de valores morais. Eles bem que se divertem.

Letterman: Para mim pareceu bem divertido... O senhor já se encontrou com o presidente? O senhor deve conhecer o presidente, não?

Obama: Bem, ele me ligou. Ele foi muito elegante. Depois da eleição ele me deu um telefonema e nós combinamos que iríamos fazer uma visita de casais. Ele me convidou para ir à Casa Branca tomar um café da manhã com Dick Cheney e Karl Rove, e foi muito divertido.

Letterman: É mesmo! Parece coisa de terça-feira de Carnaval.[8]

Depois de umas duas semanas Obama já estava em Washington. Ainda não tinha assumido o cargo, mas foi um dos principais oradores do Clube Gridiron. Adotando um tom de ostensivo autodesprezo, reconheceu que agora estava recebendo tanta atenção que "fazia Paris Hilton parecer uma reclusa".[9]

"Acho que daqui para a frente não há para onde ir — só para baixo", disse ele. "Portanto, esta noite estou anunciando a minha saída do Senado americano."

Foi imensa a importância de *A origem dos meus sonhos* na ascensão política de Barack Obama. Antes da Convenção Democrata de 2004, Rachel Klayman, editora da Crown, tinha lido um artigo sobre Obama no site Salon.com, escrito pelo romancista Scott Turow, louvando-o como "a nova cara do Partido Democrata".[10] O artigo inspirou Klayman a relançar a versão de bolso de *A origem dos meus sonhos*. Obama ficou satisfeito com o relançamento, mas percebeu que se sua agente, Jane Dystel, tivesse agido mais depressa para recuperar os direitos do livro e iniciar um leilão, ele poderia ter ganho ainda mais dinheiro. Decidiu então encerrar sua relação comercial com Dystel e deixar seus assuntos literários por conta de Robert Barnett, advogado da Williams & Connolly em Washington. Obama conhecera Barnett na Convenção Democrata, e não muito depois Barnett elaborou para ele um memorando como preparação para um debate. Barnett não só era mais bem relacionado que Dystel — já havia negociado contratos de livros para todo mundo no *establishment* de Washington, de Bob Woodward e Alan Greenspan ao casal Clinton — como também não seria tão caro. Como advogado, Barnett cobrava até mil dólares por hora — honorários consideráveis, mas, no fim das contas, muito menos que os 15% normais de um agente. Woodward certa vez o chamou de "a última pechincha que há em Washington".[11]

Duas semanas antes de Obama assumir o cargo no Senado, a Crown, uma divisão da editora Random House, anunciou que havia assinado um contrato com ele para escrever três livros, por um valor de quase 2 milhões de dólares. O comunicado de imprensa foi um modelo de diplomacia, dizendo que esse acordo havia sido "iniciado" por Dystel mas "negociado e concluído" por Barnett. Desde essa época Dystel vem evitando falar com repórteres.

"Obama mostrou um espírito prático e realista ao se livrar de Jane [Dystel] e contratar Barnett", diz Peter Osnos, ex-diretor da Times Books, que originalmente publicou *A origem dos meus sonhos*. "Tenho que reconhecer que, embora hoje isso seja rotina em Washington, fiquei espantado ao ver que praticamente a primeira coisa que Obama fez depois de eleito para o Senado foi assinar um contrato de 2 milhões de dólares com a Crown." Segundo o contrato, o primeiro livro a ser publicado seria *A audácia da esperança*, um relato do seu primeiro ano no Senado e suas reflexões sobre diversos assuntos, de religião e raça até política externa. Haveria também um livro infantil ilustrado (com os lucros revertendo para entidades beneficentes), e um terceiro livro seria decidido mais tarde. Ao contrário dos membros da Câmara dos Deputados, que não têm permissão de aceitar adiantamentos, mas apenas direitos autorais, os senadores não têm tais restrições; e com esse contrato Obama transformou sua vida financeira — tal como Hillary Clinton, que também assinou um contrato de valor altíssimo para um livro antes de assumir o cargo no Senado. Ficou evidente que *A audácia da esperança* deveria ser publicado em outubro de 2006, um prazo muito apertado, justo a tempo de deflagrar uma rodada de publicidade e mais especulações sobre sua candidatura à Casa Branca.

Apesar de Peter Osnos se dizer admirador de Obama, mais tarde escreveu um artigo para a *Century Foundation* dizendo, a respeito do contrato editorial de Obama: "Eu só gostaria que esse virtuoso símbolo da classe emergente dos Estados Unidos não entrasse tão facilmente no esquema de obter dinheiro como recompensa pelo serviço, especialmente antes de o serviço ser prestado".[12]

Mas mesmo que Osnos tivesse razão, julgando que assinar um contrato para três livros era uma atitude apressada para capitalizar sua celebridade política e oferecer um instrumento para a próxima campanha presidencial, a celebridade não era algo que ele pudesse controlar. Não muito depois do discurso convenção, Eli Attie, um dos escritores e produtores de *The West wing*, série televisiva de sucesso da NBC, estava começando a elaborar um personagem para ser o sucessor do presidente Josiah Bartlett, um chefe de Estado irônico e paternal, representado por Martin Sheen. A série, criação de Aaron Sorkin, entrou no ar nos anos Clinton, mas muitos democratas a assistiam durante o governo Bush, como uma espécie de reality show mostrando um universo alternativo. O personagem Josiah Barlett, um economista, vencedor do prêmio Nobel e devoto católico com valores liberais, era, para aquele público, tudo que Bush não era: tinha maturidade, autoafirmação, era curioso, cético e confiante na sua própria inteligência.

Attie queria que o novo personagem também fosse um ideal de político liberal; mas dessa vez queria alguém da geração "pós-Oprah", como ele disse, alguém negro ou hispânico, mas não uma figura mais velha, muito ligada à retórica do movimento dos direitos civis e da política da identidade. Attie tinha experiência política substancial. Já havia escrito discursos para David Dinkins, ex-prefeito de Nova York, e fora assistente de Richard Gephardt no Congresso de Bill Clinton na Casa Branca. Foi o principal redator de discursos de Al Gore durante toda a campanha presidencial de 2000. Ao ver Obama, achou que ali estava o modelo para o seu personagem, que se chamaria Matt Santos: um jovem progressista urbano com um comportamento digno, um candidato do tipo que vai conquistando o eleitorado devagar, e que não era nem branco, nem focado na questão racial. Disse Attie: "Diante da tarefa de dar corpo a esse candidato à presidência, o primeiro candidato latino viável, eu não tinha precedentes, não tinha como pesquisar uma versão da vida real".

Attie ligou para David Axelrod, que conhecia de campanhas democratas anteriores, e lhe fez dezenas de perguntas sobre a história e a psicologia de Obama. Axelrod falou da mudança na vida de Obama após o discurso na Convenção, falou das multidões que o rodeavam em todo lugar, das incríveis expectativas que as pessoas tinham em relação a ele, ainda antes de ele ir para Washington. Matt Santos, tal como Obama, não era um liberal ortodoxo do tipo Edward Kennedy; Attie passou a ver Santos da maneira como Axelrod via Obama, e como Obama via a si mesmo — como um progressista, mas também como um formador de coalizões.

"Essas primeiras conversas com David Axelrod acabaram tendo um papel importantíssimo na maneira como concebi o personagem", diz Attie. "Um dos pontos principais foi a atitude de Obama acerca da raça — a sua recusa, quase militante, de ser definido por ela. Essa foi a base para um episódio que escrevi chamado 'Pesquisa da oposição', no qual Santos dizia que não queria concorrer como 'o candidato moreno', apesar de aí se concentrar toda a sua base de sustentação e todo o seu potencial de arrecadação de fundos. Havia também o carisma de astro do rock de Obama, a maneira como as pessoas se sentiam atraídas por ele e faziam esforços por ele, embora não pensassem, exatamente, que ele iria vencer."

Nas duas últimas temporadas de The West wing, que foram ao ar em 2005 e 2006, Matt Santos concorre à presidência contra um republicano da Califórnia chamado Arnold Vinick, papel feito por Alan Alda. Com boas relações com a imprensa, um senso de humor ácido e sedutor, e excepcionalmente independente, Vinick desconfia da direita religiosa e se coloca à esquerda do seu partido em diversas questões. Pelo menos na sua flexibilidade ideológica e sua sinceridade, Vinick se parecia com John McCain — em especial na sua versão autointitulada "independente" que concorreu em 2000 contra George W. Bush pela nomeação republicana.

Dois anos depois, esses capítulos de The West wing se mostraram tão proféticos que David Axelrod mandou um e-mail a Attie durante as viagens da campanha, dizendo: "Estamos vivendo os seus roteiros!". E, contudo, enquanto realizava esses episódios do programa, Attie pensava que "de jeito nenhum" o candidato real Barack Obama poderia chegar muito além de um assento no Senado de Illinois. "Eu simplesmente pensava que ele não poderia ser presidente dos Estados Unidos durante a minha existência, devido à cor da sua pele", disse ele.

Pouco antes da cerimônia de juramento no Senado, em janeiro de 2005, a revista Newsweek pôs Obama na capa como o futuro de seu partido e figura unificadora para o país. Em cima da foto estava a manchete: "Seeing purple" [Enxergando roxo], jogo de palavras com a sua retórica em Boston sobre a convergência do vermelho com o azul.

Obama ficou entusiasmado ao saber que um dos ocupantes anteriores do lugar que lhe foi destinado no plenário do Senado tinha sido Robert Kennedy. Quando era senador novato pelo estado de Nova York, Kennedy ocupou esse lugar por apenas dois anos, até 1968, quando entrou na disputa pela presidência.

Obama não podia ser mais novato no Senado, e compreendia que precisava de um chefe de gabinete que conhecesse muitíssimo bem as pessoas e o funcionamento da casa. Sua velha amiga da faculdade de direito, Cassandra Butts, que trabalhou como diretora de política na campanha presidencial de Gephardt em 2004, marcou uma reunião com Pete Rouse, veterano com trinta anos de Capitólio. Rouse, um *workaholic* gorducho e fleumático, com seus cinquenta e tantos anos, vinha pensando em se aposentar com sua pensão do governo; nos últimos tempos fora chefe de gabinete do líder da maioria no Senado, Tom Daschle, que perdera a cadeira por alguns milhares de votos. Rouse fora tão influente no Senado que era conhecido no Capitólio como "o senador número 101". Ele encontrou Obama no Mandarin Oriental Hotel, onde Obama assistia a uma sessão de orientação para os novatos do 109º Congresso. Depois de uma conversa de cerca de uma hora sobre o processo inicial do trabalho em Washington, Obama lhe perguntou se ele se interessaria em ser seu chefe de gabinete. Tal como qualquer um envolvido em política, Rouse tinha ouvido falar muito sobre Obama, mas ainda prestara a atenção nele — não tinha sequer assistido ao discurso na Convenção. Mas depois de pensar bem durante duas semanas, Rouse decidiu aceitar o convite de Obama. Em troca, ajudou Obama a preencher os cargos necessários com ex-assessores desalojados do gabinete de Daschle.[13]

"Eu sei no que eu sou bom, e sei no que não sou bom", disse Obama a Rouse logo de início. "Eu sei o que sei, e sei o que não sei. Sei que sou capaz de fazer um bom discurso."

"Ah, você é capaz mesmo disso", disse Rouse. "Estamos todos de acordo quanto a isso."

"Conheço a política" continuou Obama. "Conheço a política do dia a dia em Illinois. Mas não faço ideia do que seja entrar no Senado e me estabelecer lá. Quero me estabelecer, trabalhar com meus colegas e criar uma reputação de bom senador, e vamos ver o que acontece."[14] Foi essa, precisamente, a atitude de Hillary Clinton quando se elegeu senadora pelo estado de Nova York em 2000: ela destruiu a imagem de uma senadora tipo celebridade, por meio de muito trabalho e deferência aos colegas e à instituição. Agindo assim, a atenção viria por si, sem ninguém pedir.

Obama pediu ajuda a Rouse para reunir uma equipe composta tanto de *insiders*, conhecedores de Washington, como de especialistas independentes, capazes de trazer algum peso intelectual para o gabinete. Obama também contratou

Robert Gibbs, que tinha longa experiência como assessor de imprensa no Capitólio e se tornou protetor de Obama durante a campanha. Obama disse à sua equipe que preferia ter "algumas pessoas extraordinárias durante um período mais curto do que pessoas comuns por longo tempo". Em abril Obama encontrou-se, em um restaurante no Capitólio, com Samantha Power, jornalista que em 2002 publicou *Genocídio: a retórica americana em questão*, um estudo sobre o genocídio na era moderna e a política externa americana, que lhe valeu o prêmio Pulitzer. Power não teve a impressão de que Obama era um intervencionista liberal, nem um realista do tipo Kissinger, nem algum outro tipo de "ista" ideológico, a não ser talvez um "consequencialista". Na política externa, disse Obama, ele era a favor de tudo que funcionasse. Contratou Power como assessora para política externa.

A diversidade também era prioridade para Obama. Mais da metade da sua equipe de cerca de sessenta pessoas era gente de cor, incluindo dez dos quinze assessores com salários mais altos. Obama disse a Rouse que, embora perfeitamente consciente de ser o único afro-americano no Senado, uma posição que acarretava responsabilidades especiais, "Eu não quero ser um senador negro. Quero ser um senador que por acaso é negro".[15]

Rouse assumiu o cargo sentindo que Obama poderia ter um grande futuro, mas certo de que uma disputa em nível nacional não era iminente. Seu plano era ajudar Obama a estabelecer uma direção para si mesmo, e então, lembra, "vamos ver o que acontece. Eu já vou estar na cadeira de balanço quando ele concorrer à presidência, lá para 2016 ou sei lá quando".[16] Juntamente com Gibbs e Axelrod, Rouse elaborou um documento chamado "O plano estratégico". O plano consistia em dominar o ofício, os procedimentos e a etiqueta do Senado; consistia em estabelecer relacionamentos com colegas, inclusive republicanos, e dar ênfase a Illinois.

Em seu primeiro ano Obama executou esse plano com total concentração. Viajou muito para encontrar seu eleitorado em Illinois, e até mandou seu gabinete manter contato constante com líderes afro-americanos à sua esquerda. "Ele temia que fossem atacá-lo na rádio WVON", disse Dan Shomon, que integrou a folha de pagamento de Obama até 2006. "Tudo isso acabou quando todo mundo entrou na linha, assim que ele se candidatou a presidente."

Em Washington Obama trabalhou em leis com impacto especial sobre o seu estado, incluindo propostas para a construção de estradas, energia alternativa e etanol. Era mais importante, segundo seus consultores, trabalhar discretamente para ganhar a confiança dos colegas e cargos desejáveis em vários comitês do que vir para o centro do palco e falar sobre problemas nacionais, tais como a guerra no Iraque.

O brilho funcionou por si, como Rouse tinha previsto. Oprah Winfrey declarou que ele era "mais do que um político; ele é o cara".[17] A revista *Vanity Fair* publicou matéria de duas páginas sobre Obama, uma raridade para qualquer senador, sobretudo um novato. A revista *Savoy* deu matéria de capa sobre Obama com a manchete "A ressurreição de Camelot". Por vezes a celebridade de Obama tinha, sem dúvida, um lado erótico. A personagem de Grace do seriado da NBC *Will & Grace* sonhou que estava tomando banho de chuveiro com o novo senador de Illinois — e ele estava "barackeando o meu mundo!".[18]

Obama não ignorava essa atenção, mas fazia questão de destacar que era um novato aprendendo e praticando os rituais. Um dos primeiros livros que leu depois de eleito foi *Master of the Senate*, o terceiro volume da biografia de Lyndon Johnson escrita por Robert Caro.[19] (Obama não quis ser visto lendo esse livro durante a campanha; agora fazia questão de mencioná-lo.) O livro, além de cobrir a carreira de Lyndon Johnson no Senado com detalhes abundantes e comoventes, começa com uma longa história dessa instituição e depois traz um complicado artigo sobre o mentor de Lyndon Johnson, Richard Russell, da Geórgia. Russell serviu no Senado de 1933 até a morte, em 1971, e foi a figura dominante na facção conservadora sulista que controlava o Senado até a ascensão do movimento pelos direitos civis e o assassinato de Kennedy. Russell tinha apoiado a legislação de Roosevelt para o New Deal, mas também era um defensor assumido da segregação racial. Verdadeiro mestre quanto às engrenagens do Senado e à arte de persuadir nos bastidores, tentava obstruir a legislação dos direitos civis por todos os meios possíveis, inclusive o truque dos longos discursos. Mesmo assim, Obama disse a Jeff Zeleny, o repórter do *Tribune* que acompanhava mais de perto a sua carreira no Capitólio, que ficara muito impressionado com as passagens de Caro sobre os anos de Russell no Senado.[20] Grande parte da autoconfiança de Obama residia em sua convicção de que era capaz de entrar em qualquer recinto, com qualquer tipo de pessoas, e estabelecer um relacionamento, e até mesmo convencer essas pessoas de que estava certo em suas posições. Segundo Jim Cauley, administrador da campanha de Obama ao Senado, Obama acreditava ser capaz de conquistar até mesmo uma sala cheia de *skinheads*. Obama já disse: "Todos nós somos uma mistura de instintos nobres e vis, e creio que também é por isso que eu digo que nunca entro numa reunião já com a ideia de que as pessoas estão de má-fé".[21] Agora ele parecia pensar que teria chance de lutar até contra Russell. "Se eu estivesse ali no início dos anos 60, e tivesse a oportunidade de encontrar Richard Russell, teria sido fascinante conversar com alguém assim. Mesmo compreendendo que, com seu enorme talento, ele iria impedir que eu me tornasse senador."

Quando Obama fez uma visita ao veterano senador Robert Byrd, de Virgínia Ocidental, que quando jovem fora membro da Ku Klux Klan, ouviu com simpatia enquanto Byrd, já idoso, definia seus pecados da juventude como "a cruz que eu carrego no pescoço".[22] De novo, foi o efeito Rorschach: Byrd viu em Obama um rosto bem-vindo, pronto para perdoar. E Obama, com seu talento para perceber e interpretar as pessoas, lhe respondeu em tom tranquilizador: "Se todos nós tivéssemos que ser perfeitos, estaríamos todos em maus lençóis. Assim, confiamos na compaixão e na graça de Deus para nos ajudar a passar por tudo isso".

Obama sabia que se fizesse muitas dessas visitas respeitosas, se sinalizasse bastante modéstia e submissão diante da instituição, poderia avançar muito no processo de formar alianças e acalmar ciúmes que porventura surgissem. Ele tentou fazer dessas demonstrações abertas de humildade e transcendência da história política uma marca registrada da sua maneira de trabalhar. E não hesitava em divulgá-las.

Enquanto isso, a própria voz da humildade na vida de Obama era a esposa, que ficara em casa, em Chicago. Michelle Obama via o interminável clamor e bajulação em torno do marido com certa perplexidade e ceticismo. Na cerimônia de juramento ela observou toda aquela agitação em torno do marido e disse: "Quem sabe algum dia ele vai fazer alguma coisa que justifique toda essa atenção?".[23]

Em seus três anos como senador em exercício, Obama mostrou ser um democrata confiável, votando com seu partido em mais de 95% das ocasiões; em certo momento até conquistou a classificação de "o mais liberal", vinda de árbitros relativamente incontestes, como *The National Journal*. No entanto, procurava acima de tudo realçar sua flexibilidade e seu pragmatismo. "Nos próximos seis anos, em muitas ocasiões as pessoas se surpreenderão com as minhas posições", disse ele a Zeleny. "Eu não vou ser tão fácil de categorizar como muita gente acha."[24]

Obama votou contra Alberto González, nomeado por Bush como procurador-geral, mas apoiou a nomeação de Condoleezza Rice para um segundo mandato como secretária de Estado, com a justificativa de que, apesar do indiscutível envolvimento dela no planejamento da Guerra do Iraque, que ele julgava "uma guerra estúpida", Rice era uma diplomata empenhada e inteligente, e, se fosse rejeitada, o presidente provavelmente não nomearia outra pessoa menos conservadora. Ele não votou com intenção de punir. Também votou contra uma lei de verbas para a defesa que teria incluído uma data fixa para a retirada das tropas do Iraque. Apesar de fazer lobby na campanha de John Kerry, Obama apoiou a Casa Branca na legislação que limitava as indenizações em processos legais coletivos. Votou a favor de leis que fortaleciam a proteção ambiental e o livre comércio. Votou sistematicamente pelo direito ao aborto.

Obama desejava ser nomeado para o Comitê de Comércio, a fim de conseguir alguns recursos públicos para agradar a seu eleitorado em Illinois. Imaginara que sua participação na campanha dos candidatos democratas nas eleições de 2004 — o que havia conseguido porque sua raça não estava em questão — era bastante para lhe garantir essa nomeação. A liderança do partido, porém, o instalou nos comitês de Meio Ambiente e Obras Públicas, Assuntos de Veteranos de Guerra e Relações Exteriores. Nas sessões dos comitês como senador mais novo, Obama era o número 18 na fila para fazer perguntas; a sala do comitê muitas vezes já estava quase vazia quando chegava sua vez no microfone. Nas audiências de confirmação de Rice no comitê de Relações Exteriores, durante um dos longos e pomposos discursos de Joe Biden, Obama estava cada vez mais entediado. Por fim reclinou-se na cadeira e passou um bilhete para um de seus assessores. O assessor ficou empolgado ao receber a primeira comunicação séria vinda do senador. O bilhete dizia: "Atire. Em mim. Agora".[25]

O amigo mais próximo de Obama no Senado era seu colega de Illinois, Richard Durbin. Para Obama, Durbin era um elo com os dias gloriosos do liberalismo de Illinois. Quando Durbin ainda estudava na faculdade em Geogetown, foi estagiário no gabinete de Paul Douglas; quando jovem senador, foi advogado de Paul Simon quando este foi vice-governador. Durbin foi eleito para a Câmara dos Deputados em 1982 e para o Senado em 1996; para Obama, ele era um professor que não se sentia ameaçado por aquele senador mais jovem, com o brilho da sua imagem pública e perspectivas ilimitadas.

Outro que serviu como orientador de Obama foi Richard Lugar, de Indiana, que por muito tempo presidiu o comitê de Relações Exteriores e defendia um maior controle das reservas de armamentos convencionais e nucleares. Lugar já tinha trabalhado com Sam Nunn, da Geórgia, no Programa Cooperativo de Redução de Ameaças, destinado a garantir a segurança das reservas armamentistas em toda a ex-União Soviética. Obama tinha firmado sua reputação ao se opor à invasão do Iraque, mas não havia muito que pudesse fazer a respeito do Iraque no Comitê de Relações Exteriores. Obama achava que poderia causar muito impacto, com a ajuda de Lugar, se tivesse voz ativa nas questões concernentes à proliferação de armas.

Em agosto de 2005, como membro de uma delegação do Congresso que também incluía Lugar, Obama foi à Rússia, Ucrânia e Azerbaijão para encontrar-se com autoridades e inspecionar diversas centrais de armazenamento de armas. Ele já viajara muito pela Ásia, África e Europa, mas essa foi sua primeira viagem à ex-União Soviética. As tradições adotadas nas missões políticas a Moscou lhe eram desconhecidas. Diante da perspectiva de fazer vários brindes mútuos, Obama pediu para que lhe servissem água, em vez de vodca.[26]

Obama experimentou aquilo que Lugar já tinha vivido muitas vezes: viagens em ônibus desconjuntados para locais secretos de armazenamento de armas; desmontagem de antigos foguetes; intermináveis relatórios de autoridades que só diziam parte da verdade. Em Kíev, Obama foi com Lugar a um laboratório dilapidado, que fora usado no antigo programa soviético de armas biológicas. "Assim, nós entramos no edifício", relatou Obama ao público reunido no Conselho de Relações Exteriores em Washington, alguns dias após a viagem. "Não se vê nenhuma cerca nem sistema de segurança. E uma vez lá dentro, em algum desses edifícios decrépitos, havia janelas abertas e talvez alguns cadeados, do tipo usado para fechar malas de viagem. Nossa jovem guia nos levou diretamente para ver um objeto semelhante a uma pequena geladeira. Dentro dessa geladeira havia fileiras e fileiras de tubos de ensaio. Ela os pegou, sacudiu, e ouvimos o tradutor explicar o que ela estava dizendo. Alguns tubos, disse ele, estavam cheios de antrax, outros tinham bacilos da peste. E, imagina, eu estava bem perto e comecei a dar uns passos para trás. Daí me virei... e perguntei: 'Hã.... Onde está Lugar? Ele não quer ver isso?'. Virei então para trás e o vi lá no fundo do laboratório, a uns cinco metros de distância. E ele olhou para mim e disse: 'Já estive aqui antes, já vi tudo isso'."[27]

Lugar já tinha feito incontáveis viagens desse tipo, mas para Obama foi uma revelação. Ele estudara os problemas do controle armamentista em Columbia; agora ficou espantado ao ver as armas bem de perto. "Quando a gente está lá, tem uma sensação da totalidade do programa nuclear e do acúmulo de armas convencionais", disse Mark Lippert, consultor de Obama para a política externa. "Ele sentiu um impacto incrível ao ver o complexo industrial que há por trás disso tudo. Quando estávamos na Ucrânia, fomos a uma fábrica onde estavam desmontando armas convencionais. Havia pilhas e mais pilhas de cápsulas de projéteis; eles nos disseram que, trabalhando naquele ritmo, demorariam oitenta anos para desmontar todos. Em uma fábrica de armas químicas e biológicas, vimos um freezer para elementos patogênicos que ficava fechado apenas com um barbante."

Três meses depois da viagem, Lugar e Obama publicaram um artigo na página de comentários assinados do *Washington Post* chamado "Junkyard dogs of war" [Cães de guerra do ferro-velho], advertindo contra a disseminação de armas convencionais vindas da ex-União Soviética e de outras partes, "em particular mísseis antiaéreos portáteis, lançáveis do ombro, capazes de atingir aviões civis".[28] Lugar e Obama introduziram leis para ganhar a cooperação de outros países e tornar mais estrito o controle dos depósitos de armas na ex-União Soviética, que estavam sendo rotineiramente saqueados e utilizados para fazer bombas improvisadas no Oriente Médio e atiçar guerras civis na África. A legislação ajudou a fortalecer os sistemas de detecção e interceptação de remessas ilegais de materiais utilizados em armas químicas, biológicas e nucleares.

O trabalho de Obama com Lugar não foi o único que fez com republicanos e democratas centristas. Ele trabalhou com Mel Martinez, republicano da Flórida, na reforma das leis de imigração, e com Tom Coburn, republicano de direita de Oklahoma, em uma legislação para dar mais transparência aos processos de contratação do governo. Estava se dando bem com seu partido e com os colegas em geral.

"Tenho certeza de que lá no fundo da minha mente eu sabia que ele se candidataria a presidente algum dia", disse Lippert, "mas ele achava que tínhamos que ser muito sérios e mapear questões de política bem específicas, onde pudéssemos ser ouvidos. O mantra básico de Obama é: 'Você decide os programas de ação e eu me encarrego do lado político'."

Durante seu mandato de senador, Obama também convidou jornalistas como Fareed Zakaria, do *Newsweek*, e Thomas Friedman e David Brooks, do *New York Times*, para conversar sobre programas de ação. Obama se sentia à vontade com eles, ansioso para trocar ideias, e ao mesmo tempo brincalhão, consciente de todo o jogo de sedução mútua. Quando Brooks, conservador moderado, escreveu uma coluna atacando os republicanos do Congresso devido a questões tributárias, e depois acrescentou um ataque aos democratas, Obama lhe enviou um e-mail amigável, dizendo: "Se você quer nos atacar, tudo bem; mas você só jogou essas frases ali para se sentir melhor". Brooks se sentiu pego em flagrante. "Ele estava apelando para o lado melhor da minha natureza", disse Brooks com ironia. Como conservador, Brooks se decepcionou ao ver que Obama era "um democrata tão ortodoxo"; mas ficou impressionado com seu intelecto e com a inteligência coletiva dos seus nomeados.

Obama impressionou esses jornalistas por ser um leitor ávido, deliberativo, versado nos aspectos práticos da política, assim como em filosofia política. Podia conversar sobre Reagan e Burke com Brooks e sobre política externa com Zakaria e Friedman — tudo isso com aquele talento que têm os políticos de fazer o interlocutor sentir que concorda com os seus argumentos. Todos ficaram impressionados com seu charme, sua carência afetiva zero, sua inteligência e aquilo que um deles chamou de "autoconfiança colossal" — um senador novato convicto de que era capaz de entrar numa sala com especialistas em política externa, tanto realistas como idealistas, e de algum jeito transcender a batalha e reconciliar os dois lados. As conversas partiam do princípio de que Obama havia lido os livros e artigos desses jornalistas, e ele passava quase o tempo todo ouvindo.

Como professor de Direito, Obama costumava dizer que tinha de conhecer os argumentos de Antonin Scalia tão bem como o próprio Scalia os conhecia, para poder vencer o debate. Mas apesar de toda a conversa sobre ver os dois lados de uma questão, e ocasionalmente ficar do lado da oposição, do ponto de vista ideológico Obama se situava perfeitamente no centro do Partido Democrata pós-Bill Clinton. Seus pontos de vista, tanto sobre assuntos domésticos como externos, em geral eram progressistas, mas sua maneira de expressá-los era mais analítica e deliberativa que apaixonada. O moralismo ardoroso jamais seria sua tecla dominante. Era capaz de admirar a defesa feroz feita por Edward Kennedy da cobertura universal de saúde, a forte orientação pró-direitos humanos de alguns de seus outros colegas; mas ficava em guarda contra o que considerava absolutismo. O que ele não tinha maneira de provar como senador — mas haveria de provar após um ano de presidência — é que o seu liberalismo era um liberalismo ambicioso.

"A sensação que ele me deu na época era de que sua visão fundamental do mundo se enraizava tanto na luta pelo desenvolvimento e pelo crescimento econômico como nos mísseis e na Guerra Fria", recorda Zakaria. "Creio que isso vinha, em primeiro lugar, da sua mãe e da Indonésia. Sua primeira lembrança de um evento de política externa não foi o Vietnã ou a União Soviética, mas sim a vida diária em Jacarta. A luta pela sobrevivência e pelo desenvolvimento — é esse prisma pelo qual ele vê o mundo. É por isso que o programa dos neoconservadores, ou até mesmo a recente formulação da agenda liberal internacionalista, não é algo que ele adote de imediato. E não é devido a alguma frieza em relação à democracia, mas sim porque compreende que, para a vasta maioria do mundo, existe em primeiro lugar uma luta básica pela dignidade e pela sobrevivência. Creio que essa visão vem da era Kennedy, apesar de Kennedy ter sido um guerreiro da Guerra Fria; a Aliança para o Progresso, o Corpo da Paz, a época das Bolsas de Estudos Pell, a ajuda à África, a Revolução Verde na Índia. Sua mãe absorveu tudo isso, e ele também.

"Obama é uma espécie de idealista prático", continuou Zakaria. "Ele me disse que admirava a diplomacia de George H. W. Bush, a maneira cuidadosa como este administrou o fim da Guerra Fria e sua ênfase em relações produtivas com as outras grandes potências mundiais. Não consigo pensar em muitos democratas que disseram isso na época. Em seu livro, ele conta que leu Fanon e outros esquerdistas quando jovem, mas me parece que foi além disso em sua visão do mundo. É um tipo sóbrio, realista. E tudo indica que isso veio, em parte, de outra influência: a Universidade de Chicago. Ele mergulhou na atmosfera do direito e da economia. Talvez não tenha adotado os argumentos dessa escola, mas algo daí passou para sua visão do mundo — o realismo e a lógica."

No fim de agosto de 2005 o furacão Katrina submergiu grande parte da cidade de Nova Orleans, o litoral do estado de Mississippi na Costa do Golfo e também, tudo leva a crer, o governo Bush. O furacão derrubou as barragens e foi devastador para os sistemas de emergência de Nova Orleans. As autoridades no centro da tragédia — o prefeito Ray Nagin; a governadora de Louisiana, Kathleen Blanco; o chefe da Agência Federal de Administração de Emergências, Michael Brown; e, principalmente, o presidente Bush — tiveram uma atuação tão abaixo do esperado que incontáveis pessoas presas na tragédia, com milhões que a viram pela tevê, acusaram as autoridades, quase como se o furacão tivesse sido um ato puramente da vontade humana, e não uma força da natureza. A atitude ausente e alienada de Bush nos primeiros dias da tragédia para muitos pareceu uma versão doméstica da sua arrogância e de suas mentiras às vésperas da guerra no Iraque, a maneira infeliz como administrou o desenrolar da guerra e sua displicente indiferença aos relatórios sobre torturas. No rastro do Katrina, os fatos e as imagens de incompetência, má gestão e erros de administração se fixaram de maneira indelével, tanto como as imagens do próprio furacão. A presidência de Bush estava agora, tal como o bairro Lower Ninth Ward, debaixo d'água.

Durante oito meses, embora estivesse por toda parte, nas capas de revista e programas de tevê, como celebridade política promissora, Obama havia sido uma presença de pouco peso no debate nacional. Tinha recusado os convites para discursar em outros estados e dar entrevistas nos programas dominicais. Evitava as controvérsias. Essa reserva estudada fazia parte do primeiro estágio do plano que Rouse e sua equipe haviam traçado para ele. Obama não queria se adiantar demais e parecer um cavalo de competição, todo ataviado — a raça menos desejável no estábulo do Senado. Mas, como o único senador afro-americano, não podia deixar de falar sobre o Katrina.

Pelo menos entre os democratas não havia muito o que discutir sobre a atuação do presidente e das autoridades locais; a questão, para Obama, era que tom adotar. Jesse Jackson e também intelectuais negros como Cornel West compararam as imagens de multidões de afro-americanos recolhidos como gado no estádio Superdome, ou deixados à mercê do sol causticante em pontes e estradas, sem água nem comida, aos africanos de séculos anteriores arrebanhados em navios negreiros. Líderes brancos do Partido Democrata, inclusive Howard Dean e Hillary Clinton, engrossaram as críticas, acusando o governo de agir com aquela morosidade devido à permanência do racismo.

Quando o furacão bateu em terra, Obama estava na Rússia, mas uma semana depois foi à Costa do Golfo com os ex-presidentes Bill Clinton e George

H. W. Bush. Obama ficou em silêncio, com Hillary Clinton, enquanto os dois ex-presidentes falavam com os repórteres em diversos locais atingidos pelo desastre. Participando então do programa de entrevistas *This Week with George Stephanopoulos*, da rede ABC, no domingo de manhã, Obama criticou a reação do governo, mas com extremo cuidado, sem atacar ninguém diretamente. Seu tom foi muitos graus menos agressivo que o de Jesse Jackson ou Cornel West. Suas palavras:

> O responsável pelo planejamento, seja quem for, estava tão afastado da realidade da vida nos bairros pobres em um lugar como Nova Orleans que não conseguiu sequer conceber a ideia de que as pessoas não tinham como encher o porta-malas dos seus veículos esportivos, encher o tanque com cem dólares de gasolina, botar água no radiador, partir para um hotel e se hospedar com cartão de crédito.[29]

A resposta inicial de Obama foi calibrada para expressar uma sóbria consciência da realidade: "Ficou evidente desde o primeiro dia que os negros sofreram um impacto desproporcional" — e não um sentimento de revolta ou acusação. Em entrevista ao *Tribune*, Obama foi quase tão duro com os democratas que tinham atacado Bush como com o próprio Bush. "É muito simplista dizer que este governo não se importa com os negros", disse.

> Creio que é perfeitamente exato dizer que as políticas deste governo não levam em consideração a luta das pessoas pobres nas comunidades pobres, e que isso é um reflexo trágico dessa indiferença; mas também tenho que dizer que essa indiferença não é inteiramente partidária. Nós, como democratas, também não temos nos interessado tanto quanto deveríamos pela pobreza ou pelos problemas dos bairros pobres. Pense na última campanha presidencial: é difícil lembrar algum momento em que se tenha dado atenção a esses tópicos.[30]

Embora indignado, em particular, com a indiferença inicial do governo Bush com o sofrimento na Costa do Golfo — indignação que expressou muito depois —, Obama viu com clareza que sua função como senador era abrir caminho para um consenso político mais amplo para a reforma, e não personificar a ira popular. Esse tato na retórica foi, em parte, questão de temperamento, e em parte sinal de uma mudança de geração. Era difícil imaginar que muitos legisladores ou prefeitos afro-americanos da geração mais velha usassem a retórica da calma e da conciliação após a tragédia do Katrina. Segundo Obama, "o fato animador" no Katrina era que "todo mundo" estava indignado e mostrava generosidade com as vítimas: "tanto republicanos brancos que moram nos bairros residenciais como os democratas liberais negros".

"A responsabilidade cabe a nós, democratas, cabe a mim, como senador deste país, ajudar a fazer a ponte", disse.[31]

Embora seus votos no Senado fossem mais previsivelmente liberais do que ele anunciara, Obama sentia que era essencial mostrar que tinha como características pessoais a equanimidade e um espírito calmo e contido. A conciliação era seu modo básico de agir, o traço predominante da sua personalidade política. Depois de testemunhar guerras políticas partidárias desde Watergate até o julgamento do impeachment de Clinton, e as batalhas agora travadas a respeito do governo Bush na internet e na tevê a cabo, Obama insistia em uma retórica que buscava o denominador comum. Tinha uma cautela instintiva quanto a ideologias, o que às vezes deixava frustrados até mesmo os colegas e os críticos simpáticos a ele, que se perguntavam no que de fato ele acreditava, o que era realmente essencial na sua visão do mundo. Essa tinha sido a sua maneira de agir desde Harvard, quando estendia a mão aos conservadores mesmo pagando o preço de decepcionar alguns colegas mais liberais, como ele.

No outono de 2005, Obama e seus colegas democratas enfrentaram a nomeação, feita pelo governo Bush, de John Roberts, um juiz federal conservador, para suceder William Rehnquist como presidente da Suprema Corte. Obama teve longas discussões com sua equipe sobre como votar. Tal como no caso da nomeação de Condoleezza Rice para secretária de Estado, Obama sabia que o governo Bush provavelmente não apresentaria um candidato menos conservador se, por algum motivo, a nomeação de Roberts não fosse aprovada no Senado. Obama reconhecia que Roberts tinha uma boa cabeça para assuntos legais, e que, se ele fosse presidente, também não gostaria de ver seus nomeados rejeitados por motivos ideológicos. O mentor de Obama em Harvard, Laurence Tribe, prestou depoimento contra Robert Bork durante o governo Reagan, e em julho de 1987 Edward Kennedy insistira, no plenário do Senado, que "nos Estados Unidos de Robert Brooks" as mulheres seriam obrigadas a fazer "abortos clandestinos em becos escuros", os negros teriam de voltar às "lanchonetes segregadas", os escritores e artistas seriam "censurados segundo os caprichos do governo" e "milícias policiais independentes" fariam "batidas à meia-noite" para arrombar a casa dos cidadãos. Será que Roberts era, realmente, o gêmeo ideológico de Robert Bork? Que vantagem haveria em atacá-lo? Talvez, com base na justificativa de seu voto pró-Condoleezza Rice, ele devesse votar em Roberts. Por fim Pete Rouse trouxe a discussão para o terreno da realidade e da política. Disse a Obama que dessa vez não se tratava de um exercício de "júri simulado" na Faculdade de Direito de Harvard. Sua decisão teria implicações políticas na vida real. Disse a Obama que votar a favor da nomeação de Roberts poderia prejudicá-lo muito entre os eleitores democratas em uma futura eleição primária para a presidência.[32]

Como já havia demonstrado em Cambridge, Chicago e Springfield, Obama era capaz de ser astucioso ao equilibrar a força dos princípios, de um lado, e de outro a realidade da política e da carreira. Em nota oficial, disse que falara com Roberts no dia anterior; elogiou-o como sendo "humilde", "decente como pessoa", e que respeitava os precedentes em "noventa e cinco por cento dos casos apresentados à Suprema Corte". O problema, dizia ele, eram os 5% restantes, com casos envolvendo ação afirmativa, decisões sobre a reprodução e direitos dos deficientes. Segundo Obama, Roberts lhe dissera que era difícil para ele falar sobre seus valores, a não ser para dizer que "não gosta de valentões" e considera a lei "uma maneira de igualar o campo de jogo entre os fortes e os fracos". Por fim Obama dizia que Roberts, em seu trabalho na Casa Branca e no Gabinete do procurador-geral, "parecia ter ficado, sistematicamente, ao lado dos que descartavam os esforços para erradicar os vestígios da discriminação racial". Com "considerável relutância", iria votar contra Roberts.

O tom reservado de Obama estava longe do feroz ataque de Kennedy contra Robert Bork; a retórica desse tipo não era seu estilo nem a sua maneira de ser como político. A contagem final foi 78 contra 22 a favor de Roberts; quase todos os votos contra Roberts vieram de democratas dos estados "azuis".

Por motivos semelhantes, Obama também votou contra Samuel Alito, o segundo nomeado de Bush para a Suprema Corte. Para "enviar um sinal" de que o presidente "não está acima da lei", Obama também votou contra o nomeado de Bush para diretor da CIA, o general Michael Hayden.

Uma combinação das objeções bem reais de Obama ao histórico de Roberts e a lógica política pragmática e realista de Rouse tinha alcançado a vitória. Obama não relutou em elogiar seu chefe de gabinete por saber enxergar longe. "Pete é ótimo para enxergar tudo o que envolve uma decisão e elaborar as implicações que teria", disse Obama dois anos depois da eleição de Roberts.[33]

Mas a história de Roberts não parou ali. Alguns democratas — Patrick Leahy, Christopher Dodd, Carl Levin, Russ Feingold e Patty Murray — tinham votado a favor de Roberts, e em resultado estavam sendo duramente atacados em muitos sites de tendência esquerdista, inclusive o popular blog coletivo Daily Kos. Em seu discurso no plenário, Obama defendeu Leahy, sobretudo contra esses "ataques dogmáticos a torto e a direito". Aproveitou a ocasião em que se faziam críticas ferozes aos seus colegas para mandar uma carta ao Daily Kos, que de muitas formas podia ser lida como uma espécie de manifesto do seu temperamento conciliador — algo que ele considerava, sem dúvida, um elemento essencial da sua política e da sua atração para os eleitores.

A carta se intitulava "O tom, a verdade e o Partido Democrata", e foi divulgada no site em 30 de setembro de 2005.[34]

Depois de pedir desculpas por não conseguir acompanhar os blogs "com tanta regularidade como eu gostaria", Obama escreveu que queria se dirigir "a amigos e partidários":

> Existe uma maneira, no longo prazo, de garantir a nomeação de juízes que sejam sensíveis às questões de justiça social — é ganhar o direito de nomeá-los, reconquistando a presidência e o Senado. Não acredito que vamos chegar lá vilipendiando bons aliados, que têm o histórico de toda uma vida de batalhas pelas causas progressistas, por causa de um só voto ou uma só posição. Creio que, apesar das frustrações mútuas e das fortes convicções, a estratégia que está impulsionando, em boa parte, a defesa dos democratas e o tom da nossa retórica é um obstáculo para se criar uma maioria progressista viável neste país.
>
> Segundo a história que orienta muitos grupos de defesa e militantes democratas — história que muitas vezes se reflete nos comentários neste blog — estamos em luta com um Partido Republicano extremamente sectário, radicalmente conservador, inflexível. Eles nos derrotaram duas vezes, estimulando suas bases com uma retórica exaltada e uma devoção e disciplina focadas exclusivamente no seu plano de ação. Para derrotá-los os democratas precisam ficar firmes, bater forte, não ceder, não fazer concessões, expulsar nossos elementos interessados em "apaziguar" a ala direita, e implantar uma agenda mais claramente progressista. Por fim o país,

sabendo o que nós representamos e percebendo esse forte contraste, virá se unir ao nosso lado e assim trará uma nova era progressista.

Creio que essa perspectiva não interpreta bem o povo americano. Com base nas minhas viagens por todo o estado de Illinois e, mais recentemente, por todo o país, posso dizer a vocês que os americanos desconfiam dos rótulos e desconfiam dos jargões. Eles não creem que George W. Bush seja mesquinho ou preconceituoso, mas estão conscientes de que seu governo é irresponsável e muitas vezes incompetente. Eles não creem que as empresas sejam inerentemente más (muitos trabalham em empresas); mas reconhecem que as grandes empresas, se forem deixadas sem controle, podem manipular o jogo em prejuízo dos trabalhadores e dos pequenos empresários. Não acreditam que a América seja um brutamontes imperialista, mas estão irritados porque as justificativas para invadir o Iraque foram exageradas. Temem que com isso nos indispomos desnecessariamente, com nossos aliados, existentes e potenciais, pelo mundo afora, e têm vergonha de eventos como os de Abu Ghraib, que violam os ideais do nosso país.

Em um estilo que insistia em ser razoável — o mesmo tom que empregou no ano seguinte em seu livro *A audácia da esperança* —, Obama argumentou que a maioria das pessoas via o debate sobre a nomeação de Roberts por uma lente "não ideológica", e que argumentar sem civilidade era arriscar-se a provocar antipatia na maioria dos americanos — e pior ainda, pôr em perigo a criação de uma coalizão progressista. Na retórica, sua atitude era reconhecer as virtudes de ambos os lados, advertir contra a equivalência moral, mas fazer questão de cortesia e respeito. Obama insistia que adotar a civilidade não implicava abdicar do rigor nem dos princípios. Alguns críticos afirmavam que a ênfase de Obama na civilidade era uma forma de delicadeza, uma fuga do rigor e dos princípios. Mas Obama estava convencido de que seu argumento teria boa repercussão entre os eleitores, já cansados da gritaria nos noticiários da tevê a cabo e das batalhas na internet, eivadas de grosserias.

Obama pediu aos leitores do Daily Kos que percebessem que alguns democratas (se não o próprio Obama) temiam que uma luta no Senado por causa de Roberts seria "quixotesca" e poria em risco a tentativa do partido de reconquistar a maioria nas eleições vindouras. Em outras palavras, havia razões válidas para que democratas como Leahy votassem a favor de Roberts. Da mesma forma, Obama pediu aos leitores do Daily Kos que não atacassem os motivos de Richard

Durbin, ou dele próprio, por não pedir uma retirada imediata do Iraque, apesar da sua oposição inicial à invasão. Durbin, disse Obama, "pode estar simplesmente tentando descobrir, como eu estou, como garantir que a retirada das tropas americanas ocorra de maneira a evitar uma guerra civil total no Iraque, o caos no Oriente Médio e futuras intervenções que custarão muito mais dinheiro e muito mais vidas". Em sua carta, Obama visava garantir aos leitores do Daily Kos, e aos liberais em geral, que eles eram seus aliados naturais; mas os advertiu contra uma retórica que acaba distanciando a todos, exceto os verdadeiros crentes. Sem uma coalizão mais ampla, os progressistas não conseguiriam reformar o sistema de saúde, tirar as pessoas da pobreza, nem "elaborar uma política externa que responda aos desafios da globalização ou do terrorismo, e ao mesmo tempo evite o isolacionismo e proteja as liberdades civis". Os argumentos em favor de exercer uma política externa beligerante, unilateral, de desmantelar a rede de seguridade social e adotar uma política de "absolutismo teológico" são relativamente fáceis de apresentar, disse Obama. Já o liberalismo é difícil; exige a nuance e as trocas. Obama não argumentava em favor de um centrismo reflexivo, nem de capitular ante os adversários conservadores; mas pregava a flexibilidade mental e a tolerância nos argumentos a fim de conquistar objetivos liberais.

"Isso é mais que apenas uma questão de 'contextualização', apesar de ser necessário ter clareza de linguagem, de pensamento e de coração", escreveu Obama. "É uma questão realmente de ter fé na capacidade do povo americano de ouvir um debate verdadeiro e autêntico sobre questões importantes."

Depois disso Obama usou uma de suas expressões preferidas para definir seu voto no caso Roberts e sua carta ao Daily Kos. Ele a chamou "um momento didático".[35] A carta, porém, não foi um gesto inteiramente pedagógico. Obama desejava se posicionar, e posicionar o partido para além dos velhos argumentos dos centristas da Conferência da Liderança Democrática (DLC) (uma grande influência no governo Clinton) e dos tipos "puros e duros" estilo Ted Kennedy. O perigo da DLC, disse Obama, era seu impulso para "fazer um acordo, seja lá qual for o acordo", ao passo que o perigo para os liberais tradicionais era "não ser reflexivo" e "não estar disposto a experimentar ou atualizar velhos programas de ação para fazer face a novos desafios".

> E a maneira como defino a mim mesmo é a seguinte: creio que meus valores estão profundamente enraizados na tradição progressista, em valores como oportunida-

des iguais, direitos civis, defesa das famílias trabalhadoras, uma política externa que dê atenção aos direitos humanos, uma forte crença nas liberdades civis, o desejo de ser um bom guardião do meio ambiente, a noção de que o governo tem um papel importante a desempenhar, que a oportunidade está aberta para todos, e que os poderosos não devem pisotear nos menos poderosos... Compartilho de todos os objetivos de um Paul Wellstone ou de um Ted Kennedy quando se trata do resultado. Mas sou muito mais agnóstico, muito mais flexível quanto à maneira de atingir esses objetivos.[36]

O desejo de civilidade de Obama nem sempre tinha êxito. No início do seu segundo ano no Senado, em fevereiro de 2006, teve seu primeiro atrito com um colega. Seu adversário foi John McCain, senador sênior pelo Arizona, e, pelos critérios de decoro do Senado, foi um incidente notavelmente desagradável.

Logo após a prisão de Jack Abramoff, um lobista salafrário que trabalhara com altos funcionários da Casa Branca de Bush e do Capitólio, McCain organizou um grupo bipartidário — sete republicanos e três democratas — para trabalhar na reforma das leis sobre os lobistas no Capitólio. McCain achou que havia conseguido um compromisso de Obama de trabalhar na sua força-tarefa nesse problema; mas quando Obama lhe mandou um bilhete dizendo que decidira que uma força-tarefa iria atrasar a ação nesse assunto, e que, a pedidos do líder democrata Harry Reid, iria entrar no plano de reforma dos democratas, McCain ficou furioso. De volta a Washington depois de um congresso na Alemanha, enviou a Obama uma carta ácida, acusando-o de má-fé, ambição e inexperiência.[37] McCain apoiava um projeto de lei que exigiria que os lobistas divulgassem quaisquer presentes que dessem aos congressistas; tanto congressistas como senadores teriam de esperar dois anos, e não apenas um ano, para se registrar como lobistas. A versão democrata da legislação, a Lei da Liderança Honesta, acrescentava mais restrições, proibindo presentes e refeições pagas por lobistas. McCain, eleito pela primeira vez ao Congresso em 1982 e com muitas relações próximas com democratas, achava que aquele novato estava querendo se exibir para impressionar, e lhe disse isso com todas as letras:

Prezado senador Obama:
    Gostaria de lhe pedir desculpas por presumir que eram sinceras as garantias que o senhor me fez em particular quanto ao seu desejo de ajudar nossa campanha em

prol da discussão de uma legislação bipartidária para a reforma do sistema de lobbies. O senhor me procurou e insistiu que, embora a liderança do seu partido preferisse usar esse tópico para obter vantagens políticas nas eleições de 2006, o senhor estava empenhado, pessoalmente, em alcançar um resultado que traria crédito para todo o Senado e daria ao país um exemplo melhor de liderança política. Eu concluí, então, que a preocupação que o senhor expressava pela instituição e pelo interesse público era genuína e admirável. Agradeço por me livrar de tais ideias errôneas por meio da carta que me dirigiu, com data de 2 de fevereiro de 2006, em que explicou sua decisão de abandonar nossas discussões bipartidárias. Envergonho-me de reconhecer que, depois de tantos anos na política, não fui capaz de perceber que as suas garantias prévias eram apenas o típico verniz de retórica que se usa rotineiramente na política para fazer que uma postura partidária egoísta pareça ser mais nobre. De novo, desculpe a confusão, mas por favor esteja certo de que não voltarei a cometer o mesmo erro. [...]

Em sua carta o senhor comenta meu "interesse em criar uma força-tarefa para estudar mais essa questão", como se sugerisse que eu sou a favor de atrasar a consideração de reformas muito necessárias, em vez de permitir que os comitês com a autoridade necessária para tal realizem suas audiências a respeito. Nada estaria mais longe da verdade. [...]

Como expliquei em carta recente ao senador Reid, e já disse em público muitas vezes, o povo americano não vê essa questão como um problema apenas republicano, ou apenas democrata. O povo o vê como mais um escândalo, dos tantos que há em Washington, e já espera que isso resulte em apenas mais uma rodada de manipulações partidárias e poses para impressionar. O senador Lieberman e eu, e muitos outros membros desta casa, esperamos superar as baixas expectativas do público. [...]

Como já mencionei, de início acreditei que o senhor também tinha esse objetivo. Mas compreendo como deve ser importante para um senador novato a oportunidade de liderar os esforços do seu partido para explorar essa questão, e não guardo maus sentimentos quanto à sua insinceridade anterior. De novo — como estou nesta área há muito tempo, compreendo que na política o interesse público nem sempre é uma prioridade para cada um de nós. Boa sorte para o senhor, senador.

Atenciosamente,
John McCain
Senado dos Estados Unidos

Era a cara do bom e velho McCain; ele era conhecido entre os colegas tanto pelo seu temperamento vulcânico como pela sua inteligência e seus lampejos de humor. Na verdade a carta foi escrita pelo seu principal assessor, redator de discursos e *alter ego*, Mark Salter, que foi coautor da autobiografia de McCain, *Faith of my fathers* [A fé dos meus pais]. A carta tencionava ser, ao mesmo tempo, engraçada e mordaz, destinada a intimidá-lo, do tipo "seja bem-vindo ao jogo dos adultos", para usar as palavras com que McCain instruía Salter. "É óbvio que eu peguei pesado e escrevi uma resposta demasiado ácida", recorda Salter.[38] Não demorou para que a carta circulasse por e-mail por todo o Capitólio, com uma só palavra na linha de assuntos: "Uau".

Obama respondeu em tom de espanto educado. Disse que "não fazia ideia do que deflagrou" o desabafo de duas páginas de McCain, e respondeu com uma carta do tipo "caro John, não sou culpado", que era um primor de moderação, delicadeza e senso de justiça:

> Durante meu breve período no Senado americano, um dos aspectos dessa instituição que passei a valorizar mais é o clima de coleguismo e a disposição de deixar de lado as diferenças partidárias para trabalhar em questões que ajudem o povo americano. [...] Confesso que não tenho ideia do que deflagrou sua resposta. Mas esteja certo de que não estou interessado na típica retórica partidária nem em posturas teatrais. O fato de que você agora questionou minha sinceridade e meu desejo de deixar de lado a política em nome do interesse público é lamentável, mas de forma alguma diminui meu profundo respeito por você, nem minha disposição para encontrar uma solução bipartidária para esse problema.

Depois dessa troca epistolar e de uma breve conversa telefônica para esfriar os ânimos, McCain disse a repórteres: "Estamos tocando em frente. Continuamos sendo colegas. Continuamos sendo amigos. Quer dizer, não se trata de uma guerra". Mas, quando um repórter lhe perguntou se ele se arrependia do tom da sua carta, McCain respondeu: "Claro que não".

As palavras de reconciliação de Obama também procuraram relativizar. "Creio que o tom da carta foi um pouco exagerado", disse, "mas John McCain foi um herói americano e já trabalha aqui em Washington há vinte anos; então está no seu legítimo direito de ficar de mau humor de vez em quando."[39]

No terceiro e último dia do drama, Obama e McCain, ambos se preparando para depor perante o comitê de regras do Senado, posaram de punhos cerrados um contra o outro, como dois pesos-médios ansiosos por publicidade às vésperas de uma luta. Antes de dar seu depoimento, Obama disse: "Tenho especial prazer em estar neste painel com meu correspondente, John McCain".[40]

Em junho de 2006 Obama deu mais um passo para tentar expandir a base política de seu partido. Aceitou um convite do liberal Jim Wallis, branco e cristão evangélico, para discursar. A organização de Wallis, conhecida como os Sojourners, se opunha aos programas de ação da direita religiosa e falava em favor da justiça social. Obama era um dos democratas do Partido ansiosos para provar que o movimento evangélico era muito mais diverso do que acreditava a classe política em Washington, Nova York ou Los Angeles, que os cristãos religiosos eram tão capazes de ter ideias independentes e uma política independente como qualquer outro bloco de eleitores aparentemente coesos. Obama falou sobre sua própria igreja — a Igreja Unida de Cristo, do reverendo Jeremiah Wright, na zona sul — e sobre a visão que essa igreja tem da fé religiosa, como compatível com a crença na libertação política e na compaixão. Mais uma vez Obama pediu ao seu público que desse um passo e saísse das barricadas de costume. Denunciou tanto a direita religiosa pela intolerância como a esquerda secular por muitas vezes não respeitar o valor da fé religiosa na vida de outras pessoas.

> O que estou sugerindo é o seguinte: os secularistas estão errados quando pedem aos crentes que deixem a religião deles na porta antes de entrar na arena pública. Frederick Douglass, Abraham Lincoln, William Jennings Bryan, Dorothy Day, Martin Luther King — de fato, quase todos os grandes reformadores da história americana — foram não só motivados pela fé, mas usaram repetidamente a linguagem religiosa para defender sua causa. Assim, dizer que homens e mulheres não deveriam instilar sua "moral pessoal" nos debates de política pública é, na prática, um absurdo. Nossa lei é, por definição, uma codificação da moral, boa parte dela fundamentada na tradição judaico-cristã.
>
> Além disso, se nós, progressistas, descartarmos alguns desses preconceitos, poderemos reconhecer alguns valores comuns, compartilhados por pessoas religiosas e seculares, quanto à direção moral e material do nosso país. Poderemos reconhecer que o chamado ao sacrifício em prol da próxima geração, a necessidade de

pensar em termos de "você" e não só de "eu", ressoa nas congregações religiosas em todo o país. E podemos perceber que temos a capacidade de alcançar a comunidade evangélica e envolver milhões de americanos religiosos em um projeto maior de renovação americana.[41]

Obama criticou os líderes da direita religiosa, como Pat Robertson e Jerry Falwell, que tinham estado na linha de frente da revolução de Reagan, e também os secularistas liberais que se guardam contra todo e qualquer apelo religioso. Ao mesmo tempo, prestou homenagem a pregadores como Tony Campolo, Rick Warren e T. D. Jakes, que tinham sido ativos em questões como o genocídio em Darfur, a pobreza, a aids e a redução da dívida externa do Terceiro Mundo. Foi um discurso que reconhecia quanto era prejudicial a divisão entre o Partido Democrata e os evangélicos. Obama estava tentando conciliar a exigência constitucional de separação entre Igreja e Estado com o reconhecimento do impulso religioso sincero em favor do bem social:

> O povo americano compreende isso intuitivamente, e é por isso que a maioria dos católicos pratica o controle da natalidade, e alguns que se opõem ao casamento gay são contra uma emenda constitucional que o proibisse. A liderança religiosa não precisa aceitar essas opiniões sensatas ao aconselhar seus fiéis, mas deveria reconhecê-las em suas estratégias políticas.
>
> Mas um senso de proporção também deveria guiar os que policiam as fronteiras entre Igreja e Estado. Nem toda menção a Deus em público é uma brecha no muro de separação — o contexto tem importância. É duvidoso que crianças fazendo juramento à bandeira se sintam oprimidas, ou vítimas de lavagem cerebral, porque murmuraram as palavras "perante Deus". Eu não me senti. Permitir que estudantes voluntários formem grupos de oração e se reúnam nas dependências da escola não deve ser uma ameaça, da mesma forma que a utilização desse local por um grupo de estudantes republicanos não deve ameaçar os estudantes democratas. E é possível imaginar certos programas baseados na religião — dirigidos a ex-infratores ou usuários de drogas — que ofereçam uma maneira de resolver problemas dotada de uma força extraordinária.
>
> Assim, todos nós temos um trabalho a fazer nessa área. Mas tenho a esperança de que somos capazes de fazer a ponte entre as diferenças existentes, e superar os preconceitos que cada um de nós traz para este debate. E tenho fé em que milhões

de americanos que têm fé religiosa desejam que isso aconteça. Por mais religiosas, ou menos religiosas que sejam, as pessoas estão cansadas de ver a fé ser usada como instrumento de ataque. Elas não querem que a fé seja usada para diminuir ninguém, nem para dividir. Estão cansadas de ouvir lenga-lengas em vez de sermões verdadeiros. Pois, no fim das contas, não é dessa forma que elas pensam sobre a fé em suas vidas.

Um conceito central da narrativa de Obama, tal como relatado pelo seu círculo mais íntimo, é que as discussões sobre sua candidatura à presidência só surgiram no outono de 2006, com a publicação do seu segundo livro, *A audácia da esperança*, e a explosão do interesse da mídia pela turnê de publicidade do livro. Obama, segundo essa narrativa, ficou comovido pela atenção da mídia (ele já estava acostumado com isso) e pelo grande número de gente comum que vinha lhe pedir autógrafo no livro e o exortava a se candidatar. A experiência emocional de ouvir esses pedidos e as histórias de insatisfação e desespero, em um local após o outro, de costa a costa do país, acelerou e intensificou a ideia de Obama de que havia, na esteira do fracassado governo Bush, uma fome de integridade e novidade, uma fome de mudança, algo que os possíveis candidatos democratas, em especial Hillary Clinton, nunca poderiam satisfazer. Foi então que, depois de muita reflexão e intensas consultas, Obama e família foram para o Havaí no Natal, conversaram muito bem sobre tudo isso e voltaram a Chicago unidos na decisão de entrar na campanha. Essa era a história.

Não é uma narrativa falsa, mas também não é completa. É difícil dizer quando Obama começou a pensar em concorrer à presidência ou que importância se deve dar a essa "reflexão". A irmã de Obama, Maya, conta que ela e a mãe costumavam brincar com ele sobre uma possível candidatura à presidência, mesmo que fosse só para moderar seu desejo de vencer os debates na mesa de jantar. Muitas fontes entrevistadas para este livro e para incontáveis outras publicações se apressaram a dizer que, ao conhecer Obama pessoalmente, tiveram a certeza, simplesmente a "certeza", de que ele poderia ser o primeiro presidente afro-americano. Valerie Jarrett disse que Obama "sempre" quis ser presidente.[42] E o próprio Obama já reconheceu que, quando entrou em Harvard e se comparou com todos aqueles rapazes e moças inteligentes — um encontro estimulante com uma classe governante que ali ia nascendo —, ele sentiu que podia buscar o cargo mais elevado. "Pensei: são essas as pessoas que vão liderar em algum momento", recorda Obama. "E, sabe de uma coisa, eu me senti à vontade dentro desse grupo, me senti capaz de liderar."[43]

Embora diga que de início só imaginou que Obama iria concorrer em 2016, Pete Rouse viu as possibilidades existentes em um futuro mais imediato. O primeiro ano fora dedicado a criar uma noção de trabalho árduo no Senado, e de não fazer inimigos. A segunda fase exigia levantar o perfil de Obama, fazê-lo pronunciar discursos para seus colegas democratas e conceder favores, o que o ajudaria em âmbito nacional caso ele quisesse concorrer. Em 16 de janeiro de 2006, Rouse mandou um memorando para Obama dizendo:

> Parece lógico que você pense agora se deseja usar o ano de 2006 para se posicionar para uma candidatura em 2008, caso aconteça uma "tempestade perfeita" de fatores pessoais e políticos em 2007. [...] Se concorrer em 2008 for uma possibilidade, ainda que remota, faz sentido começar a falar e a tomar decisões sobre o que você deveria fazer "abaixo do radar" em 2006, para maximizar sua capacidade de ficar à frente dessa onda, caso ela surja, e caso você e sua família decidam que vale a pena pegar essa onda.[44]

Fatos como a insurgência no Iraque e a revelação das torturas na prisão de Abu Ghraib, o enfraquecimento da economia, a má administração dos esforços de salvamento e reconstrução na Costa do Golfo tornariam a vida muito difícil para qualquer republicano em 2008. Além disso, mesmo entrando nas primárias com o apoio de uma máquina de campanha experiente e bem financiada, Hillary Clinton iria sofrer com o cansaço geral dos eleitores em relação a políticos bem conhecidos. Hillary não era uma aposta garantida, de modo algum. Obama tinha de começar a pensar no futuro, mesmo que fosse para refletir bem sobre o assunto e apresentar uma versão coerente de "Ainda não".

Os Clinton tinham à disposição uma vasta rede de assessores e especialistas em captação de recursos — uma máquina desenvolvida ao longo de décadas —, ao passo que Obama não tinha nada disso. Mesmo assim, os Clinton refletiram muito bem sobre a decisão de concorrer, com cautela semelhante à da família Obama. "No fim de 2006 Hillary e Bill saíram de férias juntos pelo Caribe. Estavam praticamente sozinhos em um barco, e nadaram até uma ilha", recorda um assessor de Clinton.

Os dois sentaram numa praia e conversaram três horas, sobre os pontos positivos e negativos. Até então tinham armado as coisas de tal maneira que haveria uma operação de campanha pronta para começar ao primeiro aviso. Hillary tinha que decidir se queria realmente passar pelas dificuldades da campanha. E ela gostava muito do Senado. Por fim Bill lhe disse: "Na verdade, há apenas uma pergunta a responder: você acredita que é a melhor pessoa hoje para ser presidente?". Depois disso a equipe de Hillary recebeu telefonemas dizendo que ela estava no páreo. Marcaram a data de 20 de janeiro para o anúncio oficial.

Nas palavras do mesmo assessor:

Nós estávamos muito confiantes, às vezes no limite da arrogância, e às vezes até passando desse limite. No início havia uma pequena preocupação com Obama, só isso. Lembro-me de que ouvi um telefonema no avião, e Bill e Hillary estavam conversando sobre Obama. O tom da conversa era ele tentando tranquilizá-la. Acredite, não houve nenhum telefonema para tranquilizá-la a respeito de Tom Vilsack ou John Edwards. Bill lhe dizia: "Se você ficar aí sentada se preocupando com ele, vai parar de jogar seu próprio jogo".

Parte do cálculo de Obama tinha a ver com o cargo que ele já ocupava. A verdade é que ele tinha sentimentos contraditórios quanto a ser senador. Washington era um palco mais grandioso do que Springfield, mas as frustrações de ser um novato em um partido minoritário eram bem conhecidas. Obama mal conseguia disfarçar sua frustração com a morosidade do Senado. Seus assessores percebiam isso e os colegas também. "Ele estava muito entediado como senador", disse um assessor do Senado. "São coisas pequeninas, detalhes sem importância, o tempo todo. E ele estava inquieto. Estava envolvido com as grandes questões, tais como o que fazer com o Iraque. O que lhe interessava era a política, a estratégia, não as propostas de lei... Sua frustração era óbvia para todos em seu gabinete." Embora dedicado a Obama, um assessor disse que seu gabinete no Edifício Hart parecia "um lugar desabitado" e "temporário", como se "ele realmente não pensasse que ficaria lá por muito tempo".

Seu amigo e colega advogado Judd Miner disse:

A realidade durante seus primeiros dois anos no Senado americano, eu acho, é que para ele aquilo era um esforço; não era nem de longe tão estimulante como ele esperava. Ele sentia que havia muito poucas oportunidades de se envolver em algum diálogo significativo, pelo menos com os republicanos. O tempo gasto em debates criativos ou construtivos sobre planos de ação era muito limitado. E lembro que certo dia ele estava animado e alguém levantou a questão do sistema de saúde, e ele não sabia muita coisa a respeito. Ele descobriu que a grande vantagem é que, quando você liga para alguém, a pessoa liga de volta rapidamente. Ele tinha feito contato com algumas pessoas, conseguiu os nomes de cinco ou seis de melhor raciocínio, e foi para o telefone falar com eles. E — imagine só — eis que todos eles tomaram um avião para Washington e passaram o dia inteiro com ele.

Da mesma forma, Obama chamou para conversar especialistas em todos os assuntos, desde a saúde até o direito ao voto; mas percebia que esses dias eram a exceção no Senado, e não a regra.

O único projeto que absorvia Obama por completo era seu trabalho em *A audácia da esperança*. Ele adiou por muito tempo; por fim, com o prazo limite se aproximando, escreveu quase um capítulo por semana. "Não era um senador comum escrevendo um livro", disse um assessor. "Ele pôs toda a sua alma nesse trabalho; assim, sobrava menos para se dedicar a outras coisas. No gabinete, vivia distraído. Não ficava empolgado por levar a vida de senador, mesmo nos melhores dias. O cargo era muito pequeno para ele — não porque fosse arrogante, mas porque seu pensamento estava em mudanças sistêmicas, não em conseguir votos.

"Assim, ele batia o ponto durante o dia e à noite ganhava vida para escrever o livro", continuou o assessor. "Esse livro, que abordava o assunto das hipotecas, aproveitava o sucesso do primeiro e era uma maneira de refletir muito bem sobre quem ele era, e o que defendia. Era o auge de raciocínio e refinamento. Ele criou um mecanismo pelo qual tinha se acorrentado ao mastro e precisava descobrir quem ele era para poder cumprir o prazo do livro."

Obama também passou a gastar muito tempo levantando dinheiro para seu comitê de ação política, o Hopefund, e para seus colegas políticos. O Hopefund acabou se tornando um baluarte da campanha presidencial, acumulando dinheiro e uma vasta lista informatizada de contatos. Como levantador de fundos, Obama tinha uma capacidade fora do comum, em especial para um novato no Senado. Podia telefonar para Steven Spielberg, David Geffen, Oprah Winfrey e George

Soros e lhes pedir apoio. Tal como um político tradicional, passava horas dando telefonemas para persuadir possíveis doadores; mas devido à sua celebridade, também conseguia fazer as coisas depressa. Em uma única noite, ele atraiu um público de mais de mil pessoas e levantou 1 milhão de dólares para o Partido Democrata do Arizona. Com um único apelo feito por e-mail, levantou 800 mil dólares para Robert Byrd. E, quando foi a Omaha, ganhou o entusiástico apoio de Warren Buffet, um dos homens mais ricos do mundo, e de sua filha Susie. Obama ficava completamente à vontade com barões das finanças como Buffet, e eles, ao que parecia, viam nele algo promissor. "Ele tem mais potencial do que qualquer um que eu já conheci para exercer durante a vida grande influência no rumo que o país vai tomar", disse Buffet sobre Obama.[45]

Para aumentar os vínculos com seus doadores, no fim de outubro de 2005 Obama convidou cem pessoas que doaram pelo menos 2,5 mil dólares ao Hopefund para uma reunião em Chicago, a fim de discutir política e passar algum tempo socializando. Peter Bynoe, empresário afro-americano que ajudou a construir um novo estádio para os White Sox de Chicago e também era dono de uma parte dos Denver Nuggets, achou que Obama tinha tanto talento para levantar fundos que passou a chamá-lo de "Dinheiro". "Quando o nome dele aparece no meu celular, sei que vai custar muito mais do que dois centavos por minuto, mas me sinto obrigado a aceitar a ligação", disse Bynoe ao público num evento de captação de recursos. "Tenho orgulho de dizer 'não' para os políticos, mas não posso dizer 'não' para o 'Dinheiro'."[46]

Desde a eleição de Obama para o Senado, sua equipe vinha preparando uma visita oficial à África. A viagem foi marcada para agosto de 2006, depois que ele terminasse o manuscrito de *A audácia da esperança,* mas antes da publicação. Obama poderia justificar a viagem — para o Quênia, Djibuti, Chade e África do Sul — como uma importante missão para um membro do Comitê de Relações Exteriores do Senado e do subcomitê dedicado à África constatar os fatos *in loco*. Havia uma infinidade de assuntos para um legislador discutir: aids, Darfur, a pobreza extrema, o desenvolvimento, o terrorismo, a proliferação das armas convencionais. Não era de forma alguma uma viagem cética. Gibbs, Axelrod, Rouse e Obama sabiam que essa viagem de duas semanas provocaria uma reação emocional no Quênia e na imprensa americana, inclusive entre os afro-americanos que ainda não sabiam muito sobre ele. Mas não previram a intensidade da reação: as multidões, as pessoas assistindo das varandas, crianças empoleiradas nas árvores.

Viajando com sua esposa e filhas e apenas dois assessores, Mark Lippert e Robert Gibbs, Obama visitou um acampamento de refugiados no Chade, para chamar a atenção para a matança em Darfur; recebeu um relatório de oficiais americanos em uma base militar em Djibuti; e encontrou-se com autoridades na África do Sul. No caminho fez alguns pronunciamentos políticos, inclusive uma incisiva denúncia contra a corrupção e o tribalismo no Quênia, ecoando as mais profundas preocupações políticas de seu pai, e uma crítica ao governante sul-africano Thabo Mbeki, por suas absurdas e perigosas convicções sobre a causa da aids. No Quênia, Obama fez questão de viajar para outros lugares além da capital, Nairóbi. Chegou mesmo a visitar Wajir, na região nordeste do país, perto da Somália, que tinha sofrido fome e seca. Como um gesto de hospitalidade, os quenianos de origem somaliana levaram Obama a um leilão de camelos e lhe presentearam com as vestimentas de ancião somali. (Durante a campanha presidencial de 2008, websites de direita publicaram uma foto de Obama com esses trajes para sugerir que ele era, na verdade, muçulmano.) Perto de Kisumu, onde seu pai nasceu, Obama fez um teste de aids para reduzir o estigma desse teste, especialmente predominante entre os homens africanos, e visitou a "vovó" em sua modesta casinha de cimento em Kogelo.

"O momento em que o vi mais feliz, talvez tenha sido quando viu a avó", disse Lippert. "Ele realmente tem uma ligação com ela. Deu para ver a reação dele quando a avistou em meio a um mar de gente — foi muito sincero e verdadeiro." Obama passou quase duas horas na casa da avó, conversando com parentes e comendo um guisado tradicional. Também fez uma visita aos túmulos elevados, revestidos de azulejos, do pai e do avô, enterrados perto da casa.

A extraordinária recepção que Obama encontrou parecia demonstrar como ele poderia induzir uma mudança na combalida imagem dos Estados Unidos que passou a predominar no mundo durante o governo Bush. E decerto a viagem serviu para reacender o namoro da mídia. As redes de televisão mostraram flagrantes da visita, as revistas tinham novas fotos e reportagens de capa, os jornais noticiavam cada evento, cada local. A equipe de Obama não ficou decepcionada.

Apenas duas semanas depois de voltar da África, Obama aceitou o convite para falar em um local muito diferente de Kogelo. Era uma honra muito cobiçada aparecer no Warren County Fairgrounds em Indianola, Iowa. A ocasião era o churrasco anual oferecido pelo senador Tom Harkin, quando mais de 3 mil pessoas pagavam 25 dólares para comer quantidades fantásticas de comida, passear pelo parque e depois acomodar-se no gramado ou em espreguiçadeiras para ouvir alguns discursos. O principal orador em 2003 fora Bill Clinton, e em 2005, John Edwards. De início Obama relutou em comparecer ao evento, mas agora estava disposto a atrair a atenção e as especulações que sua vinda inevitavelmente atrairia.

Para ajudar a orientar Obama em Iowa, uma viagem que só os curtos de inteligência deixariam de ver como uma missão exploratória para as convenções partidárias de 2008, Pete Rouse chamou um amigo, Steve Hildebrand, que tinha administrado a campanha de Al Gore em Iowa seis anos antes e também trabalhara para Daschle. "Pensei assim: vamos nos divertir um pouquinho com isso", disse Rouse. "Eu queria criar um pouco de agito."[47] Grande parte do agito ocorria dentro das facções de Clinton e John Edwards; eles também tinham a esperança de contratar Hildebrand. Harkin, um liberal que se candidatou brevemente à presidência em 1992, apresentou seu convidado ao público dizendo: "Fiz de tudo para trazer Bono para cá este fim de semana. Mas me conformei em trazer o segundo maior astro do rock dos Estados Unidos".

Com a roupa costumeira dos washingtonianos que vão a um churrasco — calça cáqui e camisa —, Obama estava em boa forma. Começou com uma elaborada descrição da sua origem familiar ("Minha mãe é do Kansas, e foi daí que eu peguei esse sotaque"); e passou então a descrever a situação problemática dos Estados Unidos. Se o país não mudasse de rumo em breve, a próxima geração teria uma vida "um pouco mais dura e um pouco mais pobre do que a vida que herdamos dos nossos pais". Mas ele não veio a Iowa com a intenção de atacar o presidente — pelo menos não pessoalmente.

"Não creio que George Bush seja má pessoa", disse. "Acho que é um patriota, e não creio que as pessoas que trabalham para ele sejam estúpidas. Muitas são inteligentes, à sua maneira. Mas o problema é que têm uma ideia do país diferente da ideia que nós temos."[48]

Nos termos mais simples — termos que ele vinha ensaiando havia muito tempo, termos que se tornaram o centro do seu discurso básico de campanha nos meses seguintes —, Obama ofereceu uma visão bem familiar, profundamente tocante, de uma ideia liberal americana:

Eles acreditam em coisas diferentes. Têm essa noção de que o governo é, na verdade, o problema, não a solução; e que basta desmantelar o governo, pedacinho por pedacinho, se o desmontarmos mediante benefícios fiscais para os ricos, se privatizarmos a seguridade social e nos livrarmos das escolas públicas, e da polícia nas ruas, podemos contratar seguranças particulares; e, se não tivermos parques públicos, teremos parques particulares; e, se simplesmente desmontarmos tudo, então todo mundo vai ficar em melhor situação — se pensarmos que, na verdade, nós não temos obrigações com o outro, que não estamos todos juntos no mesmo barco, mas, em vez disso, é cada um por si. Esse é o conceito básico da sociedade baseada na propriedade. É isso que George W. Bush e este congresso republicano vêm argumentando há seis anos. E é uma ideia tentadora, pois não exige nada de nenhum de nós.

Para nós é muito fácil dizer: vou começar a pensar em mim mesmo, de maneira egoísta, não preciso me preocupar com o fato de 46 milhões de pessoas não terem seguro-saúde, não tenho que fazer nenhum esforço para lidar com o fato de que nossos filhos não têm oportunidade alguma para cursar a universidade porque os empréstimos estudantis foram cortados; não preciso me preocupar com o sujeito que perdeu o emprego na fábrica onde trabalhava havia trinta anos porque a fábrica se mudou para o México ou para a China, apesar de esse sujeito ter gerado lucros para a empresa durante todo esse tempo, e ele acaba de perder seu plano de saúde e sua aposentadoria em consequência. Não preciso me preocupar com nada disso.

Mas o problema está bem aí. O problema é que essa ideia não vai funcionar, pois, apesar da tão elogiada iniciativa e autossuficiência individual que sempre foi a essência do sonho americano, a realidade é que sempre houve esta outra ideia deste país — a ideia que diz que temos um interesse direto um no outro, que eu sou o guardião de meu irmão, que eu sou o guardião de minha irmã, que tenho obrigações não só comigo mesmo, não só com a minha família, mas também com você, que cada criança é minha filha, que cada pessoa idosa merece proteção. Esse conceito simples é uma ideia que nós compreendemos nas nossas igrejas, nossas sinagogas e nossas mesquitas, e compreendemos nas nossas próprias famílias, no nosso quarteirão, no nosso local de trabalho; mas também tem que se refletir no nosso governo. Sabem, ninguém aqui espera que o governo resolva todos os nossos problemas por nós. Não queremos que o governo resolva nossos problemas; mas o que esperamos, isso sim, é que o governo possa ajudar. Que o governo possa fazer uma diferença na vida de todos nós, e é essa, basicamente, a batalha que vamos travar nessa eleição... uma batalha sobre o que este país vai ser.

Mais uma vez Obama estendia a mão aos moderados, aos eleitores que viam um senador negro de Chicago e exigiam formas complexas de apoio. Frase após a frase, Obama emitia sinais sobre religião, economia, raça e muitas outras coisas, dizendo, em essência: mesmo que você não concorde comigo em tudo, eu vou ouvir você, você está sendo ouvido. Era, mais uma vez, a retórica da inclusão, da mente aberta, de uma nova geração.

Além do talento do senador como orador e político, o que persuadiu Obama e seu círculo de assessores de que ele poderia concorrer à presidência não como candidato negro acima de tudo, mas sim como candidato com chance de vencer? Milhões de brancos, hispânicos e até mesmo afro-americanos não seriam facilmente convencidos de que Obama estava pronto para isso, nem o país. Além da cobertura de imprensa, em geral em tom de adoração, e os aplausos em pé do público, o que fornecia o alicerce para uma candidatura à presidência?

Em primeiro lugar havia o estado de espírito do eleitorado, cada vez mais frustrado com a liderança, e até mesmo já desesperançado dos líderes. "George W. Bush foi um instrumento essencial na ascensão de Barack Obama", disse Cornell Belcher, um dos assessores de Obama encarregado das pesquisas de opinião. "Falando com franqueza, antes de George W. Bush, que ferrou tanto com as coisas, não poderíamos ter um Barack Obama. Depois da eleição de Bush, falava-se que haveria uma maioria republicana permanente no país. A estrutura do partido deles era forte, e formada sobre a ideia básica de que seus valores estavam mais alinhados com os valores dos americanos comuns. E isso era vinculado à segurança: 'Eu confio nos valores que você afirma, portanto confio que você nos manterá em segurança'. Mas George Bush prejudicou a 'marca' republicana e criou um ambiente em que as pessoas tinham fome de algo fundamentalmente novo. Em 2006, 2007, o país estava a postos para algo diferente do que tinha vindo antes. Havia um medo e uma ansiedade profundamente enraizados, uma queda monumental na confiança dos eleitores na política costumeira. Hillary Clinton é brilhante, mas para muita gente ela não poderia ser a resposta a esse chamado devido à sua história de vida. Tudo em Barack Obama — até o nome dele! — falava em mudança."

Mas será que o país havia de fato mudado? A experiência de Obama ao concorrer ao Senado fora essencial para o núcleo básico de otimismo da sua equipe — um otimismo não só em relação ao candidato e suas qualidades, mas também em relação ao país e suas emoções mais profundas a respeito da questão racial. Os resultados vitoriosos de Obama em bairros brancos e municípios rurais haviam convencido seu círculo de que ele tinha capacidade de concorrer em posição vantajosa, não só entre afro-americanos e brancos progressistas; também conquistaria votos em áreas do país que no passado foram bastiões da animosidade racial.

Grande parte da confiança de Obama em suas perspectivas e possibilidades se baseava em provas convincentes de uma mudança geracional. Em primeiro lugar, o país estava ficando muito mais diversificado. A parte mais branca da população americana era a mais velha. Entre pessoas de mais de 65 anos, havia 80% brancos; entre os de menos de 25 anos, metade era de brancos. E a população branca, mesmo entre pessoas mais velhas e de meia-idade, era suscetível a uma mudança de atitude. Na década de 1930, 37% da população americana disse, em pesquisas de opinião da Gallup, que estaria disposta a votar num afro-americano para presidente; agora a porcentagem era de 95%. Outras pesquisas deram números um pouco menores, mas a tendência era clara. Em 1996, quando Colin Powell flertou com uma candidatura à presidência, as pesquisas mostraram que o número de pessoas que não votaria nele devido à sua raça era desprezível.

A equipe de Obama observou com agudo interesse quando Harold Ford Jr., congressista do Tennessee e amigo de Obama no Black Caucus do Congresso, disputou uma eleição incrivelmente apertada para o Senado contra o republicano Bob Corker. Antes disso era impensável que um afro-americano pudesse derrotar um adversário branco em uma eleição estadual no Sul do país. Ford acabou perdendo por apenas três pontos, e os motivos tinham muito menos a ver com raça ou ideologia do que com o fato de que, pouco antes da eleição, um parente de Ford foi indiciado. Ford, tal como Obama — tal como Artur Davis em Alabama, Cory Booker em Newark, Deval Patrick em Massachusetts e Michael Nutter na Filadélfia — era um político da geração de Josué. Cursou a Universidade da Pensilvânia, não um seminário ou uma faculdade historicamente de maioria negra. Sua retórica não falava de luta, de oposição à opressão dos brancos, mas sim da política americana normal, e parecia bem aceita pelo eleitorado.

O país também estava mudando em termos de classe e educação, fatores que também poderiam ter um impacto se Obama se candidatasse. Ruy Teixeira, do Brookings Institute, e Alan Abramowitz, da Universidade Emory, estudaram tendências democráticas e constataram um declínio acentuado na predominância da classe trabalhadora branca e a ascensão do que chamaram de "classe média alta de massa".[49] Em palavras simples, em 1940 três quartos dos adultos de 25 anos ou mais tinham cursado só alguns anos do ensino secundário, ou nem começado. Década após década, os níveis de instrução foram subindo, de modo que em 2007 mais da metade da população tinha pelo menos alguns anos de formação universitária. Da mesma forma, em 1940 cerca de 32% dos americanos tinham trabalhos de escritório, como administradores, profissionais liberais, ou em cargos de escritório ou vendas. Em 2006 essa porcentagem tinha quase dobrado; havia agora quase três vezes mais americanos em ocupações de escritório do que trabalhadores manuais. E mais: muitos eleitores brancos da classe trabalhadora não tinham abandonado o Partido Democrata de maneira total e permanente; muitos tinham perdido a esperança em relação a um sistema de saúde falido, à economia em declínio e à guerra no Iraque, aparentemente interminável. Teixeira e Abramowitz não desprezaram a importância contínua dos votos da classe trabalhadora branca, em especial em estados como Pensilvânia e Ohio, mas sua pesquisa foi uma das melhores entre muitas que deixaram claro o quanto o país estava mudando.

No outono de 2006, Mark Alexander, professor da Universidade Seton Hall, em Nova Jersey, escreveu um memorando sobre uma possível campanha de Obama à presidência. O memorando de cinco páginas, intitulado "Pode ser feito", dava uma avaliação positiva das chances de Obama com base em diversas transformações no panorama demográfico e racial do país. Alexander estudou as posições políticas de Obama; a escala e a força organizacional da igreja negra e das universidades historicamente negras; tendências promissoras no censo e nas listas de eleitores, em especial um número enorme de negros ainda não registrados como eleitores na Geórgia, Carolina do Norte, Flórida e Virgínia. Alexander conhecia Obama; sua irmã, Elizabeth, era poeta e tinha sido professora na Universidade de Chicago, onde conheceu o casal Obama. (O pai de Mark e Elisabeth, Clifford Alexander, foi advogado de Lyndon Johnson e secretário do Exército de Jimmy Carter.) Mark Alexander conheceu Barack e Michelle no casamento de Elizabeth, em 1997, e conservou o número do celular de Barack. Já havia trabalhado para uma série de democratas liberais: Howard Metzenbaum, Edward Kennedy, Bill Bradley, e mais recentemente Cory Booker; em Obama, via alguém que poderia ganhar o maior de todos os prêmios políticos. Quando ligou para Obama em 2006, ele lhe disse: "Você pode acreditar no meu memorando, ou pode não acreditar. Mas não se candidate, a menos que você realmente acredite que pode acontecer".[50] Obama levou tão a sério o conselho de Alexander que acabou por nomeá-lo coordenador político de sua campanha.

Alexander e outros analistas tinham razão ao pensar que o país havia mudado. O velho mapa eleitoral das estratégias sulistas, o predomínio de uma direita religiosa monolítica e outros obstáculos para os democratas que ainda persistiam após a era da Lei do Direito de Voto estavam em plena transformação. Além da extrema insatisfação com o governo Bush, a própria maneira como a maioria dos americanos via questões básicas como a raça estava mudando — mudando de uma maneira que para Obama e seu círculo só podia ser animadora. O estado de Virgínia havia eleito um governador negro, Doug Wilder, ainda em 1990. O Sul não era mais monolítico. O Mississippi continuava em último lugar do país em educação, e era quase impossível para um político negro concorrer a um cargo estadual. Mas Virgínia e a Carolina do Norte, com seus centros de empregos de alta tecnologia, haviam atraído profissionais de alto nível educacional que estavam prontos para votar em candidatos negros.

A equipe de Obama acreditava que, pesando bem as coisas, era possível que a raça fosse uma vantagem. Quase um quarto dos eleitores nas primárias democratas são afro-americanos. Em 1980, Jimmy Carter conservou a nomeação democrata depois de um forte desafio de Edward Kennedy, em grande parte porque Carter conseguiu mais votos dos negros; em 2000, Al Gore derrotou Bill Bradley sobretudo devido à sua popularidade entre os eleitores negros. Os Clinton havia muito eram populares entre os afro-americanos; mas Obama seria capaz de conquistar esses votos se conseguisse provar que era um candidato sério, e não simbólico.

Mesmo assim, para um afro-americano, por mais inteligente e popular que fosse, uma candidatura à presidência era algo muito pesado a se considerar.

Apesar do pequeno número de afro-americanos que, desde a Reconstrução, ocuparam cargos públicos em distritos e estados onde os negros não eram maioria, sempre se falou — por vezes de maneira zombeteira, ou cômica; por vezes quixotesca, até mesmo messiânica — em um presidente negro. Já em 1904,

George Edwin Taylor, jornalista nascido em Arkansas, aceitou a nomeação do National Libert Party, um partido inteiramente negro; mas até mesmo muito mais tarde a perspectiva de um presidente negro era quase sempre uma conversa mantida no espírito de um sonho.

"A gente se perguntava quanto tempo ainda demoraria", recorda Don Rose, secretário de Imprensa de Martin Luther King em Chicago, repetindo o grito de guerra do antigo movimento dos direitos civis: "Quanto tempo ainda? Não muito!".

Em 1967, membros da Conferência Nacional para uma Nova Política tentaram convencer King a concorrer à presidência em uma chapa com Benjamin Spock. Dezenas de soldados americanos e vietnamitas estavam morrendo a cada dia. King havia feito discursos na Igreja Riverside, em Nova York, e em outros locais do país, pedindo não apenas negociações de paz, como Robert Kennedy e Eugene McCarthy haviam feito, mas a retirada imediata de uma guerra perdida. Com eloquência, coragem e astúcia, King tinha liderado o movimento social e político mais importante da história dos Estados Unidos, conquistando incontáveis negros e brancos para a causa dos direitos civis. Agora havia muitas pessoas, desesperadas com a incapacidade do movimento pacifista de exercer um efeito semelhante sobre o governo, que viam em King uma figura salvadora — o único homem que, como presidente, poria fim ao conflito no Vietnã. "Cheio de emoção, um estudante lhe disse para não descartar a ideia, pois era questão de vida ou morte", disse Taylor Banch, autor de uma biografia de King em três volumes. O Vietnã e a pobreza, assim como a questão racial, ficariam no centro da sua plataforma política, e King pensou a respeito por algum tempo. No fim, porém, recusou os apelos para se candidatar. Sabia que não havia probabilidade de vencer e, o mais importante, que poderia prejudicar seu papel como uma voz profética de protesto se entrasse na roda-viva da política convencional.

Desde aquela época diversos negros, homens e mulheres, já tinham concorrido à presidência, mas nenhum com perspectivas sérias de vencer, e alguns por razões puramente simbólicas. Entre eles, o comediante e escritor Dick Gregory, e Eldridge Cleaver, líder do Partido dos Panteras Negras, em 1968; Shirley Chisholm, congressista do Brooklyn, em 1972; Jesse Jackson, seguidor de King, em 1984 e 1988; a dra. Lenora Fulani, psicóloga especializada em desenvolvimento que, como líder do Partido da Nova Aliança, entrou na cédula eleitoral em todos os cinquenta estados, em 1988; Alan Keyes em 1996 e 2000; e Al Sharpton e Carol Moseley Braun em 2004.

Algumas dessas candidaturas produziram resultados concretos. Chisholm, que concorreu com o slogan "Não se vende, não recebe ordens", introduziu a realidade de uma candidata negra popular. Na convenção em Miami Beach que apresentou o nome de George McGovern como candidato dos democratas, Chisholm conseguiu 151 delegados; ela se considerava uma pioneira abrindo caminho. "Dizia-se que os Estados Unidos não estavam prontos para eleger um católico à presidência quando Al Smith concorreu, na década de 1920", disse ela. "Mas a indicação de Smith pode ter ajudado a abrir o caminho para a bem-sucedida campanha de John Kennedy em 1960. Quem sabe? Minha maior esperança é que agora haverá outras pessoas que vão se sentir tão capacitadas para concorrer a um alto cargo político como qualquer homem branco, rico, de boa aparência".[51] Chisholm, falecida em 2005, também era rápida para fazer as pessoas se lembrarem de um fato que teria interessado a Hillary Clinton. Ela disse: "Das minhas duas desvantagens, ser mulher interpõe muito mais obstáculos no meu caminho do que ser negra".[52]

As duas tentativas de Jesse Jackson de concorrer à presidência quase desapareceram da lembrança, por vezes eclipsadas pela sua tendência à encenação grandiloquente; contudo, ele deixou uma marca poderosa. Jesse Jackson falava em uma "coalizão do arco-íris", uma união multicultural, uma retórica da unidade. Mas até mesmo seus correligionários mais ardentes o viam como homem da geração dos direitos civis, um político que começou a carreira em protesto contra a supremacia branca. "Meu eleitorado", disse ele certa vez, "são os desesperados, os condenados, os deserdados, os desrespeitados, os desprezados."[53] Jesse Jackson era um homem ferido, sem pai, vindo de Greenville, Carolina do Sul; sua extraordinária energia e compaixão, assim como seu inegável talento para a oratória das igrejas negras, às vezes eram superados pela vaidade — uma vaidade que deixava desanimado até mesmo Martin Luther King. Mesmo assim, Jesse Jackson conseguiu resultados históricos. Em duas eleições nacionais, ganhou um total de catorze primárias e prévias e chegou em segundo lugar em 36, inclusive em estados de vasta maioria branca, como Maine e Minnesota.

Jesse Jackson, tal como King antes dele, e como Malcolm X em seu discurso "The ballot or the bullet" [A urna ou a bala], fez os afro-americanos se lembrarem do enorme poder que o voto negro poderia ter na vida política americana, e os exortou a usar bem esse potencial. Em comícios no Sul, Jesse Jackson afirmou que Ronald Reagan tinha vencido em 1980 "pela margem da nossa não participação".[54] Reagan venceu em oito estados sulistas por 182 mil votos, "enquanto 3 milhões de negros nesses estados não estavam registrados para votar". Jesse Jackson tinha razão. O aumento no registro de eleitores negros, com o impulso dado por ele, ajudou a ganhar cargos estaduais para uma série de democratas brancos, que não tinham conseguido conquistar a maioria branca: Wyche Fowler Jr. na Geórgia, John Breaux em Louisiana, Alan Cranston na Califórnia, Terry Sanford na Carolina do Norte, Richard Shelby no Alabama.

O espetáculo e o tom ardoroso dos discursos de Jesse Jackson nas convenções de 1984 e 1988 foram suficientes para alterar o sentido do que era politicamente possível. "Nada será como antes", disse James Baldwin a respeito da candidatura de Jesse Jackson em 1984.[55] "Isso muda a maneira como o garoto na rua e o rapaz no Corredor da Morte, e sua mãe, seu pai, sua namorada, sua irmã têm de si mesmos. Isso indica que a pessoa não está inteiramente à mercê das ideias preconcebidas desta República; indica que aquilo que eles disseram que você é não é, necessariamente, quem você é, e o que você é. Ninguém jamais esquecerá esse momento, aconteça o que acontecer agora."

Richard Hatcher, aliado de Jackson que em 1967 foi eleito primeiro prefeito negro de Gary, Indiana, usou uma metáfora bem conhecida de Barack Obama para descrever a proeza do amigo. Não só a linguagem de Hatcher prenuncia a de Obama; ele chegou a prognosticar que haveria uma figura política como Obama e o impacto emocional que este teria sobre a geração mais velha. Jackson, disse Hatcher, foi

> como Moisés: teve permissão para ver a Terra Prometida, mas nunca conseguirá chegar até lá. Ele não pode ser Josué, entrando em Canaã com o povo. Por ironia, essa pessoa poderia ser alguém muito diferente de Jesse; alguém que, pelo que representa e pelo que quer fazer, vai irritar menos pessoas brancas, será mais aceitável para elas, pois o acharão mais parecido consigo mesmas. Algo assim: "O.k., acho que posso superar o negócio da cor e votar nele, pois sei, no fundo do meu coração, que lá no seu coração ele é igualzinho a mim. Ele já provou isso"... Se é verdade que Jesse apressou a chegada do dia em que haverá um presidente negro, o próprio Jesse nunca vai se tornar presidente. De certa forma, isso é um pouco triste.[56]

* * *

Antes que pudesse concretizar a chegada de um afro-americano à presidência, tudo indica que a cultura popular ajudou a concebê-la — primeiro como comédia, depois como lugar-comum, proporcionando, ao longo do tempo, uma pista para as transformações dos anseios e angústias vinculados à raça e ao cargo político mais elevado.

Em *Rufus Jones for president*, curta-metragem de 21 minutos dirigido por Roy Mack, Ethel Waters diz ao filho, um jovem interpretado por Sammy Davis Jr.: "Você vai ser presidente!".

"Eu?"

"Claro. Existem reis da sua idade. Por que não pode haver um presidente? Além disso, o livro diz que qualquer pessoa nascida aqui pode ser presidente". E enquanto Ethel Waters canta, sonhadora, "Fique do seu lado da cerca", ela e o rapaz entram em um devaneio em que veem seus simpatizantes negros levando cartazes dizendo "Abaixo os Vermelhos, que entrem os Negros" e "Vote Aqui em Rufus Jones, Duas Costeletas de Porco Cada Vez que Você Votar. Rufus é eleito e promete que vai mudar o hino nacional para "The Memphis Blues". Waters então canta outra canção:

Acabaram os campos de algodão, colher algodão é tabu
Não moramos mais em barracos como nossos pais e avós
Nosso barraco é uma cobertura na avenida Saint Nicholas
Debaixo da lua do Harlem.

Antes usávamos bandanas, agora chapéus de Paris
Antes andávamos descalços, agora de chapéu e polaina
Antes éramos republicanos, agora somos democratas
Debaixo da lua do Harlem.

Esta musiquinha matreira, mas que dá arrepios de tão cafona, termina com o jovem Rufus acordando do seu sonho de um improvável sucesso político para a realidade do seu ambiente de pobreza e o cheiro de queimado das costeletas de porco que a mãe está fritando. Em 1933, a ideia de um jovem negro sonhando com a presidência era uma forma de comédia trágica.

Em *O homem*, de Irving Wallace, um best-seller da era Lyndon Johnson, Douglass Dilman, senador negro do Meio-Oeste, se torna presidente através de circunstâncias bizarras: o presidente em exercício, o vice-presidente e o presidente da Câmara morrem — os três. Dilman está cheio de dúvidas sobre si mesmo ("Eu sou negro, ainda não estou sequer habilitado para ser um homem, quanto mais presidente"); sofre impeachment e acaba sendo absolvido por um único voto.[57]

Quando comandava um programa televisivo de variedades na década de 1970, Richard Pryor abordou o assunto em um episódio como uma escapada cômica: quando um negro estivesse no poder, seria fiel à sua raça ou ao seu país? Eleito quadragésimo presidente dos Estados Unidos, Pryor inicia sua primeira coletiva de imprensa com calma e apenas uma pitada de orgulho racial. Pouco depois, porém, reconhece que vai pensar na nomeação do líder dos Panteras Negras, Huey Newton, como o diretor do FBI. ("Se existe alguém que conhece os meandros do FBI, é ele.") Também tenciona colocar mais lançadores e técnicos negros na Liga Nacional de Futebol Americano. É a mesma piada sobre o poder negro e a ansiedade branca que está no cerne de *Putney Swope*, filme de 1969 de Robert Downey pai, em que um publicitário negro, que parece muito educado, é eleito por acaso para presidir o conselho de uma empresa dirigida por brancos. Ele passa a demitir todos eles, menos um "branco simbólico", substituí-los por militantes negros, e dá um novo nome à firma: Truth & Soul, Inc. [Verdade e Alma S.A.].

Um presidente negro ia se tornando uma imagem cada vez mais comum — pelo menos na tela. Morgan Freeman, no papel de presidente Tom Beck, preparou o mundo para um cometa que traria a destruição total no filme de ficção científica de 1998 *Impacto profundo*. Na série televisiva *24 horas*, o presidente David Palmer, interpretado por Dennis Haysbert, consegue evitar um ataque nuclear — e, depois de ser morto por um atirador, seu irmão se torna presidente. Na imaginação de Hollywood, um presidente negro tinha se tornado um ponto secundário do roteiro, uma opção de elenco.

Poucos políticos, por mais jovens ou conscientes que fossem, resistiriam ao incessante incentivo, às perguntas, à bajulação e à adulação que Obama agora recebia. No churrasco de Harkin em Indianola, o campo de provas para candidatos à presidência, ele ganhara uma entusiástica ovação e os aplausos dos colunistas locais e nacionais. Na África, era recebido dia após dia com fascinação e vivas da multidão em êxtase. E agora, ao percorrer o país para promover *A audácia da esperança*, seus dias começavam e terminavam com as conversas sobre a corrida presidencial. *A audácia da esperança* não era tão introspectivo como *A origem dos meus sonhos*. Havia nele momentos pessoais; mas era um livro proposital e cautelosamente político. Era o livro de um candidato astuto, abordando em termos moderadamente liberais as questões de política interna e política externa, raça, religião e a lei. Tal como a carta de Obama ao Daily Kos e seu discurso para os evangélicos, o livro estabeleceu um tom: calmo, contido, educado, insistindo em recusar as acusações e agressões dos âncoras que gritavam na tevê a cabo e dos inimigos na internet, decidido a conquistar a todos. Para um democrata tão coerente, Obama escreveu um livro que parecia não tanto abranger os dois lados da divisão ideológica, mas sim abarcar todo o panorama da opinião política de uma só vez. Em artigo na *Time*, Joe Klein disse que tinha contado pelo menos cinquenta casos no livro em que Obama oferecia fórmulas "tão criteriosas a ponto de dar aflição", do tipo "por um lado, por outro lado".[58] ("Essa tendência é tão acentuada", escreve Klein, "que parece quase um tique obsessivo-compulsivo.") E David Brooks, colunista conservador do *New York Times*, escreveu: "Ele parece o tipo de sujeito que passa os primeiros quinze minutos em um restaurante debatendo os méritos relativos de peixe *versus* carne". E, no entanto, Klein não ficou irritado com Obama por muito tempo; seu artigo, tal como a sua cobertura, tinha um tom geral de admiração. E Brooks escreveu que a natureza ponderada de Obama era "sem dúvida o antídoto" para a presidência de Bush; sua coluna, publicada em meados de outubro, tinha o título: "Run, Barack, Run" [Concorra, Barack, Concorra].[59]

Alguns críticos argumentaram que, ao insistir na civilidade como virtude essencial na política, Obama se arriscava a agir como se fosse superior à própria política. A equanimidade de Obama, pelo que seus críticos pareciam sugerir, era uma forma de vaidade, uma falta de convicção real. A esquerda democrata se perguntava o que pensar de um político que expressava admiração por Ronald Reagan; já os internacionalistas e os beligerantes se perguntavam se em resposta ao desastre no Iraque Obama não teria elaborado uma justificativa liberal para o isolacionismo. *A audácia da esperança* era um livro inteligente, mas difícil de captar. E mesmo assim muitos leitores e possíveis eleitores adotaram Obama, inclusive pela sua mensagem de trazer um novo tom ao discurso político. Agir no momento certo foi o fator crucial; o livro foi publicado justamente quando o governo Bush — marcado por um partidarismo turbulento, uma obsessão pelo sigilo e pelo absolutismo — ia chegando ao fundo do poço.

Cada vez mais parecia óbvio que a "tempestade perfeita" de que Rouse tinha falado como uma possibilidade, em janeiro de 2006, ia agora se formando. Não haveria nenhum presidente ou vice-presidente em exercício na disputa de 2008. Os republicanos estavam em um estado de verdadeiro colapso; não só Bush era profundamente impopular, mas o próprio Partido Republicano, que tinha fomentado uma prolongada era conservadora desde a eleição de Ronald Reagan em 1980, parecia agora carente de ideias, a não ser por uma cansada insistência na tirania do livre mercado e dos cortes nos impostos. Hillary Clinton liderava a corrida para a nomeação democrata, mas seu legado familiar tinha pontos negativos impossíveis de eliminar, que ela teria de enfrentar. E aqui estava Obama, um candidato em potencial com histórico político breve, mas um caráter e uma história de vida atraentes, as mãos limpas quanto à questão do Iraque, e uma retórica de mudança que não deixava os democratas liberais tão emocionados desde Robert Kennedy. E por fim havia as tendências históricas e os resultados das pesquisas que indicavam que um afro-americano — em especial, *este* afro-americano — poderia ter sucesso em uma eleição nacional.

As vozes da cautela no lado de Obama argumentaram que a maioria do eleitorado gostaria que ele cumprisse suas obrigações no Senado e acumulasse aos poucos mais credibilidade e experiência política. Mas esse argumento ia perdendo rapidamente seu atrativo. Cada vez mais, pessoas que conheciam Obama desde seus dias em Springfield lhe diziam que momentos assim não acontecem duas vezes na vida de um político. Não é certo que a espera seria positiva, ou que estaria em melhor situação se Hillary Clinton vencesse. Seria difícil aparecer outra ocasião tão favorável. Obama poderia acabar lamentando para o resto da vida sua relutância ou hesitação.

Em um congresso de revistas realizado em Phoenix, em 23 de outubro de 2006, entrevistei Obama diante de uma plateia de centenas de redatores e editores. A turnê de publicidade de *A audácia da esperança* estava em pleno andamento e ele ia testando às apalpadelas o caminho para uma candidatura. Em janeiro, Obama tinha guardado só para si o memorando de Pete Rouse sobre a "tempestade perfeita", e dissera a Tim Russert, no programa Meet the Press da NBC, que por certo completaria seu mandato no Senado, e não concorreria à presidência;

na véspera da minha entrevista, ele mudou de tom, dizendo a Russert que havia "pensado nessa possibilidade".[60] Embora não tivesse tomado decisão alguma, a mensagem inconfundível e bem calibrada era que tinha se enfiado na água, e já estava até a cintura. Obama chegou a Phoenix preparado para lidar com a pergunta mais óbvia — a experiência. Ele disse:

> Existe um hotel, acho que é o Capitol Hilton, em Washington, onde há vários salões de banquetes no andar de baixo, e uma fileira de retratos de todos os presidentes. A gente percorre os 43 que já estiveram lá e percebe que há apenas uns dez de quem se tem alguma ideia do que fizeram. [...] Não sei exatamente o que faz alguém estar preparado para ser presidente. Não está claro que JFK estava "preparado" para ser presidente, não está claro que Harry Truman, quando foi alçado à presidência, estava "preparado". E no entanto, de algum modo, certas pessoas correspondem e outras não. Minha opinião instintiva é que as pessoas que estão preparadas são as que entram compreendendo a importância do trabalho, e conseguem combinar visão e discernimento.

Visão e discernimento: dali para a frente esses termos seriam de grande utilidade para Obama — o primeiro para indicar intelecto e vigor juvenil, o segundo para destacar sua oposição à guerra no Iraque.

O que também me pareceu interessante em Obama naquele dia foi sua capacidade de falar diretamente sobre religião — assunto que os democratas muitas vezes tratavam como se fosse uma granada pronta para explodir. Algo raro para um político, falou sobre o papel do ceticismo na sua psicologia e na sua vida espiritual. Sua fé, disse ele, "admite a dúvida, a incerteza e o mistério".

"Não é 'fé' se você tem certeza absoluta", disse ele, acrescentando: "A evolução é mais enraizada na minha experiência do que os anjos".

A turnê de promoção do livro de Obama lembrava a experiência de Colin Powell, quando, em setembro de 1995, promoveu sua autobiografia, *Minha jornada americana*. Ele recebia uma chuva constante de perguntas sobre uma candidatura à nomeação republicana, para enfrentar Bill Clinton nas eleições gerais. Tal como Obama, Powell era elogiado como uma versão política de Oprah Winfrey — uma pessoa de cor que era um ícone, prontamente aceita pelo público de todas as raças. "É um fenômeno moderno", diz Henry Louis Gates Jr. "A gente já ouviu dizer isso sobre Michael Jordan e Tiger Woods antes dos problemas deles: 'Ah, ele não é negro. Ele é *famoso*'." Para uma reportagem de capa da *Time* publicada em outubro de 2006, o veterano colunista político Joe Klein perguntou a Obama sobre essas comparações. "Figuras como Oprah, Tiger, Michael Jordan dão às pessoas um atalho para expressar seus melhores sentimentos", disse Obama.

> Pode-se ser cético quanto a isso. A gente pode dizer: É fácil amar a Oprah. É mais difícil aceitar a ideia de investir mais recursos em oportunidades para jovens negros — alguns dos quais não são tão adoráveis. Mas eu não sinto as coisas dessa forma. Creio que é algo saudável, é um bom instinto. Só não quero que pare na Oprah. Eu prefiro dizer: Se você se sente bem em relação a mim, pense que há uma porção de jovens por aí que poderiam ser eu, se tivessem a oportunidade.[61]

Durante todo o outono de 2006, Obama procurou conselhos à sua volta, e até pegou de surpresa alguns antigos aliados; parecia que eles ainda nem tinham se adaptado à sua fama para além da zona sul de Chicago. Chamou Ivory Mitchell, o presidente da organização democrata no quarto distrito que ajudara a conquistar seu lugar no Senado estadual apenas dez anos antes. "Eu estava no hospital para colocar uma prótese no joelho, saindo da anestesia, e meu celular começou a tocar", recorda Mitchell. "'Ei, Ivory, é o Barack. Acho que quero me candidatar a presidente.' Eu tinha passado por sete horas de cirurgia e disse: 'Barack, nós acabamos de mandar você para o Senado!'."

No escritório de David Axelrod em Chicago, no bairro River North, logo após as eleições de meio do mandato em novembro de 2006, Obama se reuniu com Axelrod, Gibbs, Jarrett, Rouse, Steve Hildebrand, o estrategista David Plouffe, e ainda Marty Nesbitt, amigo íntimo de Obama, e a assessora encarregada da agenda, Alyssa Mastromonaco.[62] No escritório de Axelrod as paredes são cobertas de páginas emolduradas de jornal, anunciando as vitórias de seus muitos clientes. Rouse tinha preparado um memorando com informações básicas, incluindo perguntas como "Você fica intimidado com a perspectiva de ser o líder do mundo livre?".

Isso fez Obama rir:

"*Alguém* tem que fazer isso."

Nessa reunião e em outras reuniões iniciais naquele outono, Obama e sua equipe discutiram todas as implicações políticas óbvias. Seria realmente a hora? Obama estaria preparado para os rigores das viagens constantes e da exposição incessante, para a atmosfera de urgência permanente dos BlackBerries, para apagar incêndios do amanhecer até tarde da noite? Será que ele queria passar mês após mês nos quatro primeiros estados das eleições primárias — Iowa, New Hampshire, Nevada e Carolina do Sul? Será que conseguiria alcançar Hillary Clinton, que estava trinta pontos à frente em termos de organizações para a captação de recursos e trabalho de campo? Obama estaria disposto a suportar o esforço desumano que exige uma corrida presidencial, quando a chance de vencer era tão remota? "A gente pensava que ele podia ganhar", disse Plouffe, "mas era uma *pequena* possibilidade... Barack nunca tinha passado pelo caldeirão. Nunca tinha havido anúncios negativos contra ele. A pergunta era se conseguiria lidar com a intensa exposição e os ataques que viriam. Era uma pergunta em aberto. Seria um esforço tremendo. O sujeito nunca está em casa, é um negócio solitário, o sujeito vai ser um provável perdedor. O sujeito acaba de sair dessa turnê do livro, em que foi tão bajulado, e daqui a pouco vai estar em Iowa falando para vinte pessoas, e nenhuma delas ficará a seu favor."

Os democratas acabavam de conquistar a maioria, e assim a vida de Obama no Senado poderia ficar mais satisfatória, como aconteceu quando os democratas passaram a ser maioria no Senado estadual de Illinois. Em casa, ele conversou com sua eleitora mais cautelosa: Michelle Obama. Por muito tempo Michelle havia mantido a família unida, cuidando das meninas, trabalhando na universidade, administrando o que precisava ser feito como esposa de político. Uma candidatura à presidência significaria dois anos constantemente em campanha, com o marido e pai ausente, um processo brutal de exposição pública e reviravoltas imprevisíveis. Os livros de Obama eram best-sellers. A família estava em boa situação financeira. A vida não estava tão ruim — será que queriam suportar as separações e os riscos de uma corrida presidencial? Até o feriado de Ação de Graças algumas pessoas do círculo íntimo de Obama podiam achar que não havia chance de candidatura, apesar de ele já ter admitido em público que estava pensando bastante no assunto.

A adulação do público era extraordinária. Certa tarde Abner Mikva esperou Obama em um famoso restaurante alemão no Loop, chamado Berghoff, virando a esquina do gabinete de Obama em Chicago. "Ele estava só alguns minutos atrasado, mas chegou no seu utilitário preto. Não tinha vindo a pé, e eu brinquei com ele", recorda Mikva. "Barack disse: 'Se eu tivesse vindo a pé, chegaria com *uma hora* de atraso.' No fim ele não conseguiu comer, de tanta gente que chegava até a mesa só querendo lhe apertar a mão. Ele disse: 'Está ficando cada vez mais desse jeito, o tempo todo'."

Um amigo de Mikva, Newton Minow, teve experiências semelhantes de Obamania. Durante todo o verão teve receio de que Obama se candidatasse tão cedo à presidência — até que ligou o canal C-SPAN e assistiu ao discurso de Obama em Indianola. "Eu disse, meu Deus, ele é a volta do Jack Kennedy." Em 26 de outubro, Minow publicou um artigo de opinião no *Tribune* intitulado "Por que Obama deve concorrer à presidência".

Obama leu o artigo e pediu para se encontrar com Minow e Mikva. Os três se reuniram no escritório de Minow, no centro da cidade. Obama começou dizendo que Michelle estava extremamente relutante; a preocupação de ambos é que ele ficaria longe das filhas por quase dois anos, se concorresse.

"Contando as filhas de Abner e as minhas, são seis meninas, e todas se saíram muito bem", respondeu Minow. "As minhas são todas advogadas, e as de Abner são uma rabina, uma juíza e uma advogada; e nós aprendemos que o maior papel do pai é na adolescência."

Barack fez algumas anotações e disse que queria mencionar aquilo tudo a Michelle.

"Abner então foi duro com ele na questão da segurança", disse Minow. "Nós lhe dissemos que havia uma forte probabilidade de alguém tentar atirar nele. E ele disse: 'Vocês parecem a Michelle'. Mas não parecia abalado. Parecia menos preocupado do que nós."

Obama falou sobre suas chances e disse que, se perdesse, pelo menos aprenderia muito sobre o país e teria uma boa oportunidade de tentar a vice-presidência.

De volta a Washington, Richard Durbin, o senador confidente de Obama, afirmou que ficar mais tempo no Senado pode acabar sendo uma desvantagem. Os dois senadores recentes que foram diretamente à presidência, Warren Harding e John Kennedy, o fizeram após carreiras curtas no Capitólio. John Kerry perdeu muito tempo nos debates de 2004 defendendo os muitos votos polêmicos que, inevitavelmente, acumulou em mais de duas décadas no Senado. "Eu disse a ele: 'Você acha mesmo que ficar mais quatro anos no Senado e votar mais umas mil vezes vai torná-lo mais qualificado para ser presidente?'", recorda Durbin.[63] Tom Daschle, que desistiu da chance de concorrer à presidência e depois perdeu sua cadeira no Senado, tinha se tornado outro mentor de Obama.[64] Durante uma longa refeição, Daschle lhe disse que sua falta de experiência era um trunfo, não uma desvantagem. "Argumentei que as janelas de oportunidade para se concorrer à presidência se fecham depressa", diz Daschle. "Ele não deveria assumir que, se deixasse passar aquela janela, haveria outra depois." Quanto mais tempo permanecesse em Washington, disse Daschle a Obama, mais difícil seria apresentar-se como o candidato da mudança. Walter Mondale, Bob Dole e Kerry foram apenas alguns dos senadores que, como candidatos presidenciais, sofreram com uma imagem de calcificação institucional; para muitos eleitores a experiência deles ficou anulada por anos de debates estentóreos e concessões absurdas. Até mesmo o líder da maioria no Senado, Harry Reid, de Nevada, disse a Obama em particular que ele deveria pelo menos considerar a hipótese da candidatura. Reid, como líder do Partido democrata, não poderia, obviamente, mostrar as cartas que tinha na mão; mas ele também estava preocupado com os pontos negativos de Hillary Clinton.

Havia, porém, admiradores de Obama que temiam que, tal como um atleta universitário que salta para o ranking profissional ainda antes da formatura, ele poderia causar danos irreparáveis a si mesmo. Harry Belafonte, que se engajou profundamente no movimento dos direitos civis enquanto estava em ascensão no mundo do espetáculo, tinha contato com Obama e se preocupava com ele. "Como vejo nele algo extremamente valioso, e vejo nele um potencial tão extraordinário, prefiro considerá-lo uma obra em progresso", disse Belafonte. "Temos tendência a empurrar as pessoas antes da hora. Estamos tão ansiosos para devorar os nossos jovens. Creio que o senador Obama é uma força, e creio que ele precisa ver muitas coisas neste país, e precisa ir a muitos lugares. Já vimos tantos outros que subiram a altos postos e foram um fracasso completo. Creio que ele poderia ser a nossa exceção à regra."[65]

Em novembro de 2006, no escritório de uma firma de advocacia em Washington, Obama realizou uma série de sessões secretas de *brainstorming* sobre as suas chances. Seus amigos e conselheiros perguntaram se ele conseguiria superar a acusação de inexperiência, se poderia desafiar a máquina dos Clinton. Depois de algum tempo de reunião, Broderick Johnson, proeminente advogado e lobista de Washington, perguntou: "E a questão da raça?".

"Acredito que o país está pronto", Obama respondeu, e pouco mais foi dito sobre o assunto. Obama não poderia gerir uma campanha como a de Jesse Jackson, que dependia muito da base negra; em vez disso, seu objetivo seria formar uma coalizão, em princípio ilimitada, organizada em torno de uma política de centro-esquerda.

Na mesma época, Obama teve uma conversa telefônica com um dos seus assessores afro-americanos para captação de recursos. Este disse a Obama que não tinha certeza se aquele era o momento certo; disse que Obama era vulnerável na questão da experiência, que nunca tinha exercido um cargo estadual ou administrado uma grande empresa. Obama respondeu que, se a experiência levasse, necessariamente, a um bom discernimento, então Donald Rumsfeld e Dick Cheney seriam supremos no cargo. "Mas veja aonde a experiência deles nos levou", concluiu.

Os dois conversaram um pouco mais — sobre os Clinton, sobre os republicanos e, acima de tudo, sobre as barreiras que Obama teria de enfrentar. Por fim o captador de recursos disse: "É engraçado você me chamar. Eu fiz uma pesquisa de opinião por conta própria e há uma divisão interessante".

"Sim, sim, eu sei", Obama o interrompeu. "Os brancos querem que eu concorra. E os negros acham que eu vou ser assassinado."

Era exatamente isso. Esse doador, que era mais velho que Obama, tinha lembranças vivas dos assassinatos de Medgar Evers e Martin Luther King. Quando King foi assassinado em Memphis, Obama tinha sete anos e morava na Indonésia. Como era criança, teve apenas uma vaga consciência desses eventos; mas o doador, mais velho, sentia que havia uma divisão emocional e temporal. "Se você é criado com essa experiência, ouvindo as coisas que ouviu, a ideia de um negro se candidatar à presidência era meio assustadora", reconheceu mais tarde. Como candidato e também como presidente, Obama mais tarde faria piadas sobre "levar um tiro" para deixar à vontade os amigos e visitantes; ele e Michelle tinham feito as pazes com essa nova realidade e estavam decididos a não sentir seu peso.

Por fim Obama concluiu que, embora ainda não tivesse se comprometido a concorrer, não valia a pena consumir-se em especulações, tentando saber se o povo americano estava, ou não, preparado para um presidente negro. "Se eles não estão preparados agora", disse ele mais de uma vez, "não vão estar preparados enquanto eu viver."

Mike Strautmanis, que conhecera o casal Obama quando era assistente jurídico na Sidley Austin, onde Michelle trabalhava, tinha se tornado o principal advogado no Senado. Embora fosse mais jovem que muitos outros negros, consultores políticos e captadores de recursos, que conversavam com Obama e expressavam suas angústias, ele também por vezes sentia raiva dos liberais brancos por insistir tanto. "Eles não estavam vendo os Estados Unidos e se lembrando da sua história com suficiente clareza", disse. Nos seus momentos mais pessimistas, Strautmanis acreditava que "mais uma vez os ideais deles levariam a algo terrível, e era o meu amigo quem ia pagar o preço".

Mas ele se acalmou ao ver Obama examinar suas opções. "Lembro-me de uma reunião em novembro de 2006", disse. "Eu tinha ouvido Pete Rouse falar sobre Barack e Michelle, como eles estavam passando por esse processo, as perguntas que estavam fazendo. Percebi que Barack vinha pensando nisso havia muito tempo. Vinha pensando sobre o momento político em que estamos havia pelo menos dez anos. Estava testando, vendo como todas as peças se encaixam. Será que as peças estariam presentes? O dinheiro? A capacidade de criar uma organização política nacional e uma equipe leal? E essas peças não significavam nada se a gente não compreendesse o momento político e como enfrentá-lo. Ele tinha uma visão muito esclarecida disso tudo. Havia muito tempo vinha fazendo uma análise detalhada, em muitas camadas, da política nacional."

A visão de Obama, disse Valerie Jarrett, era que "ele não iria perder porque é negro; portanto, não vamos insistir no fato de que ele é negro. Porque se a gente for se deter nesse ponto, e determinar a questão racial na campanha como um problema, então isso vai se tornar um problema". Jarrett, que era mais próxima, pessoalmente, do casal Obama do que qualquer outra pessoa no círculo político dele, disse que uma vez que ficaram seguros quanto ao profissionalismo do Serviço Secreto, a ansiedade deles se aliviou. "Não posso deixar isso me paralisar", disse Obama.

"Nesse trajeto houve muitas oportunidades para ele ficar com medo e voltar atrás", recorda Jarrett. "Sabe quando você falou sobre os nossos irmãos negros que diziam: não concorra, pois você pode perder? Eles não estavam preocupados com Obama. Estavam preocupados com si próprios. Não queriam ficar envergonhados."

Perto do Dia de Ação de Graças de 2006, John Rogers e outros do círculo de Obama foram ver *Bobby*, filme escrito e dirigido por Emilio Estevez. O filme se passava no Hotel Ambassador, em Los Angeles, onde Robert Kennedy e muitos dos seus simpatizantes estavam hospedados na época das primárias do Partido Democrata na Califórnia em 1968. Essas acabaram sendo as últimas horas da vida de Bob Kennedy. O que emocionou Rogers e seus amigos não foi o clímax sangrento do filme, mas sim a maneira como os muitos personagens comuns do filme — um porteiro aposentado, um soldado, uma esteticista, um cozinheiro negro, dois mexicanos ajudantes de restaurante, os doadores da campanha, os voluntários de cabelo comprido — foram arrebatados pelo potencial da campanha de Kennedy, a maneira como todos representavam uma coalizão multiétnica. O filme sugeria, mais uma vez, a campanha de Robert Kennedy em 1968 como um modelo de idealismo. Na esteira de acontecimentos emocionais como a viagem à África e seus encontros com multidões de gente em sua turnê pelo país para promover seu livro, Obama e seu círculo estavam chegando à conclusão de que ele podia concorrer e, se as coisas se desenrolassem do jeito certo, conquistar a presidência.

"Nós conversamos sobre esse sentimento de paixão, energia e amor por Bobby Kennedy, e Obama estava vivenciando isso na sua própria vida", lembra-se Rogers. "É uma coisa rara alguém gerar tanta paixão. Dava para ver que aquilo o afetava, sem dúvida, tudo aquilo que ele estava experimentando na estrada. As pessoas o estavam estimulando. A impressão que eu tinha é que ele adiaria para a próxima vez, mas quando o encontrei em novembro, dezembro, aqui no escritório, dava para sentir que ele estava chegando lá. Estava levando aquilo tudo realmente a sério, e estava de partida para o Havaí, onde iria pensar sobre tudo isso. Mas, observando sua linguagem corporal, tive a nítida sensação de que ele estava pronto para disparar a uma velocidade vertiginosa.

Rogers, que jogava basquete com o irmão de Michelle, Craig, em Princeton, fora firme partidário da carreira política de Bill Bradley. Ele disse a Obama que um dos problemas de Bradley foi ter esperado demais para lançar sua candidatura; quando afinal o fez, seu momento já tinha passado. Rogers também lhe contou que vira Hillary Clinton fazer um discurso no Economic Club de Chicago. Fora um espetáculo maçante, o que lhe deu esperanças. "Não houve um sorriso, nem um sorrisinho, durante uma hora inteira", disse ele. "Era monótono — fatos, números, estatísticas, itens do seu programa de ação. Minha conclusão foi que Hillary não iria arrebatar a imaginação do povo americano."

Em 28 de novembro de 2006, David Axelrod escreveu a Obama um memorando realista e decidido para forçar a questão, que afirmava que Obama era o antídoto ideal para o governo Bush:

> Você é especialmente oportuno para o momento atual. Ninguém entre os possíveis candidatos do nosso partido está tão bem posicionado para reacender nosso idealis-

mo perdido de americanos e assumir a bandeira da mudança. Ninguém representa melhor uma nova geração de líderes, mais focados em soluções práticas para os desafios de hoje do que nos velhos dogmas da esquerda e da direita. É por isso que o seu discurso na Convenção teve uma repercussão tão bonita. E continua a ser a pedra de toque para a nossa campanha daqui para a frente.[66]

A estratégia de Hillary Clinton, disse ele, será "sugerir que ela tem o verdadeiro bife, enquanto nós só oferecemos o chiar da frigideira". Só que ela teria muita dificuldade para "escapar da percepção bem formulada, entre os eleitores indecisos, de que é uma ideóloga de esquerda".

Axelrod não descartava as chances de John Edwards. Já havia trabalhado para Edwards na campanha presidencial de 2004 — experiência que terminou mal por vários motivos, um dos quais o fato de a mulher de Edwards, Elizabeth, ter perdido a confiança em Axelrod, o que contribuiu para seu afastamento da equipe. Edwards estava à frente em Iowa, mas, segundo Axelrod, o motivo é que ele "era incansável na campanha e nos debates".

Repetindo o conselho de Durbin e de Daschle, Axelrod também não achava que Obama devia esperar o momento em que tivesse mais experiência: "Você nunca vai estar mais entusiasmado do que está agora".[67] Um histórico mais longo de votos no Senado poderia ficar "pendurado no seu pescoço como a âncora do *Lusitânia*".

O memorando não fazia pouco das dificuldades.

> Isso tudo é mais do que um inconveniente desagradável. Tudo depende da sua vontade e da capacidade de suportar algo que nunca experimentou de forma contínua: a crítica. Correndo o risco de desencadear exatamente a reação que me preocupa, não sei se você é Muhammad Ali ou Floyd Patterson na hora de levar um soco. Você se importa demais com o que se escreve e se diz a seu respeito. Não gosta do combate quando este se torna pessoal e desagradável. Quando Alan Keyes, uma pessoa bastante irrelevante, o atacou, você se encolheu.

Era um memorando astuto, escrito por um consultor político perspicaz, em sintonia com o momento político, e que ao mesmo tempo era um amigo, alguém que tinha a capacidade de provocar Obama de caso pensado e de forma preventiva. Axelrod fez questão de terminar com uma nota de idealismo: "Tudo isso pode valer a pena, pela oportunidade de mudar o mundo".

Não muito tempo depois, Obama foi falar com o reverendo Alvin Love, da Primeira Igreja Batista de Lilydale, na zona sul de Chicago, um velho amigo dos seus tempos de organizador comunitário. Os dois conversaram sobre a decisão de Obama e, por fim, Love disse: "Sabe, meu pai sempre falava que a gente tem que malhar no ferro quente".

Obama riu: "O ferro pode não ficar mais quente do que já está".

No fim das contas, Rogers e Jarrett, assim como aliados ricos como Penny Pritzker, começaram a achar que a crescente atração de Obama poderia ser aproveitada para arrecadar dinheiro, o suficiente para torná-lo um candidato sério. Pritzker conheceu o casal Obama em meados dos anos 1990, quando Craig Robinson foi treinador do filho dela durante uma temporada de verão, em uma liga de basquete da ACM. Ela se tornou presidente do comitê financeiro nacional da campanha; o irmão dela, Jay, fez o mesmo para Hillary Clinton. "Eu sabia que Barack seria capaz de arrecadar fundos", disse Rogers. "Ele sempre foi muito disciplinado em relação a dar telefonemas e construir relacionamentos. Barack era o Michael Jordan da política. Jordan já entrou na NBA como jogador talentoso, mas se esforçou para melhorar. Barack tinha todos os atributos necessários, mas também se esforçava para melhorar cada vez mais. Ele sabia como organizar uma equipe."

Em meados de dezembro, Obama disse a seu círculo íntimo que sua decisão já havia "passado da marca dos cinquenta por cento", mas ele queria tirar férias no Havaí com a família e pensar muito bem no assunto.[68] Na véspera da viagem chegou a dizer a David Plouffe que estava "noventa por cento certo de que estou concorrendo" e que daria o "sinal verde definitivo" ao voltar. Plouffe temia que a situação da viagem, de normalidade e diversão com a família, chamaria a atenção de Obama para os muitos prazeres da vida privada de que ele teria de abrir mão.

Durante anos a irmã de Obama, Maya Soetoro-Ng, havia brincado com ele sobre uma eventual candidatura à presidência. No Natal de 2005 ela comprou algumas camisetas com o slogan "Obama 08", de uma das campanhas de registro de eleitores, e as colocou debaixo da árvore de Natal. Obama apenas riu, olhando para o alto. "Já não era um assunto tão engraçado. A sensação era de que as pessoas estavam esperando por ele", ela disse, no Natal de 2006. No Havaí, enquanto as meninas brincavam na areia, o casal Obama conversou longamente sobre suas últimas preocupações — a segurança, a perda da privacidade, o efeito sobre Malia e Sasha.

"Bem, resolvi me candidatar", disse Obama na volta do Ano-Novo. "Mas antes quero passar só este último fim de semana em casa, para ter certeza da minha decisão e não me arrepender depois."[69] Mas ele não voltou atrás. Ele já tinha certeza. Tarde da noite, em 6 de janeiro, Obama ligou para Plouffe e disse: "Sinal verde. Pode começar a contratar algumas pessoas fundamentais, discretamente; mas faça que elas jurem segredo".[70]

Em 21 de janeiro de 2007, Obama assistiu à final do campeonato da National Football Conference, entre o Chicago Bears e os New Orleans Saints, no Soldier Field, em Chicago. Convidado para ficar no camarote de Linda Johnson Rice, presidente do conselho e diretora da revista *Ebony*, Obama socializou com outros convidados, inclusive Marc Morial, presidente da National Urban League e ex-prefeito de Nova Orleans. Obama reconheceu que estava rumando para uma candidatura à presidência — o que a essa altura já era um "segredo bem conhecido; em 16 de janeiro, dois anos após tomar posse no Senado, apresentou os documentos necessários para montar um comitê exploratório; e, quando Morial lhe perguntou qual o seu plano, Obama respondeu que tinha de ganhar a convenção do partido em Iowa, um estado quase inteiramente branco.

"Se eu conseguir isso", disse ele, "terei credibilidade."

13. O gigante adormecido

"Raça não é engenharia aeroespacial", costumava dizer Christopher Edley, amigo e professor de Direito de Barack Obama. "É *mais* complicada. Na campanha de Obama à presidência, esse que é o mais persistente de todos os problemas americanos foi complexo e intrincado desde o primeiro dia.

Em 10 de fevereiro de 2007 foi feito o anúncio oficial, em Springfield: o que a maioria das pessoas se lembra daquela tarde fria e ensolarada é do jovem e carismático candidato, de sobretudo escuro, tendo ao fundo o Old State Capitol onde Lincoln iniciou sua campanha para senador em 1858. Uma multidão com milhares de pessoas no frio, agitando os pés para se aquecer, baforadas de vapor subindo durante os aplausos. Reconhecendo que havia "certa audácia" na sua candidatura, Obama se colocou à testa de uma "nova geração" em tempos de crise — crise na política externa, doméstica e ambiental. Ele comparou, implicitamente, essa missão nacional com a enfrentada pelos maiores líderes que o país já conheceu:

> A genialidade dos nossos fundadores é que eles conceberam um sistema de governo que pode ser mudado. E isso deve nos animar, pois já conseguimos mudar este país no passado. Diante da tirania, um grupo de patriotas fez um Império cair de

joelhos. Diante da Secessão, nós unificamos o país e libertamos os escravos. Diante da Depressão, fizemos a população voltar ao trabalho e tiramos milhões da pobreza. Recebemos de braços abertos os imigrantes nos nossos portos, abrimos estradas para o Oeste, colocamos um homem na Lua, e ouvimos o chamado de Martin Luther King para deixar a justiça correr como a água, e a retidão, como uma corrente poderosa.[1]

Foi uma apresentação tipicamente eloquente; mas o que estava oculto, o que ficou sem ser dito, era a ansiedade em relação à raça — não "o chamado de King", mas sim o contínuo enigma da raça. Obama era o primeiro afro-americano candidato à presidência com alguma chance de vencer, e seria ingenuidade pensar que a questão racial não se insinuaria na campanha em algum momento. O que resta desse relato não é a campanha de 2008 em todos os seus aspectos, mas sim a questão da raça na campanha — que ficou evidente de imediato, já no primeiro dia.

Quando planejou seu discurso de candidatura, Obama queria que Jeremiah Wright, seu amigo e pastor de longa data, fizesse a oração inicial. No entanto, uns dois dias antes do evento os assessores de Obama ficaram sabendo de um artigo chamado "O filho do destino", prestes a sair na revista *Rolling Stone*, em que Wright era descrito como "um pregador que é um grande urso profano", dado a "leituras afrocêntricas da Bíblia".[2] O artigo, escrito por um jovem e respeitado jornalista, Benjamin Wallace-Wells, era extremamente positivo em relação a Obama; no entanto, citava estas palavras do reverendo Wright:

> O racismo é a maneira como este país foi instituído e como este país continua sendo administrado! [...] Estamos profundamente envolvidos na importação de drogas, na exportação de armas e treinamento de assassinos profissionais. [...] Nós acreditamos na supremacia branca e na inferioridade negra, e acreditamos nisso mais do que acreditamos em Deus. [...] Fazemos experiências aplicando radiação no nosso próprio povo. [...] Não nos preocupamos nem um pouco com a vida humana se os fins justificam os meios!. [...] E tem mais. E tem mais. *E tem mais!* E DEUS! TEM! que estar CANSADO! dessa MERDA!

A utilização de Wallace-Wells de uma pontuação tipo neo-Tom Wolfe para transmitir o estilo enfático da pregação de Wright não era muito exagerada. Ao escrever sobre a importância de Wright na vida de Obama, Wallace-Wells concluiu: "Ele tem um histórico abertamente radical, tanto quanto o histórico de qualquer importante figura política americana, seja Malcolm X ou Martin Luther King Jr.". Wallace-Wells salientou que Wright não era uma figura "secundária" na vida de Obama, e que o próprio Obama já dissera que "afirmava" sua fé na igreja de Wright e que muitas vezes usava seu pastor como uma "caixa de ressonância" para "garantir que eu não estou me perdendo no meio de toda essa agitação e badalação".

A preocupação óbvia era que os eleitores presumissem que as posições e a indignação de Wright fossem um espelho das "verdadeiras" posições e sentimentos de Obama. Será que a campanha teria que começar com incontáveis, e talvez inúteis, explicações sobre o papel e o estilo da Igreja negra? Será que o candidato negro mais promissor da história americana seria prejudicado pelos sermões de Jeremiah Wright? Os assessores de Obama, em especial David Axelrod, ficaram alarmados; julgaram que colocar Wright no palanque com o candidato no dia do anúncio poderia matar a candidatura no instante do seu lançamento. "Que merda, isso é um desastre!", disse Axelrod a Plouffe e Gibbs. "Se Wright subir no palanque, acabou-se a história. O anúncio da nossa candidatura será uma nota de rodapé. A campanha de Hillary vai se encarregar disso."[3]

Axelrod, Gibbs e Plouffe ligaram para Obama e insistiram para que falasse com Wright. Obama concordou com relutância.

Em 9 de fevereiro, Wright foi ao Amherst College, em Massachusetts, para participar de uma celebração inter-religiosa da vida e da obra de Martin Luther King. Wright esperava ansiosamente aquela noite; haveria um jantar no sábado comemorando o Shabat judaico e um serviço inter-religioso em que ele iria dar um sermão. Naquela tarde, diz Wright, ele recebeu um telefonema de Obama dizendo: "Só quero avisar você: amanhã, antes da sua oração, não queremos que você diga nada que possa aborrecer alguém lá em Iowa, porque depois iremos a Iowa. Não quero irritar os agricultores de Iowa. Fale sobre a minha experiência como organizador comunitário. Eu trago coisas novas para a mesa de discussões. Compreendeu?". Duas horas depois, Axelrod ligou para Wright e repetiu a mensagem: era para evitar qualquer assunto polêmico e se ater ao texto combinado.

Wright achou que isso encerrava o assunto, mas por volta das 4h30 Obama voltou a ligar. "A revista *Rolling Stone* conseguiu um dos seus sermões. Sabe, às vezes você exagera", disse dessa vez a Wright, acrescentando que os sermões eram "um pouco rudes". Enquanto Obama falava, Wright tentava descobrir o que estava acontecendo. Então Obama esclareceu: "Por isso nosso pessoal acha que talvez seja melhor você não ser o centro das atenções, pois o foco seria você, e não o meu anúncio. Agora, Michelle e eu continuamos querendo que você faça uma oração conosco. Daria para você vir mesmo assim, e orar antes de eu subir no palanque?".

Wright concordou em não fazer a oração pública e vir a Springfield de todo modo, para estar com a família Obama. Wright é um homem orgulhoso. Partindo de quase nada ele formou uma Igreja, e com o tempo atraiu milhares de fiéis. Aquele ano deveria ser de prestação de contas e de triunfo; aos 66 anos de idade, seu plano era se aposentar. Mas agora o mais famoso membro do seu rebanho estava se distanciando dele, por motivos que ele ainda não podia compreender. Wright diz que não ficou com raiva — pelo menos não naquele momento. Ele faria tudo que Obama pedisse. Obama tinha dito que continuava querendo representar a Trindade em seu pronunciamento, e perguntou a Wright se ele se oporia a que ele chamasse o reverendo Otis Moss III, o jovem pastor que iria substituir Wright, para fazer a oração.

"Queremos que você faça as orações conosco em particular", disse Obama. "Mas será que Moss é capaz de fazer esse papel?"

"Com certeza", disse Wright. "Vou lhe dar o telefone particular dele."

Segundo Wright, ele então deu o número a Obama e desligou, ainda tentando descobrir qual sermão a *Rolling Stone* tinha citado.

Wright ligou em seguida para o reverendo Moss e lhe disse: "Só quero que você saiba que eu dei o seu telefone particular". Explicou por que e disse que Obama iria ligar em breve.

Moss respondeu que um dos principais assessores de Obama já tinha ligado e feito o pedido.

"Eles estão tentando me separar de você, é isso que eu sinto", disse Moss. "E eu não vou fazer isso."

Wright estava começando a ficar zangado, e disse a Moss: "Bem, não sei por que ele haveria de ligar. Eu ainda não tinha dado minha permissão".

Moss disse que mal conhecia Obama e preferiria não fazer a oração inicial se isso fosse causar problemas para Wright. "Não me sinto à vontade com isso", afirmou.

Nessa época Wright ficou muito agitado. Ligou para duas de suas quatro filhas adultas, Janet Moore e Jeri Wright, e sua esposa, em Ramah, e disse: "Não me procurem na tevê amanhã. Não vou fazer a oração inicial".

Naquela noite, em Amherst, após o jantar de sábado, Wright fez um sermão de 35 minutos na Capela Johnson, que começou com os primeiros versos do Livro de Josué. Wright não mencionou diretamente Obama nem uma vez e pareceu não se incomodar com o que tinha acontecido antes. Citou o texto em que os israelitas, depois de quarenta anos errando pelo deserto e da morte de Moisés, estavam "à beira do precipício da mudança" e de uma nova liderança. A geração que vinha vagando pelo deserto, disse ele, não tinha lembranças diretas da escravidão nem das batalhas seguintes. Tinham se dividido, e esquecido sua história. De uma maneira bem familiar a seus paroquianos de Chicago, Wright entrava e saía do texto bíblico com facilidade, relacionando-o com a situação contemporânea. Disse que o dr. King, a grande figura semelhante a Moisés, não era aquele santo de gesso conservado na memória popular, mas sim um ministro rebelde que se opunha ao "maníaco *ménage a trois*" do militarismo, capitalismo e racismo. Fustigou então o governo americano por ter mentido sobre a guerra no Iraque e também a população que insistia em viver na "terra da fantasia" — "na esquina da Avenida da Ficção com a Alameda da Doce Ilusão". No púlpito, Wright não demonstrou nenhuma angústia, e disse: "Gostei do jantar de Shabat Shalom sem molho apimentado". Seu sermão foi espirituoso e eloquente, uma variação de outro já proferido muitas vezes. Em sua atuação não houve nem uma pitada sequer de ressentimento.

Após o serviço, Wright foi de carro a Boston, onde dormiu por três horas. Tomou um avião bem cedo para Chicago e em seguida para Springfield, onde foi assistir ao discurso. No Old State Capitol, foi levado até uma área reservada com o Serviço Secreto, Richard Durbin e a família Obama. Wright abraçou Michelle Obama, e ela começou a chorar. Wright iniciou uma oração com a família, e quando terminaram Obama subiu no palanque e anunciou sua candidatura. Durante o discurso, Wright ficou perto de Michelle.

Quando Wright voltou a Chicago, já se espalhava a informação de que ele fora solicitado a se afastar. Jeri Wright contou a Al Sharpton. Otis Moss III contou ao seu pai, um dos ministros mais conhecidos da era dos direitos civis. Ressentimentos começaram a fermentar por todos os lados. Alguns dias mais tarde, Obama conversou com Wright e sua filha Jeri:

"Sabe qual é a sensação de ter sido desprezado pela própria igreja?"

"E *você* sabe qual a sensação de saber que seu amigo ligou para o reverendo Moss antes de papai lhe dar o telefone dele?", Jeri Wright respondeu.

Obama disse que não teve a menor intenção de desrespeitar e não sabia que o assessor tinha ligado para Moss antes de pedir licença ao reverendo Wright.

"Sei que você não fez isso", disse Jeri Wright, segundo seu pai. "Mas você tem pessoas ao seu redor fazendo coisas sem você saber. E, na verdade, você nem ouviu o sermão que vai sair na revista."

Jeremiah Wright finalmente descobriu que o sermão citado na *Rolling Stone* fora pronunciado catorze anos antes, em Washington, quando o reverendo Bernard Richardson foi empossado como deão da capela da Universidade Howard. Segundo Wright, naquele evento ele queria incitar Richardson a exercer em Howard um ministério profético, e não sacerdotal, "como era quando eu estava lá em 68". Ele desafiou Richardson a ser mais como o profeta Amós, o justo, e menos como Amazias, "o sacerdote do governo"; mais como o dr. King, e não como Billy Graham. No texto completo do sermão de Wright em Howard, em 1993, ele começa dizendo que quer "parafrasear" uma conversa de Tony Campolo, um conhecido pastor branco que se opõe ao casamento homossexual e ao aborto, mas que de modo geral é de esquerda. Pastor de Bill Clinton após o escândalo Monica Lewinsky, Campolo é conhecido por sua capacidade de tocar os ouvintes e tirá-los do seu estado de religiosidade confortável. Eis o que ele sempre fala em um de seus sermões: "Há três coisas que eu gostaria de dizer hoje. Em primeiro lugar, enquanto vocês dormiam esta noite, 30 mil crianças morreram de fome ou de doenças relacionadas à desnutrição. Em segundo lugar, a maioria de vocês não liga a mínima para isso, não liga merda nenhuma. E o pior de tudo é que vocês ficam mais aborrecidos com o fato de eu ter dito 'merda' do que com o fato de que 30 mil crianças morreram esta noite". Wright estava lendo o texto de um sermão inflamado que Campolo tinha feito para um grupo de brancos batistas do Sul, em que descrevia as contínuas desigualdades e tragédias em tantas vidas de afro-americanos. No final da ladainha, Campolo expressou sua indignação com os brancos americanos. Wright recorda: "E então ele diz no final, e nós continuamos a adorar em nossos santuários a cada semana, completamente alheios a esses fatos: 'E Deus tem que estar cansado dessa merda'".

O sermão de Wright em Howard era uma espécie de longa citação do sermão de Campolo. Esse fato não constava do artigo da *Rolling Stone*. E no entanto o repórter tinha captado exatamente o espírito do sermão de Wright. O trecho completo mostra Wright desfiando, com muita raiva, uma lista de dez afrontas graves, desde algumas inegáveis (o apoio dos Estados Unidos no início do apartheid, as desigualdades do sistema de saúde) até outras dúbias ou absurdas. No sermão, Wright dizia que os Estados Unidos exerciam um apoio "incondicional" ao sionismo, e acusavam de antissemita qualquer um que apoiasse os direitos dos palestinos. E o mais perturbador: ele repetia a conhecida teoria conspiratória segundo a qual o governo americano tinha "criado" o vírus da aids.

E assim, no dia do anúncio de Obama, as sementes venenosas haviam sido plantadas; o artigo da *Rolling Stone*, como era de esperar, decerto deflagraria uma corrida na mídia e entre os pesquisadores da oposição, todos querendo passar um pente fino em todos os sermões de Wright dos últimos 35 anos. O incidente também plantou uma semente de ressentimento em Wright, um homem realizado, por vezes arrogante, que sempre se vira como guia espiritual de confiança de Barack Obama, mas que agora, no ano de sua aposentadoria, seria julgado pelas pessoas e por certo segmento da mídia — pessoas que, de modo geral, desconheciam a história, a complexidade e os estilos da retórica da Igreja negra.

O incidente Wright não foi a única polêmica racial em jogo no dia do anúncio de Obama. Tavis Smiley, um dos afro-americanos mais influentes da televisão e do rádio, estava irritado com Obama porque este marcou o anúncio de sua candidatura para aquele dia em Springfield, em vez de comparecer à reunião do State of the Black Union, em Hampton, Virgínia, e talvez até fazer seu anúncio histórico nesse evento.

Cornel West, um dos principais intelectuais negros presentes ao evento, amigo íntimo de Smiley e seu mentor intelectual, tinha grande respeito por Wright — "Eu levaria um tiro por Jeremiah Wright" — e advertiu que era muito cedo para entrar na caravana de Obama. West, professor de filosofia e religião na Universidade Princeton, nasceu em Tulsa e foi criado em Sacramento. Cristão religioso e socialista democrático, suas palestras têm um estilo que mistura a sala de aula e a Igreja negra. Além do seu trabalho acadêmico, ele é estudioso e músico de blues, e vive na estrada com uma frequência que desafia o próprio B. B. King. Quando Smiley chamou West para falar, este atacou. "Veja, Obama é um irmão muito decente, brilhante, carismático", disse.

Não há dúvida alguma quanto a isso. O problema é que tem gente falando com ele que merece nossa desconfiança. Justamente porque sabemos que ele vai a Springfield na mesma data que o irmão Tavis já tinha agendado há um ano — já sabemos, então, que o fato de ele aparecer ali no fundo não é algo que diga respeito a nós. Diz respeito a outras pessoas. Ele tem um grande número de irmãos e irmãs brancos com temores e ansiedades. Precisa falar com eles de tal forma que nos mantenha a certa distância — o suficiente para dizer que ele nos ama, mas não para se aproximar demais, para não assustá-los. Ele tem que andar nessa corda bamba, entendem o que quero dizer?[4]

"Eu quero saber até onde vai o seu amor pelo povo", continuou West. "Que tipo de coragem você já mostrou, e as posições que você tem, e o que você está disposto a sacrificar. Essa é a questão fundamental. Para mim não importa de que cor você é. Você não pode contar com o voto dos negros só porque você é negro."

Outro orador, o historiador Lerone Bennett Jr., que por muitos anos foi editor executivo da revista *Ebony*, criticou Obama por anunciar sua candidatura em Springfield — uma tribuna destinada a lembrar paralelos favoráveis com Abraham Lincoln. A visão que Bennett tinha de Lincoln era quase totalmente negativa; ele chamou a atenção para comentários de Lincoln, falados e escritos, sobre a suposta inferioridade do negro, seu apoio à ideia de deportação de negros, e sua atitude impassível quanto à escravidão. A visão unilateral que Bennett tinha de Lincoln não é consenso entre os historiadores, nem mesmo na esquerda — ele ignora as pressões políticas sobre Lincoln e suas declarações contraditórias sobre a escravidão — mas arrancou aplausos de uma plateia que estava frustrada com Obama.

Smiley, por sua vez, disse ao público que Obama tinha lhe telefonado na véspera da conferência dizendo que lamentava não poder vir. Mas a plateia não pareceu impressionada, nem o próprio Smiley.

O único intelectual presente no palanque de Hampton que defendeu Obama foi Charles Ogletree, ex-professor de Barack e também de Michelle na Faculdade de Direito de Harvard. Disse que podia atestar a inteligência de Obama e suas boas intenções, e lembrou ao público que Obama tinha aprovado uma lei contra os "perfis raciais" na Câmara Legislativa estadual de Illinois, e foi contra a guerra no Iraque bem antes da invasão. "Ele é jovem, é inexperiente; e se há uma coisa que sabemos a partir das Escrituras é que nós caímos, mas nos levantamos", disse Ogletree.⁵ "Ele talvez tenha caído hoje, mas nós precisamos estar ao lado dele, com amor e reconhecimento e dizer: 'Barack, trate de se levantar, de se aprumar, nós estamos aqui te dando apoio, se você compreender quem você é'."

"Eu fui o único que falou em defesa dele", recordou Ogletree mais tarde. "Depois disso Cornel me procurou e disse: 'Tree, eu não sabia que ele era seu garoto! Tenho que conhecê-lo!'."

Todas essas declarações ganharam aplausos em Hampton; mas, para quem estava dentro da campanha de Obama e mais além, pareciam estranhamente provincianas, grandiosas e autodestrutivas. Até mesmo Ogletree, defensor de Obama, parecia depreciar Obama ao sugerir que o candidato tinha "caído" ao transformar o anúncio da sua candidatura em assunto nacional. Obama ficou tão perturbado com o incidente que chegou a discutir com seus assessores a ideia de convidar várias dezenas de intelectuais e celebridades afro-americanas para conversar sobre questões raciais. Os assessores foram mais prudentes, dizendo que uma reunião assim iria atrair a atenção da imprensa e dar muito destaque à questão racial, em uma campanha determinada a ter uma atração universal. Em vez disso, a campanha formou um conselho consultivo sobre raça — informal, e não muito significativo — que incluía Cornel West e Charles Ogletree. Foi uma manobra hábil, digna de Lyndon Johnson, cujo objetivo era manter o máximo possível de vozes sob o guarda-chuva de Obama. Tal como na disputa para o Senado de 2004, Obama estava começando a corrida muito atrás, até mesmo entre os afro-americanos, mas Axelrod e Plouffe estavam certos de que ele logo conquistaria a grande maioria dos eleitores negros nas primárias, reduzindo a vantagem de Hillary Clinton nas pesquisas.

O instrumento mais convincente que Obama tinha para acalmar a situação era a própria voz. Por insistência de Ogletree, deu uma série de telefonemas para West, Smiley, Al Sharpton e outros e, ouvindo com paciência as preocupações deles, tentou convencê-los de que todos estavam unidos, mas tinham papéis muito diferentes a desempenhar, embora igualmente importantes. Disse que tinham liberdade para expressar suas ideias e seus programas de ação; mas ele estava concorrendo à presidência. Uma vez eleito, poderia realizar muitas coisas. Primeiro, porém, tinha que vencer. Obama foi respeitoso, dizendo-lhes que estavam dentro da tradição de protesto, da tradição profética; mas como político ele nem sempre podia ter essa mesma liberdade.

A situação de Tavis Smiley e Cornel West era especialmente delicada. Smiley tinha um público negro numeroso, mas também grande atração para outros grupos. Smiley, nascido em Gulfport, Mississippi, cresceu em circunstâncias extremamente modestas. Quando jovem, foi estagiário de Tom Bradley, o primeiro prefeito negro de Los Angeles. Desde 1996 era comentarista no popular programa de rádio de Tom Joyner; quatro anos depois, organizou as primeiras reuniões do State of the Black Union. Em 2006, lançou um best-seller de ensaios políticos, *The covenant with black America* [A aliança com a América negra], que apresentava uma espécie de plano de ação para melhorar a vida dos afro-americanos. Smiley, tal como West, temia que Obama fosse demasiado centrista — ou, como eles diziam, "neoliberal". Se quisesse obter o apoio generalizado dos negros, insistiam eles, teria que mostrar um interesse muito maior pela mudança política, transformadora. Smiley diz que ele "se deleitava" com o potencial de Obama como presidente negro, "mas eu não queria que ele vendesse a sua alma, entregasse a alma, nem perdesse a alma no processo de chegar lá". A questão, diz Smiley, era a seguinte:

> Você vai ser um sujeito que diz a verdade, ou alguém que quer mais e mais poder? [...] E se Obama não vai levar o país a uma conversa sobre a questão racial, quem o fará? Se você só tem essa conversa quando é forçado a isso, e tem uma mídia que é cúmplice no caso, uma mídia que faz parecer que nós vivemos em um país pós-racial, e uma mídia conservadora que diz que devemos parar com todas as queixas — bem, isso é como *Alice no País das Maravilhas*.

As conversas de Obama com Smiley e West nem sempre eram tranquilas, mas foram bem-sucedidas. West recorda:

> A primeira coisa que ele disse foi: "Bem, irmão West, você é muito mais progressista nessas coisas do que eu. Nós não vamos concordar em tudo". E eu disse: "Claro! Para mim a única coisa é a seguinte — que você seja fiel a você mesmo, e eu seja fiel a mim mesmo. É só isso que eu peço". Daí ele falou sobre o significado do dr. King e de seu legado, de como ele tinha sido moldado por isso tudo, e assim por diante. Foi uma abertura genuína, e por isso eu percebi uma evidente honestidade. Daí eu falei: "Irmão, eu serei um aliado crítico. Serei um aliado *socrático*".

Alguns afro-americanos, mesmo os amigos no ambiente universitário, criticaram West e Smiley por serem presunçosos, exaltados, ignorantes do que se passava na realidade na política do país, e potencialmente prejudiciais à campanha de Obama. Mas com o tempo os dois lados passaram a se entender. West concordou em fazer campanha para Obama em todo o país; na televisão, Smiley foi uma voz que dava apoio a Obama, embora também fosse crítico. Mais para o fim daquele ano, em um evento de arrecadação de fundos no Teatro Apollo, Cornel West apresentou Obama com um entusiasmo incontido; e Obama devolveu os elogios, chamando West — que tinha atrapalhado tanto a sua vida — de "um gênio" e "um oráculo".

Mesmo para um político experiente em nível nacional, o processo de aprendizado de uma disputa à presidência, de como equilibrar o bombardeio de conselhos e vozes contraditórias, não é nada fácil. E Obama não tinha experiência. Logo depois de anunciar sua candidatura, ele leu o livro de Doris Kearns Goodwin sobre Lincoln, *Team of rivals* [Uma equipe de rivais]. O livro vendeu muito no final da campanha, porque Obama disse que o admirava, e pelo que indicava sobre a maneira como Lincoln montou seu gabinete, uma equipe eficiente embora cheia de atritos. Agora, porém, na primavera de 2007, Obama ainda estava muito atrás de Hillary Clinton nas pesquisas. Ele ligou para Goodwin, a autora, dizendo, animadamente: "Precisamos conversar". Falaram, principalmente, sobre as marcas do temperamento de Lincoln que Obama admirava: a capacidade de suportar a derrota e reconhecer os próprios erros; o dom de controlar as emoções no calor da hora, de evitar demonstrações de raiva ou criticar um subordinado em público.

Cerca de dois meses após esse telefonema, a autora e seu marido, Richard Goodwin, que trabalhara na Casa Branca nas gestões tanto de Kennedy como de Johnson, visitaram Obama em seu gabinete no Senado. "A coisa mais interessante que ele disse foi: 'Eu não tenho nenhum desejo de ser um dos presidentes que apenas estão na lista, que têm suas fotos na parede'", recordou Doris Kearns Goodwin. "Ele disse: 'Eu quero ser um presidente que realmente faça diferença'. Havia a sensação de que ele queria ser grande. Ele não queria ser um Millard Fillmore, ou um Franklin Pierce."

Kearns Goodwin começou apoiando Hillary Clinton, mas foi conquistada aos poucos não só pelas atenções de Obama, mas também por seu temperamento. Para ela, sua campanha fazia ressoar o espírito popular e as esperanças do movimento dos direitos civis. Richard Goodwin ajudou a escrever o discurso decisivo de Johnson após o Domingo Sangrento em Selma, sobre a Lei do Direito ao Voto, quando Johnson disse a frase "E nós *vamos* superar".

Mesmo assim, Kearns Goodwin opinou que seria uma insensatez se Obama fizesse uma comparação muito forte com a biografia de Lincoln. "Apesar de ser negro em um mundo branco, e de ter conseguido superar muitas complicações raciais, Obama nunca teve que sentir o que Lincoln sentiu", disse ela.

> Lincoln era paupérrimo e nunca pôde cursar uma faculdade. Teve, ao todo, doze meses de estudo na vida. Seu pai sempre precisava tirá-lo da escola para trabalhar na fazenda, e, quando estava endividado, fazia o filho trabalhar em fazendas de outras pessoas. Lincoln estudava as leis sozinho, à noite. Houve então várias mortes. Perdeu a mãe aos nove anos, a irmã e tantos outros mais. A morte o perseguia. Lincoln sentia atração por poemas sobre pessoas que não conseguiam realizar seus talentos. Obama nunca teve essas preocupações. Parece que o sentido trágico está ausente.

Obama e seu grupo de consultores esperavam levar avante a campanha presidencial fazendo raras referências à questão racial. Ele falava ocasionalmente sobre aspectos práticos, como os índices de encarceramento e a ação afirmativa; mas, ao contrário de Jesse Jackson, cujas campanhas se baseavam no conceito de identidade racial, a equipe de Obama não tinha a menor vontade de colocar o tema da etnia bem no centro da campanha. Em suas primeiras viagens a Iowa, Obama pensou em fazer um pronunciamento importante sobre o tema racial. Foi aconselhado a não fazê-lo.

"Nas reuniões de planejamento, ele falava em fazer um pronunciamento sobre a questão racial e as pessoas diziam: 'Pois é, pois é, nós vamos chegar lá'", lembra Jonathan Favreau, principal redator de discursos de Obama. "Não afirmavam que era uma má ideia, mas diziam algo do tipo 'sim, a gente ainda chega lá', e depois esqueciam o assunto. A ideia foi abandonada. Acho que havia ali uma certa angústia existencial. Assim é a política. Nossa campanha era muito diferente; mas em qualquer campanha existe a tendência tradicional de ficar longe de qualquer coisa arriscada. Ele era um candidato negro com chances reais de vencer — por que fazê-lo correr esse risco?"

"Ele estava louco para fazer esse pronunciamento", disse Valerie Jarrett. "Mas acho que o consenso em torno dele era o seguinte: não vamos despertar o gigante adormecido. Nós nunca tivemos um político capaz de ter essa conversa com o povo americano de uma forma que não levasse à polarização."

Don Rose, estrategista político de Chicago que era próximo de David Axelrod, disse que a campanha de Obama começou tentando lidar com a questão racial da mesma maneira que sua cliente Jane Byrne havia lidado com a questão do gênero em sua campanha para prefeita de Chicago, em 1979. "Nós nunca dissemos nada, nem uma só vez, sobre o fato de ela ser mulher", disse Rose. "Eu a fiz se vestir da maneira mais simples possível. O cabelo dela era problemático, estragado por muitas tinturas, e ela às vezes tinha que arrumá-lo duas vezes por dia. Fizemos que ela usasse uma peruca de senhora, para parecer bem sem-graça. Desencorajamos as organizações feministas de apoiá-la. Eu não queria que o fato de ela ser mulher tivesse o menor destaque. Sabíamos que as mulheres que se identificavam com ela, o voto direcionado para o gênero feminino, viria para nós sem ninguém chamar. Não se deve destacar o que já é óbvio."

Não foi por acaso que Jackson, Sharpton e outras figuras capazes de polarizar o público foram vistas tão raramente no palanque com Obama durante a campanha. "A regra era: nada de negros radioativos", disse Rose. "Harold Ford, tudo bem. Jesse Jackson Jr., tudo bem. Mas Jesse Jackson pai e Al Sharpton, melhor não." Rose observou que Obama poucas vezes se referia ao assunto raça em seus discursos de campanha. "Quando Barack dizia aquela fala, que ele não se parece com nenhum dos outros presidentes que estão nas moedas americanas, sua popularidade diminuía", disse Rose. "Ele levava uma surra nas pesquisas, e a campanha notava. Não se levanta o assunto; essa era a regra, e vamos deixar as coisas avançarem por si. Quanto menos for dito a respeito, melhor."

A campanha de Obama fez pesquisas sobre figuras como Sharpton e verificou que a presença deles na campanha eleitoral seria contraproducente.[6] Em Iowa, por exemplo, Sharpton teve uma avaliação 60% negativa; assim, quando ele declarou que viria ao estado para fazer campanha nos últimos dias da disputa pelas prévias, possivelmente para endossar Obama, recebeu uma mensagem da campanha pedindo, com muita gentileza, que por favor não se desse ao trabalho de vir.

A ausência quase total de Jackson e Sharpton na campanha ficou tão evidente que o programa *Saturday Night Live* fez uma sátira a respeito.⁷ Em um curta-metragem de animação, um experiente Obama se reúne com Jackson para "sessões secretas de estratégia", dentro de um armário de vassouras. Obama despacha Jackson para países africanos distantes e imaginários — Baixo Zambuta, Bothuphwatswana — para missões "importantes". Envia Sharpton para uma missão igualmente absurda, e, quando Sharpton volta, Obama lhe pergunta em tom sério: "Então, Al... como foram as coisas lá no Paraguai Oriental?".

"Bem, acontece que não existe o Paraguai Oriental", responde Sharpton. "Isso me atrasou um mês."

Na história da política americana, a questão racial tem sido, como disse Valerie Jarrett, o "gigante adormecido". A cientista política Tali Mendelberg, em seu livro de 2001, *The race card* [A cartada racial], observa que a resistência dos adeptos da supremacia branca em relação aos negros como atores políticos, seja como eleitores ou como candidatos, começou assim que os escravos foram libertados. Logo depois de Lincoln ter proclamado a Emancipação dos escravos, o Partido Democrata de Ohio acrescentou ao seu slogan, que era "A Constituição tal como é, a União tal como era", a frase "e os negros onde estão".⁸ Quando os negros começaram a concorrer a cargos públicos, depois da Guerra Civil, os sulistas brancos passaram a utilizar contra eles todos os estereótipos raciais mais grotescos: hipersexualidade, embriaguez, criminalidade, preguiça, ignorância. Foi na campanha presidencial de 1864 que os partidos apelaram explicitamente, pela primeira vez, para a questão racial. Oradores na Convenção democrata ridicularizaram "os descendentes da África, de nariz chato, cabelo pixaim, pernas longas, amaldiçoados por Deus e condenados pelos homens".⁹

Em 1868, Georges Clemenceau, jornalista francês que depois se tornou primeiro-ministro, observou a Convenção do Partido Democrata e relatou: "Qualquer democrata que não conseguisse insinuar que o negro é um gorila degenerado seria acusado de falta de entusiasmo".¹⁰ Nessa convenção, os democratas indicaram Horatio Seymour, governador de Nova York por dois mandatos, como candidato à presidência, e Francis P. Blair Jr., senador por Missouri e ex-general da União na Guerra Civil, como vice; o adversário republicano era Ulysses S. Grant. A mensagem da chapa Seymour-Blair era totalmente racista. Um dos emblemas da campanha dizia: "Nosso Lema: Este país é do Homem Branco: Que governe o Homem Branco".¹¹ Jornais controlados pelo Partido Democrata publicaram histórias sobre mulheres e meninas brancas estupradas por homens negros. Blair acusou o Partido Republicano de ceder o Sul para "uma raça semibárbara de negros, que são adoradores de fetiches e polígamos".¹²

Os discursos, os cartazes de campanha e os jornais do Partido Democrata na época da Reconstrução e da segregação racial também estavam cheios de apelos racistas explícitos, refletindo a violenta crueldade dos tempos. Entre 1890 e 1920, houve mais linchamentos do que execuções ordenadas pelo governo nos Estados Unidos.¹³ "A raça branca é a raça superior, a rainha das raças, o clímax e o coroamento das quatro raças — negra, amarela, vermelha e branca. A doutrina sulista da supremacia branca está certa, e está se tornando rapidamente a doutrina da república americana", disse James Thomas Heflin, senador de Alabama na década de 1920 conhecido como "Tom Algodão".¹⁴ O período entre 1930 e 1960 foi um campo de batalha racial, sobretudo nas fileiras do Partido Democrata. Políticos do Sul como Theodore Bilbo, do Mississippi, continuavam a fazer apelos não só racistas, mas que incitavam ao assassinato: "Você e eu sabemos qual é a melhor maneira de evitar que o negro vote. É algo que se faz à noite na véspera da eleição. Não preciso lhe dizer mais nada. Os homens que têm sangue nas veias sabem o que eu quero dizer".¹⁵ Durante uma audiência no Senado em 1946, James O. Eastland, do Mississippi, se sentiu inteiramente desembaraçado para declarar: "Eu sei que a raça branca é uma raça superior. É ela que governa o mundo, nos deu a civilização e é responsável por todos os avanços do planeta".¹⁶ Na Convenção Democrata de 1948, em que Harry Truman foi indicado, após o episódio de uma resolução relativa aos direitos civis no programa do partido, toda a delegação do Mississippi saiu da sala, assim como metade da delegação do Alabama; ambas colaboraram então para formar um grupo dissidente, os dixiecratas, e logo apresentaram Strom Thurmond, da Carolina do Sul, como candidato à Casa Branca.

Mendelberg escreve que, acompanhando as mudanças na sociedade, as mensagens raciais foram se transformando de explícitas em implícitas. Foi necessário que Lyndon Johnson, um sulista branco criado em meio aos conflitos raciais e educado no Senado por Richard Russell, um segregacionista da Geórgia, se inspirasse no movimento dos direitos civis e advertisse explicitamente contra os apelos raciais nas eleições americanas. "Tudo que se ouve em épocas de eleição é 'Negro, negro, negro!'", disse Johnson em 1964, em um jantar de arrecadação de fundos em Nova Orleans. Ele previu, com acerto, que com a aprovação da Lei dos Direitos Civis o Partido Democrata perderia os votos do Sul por pelo menos uma geração inteira; mas a demagogia racista explícita foi substituída por mensagens mais inteligentes, em códigos sutis. George Wallace, governador do Alabama, abandonou slogans como "Segregação hoje, segregação para sempre" e conclamou seus seguidores a despertar para o perigo de um "projeto liberal-socialista-comunista destinado a destruir os governos locais nos Estados Unidos".[17]

Em 1968, o candidato republicano, Richard Nixon, e seu vice, Spiro Agnew, de Maryland, usaram o slogan "lei e ordem" — na verdade uma mensagem cifrada — para garantir a votação maciça dos brancos do Sul. Nixon, totalmente ciente dos sinais que emitia, foi atraído para Agnew quando este, ex-governador de Maryland, criticou os líderes negros moderados por não "enfrentarem" os militantes. Durante a campanha, depois de filmar um anúncio sobre a lei e a ordem nas escolas, Nixon disse: "Sim, isto aqui é um soco no nariz. [...] O negócio é a lei e a ordem, e os malditos grupos de negros e porto-riquenhos que há por aí".[18]

Até o fim da década de 1980, as duas principais personalidades do Partido Republicano, Ronald Reagan e George H. W. Bush, faziam apelos raciais inconfundíveis, embora não explícitos, em suas campanhas. Em 3 de agosto de 1980, Reagan lançou sua campanha eleitoral com um discurso na Neshoba County Fair, na cidade de Filadélfia, Mississippi, onde três militantes dos direitos civis — James Chaney, Andrew Goodman e Michael Schwerner — foram assassinados por supremacistas brancos durante a campanha em 1964 de registro de eleitores, conhecida como Verão da Liberdade. Ao discursar em Filadélfia e ressaltar seu apoio aos "direitos dos estados", Reagan fez, na melhor das hipóteses, um apelo indisfarçado e bem consciente aos democratas simpatizantes de George Wallace — uma tentativa de ampliar o que Nixon chamou de sua "estratégia sulista".

Na campanha presidencial de 1988, quando George H. W. Bush concorreu contra o governador de Massachusetts, Michael Dukakis, Bush e seu diretor de campanha, Lee Atwater, citaram repetidas vezes o caso de William Horton, um assassino que recebeu licença do governador Dukakis enquanto cumpria sentença de prisão perpétua. Durante a licença, Horton cometeu assalto à mão armada e estupro. Partidários de Bush lançaram anúncios mostrando Horton, um afro-americano, como o lado ameaçador da política democrata. (O anúncio o chamava de "Willie Horton".) Bush insistiu no caso Horton com tanto ardor, disse Atwater, "que, quando terminar esta eleição, Willie Horton será um nome bem conhecido".[19] O consultor de mídia de Bush, Roger Ailes, que mais tarde se tornou presidente do canal de tevê Fox News, falou brincando: "A única pergunta é se devemos retratar Willie Horton com ou sem uma faca na mão".[20]

Era difícil acreditar que Hillary Clinton emitiria mensagens raciais de qualquer natureza. Uma de suas recordações mais caras da época de estudante secundarista foi ouvir um discurso do dr. Martin Luther King. Ela trabalhou em estreita colaboração com personalidades da era dos direitos civis, como Marian Wright Edelman e Vernon Jordan, atraiu o apoio de líderes políticos negros, e contou com o aconselhamento de Maggie Williams, Moore Minyon, Cheryl Mills e outros políticos negros. Os Clinton — principalmente Bill — ficavam à vontade nas igrejas negras e nas organizações cívicas negras; como família de políticos, tinham imensa popularidade na comunidade afro-americana. Nenhum grupo foi mais indulgente com Bill Clinton durante a saga da tentativa de impeachment que os afro-americanos. Em 2008, os assessores de Hillary Clinton contavam que ela pudesse ganhar cerca de metade dos votos afro-americanos nas primárias, e depois conquistar quase a totalidade deles na campanha para a presidência.

Desde o início, o principal estrategista da sua campanha insistiu com ela para que desse destaque à "singularidade" de Obama. Em 21 de dezembro de 2006, Mark Penn — entrevistador, homem de relações públicas e estrategista dos Clinton de longa data — distribuiu um memorando sobre a "estratégia de lançamento".[21] O objetivo, ele escreveu, era eleger a "PMP" — primeira mulher presidente — apesar de uma mídia "relativamente hostil", ansiosa para ungir "alguém 'novo' que possa chamar de seu". O ressentimento em relação à imprensa era, havia muito tempo, um componente corriqueiro nos círculos próximos aos Clinton, remontando aos dias da campanha de 1992 — e não sem razão. As feridas deixadas pelos casos Filegate, Travelgate, o caso Whitewater, o impeachment, e muitas outras coisas, persistiam como fatos reais da vida psicológica. Mesmo recolhido, o ex-presidente, que trabalhava sobretudo em sua instituição beneficente, a Clinton Global Initiative, às vezes expressava sua raiva contra a imprensa e outros velhos inimigos; um comentário aleatório ou uma pergunta ligeira era capaz de acender o pavio; seu rosto ficava vermelho, a carótida saltava, e ele voltava às velhas discussões com seus antagonistas. A campanha eleitoral da esposa representava uma oportunidade de redenção. Será que Obama iria atrapalhar essa chance?

Mark Penn escreveu que via Obama como um "desafio sério", e aconselhou a manter a cabeça fria: "Investigar as falhas dele; conservar nosso poder de fogo; ver se ele vai esmaecendo, ou acaba não concorrendo. Atacá-lo diretamente seria dar um tiro que sairia pela culatra. Seu ponto fraco é que, se os eleitores pensarem sobre ele cinco minutos, vão perceber que ele foi apenas senador estadual e que levaria uma tremenda surra dos republicanos importantes". Seu apoio vinha da turma do "queijo e vinho", um segmento que "consegue angariar fundos e mobilizar a imprensa de elite, mas não direciona os votos. Kerry venceu Dean. Gore derrotou facilmente Bradley".

Três meses depois, em 19 de março de 2007, tanto Obama como Hillary estavam concorrendo; Penn escreveu então outro memorando, fazendo a distinção entre os dois candidatos principalmente em termos de classe: "Nós somos os candidatos das pessoas com necessidades. Nós conquistaremos as mulheres, as classes baixas e os democratas (cerca de 3 a 1 a nosso favor). Obama pode conquistar os homens, a classe alta e os independentes (cerca de 2 a 1 a seu favor)".[22] Penn a exortou a ser a defensora dos "americanos invisíveis", e tentou fazer uma distinção entre Obama e Hillary em termos de ícones: "Talvez ele seja o John Kennedy na disputa, mas você é o Bobby Kennedy". Nessa dicotomia, JFK representava um político privilegiado, inteligente, de elite, elegante, e RFK, um homem privilegiado que acabara por se identificar mais de perto com os despossuídos — os brancos da zona mineradora dos Apalaches, os imigrantes hispânicos da Califórnia, Texas e Flórida, os negros das áreas mais pobres das cidades. Obama também já falara sobre a inspiradora campanha de RFK à presidência em 1968 e as coligações que essa campanha havia criado até a morte dele; mas Penn parecia convencido de que Hillary Clinton seria a melhor pessoa para evocar aquele passado romântico, embora trágico.

O memorando de Penn não representava, necessariamente, a estratégia e a psicologia da própria candidata. Na verdade, a campanha de Clinton estava repleta de consultores veteranos como Harold Ickes, Mandy Grunwald, Howard Wolfson, Patty Solis Doyle. De modo geral, eles detestavam Penn, que consideravam sarcástico, pomposo e profundamente equivocado. Para eles, Penn seria para sempre parceiro de Dick Morris, o centrista que deixou o círculo dos Clinton em desgraça em 1996, quando os tabloides divulgaram seu envolvimento com uma prostituta. Outros consultores eram Ickes, que fora militante no Mississippi durante o Verão da Liberdade, e Solis Doyle, filha de imigrantes mexicanos. Esses e outros aconselhavam mais cautela do que recomendava Penn, em especial quanto à questão racial. Sentiam que os memorandos dele incentivavam a candidata a ultrapassar em muito os limites aceitáveis de uma campanha. Penn não fazia segredo do fato de ser mais conservador do que o resto da equipe de Hillary; ele se ressentia da necessidade de ganhar o consenso dos consultores que, segundo ele, estavam sempre tentando sabotá-lo.

"É claro que eles resistiram a muitas de suas sugestões mais sinistras", recorda David Plouffe. Mesmo assim, o memorando de Penn refletia com precisão a atitude de ressentimento contra Obama que os repórteres já estavam percebendo entre os partidários de Hillary, tanto antes como durante a campanha: Obama era uma cara nova, inexperiente e ignorante, um novato com talento para falar em público (desde que houvesse à mão um teleprompter). Obama, segundo eles, confiava quase exclusivamente na sua oratória e no charme da perspectiva histórica de vir a se tornar o primeiro presidente negro.

No memorando de 19 de março, Penn sugeriu que a campanha de Clinton criticasse Obama por sua "falta de raízes americanas". Usando esse suposto desenraizamento, poderiam imaginar a candidatura dele como algo adequado apenas para o futuro distante. "Todos aqueles artigos sobre a infância dele na Indonésia e sua vida no Havaí se destinam a mostrar como seu histórico de vida é diverso, multicultural, e a apresentar tudo isso sob uma nova luz", escreveu ele. "Podem guardar tudo isso para 2050."

"Isso também expõe um grande ponto fraco de Obama — as raízes deles provenientes dos valores fundamentais americanos e da cultura americana são, quando muito, limitadas", continuava o memorando de Penn. "Não consigo imaginar que os Estados Unidos, em tempos de guerra, vão eleger um presidente que não seja, no seu cerne, fundamentalmente americano em sua maneira de pensar e nos seus valores. Ontem ele disse ao povo de New Hampshire que tem sotaque do Kansas porque sua mãe era de lá. Ora, sua mãe viveu em muitos estados, pelo que sabemos — mas esse é um exemplo dos absurdos que ele usa para esconder a verdade."

Penn sugeriu a Hillary Clinton como sua campanha poderia "dar um pouco de vida" a essas ideias "sem se tornar negativa":

> Cada discurso seu deve mencionar que você nasceu bem no meio dos Estados Unidos, bem na classe média, bem no meio do século passado. E deve dizer que a essência de tudo são os valores profundamente americanos com que você foi educa-

da, que aprendeu em criança e que a impulsionam até hoje. Valores de justiça, compaixão, responsabilidade, doação à sociedade.

Vamos nos apossar, explicitamente, do que é "americano", em nossos programas, discursos e valores. Ele não faz isso. Vamos fazer deste século um Novo Século Americano, vamos falar do Fundo Estratégico Americano de Energia. Vamos usar nosso logotipo para fazer bandeiras para distribuir. Vamos colocar os símbolos da bandeira americana como pano de fundo.

Jamais digamos nada sobre o histórico dele — temos que mostrar o valor do nosso histórico quando se trata de tomar decisões, compreender as necessidades da maioria dos americanos — os americanos invisíveis.

"Os americanos invisíveis" era uma expressão muito parecida como a "maioria silenciosa" de Nixon. A estratégia de Penn era mostrar Obama como o candidato da elite, alguém falso, um neófito e um estranho no ninho, não tão americano como Hillary Clinton. Muito depois da disputa, Penn me disse que o memorando "não pretendia, de maneira nenhuma, ter qualquer conotação racial. A ideia era que a infância de Obama na Indonésia de certa forma o qualificava melhor para tratar de assuntos internacionais — aliás, um fato que ele exaltou muitas vezes na sua campanha".

No lado de Hillary, houve debates sobre as táticas de Penn e uma relutância geral em destacar a "alteridade" de Obama. Mas o que se poderia esperar de Bill Clinton, que acabava de se recuperar de uma cirurgia de ponte de safena quádrupla, e planejava trabalhar na campanha? Criado em Arkansas, na época um estado segregado, sentia-se à vontade em seus contatos com pessoas negras de ambos os sexos. Na Faculdade de Direito de Yale, muitas vezes fazia questão de sentar-se à "mesa dos negros" no refeitório. O primeiro adversário político de Clinton foi James Johnson (ou "Juiz Jim"), democrata apoiado pela Ku Klux Klan que virou republicano e concorreu duas vezes a governador e uma vez a senador; estava mais à direita ainda que Orval Faubus, o infame segregacionista. Como presidente, Clinton defendeu a ação afirmativa, nomeou afro-americanos para o seu gabinete, concedeu Medalhas de Honra aos veteranos negros da Segunda Guerra Mundial cujo heroísmo fora ignorado, e pediu desculpas pela horrível experiência de Tuskegee, que inoculou a sífilis em centenas de trabalhadores rurais negros de 1932 a 1972. Fez uma série de discursos reverenciados pela liderança negra no

Congresso e cultivou amizades com importantes veteranos dos direitos civis, como John Lewis, Andrew Young e John Hope Franklin.

E contudo Bill Clinton era um político até o fundo da alma, e às vezes um político difícil de contentar. Vencer vinha em primeiro lugar. Durante a campanha de 1992, em meio à polêmica sobre um suposto caso com Gennifer Flowers e atacado por ser um democrata "muito brando com o crime", tomou um avião para o Arkansas e, para reforçar suas credenciais de defensor da lei e da ordem, presidiu à execução de um prisioneiro negro com retardo mental, chamado Ricky Ray Rector. Onze anos antes, Rector havia matado um policial; em seguida tentou suicidar-se com um tiro na cabeça, sem sucesso, mas inflingindo assim uma lobotomia em si mesmo. No mesmo ano, Clinton aceitou um convite para falar na Coalizão Arco-Íris, de Jesse Jackson, em Washington, e aproveitou a ocasião para criticar a cantora de hip-hop Sister Souljah por um comentário que ela havia feito sobre a violência entre os negros. ("Se os negros matam negros todos os dias, por que não fazer uma semana para matar os brancos?") Com seu anfitrião sentado bem próximo, Clinton comparou Sister Souljah a David Duke, ex-integrante da Ku Klux Klan, e criticou Jackson por permitir que ela participasse da sua organização. Foi um ato que enfureceu Jackson, mas atraiu os democratas que apoiavam Reagan — o que era, sem dúvida, a intenção de Clinton. "Talvez eu possa trabalhar com ele, mas agora já sei quem ele é, o que ele é", disse Jackson sobre Clinton na época. "Não há *nada* que ele se recuse a fazer. Ele é imune à vergonha. Vá além daquelas poses agradáveis, entre fundo nele, e você não vai encontrar nada, sem dúvida nada... nada além de ganância."[23] Mais adiante Jackson o perdoou.

Em 1997 o presidente Clinton iniciou uma "conversa" sobre a questão racial, liderada por John Hope Franklin; mas foi algo inexpressivo, apenas formal, que desiludiu alguns críticos negros. "A iniciativa mostrava aquele egoísmo raso e provinciano que em boa parte mancha o discurso de Clinton sobre as relações raciais", escreveu Randall Kennedy, professor da Faculdade de Direito de Harvard.[24] "Apresentado como uma tentativa de diálogo, a 'conversa' do presidente foi, desde o início, um monólogo que seguia estritamente um roteiro preparado e ruminava panaceias bem conhecidas, evitando discutir os problemas reais." Comparado com comissões sobre a questão racial realizadas por Harry Truman em 1946 e Lyndon Johnson em 1967, disse Kennedy, o esforço de Bill Clinton era "risível".

★ ★ ★

Nos longos meses antes das prévias de Iowa e de New Hampshire, houve um drama geracional entre algumas das figuras mais importantes na geração dos direitos civis — drama que refletiu o dilema de muitos afro-americanos comuns instados a escolher entre Hillary Clinton e Obama.

Alguns fizeram sua opção sem hesitar. Vernon Jordan, advogado que fora presidente da National Urban League e se tornou consultor e amigo íntimo dos Clinton, logo de início promoveu um evento de arrecadação de fundos em prol da campanha de Obama para o Senado. Mas, antes de Obama anunciar sua candidatura à presidência, Jordan o convidou para jantar em sua casa e lhe disse: "Barack, sou um negro velho que acredita que para tudo há um tempo — e não acho que o seu tempo seja agora. [...] Se você concorrer, e creio que você vai concorrer, vou ficar com Hillary. Estou muito velho para trocar a amizade pela raça. Mas, se você ganhar, estarei com você".

Andrew Young, um dos assessores mais próximos de Martin Luther King, e mais tarde prefeito, congressista e embaixador nas Nações Unidas, foi bem menos sutil sobre sua lealdade. Falando na televisão, em dezembro de 2007, Young disse que queria Obama para presidente — mas só "em 2016". Em uma divagação estranha para um homem tão sério, Young advertiu sobre a falta de "maturidade" de Obama e a necessidade de haver uma "rede de proteção".

> É como alguém querer ser o próximo Martin Luther King. Eles dizem que não gostariam que isso acontecesse a um amigo. No primeiro ano a casa de Martin foi bombardeada; no segundo ano levaram todo o dinheiro dele e o processaram por sonegação de impostos. No terceiro ano ele foi esfaqueado. No quarto ano ele veio a Atlanta para tentar escapar do Alabama. Eles o prenderam por fazer piquetes... puseram-no em uma camisa de força e o levaram de Atlanta para Reedsville, antes de existirem vias rápidas. [...] Ser líder exige sofrimento, e eu gostaria de ver as filhas de Barack daqui a alguns anos, sabe, porque elas vão ser perseguidas.[25]

Young falou até nas credenciais de Bill Clinton quanto à questão racial como razão para votar em Hillary. "Bill é tão negro como Barack", disse.

Provavelmente já saiu com mais mulheres negras do que Obama. Estou brincando; mas, quando eles foram para a posse de Nelson Mandela, foram com um avião carregado de negros. Após a inauguração houve uma festa. E foi Clinton quem disse: "Vamos dançar música soul". E todo aquele pessoal de classe média, aqueles branquelos, olharam em volta perguntando: "Música soul...?". E Bill dançou e fez os passos do *moonwalk*. [...] Hillary levantou a saia acima dos joelhos, e se soltou também. [...] Agora, você vê a campanha de Barack — em primeiro lugar, já falei com gente de Chicago, e eles não conhecem ninguém do círculo dele. Colocar um irmão negro ali sozinho é o mesmo que mandá-lo para o cadafalso.

Young por fim pediu desculpas, mas seus voos retóricos realmente traíam algumas ansiedades comuns sobre Obama — não só quanto à sua inexperiência, mas também quanto à sua segurança e sua autenticidade como afro-americano. Mais uma vez na vida de Barack Obama, as velhas perguntas estavam de volta: será que ele era negro o suficiente? Será que estava preparado? Será que era durão o suficiente?

Entre todos os heróis vivos da época dos direitos civis, a figura que Obama mais admirava era John Lewis. No início, Lewis deu muitos sinais a Obama de que iria apoiá-lo. Apesar de Obama só ter chegado a Washington em janeiro de 2005, os dois já tinham formado um vínculo. Naquele ano, Obama foi a Atlanta para discursar na festa de aniversário de Lewis, que fazia 65 anos. Lewis ficou espantado com o aumento da popularidade de Obama depois de seu pronunciamento em Boston. "Nós dois caminhamos juntos pelas ruas de Atlanta e vinham pessoas, tanto negras como brancas, lhe pedir que concorresse à presidência", recorda Lewis. "Quando chegamos ao restaurante, os garçons e garçonetes vieram lhe pedir para concorrer. E, quando eu o apresentei naquela noite, falei: 'Um dia este homem será o presidente dos Estados Unidos'."

No discurso de Selma, em março de 2007, Obama se sentiu seguro de que Lewis ficaria a favor dele; mas no verão e até o início do outono, os Clinton continuaram tentando atrair Lewis, com base na longa história que já tinham em comum.

"Conheço Bill Clinton há tanto tempo", lembra Lewis. "Era mais que amizade, era como um relacionamento entre irmãos. [...] E quando Hillary vinha discursar na Geórgia, ela dizia: 'Quando eu crescer, quero ser como John Lewis'." A ligação entre Lewis e a família Clinton se aprofundou no pior momento. Em agosto de 1998, após o reconhecimento pela televisão de sua relação com Monica Lewinsky — uma humilhação sem precedentes —, Lewis o convidou para vir à Union Chapel, em Martha's Vineyard, para comemorar o 35º aniversário da Marcha sobre Washington. "Ele não queria vir, mas eu o convenci", lembra Lewis. "E, quando chegou a hora, eu me levantei para apresentá-lo e disse: 'Senhor presidente, eu estava junto com o senhor no início, e estarei junto com o senhor no final'. E nós dois choramos.... Como eu poderia abandonar um amigo como esse?"

Em outubro de 2007, Lewis afinal se decidiu pelo lado dos Clinton — toda a história passada e compartilhada era demais para descartar. Lewis é uma das figuras do governo mais fiéis aos seus princípios; mas havia também considerações de natureza política. Lewis representa a área de Atlanta, de maioria negra, e Obama ainda não era tão conhecido nem tão popular quanto os Clinton nesse eleitorado. "Em primeiro lugar, eles não o conheciam; e, em segundo lugar, achavam que ele só teria uma chance remota", disse Jesse Jackson. "Os eleitores negros são relativamente conservadores e pragmáticos." Em 1984, Jackson também teve dificuldade para obter o apoio dos afro-americanos, que não acreditavam que ele teria a menor chance.

Para John Lewis, foi um momento angustiante. Mesmo antes das prévias de Iowa, ele estava começando a perceber que a candidatura de Obama se tornava cada vez mais séria e que seus eleitores iam se afastando dos Clinton. "Se eu tivesse seguido minha intuição, disse ele, "provavelmente teria apoiado Obama desde o início."

O dilema era simples. "Eram pessoas que conheciam Bill e Hillary, faziam bom conceito deles e não acreditavam que aquele rapaz com nome estrangeiro tivesse chance de ser eleito", disse Julian Bond, militante dos direitos civis:

> Depois de duas campanhas de Jesse Jackson, depois da campanha de Al Sharpton, depois de Shirley Chisholm, essas disputas simbólicas pareciam não ter conseguido muita coisa na prática. A promessa era que esses candidatos no fim iriam extrair algum benefício dos vencedores, e assim fariam avançar a causa dos negros. Mas isso acabou não acontecendo tanto quanto eles esperavam.

Alguns líderes de direitos civis apoiaram Obama desde o início. O reverendo Joseph Lowery, cofundador da Southern Christian Leadership Conference e um dos líderes da marcha de 1965 de Selma a Montgomery, disse a um público em

Atlanta, em janeiro de 2007, que "uma mentalidade" de escravos ainda perseguia os afro-americanos que haviam aconselhado Obama a esperar pela sua vez. Ele comparou os que tentaram desanimar Obama aos ministros brancos de Birmingham que disseram a Martin Luther King, meio século antes, que o momento ainda não é propício para a dissidência civil. "E Martin respondia que os que diziam 'Mais tarde' estavam, na verdade, dizendo 'Nunca'", lembra Lowery. "A hora de fazer a coisa certa é sempre agora." Como era morador do distrito de John Lewis, Lowery entrou de imediato na campanha de Obama.[26]

Quando Lowery soube da decisão de Lewis, ficou aliviado por não ser político. "John Lewis não era mais líder dos direitos civis; agora era político, tinha seus contatos e estava emaranhado com uns e outros. Eu falei aos Clinton que, se Hillary conseguisse ser nomeada, eu iria apoiá-la; mas enquanto isso eu sentia que Obama estava destinado a sacudir o sistema."

Nem todos os líderes negros, da política ou da cultura, foram tão compreensivos. O diretor Spike Lee, cujos filmes incluem *Faça a coisa certa* e uma cinebiografia de Malcolm X, manifestou um desprezo brutal pelos que vacilavam: "Esses velhos políticos negros dizem: 'Ah, o sinhozinho Clinton era bom pra nóis, o sinhozinho dava emprego pra nóis, o sinhozinho era bão!' Rá-rá!". E acrescentou: "Charlie Rangel, David Dinkins — eles têm de compreender que hoje é um novo dia. As pessoas não estão sentindo mais essas coisas. É como uma maré, e quem atrapalhar o caminho vai ser levado embora lá para o meio do mar".[27]

Do mesmo modo, nem todos na campanha de Obama foram tão indulgentes com os líderes negros mais velhos, como John Lewis, como o próprio candidato. "Os movimentos são liderados pelos jovens", disse Cornell Belcher, especialista em pesquisas de opinião. "E era engraçado ver que as mesmas pessoas que tinham vinte anos na época dos direitos civis, e exigiram um lugar à mesa, agora diziam a Barack Obama que ainda não era a hora dele."

Jesse Jackson, que também apoiou Obama desde o início, é um personagem americano de grande complexidade emocional e deficiências gritantes; mas também merece um crédito muito maior do que normalmente lhe dão pela sua imensa importância para o avanço dos políticos afro-americanos, inclusive Barack Obama.

Os defeitos de Jackson — sua vaidade, sua carência — são tão conhecidos que ele logo é descartado pelos que não se dão ao trabalho de compreendê-lo. George H. W. Bush certa vez o chamou de "malandro de Chicago".[28] Até Martin Luther King, que em Selma trouxe Jackson para perto de si, se irritava com a necessidade de Jackson de aparecer a qualquer preço. Mario Cuomo, porém, pode ter razão ao dizer que, quando for escrita a história definitiva da eleição de 1984, "o capítulo mais longo será sobre Jesse Jackson".[29]

"O homem não tinha dois centavos", disse Cuomo. "Ele não tinha nenhum anúncio de televisão ou no rádio. E veja o que conseguiu." O que Jackson conseguiu foi realizar a campanha presidencial mais séria já feita por um afro-americano — proeza que repetiu em 1988. Até os que eram do círculo de Obama em Chicago, e que mais rejeitavam Jackson, reconhecem que foi ele quem lhes abriu a porta para a Casa Branca. Roger Wilkins trabalhou para Jesse Jackson em 1984, como ele diz, não porque achasse que ele poderia vencer, mas sim para dar ao país "uma lição de civismo, mostrar que existem pessoas negras neste país com inteligência para assumir a presidência dos Estados Unidos".

Embora Obama tivesse cautela quanto à presença de Jackson na campanha, não podia escapar à sua influência. Em 2007 e 2008, quando Obama citava discursos de Martin Luther King, citava com a mesma reverência que sente um músico de jazz ao citar um trecho de Louis Armstrong ou John Coltrane — como algo inovador, que exercia um impacto sobre os eleitores mais jovens. Mas não era nada de novo. "Quando o senhor é cruel com os sem-teto, quando o senhor os deprecia e os considera delinquentes, o senhor está pisando em um terreno moral traiçoeiro, senhor Bush", disse Jackson na campanha de 1988.

> Pois existe um outro poder. "O arco moral do universo é longo, mas tende para a justiça." Aqueles que não podem se defender têm um parceiro silencioso, têm... um *outro* poder. E quando o senhor ataca os liberais, as pessoas de bom coração, que amam as liberdades civis, senhor Bush — cuidado, senhor Bush! O senhor está mexendo com um *outro* poder![30]

Jackson tinha um estilo bem diferente do de Obama, mas as fontes de inspiração de ambos eram convergentes.

Jackson não citava a voz profética do dr. King apenas para fins políticos; falava com a voz dele porque era a sua própria voz. Jackson forçou a discussão de questões que nem sempre eram admissíveis na política tradicional do país em

1984 e 1988, inclusive os direitos dos palestinos e a oposição ao apartheid na África do Sul. Ele recebia tantas ameaças de morte que costumava usar colete à prova de balas quando discursava.

Jackson não teve acesso a lugares como Punahou, Columbia e Harvard. Ele nasceu e foi criado no estado segregado de Carolina do Sul, em Greenville, cidade que girava em torno de uma fábrica têxtil. Sua família tinha sangue Cherokee e irlandês. "Somos um povo híbrido", disse ele. "Temos raízes africanas, com um pouco de irlandês, alemão, índio. Somos compostos pelas muitas águas dos Estados Unidos. O que faz de nós uma gente nova, um verdadeiro povo americano."[31]

O pai de Jackson abandonou a família antes de ele nascer, mas continuou a viver por perto. "Nunca dormi sob o mesmo teto com meu pai biológico, nem uma noite em minha vida", disse Jackson.[32] Quando discursava na campanha, falava da sua infância pobre como a marca incontestável de sua autenticidade, a base do seu relacionamento com os pobres e despossuídos. "Sabe, as pessoas sempre perguntam por que Jesse Jackson está concorrendo à Casa Branca", dizia ele.

> Ora, eles nunca viram a casa de onde eu estou fugindo. Três aposentos, telhado de zinco, sem água corrente, nem fria nem quente, penico ao lado da cama, banheiro no quintal, mesmo no inverno. Tábuas sobre as janelas, papel de parede não como decoração, mas para barrar o vento... Parece que isso foi há um século... Mas eu continuo ligado a tudo isso. Por continuar a viver essas experiências, a gente fica com um gás de alta octanagem no tanque — manter essas experiências fluindo pela alma é algo que dá autenticidade à pessoa.[33]

Quando Jesse era garoto, escreve Marshall Frady em sua biografia de Jackson, ainda se falava sobre o linchamento de um menino negro epiléptico chamado Willie Earl. O assassinato foi o tema de *Opera in Greenville*, ensaio clássico de Rebecca West.[34]

Quando criança em Greenville, Jackson era ridicularizado sem piedade pelos colegas. "Jesse não tem pai! Jesse não tem pai!", eles gritavam.[35] Era um mundo sofrido, uma espécie de Charles Dickens transportado para o Sul dos Estados Unidos, rigidamente segregado. "É por isso que eu sempre consegui me identificar com aqueles que o resto da sociedade chama de pobres coitados, párias e lixo moral", disse ele a Marshall Frady. "Sei bem o que significa ouvir dos outros que você não é nada, não é ninguém, e nunca poderá ser alguém. Compreendo o que significa não ter um sobrenome de verdade. Compreendo tudo isso. Pois até os nossos genes gritam pedindo reconhecimento."

Na época Greenville era uma cidadezinha pequena e o jovem Jesse andava atrás do pai furtivamente pelas ruas para espioná-lo, tentando entender por que o amor dele lhe foi negado. Mais tarde, quando voltou a Greenville para dar seu primeiro sermão na igreja da mãe, tanto Charles Jackson, o marido da mãe, como Noah Robinson, seu pai biológico, estavam lá, sentados bem na frente. Por um bom tempo ele ficou em silêncio, com lágrimas escorrendo pelo rosto, olhando para o padrasto e para o pai que o tinha renegado.[36]

Quando tinha cerca de vinte anos, Jackson se tornou um seguidor tão fiel de Martin Luther King que quase deu o nome de Selma ao seu primeiro filho, nascido em 1965. Quando foi detido e preso em manifestações em Greensboro, Carolina do Norte, escreveu, imitando o dr. King, "Carta da prisão de Greensboro".

A ambição de Jackson era tão grande quanto seu ardor. Em Selma, em 1965, com apenas 24 anos, logo se tornou conhecido na área da Brown Chapel; quando havia passeatas, ele abria caminho para a linha de frente. Sem ninguém pedir, fazia discursos nos degraus da igreja imitando a linguagem e as cadências do dr. King — o que ofendia Andrew Young e outros próximos a King. "Jesse queria *ser* Martin Luther King", recorda Ralph Abernathy.[37]

Jackson aborreceu alguns de seus companheiros dos direitos civis quando, nos primeiros dias após o assassinato do dr. King, passou a usar uma camisa manchada com o sangue de King — sinal do sofrimento que sentia e também sua marca de herdeiro. Poucos dias depois da morte de King, passou a cogitar, em voz alta, se agora se tornaria o líder do movimento de libertação negra. Jackson ascendeu rapidamente no mundo da política afro-americana, chegando à capa da revista *Time* em 1970; mas também firmou sua reputação, em alguns círculos, de ser egocêntrico e estar sempre em busca de publicidade, sempre se enfiando em todos os enterros de personalidades nacionais de alto nível e em todas as negociações externas. Em 1983, Harold Washington, que concorria a prefeito de Chicago, fez tudo que pôde para evitar uma associação muito estreita com Jackson. Na noite da vitória, Washington ficou irritado quando Jackson tentou pegar seu braço e levantá-lo em sinal de vitória.

Foi o triunfo de Harold Washington, no entanto, que ajudou a dar a Jackson a ideia de concorrer à presidência em 1984. E as fotos dele em campanha nas comunidades quase totalmente brancas de Iowa mudaram para sempre o imaginário da política americana. "Eles nunca tinham visto um negro no milharal", disse Jackson. Certa noite, em conversa com alguns agricultores mais velhos de Iowa, estes lhe disseram que já tinham ouvido seus discursos e gostavam dele, só que "nós ainda não chegamos lá. Mas não desista de nós".

Em 1984, Jackson ganhou quase um quinto de todos os votos nas eleições primárias do Partido Democrata; ele venceu na Carolina do Sul, Louisiana e Washington. Em 1988, venceu em nove estados e em Washington. Duas décadas depois, os filhos daqueles agricultores de Iowa já haviam avançado ainda mais. Tinham estudado em escolas onde aprenderam sobre o movimento dos direitos civis. Foram criados vendo atletas negros e brancos concorrendo juntos. Afixavam em seus quartos cartazes de atletas negros e músicos negros. Sua cultura popular era, em boa parte, a cultura popular afro-americana. Os Estados Unidos não são aquele paraíso pós-racial imaginado em alguns relatos fantasiosos na imprensa; mas as coisas tinham mudado, e as campanhas de Jackson em 1984 e 1988 foram essenciais para preparar o terreno.

"A geração do meu pai lutou da Segunda Guerra Mundial. Na época, os direitos dos soldados negros nas bases militares eram menores que os de muitos prisioneiros de guerra alemães", disse Jackson. "Barack certa vez me disse que quando era estudante em Columbia me viu debater com Walter Mondale e Gary Hart" — em março de 1984, nessa universidade. "Ele disse que assistiu ao debate e pensou: isso pode acontecer." Segundo Jackson, "a ideia básica" da sua campanha presidencial era "plantar sementes".

Os políticos tradicionais, negros e brancos, criticavam Jackson por seu ego e sua presunção; mas seus discursos na Convenção entraram nas antologias ao lado dos de William Jennings Bryan e Mario Cuomo, e ele merece crédito, tanto pelo registro de 2 milhões de novos eleitores afro-americanos como por mudar a noção do que seria possível.

Jackson ouviu falar de Obama pela primeira vez um dia na cozinha quando escutou os filhos conversarem sobre os esforços de Obama no Projeto Voto. E, naturalmente, já conhecia Michelle Obama pela amizade de infância de Michelle com a filha de Jackson, Santita. Na campanha de 2000 para o Congresso, Jackson apoiou seu velho companheiro Bobby Rush, mas quatro anos depois, na candidatura ao Senado, foi a favor de Obama. Os dois nunca foram próximos — o orgulho de Jackson e o desejo de Obama de ser um tipo diferente de líder impediam isso —, mas no East Bank Club, academia esportiva e ponto de reunião da elite de Chicago, Jackson e Obama às vezes conversavam sobre política, e Obama discursou algumas vezes nas reuniões de Jackson nos sábados pela manhã na Operação PUSH.

Jackson apoiou Obama na disputa à Casa Branca; mas compreendia por que John Lewis, Andrew Young e muitos outros políticos negros da sua geração apoiaram Hillary no início. "Eles tinham relações", disse ele.

> Eles conheciam Hillary fazia mais tempo, conheciam Bill fazia mais tempo. Nem mais nem menos que isso. E eles acreditavam que Hillary iria vencer. Pensavam que estavam apostando em um cavalo vencedor. Não era uma posição anti-Obama. Na verdade, eles nem sabiam quem ele era. Obama nunca havia trabalhado conosco, nem enfrentado a questão da negritude no Mississippi. Já Hillary havia trabalhado com Marian Wright Edelman como advogada de defesa. Hillary tinha um histórico. Fosse qual fosse o passado de Obama como organizador comunitário e tal, não era algo tão longo e profundo como o de Hillary. Ela já havia trabalhado no delta de Arkansas, no delta do Mississippi; depois passou oito anos na Casa Branca, e ainda na África — quer dizer, ela tinha uma longa lista de realizações. E algumas pessoas, como disse Vernon Jordan, não mudam de cavalo sem uma razão poderosa.

No entanto, assim que a campanha presidencial começou, Jackson não hesitou em mostrar seu descontentamento com Obama quando, na sua opinião, ele não tocava na questão racial. Durante um conflito racial prolongado e terrível em uma escola na cidadezinha de Jena, Louisiana, Obama não participou de uma passeata — e Jackson fez questão de lhe dar sua opinião a respeito.[38] "Se eu fosse candidato, daria a máxima importância a Jena", disse Jackson na época. Segundo um jornal da Carolina do Sul, Jackson pensava que Obama, na sua moderação, estava "agindo como um branco".[39] Em retrospecto, Jackson diz que na época achou que Jena era um caso emblemático em um país onde há mais de 2 milhões de prisioneiros, quase a metade negros. "Achei que aquele era o momento de mandar uma mensagem clara sobre uma mudança na justiça criminal", diz ele. "E Barack, pelo jeito, não quis ser identificado abertamente com isso. Mas é possível discordar dos amigos sem ter que pular da ponte. Aquilo não foi motivo para um rompimento."

Barack Obama não trai suas emoções com facilidade, mas ficou profundamente decepcionado ao ver que os líderes negros não se uniram em torno dele em maior número. Em especial, sentiu a decisão de John Lewis de ficar ao lado de Hillary como uma facada nas costas, como confidenciou a assessores. Mas em Iowa ele estava empenhado em um projeto muito mais imediato — mostrar que era capaz de ganhar votos dos brancos. "Se Barack não conquistar Iowa, tudo isso não passa de um sonho", disse Michelle, em setembro de 2007.[40] Enquanto Obama fazia campanha no estado e sua rede de jovens militantes, extremamente dedicada e bem organizada, superava os rivais, seu atrativo ficava menos parecido com o de Jesse Jackson em 1984 e mais com o de Gary Hart. Seus partidários vinham do segmento que os estrategistas chamam de "brancos com maior nível educacional e status superior" — sobretudo gente mais jovem, de nível universitário, que apreciava sua franca oposição à invasão do Iraque quando ainda era senador.

Oprah Winfrey apoiou Obama — foi a primeira vez que ela apoiou oficialmente um candidato à presidência —, e começou a fazer campanha nos estados onde haveria as primeiras eleições primárias. Oprah lhe ofereceu um jantar em sua propriedade em Montecito, Califórnia, e convidou Stevie Wonder, Tyler Perry, Quincy Jones e outros membros da elite negra do *show business*, das finanças e das universidades. Mas onde Oprah Winfrey mais poderia ajudar era entre as pessoas comuns. Seu atrativo transcendia a raça, atingindo um número enorme de mulheres de classe média, da baixa classe média e da classe trabalhadora, tanto brancas como negras.

Com as prévias de Iowa se aproximando, dava para sentir o pânico nas fileiras dos Clinton. Em 14 de dezembro Bill Clinton foi ao programa *Charlie Rose Show* e tentou plantar a ideia de que a eleição de Obama seria um enorme risco. "Vejam bem, quando foi a última vez que elegemos um presidente com base em apenas um ano no Senado antes da disputa?", disse Clinton. "Quando eu era governador, era jovem e me achava o melhor político do Partido Democrata, eu não concorri da primeira vez" — uma referência à campanha de 1988. "Eu sabia, meu instinto me dizia que eu não deveria concorrer. Como político eu era bom o suficiente para ganhar; mas eu achava que ainda não estava pronto para ser presidente."[41] No núcleo da campanha de Clinton, disse um ex-assessor, "eles estavam mais que furiosos"; convenceram-se de que a imprensa estava encantada com Obama e a história de um candidato afro-americano derrotando uma máquina bem entrincheirada. "Bill, em especial, teve de enfrentar a questão do fracasso", disse o ex-assessor. "No passado eles dois foram jovens e românticos; mas é difícil para uma máquina ser romântica. A cobertura da imprensa foi boa para eles até novembro ou dezembro de 2007; mas, quando mudou, mudou brutalmente."

A disputa Obama-Clinton foi histórica por motivos tanto de raça como de gênero; mas, enquanto Obama conseguiu adotar a linguagem, os ritmos, as imagens e as lembranças do movimento dos direitos civis e transplantar tudo isso para sua campanha, dando-lhe o charme e a profundidade de algo maior, de um movimento, Hillary nunca fez o mesmo com a luta pelos direitos das mulheres. Ela própria resistiu a isso. Mais tarde, algumas pessoas de sua campanha reconheceram que demoraram muito para enxergar a força de Obama e da questão racial, e para perceber o alto preço que pagariam por não ligar a luta pelos direitos das mulheres à candidatura Clinton, aumentando assim a sua força.

"Nós agimos muito tarde na questão do gênero", disse um de seus principais assessores.

> Além disso, na cabeça de muitas pessoas, em especial na imprensa e entre os mais informados, Hillary tinha um *ethos* político muito duro e agressivo. Ela foi rotulada dessa maneira, e isso diminuiu seu cacife e seu brilho como primeira mulher candidata à presidência com chances reais. As pessoas viam algo de mau gosto na sua atitude política implacável. Ao terminar seus oito anos na Casa Branca, sua imagem estava surrada e manchada. Ela era a bruxa malvada. Agora isso já é um clichê, mas o fato é que um homem durão na política não é criticado da mesma forma que uma mulher.

Em 3 de janeiro de 2008, Obama venceu por larga margem as prévias de Iowa. Hillary Clinton ficou em terceiro lugar, atrás de John Edwards. Naquela noite, as frases iniciais do discurso da vitória de Obama foram emblemáticas da sua maneira de tratar da questão racial durante toda a campanha. Em meio aos aplausos em Des Moines, ele começou:

> Eles diziam que este dia jamais haveria de chegar. Diziam que estávamos mirando alto demais. Diziam que este país estava dividido demais, desiludido demais para se unir em torno de um objetivo comum. Mas nesta noite de janeiro, neste mo-

mento de definição histórica, vocês fizeram aquilo que os céticos disseram que jamais conseguiríamos fazer. [...] Nós somos um só povo. E a nossa hora da mudança chegou![42]

Uma espantosa sequência de gestos retóricos: Obama evoca as conhecidas cadências e a sintaxe da Igreja negra, repetindo as frases mais explícitas de Jesse Jackson: "As mãos que colhiam algodão agora podem escolher o presidente: Chegou a nossa vez!".[43] Vem então um gesto na direção do objetivo que estava na cabeça de todos — o lançamento de uma campanha que poderia levar ao primeiro presidente afro-americano. Jon Favreau, redator dos discursos de Obama, disse que os dois tinham mergulhado na retórica do dr. King, nos dois discursos de posse de Lincoln e nos de Robert Kennedy na campanha de 1968. A abertura do discurso de Iowa — "eles diziam que este dia jamais haveria de chegar" — fazia referência ao dr. King, mas não era explicitamente racial; era uma maneira de intensificar uma finalidade universalista com um eco histórico específico. "Eu sabia que essa frase teria múltiplos significados para múltiplas pessoas", disse Favreau.

"Foi este o momento em que nós derrubamos as barreiras que nos dividiram por tanto tempo. Quando reunimos pessoas de todos" — espere só — "todos os partidos e todas as idades." O deslocamento foi habilidoso e eficaz. O ouvinte sabia que ele queria dizer "barreiras raciais" — dava para *sentir* isso — mas a invocação ficou mais poderosa por não ser dita. O pronome-chave era sempre "nós". A luta histórica pelos direitos iguais só veio ao final de uma peroração sobre a firmeza de propósito do país:

> É a esperança que levou um grupo de colonos a se levantar contra um império; é o que levou a maior geração de todas a libertar um continente e curar uma nação; é o que levou moças e rapazes a se sentar nas lanchonetes segregadas, e enfrentar as mangueiras de incêndio, e marchar em Selma e Montgomery pela causa da liberdade. Esperança — é a esperança que me trouxe até aqui no dia de hoje.

No discurso de Obama, a luta pelos direitos civis não foi reformulada em termos de culpa nacional, mas sim de progresso nacional: a ascensão da geração de Josué, negros e brancos, vermelhos e amarelos. A luta pela liberdade dos negros se tornou, nos termos de Obama, uma luta pela liberdade dos americanos.

Os afro-americanos assistiram ao discurso de vitória de Obama em Des Moines com uma sensação de assombro. Ao vencer em Iowa e discursar aquela noite com tamanha força e eloquência, Obama provou que tinha chance; agora o voto dos negros começava a migrar firmemente na sua direção. Uma coalizão de brancos e negros contra a guerra — e talvez algo ainda mais amplo — agora era concebível.

O quadro vivo que se viu no discurso de Obama na noite da vitória, a imagem de Obama na tevê com sua família, também exerceu um impacto emocional profundo. "Iowa foi incrível", disse Cliff Kelley, importante apresentador da WVON, uma rádio de debates dos negros em Chicago que vinha promovendo Obama tão intensamente nos últimos anos. "Quando Barack entrou no palco com sua esposa e duas filhas lindas, todos sem o menor jeito de protagonistas, havia apenas cinco pessoas negras no recinto. Eles e eu." Até aquele momento, quantos afro-americanos — e quantos americanos — se permitiam acreditar que seria possível um presidente negro? Será que o mundo tinha mudado tanto assim?

"Foi só depois de Iowa que eles começaram a dizer: Ah, meu Deus, isso *pode* acontecer!", disse Julian Bond. "Em Iowa vimos que Obama era capaz de ganhar votos dos brancos no estado mais branco de todos. Com isso, tudo parecia possível."

Iowa esmagou o sonho de Hillary Clinton de ser um rolo compressor irrefreável e pôs sua candidatura em perigo. Viriam então as primárias de New Hampshire, cinco dias depois, e ela estava na rabeira das pesquisas nesse estado. Mas, como conseguiu vencer ali, os dois lados reconheceram que teriam pela frente uma longa campanha.

Mais uma vez, Jeremiah Wright apareceu para complicar a vida de Barack Obama. As primárias de Nevada seriam realizadas em 19 de janeiro; pouco antes, Wright declarou que a ideia de que os Clinton tinham sido amigos dos afro-americanos quando estavam na Casa Branca era ridícula. Bill Clinton, disse ele, "fez conosco a mesma coisa que fez com Monica Lewinsky".[44]

Mais uma vez Obama foi obrigado a distanciar-se de seu guia. "Como eu já disse ao reverendo Wright, ataques pessoais como esse não têm lugar nesta campanha, nem na nossa política", disse ele em um comunicado. "Isso não diminui meu afeto pelo reverendo Wright nem meu apreço pelas boas obras que já fez."

14. No parque de diversões racial

Em outubro de 2000, Anton Gunn, organizador comunitário e ex-atacante dos Gamecocks, da Universidade da Carolina do Sul, foi até o Cemitério Nacional de Arlington para enterrar o irmão mais novo, Cherone. Sinaleiro da Marinha com 22 anos, Cherone Gunn era um dos dezessete tripulantes do *U.S.S. Cole* que morreram quando a Al-Qaeda atacou o navio no porto de Aden, no Iêmen. O pai de Cherone, Louge, oficial de carreira da Marinha, e sua mãe, Mona, diretora de escola primária, choraram quando Anton se ajoelhou sobre o caixão do irmão, coberto pela bandeira americana, e falou alguma coisa baixinho, como alguém meio sonolento. "Falei: 'Eu te amo, e vou sentir saudades'", disse ele mais tarde.[1]

Mesmo antes da morte do irmão, Anton Gunn já sentia inclinação pelo serviço público. Depois de se formar pela Universidade da Carolina do Sul, trabalhou em diversos grupos comunitários do estado que auxiliavam as famílias pobres. Em 2002, Gunn ficou sabendo, por intermédio de um amigo também organizador comunitário, que havia um sujeito chamado Obama, ex-organizador de Chicago, concorrendo a um cargo estadual em Illinois. Ele fez pouco da ideia. "O nome do rapaz me pareceu estrangeiro", diz Gunn. "E eu nem fazia ideia de que ele era negro."

Dois anos depois, Gunn foi à igreja que frequentava para ouvir Obama falar em apoio a Inez Tenenbaum, ex-professora que estava concorrendo ao Senado contra um republicano de direita, Jim DeMint. Tenenbaum perdeu a disputa, mas Gunn nunca esqueceu Obama.

Em janeiro de 2007, quando Obama já era senador e se preparava para anunciar sua candidatura à presidência, Gunn foi conquistado. Numa viagem a Washington, comprou no aeroporto um exemplar de *A audácia da esperança*; ficou tão absorto no livro que não escutou o aviso de embarque e perdeu seu voo. Decidiu então ajudar Obama de todas as maneiras possíveis. Tentou primeiro uma aproximação direta, lembrando sua época de jogador de futebol. Ligou para o diretório de Obama em Washington e informou os assessores que Obama ia perder as primárias na Carolina do Sul se não contasse com os serviços de Anton Gunn. A resposta, de início, foi o silêncio.

Tentou então ligar para o diretório de Chicago da incipiente campanha de Obama, e deixou um recado semelhante na secretária eletrônica: "Posso não entender muito de política, mas conheço a Carolina do Sul. É um estado onde vão se realizar as primárias iniciais. Se você quiser se candidatar a presidente, precisa da minha participação".

Naquele dia, o próprio Obama ligou para Gunn, expressando interesse e dizendo que ia mandar Steve Hildebrand, vice-coordenador nacional da campanha, entrar em contato. Algumas semanas depois, Gunn foi a Washington para conversar com Hildebrand, que estava planejando a estratégia para os estados onde haveria as primárias iniciais, e David Plouffe, o coordenador geral da campanha. Os três discutiram as ideias de Gunn para a organização popular na Carolina do Sul. Plouffe, a figura mais importante na campanha de Obama, conhecia um pouco do trabalho com candidatos negros; em 2006 havia ajudado Axelrod na bem-sucedida campanha de Deval Patrick para governador de Massachusetts. Mas Gunn tinha uma experiência muito especial para oferecer, sobretudo quanto às sutilezas da política racial da Carolina do Sul. Gunn relatou que, como neófito, concorreu em 2006 à câmara estadual pelos condados de Richland e Kershaw, região de maioria branca e fortemente republicana, que nunca havia eleito um afro-americano. Ele perdeu por apenas 298 votos.

Na época, a campanha de Obama ainda era esquemática. Havia só algumas pessoas dando início ao trabalho em Iowa e, para ser exato, ninguém na Carolina do Sul, onde as primárias, em 26 de janeiro de 2008, seriam realizadas apenas 23 dias depois de Iowa. A equipe de Obama contratou então Gunn como coordenador político na Carolina do Sul — o primeiro contratado desse estado. Nas semanas seguintes, Gunn começou a montar um diretório e conseguir linhas telefônicas. A equipe de Obama também contratou Stacey Brayboy, um militante experiente e assessor no Capitólio, como coordenador da campanha no estado, e Jeremy Bird, advogado trabalhista do Meio-Oeste e estudante de teologia, como coordenador de campo. Brayboy e Gunn são negros; Bird é branco. Juntos, os três estabeleceram uma estrutura baseada nos princípios da organização comunitária.

A campanha de Hillary montou uma organização bastante tradicional na Carolina do Sul, com ênfase na obtenção de apoio de líderes cívicos e religiosos locais e na distribuição de dinheiro em espécie para ajudá-los a contratar cabos eleitorais e observadores das pesquisas de opinião. De início a campanha de Obama tentou se igualar à organização de Clinton nesse mesmo jogo. Ofereceu honorários mensais de 5 mil dólares para Darrell Jackson, senador estadual que era pastor de uma igreja em Columbia com mais de 10 mil fiéis, e à sua empresa de relações públicas, para ajudar a angariar votos.[2] O reverendo Jackson, que tinha a reputação de conseguir levar milhares de pessoas às urnas, ganhou o triplo dessa quantia em 2004, quando trabalhou para John Edwards no estado. Por fim ele aceitou uma oferta rival da campanha de Clinton e, segundo o Wall Street Journal, ganhou 135 mil dólares entre fevereiro e setembro de 2007.[3]

Com o apoio da sede da campanha em Chicago, Gunn, Brayboy e Bird decidiram confiar mais no estilo de organização popular do seu candidato. Eles sabiam que a Carolina do Sul era diferente de Iowa, onde quem vota nas prévias são militantes cívicos bem motivados. A Carolina do Sul é um estado de primárias, e os afro-americanos formam um grande núcleo do potencial de votos do Partido Democrata. A equipe de Obama queria registrar afro-americanos como eleitores, e fazer contato com os que nunca haviam votado. Para ressaltar a mensagem universalista da campanha, também tencionavam obter ganhos significativos entre os eleitores brancos.

A equipe da campanha logo descobriu que muitos afro-americanos da Carolina do Sul não só desconheciam as posições políticas de Obama, como não tinham ideia de quem ele era — nem mesmo que ele era negro. Esses mesmos eleitores sabiam muita coisa sobre os Clinton e, de modo geral, os admiravam. Para alcançar os eleitores negros, a equipe de Obama mandou voluntários fazerem repetidas visitas a igrejas, barbearias e salões de beleza, distribuindo cartazes com uma foto de Obama cortando o cabelo em uma barbearia da Carolina do

Sul. Com sorte, conseguiam o apoio do proprietário, que passaria a usar um broche de Obama. Nas igrejas, eles não visavam necessariamente ao pastor, mas sim aos líderes informais da comunidade. "Às vezes preferíamos contar com o apoio de alguma 'Miss Mary', a mulher com quem todos conversavam, que do próprio pastor", disse Anton Gunn. Eles organizaram shows de *gospel* em Charleston e Florence, onde o ingresso consistia em fornecer um endereço ou e-mail de contato. "Conseguimos dessa maneira umas 6 mil ou 7 mil pessoas", disse Gunn. Também trouxeram celebridades negras, como os atores Alfre Woodard e Boris Kodjoe, para falar em comícios.

No início da campanha, Gunn ligou para os diretórios da campanha em Chicago dizendo que os broches e adesivos que estavam recebendo eram inadequados. "Nós dissemos a David Plouffe: 'Não dá para continuar distribuindo esses broches — eles não significam nada para ninguém'", lembra Gunn. "Façam um broche com a foto dele, dizendo: 'Obama para presidente', para que as pessoas vejam que se trata de um *negro* chamado Obama concorrendo à presidência." Gunn era fã de hip-hop, e sabia que os músicos independentes se promovem distribuindo fitas e cartazes grátis pelas ruas. Ele informou à sede que a campanha teria que dar, e não vender, o "kit campanha, com camisetas, adesivos, folhetos e broches. A campanha reagiu lançando novos materiais com fotos de Obama: algumas dele com a família, outras com ele pregando em uma igreja". Os novos voluntários, como organizadores principiantes, passaram por um rigoroso treinamento e orientação, e partiram para distribuir os novos materiais em igrejas, restaurantes, salões de beleza, barbearias, competições esportivas, conjuntos habitacionais, clínicas médicas e comícios políticos.

Muito antes das prévias de Iowa, a campanha de Obama atraiu jovens voluntários dispostos a sair de suas cidades e se dedicar a uma candidatura com poucas chances de vencer. Na Carolina do Sul, uma dessas pessoas foi uma jovem branca de 23 anos chamada Ashley Baia, de Venice, Flórida. Em junho de 2007, Ashley Baia se mudou da Flórida para o condado de Horry, Carolina do Sul, e passou os seis meses seguintes fazendo campanha nos salões de beleza e barbearias de Florence e Myrtle Beach. Durante vários meses os brancos a rechaçaram, por vezes lhe dizendo sem rodeios que "nunca votariam em um crioulo". Já os negros muitas vezes lhe diziam que não votariam em Obama porque temiam que algo acontecesse a ele, ou porque ele "não tinha chance". Ela entrou na campanha, como disse aos amigos, porque viu em Obama um candidato que entendia os problemas dos doentes e dos pobres. Ashley tinha experiência própria nesses problemas. Quando tinha nove anos, sua mãe, Marie, adoeceu com câncer no útero. Com isso perdeu o emprego e o seguro-saúde, e caiu na pobreza, com as duas filhas. Para que a mãe não se sentisse tão mal oferecendo tão pouco no jantar, Ashley lhe dizia que na verdade adorava sanduíche de pão com molho. Marie tinha ocupações — às vezes duas ou três ao mesmo tempo — que não ofereciam seguro-saúde, e se preocupava o tempo todo com a possibilidade de deixar as filhas sozinhas no mundo. "Eu não sabia se ia viver ou morrer", como disse mais tarde.[4] Trabalhou como secretária, foi garçonete, entregou jornais de madrugada. Para fazer render seus remédios, cortava os comprimidos ao meio. "Todas aquelas noites eu achava que Ashley não estava me ouvindo chorar, mas ela ouvia tudo", disse Marie.[5]

Depois de um ano Marie começou a se recuperar e Ashley entrou na política para pôr em prática seu idealismo. Quando estudante na Universidade do Sul da Flórida—Sarasota/Manatee, fez campanha para John Kerry; dois anos depois se elegeu vice-presidente dos Universitários Democratas da Flórida. Em maio de 2007, depois de se formar, foi trabalhar para Obama na Carolina do Sul, angariando votos e recrutando voluntários. Ali, como em outros estados, os organizadores e voluntários empregavam várias técnicas de organização comunitária, inclusive para fortalecer os laços de amizade. Obama já havia entrevistado líderes comunitários e da igreja sobre suas "histórias, e os voluntários também contavam suas próprias histórias nas reuniões". Em uma dessas sessões, no fim do ano, com Valerie Jarrett presente, Ashley relatou como o sofrimento da mãe, e a incapacidade — ou falta de vontade — do governo de fazer algo mais por ela, acabou por conduzi-la à política. Ela queria "ajudar os milhões de filhos e filhas neste país que também querem e precisam ajudar seus pais".[6] Ao ouvir Ashley, Valerie Jarrett caiu em prantos e não conseguiu pronunciar o próprio discurso. Em vez disso, pediu a todos que citassem as razões que os levaram a trabalhar para Obama.

"Muita gente falou sobre a assistência médica e outras questões assim", recorda Ashley. "Chegou então a vez de um senhor negro, já idoso, um aposentado que eu já havia visitado muitas vezes, mas que relutava muito em apoiar Obama. Esse senhor disse que, depois de receber tantas visitas dela, tinha uma razão muito simples para apoiar Obama:

"Eu estou aqui por causa da Ashley."

Valerie Jarrett ficou tão tocada por esse encontro que o relatou a Obama.

Emocionado, ele começou a pensar naquele "momento de reconhecimento", como ele dizia, aquela aliança entre uma moça branca pobre e um negro idoso, como algo emblemático das suas esperanças para a campanha. Para Obama, as estrelas estavam se alinhando, tanto de maneiras grandes como pequenas. Ocorreu-lhe que poderia usar a história de Ashley algum dia, talvez em um discurso.

Em meados de outubro de 2007, a três meses das primárias da Carolina do Sul, o *New York Times* publicou uma reportagem que refletia os anseios de muitos afro-americanos do estado de Nova York, sobretudo das mulheres negras.[7] Clara Vereen, cabeleireira de 61 anos da pequena cidade de Loris, disse: "Eu tenho bastante sangue negro dentro de mim para querer um negro como nosso presidente. Mas", continuava ela, "tenho medo de que eles simplesmente o matem, de que ele não tenha a menor chance". Miss Clara, como é chamada pelos amigos, estava pensando em não votar em Obama só para protegê-lo. "Nós sempre gostamos de Hillary, porque gostamos do marido dela."

As mulheres negras constituíam 29% dos eleitores das primárias democratas da Carolina do Sul, e não eram as únicas pessoas que se sentiam tão divididas como Miss Clara. Obama fez muitas viagens ao estado, e não apenas aos municípios e bairros negros. Em junho de 2007 foi a Greenville — base de operações de Jim DeMint e Lindsey Graham — e 3,5 mil pessoas, negros e brancos, foram ouvi-lo.

No início de novembro Obama foi mais uma vez à Carolina do Sul, discursando em dois jantares diferentes da NAACP em uma só noite. Discursou também na cidade de Manning, na escadaria do Tribunal Municipal de Clarendon, local de um processo de dessegregação racial que entrou na decisão do caso Brown vs. Comitê de Educação. Clarendon é um dos municípios mais pobres do estado, e Manning fica ao longo da estrada Interestadual 95, num trecho tão pobre que é chamado de Corredor da Vergonha. Ernest Finney, o primeiro negro na Suprema Corte Estadual da Carolina do Sul desde a Reconstrução, apresentou Obama. Disse que desde garoto, criado em um estado segregado do Sul, sempre sonhou com um negro na presidência; e nesse momento, um negro "pode estar prestes a vencer".

A equipe da Carolina do Sul vinha falando a Obama sobre a relutância de alguns afro-americanos em votar nele devido à sua juventude e relativa inexperiência, ou porque temiam pela sua segurança. E não sem razão: o nível de ameaça era tal que o Serviço Secreto passou a dar proteção a Obama em maio de 2007, mais cedo que para qualquer outro candidato com exceção de Hillary Clinton, que como ex-primeira-dama recebeu proteção desde o início. Em Manning, Obama teria de responder a esses temores. No carro, a caminho do local do discurso, continuou modificando o texto. Ao chegar, falou diretamente aos eleitores negros:

> Já ouvi pessoas dizerem: "É verdade, ele fala bem. Nós gostamos da esposa dele. Ele tem duas filhas bonitas. Mas nós não sabemos se os Estados Unidos estão prontos para ter um presidente afro-americano". Vocês já ouviram isso antes. Vocês já ouviram essas mesmas vozes há cinquenta anos. "Talvez ainda não seja a hora, talvez tenhamos que esperar. O país não está pronto." Assim, só quero deixar claro para vocês o seguinte: eu não estaria concorrendo se não estivesse confiante de que vou vencer.
>
> Não estou interessado no segundo lugar. Não estou concorrendo a vice-presidente. Não estou concorrendo a ministro disso ou daquilo. Já sou senador dos Estados Unidos. Todo mundo me conhece. Já vendi um monte de livros. Não preciso concorrer à presidência para aparecer na televisão ou no rádio. Eu já estive no programa da Oprah. Estou na disputa para ser presidente dos Estados Unidos da América. [...]
>
> Então eu digo agora para os nossos irmãos e irmãs que andam falando que eu não posso vencer: não vamos armar uma derrota para nós mesmos. Tirem da cabeça que não há nada que vocês possam fazer. Eu não acredito nisso de não poder fazer. Sim, nós podemos fazer alguma coisa. Que mensagem é essa que estamos passando aos nossos filhos, dizendo que não é possível fazer alguma coisa?[8]

Esse foi o pronunciamento com o sotaque regional mais típico e a retórica mais direta que Obama conseguiu fazer. O discurso foi muito noticiado pela mídia, mas mesmo assim não atingiu plenamente seu objetivo; não aplacou os temores por completo. "As pessoas ainda diziam que a última vez que vimos alguém tão bom como Barack foi Bobby Kennedy ou seu irmão John, e nós vimos o que aconteceu com eles", disse Anton Gunn. "Havia um medo generalizado."

Como os ataques a Obama começaram a se acumular na internet e na tevê a cabo — ataques que tentavam retratá-lo como estrangeiro, como muçulmano, ou um radical disfarçado com terno e gravata —, o candidato usou uma linguagem que não teria dado certo nos milharais e nas lanchonetes de Iowa. Falando em Sumter a um público de maioria negra, Obama rechaçou uma barragem de e-mails que afirmavam que ele era muçulmano. "Não deixe que as pessoas virem a sua cabeça, pois elas estão só inventando coisas. É isso que elas fazem. Elas tentam te enrolar, te passar a perna."⁹ Frases semelhantes são ditas por Malcolm X no filme biográfico de Spike Lee. Em uma reunião de negros, Malcolm X, interpretado por Denzel Washington, os adverte a não se deixarem "enrolar" pelo "homem branco". ("Eu digo e repito, vocês foram enrolados. Vocês foram engabelados. Tapeados. Iludidos. Desviados do rumo... É isso que o homem branco faz.") O porta-voz de Obama, Robert Gibbs, informou solenemente à imprensa que ignorava se o candidato sabia que aquela linguagem se inspirava no filme de Spike Lee sobre Malcolm X; mas era impossível acreditar que ele não soubesse.

Obama ainda não tinha eliminado toda a resistência à sua candidatura. Anton Gunn reconheceu, com alguma apreensão, que na Carolina do Sul seria bom para Obama se os eleitores afro-americanos vissem que ele não tinha se casado com uma branca, nem com uma negra de pele clara. "Gostando ou não, essas coisas têm importância para as pessoas daqui", disse ele. ("Não creio que Obama poderia se eleger presidente se fosse casado com uma mulher branca", disse Melissa Harris-Lacewell, cientista política da Universidade Princeton, que frequentava a igreja de Obama quando morou em Chicago. "Se ele fosse casado com uma branca, isso iria sinalizar que ele escolhia a cor branca — um forte lembrete visual de que não estava do lado dos afro-americanos. Michelle lhe serviu de âncora. Nós, como afro-americanos, gostamos de Barack também pela imagem dele na Casa Branca, e essa imagem seria surpreendentemente diferente sem Michelle e as duas meninas de pele escura.")

A campanha decidiu enviar Michelle Obama à Carolina do Sul para discursar, pouco antes do Dia de Ação de Graças. O local escolhido foi Orangeburg, cidade de 13 mil habitantes que desde o início do movimento dos direitos civis foi palco de batalhas pela dessegregação escolar, greves de fome, marchas de protesto, boicotes comerciais e, em fevereiro de 1968, um violento confronto entre a polícia e manifestantes da Universidade Estadual da Carolina do Sul, uma instituição para alunos negros, que faziam um protesto em um boliche segregado. A polícia atirou contra os manifestantes, matando três e ferindo 28, em um incidente conhecido como "Massacre de Orangeburg". A campanha agendou o discurso de Michelle para o campus dessa universidade.

Michelle Obama começou relatando um encontro com Coretta Scott King, mulher do dr. King, falecida em 2006. "O que mais me lembro é que ela me disse para não ter medo, pois Deus estava conosco, com Barack e comigo, e que ela sempre nos incluía nas suas orações."[10] Relatou então tudo que Coretta Scott King tinha sofrido, e citou os nomes das suas heroicas antecessoras: Sojourner Truth, Harriet Tubman, Fannie Lou Hamer, Rosa Parks, Dorothy Height, Shirley Chisholm, C. Delores Tucker, Mary McLeod Bethune. "Todas essas mulheres deixaram de lado as vozes da dúvida e do medo, as vozes que diziam: 'Espere', 'Você não pode fazer isso', 'Ainda não chegou a sua vez', 'Não é o momento certo', 'O país simplesmente não está pronto para isso'."

Michelle Obama se apresentou inúmeras vezes na campanha eleitoral, mas foi em Orangeburg que fez seu discurso sobre a geração de Josué — uma fala diretamente dirigida à comunidade afro-americana. A campanha, de modo geral, tivera extremo cuidado para não enfatizar o tema da raça, por medo de afastar os eleitores brancos; esse discurso foi um dos momentos excepcionais. Michelle Obama fez questão de prestar homenagem à geração passada — "Hoje eu posso me apoiar neles" — antes de pedir a confiança e o apoio dos eleitores. Seu discurso deixou bem claro suas credenciais quanto à questão racial. Ela era como eles. Era descendente de escravos que tinham vivido naquele estado — seu avô era de Georgetown, Carolina do Sul. Quando criança, recebeu o amor de seus pais, professores e pastores; mas também se lembrava dos colegas de escola "que achavam que uma menina negra com um livro nas mãos estava se fazendo de branca". Tinha aprendido a deixar de lado "aquela dúvida sobre seu próprio valor que nos corrói e é tão comum dentro de todos nós". Descreveu sua trajetória desde a zona sul de Chicago até a Faculdade de Direito de Harvard, mas logo mostrou estar consciente de que "um número enorme de meninas negras" não têm as oportunidades que ela teve. Essas meninas têm o caminho barrado pela pobreza, pelas escolas inadequadas e sem segurança, pela criminalidade e pelo racismo. Seu marido, disse ela, estava concorrendo "para ser o presidente que finalmente vai melhorar a situação dos pobres e dos esquecidos em todos os cantos deste país". Ele deveria ser presidente "não por causa da cor da sua pele, mas pela qualidade e pela coerência do seu caráter" — palavras que reproduziam as do dr. King ao falar no "conteúdo do seu caráter". Finalmente, ela abordou os temores que tantos negros da Carolina do Sul haviam confessado aos jovens voluntários idealistas de Obama — o medo de que ele não estivesse pronto, e as ameaças à sua vida:

Bem, eu sei que as pessoas conversam nas barbearias e nos salões de beleza, e já ouvi alguns dizerem: "Esse Barack parece um cara legal, mas não sei se os Estados Unidos estão prontos para um presidente negro". Bem, tudo que eu posso dizer é que nós já ouvimos essas vozes antes. Essas mesmas vozes que dizem "Talvez seja melhor esperar", "Não, você não consegue", "Você ainda não está preparado", "Você não tem experiência". Vozes que se concentram no que pode dar errado, e não naquilo que é possível. E eu compreendo isso. Sei de onde vem isso, esse sentimento de dúvida e de medo do que o futuro nos reserva. Esse véu da impossibilidade que nos segura lá embaixo, e segura os nossos filhos lá embaixo, que nos deixa sempre esperando, esperando uma virada nos acontecimentos que talvez nunca aconteça. [...]

Mas eu não quero falar apenas sobre o medo, quero falar do amor. Pois sei que tudo isso também é uma questão de amor. Sei que as pessoas se preocupam com Barack e com a nossa família. Sei que elas querem se proteger, e nos proteger, contra a decepção e o fracasso. Sei que as pessoas têm orgulho de nós. Sei que compreendem que Barack é especial. Não se vê esse tipo de homem com frequência.

Eu comparo essa atitude com a daquela tia ou avó que comprou móveis novos — gastou as economias da sua vida inteira naqueles móveis, e daí o que ela faz? Põe uma capa de plástico para protegê-los. O plástico fica amarelo, machuca a perna de quem senta, é quente, é pegajoso. Veja bem, a vovó só está tentando proteger a mobília — mas o problema é que ela não consegue desfrutar dos móveis, não obtém o pleno benefício deles enquanto tenta protegê-los. Creio que as pessoas querem apenas nos proteger contra a possibilidade de uma decepção que venha a ocorrer — não por problemas nossos, mas pelo fato de o mundo ser como é. O medo deles é que o mundo ainda não está pronto para um homem decente como Barack. Às vezes parece melhor nem tentar do que tentar e fracassar.

Precisamos lembrar que essas emoções tão complexas são justamente aquelas que tiveram que ser superadas pelos que batalharam no movimento pelos direitos civis, há tantas décadas. É aquilo que muitos de nós lutam para superar na nossa própria vida. E é o que teremos que superar, na condição de comunidade, se quisermos melhorar nossa vida. Vamos ter que penetrar no fundo das nossas almas, enfrentar a dúvida que temos quanto ao nosso próprio valor e reconhecer que o nosso destino está nas nossas mãos, que o nosso futuro somos nós mesmos que fazemos. Vamos então construir o futuro que todos nós sabemos que é possível. Vamos provar aos nossos filhos que eles realmente podem alcançar os seus sonhos.

Vamos mostrar a eles que os Estados Unidos estão prontos para Barack Obama. Agora, neste momento. [...]

Quero que vocês sonhem com esse dia — o dia em que Barack Obama tomará posse como presidente. Imaginem a nossa família na tribuna presidencial. O país olhará para si mesmo de outra maneira. E o mundo vai olhar para os Estados Unidos de outra maneira.

A mensagem, transmitida numa linguagem muito mais direta, emocionalmente, do que Obama jamais havia se permitido, era inconfundível. Assim como Coretta King não teve medo e, em última análise, não teve do que se arrepender, Michelle Obama também não tinha medo — ou pelo menos não tinha temores que a impedissem de apoiar o marido. Sua mensagem era confortadora e direta. *Vai dar tudo certo com ele. Ele quer a mesma coisa que você quer. Agora é a hora. E ele pode vencer.* Michelle Obama se apresentou muitas vezes a um público maior — lembrando que seu discurso na Convenção Democrata de Denver chegou a muitos milhões de pessoas, não a alguns milhares —, mas ela nunca fez um apelo racial tão direto. Em Orangeburg ela pediu aos negros que se concentrassem na convergência entre a emoção e a imaginação histórica; esse era o ponto forte do seu discurso, e a campanha estava apostando que daria certo.

Nos dias que antecederam as primárias, as pesquisas não viam com clareza alguma o eleitorado da Carolina do Sul. A liderança negra no estado ainda estava dividida. Um senador estadual, Robert Ford, veterano dos direitos civis que tinha trabalhado para o dr. King durante a Campanha dos Pobres, disse a um repórter que as chances de Obama ser indicado pelo partido eram "muito pequenas", e que, se ele ficasse na cabeça da chapa democrata, "nós perderíamos a Câmara, o Senado, os governadores e tudo o mais. [...] Eu sou um apostador. Eu amo Obama, mas não vou cometer suicídio". Ford ficou com Hillary. A situação dos eleitores brancos parecia ainda mais duvidosa.[11]

Em 20 de janeiro de 2008, uma semana antes das primárias na Carolina do Sul, Obama foi a Atlanta para falar em homenagem ao aniversário de Martin Luther King na Igreja Batista Ebenézer. Seu discurso lembrava o de Selma e vários outros proferidos depois — até a parte final, quando ele contou a história de Ashley Baia e do negro idoso no condado de Horry, que disse que fora conquistado por ela:

Por si só, esse instante de reconhecimento entre a jovem branca e o negro idoso não basta para mudar um país. Por si só, não é suficiente para dar assistência médica aos doentes, emprego aos desempregados ou educação às nossas crianças. Mas é aí que nós começamos. É por isso que eu creio que nesse momento as paredes daquela sala começaram a rachar e a tremer.

E, se elas podem tremer e balançar naquela sala, também podem tremer e balançar em Atlanta. E se podem tremer em Atlanta, podem tremer no estado da Geórgia. E, se podem tremer na Geórgia, podem tremer todo o país. E, se reunirmos muitas vozes, e nossas vozes todas se unirem, se olharmos nos olhos uns dos outros e enxergarmos o outro, podemos fazer as paredes desmoronarem e ruírem. As muralhas de Jericó podem, finalmente, vir abaixo.[12]

Mais uma vez, a história e as cadências do movimento de direitos civis foram ampliadas para vir ao encontro da história narrada pela campanha de Obama — e tudo isso em uma cidade plena de ressonâncias. Com o tempo, aumentou a confiança de Obama no voto negro, e também a questão da autenticidade. Em um debate na Carolina do Sul, um repórter lhe perguntou: "Você acha que Bill Clinton foi o nosso primeiro presidente negro?". Obama sorriu e se arriscou a fazer o papel de um juiz da negritude, com bastante ironia. De repente, ele já não era um candidato cauteloso, mas um homem sem medo de demonstrar seu orgulho étnico. "Eu teria de investigar melhor se Bill sabe dançar bem", disse Obama, "antes de avaliar com precisão se ele foi, na verdade, um irmão nosso."[13]

No mesmo debate — um encontro agressivo ocorrido no Dia de Martin Luther King no Palace Theater, em Myrtle Beach —, Hillary Clinton tentou realçar sua própria presença na disputa presidencial como um triunfo do movimento de direitos civis. "Estou me lembrando de um dos meus heróis, Frederick Douglass", disse ela, "que escrevia no alto do seu jornal, *The North Star*, do interior do estado de Nova York: 'O direito não tem sexo e a verdade não tem cor'. E, de fato, essa é a mensagem profunda do dr. King."[14]

O debate de Myrtle Beach foi o mais desagradável de toda a campanha, com os candidatos trocando farpas sobre o relacionamento de Obama com Tony Rezko, acusado de ser "proprietário de casas nas favelas", e o trabalho de Hillary como advogada corporativa da Walmart. Foi um debate tão carregado que, quando do Hillary saiu do palco, disse à sua equipe: "Me desculpem, mas ele foi um ba-

baca". E Obama disse a Jarrett: "Acho que eu fui um pouco longe demais; mas ela também foi".[15]

Depois de passar meses subestimando a campanha de Obama, os Clinton agora reconheciam a ameaça. "Estávamos concorrendo contra um homem muito talentoso", disse um de seus principais assessores.

> Na Carolina do Sul, não sabíamos o que fazer. Depois que perdemos Iowa, o voto afro-americano foi drenado — escapava de nós tão rápido como se houvesse um buraco no fundo da piscina. Nada mais nos restava senão acompanhar as pesquisas e vê-lo se evaporar. Em New Hampshire nós vencemos, apesar de termos chegado até dezesseis pontos atrás nas pesquisas. Foi inacreditável. Estávamos tão despreparados para ganhar que tivemos que jogar o Howard [Howard Wolfson, diretor de comunicações de Hillary] na tevê com a barba por fazer. A imprensa concluiu que, como vencemos por três pontos e as pesquisas mostravam Hillary oito pontos atrás, houve algo em jogo chamado efeito Bradley. Os repórteres estavam convencidos de que essa tinha que ser a explicação. Era algo que questionava, deslegitimava a nossa vitória — e agora estava ali em discussão, um novo elemento na Carolina do Sul, onde os negros formam uma parte tão grande do eleitorado democrata.

Em 26 de janeiro, Obama superou de longe as expectativas na Carolina do Sul, com uma vitória esmagadora. Concorrendo contra Hillary Clinton e John Edwards, conseguiu 55% do total de votos, contra 27% de Hillary. Obama perdeu apenas em dois dos 46 municípios do estado. Edwards, natural da vizinha Carolina do Norte, obteve um resultado fraco, com 18% dos votos; quatro dias depois, abandonou a disputa. Obama ganhou 80% dos votos afro-americanos, e continuou acima desse patamar pelo resto da campanha. Na disputa entre os três candidatos, Obama também ganhou um quarto dos votos do eleitorado branco, e ficou em primeiro lugar entre os eleitores brancos com menos de quarenta anos. Foi o mesmo resultado da campanha de 2004 para as primárias de Illinois, agora tomando forma no nível presidencial — uma conquista quase total do voto negro, combinada com uma boa porcentagem de progressistas brancos e alguns centristas.

"A Carolina do Sul nos deu uma emoção incrível", lembra Cassandra Butts, assessora e amiga de Obama de longa data. "Sentados na nossa sala de comando, vendo os resultados na tevê, percebemos que tínhamos feito exatamente o que precisávamos fazer. Depois houve um comício da vitória e as pessoas gritavam: 'A raça não importa! A raça não importa!'. Intelectualmente eu sei que as coisas não são assim; mas essas pessoas estavam tão comovidas com o candidato que estavam dispostas a suspender seu ceticismo."

Líderes afro-americanos já começavam a reconsiderar sua lealdade, enquanto seus eleitores abandonavam os Clinton. "Tive uma reunião executiva comigo mesmo", disse John Lewis. Seus eleitores em Atlanta estavam apoiando Obama e Lewis, e pela primeira vez em muitos anos teria de enfrentar oposição em um distrito que sempre fora garantido. Ele percebeu que Obama estava liderando uma retomada do movimento que dera forma à sua própria vida. Tanto política como emocionalmente, ficou sem opção. Ligou então para Bill e Hillary Clinton para lhes dizer que os amava, mas que ia apoiar Barack Obama. "Percebi que eu estava do lado errado da história", disse Lewis.

Até a Carolina do Sul, os Clinton pensavam que sua história passada e seus incontáveis relacionamentos lhes garantiriam uma grande porcentagem — até mesmo a metade — dos votos afro-americanos. "Os brancos da nossa equipe, como Harold Ickes, tinham toneladas de experiência com a questão racial", disse um assessor dos Clinton.

> Ickes perdeu um rim quando foi espancado por brancos em uma passeata pelos direitos civis em Louisiana, e já tinha trabalhado para Jesse Jackson. Assim, quando chegou o momento em que perdemos John Lewis, Ickes disse que a notícia foi como um chute nos testículos. Ele nos disse: "Não consigo acreditar que isso está acontecendo". Mas os Clinton compreenderam que John Lewis tinha que se mexer.

As primárias da Carolina do Sul também revelaram algo sobre a campanha de Obama. Embora administrada sobretudo por um pequeno círculo de assessores — David Plouffe, David Axelrod, Robert Gibbs e outros brancos —, havia uma diversidade de opiniões que dava mais versatilidade à campanha. Valerie Jarrett, Cornell Belcher, Cassandra Butts e, em nível local, gente como Anton Gunn e Brayboy Stacey eram talentosos para elaborar as táticas necessárias.

"Creio que nunca antes houve uma campanha presidencial com um monte de gente parecida comigo", disse Cornell Belcher, responsável pelas pesquisas de opinião. "Eu não estava mais sentado numa mesinha de lado, lidando com negros papos-furados. Havia muita troca de ideias sobre questões raciais sutis — por exemplo, um monte de videoconferências acerca de Orangeburg. Tivemos de lidar com o fato de que havia afro-americanos velhos que se lembravam de ver gente morrendo. A gente tinha de ganhar a confiança deles."

O consenso dizia que Iowa foi a chave: quando os negros da Carolina do Sul viram que os brancos estavam dispostos a votar em Obama, passaram a acreditar que ele tinha uma chance real de vencer. No entanto, Anton Gunn e Cornell Belcher eram dos que pensavam que essa análise era limitada. "Dizer que Iowa abriu as portas e fez os negros apoiarem Obama é quase uma afirmação racista", disse Belcher. "Os números de Obama subiram em toda parte depois de Iowa. A popularidade dele não aumentou só entre os negros; foi em toda parte."

O crescente sucesso de Obama como candidato nacional, continuou Belcher, se baseava no fato de que ele

> se tornou uma figura extremamente individualizada. Por ser quem é, foi vacinado contra os estereótipos, contra a ideia que, de alguma forma, os afro-americanos não compartilham os valores dos brancos, ou são mais permissivos moralmente, ou menos inteligentes. Havia coisas em Obama, seja da sua família ou suas credenciais educacionais, que permitiram essa individualização. Quais foram os fatores principais? A origem familiar birracial? Sua formação em universidades de elite? A imagem de um homem firmemente dedicado à família falando sobre responsabilidade pessoal?

"A Carolina do Sul foi reveladora", continuou Belcher.

> Muita coisa sobre a nossa situação racial e cultural se desenrolou ali. Obama não ganhou os negros logo de saída, seja no país ou na Carolina do Sul. Isso exigiu esforço. O que ocorreu foi que ele se tornou uma voz autêntica, com tanta credibilidade entre os afro-americanos que não estava apenas ganhando os eleitores negros; estava deixando Hillary lá para trás, comendo poeira. Ela não conseguiu nem quinze por cento dos votos afro-americanos. Ele dominou completamente um nicho essencial do eleitorado democrata. Ninguém conseguia competir com ele na Carolina do Norte, Louisiana, Virginia, Mississippi ou Alabama. Pense um pouco — se Hillary tivesse ganhado vinte por cento, ou vinte e cinco por cento do voto dos negros em Alabama, Mississippi, Geórgia, a disputa seria bem diferente.

* * *

A batalha entre Obama e Hillary Clinton pela indicação durou mais quatro meses e meio. Após a vitória decisiva na Carolina do Sul, Obama ganhou o apoio importantíssimo de Edward e Caroline Kennedy, mas saiu da Super Terça-Feira, em 5 de fevereiro, com uma vantagem prevista de apenas catorze delegados — praticamente um empate. O que Obama conseguiu, no entanto, foi provar que a vitória de Hillary não era inevitável, e que a campanha dela era fraca, sem foco e desorganizada. Não há como descrever o atrito dentro da campanha de Hillary, o ressentimento da imprensa, o sentimento de orgulho ferido. Até o fim da disputa Obama não perdeu mais a liderança; mas Hillary era tenaz, e pode-se afirmar que ela derrotou Obama em muitos debates. Em um evento da campanha, Obama disse a um velho amigo de Chicago: "Será que eu vou ter que enfiar uma estaca no coração dela? Ela não morre de jeito nenhum!".

Uma parte nada pequena do drama dessa guerra, que deu a impressão de durar cem anos, foi a dinâmica racial — os momentos não raros em que um candidato, ou seu representante, disse algo que poderia ser interpretado como um apelo à questão racial. Um primeiro sinal de que a disputa de 2008 teria esse subtexto ocorreu quando o senador Joseph Biden, de Delaware, um dos primeiros candidatos à indicação democrata, disse, em janeiro de 2007, que Obama era "o primeiro candidato afro-americano convencional que é articulado, brilhante, limpo, e é um sujeito bonito".[16] Quem conhecia Biden presumiu que ele estava sendo o Biden de sempre: efervescente, indisciplinado na sintaxe, e desligado da ressonância de termos como "articulado" e "limpo". Mas, ao contrário de líderes negros mais velhos, incluindo Sharpton e Jackson, que condenaram Biden por essa observação, Obama de início foi imperturbável. Descartou a importância do incidente, dizendo que Biden "não tinha a intenção de ofender ninguém".[17] "Não tenho nenhum problema com Joe Biden." Obama queria parecer o oposto do hipersensível — *Eu não sou aquele cara que enxerga racismo em todo lugar*.[18] Mas, quando as críticas a Biden continuaram, ele divulgou um comunicado dizendo que os comentários de Biden "foram, é óbvio, historicamente inexatos".

O clima entre os assessores de Obama foi menos indulgente quando Bill Shaheen, um dos coordenadores da campanha de Clinton em New Hampshire, disse ao *Washington Post* que Obama seria examinado com especial rigor pelos republicanos devido ao seu uso de drogas quando jovem: "Vai ser assim: 'Quando foi a última vez? Em algum momento você deu drogas para alguém? Ou vendeu para alguém?'".[19] Esse comentário endossava um dos memorandos de David Axelrod a Obama; mas nesse contexto parecia uma insinuação venenosa. De início Hillary Clinton ficou encantada com o comentário, mas depois, quando sua campanha percebeu que aquilo caiu muito mal na imprensa, Shaheen pediu desculpas e se demitiu. A própria Hillary encontrou Obama na pista do Aeroporto Reagan, em Washington, para pedir desculpas — encontro que logo azedou quando os dois começaram a trocar recriminações.

No decorrer da campanha, as desfeitas (reais ou imaginárias, dependendo do ouvinte) começaram a aumentar. Robert Johnson, um magnata afro-americano da mídia, partidário de Hillary, disse que na época em que os Clinton trabalhavam duro em prol dos negros e do bem público, "Barack Obama estava fazendo uma certa coisa lá no bairro — eu não vou dizer o que ele estava fazendo, mas ele mesmo disse no seu livro".[20] A referência, claro, era ao uso de drogas quando jovem, que o próprio Obama relatou.

"O sonho do dr. King começou a ser realizado quando o presidente Lyndon Johnson aprovou a Lei dos Direitos Civis, em 1964. Foi necessário um presidente para concretizar isso", disse Hillary Clinton em janeiro.[21] Para seus partidários, Hillary estava apenas citando um fato histórico: o dr. King mobilizou a oposição pública contra o racismo, mas para mudar a política oficial do país foi necessário a ação de Lyndon Johnson e o poder da presidência. Para alguns partidários de Obama, no entanto, Hillary estava menosprezando o heroísmo, a luta e as mágoas do movimento pelos direitos civis. "A imagem projetada foi que ela estava depreciando a voz profética, diminuindo o papel de Martin Luther King — e, por extensão, diminuindo Barack e sua capacidade", disse Cassandra Butts. "Isso fazia parte da crítica que apresentava Barack como um peso-leve, alguém que não trabalhava duro como a senadora Clinton. Não foi um comentário isolado. Em uma teleconferência com repórteres, Obama disse que Hillary "fez um comentário infeliz, uma observação irrefletida".

Na véspera das primárias de New Hampshire, com as pesquisas indicando vitória para Obama, Bill Clinton havia dito em público: "Essa coisa toda é o maior conto de fadas que eu já vi".[22] Para quem ouviu ou leu a frase fora de contexto, Clinton parecia estar se referindo ao próprio Obama como um "conto de fadas", um feitiço reforçado por uma mídia impressionada. O que ele estava dizendo, porém, era algo muito diferente — que a oposição de Obama à guerra era "um conto de fadas". Os Clinton enfatizavam o recado de que os votos e a retórica de Obama sobre o Iraque desde o ingresso no Senado foram praticamente iguais aos de Hillary Clinton. Isso também era verdade, possivelmente — refletindo um dos temas de Mark Penn —, mas não era nada de racial. Clinton também se referiu a Obama como "garoto", um momento descuidado de concessão irônica que alguns partidários de Obama, como Orlando Patterson, eminente sociólogo de Harvard, citaram como sinônimo de "arrogante — uma maneira de dizer 'Quem é ele?'". Donna Brazile, que fora assessora da campanha do presidente Clinton em 1992 e 1996, disse: "Vou lhe dizer, como afro-americana acho o tom e as palavras dele muito deprimentes".[23]

Quando parecia que Obama iria vencer na Carolina do Sul, Bill Clinton, que batalhou muito na campanha nesse estado, comentou para repórteres: "Jesse Jackson ganhou na Carolina do Sul duas vezes, em 84 e 88. Ele fez uma boa campanha, e o senador Obama também vem fazendo uma boa campanha aqui. Ele vem fazendo uma boa campanha em toda parte".[24] Muitos na campanha de Obama acharam que Clinton parecia querer associar Obama e Jackson como dois candidatos negros com campanhas implausíveis, impossíveis de vencer.

"Não creio que havia uma estratégia racial por trás desses comentários, mas penso que foram feitos para tentar minimizar a vitória", disse David Plouffe. O próprio Jackson não viu nada de racista nas declarações de Clinton. Mais tarde naquele ano, em viagem pela África, Bill Clinton deixou claro seu ressentimento contra os comentadores que disseram que essas observações tinham prejudicado a campanha da esposa.

"O senhor, pessoalmente, tem algum arrependimento em relação ao que fez na campanha para a sua esposa?", perguntou-lhe Kate Snow, correspondente da rede ABC.

"Sim, mas não como você pensa", disse ele. "E para mim seria contraproducente falar sobre isso. Há coisas que eu gostaria de ter pedido a ela para fazer; coisas que eu desejaria ter dito; coisas que eu desejaria não ter dito. Mas eu não sou racista, nunca fiz um comentário racista. E não ataquei [Obama] pessoalmente."[25]

"Aquilo da Carolina do Sul", continuou Clinton, "foi distorcido para exercer um efeito intencional, por pessoas que não eram a favor de Hillary. Para mim tudo bem; mas, sabe, essas pessoas não têm escritório no Harlem. Não viveram a vida que eu vivi."

"Os Clinton eram como heróis na comunidade afro-americana. Eles jamais fizeram nada na vida que desse margem a uma interpretação errônea de seus comentários. E o tratamento dos Clinton pela imprensa foi essencialmente injusto, diz Mark Penn, o mais graduado assessor de Hillary.

Contudo, outro assessor próximo da campanha de Hillary disse:

> Bill Clinton às vezes se esquece de que é ex-presidente, e se comporta como um professor de história; ele diz algo que é historicamente verdadeiro, mas, vindo dele, soa de um jeito errado. Nós não fomos delicados o suficiente. Lembre-se, estávamos exaustos. Tudo que ouvíamos da imprensa é que éramos péssimos, que Obama estava liderando um movimento de mudança, que o nosso público era sempre menor que o dele — e isso é uma coisa que deixa a pessoa irritada, que bota a gente para baixo. Em oito dias, passamos de uma fase em que não havia nenhuma conversa sobre a questão racial para uma fase em que isso se tornou um assunto enorme. A gente não sente muito bem que isso está acontecendo, devido a todo o resto que está ocorrendo ao redor. É a névoa da guerra. É como ser um sapo na água fervente — a gente não sente que a vida está se esvaindo, até que já é tarde demais.

Alguns amigos de Clinton viam o que estava acontecendo com uma mistura de espanto e solidariedade. "Ao longo de toda a era Bush, negros e liberais americanos realmente amavam Bill Clinton", disse um amigo de longa data. "Bill era capaz de sair a público e, sem ter um discurso na mão, ser brilhante falando sobre muitos temas. Mas acho que, depois que Obama apareceu, foi muito duro para Clinton não ser mais o cara bacana, o cara inteligente, o liberal, o negro."

A frustração de Bill Clinton foi tão profunda, e sua falta de disciplina, tão impressionante, que ele disse a uma rádio da Filadélfia: "Acho que eles jogaram a cartada da raça contra mim".[26] Depois, indagado sobre a observação, negou ter dito isso.

O pessoal de Obama sabia que a sua melhor jogada política era dar um passo atrás e ficar observando. Enquanto isso, nas estações de rádio negras, era possível ouvir os eleitores afro-americanos dizendo que estavam desanimados com os Clinton e iam passar para o lado de Obama. "Até Bill Clinton fazer aqueles comentários na Carolina do Sul, muitos negros ainda não estavam convencidos de que Barack poderia vencer, e ouvíamos aquela velha pergunta: 'Será que ele é negro o suficiente?'", disse Mona Sutphen, ex-assessora de Clinton, que agora trabalha como assessora de política externa para Obama. "Quando Clinton o associou a Jesse, ironicamente, *fez* que ele se tornasse 'negro o suficiente'. [...] Essa disputa desagradou os negros. A pessoa não pode querer ser mais negra do que um negro. Se tentar ir por esse caminho, vai ser um desastre."

Logo após a Super Terça-Feira, Sean Wilentz, historiador de Princeton e partidário de Clinton, escreveu um artigo raivoso na revista *The New Republic*, dizendo que a adoração dos repórteres a Obama, junto com a ideia que faziam dos Clinton como pessoas desprezíveis e com fome de poder, lhes permitiam destacar observações inócuas e transformá-las em apelos raciais. "Em grande medida", escreveu Wilentz, "os estrategistas da campanha viraram a corrida das primárias e das prévias a seu favor quando retrataram, refletida e falsamente, e com sucesso, Hillary Clinton e sua campanha como pessoas sem escrúpulos, capazes de usar linguagem racial de maneira provocadora."[27] Wilentz chamou essas táticas de "o caso mais escandaloso de política racial desde a campanha publicitária de Willie Horton em 1988, e o mais insidioso desde que Ronald Reagan iniciou sua campanha de 1980 na cidade de Philadelphia, Mississippi, louvando os direitos dos estados". Wilentz até comparou a situação de Bill Clinton com a de Coleman Silk, o herói trágico do romance de Philip Roth, *A marca humana*. Silk, um negro de pele clara, professor de literatura clássica e que passou por branco durante toda a vida, cai em desgraça quando lhe fazem a injusta acusação de tecer comentários racistas em sala de aula numa época de hipervigilância politicamente correta no campus. Wilentz não pretendia com isso ajudar a campanha dos Clinton, mas decerto refletiu os sentimentos dos Clinton, que pensavam que Obama e seus consultores estavam explorando habilmente as acusações raciais para obter vantagens políticas. Mas ao mesmo tempo Hillary queria que o marido amenizasse o tom dos ataques, que não a estavam ajudando em nada. O problema é que ela não dava conta de enfrentá-lo sozinha.

Não muito tempo depois da defesa de Wilentz, Geraldine Ferraro, candidata democrata à vice-presidência em 1984, disse ao *Daily Breeze*, jornal de Torrance, Califórnia: "Se Obama fosse branco, não estaria nesta posição. E se ele fosse mulher de qualquer cor, também não estaria nesta posição. Acontece que ele tem muita sorte de ser quem ele é. E o país está cativado por essa ideia".[28] Dali a uma semana, depois que Ferraro foi muito criticada e que a campanha de Clinton não aceitou essas observações, ela disse ao *New York Times*: "Estou furiosa com isso. Toda vez que se diz alguma coisa a alguém sobre a campanha de Obama, isso é interpretado como um ataque racista".

Em conversas particulares, Hillary se mostrava muito frustrada com essas explosões. Distraíam a atenção da campanha e não lhe faziam nenhum bem. "A reação dela ao comentário de Bill Clinton sobre Jesse Jackson na Carolina do Sul foi 'Ah, essa não!'", recorda um assessor.[29] "Ela ama Bill, mas sabe que o jogo é esse. Ela se lembra daquela ocasião em 1992, quando ela falou sobre ficar em casa fazendo biscoitos de chocolate. A gente se queima com coisas desse tipo. O clima é esse. Esses instantâneos, esses momentos — as pessoas acreditavam que nós estávamos maquinando isso, que estávamos tentando pintar Obama como 'o candidato negro'."

Hillary Clinton não aceitou o conselho de Mark Penn para isolar Obama retratando-o como candidato "estrangeiro". O comentário dela que mais cheirava a puro desespero veio em maio de 2008, antes das eleições em Kentucky e na Virgínia Ocidental. "Eu tenho uma base muito mais ampla para formar uma coalizão vencedora", disse ela ao USA Today. Citou então um artigo e pesquisas de opinião da Associated Press "que concluíam que o apoio a Obama entre os trabalhadores americanos, os que trabalham duro, os americanos brancos, está enfraquecendo de novo, e que os brancos sem nível universitário completo, de ambos os estados, estavam me apoiando. Vemos aqui uma tendência que está surgindo". Mais uma vez, a afirmação era verdadeira no sentido literal — os eleitores brancos democratas da classe trabalhadora em geral eram a favor dela —, mas a sua maneira de se expressar foi tão desajeitada (usando aqui um adjetivo brando) e a sensibilidade racial, tão aguda, que ela passou a sofrer outra rodada de críticas. Dessa vez era ela a culpada, não o marido. Charles Rangel, deputado de Nova York e um de seus principais partidários negros, disse ao *New York Daily News*: "Não consigo acreditar que a senadora Clinton possa dizer algo tão estúpido".[30]

Mona Sutphen, que se tornou vice-chefe de gabinete de Obama na Casa Branca, foi uma das pessoas da campanha que começaram a ver que o fator raça estava ajudando, muito mais que atrapalhando a candidatura. "A diversidade das origens de Barack, e não o fato de ser afro-americano, foi essencial", disse ela. "Nossos resultados eram melhores nos lugares onde o eleitorado era mais jovem — e, quanto mais jovem, mais diversificado, e mais predomina a pele escura. Barack é um resumo, a verdadeira personificação da diversidade americana. No final, isso foi muito positivo para ele."

★ ★ ★

Com o passar do tempo, as campanhas políticas tendem a ser vistas pelo prisma triunfalista do vencedor. A campanha de Obama é de tal importância histórica que é fácil esquecer como a corrida foi acirrada. Costumamos esquecer que, se Hillary Clinton conquistasse a presidência, ela também derrubaria uma barreira histórica. Além disso, pode-se dizer que ela foi alvo de mais atitudes de desdém ("Você é bem simpática, Hillary") e comentários preconceituosos na mídia e na internet. Em seu trajeto ela foi comparada a tudo, desde "dona de casa infernal" até uma castradora Lorena Bobbitt.

Uma tarde, meses depois da eleição, quando as emoções da campanha já tinham arrefecido, um veterano assessor de Clinton me falou sobre a maneira como ele e seus colegas — e o próprio casal Clinton — tinham vivido a disputa contra Barack Obama:

Nós sabíamos que estávamos pisando em um campo minado em relação à raça — o "parque de diversões racial", como disse Bill. Haveria agora um grande fator — fosse qual fosse a nossa história, éramos brancos e eles, negros. Aliás, parece que Obama também não queria isso. Mas os árbitros da questão racial, pelo que percebíamos, eram sobretudo liberais do Nordeste do país, que tinham muito pouco contato com afro-americanos em suas vidas — ou seja, era a imprensa.

Nossas conversas na campanha ficaram caóticas, confusas. Tudo virou de cabeça para baixo, tudo ficou invertido, torcido e distorcido. Alguns achavam que deveríamos enfrentar o problema. Mas muitos outros achavam que não, que o assunto nunca deveria entrar na campanha. Acreditávamos piamente que éramos gênios, que tudo que fazíamos e tudo o que acontecia era fundamental, e era brilhante. Lembre-se, durante dezesseis anos os Clinton foram os pesos-pesados do Partido Democrata. Nós sabíamos como vencer. Quem mais sabia, se não nós? Mas a campanha de Obama estava funcionando como uma campanha de Clinton — só que melhor do que nós, mais fria, mais disciplinada. Creia-me, o pessoal de Obama empurrava para a imprensa tanto material negativo sobre a oposição como nós; só que na imprensa eles tinham a reputação de ser... *gente boa*. Nós tínhamos a reputação de estar na 'Sala da Guerra', de sermos durões. E, se você é um ladrão de joias e entra numa loja de joias, todos os olhares vão se fixar em você. Se alguém acha que você está fazendo um movimento em falso, você vai preso.

Ainda achávamos que teríamos o benefício da dúvida — não era possível que aquelas duas pessoas, com seu histórico de direitos civis, com uma equipe de coordenação cheia de afro-americanos, estivessem fazendo uma campanha de provocações racistas. O consenso, porém, dizia que estávamos. Da mesma forma que Barack não queria ser o candidato negro, Hillary não queria ser a candidata mulher. Ela fez um discurso emocionado em Wellesley, mas fomos atacados por isso, por ter jogado a cartada feminina!

Ambas as campanhas descobriram uma velha realidade política: que as interpretações minuciosas são uma constante nas campanhas presidenciais — especialmente quando a raça e o gênero são fatores tão significativos. A política se torna um espetáculo em que candidatos exaustos e seus assessores tentam calibrar as palavras; e, por mais talentosos que sejam, eles não podem esperar ser recebidos de maneira ideal, que pressuponha suas boas intenções. As correntes entrecruzadas da competição, maquinação, malícia premeditada, comunicação frenética e indisciplina praticamente garantem uma atmosfera de crise permanente e sentimentos mútuos de raiva. Não importa o fato de as más intenções de ambos os lados, nas primárias democratas de 2008, terem sido mínimas em relação a muitas campanhas anteriores. Esse espetáculo é parte importante daquilo que se chama, no clichê da época, de "narrativa política". Na verdade, tanto Obama quanto Hillary se esforçavam para não dar destaque a um sentimento de serem vítimas de injustiças, a fim de ganhar a aprovação e os votos.

O assessor de Clinton lembrou ainda:

Nós fizemos um vídeo chamado *The politics of pile-on* [A política de ajuntamento], que a fez parecer uma vítima, e ela ficou furiosa com isso. Ela disse: "Já passei muito tempo convencendo os republicanos moderados e os democratas conservadores de que sou capaz de ser comandante em chefe. Dei uma surra nos candidatos homens em questões de defesa e segurança nesses debates. E agora vocês querem que eu seja vítima?". A revista *Vogue* quis fazer uma reportagem com ela com texto de Julia Reed e fotos de Annie Leibovitz. Apesar de a *Vogue* ter feito um trabalho espetacular de reabilitação depois do caso Monica, publicando uma matéria de capa e, provavelmente, as fotos mais lisonjeiras já tiradas de Hillary, ela disse: "Depois de passar anos tentando fazer as pessoas me levarem a sério como comandante em chefe, uma foto charmosa na *Vogue* não me parece a jogada certa".

No fim, os assessores de Hillary perceberam que sua campanha era menos ágil e coesa, menos romântica que a de Obama. Seu tema, a confiabilidade, estava errado para a época. "No início houve a ideia de fazer dela também uma candidata da mudança, e houve até a sugestão de conseguir que um milhão de mulheres doassem 25 dólares cada uma. Mas, quando chegou a hora de fazer isso, foi decidido que isso ia parecer precipitado", disse um de seus assessores.

> Nós nunca conseguimos passar do tema "força e experiência" para uma imagem dela como pessoa. A ideia geral era que Hillary tinha fome de poder, era robótica e dada a conflitos internos; nós nunca conseguimos passar a imagem de que ela era uma pessoa dedicada ao serviço público. Ela foi mal servida por nós. Jamais conseguimos torná-la uma pessoa tridimensional, alguém com uma história de vida rica. Nós começamos com a mulher mais famosa do mundo, e não conseguimos aproveitar bem isso.

Assessores de Hillary, tal como ela própria, acabaram respeitando o modo como Obama jogou o jogo que eles pensavam que dominavam mais do que ninguém: a política do Partido Democrata. Mas, apesar desse respeito, os Clinton e seus assessores tinham um ressentimento avassalador, como se as regras da campanha tivessem sido escritas em favor de Obama.

"Durante toda a campanha, parecia que estávamos jogando como o time visitante no estádio Soldier Field, em Chicago", disse um assessor.

> Cada vez que eles faziam alguma coisa, o público ia à loucura. Cada vez que ganhávamos alguma coisa, silêncio. Obama era *novo*, cheio de esperanças, e projetava uma imagem de mudança. E tinha uma narrativa melhor. Claro que nós achávamos que a narrativa dele era pura balela. Não entendíamos por que nunca se discutia sua natureza de camaleão calculista. Dizia-se que nós éramos o camaleão, mas ele mudava toda a sua *vida*, dependendo da pessoa com quem estivesse falando. Ele se mesclava conforme a situação.

15. O Livro de Jeremiah

Em 13 de março de 2008, nove dias depois que Obama perdeu para Hillary Clinton as primárias de Ohio e do Texas, o programa *World News Tonight*, da rede ABC, mostrou videoclipes com o pastor Jeremiah Wright fazendo um sermão na Igreja da Trindade Unida em Cristo. Foi mais de um ano depois que Wright foi citado na revista *Rolling Stone* e não foi convidado para fazer a invocação no discurso de Obama em Springfield que anunciava sua candidatura. É chocante, mas nem a campanha de Obama, nem a campanha de Hillary se deram ao trabalho de fazer o óbvio — pesquisar a fundo os sermões do reverendo Wright, muitos deles à venda na loja da igreja. Foi um descuido ridículo. "Não vou dizer que nós ignoramos os discursos por completo; mas nenhum de nós, nem eu, nem ninguém, disse: 'Eu quero ver todas as fitas'", lembra David Plouffe. "Eu não fiz isso. Axelrod não fez isso. [...] Vivemos em um mundo visual. Os momentos da campanha que realmente explodiram foram os que apareceram no vídeo. Nesse aspecto, nós desapontamos o candidato." Se alguma rede de tevê tivesse encontrado os sermões na véspera das prévias de Iowa, ou em outro momento crucial logo no início da campanha, Obama poderia ser eliminado de um só golpe.

Brian Ross, o jornalista da ABC que compilou os trechos para a reportagem, foi solicitado pelos produtores de *Good Morning America* a fazer uma pesquisa sobre Jeremiah Wright. Ross achou que o trabalho não tinha muita urgência; mas em meados de fevereiro, depois que um pedido de entrevista foi recusado por Wright, ele e mais dois assistentes pesquisaram na internet e, por cerca de quinhentos dólares, compraram DVDs contendo 29 horas de sermões de Wright.

"O pessoal dos Clinton vivia empurrando pesquisas negativas sobre a oposição, mas não sobre Wright", lembra Ross. "Daí começamos a ver esses sermões. Eles prendiam a atenção, mas eram intermináveis. Era um projeto de baixa prioridade. Mas foi aí que começamos a ver coisas interessantes." Certo dia, enquanto fazia mil outras coisas, Ross deu uma olhada no vídeo em que Wright proferia um sermão causticante sobre os ataques de 11 de setembro. "Daí pensei, caramba, isso sim interessa!", disse Ross. "Antes, isso era só ruído de fundo. O que eu estava realmente procurando era uma tomada panorâmica mostrando Obama em meio à congregação. Dadas a eficiência da operação de Obama e a maneira de trabalhar do *Tribune* e de Lynn Sweet no *Sun-Times*, achei que alguém já tinha seguido esse caminho."

Depois de compilar os trechos de Wright, Ross ligou para Bill Burton, um dos porta-vozes de Obama. Burton falou a Ross sobre a carreira de Wright no exército, sobre sua importância na zona sul de Chicago e como figura nacional da Igreja negra, mas disse muito pouco sobre os sermões. Ross e seu produtor começaram a preparar uma reportagem, incluindo trechos escolhidos dos sermões de Wright e algumas imagens de fiéis da Igreja da Trindade que elogiavam o pastor.

O trecho do programa da ABC que primeiro chamou a atenção de Ross veio de um sermão chamado "O dia da queda de Jerusalém", feito em 16 de setembro de 2001 — o primeiro domingo após o ataque da Al-Qaeda a Manhattan e Washington. Wright gritava, com raiva: "Nós bombardeamos Hiroshima. Nós bombardeamos Nagasaki. Nós aniquilamos com bombas atômicas muito mais do que os milhares de pessoas em Nova York e no Pentágono — e sem nem piscar o olho!". Wright gritava com raiva: "Nós apoiamos o terrorismo de Estado contra os palestinos e contra os negros sul-africanos — e agora estamos indignados porque as coisas que fizemos em outros países agora voltaram direitinho, e vieram parar aqui, bem na porta da nossa casa. Americanos! O mal que vocês fizeram começou a ser cobrado!". Essa última frase seria reconhecida por qualquer um naquela igreja; era uma citação direta do que Malcolm X havia dito uma semana após o assassinato de John F. Kennedy, exatamente o comentário que levou Elijah Muhammad a afastar Malcolm X da Nação do Islã. Malcolm X também acusou o governo americano de cumplicidade nos assassinatos de Medgar Evers, Patrice Lumumba e de quatro meninas negras vítimas de uma bomba jogada em uma igreja de Birmingham, Alabama.

Os telespectadores também viram Wright condenar "os Estados Unidos da Ku Klux Klan", fulminar Condoleezza Rice pela sua "Condamnésia", e dizer: "Não, não, não! Nada de Deus abençoe a América. Que Deus *amaldiçoe* a América!", em um sermão proferido em 13 de abril de 2003, chamado "Confundindo Deus com o governo".

"Quando chegou a hora de tratar com justiça seus cidadãos de ascendência africana, os Estados Unidos fracassaram", disse Wright.

> O país os acorrentou. O governo os colocou em senzalas, os pôs à venda em leilões, os enfiou nas plantações de algodão, em escolas de baixo nível, em moradias precárias, em experiências científicas, nos empregos mais mal pagos, os deixou de fora da proteção da lei, fora dos seus redutos racistas do ensino superior, e os trancou em posições de desespero e desamparo. O governo dá drogas [aos jovens negros], constrói prisões maiores, aprova uma lei que prende você no terceiro delito, e depois ainda quer que nós cantemos "Deus abençoe a América". Não, não, não! Nada de Deus abençoe a América. Que Deus *amaldiçoe* a América — isso está na Bíblia — por matar pessoas inocentes. Que Deus amaldiçoe a América por tratar seus cidadãos como seres sub-humanos.

Wright me disse que neste último caso ele não estava apenas citando interditos bíblicos contra o assassinato, mas também William James, que escreveu em uma carta: "Que Deus amaldiçoe os Estados Unidos pelo seu comportamento vil nas Filipinas".

A reportagem da ABC também mostrava Wright endossando uma pavorosa teoria conspiratória: "O governo mentiu sobre a criação do vírus do HIV como forma de genocídio contra as pessoas de cor".

Poucas horas depois, os trechos dos sermões de Wright estavam no ar por toda parte e se espalhavam pela internet. No dia seguinte, a campanha de Obama retirou Wright do Comitê Afro-Americano de Líderes Religiosos, de caráter sobretudo cerimonial.

A rede Fox transmitia os trechos sem cessar, e o tabloide *New York Post* chamou Wright de "ministro do ódio" de Obama.[1] Mas não era apenas a mídia de direita e os sites de direita que atacaram Wright. Alguns jornalistas liberais e também negros de esquerda foram profundamente críticos, julgando que o discurso sobre o 11 de Setembro foi sem compaixão e as teorias conspiratórias eram revoltantes. Bob Herbert, do New York Times, o chamou de "pregador maluco"[2]; Patricia Williams, em The Nation, o chamou de "ex-ministro louco".[3]

Os assessores de Clinton haviam feito uma análise superficial de Wright já em setembro de 2007; mas a campanha, sob o comando da própria Hillary, concluiu que levar avante essa história com muita agressividade e tentar empurrá-la para a mídia era uma tática temerária. De início, em seu excesso de confiança, os assessores acharam que não precisavam levar Obama tão a sério a ponto de adotar uma estratégia arriscada de investigar a fundo o adversário. Depois, como a campanha de Obama começou a ameaçar mais, o pessoal de Hillary achou que empurrar essa história para a mídia poderia ser um tiro pela culatra. Se fosse revelado que eles estavam por trás da divulgação, assim acreditavam, a campanha seria tachada de racista. Em retrospecto, alguns assessores lamentaram não ter se focado em Wright.

"Havia uma corrente na nossa campanha que achava difícil acreditar que o senador Obama, há tanto tempo associado a essa Igreja e a esse pastor, não soubesse das declarações de Wright", disse um consultor graduado da campanha de Hillary. "Como acreditar nisso? Era pedir demais. Em contraste, a campanha de Obama era muito hábil em rebater os ataques desse tipo contra ele e dizer que tinham motivação racial." Com tristeza, Hillary Clinton perguntou, em voz alta, qual seria a reação do público se o seu pastor, em Little Rock, tivesse feito declarações semelhantes. O sentimento de perseguição, de que a imprensa era tendenciosa e o campo de batalha, desigual, se aprofundou em suas fileiras. Alguns assessores tinham a esperança de que existia uma fita, segundo alguns rumores, mostrando Michelle Obama criticando os brancos (*"whitey"*), e que essa fita iria salvar a campanha. Mas a fita não existia. O clima de frenesi, pessimismo e frustração se aprofundou tanto que a equipe de Hillary começou a se agarrar a qualquer sugestão de que Barack e Michelle fossem contra os brancos, ou que estivessem jogando sutilmente a cartada racial.

"Se o caso Jeremiah Wright tivesse surgido em janeiro, tudo teria acabado", disse outro assessor de Hillary.

Nós mandamos uma pessoa a Chicago para verificar a história, mas encontramos muito pouca coisa, nada que desse para aproveitar. A reportagem da ABC não partiu de nós. Em relação a Wright, nós sentimos que havia sangue na água — isto é, aqueles de nós cuja função é sentir cheiro de sangue na água —, mas Hillary não nos deixou ir atrás disso. Veja bem, ela não queria que o assunto morresse, e estava de fato preocupada com o que Wright disse e com o relacionamento entre ele e Obama; mas sabia que, se tocasse no assunto de maneira muito explícita, aquilo iria virar veneno.

Mas na verdade o relatório teve um efeito nocivo sobre a campanha de Obama, e ameaçou acabar com ela. T. Denean Sharpley-Whiting, professora de estudos afro-americanos da Universidade Vanderbilt, foi perspicaz em seu texto sobre a ameaça que a retórica de Wright representava para a campanha de Obama.

A homilética de Wright exerceu o efeito de pintar Obama com uma cor demasiado escura; ao condenar o racismo americano e os genocídios no país e no exterior, Wright diminuiu o tão falado dom de Obama de ter uma "segunda visão", de enxergar os dois mundos, o negro e o branco; prejudicou a imagem de autenticidade de Obama, e de alguém que trazia uma nova política [...] As jeremiadas de Jeremiah puseram em risco a aceitação da marca política "O", uma marca que evitava os ataques políticos partidários e recusava a tática de dividir o eleitorado em diversas facções.[4]

Essa talvez seja uma maneira muito elaborada de definir as coisas. Trocando em miúdos: os sermões associaram Obama a um radicalismo raivoso, capaz de afastar uma infinidade de eleitores — e não só eleitores brancos.

Segundo alegaram amigos e simpatizantes de Wright, havia um contexto para "Deus amaldiçoe a América" e para a sua retórica mais radical. Wright se considerava — e Obama também o considerava — herdeiro de uma tradição de protesto no púlpito; não era uma pessoa dada à acomodação, não era um político. Seus sermões nas manhãs de domingo se destinavam a acusar, a levantar as pessoas e ajudá-las a se libertar da apatia e do desânimo. Os pontos fracos de Wright eram óbvios — seu ego descomunal, seu orgulho, sua tendência a confundir teorias conspiratórias com a realidade, sua recusa a criticar líderes como Louis Farrakhan ou Muammar Kadafi; mas, considerando seu melhor lado, ele fazia parte de uma tradição profética conhecida por milhões de afro-americanos que frequentavam as Igrejas negras. Sem dúvida sua dedicação à comunidade era imensa. Ele investia uma quantidade enorme de energia e recursos na educação e na ajuda às mães solteiras, aos viciados, alcoólatras, moradores de rua. Mas isso nunca seria explicado adequadamente na tevê a cabo. A campanha de Obama sabia que os eleitores veriam os vídeos e seriam incentivados a pensar sobre as associações e as alianças do candidato. Será que debaixo da postura de Obama, acolhedora, calorosa, ele não passaria de uma caricatura de Wright, repleto de condenações e ressentimentos? O controle de danos, sob a forma de frases de efeito e entrevistas com outras pessoas, aqui não iria funcionar.

Agora que a carreira política de Obama ia se tornando mais intensa e suas filhas já estavam mais crescidas, ele e Michelle não passavam tanto tempo quanto antes na igreja da Trindade. Às vezes Obama ia à Trindade aos domingos, mas também ia a outras igrejas, por motivos políticos, ou não ia a igreja nenhuma. No entanto, ele com certeza já tinha ouvido muitos sermões radicais de Wright — e sem protestar —, de modo que seria loucura tentar fazer distinções sutis. Ele sabia que argumentar acerca de minúcias não adiantaria nada, depois de ter elogiado Wright repetidamente, como ministro e como conselheiro pessoal, em seu livro e em declarações públicas. Pouco tempo antes, em janeiro de 2007, o jornal *Chicago Tribune* citou uma declaração sua:

> O que eu mais valorizo no pastor Wright não é o seu aconselhamento político no dia a dia. Para mim ele é mais como uma caixa de ressonância, para eu ter certeza de que estou falando a verdade sobre o que eu acredito ser possível, e saber que não estou me perdendo em meio a todo o barulho da mídia, à agitação e ao estresse que fazem parte da política nacional.[5]

Os assessores de Obama também não se iludiram. Durante meses eles tentaram manter o fator raça em segundo plano na campanha; mas perceberam que os sermões de Wright intensificaram o assunto da pior maneira possível, e poderiam até mesmo derrubar a candidatura de Obama. Jon Favreau, o principal redator de discursos, assistiu às reportagens de televisão e se sentiu muito mal. Passou algum tempo mudando de canal, e, ao chegar aos sermões de Wright, praguejou que aquilo seria ruim. A campanha divulgou uma nota distanciando Obama dos sermões, mas ficou óbvio que era necessário um esforço mais coordenado.

Na sexta-feira, um dia depois da transmissão da reportagem pela ABC, Obama ligou para Axelrod e disse que queria fazer um discurso sobre a questão racial. Fazia meses que pensava nisso, mas a equipe o tinha dissuadido. Agora era uma necessidade absoluta. Nesse ínterim, porém, ele não poderia cancelar dois compromissos difíceis: tinha marcado reuniões com o conselho editorial do *Tribune* e do *Sun-Times* para tratar de outro assunto — tentar distanciar-se do empreendedor imobiliário Tony Rezko, que fora seu amigo e colaborador no início da campanha e agora era alvo de uma investigação. Na reunião com o *Tribune*, Obama admitiu que tinha sido "estúpido" da sua parte entrar em um acordo com Rezko para comprar sua casa sabendo que Rezko estava, sem dúvida nenhuma, afundado na corrupção.[6] Nessa mesma reunião Obama afirmou que não tinha comparecido à igreja durante os sermões "ofensivos" divulgados na tevê, e teria objetado "ferozmente" se tivesse comparecido. Nenhuma das duas explicações foi muito convincente. A situação com Wright só iria se deteriorar.

"Na manhã de sábado, reunimos dez pessoas em uma teleconferência sobre estratégia", recorda Favreau.

> Axelrod disse que eu devia começar a fazer alguma coisa, e eu disse que não poderia fazer isso sem a presença de Obama, mas ele estava em campanha até as dez e meia aquela noite. Fui ao escritório — eu estava em pânico. Ali encontrei Axelrod e fizemos um *brainstorming*, conversando sobre o que poderia entrar no discurso. Ax falou o que ele sempre fala: "Ele vai aparecer com a ideia certa, e a gente vai dar um jeito". Daí Barack ligou para a minha casa às dez horas, ou dez e meia. Eu perguntei: "Como vai?". E ele: "Sabe, já tive dias melhores, mas é com isso que a gente tem que lidar quando concorre à presidência. Eu tenho de conseguir dizer isso às pessoas, explicar o que aconteceu e falar aquilo em que eu acredito. E se der certo pode ser uma ocasião para se aprender, e falar sobre isso de maneira positiva". Ele disse: "Eu tenho minhas ideias, e vou deixá-las fluir; você pode digitar e elaborar uma primeira versão". Bem, o fluxo de consciência já foi praticamente uma primeira versão. Ele nunca tinha me dado tanta coisa antes de um discurso. Ele é bem conhecido como autor inspiracional; mas o advogado que há nele também estava presente. Primeiro isso, depois aquilo — a lógica do discurso estava ali inteirinha. Daí conversamos sobre o final, sobre a história que tínhamos lhe contado sobre Ashley e os sanduíches de molho. Ele já tinha usado essa história na Igreja Ebenézer do dr. King. Trabalhamos na história e concluímos que, embora ele já a tives-

se usado, era perfeita demais para deixar passar. Trabalhei o domingo inteiro na estrutura do discurso, acrescentando linhas. Às seis horas ele me mandou um e-mail dizendo que ia pôr as meninas para dormir e me mandaria alguma coisa às oito. Ficou acordado até as duas ou três da madrugada, e na segunda-feira me disse que tinha avançado bastante mas precisava de mais uma noite. Depois mandou o discurso por e-mail, para mim, para Valerie, Ax, Gibbs e Plouffe. Daí disse: "Favs, se você tem coisas a modificar quanto à retórica ou à gramática, tudo bem, mas quanto a vocês todos, nada de alterações substanciais. É isto que eu quero". Eu não fazia ideia do efeito que o discurso teria, mas nunca tinha me sentido tão orgulhoso de participar dessa campanha.

Na terça-feira, 18 de março, Obama pronunciou seu discurso, chamado "Uma união mais perfeita", no Centro Nacional da Constituição, na Filadélfia, em um palco adornado por uma fileira de bandeiras americanas. Estava em jogo a candidatura de um homem que, até aquele momento, tivera uma excelente chance de se tornar o primeiro presidente afro-americano.

A história afro-americana se distingue, em boa parte, pela história da retórica afro-americana — por discursos pronunciados em momentos essenciais. Em 1852, Frederick Douglass fez seu discurso do Quatro de Julho no Corinthian Hall, em Rochester; seu espírito era de desafio, de insistência em que a maioria da população enxergasse a injustiça que a encarava: "Para o escravo americano, o que é o Quatro de Julho de vocês? Eu respondo: é um dia que lhe revela, mais que todos os outros dias do ano, a gritante injustiça e crueldade de que ele é vítima constante". Obama, que sempre mencionava com tanta admiração a retórica de Douglass em suas aulas na Universidade de Chicago, não poderia falar agora em tom de revolta. Seu tom tinha que ser de unidade e inclusão; era preciso falar para todos, e alcançar a todos — caso contrário, sua candidatura à presidência estaria, muito possivelmente, no fim.

Para começar, Obama recorreu, mais uma vez, à sua própria biografia, como uma fonte abalizada para abordar o problema racial:

> Eu sou filho de um negro do Quênia e de uma mulher branca do Kansas. [...] Estudei em algumas das melhores escolas dos Estados Unidos e também já morei em um dos países mais pobres do mundo. Sou casado com uma negra americana que

traz em si o sangue de escravos e de donos de escravos — uma herança que nós transmitimos às nossas duas preciosas filhas. Tenho irmãos, irmãs, sobrinhas, sobrinhos, tios e primos de todas as raças e todos os tons de pele.[7]

Começou, assim, dando suas credenciais. Agora seu talento de linguista cultural, de alguém que tinha vivido em dois mundos, o branco e o negro, e era capaz de falar com esses dois mundos sem sotaque algum, seria posto à prova.

Depois de repetir sua condenação aos sermões do reverendo Wright "em termos inequívocos", Obama tentou ampliar a compreensão que o país tinha sobre as atividades de Wright como pastor da Igreja da Trindade Unida em Cristo: Wright era um ex-fuzileiro naval, lembrou ele, falando ao enorme público da televisão; era um homem que tinha construído um grande e fervoroso ministério que representava "o médico e a mãe que recebe assistência social, o estudante exemplar e o ex-bandido de uma gangue". Obama discordou das observações mais inflamadas e indefensáveis de Wright, que simbolizavam "uma visão profundamente distorcida deste país". Em sua opinião, o desespero, pecado que a Bíblia julga imperdoável, estava bem no cerne do erro de Wright. E era um desespero geracional, a fúria de um homem mais velho que não reconhecia quanto a situação racial havia mudado, pelo menos em certa medida, nos Estados Unidos. O "erro profundo de Wright", disse Obama, foi que "ele falava como se a nossa sociedade fosse estática, como se não tivesse havido nenhum progresso". É um gesto que o filósofo Richard Rorty discutiu em seu livro de 1998, *Para realizar a América* (o título vem de uma frase de James Baldwin). A ideia é que se pode encontrar esperança e inspiração no passado norte-americano, e não apenas vergonha; e que a esperança consiste na nossa capacidade de mobilizar movimentos políticos e sociais para superar graves injustiças. Wright enxerga uma condição estática da opressão revoltante, enquanto Obama enxerga progresso e novas possibilidades. Ele sinaliza para o público nacional que Wright está enredado na teia da sua ira, embora se recuse a condená-lo diretamente:

> Não posso renegá-lo, assim como não posso renegar a comunidade negra. Não posso renegá-lo, assim como não posso renegar minha avó branca — uma mulher que ajudou a me criar, uma mulher que se sacrificou continuamente por mim, uma mulher que me ama mais que tudo neste mundo, mas que certa vez confessou ter medo dos homens negros que passavam por ela na rua, e que em mais de uma oca-

sião proferiu estereótipos raciais ou étnicos que me fizeram recuar de espanto. Essas pessoas fazem parte de mim. E fazem parte da América, este país que eu amo.[8]

Obama estava empenhado em um número de equilibrismo retórico de importância crucial. Expressou solidariedade não só pelo seu amargurado pastor, mas também pelos trabalhadores brancos amargurados que viam "seus empregos sendo mandados para o exterior, sua aposentadoria sumir depois de uma vida inteira de trabalho"; pessoas que não conseguem entender por que seus filhos têm que ser levados de ônibus para uma escola do outro lado da cidade, ou por que uma pessoa de cor leva vantagem com a ação afirmativa "devido a uma injustiça que eles próprios não cometeram". Obama demonstrava, para todos os lados, que ele os ouvia, que ele "compreendia". Falava como um "homem comum" em relação à questão racial. Um sulista branco — nem mesmo Bill Clinton — não ousaria fazer isso em um discurso sobre o fator raça; e Jesse Jackson, cuja tradição era mais ligada à retórica das ofensas e recompensas, nunca teria optado por isso. A habilidade de Obama de transitar entre as perspectivas extremamente diversas de seus concidadãos estava no cerne da sua energia política e do seu sucesso. Quando as pessoas falavam na "frieza" que sentiam em Obama, talvez pensassem apenas nessa capacidade de assumir diferentes pontos de vista — uma habilidade que às vezes parecia mais antropológica que política. Obama disse que a raiva dos negros em relação aos erros do passado e do presente era contraproducente, chegando a ser uma forma de estresse pós-traumático; e também destacou a maneira como a política norte-americana tinha sido produzida, desde a era Nixon, pela exploração da raiva dos brancos no Sul e em outras partes do país.

Finalmente, o discurso tratou do caráter "inacabado" da experiência americana e da necessidade de união — união racial, religiosa e geracional — para combater a injustiça e seguir em frente. Como fecho, ele mais uma vez recorreu à história de Ashley Baia, suas dificuldades de infância, seu idealismo e a maneira extraordinária como ela conseguiu recrutar um afro-americano idoso para a campanha ("Estou aqui por causa de Ashley"). Aquele "momento de reconhecimento", disse Obama, "é o ponto em que a nossa união se tornará mais forte. E como tantas gerações vieram a perceber, nos 221 anos que se passaram desde que um grupo de patriotas assinou aquele documento, bem aqui na Filadélfia, é aí que começa a perfeição".

* * *

O discurso de Obama recebeu grandes elogios nos principais jornais (o editorial do *New York Times* o chamou de "Um perfil de coragem", o *Washington Post*, de "um extraordinário momento em que a verdade foi dita").⁹ A resposta da direita foi igualmente monolítica: Rush Limbaugh comparou, com desprezo, Obama a Rodney King; Newt Gingrich o chamou de "intelectual e fundamentalmente desonesto", e muitos outros, de Fred Barnes a Karl Rove e Joe Scarborough, adotaram a alegoria de que Obama tinha "posto a avó no fogo para ganhar vantagem".[10]

Henry Louis Gates Jr. disse que o discurso não apenas salvou a candidatura de Obama, mas o fez pensar em Obama como um "Frederick Douglass pós-moderno":

> Para os antropólogos, a mítica "divindade ardilosa" ("*trickster*") concilia duas naturezas inconciliáveis através da mediação, como um animal unido a um homem. Frederick Douglass é a figura da mediação na literatura americana do século XIX; ele, o mulato, é o intermediário entre o branco e o negro, o escravo e o homem livre, entre o "animal" e o "homem". Obama, como mulato, como conciliador, desempenha conscientemente a mesma função no nosso tempo, com notável discernimento. E as comparações não param por aí: ambos lançaram suas carreiras com discursos, e seus primeiros livros foram autobiografias. Falando e escrevendo eles mostraram como eram: dois homens altos, elegantes, eloquentes, figuras da mediação, da conciliação e do meio-termo. Douglass iniciou sua carreira combatendo a escravidão como um radical extremo. Ao envelhecer, porém, se tornou mais conservador. Sem dúvida acreditava na estrutura de classes básica do capitalismo americano; também acreditava que havia uma aristocracia natural, e que ele próprio fazia parte dela — tal como Obama.
>
> O único aspecto radical em Obama é que ele desejava ser o primeiro presidente negro. No discurso sobre a questão racial, ele fez o papel oposto do "radical". Distanciou-se, muito habilmente, do nacionalismo negro radical e abraçou o cosmopolitismo. Tem orgulho da sua herança étnica, sem dúvida; mas à moda de um "nacionalista burguês" (como Eldridge Cleaver gostava de dizer) — o tipo de pessoa que põe uma gravura de Romare Bearden na parede e tem todos os discos de John Coltrane, mas não quer ser confinado, ou definido inteiramente por sua negritude. Quando ele justapõe, na retórica, sua avó branca e Jeremiah Wright, como

dois exemplos de uma postura errada em relação à questão racial, faz isso para mostrar que é a nossa figura máxima da mediação, pairando acima de conflitos que a maioria de nós acredita serem inconciliáveis. E faz isso visando a um objetivo político maior. Tal como Douglass, ele é um orador muito talentoso; forma e conteúdo são inextricavelmente políticos para Barack Obama, do início ao fim.

Mais à esquerda, Cornel West, a quem Obama chamou de "oráculo", demonstrou, em conversas particulares, sua irritação com o discurso, considerando-o eficaz em termos políticos, mas "intelectualmente raso". Irritou-o em especial o fato de Obama ter feito uma equivalência entre a opressão dos negros e o ressentimento dos brancos. "Consigo entender que os brancos moderados precisam de uma massagenzinha agradável, e tal, mas isso não tem nada a ver com a verdade, nada mesmo", disse West muitos meses mais tarde. "Será que os brancos têm motivos para estar aborrecidos? Sem dúvida. Houve excessos na ação afirmativa e coisas assim; mas, na prática, as leis racistas ainda estão em vigor. [...] E quem são as maiores vítimas? Os pobres, desproporcionalmente — os negros, mulatos e índios. Você tem que dizer a verdade, Barack. Não venha com essas merdas com mensagens cifradas". Mas mesmo West, que prometera a Obama que seria um defensor "crítico", conteve sua ira em público. "Era um momento muito delicado", explicou.

O discurso foi um sucesso geral nas pesquisas. Obama ficou mais prestigiado e atingiu o objetivo mais imediato de se distanciar do seu pastor. "O discurso ajudou a estancar um verdadeiro frenesi", disse Axelrod. "Barack transformou um momento de grande vulnerabilidade em um momento de triunfo. Ele disse: 'Mesmo que eu perca, terei feito algo que vale a pena'. E se manteve totalmente calmo enquanto todos estavam enlouquecendo. Ele disse: 'Ou eles vão aceitar ou não vão, e eu não serei presidente'." Esse foi, ao que parece, o momento mais importante de toda a campanha.

Tão importante como a mensagem era o tom do mensageiro. A personalidade calma e contida de Obama foi um grande trunfo. Bob Moses, militante da era dos direitos civis e um dos heróis de Obama, afirmou:

Sua confiança em si mesmo — e sua paz consigo mesmo — transparecia de uma forma que é impossível fingir. A gente está sob tanta pressão que não dá para adotar uma *persona*. Se a pessoa fizer isso sob pressão, a coisa vai se desmanchar. Muitos diziam que ele não podia se dar ao luxo de ser aquele candidato "negro cheio de raiva", mas o importante é que ele *não é* uma pessoa cheia de raiva. Se ele estivesse com raiva, essa raiva apareceria.

A propósito, quando Moses liderava as campanhas de registro de eleitores no Mississippi, nos anos 60, era conhecido por essas mesmas qualidades: sua inteligência e seu temperamento equilibrado.

Studs Terkel, que compilou histórias orais sobre a questão racial e a Grande Depressão e era, aos 96 anos, uma verdadeira instituição em Chicago, recordou o discurso de Filadélfia apenas uma semana antes de morrer, em outubro de 2008. Em conversa comigo, disse que a calma política que Obama demonstrava sob pressão fazia lembrar Gene Tunney, campeão dos pesos-pesados de meados da década de 1920, que usou a esperteza, mais que a força bruta, para derrotar Jack Dempsey. "Os caras na rua, os mecânicos, os balconistas das sapatarias viam Tunney como um intelectual; mas o fato é que ele venceu", disse Terkel. "Obama é assim. Ele é um lutador de cabeça fria."

O discurso na Filadélfia fez mais do que mudar o assunto. Não só deu um contexto para o caso de Jeremiah Wright — pelo menos para os que estavam dispostos a se deixar convencer — mas também posicionou Obama como um avanço histórico, o ponto focal de uma nova era, que aceitava e abraçava os Estados Unidos com todas as suas tribos, todas as suas inimizades históricas e todas as suas possibilidades. Na verdade, Obama felicitou o país por lhe dar apoio. Jeremiah Wright, Jesse Jackson — esses eram líderes da velha guarda. Obama seria o líder na nova vanguarda, a geração de Josué.

"Ele se curvou como costuma ser a sua tendência: se a gente vê alguma coisa vindo contra nós, é bom se curvar", disse Valerie Jarrett. Ela preferiria que ele não tivesse que fazer aquele discurso, mas, como disse, "O povo americano ouviu com mais atenção, porque estávamos no meio de uma crise. Creio que se ele tivesse feito o mesmo discurso antes, provavelmente não veríamos todos os meios de comunicação noticiando e comentando o discurso durante as cinco semanas seguintes".

A crise não chegou no pior momento: as primárias só seriam realizadas em 22 de abril, na Pensilvânia (Hillary era a favorita), e em 6 de maio em Indiana e Carolina do Norte. O discurso estabilizou a situação de Obama nas pesquisas.

Não estabilizou, porém, o estado de espírito de Jeremiah Wright. Ele sempre soube que sua relação com Obama seria, na melhor das hipóteses, testada pela campanha. No entanto, sentiu profundo ressentimento pelo que aconteceu com ele, com sua família e sua Igreja. A mídia, queixou-se ele, tinha reduzido décadas de sermões que havia proferido e seu trabalho pela justiça social a uma feia caricatura, retratando-o como um "ministro liberal radical, antiamericano, amigo dos homossexuais, de quem Obama foi aprendiz durante vinte anos". Recebeu em seu e-mail uma enxurrada de xingamentos e obscenidades. Seu escritório recebeu ameaças de morte. A Igreja recebeu ameaças de bomba. A polícia teve que colocar carros de prontidão na porta da igreja, da sua casa, das casas de suas filhas.

Quando Obama fez seu discurso na Filadélfia, Wright estava com a esposa, cinco filhos, genro e três netos em um cruzeiro pelo Caribe havia muito planejado — um "cruzeiro infernal", como ele disse. Durante toda a viagem, a tevê a cabo transmitia sem cessar reportagens sobre Wright. "Muita gente branca que viajava no navio estava furiosa comigo, dizendo coisas feias para mim e ao meu redor", disse Wright após a eleição. "Você é antipatriótico, você deveria voltar para a África." Algumas pessoas que jantavam perto da mesa de Wright pediram para ser transferidas. "Comecei a ficar no meu camarote na maior parte do tempo", lembra Wright, "exceto para o jantar à noite com a minha família, para evitar comentários que eu não queria que meus netos ouvissem". Quando o navio atracou em Porto Rico, Wright pegou um exemplar do *New York Times* em que a colunista Maureen Dowd o chamava, indelevelmente, de "maluco excêntrico".

Wright não ficou totalmente chocado com o discurso de Obama; disse que de fato era o que ele precisava fazer, como político, para permanecer na corrida. Mas a ideia de que Obama não o havia "renegado" era falsa. "Você já me renegou", disse Wright, como se Obama estivesse na sala. "E está sendo forçado a dizer coisas que eu não diria — mas eu não estou concorrendo a um cargo público."

Obama, disse Wright, tinha lhe enviado uma mensagem de texto lhe desejando feliz Páscoa. Isso não diminuiu seu aborrecimento com o discurso e com o ataque de Obama aos seus sermões. "Falei a ele, logo que voltei, 'Barack, você não apenas não ouviu o sermão, como está sendo influenciado por trechos que passaram nos noticiários da tevê'", disse Wright, lembrando um encontro particular de uma hora com Obama na casa de Wright. "Você não leu o sermão, que está disponível em publicação desde 2001. E me parece que um editor da *Harvard Law Review* deveria, pelo menos, ler o sermão antes de fazer um pronunciamento a respeito. Wright diz que Obama pediu desculpas: "Ele disse: 'Você tem razão, eu não tinha lido nem ouvido o sermão. Eu errei'. Mas eu disse: 'Só que você está pedindo desculpas aqui na minha sala. E está me detonando na mídia internacional — por causa de algo que você não ouviu nem leu'".

Wright partia do princípio de que suas ideias tinham sido radicalmente distorcidas pelos trechos dos sermões transmitidos pela ABC e pelo resto da mídia. Achava que, se Obama e todos os outros apenas lessem ou ouvissem a versão completa, iriam mudar de ideia e partilhar da sua sabedoria. A verdade é que os sermões eram, naturalmente, mais nuançados do que qualquer trecho de cinco segundos poderia mostrar na tevê, mas a retórica de Wright e seu tom feroz, em relação ao 11 de Setembro e muitos outros assuntos, não era algo que a campanha de Obama incluiria em um comercial.

Segundo Wright, Obama afirmou que preferiria que Wright ficasse em casa quieto até o final da campanha, em vez de continuar a pregar em Chicago e pelo país todo. "Ele disse: 'O seu problema é que você precisa falar a verdade'", disse Wright. "E eu disse: 'Para mim, esse é um bom problema para se ter'. É um bom problema para qualquer pregador religioso. [...] E ele disse: 'Vai ficar pior se você decidir falar, se expor. Vai mesmo ficar pior'. E nisso ele estava certo, certíssimo."

Na mesma época, Wright estava recebendo cartas e mensagens de Joshua DuBois, pastor pentecostal e coordenador da campanha de Obama para assuntos religiosos, e de outros assessores e partidários, pedindo-lhe que parasse de fazer sermões e dar entrevistas até depois da eleição. Um partidário de Obama — "um bom amigo de Barack", afirmou Wright — até se ofereceu para mandar dinheiro a Wright se ele apenas ficasse quieto. Wright recusou. Estava aposentado e precisava ganhar a vida e ajudar a pagar os estudos dos netos na universidade. "De onde virá esse dinheiro?", disse ele. "Quer dizer que devo ficar em silêncio até o dia 5 de novembro? Não devo falar nem uma palavra? E o que devo dizer a todos que já me convidaram para pregar? Todas essas datas já reservadas, entre abril e novembro? Então, não cancelei compromissos, e não cancelei o que eu deveria fazer."

Wright simplesmente não queria pedir desculpas pelo que, segundo ele, eram "pequenos trechos citados fora de contexto", e se ressentiu profundamente da mídia que "tentava me usar como arma de destruição em massa".

"Eu não estou concorrendo", disse ele. "Eu não preciso vencer. Não preciso fazer média, em termos de tentar apaziguar essa facção para obter o voto deles."

Qualquer noção de que o caso Jeremiah Wright já havia se acalmado morreu em 28 de abril de 2008, quando ele aceitou um convite para falar no National Press Club, em Washington. Três noites antes, em uma entrevista com Bill Moyers na rede PBS, ele se mostrou calmo e racional; um discurso em Detroit foi mais duro, mas atraiu pouca atenção. Wright foi a Washington para uma reunião anual de líderes da Igreja negra, a Samuel DeWitt Proctor Conference. Antes de subir ao palanque no National Press Club, ele formou um círculo, de mãos dadas com seis ou sete colegas e amigos íntimos, incluindo Cornel West e o reverendo James Forbes Jr., pastor da Igreja Riverside em Nova York. Forbes rezou para que Wright tivesse um bom desempenho e mantivesse a calma.

Wright começou com um discurso preparado sobre a história e o pensamento de diversas vertentes da Igreja negra — a longa história que vinha da África até a escravidão, da segregação racial até os dias atuais. Falou sobre a tradição profética, com suas raízes no Livro de Isaías, sobre as vozes de protesto durante a escravidão e da segregação, e a teologia da libertação negra de James Cone. Depois de concluir essa visão geral, falou sobre a tradição de protesto da sua própria Igreja contra o apartheid e outras situações de injustiça, bem como seu apoio aos programas destinados às vítimas da aids, drogados, alcoólatras e jovens problemáticos.

Quando Wright terminou, Donna Leinwand, repórter do USA Today e vice-presidente do National Press Club, assumiu a tarefa nada invejável de ler para ele as perguntas da plateia, que chegaram por escrito. A primeira foi sobre a frase de Wright a respeito do 11 de Setembro: "Americanos! O mal que vocês fizeram começou a ser cobrado!".

"Você ouviu o sermão inteiro?", perguntou Wright.[11]

Leinwand, naturalmente, não tinha feito a pergunta; apenas a transmitiu, mas Wright a usou para dar a resposta. Quando ela lhe perguntou sobre seu patriotismo, Wright, não sem alguma razão, começou a se soltar:

"Eu servi seis anos nas Forças Armadas. Isso me torna patriótico? Quantos anos Dick Cheney serviu?"

A postura de Wright começou a mudar: ele ficou mais combativo, mais sarcástico, e passou a representar no sentido mais amplo, fazendo palhaçadas, revirando os olhos, exibindo-se para os amigos e para a câmera. Aplausos vieram de seus colegas e amigos, incluindo vários ministros, Marion Barry, ex-prefeito de Washington, e Malik Zulu Shabazz, do Novo Partido dos Panteras Negras. Cornel West, por exemplo, achou que Wright tinha começado bem, mas agora estava começando a "se desfazer".

Indagado sobre Louis Farrakhan, Wright disse: "Louis Farrakhan não é meu inimigo. Ele não me botou correntes nos pés, ele não me pôs na escravidão, e ele não me fez desta cor". E o tempo todo usava Leinwand como contraste, como se ela própria estivesse perguntando, e não só transmitindo as perguntas.

Cada vez mais, Wright falava para seus simpatizantes e se exibia para a câmera. Foi-se embora a calma que tinha demonstrado com Moyers; era claro que ele sentia que as questões eram indignas e tolas, e respondia na mesma moeda. Questionado sobre a ideia de que o vírus do HIV foi inventado para ser uma arma contra as pessoas de cor, Wright não negou. Em vez disso, recomendou *Emerging viruses*, uma edição de autor adepto dessa teoria conspiratória, um ex-dentista chamado Leonard G. Horowitz, que sugere que o HIV surgiu como um esboço de arma biológica. "Com base nos experimentos de Tuskegee, e com base no que vem acontecendo com os africanos neste país", disse ele, "acredito que o nosso governo é capaz de fazer qualquer coisa."

Do ponto de vista da campanha de Obama, o desempenho de Wright no National Press Club foi catastrófico. Foi transmitido ao vivo e na íntegra; não poderia haver queixas de que Wright tinha sido reduzido a uma versão editada de "pequenos trechos fora de contexto". Wright disse que estava "caindo em cima" de pessoas que de alguma forma não lhe mostravam nenhum respeito; mesmo assim, era evidente que seu tom de desprezo e zombaria não fariam nenhum bem a Obama. Wright, nesse momento, não parecia se importar.

"Nós sabemos que, se o senador Obama não dissesse o que disse, nunca seria eleito", disse Wright no National Press Club. "Os políticos dizem o que dizem e fazem o que fazem com base na elegibilidade, com base nos slogans, com base nas pesquisas de opinião. [...] Eu faço o que fazem os pastores; ele faz o que fazem os políticos. Eu não estou concorrendo à presidência." E então, como se quisesse acrescentar um tom ácido à sua performance, ele brincou, dizendo que talvez viesse a ser vice-presidente.

★ ★ ★

Obama estava em campanha na Carolina do Norte quando Wright falou no National Press Club. Depois de ser informado, mas sem ter visto a fita, Obama fez uma declaração sobre Wright no aeroporto de Wilmington — "Ele não fala por mim". Tarde da noite, viu Wright na tevê a cabo e percebeu que o discurso fora pior ainda do que Valerie Jarrett e outros assessores tinham indicado. Obama se sentiu arrasado e profundamente traído.

"Mesmo de caso pensado, acho que não poderíamos ter criado algo tão destrutivo como a fala de Wright no National Press Club", lembra David Plouffe. "Era como viver em uma paródia do *Saturday Night Live*. Lembro que eu estava no telefone com Obama, descrevendo o que tinha acontecido, e nós dois ficamos muito calados. Era difícil acreditar que aquilo estava acontecendo. Emocionalmente, foi muito difícil para ele."

Como de costume, Plouffe tinha atendido ao telefonema de Obama no banheiro, para não acordar a esposa tarde da noite. Por fim, depois de uma longa e angustiada conversa, Obama disse que iria fazer um pronunciamento. "Eu sei o que tenho que dizer", disse ele. "Vocês não precisam se preocupar."

No dia seguinte, em Winston-Salem, Obama fez uma reunião na prefeitura e em seguida uma coletiva de imprensa. Com ar grave, parecendo sentir o golpe, disse que Wright tinha apresentado "uma visão diferente dos Estados Unidos" — uma visão que ele não partilhava. Declarou-se "indignado" com seu pastor e seus comentários "desagregadores e destrutivos", acrescentando que não retratavam fielmente a Igreja negra, e muito menos a sua campanha. "E se o reverendo Wright pensa que estou fazendo apenas um gesto político, como ele disse, então ele não me conhece muito bem", afirmou Obama. "E de acordo com suas declarações de ontem — bem, acho que eu também não o conheço tão bem como pensava."

Perdido em todo esse furor havia um retrato claro de Jeremiah Wright. Inteligente, mas tendendo para as teorias conspiratórias, dedicado, mas imprevisível, ele era muitas coisas ao mesmo tempo: ambicioso, solidário, explosivo, egocêntrico. Ali estava um homem que já estivera no auge em seus domínios na zona sul de Chicago. Estava se preparando para uma aposentadoria triunfante, entregando a liderança de uma Igreja que havia formado, partindo de apenas 87 fiéis e chegando a 6 mil. Seu paroquiano mais famoso estava rumando, possivelmente, para a Casa Branca. Já tinha feito muita coisa para muita gente. Agora estava sendo demonizado pela televisão, com repórteres lhe fazendo perguntas rudes, estranhos que vinham insultá-lo e assediar sua família; e, agora, também Obama tinha rompido com ele. O orgulho de Wright não lhe permitia ficar em silêncio até o final da campanha, e ele não achava que deveria fazer isso. O que ele fizera a Barack Obama, a não ser aconselhá-lo, ensiná-lo, dar coragem à sua alma? Ou pelo menos era assim que ele via as coisas. Wright estava ferido e cansado. Sabia muito bem que seria lembrado, para sempre, por aqueles momentos na televisão, e não pelas suas boas obras. Não havia nenhuma maneira de sair de um buraco tão grande. E ele não podia evitar que sua visão de Obama flutuasse, passando da ternura para a fúria, do orgulho para o paternalismo.

"Seus filhos fazem bagunça, seus filhos cometem erros, seus filhos ouvem maus conselhos — mas você não deixa de amar seus filhos", disse-me Wright. "Barack era como um filho para mim. Eu não vou deixar de amá-lo. Acho que ele ouviu as pessoas erradas e tomou algumas decisões erradas. [...] Como eu disse, ele pode ter me renegado, mas eu não o reneguei, e não vou renegá-lo, porque eu o amo. Eu ainda o amo. Eu o amo como amo meus filhos."

Mas a humilhação era profunda. A Universidade Northwestern rescindiu seu título honorário. Alguns convites para discursar foram cancelados. Wright disse que a mídia perseguiu sua filha mais nova no baile de formatura, e de novo quando ela se mudou para o dormitório na Universidade Howard. "Essa é uma das razões pelas quais ainda há tanta dor e sentimentos feridos", disse ele.

E mesmo assim ele continuou fazendo declarações e discursos estranhos, às vezes cheios de ódio. Falando em um jantar da NAACP, Wright proferiu uma dissertação pseudocientífica sobre as diferenças genéticas entre o estilo de aprendizagem dos afro-americanos, focado no "lado direito do cérebro", e o dos europeus, no "lado esquerdo do cérebro".[12] Quando começou a falar sobre as maneiras diferentes como negros e brancos batem palmas, e a diferença entre suas capacidades rítmicas, ficou claro que aquele pastor, antes respeitado, estava se desfazendo a olhos vistos. Entrevistado por Cliff Kelley na rádio WVON após a eleição, Wright revelou a profundidade da sua mágoa e seu ressentimento.[13] Falou não só dos pecados da mídia; citou também comediantes e artistas de hip-hop que o criticaram. Sua mágoa era palpável. "Vocês não só me insultaram... vocês mijaram na minha tradição", disse Wright. "Vocês mijaram nos meus pais, nos meus avós, e em toda nossa tradição de fé. Eu me sinto como o 'Homem Invisível' do livro de Ralph Ellison."

Durante os debates das primárias, Obama havia dito que, sob certas condições, conversaria com qualquer líder estrangeiro — fosse Ahmadinejad ou Kim Jong Il —, "mas comigo ele não pode falar", disse Wright, com tristeza, a Kelley. Embora afirmasse que não tinha renegado Obama, Wright agora se sentia livre para zombar dele. Um dos trunfos de Obama na disputa tinha sido o apoio que a Igreja lhe proporcionava; agora seu pastor o criticava por sua falta de devoção. "Ele não tem Igreja", disse Wright. "Ele tem uma academia aonde vai se exercitar todos os dias de manhã, mas não tem uma Igreja para ir toda semana. Ele está mais ou menos sem Igreja nenhuma. Está cuidando do corpo."[14]

Wright parecia nunca superar suas feridas, e, quando não se controlava, o que ocorria cada vez com mais frequência, dizia coisas odiosas. Já em junho de 2009, disse com amargura a um jornal da Virgínia, o *Daily Press*: "Os judeus não vão deixá-lo conversar comigo. Falei à minha filha menor que ele vai conversar comigo daqui a cinco anos, quando estiver sem forças, no fim do mandato, ou então daqui a oito anos, quando deixar o cargo".[15] Disse também que os eleitores judeus e o voto "da AIPAC" estavam "controlando" Obama; eles queriam convencê-lo a não enviar delegações a um congresso sobre racismo em Genebra, porque "não vão deixá-lo conversar com uma pessoa que diz as coisas claramente, como elas são". Com essas atitudes drásticas, Wright tornou muito mais difícil a tarefa de enxergar a complexidade do seu drama, ou se interessar por ela. Os débeis pedidos de desculpas que se seguiam só traíam seu arrependimento por não ter usado uma linguagem mais eufemística. Seus paroquianos, de modo geral, não deixaram de amá-lo, nem se esqueceram de todo o bem que ele tinha feito; mas o resto do mundo seguiu adiante.

Semanas depois da fala de Wright no National Press Club, Obama continuava preocupado. Disse aos assessores, brincando, que sempre havia a chance de ganhar dinheiro fazendo discursos — ganharia tanto quanto Bill Clinton! — e poderia continuar matando o tempo com os amigos da campanha.[16] O humor derrotista era compreensível. As pesquisas na Carolina do Norte e, sobretudo, em Indiana não eram promissoras. Será que o comportamento de Wright, sua recusa em engolir o orgulho e ficar calado, iriam dar cabo da campanha de Obama?

No final, porém, Obama venceu na Carolina do Norte por catorze pontos e perdeu em Indiana por apenas dois pontos. A corrida para a indicação democrata já estava chegando ao fim, mas Obama nunca ficou para trás. "Nós sabemos quem vai ser o candidato democrata, e quanto a isso ninguém discute", Tim Russert declarou naquela noite, na NBC.[17] George Stephanopoulos, da ABC, e Bob Schieffer, da CBS, logo fizeram o mesmo. Como Obama provou sua resistência durante todo o caso Wright e a votação na Carolina do Norte, os superdelegados, de importância decisiva, começaram a se comprometer a votar nele na Convenção. Durante algum tempo, Hillary Clinton ignorou a realidade e continuou batalhando.

Em meados de junho, Obama foi à igreja do amigo Arthur Brazier, na zona sul de Chicago, a Igreja Apostólica de Deus, e fez um discurso no Dia dos Pais. Quanto ao tema, Obama estava se repetindo. Em sua condição de político e também de filho de família sem pai, já havia falado várias vezes em público e para os jornalistas sobre a importância da família, da responsabilidade e da paternidade.

Os afro-americanos em geral recebem bem esses sermões, e Obama foi bem recebido na igreja de Brazier; mas, para alguns intelectuais e ativistas negros, Obama estava sendo arrogante com o público e minimizando os temas do racismo institucionalizado. As críticas a Obama sobre esse assunto eram semelhantes às dirigidas ao cômico Bill Cosby, que durante muitos anos irritou alguns intelectuais negros com suas palestras sobre o progresso individual dos negros, a família, a paternidade e a autodisciplina. Michael Eric Dyson escreveu na revista *Time* que Obama havia citado um número do comediante Chris Rock sobre negros que esperam ser elogiados por coisas como não estar na prisão; "mas o humor de Chris Rock é eficaz porque ele é tão duro com os brancos como é com os negros. Essa parte Obama ainda não adotou".[18] O escritor Ishmael Reed salientou que as pesquisas agora mostravam Obama com uma vantagem de quinze pontos sobre o provável candidato republicano, John McCain. "Já é óbvio que Barack Obama está tratando os negros americanos como se trata um tio demente, que se traz para a sala de vez em quando para ser ridicularizado e repreendido na frente de todo mundo", escreveu Reed, acrescentando que o discurso do Dia dos Pais "se destinava a mostrar aos homens brancos conservadores", que não tinham votado nele nas primárias, "que ele não iria atender a 'interesses especiais' de grupo nenhum — como os negros, no presente caso".[19]

Glenn Loury, um proeminente economista negro criado em Chicago, afirmou: "Ele não estava errado, nem por fora do assunto, nem lavando roupa suja em público; mas achei que estava falando, na verdade, não para o público negro mas sim para o resto do país, e usando sua 'coragem' de dizer essas coisas a fim de transmitir para o resto do país que ele compartilha os nossos valores, apesar das dúvidas que pudéssemos ter sobre ele".

Em 6 de julho, Jesse Jackson, que se mantivera bastante calado ao longo da campanha, estava se preparando para aparecer no canal Fox quando um microfone aberto gravou um comentário seu criticando Obama por seu discurso "de teor religioso" de Dia dos Pais na Igreja Apostólica.[20] Falando baixinho para outro convidado, Jackson também disse que Obama "falava aos negros com condescendência". Fez um gesto de cortar com a mão e disse: "Quero cortar fora as bolas dele".

O que parecia irritar Jackson e muitos outros era a possibilidade de um discurso duplo — a maneira como a retórica de Obama era ouvida pelo público branco, que talvez não a entendesse como solidariedade aos irmãos negros, mas sim como censura vinda de cima. "Barack falava com diferentes grupos e definia suas políticas públicas", disse Jackson.

> Ia até os grupos latinos e a conversa era sobre o caminho para a cidadania e a política de imigração. Ia até as mulheres e falava sobre os direitos da mulher, o direito ao aborto, o caso Roe vs. Wade. Mas ele já tinha se dirigido a vários grupos negros falando sobre a responsabilidade — uma virtude importante, que deve ser amplamente aplicada; mas, em vista da nossa crise, também precisamos de políticas governamentais. Os afro-americanos são os eleitores número 1 de Obama porque ele sabe infundir entusiasmo; mas também somos o número 1 em mortalidade infantil, o número 1 em baixa expectativa de vida, o número 1 em vítimas de homicídio.

A Fox transmitiu a fita, e Jackson foi muito criticado durante alguns dias. O ritual se desenrolou: Jackson se desculpou, o que permitiu a Obama aceitar o pedido de desculpas. Jackson parecia mesquinho e invejoso. Obama, magnânimo. Mais uma vez a distância entre os dois ficou bem definida.

"Fiquei chocado com a linguagem usada por Jesse, mas eu sabia que ele tinha a sensação de que Obama estava enviando uma mensagem aos americanos brancos, ao criticar os negros por não se esforçar o suficiente para progredir", disse Julian Bond. "Se ele pretendia mesmo isso, não sei; mas estou certo de que Jesse ofereceu a Obama esse momento tipo 'Sister Souljah', de repúdio em alto e bom som." Muitos que criticaram Obama no início acabaram respeitando, ainda que com relutância, seu frio bom senso estratégico, sua agilidade tática. Tavis Smiley, que continuou criticando Obama pela "guinada" em questões como controle de armas e pena de morte, e por isso teve que absorver muitíssimas críticas, era dos que já viam o potencial de Obama. Tal como seu mentor Cornel West, durante a campanha Smiley manteve contato com Obama.

> Cada vez que eu conversava com Obama ao telefone durante a campanha, talvez uma meia dúzia de vezes, nós dois explicávamos nossas posições e nossas diferenças, mas no fim ele sempre dizia: "Tavis, eu tenho que fazer aquilo que preciso fazer, e respeito o fato de você ter de fazer aquilo que precisa fazer". Daí nós fazíamos juras de amor, e desligávamos o telefone.

Obama não representou a tradição profética, nem podia fazê-lo: ele não era Frederick Douglass nem o bispo Turner, não era o dr. King nem Malcolm X. Podia tomar emprestada a linguagem deles, podia receber inspiração do exemplo deles, mas ele era um pragmático, um político. Para mudar alguma coisa, ele tinha que vencer. A sedução de Tavis Smiley foi uma pequena parte desse esforço.

A animosidade dentro da campanha de Hillary nunca arrefeceu. A inimizade entre Harold Ickes e o estrategista-chefe, Mark Penn, foi uma das relações mais amargas em uma organização totalmente disfuncional. Ickes, um liberal ligado aos Clinton há décadas, se ressentia de Penn por sua política centrista e seus vínculos com grandes empresas, e o considerava incompetente; Penn, por sua vez, estava convencido de que Ickes só contribuía para a campanha com rancor e fofocas. Em dado momento da campanha, Hillary Clinton chefiou uma reunião rotineira de estratégia em sua casa, na Embassy Row, região das embaixadas em Whitehaven Street, Washington. Cerca de quinze assessores estavam sentados a uma longa mesa, com Hillary na cabeceira e Penn ao seu lado. Ao final da reunião, ela disse com frustração: "Ok, então, qual é a minha mensagem?".

A pergunta pareceu chocante para alguns na sala, mas Penn seguiu em frente, divagando sobre "Pronta desde o primeiro dia" e outros lemas da campanha. Ninguém mais tinha muito a oferecer.

"De repente, Hillary ficou com o olhar triste e distante", lembra um dos consultores. "Daí falou, quase num lamento: 'Bem, quando vocês descobrirem isso, alguém me telefone, por favor'. Sentia-se abandonada, traída, e havia boas razões para sentir-se assim. Mas foi ela mesma quem contratou todos nós, um por um, e era uma equipe política das mais fracas que eu já vi." Durante a campanha, Hillary manifestou frustração com cada um dos seus assessores principais, e teve que demitir a administradora geral, Patty Solis Doyle; mas aquele consultor tinha razão — ela mesma havia escolhido cada um deles.

Em junho de 2008, a longa batalha entre Hillary Clinton e Obama acabou. Hillary tentou, de início com relutância, aceitar a realidade e seguir adiante — possivelmente ao lado do antagonista. Em algumas reuniões privadas, porém, ela revelou seu persistente sentimento de ter sido prejudicada. Sentia-se decepcionada com sua campanha e, muitas vezes, também com o marido. Estava irritada com a imprensa que, segundo ela, valorizava Obama e a punia pelo cansaço geral com a saga dos Clinton desde 1992, e por cada passo em falso da campanha, real ou imaginário. Ela ainda deixou claro para algumas pessoas que sua campanha ficou sabendo logo de início dos sermões de Jeremiah Wright e da estreita relação de Obama com o pregador. E se *ela* tivesse uma amizade assim? O que diria a imprensa? E no entanto, disse ela com amargura, ela não ganhou nenhum crédito por ter se contido e não utilizado esses fatos como armas. O marido se sentia ainda mais injustiçado.

Às vezes a raiva de Hillary Clinton era tão intensa que conseguia deixar uma sala inteira em silêncio; mas, com o passar das semanas, o sentimento de indignação se transformou num desejo de sobreviver nessa nova ordem. Não era segredo para ela que seu nome estava sendo cogitado para vice-presidente ou um alto cargo no futuro gabinete.

Demorou um pouco mais, porém, para os assessores de ambos os lados esfriarem. "O pessoal de Obama ficou tão zangado conosco! Eles achavam que tínhamos ido longe demais, que tínhamos feito provocações raciais", disse um assessor de Hillary. "Achei que a inimizade duraria muito tempo. Eu estava irritado, e muitas outras pessoas também, pela forma como fomos tratados. Logo depois da campanha não houve uma sensação de 'Foi um bom jogo, bem jogado'. Nada disso; a sensação foi assim: 'Nós realmente *acabamos* com aqueles filhos da puta. *Nós* jogamos os Clinton para a lata de lixo da história'."

"Bill Clinton e Michelle Obama levaram muito mais tempo para superar isso tudo", continuou o assessor. "Ambos são cônjuges protetores, competitivos, e superar todas essas afrontas para eles não foi fácil. Ficou bem claro no final que Michelle tinha um sentimento generalizado de que a nossa campanha se baseava em provocações raciais. Creio que o próprio Obama não se sentia assim — ou pelo menos, não muito."

David Plouffe, coordenador da campanha de Obama, reconheceu que ficou furioso no final das primárias, e que Hillary parecia viver em um "universo alternativo", onde ainda achava que era possível vencer. Plouffe continuou ressentido por muito tempo após o fim da disputa. "Sou um guerreiro, por isso para mim foi tão difícil depor a espada", disse ele.

O período relativamente descontraído do verão de 2008 permitiu que a inimizade se esgotasse e, no final de agosto, quando o Partido Democrata se reuniu em Denver para a sua Convenção, havia uma sensação de harmonia, sincera ou forçada. Tanto Hillary como Bill Clinton fizeram discursos em tom conciliador, de apoio ao candidato, e Obama ficou livre para se concentrar em iniciar sua campanha nacional contra John McCain e os republicanos.

No dia 28 agosto à tarde, Obama estava ensaiando seu discurso de aceitação em uma modesta sala de reuniões no décimo nono andar do Westin Tabor Center, o hotel onde estava hospedado, em Denver. Dali a poucas horas iria aparecer sob os holofotes do Mile High Stadium. Obama sempre preferiu trabalhar dentro do ninho de um pequeno círculo de assessores, e para esse ensaio tinha um público de três pessoas: o estrategista político David Axelrod, o redator dos discursos, Jon Favreau, e um operador de teleprompter. O ensaio foi sobretudo um reforço, para garantir que não havia sobrado no texto nenhum obstáculo de sintaxe, nenhuma barreira para a clareza. Obama nunca foi muito animado em ensaios, mas queria ter certeza de que dominava perfeitamente o ritmo das frases, de modo que, quando olhasse para o teleprompter, seria como um músico bem ensaiado dando uma rápida olhada na partitura.

Como retórica, o discurso da Convenção continha mais divagações e ladainhas do que Obama em geral preferia; o texto carregava o peso de apresentar projetos em detalhe, defendendo a tese, como disse Favreau, de "por que dizer sim a Obama e não a John McCain". Obama não podia apenas inspirar; tinha que responder a perguntas detalhadas sobre políticas e diferenças. No final do discurso, porém, a retórica passou para a importância histórica da campanha e seu sentido edificante. No ensaio, Obama chegou a uma passagem que homenageava a Marcha sobre Washington, realizada exatamente 45 anos antes, quando centenas de milhares de pessoas se reuniram no Lincoln Memorial para "ouvir um jovem pregador da Geórgia falar sobre seu sonho". Obama optou por não mencionar Martin Luther King Jr. pelo nome nesse texto; mais tarde, alguns intelectuais negros disseram que ele tinha feito isso por medo de ser considerado "muito negro", de enfatizar o fator raça diante de um público nacional. No entanto, mesmo ao ensaiar essa referência sutil, Obama ficou com a voz embargada e parou. Não conseguia passar das palavras "há 45 anos".

"Tenho que sair um minuto", disse Obama aos assessores.

Ele se desculpou e fez uma breve caminhada pela sala para se acalmar. "Isso bateu muito forte em mim", disse ele. "Eu ainda não havia pensado em tudo isso de uma maneira realmente profunda. Agora a coisa me atingiu com força. Acho que tudo isso é muito importante mesmo."

Com os olhos cheios de lágrimas, Obama foi ao banheiro assoar o nariz. Favreau pensou que a única vez que já vira Obama tão emocionado, ou ouvira contar de algo assim, fora há um bom tempo, em Iowa, falando com um grupo de jovens voluntários que estavam participando das reuniões pela primeira vez. Axelrod concordou: "Ele costuma ser muito sereno, mas dessa vez precisou dar um tempo".

"Engraçado, acho que todos nós passamos por isso", lembrou Favreau.

Passamos por toda essa campanha e, ao contrário do que se pode supor, a gente não fica pensando muito no sentido histórico das coisas, pois é um ambiente de loucura e a gente está em ação 24 horas por dia, sete dias por semana. Assim, há muito poucos momentos — e acho que o mesmo ocorre com Barack — em que ele para e pensa: "Eu posso ser o primeiro presidente afro-americano eleito".

Obama voltou à sala e ensaiou o parágrafo mais algumas vezes para garantir que poderia dizê-lo sem interrupção. O trecho não mencionava o dr. King pelo nome, mas as referências eram inconfundíveis.

No início da noite, antes de a comitiva partir para o estádio, Obama chamou Favreau ao seu quarto do hotel para repassar mais alguns detalhes no trecho sobre políticas para a ciência.

"É só um pouco de nervosismo, não é?", perguntou Obama.

Logo depois das cinco horas, Obama saiu do hotel em caravana. O trajeto durou cerca de quinze minutos e tudo que ele podia ver pela janela eram rostos, cartazes, a massa humana enfileirada na calçada, aplaudindo e gritando. O rugido da multidão ficou ainda mais alto quando ele entrou no estádio para proferir seu discurso de aceitação para 80 mil pessoas e um público televisivo de mais de 38 milhões de americanos.

PARTE CINCO

Tua porta se fecha contra meu rosto contraído,
Estou afiado como aço de tanta insatisfação;
Mas tenho a coragem e a nobreza
De suportar minha ira com orgulho e sem me vergar.

Claude McKay, "The white house" (1922)[1]

Este mundo não é mais branco, e nunca mais será branco outra vez.

James Baldwin, *Notes of a native son*.

16. Quanto tempo ainda? Não muito!

No ritmo tradicional da política presidencial americana, o drama da eleição geral só começa depois das convenções democrata e republicana e do feriado do Dia do Trabalhador, no início de setembro. Mas essa sutileza foi abandonada há muito tempo. John McCain e seus porta-vozes passaram a maior parte dos meses anteriores criticando o provável adversário, firmando as bases de uma campanha que repetidas vezes questionou o mérito e as credenciais de Barack Obama. Será que ele está pronto? Ele é confiável? O que já fez até agora?

Desde o início McCain apimentou a disputa legítima com insinuações duvidosas. Em 6 de outubro, em um comício em Albuquerque, depois de sugerir que o adversário aceitara "fundos estrangeiros ilegais de doadores *palestinos*", McCain perguntou: "Quem é o *verdadeiro* Barack Obama?". Quando seus assessores alegaram — falsamente — que Obama tinha "esnobado" de propósito os militares americanos feridos em uma base na Alemanha, durante sua vitoriosa visita de verão à Europa, eles mantiveram a falsa acusação, mesmo depois de ter sido desmentida.[2] Repórteres do *Washington Post* disseram que a intenção deles era criar uma "narrativa" sobre a suposta "indiferença de Obama pelos militares" — o tipo de ideia, segundo eles, que iria favorecer McCain, pois este foi abatido e ferido no Vietnã e passou quase seis anos em uma prisão norte-vietnamita. De acordo com um anúncio de McCain, Obama "arranjou tempo para ir malhar na academia quando estava na Europa, mas não para visitar os feridos do Iraque e do Afeganistão em um hospital alemão.

Quando Obama disse ao *St. Petersburg Times* que McCain estava tentando "assustar" os eleitores porque "eu não me pareço com as caras conhecidas em matéria de candidatos à presidência", McCain, fingindo-se surpreso e ofendido, acusou-o de racismo invertido.[3] "Com seus comentários ele está, sem dúvida, jogando a cartada da raça", disse McCain.[4] E no entanto, enquanto falava, a voz hesitante e a linguagem corporal traíam sua ambivalência. A lembrança mais forte de McCain da campanha presidencial de 2000 foi da máquina eleitoral de Bush lançando calúnias contra ele e sua família nas primárias da Carolina do Sul; agentes pró-Bush usaram panfletos e telefonemas automáticos para espalhar boatos de que McCain tinha um filho ilegítimo negro, e que foi um traidor no Vietnã. Depois de perder a disputa, McCain disse aos partidários que desejava a presidência "da melhor maneira — não da pior maneira", e que nunca iria "desonrar a nação que eu amo, nem desonrar a mim mesmo, deixando a ambição superar os princípios. Nunca. Nunca. Nunca".[5] Agora, em 2008, parecia óbvio que McCain sentia repugnância, ou algo ainda pior, pelo que estava fazendo a fim de ganhar vantagem eleitoral. Fez uma pausa constrangida, e em seguida parecia emitir as palavras em jatos confusos, ao dizer que Obama estava jogando a cartada da raça. Sua determinação moral havia recuado diante da ambição; mas a sua luta interna era lamentável, e bem visível.

A história não é tão simples. McCain disse aos assessores que seria errado e contraproducente tentar usar Jeremiah Wright contra Obama. No entanto, suas instruções foram desrespeitadas. Conservadores de todos os tipos, de escritores de direita até a candidata de McCain para a vice-presidência, se dedicaram com prazer a fazer o trabalho sujo — o mesmo tipo de atitudes desprezíveis que McCain denunciara oito anos antes.

Nas semanas de verão antes das convenções, o best-seller nº 1 de não ficção do *New York Times* foi uma tentativa grosseira chamada *The Obama nation*. O autor, Jerome R. Corsi, ganhara certa fama na eleição anterior como coautor de uma obra muito eficaz de propaganda anti-Kerry, chamada *Unfit for command: Swift Boat veterans speak out against John Kerry* [Impróprio para o comando: veteranos do Swift Boat falam contra John Kerry]. No Vietnã, Kerry ganhou várias condecorações — uma Estrela de Bronze, uma Estrela de Prata e três Corações

Púrpura — antes de voltar aos Estados Unidos e falar contra a guerra no Congresso e na mídia. Mesmo assim, o livro conseguiu desacreditá-lo, perante muitos eleitores, como se Kerry fosse uma fraude no seu histórico militar. Enquanto isso, George W. Bush, que fizera esforços fantásticos para não lutar no Vietnã, ficou sentado, apreciando a subida em seus números eleitorais.

É totalmente justo e verídico dizer que Corsi era um fanático, um mentiroso e adepto de teorias conspiratórias. Em texto na internet, já havia chamado Hillary Clinton de "porca gorda" e "sapatona", o Islã de "religião desprezível, perigosa e satânica", e o papa João Paulo II de defensor "senil" da pedofilia. Alegou ainda que as torres do World Trade Center tinham sido destruídas, na verdade, por outros meios, não pelos aviões sequestrados. *The Obama nation* era o tipo da produção perniciosa, meio demente, que outrora era especialidade do grupo de extrema direita John Birch Society. Tais livros, no entanto, há muito tempo entraram no mercado comercial e se insinuaram na blogosfera e na tevê a cabo — onde, naturalmente, Corsi era um convidado frequente. Em um tom tendencioso e pseudoerudito, ele apresentava recortes de jornal e fatos espúrios para "provar" que Obama era um elitista corrupto, antipatriótico, estrangeiro, traficante de drogas, controlado pelos muçulmanos, socialista e não cristão, que plagiava seus discursos, mentia sobre seu passado e encontrava seus colaboradores mais próximos entre perigosos ex-comunistas e ex-terroristas. O subtítulo de Corsi era "A política de esquerda e o culto da personalidade". Corsi anunciava que tinha doutorado em ciência política pela Universidade de Harvard — a assinatura em seus artigos é "Jerome R. Corsi, Ph.D." —, portanto ele deve saber que a expressão "culto da personalidade não vinha de algum programa de variedades como *Entertainment Tonight*; foi a frase usada por Khruschov para denunciar Stálin pelos expurgos e pelo assassinato de milhões de cidadãos soviéticos.

Corsi não era um marginal que morava em um porão. Tinha o apoio da grande mídia. Publicou seu livro pela Threshold Editions, um selo conservador da Simon & Schuster, e sua editora foi Mary Matalin, confidente da família Bush e ex-assessora de Dick Cheney; Matalin também fora chefe de gabinete de Lee Atwater quando este chefiava o Comitê Nacional Republicano.

Corsi não estava sozinho em seus esforços para reduzir Obama a uma figura totalmente estranha, com um passado sombrio e intenções perniciosas. Descrições e "provas" semelhantes estavam por toda parte em sites de extrema-direita, programas de entrevistas e noticiários, em especial no canal Fox. Pesquisas de opinião mostravam que uma porcentagem alarmante do público americano acreditava pelo menos em algumas dessas acusações, em especial na ideia de que Obama estava mentindo sobre sua religião.

A campanha de Obama rebateu os mitos e as mentiras em seu site com uma seção permanente chamada "Combatendo as Calúnias". Mas o efeito corrosivo dessas inverdades sobre a opinião pública era impossível de ignorar. Uma porcentagem perigosa da população americana as levava a sério. Em meados de julho, durante uma calmaria na campanha antes da Convenção, a revista *New Yorker* publicou uma capa parodiando as calúnias contra Obama, a fim de torná-las ridículas. O desenho da capa, por Barry Blitt, mostrava Obama no Salão Oval com um retrato de Osama bin Laden na prateleira em cima da lareira, uma bandeira americana ardendo no fogo, Michelle vestida como militante dos anos 1960 e Obama como um muçulmano de turbante. Durante anos Blitt desenhara capas da revista zombando do governo Bush — ele e a própria revista não tinham a menor complacência pela direita conservadora, sem dúvida alguma —, mas a campanha de Obama declarou que a capa era de "mau gosto", e milhares de pessoas escreveram para a revista, e para mim, seu editor, em protesto. Em geral expressavam a opinião de que, embora compreendessem, naturalmente, a intenção da imagem, temiam que pudesse inflamar os sentimentos preconceituosos de outras pessoas e prejudicar Obama.

No início de outubro, Sean Hannity transmitiu na Fox uma série em várias partes chamada *Obama & friends: A history of radicalism*.[6] Tal como Corsi, Hannity fez um prolongado jogo de culpa por associação e de difamação leviana do caráter, sugerindo que Obama estava ligado a Louis Farrakhan; que defendia a revolução socialista nos moldes de Hugo Chávez; e que era próximo a Rashid Khalidi, um respeitado professor de política do Oriente Médio, que Hannity caracterizou como "suposto ex-membro de uma organização terrorista". Soma total, concluiu Hannity, "a lista de amigos de Obama parece uma história do radicalismo".

No outono de 2008, os líderes da campanha de McCain começaram a achar que estavam em uma competição desleal. Sentiam-se magoados e furiosos ao ver que McCain não ganhava mais aplausos, como acontecera em 2000, por sua sinceridade, sua amabilidade irônica, sua flexibilidade intelectual. Tal como Bill e Hillary Clinton, McCain considerava Obama um orador talentoso, mas um político inexperiente, alguém que se julgava, serenamente, com direito ao cargo, e com uma sorte absurda.

A atração de McCain e a ideia que tinha de sua própria pessoa se baseavam nos valores da honra, autossacrifício e serviço ao país. "É o caráter da pessoa, e apenas o caráter, que vai tornar sua vida feliz ou infeliz", escreveu ele em uma das parcerias de sucesso com seu assessor Mark Salter.[7] Muitos moderados, democratas e jornalistas que tinham manifestado admiração por ele em 2000 citavam tanto sua inquestionável coragem e sacrifício no Vietnã como a disposição para lutar contra o próprio partido em questões como o tabaco, a redução de impostos para os ricos, o financiamento das campanhas, as verbas secretas para projetos locais de favorecimento ilícito, e outras. Naquele tempo ele era tão independente que chegou a pensar em deixar o Partido Republicano. Depois de perder para Bush, McCain flertou com diversos destinos: entrar no Partido Democrata, criar um terceiro partido nos moldes do Bull Moose Party de Theodore Roosevelt e, em 2004, unir-se ao amigo John Kerry na chapa democrata. No entanto, continuou republicano.

Agora, porém, o pessoal de McCain descobriu, para sua tristeza, que já não possuía o charme não ideológico que antes fazia certos colunistas liberais ansiarem por uma carona na viagem de McCain — o Expresso da Franqueza — e que levou o escritor David Foster Wallace a escrever um longo perfil de McCain na revista *Rolling Stone*, cheio de admiração, retratando-o como "anticandidato". O pessoal de McCain se perguntava por que Obama tinha monopolizado o afeto da imprensa, já que não fizera sacrifícios nem se arriscara a desagradar o próprio partido, e muito menos as próprias ambições. Para eles Obama era o suprassumo do meritocrata formado por uma universidade de elite — jovem, talentoso, ultrarrefinado, impertinente, inexperiente, ainda não testado e imerecidamente cheio de si. Onde estavam suas cicatrizes? Era uma dinâmica geracional bem conhecida, acrescida do elemento raça.

Mark Salter alegou que a imprensa estava fascinada por Obama devido ao desejo de participar da narrativa histórica da ascensão de um presidente afro-americano; em consequência, disse ele, perdoava ou ignorava todos os seus erros e exagerava cada erro de McCain. Salter insistia, sobretudo, em falar aos repórteres sobre a posição inatacável de McCain quanto à questão racial. Gostava de contar aos repórteres que McCain tinha feito campanha em Memphis, sob chuva torrencial, para se dirigir a um público negro. A mensagem era a seguinte: mesmo que eu não seja o seu candidato, se eu vencer serei seu presidente. Em frente ao Motel Lorraine, onde o dr. King foi assassinado em 1968, McCain disse aos eleitores que cometera um erro, 25 anos antes, ao votar contra a lei que transformaria o aniversário do dr. King em feriado nacional.

"Nós fizemos o máximo esforço para não espalhar os boatos sobre Obama, nem tentar assustar as pessoas, mas McCain não obteve nem um grama de crédito por tudo isso, caramba!", disse Salter com raiva.

> A imprensa estava fascinada por um candidato e decidida a vê-lo vencer. Onde estavam as reportagens investigativas? Contra nós acho que houve umas cinquenta. Onde estava a imprensa quando se tratava de Obama ou Axelrod? Não havia nada! Minha opinião pessoal é que os repórteres tinham que racionalizar uma antipatia por McCain que antes não sentiam. Eles tiveram que trazê-la à tona.

Em 2006, quando McCain aceitou um convite para falar na Universidade Liberty, de Jerry Falwell, deixou claro que não tencionava mais fazer uma campanha independente. Em 2000, McCain havia chamado Falwell de um dos "agentes da intolerância",[8] mas agora estava armando uma maioria republicana, e precisava dos votos da direita cristã.

Jon Stewart, apresentador de *The Daily Show*, havia dito em 2000 que teria votado em McCain se ele tivesse obtido a indicação republicana, mas agora o convidou para o programa e disse que o discurso na Liberty "me parece algo que o senhor não faria normalmente. O senhor vai entrar nesse mundo louco?".[9]

McCain fez uma pausa, sorriu e disse com timidez: "Infelizmente, sim".

O sentimento de McCain de ter sido prejudicado foi ainda mais difícil de justificar quando ele indicou Sarah Palin como companheira de chapa e despachou-a como principal arma de ataque. Nos comícios, Palin levantou o espectro de um dos principais argumentos de Corsi para provar o suposto radicalismo de Obama — seu "relacionamento" com Bill Ayers, que pertencera aos Weathermen, uma organização radical de esquerda. "Nosso adversário", disse ela, "é alguém que acha os Estados Unidos tão imperfeitos a ponto de 'ser amigo' de terroristas que atacaram seu próprio país."[10]

Foi uma frase brilhante e sinistra. Não foi dito o nome de Ayers, permitindo que o ouvinte se perguntasse quem, exatamente, eram esses "terroristas", no plural. A expressão "atacar seu próprio país" soava como um vínculo com contraespiões.

Palin não estava sozinha nesses esforços. O próprio McCain pediu que Obama esclarecesse sua proximidade com um "terrorista fracassado". Também questionou o patriotismo do adversário, dizendo que Obama preferia "perder uma guerra para ganhar uma campanha política".

Ayers não era a única arma do arsenal. McCain passou a usar os mesmos telefonemas automáticos que tinham sido lançados contra ele oito anos antes, na Carolina do Sul, e difundiu a mensagem em que Obama pedia aos médicos para não tratar "bebês nascidos vivos depois de sobreviver a uma tentativa de aborto".[11] McCain não só contratou consultores no círculo de Karl Rove; ele abraçou todo o universo do governo Bush, justamente quando este estava em processo de implosão. O espetáculo da confusão de McCain, sua rendição, sua aliança com evangelistas de direita, absolutistas do mercado livre e outros conservadores recém-chegados ao seu mundo teria sido de dar pena, se não fosse tão perigoso.

Depois que Palin começou a vincular Obama a "terroristas" e McCain também fez a sua parte, esfregando a lâmpada mágica com discursos e anúncios de televisão, a multidão começou a gritar nos comícios: "Terrorista!", "Assassino!", "Cortem a cabeça dele!". Eram gritos isolados, mas deixaram McCain tão perturbado que ele acabou tendo que declarar que Obama na verdade era um homem honrado. Quando uma mulher que participava de uma audiência pública em uma câmara municipal perguntou a McCain se Obama no íntimo era um "árabe", ele por fim a interrompeu, dizendo: "Não, senhora. Ele é um homem de família decente". (Como se isso fosse o oposto de "árabe".) Em um comício em Lakeville, Minnesota, McCain disse: "Eu vou respeitá-lo, e quero que todos o respeitem". Seu público o recompensou com vaias. Se McCain alguma vez pensou que poderia seguir o caminho do meio, afirmando que era firmemente contra apelos baixos e calúnias, mas ao mesmo tempo delegando a Palin a tarefa de despertar as piores suspeitas na "base", agora essa ilusão já tinha desaparecido.

McCain logo se acostumou às críticas de inúmeros comentadores e alguns ex-aliados políticos e militares; mas houve um ataque que de fato o magooou. Em *Why courage matters* [Por que a coragem é importante], de 2004, McCain e Salter tinham escrito extensamente sobre a coragem e o patriotismo de John Lewis em Selma, em 1965, e em muitas outras manifestações da luta pelos direitos civis.

Agora, um mês antes da eleição, Lewis declarou de forma implacável que McCain e Palin estavam "lançando as sementes do ódio e da divisão":

> Em outra época, num passado não muito distante, houve um governador do estado do Alabama chamado George Wallace, que também se tornou candidato à presidência. George Wallace nunca jogou uma bomba, jamais disparou uma arma. Mas criou o clima e as condições que incentivaram ataques brutais contra americanos inocentes, que estavam simplesmente tentando exercer seus direitos constitucionais. Por causa desse ambiente de ódio, quatro meninas foram mortas em um domingo de manhã, quando uma igreja foi bombardeada em Birmingham, Alabama.[12]

Lewis alertou que McCain e Palin estavam "brincando com fogo, e, se não tiverem cuidado, esse fogo vai consumir a todos nós". McCain divulgou um comunicado dizendo que o ataque de Lewis era "insolente e sem fundamento"[13]; mas ficou claro para todos na sua campanha que o incidente o deixou profundamente perturbado.

Ayers, por sua vez, evitou os repórteres desde que seu nome começou a aparecer na imprensa durante a campanha. Já com seus sessenta anos, não se arrependia do seu passado no Weather Underground, e justificava seu apoio à violência como reação ao massacre no Vietnã. Embora tivesse passado as últimas décadas levando uma vida normal como educador, na juventude tinha feito e dito coisas condenáveis. Em 1974, por exemplo, dedicou um manifesto revolucionário chamado "Prairie fire" [Incêndio na pradaria] a uma série de radicais, inclusive Harriet Tubman — mas acrescentou também o nome do assassino de Robert Kennedy, Sirhan Sirhan. Grande parte da elite acadêmica de Chicago agora dava apoio a Ayers — até mesmo o prefeito Richard M. Daley o elogiou por suas boas obras na educação —, mas Palin e a campanha de McCain sabiam que, vinculando Obama a Ayers, poderiam pôr em dúvida a lealdade de Obama, seu caráter e seu passado. Obama foi insincero quando definiu Ayers apenas como "um cara que mora no meu bairro",[14] mas a ideia de que no passado os dois foram amigos íntimos, ou compartilhavam ideias políticas, era simplesmente falsa.

"Creio que minha relação com Obama era como a de milhares de outras pessoas em Chicago; e, como milhões e milhões de outros, lamento não tê-lo conhecido melhor", disse Ayers, em conversa comigo e meu colega Peter Slevin em sua casa, no dia da eleição. Ayers disse que, embora não se incomodasse com as muitas ameaças que recebia — "vejam, não estou reclamando" —, os telefonemas e e-mails que chegavam eram "muito veementes". "Recebo duas ameaças por dia na internet", disse, referindo-se a um incidente ocorrido no verão anterior, quando estava em seu escritório na Universidade de Illinois-Chicago, onde lecionou educação por duas décadas. "A primeira dizia que havia um bando a caminho para me dar um tiro, e a segunda dizia que eles iam me sequestrar e me torturar com afogamento simulado." Durante a campanha eleitoral, a vereadora Toni Preckwinkle ligou dizendo que as ameaças eram tão graves que ela iria mandar carros de polícia fazer a ronda em torno da casa dele periodicamente. Quando foi discursar na Universidade Millersville, na Pensilvânia, disseram-lhe que havia ameaças contra sua vida, e policiais com cães farejadores ficaram de guarda em frente ao salão.

Ayers parecia não se incomodar com o que chamou de operação "Swift Boat" da campanha de 2008. "Trata-se de culpa por associação", disse. "Eles me transformaram em personagem de desenho animado — me jogaram no palco só para me dar pancada. Senti, desde o início, que a campanha de Obama tinha que administrar a campanha, e eu tenho que administrar a minha vida." Disse ainda que, tão logo seu nome passou a fazer parte do redemoinho da campanha, ele nunca mais teve nenhum contato com o círculo de Obama. "Esse não é o meu mundo", disse Ayers.

Um apoio que a campanha de Obama decerto desejava era do general Colin Powell. Assim como o apoio da família Kennedy fora uma bênção na campanha das primárias, a aprovação de Powell ajudaria muito entre os republicanos centristas e os independentes. Powell deixara o governo Bush em 2005, após atuar como secretário de Estado, e desde então mostrara seu lado político discretamente, às vezes dando entrevistas a jornalistas favoritos, às vezes por meio de ex-assessores. Mas no ano anterior ele não conseguira deixar de falar sobre a corrida presidencial. Enquanto Obama estava decidindo se iria mesmo concorrer, Powell teve um encontro com ele e lhe garantiu que o país estava pronto para votar em um presidente negro. Powell acompanhou de perto a campanha e, em junho, no espaço de uma semana, se reuniu com Obama e também com John McCain. "Eu lhes disse o que me preocupava e o que me agradava na campanha de cada um", lembrou Powell. "Falei a eles: 'Vou ficar observando'."

Em 1995, com sua reputação reluzindo com a primeira Guerra do Golfo, muito antes de ser manchada pela segunda, Powell ficara em posição excepcional para se tornar o primeiro presidente afro-americano. Sua reputação como militar e como consultor de vários presidentes tinha sido, para milhões de americanos, impecável, e sua história de vida, tal como a descreveu em sua autobiografia, *Minha jornada americana*, não era menos atraente, ainda que menos torturada, que a de Obama em *A origem dos meus sonhos*. Powell se apresentava à moda antiga: um homem realizador que "por acaso era negro".

Durante algumas semanas, com seu livro no alto das listas de best-sellers, Powell cogitou uma candidatura para a indicação republicana de 1996, e discutiu a possibilidade com a família e seu círculo de assessores e amigos. Bill Clinton, um presidente popular, estava concorrendo a um segundo mandato; mas Clinton, segundo estrategistas políticos, não tinha os pontos fortes de Powell: sua maturidade, sua firmeza em assuntos externos. Em um país de centro-direita, dizia a tese, Powell poderia derrotar o ocupante do cargo. Mas entraram considerações que iam além das urnas. "Algumas pessoas da minha família e do meu círculo de conhecidos se preocupavam, dizendo que, na condição de negro que concorre a cargo público, a pessoa corre mais riscos físicos do que se fosse um branco", disse Powell. "Mas eu já estive em risco muitas vezes na vida, e até já levei tiros."

Powell pensou no assunto durante algumas semanas e então, de repente, se deu conta:

> O que você está fazendo? Isso não tem nada a ver com você. Não tinha nenhuma ligação com a questão racial, mas com a pessoa que eu sou — um militar de carreira que não tem instinto político, nem forte paixão pela vida política. O fator determinante é que eu nunca acordei de manhã dizendo: "Puxa, eu quero ir para Iowa!". Era simples, só isso. Assim, o fator racial existia, e eu teria sido o primeiro candidato afro-americano proeminente; mas a realidade é que toda a minha família, e, sobretudo eu mesmo, teria que olhar no espelho e perguntar: "Você acha de verdade que seria bom nisso? E você realmente quer fazer isso?". E a resposta era não.

Powell viu a campanha se desenrolar durante o verão de 2008, cada vez mais desanimado com a retórica desprezível do lado republicano.[15] "Não foi só John McCain", disse Powell. "Francamente, muitas vezes não era John, era algum delegado na Flórida apresentando alguém — não me lembro quem, se era John ou a governadora Palin — e dizendo: 'Barack *Hussein* Obama'. Essas palavras são todas em código. Eu sei o que ele está dizendo: "Ele é muçulmano, e é negro".

Finalmente, apenas duas semanas antes da eleição, Powell decidiu aceitar um convite de Tom Brokaw e da rede NBC e apareceu no programa *Meet the Press* em 19 de outubro, um domingo de manhã,

Powell se preparou muito bem para a entrevista. Era bem claro que Brokaw sabia o que vinha pela frente; bastava fazer a pergunta óbvia e esperar. Powell, por sua vez, tinha sofrido politicamente. Sentia que Bush e Cheney o tinham usado para "vender" a invasão do Iraque ao povo americano; que tinha ido à ONU falar sobre a capacidade militar do Iraque munido, como depois se viu, de informações falsas. Com um sentido apurado para lidar com a imprensa de Washington, fosse em público ou não, durante décadas Powell fora senhor da própria imagem — suas impressões digitais estavam por toda parte nos livros de Bob Woodward, desde o governo do primeiro presidente Bush —, mas agora sabia que precisava restaurar sua reputação. Ser entrevistado no programa *Meet the Press* implicava não só expressar uma preferência, mas também fazer uma volta, uma nova aparição pública. Em sua longa resposta, elaborada à perfeição — mais solilóquio que resposta —, Powell teve cuidado para não desagradar os republicanos nem insultar McCain; mas também foi claro sobre o futuro:

> No lado republicano, nas últimas sete semanas, a mentalidade do Partido Republicano e do senhor McCain vem se tornando cada vez mais estreita. Ao mesmo tempo, o senhor Obama vem nos dando uma visão mais ampla, mais abrangente das necessidades e aspirações do nosso povo. Ele está atravessando fronteiras — a fronteira étnica, a fronteira racial, a fronteira entre gerações. Ele acredita que todas as aldeias têm valores, todas as cidades grandes têm valores, não apenas as cidades pequenas têm valores.

Powell chegou a questionar por que agentes do Partido Republicano tentavam explorar a "questão" Ayers daquela maneira:

> Por que temos esses telefonemas automáticos acontecendo em todo o país, tentando sugerir que, devido a esse relacionamento muito, muito limitado que o senador Obama teve com o senhor Ayers, o senhor Obama esteja, de alguma forma, conta-

minado? O que eles estão tentando fazer é ligá-lo a um certo sentimento terrorista. E eu creio que isso não é conveniente.

Então, quando vejo tudo isso e me lembro da minha carreira no Exército, penso que temos dois indivíduos. Qualquer um dos dois pode ser um bom presidente. Mas qual é o presidente de que precisamos agora? Qual é o indivíduo que atende às necessidades da nação neste próximo período? E chego à conclusão de que, devido à sua capacidade de inspirar, devido à natureza inclusiva da sua campanha, do seu esforço de alcançar os Estados Unidos como um todo, devido a quem ele é, à sua capacidade retórica — e nós temos que levar isso em conta, assim como a sua substância, pois ele possui as duas coisas, estilo e substância —, ele atende aos critérios para ser um presidente bem-sucedido, um presidente excepcional. Creio que ele é uma figura transformadora. Ele é uma nova geração que está surgindo no mundo, no palco mundial, no palco americano. E por essa razão vou votar no senador Barack Obama.

O apoio de Colin Powell a Barack Obama foi, para alguns republicanos, como Kenneth Duberstein, último chefe da Casa Civil de Ronald Reagan, "como o selo de aprovação da revista *Good Housekeeping*". Nos próximos dias os telefonemas, cartas e e-mails que Powell recebeu foram em geral positivos. Os paquistaneses do supermercado próximo à sua casa gostaram do que ele disse sobre o uso da palavra "árabe" ou "muçulmano" como pejorativo. Alguns críticos disseram que apoiar Obama foi um ato de "deslealdade e desonra". Rush Limbaugh não foi o único, mas apenas a mais estridente das vozes de direita que o censuraram. Limbaugh não sentiu nenhum remorso ao dizer que o único motivo de Powell para apoiar Obama era o fator raça.

Powell recebeu algumas cartas racistas, mas em geral eram anônimas e sem endereço do remetente. "Já enfrentei isso em quase tudo que já fiz na minha vida pública", disse ele. "Isso acontece nos Estados Unidos, não se pode negar que existem pessoas assim."

Powell disse que Obama tinha feito um tipo completamente novo de campanha quanto ao aspecto racial. "Shirley [Chisholm] foi uma mulher maravilhosa, e eu admiro Jesse [Jackson] e todos os meus amigos na comunidade negra", disse, "mas acho que Obama não deve ser apenas... algo do tipo: 'Eles eram negros, e Obama é negro, portanto eles são seus antecessores'."

Eis a diferença em poucas palavras. É uma expressão que eu usei ao longo de toda a minha carreira — fui o primeiro consultor de segurança nacional negro, o primeiro chefe do Estado-Maior Conjunto negro, o primeiro secretário de Estado negro. E o que fez Obama? Ele concorreu como "um americano que é negro", e não como um "negro americano". Há uma diferença. As pessoas me diziam: "Puxa, é ótimo que o secretário de Estado seja negro!", e eu piscava, sorria e dizia: "Ora, será que existe um secretário de Estado branco por aí? Eu sou o secretário de Estado, que por acaso é negro". Veja bem onde você vai colocar o adjetivo "negro", porque faz diferença. E eu enfrentei isso durante toda a minha carreira. Assim: "Você é o melhor tenente negro que eu já vi". "Muito obrigado, comandante, mas eu quero ser o melhor tenente que o senhor já viu", e não o melhor tenente negro que o senhor já viu. Obama não fugiu da sua tradição, sua cultura, seu passado, nem do fato de ser negro, como fizeram outros negros. Ele concorreu honestamente, a partir de quem ele é, do que ele é e da sua história, que é uma história fascinante; mas não concorreu apenas para atrair as pessoas negras, ou para dizer que um negro é capaz de vencer. Ele está concorrendo como americano.

Essa terminologia de Powell, "por acaso é negro", não estava bem em sintonia com a forma como Obama via sua campanha; mas, tal como Obama, ele rejeitava a ideia de que a vitória seria o sinal do surgimento de um período "pós-racial" na história americana. "Não!", disse ele.

Significa apenas que avançamos mais ao longo do *continuum* que os Pais Fundadores do país estabeleceram por nós, há 230 anos. A cada ano que passa, a cada geração que passa, a cada figura que passa, nós nos aproximamos mais e mais daquilo que os Estados Unidos podem ser. Mas, aconteça o que acontecer no caso do senador Obama, ainda há muito garoto negro que não vê para si mesmo um sonho assim.

Pouco antes do dia da eleição, quando o sistema financeiro americano atingiu um estado de crise extrema, a ponto de se falar em uma segunda Grande Depressão, a vantagem de Obama sobre McCain se ampliou. McCain não conseguia distanciar-se efetivamente do governo Bush, e sua atuação atrapalhada durante a crise financeira — sua proposta confusa e passageira de suspender a campanha presidencial para permitir que todos se concentrassem em soluções para o desastre bancário — veio a prejudicá-lo ainda mais. Além disso, nos debates Obama tinha um desempenho equânime, sério, coerente, enquanto McCain por vezes reforçava a própria caricatura como um tipo encrenqueiro e velho demais para o cargo. Quase todas as pesquisas mostravam Obama como vencedor dos debates, o que lhe rendia ainda mais pontos de vantagem.

Também era claro que um grande contingente de não eleitores estava a favor de Obama: o resto do mundo. Em uma pesquisa de opinião feita pelo Serviço Mundial da BBC em 22 países, os entrevistados preferiam Obama a McCain por uma margem de quatro para um.[16] Quase 50% dos entrevistados disseram que, se Obama se tornasse presidente, isso "mudaria fundamentalmente" a imagem que faziam dos Estados Unidos.

Com Obama agora à frente nas pesquisas, fui a Nova Orleans, a cidade arruinada que ficará para sempre associada ao governo Bush. Na minha visita anterior a cidade estava debaixo d'água. Ali não houve uma campanha intensa. Obama se comprometeu a fazer campanha nos cinquenta estados, mas seu vultoso fundo de campanha não seria gasto em tentativas inúteis. O estado da Louisiana votou em Bush em 2000 e 2004, e estava tendendo para McCain em 2008. No entanto, afro-americanos em Nova Orleans — nos bairros de Treme, Mid-City, Lower Ninth — acompanhavam a campanha de Obama de forma obsessiva. Ouviam Tom Joyner na rádio WYLD, Michael Baisden na KMEZ, Jamie Foxx na Sirius. Na Canal Street, camelôs vendiam as mesmas camisetas de Obama que eu já tinha visto na rua 125, no Harlem. A mais popular mostrava Obama lado a lado com Martin Luther King. Garotos que normalmente usavam camisetas muito largas agora vestiam a parafernália de Obama. Havia cartazes pró-Obama nas janelas das barbearias, nas vendinhas de mariscos e de sanduíches e na casa das pessoas.

Certa noite saí para tomar uma cerveja com Wendell Pierce, um ator natural de Nova Orleans que fez fama interpretando o detetive de homicídios Bunk Moreland em *The Wire*, o programa de tevê preferido de Obama. Pierce está na casa dos quarenta. O bairro de seus pais, Pontchartrain Park, foi arrasado pelo furacão Katrina, e ele passou meses tentando reconstruir a área. Pierce me pegou na Canal Street: é um homem atarracado, com voz de baixo profundo. Fomos até o Bullet's, um bar de operários na avenida A. P. Tureaud, no Seventh Ward. Ali encontramos Mike Dauphin, um veterano do Vietnã que se sentou conosco à mesa e ficou um bom tempo falando da sua infância em Nova Orleans no tempo da segregação racial, andando na traseira dos ônibus, frequentando escolas segregadas e trabalhando na American Can e na U. S. Steel. Quando o Katrina chegou, ele se refugiou primeiro em um albergue e depois, com milhares de outros, no Centro de Convenções, "onde não recebemos quase nenhuma água nem comida durante cinco dias". Ele mal podia esperar o dia de votar, e falava nos mesmos termos que muitas pessoas mais velhas da cidade: "Nunca sonhei na minha vida que um dia veria um negro ser presidente dos Estados Unidos. Eu fui um garoto criado no tempo da segregação. Nós não podíamos sequer beber água da mesma torneira que os brancos. Mas agora parece que os Estados Unidos mudaram".

Nos bairros afro-americanos essa era a sensação quase unânime — o alívio, a festa por antecipação. No entanto, também se ouvia de muita gente uma grande desconfiança, uma defesa contra um sentimento de autocongratulação dos brancos, ou contra a impressão de que a eleição de Obama viria, automaticamente, transformar as condições de Nova Orleans e do país. Em Treme, bairro adjacente ao French Quarter e talvez a comunidade negra mais antiga do país, conheci Jerome Smith, veterano dos direitos civis que participou das Jornadas pela Liberdade no Alabama e no Mississippi. Nessa época ele coordenava programas para jovens no Centro Comunitário de Treme. Em uma ensolarada tarde de outono, sentamos nos degraus de uma antiga casa funerária na avenida St. Claude, que agora funciona como Museu Cultural Backstreet, um pequeno local com uma coleção de instrumentos das bandas negras que tocavam no Mardi Gras e nos tradicionais desfiles de "segunda linha", assim chamados em referência aos que vão na parte de trás do cortejo

"Se Obama conquistar a presidência, isso vai romper um ritmo histórico; mas não significa tudo", disse Smith.

> O ministro dele não mentiu quando disse que o poder controlador neste país são os brancos ricos. Os brancos ricos foram os responsáveis pela escravidão. São eles os responsáveis pelos níveis de pobreza invencíveis dos afro-americanos. Veja esse atual socorro aos bancos — nada mais é do que nos obrigar a salvar os brancos ricos. E há milhares de crianças desta cidade que desapareceram. Quem vai falar por elas? Obama? [...]
>
> Obama foi agraciado com algo, mas ele não se levantou no Senado, depois de eleito, para dizer que ali há uma *ausência* significativa, que ele era o único afro-americano da casa, e isso está errado. Ele não é um Martin Luther King, ele não é Fannie Lou Hamer [que ajudou a fundar o Partido Democrático da Liberdade do Mis-

sissippi, em 1964]. Ele é um homem que pode ser acomodado pelos Estados Unidos, mas não é o meu herói, porque um político, por natureza, tem de se impor. Em relação aos problemas que afligem os afro-americanos, Obama precisa dar o máximo de si. E os brancos — pessoas brancas boas e decentes — que votam nele simplesmente não conseguem entender. Eles não têm que passar pelos mesmos sofrimentos que os nossos filhos.

Smith sentia raiva, mas, como militante contemplando um líder inserido no contexto geral da sociedade, não estava totalmente equivocado. Era inevitável que a euforia arrefecesse. E o que restaria é uma série de catástrofes: a recessão mundial se agravando, as guerras no Iraque e no Afeganistão, um sistema de saúde precário e injusto, o derretimento das calotas polares, a proliferação nuclear no Oriente Médio e Sul da Ásia — para não falar das crises que surgem de repente, vindas do nada. Em 2008, o novo presidente iria herdar um emaranhado de crises, tão numerosas que desafiam a imaginação.

Colin Powell disse que, após um período prolongado de queda do prestígio americano no exterior, Obama desfrutaria de um período de "lua de mel", especialmente no exterior, que lhe daria a oportunidade de "avançar em diversas frentes na política externa".

"Isso também é algo que vai morrer ou diminuir com o tempo, à medida que ele for enfrentando problemas e crises", continuou Powell.

> Embora seja grande, a emoção de termos o primeiro presidente negro vai diminuir se ele não fizer alguma coisa em prol da economia, ou se a economia piorar, ou se de repente nos encontrarmos em uma crise. [...] O próximo presidente será muito desafiado, e a maneira como vai reagir a esses desafios será mais importante, naquele momento, do que a raça a que ele por acaso pertence. Mas no período inicial de um governo Obama haverá uma emoção, uma eletricidade no mundo todo que ele pode aproveitar.

À medida que o dia da eleição se aproximava, o mundo de John McCain e seu círculo se tornavam cada vez mais amargos. A campanha de Obama tinha abandonado sua promessa de limitar os gastos; em vez disso, recusou-se a receber dinheiro público para poder aceitar doações ilimitadas.[17] Agora estava gastando muito mais que a de McCain, uma diferença estimada em 500 milhões de dólares. Com a economia continuando a encolher e McCain parecendo cada vez mais nervoso com a crise, os moderados começaram a gravitar para Obama em estados indefinidos, como Virgínia, Carolina do Norte, Indiana e Colorado. A probabilidade de uma vitória de Obama aumentava depressa. McCain não poderia deixar de ver Obama como um sujeito para lá de sortudo, um homem dono de tal autoconfiança, até altivez, que parecia estar "tentando fazer o país provar algo para ele, e não o contrário", como disse Salter.

> Para Obama, se o país mostrar o bom senso de elegê-lo, terá se mostrado digno do potencial que já teve no passado, pois *eu* represento a realização dessas esperanças. Ficava implícito que, se a gente não tem coragem de mudar, nem de melhorar, então vote em John McCain. Votar em John McCain significava não mostrar a coragem necessária; ele é velho, não sabe usar computador.

A portas fechadas, os assessores de McCain sabiam que tinham causado um prejuízo enorme a si mesmos ao nomear Sarah Palin. Ela mostrou ser tão absurdamente desinformada sobre os assuntos do país e do mundo, tão disposta a dizer ou fazer qualquer coisa para atrair a atenção, que fez McCain parecer fraco — e pior, desiludido. Tal como Rudy Giuliani, ela ficou desacreditada ao zombar de Obama por ter trabalhado para os pobres como organizador comunitário. Não se sabe se algum outro candidato a vice teria ajudado McCain a evitar a derrota — não em meio a uma economia em queda livre, com um presidente republicano fraco e impopular na Casa Branca —, mas Palin o ajudou a perder de modo vergonhoso. Ela se comportou de maneira imprevisível, imprudente, e McCain nada fez para detê-la. Ao se render à retórica de Palin, ao não dar um fim às calúnias que ela se deleitava em propagar, McCain abdicou de uma parte real daquilo que ele mais valorizava em si mesmo — seu sentimento de honra.

Mark Salter e outros assessores de McCain sentiram que nunca lhes foi dada uma oportunidade, que foram vítimas de uma "metanarrativa" forçada pela imprensa, sobretudo pelos repórteres com idade para se lembrar do movimento dos direitos civis. Em sua frustração, achavam que esses jornalistas entraram na campanha de Obama como em uma missão pessoal. "Muitos deles, como eu, nunca serviram no exército", disse Salter. "O movimento dos direitos civis foi uma luta grandiosa, e agora todos podiam fazer a sua parte."

Salter sentia que ele e outros assessores de McCain nunca conseguiram deixar de lado suas diferenças e se unir para apresentá-lo como candidato igualmente cativante, um homem que tinha perdido o rumo quando jovem e depois o reencontrou por meio do serviço público e do sacrifício militar; alguém tão comprometido com seu país e com seus companheiros de armas que recusou repetidas ofertas do Vietnã do Norte para ser libertado antes dos demais. "Poderíamos ter feito um serviço melhor para um sujeito que foi bom para nós", disse Salter.

Para todos os envolvidos na campanha, seria impossível reviver a sensação de estar no meio dessa prolongada batalha. O sentimento de Salter de ter sofrido uma injustiça, refletindo o de McCain, era profundo. "A verdade é que tudo que será lembrado da campanha é que o pecado original dos Estados Unidos finalmente foi expurgado", disse Salter. "Só isso. Na história futura, nada mais que isso. O verdadeiro McCain ficará perdido para a história. Ele ainda tem anos pela frente, mas já se perdeu na história. A narrativa é a narrativa — pode ser totalmente falsa e injusta, mas para todos os efeitos ele é aquele velho que fez uma campanha cheia de injúrias e não consegue se lembrar de quantas casas tem."

Barack Obama venceu as eleições com 53% do voto popular, contra 46% para McCain. Venceu por uma diferença superior a 9,5 milhões de votos, e obteve 365 votos no Colégio Eleitoral de um total de 538. O comparecimento às urnas foi o maior desde 1968. A participação afro-americana subiu 2% no total, e foi crucial para que Obama conquistasse estados com pouca chance de vitória, como Carolina do Norte e Virgínia. Obama ganhou em todas as regiões do país por diferenças de dois dígitos, exceto no Sul, onde McCain o superou por nove pontos. No âmbito nacional, Obama não conquistou a maioria do eleitorado branco — levou 43%, contra 55% para McCain —, mas o país estava se tornando cada vez mais diversificado e não branco. Um dos avanços da eleição foi ressaltar essa realidade demográfica e psicológica: o fato é que os Estados Unidos são, no século XXI, um país diferente.

Ao longo de semanas antes da eleição, comentaristas e eleitores perguntavam se os resultados de Obama nas pesquisas entrariam em colapso na cabine de votação, se os eleitores brancos se voltariam contra ele em grande número, nessa situação de privacidade. Ou seja, estavam preocupados com o chamado "efeito Bradley"; segundo este, muitos eleitores brancos que dizem nas pesquisas que votariam em um candidato negro — tal como Tom Bradley, prefeito de Los Angeles — fazem o contrário quando chega a hora de votar. Isso aconteceu várias vezes em meados dos anos 80 e também antes; mas a campanha de Obama se animou com outras mais recentes, como a candidatura de Harold Ford ao Senado do Tennessee, onde os eleitores não demonstraram essa tendência. De fato, ficou claro que muitos eleitores brancos, motivados sobretudo por fatores econômicos, estavam totalmente prontos para votar em Obama. Um caso famoso foi o de Fishtown, Pensilvânia, um bairro carente da Filadélfia, de população branca; ali alguns eleitores abertamente racistas disseram a um pesquisador que estavam indecisos. De repente se passou a falar de um tal "efeito Fishtown" que viria substituir o "efeito Bradley". Como disse David Bositis, especialista em aspectos raciais do voto, o efeito Bradley era forte "no tempo em que o Papai Noel andava num trenó movido a carvão. Essa atitude não pertence mais à sociedade americana". Falou-se até mesmo de um "efeito Palmer" ou um "efeito Huxtable" — ou seja, a influência normalizadora exercida sobre os brancos pelos afro-americanos da cultura popular, como "David Palmer", o presidente negro do programa *24 Horas*, ou o seriado de Bill Cosby com uma atraente família afro-americana, na época o programa mais popular da tevê.

Na noite da eleição houve comemorações de rua emocionantes em todo o país: no Harlem e na zona sul de Chicago, nas universidades e nas praças. Houve comemorações em muitas capitais do mundo, assim como em torno de uma tela improvisada na aldeia dos ancestrais de Obama, no oeste do Quênia.

O tempo em Chicago estava ensolarado e frio. Folhas douradas e vermelhas dançavam com o vento pelas ruas do Hyde Park. Enquanto Obama esperava os resultados em sua casa, na avenida South Greenwood, e depois numa suíte de hotel no centro, a cidade inteira ganhou vida para a festa que se aproximava. Ao cair da noite, junto à avenida Michigan, multidões seguiam em uma só direção — para o Grant Park. Ainda não se sabia a contagem dos votos, mas não havia razão para acreditar que Obama pudesse perder. As pessoas cantavam, ouviam músicos de rua, compravam pilhas de mercadorias com o rosto de Obama: camisetas, broches, cartazes. Os alto-falantes ao longo da avenida tocavam Jay-Z, Nas e outros artistas de hip-hop que apoiaram Obama e escreveram letras de música sobre ele.

A multidão no Grant Park era imensa — 125 mil pessoas, todas felizes na noite fria. Foi montado um palco azul com uma longa fileira de bandeiras americanas atrás da tribuna do orador. A noite inteira, à medida que os resultados iam chegando, eu só podia lembrar alguns dias ou noites comparáveis na minha vida de repórter: correndo pelas ruas de Berlim Oriental em 1989, quando irromperam as primeiras manifestações anticomunistas; não muito depois, sentado no Teatro Lanterna Mágica, em Praga, quando Václav Havel e Alexander Dubček brindaram à renúncia do Politburo e ao fim do governo comunista na Checoslováquia; aquela noite em fins de agosto de 1991, ao longo do rio Moskvá, quando um golpe da KGB fracassou e Mikhail Gorbatchov foi trazido de volta do seu cativeiro no mar Negro. Havia fogos de artifício também, naquela noite em Moscou, gente cantando e agitando bandeiras, gente que antes teria receio de fazer isso. Em Berlim, Praga e Moscou houve um sentimento de emancipação histórica e possibilidades grandiosas, de um país sendo devolvido ao seu povo. Em Chicago, a história não era assim. Um regime não tinha caído. A linha divisória da cor não fora apagada, nem transcendida. Mas uma ponte histórica foi atravessada.

Em dado momento, depois que a vitória de Obama foi anunciada, a multidão no Grant Park recitou o Juramento de Lealdade à Bandeira. O afro-americano Derrick Z. Jackson, veterano repórter do *Boston Globe*, escreveu:

> Eu nunca tinha ouvido uma multidão assim multicultural recitando o juramento com uma enunciação tão decidida, tirando-o do coração em agudos que subiam aos céus e um baixo profundo que corria pelo chão, fazendo vibrar meus pés. Os agudos e os graves se encontraram na minha espinha, onde as palavras "liberdade e justiça para todos" não lembravam o ranger das correntes nem um riso de zombaria cruel, mas um caloroso toque de ironia, à moda de Jefferson, o senhor de escravos: a justiça não pode dormir para sempre.[18]

"Minha analogia para isso é a entrada de Jack Roosevelt Robinson em um time de beisebol da Major League", disse Roger Wilkins.

> Desde o momento em que ele foi contratado por Branch Rickey eu fiquei obcecado por esse fato, não conseguia pensar em outra coisa. O que eu descobri quando fiquei mais velho é que Jackie provocou uma mudança real na atitude das pessoas — em parte porque era um jogador excelente, mas também por ser um homem

extraordinário, que tinha a coragem de conter sua ira. Ao longo dos anos conversei com muita gente que me disse que havia mudado por dentro. Acho que Barack Obama possui a inteligência, o dinamismo, a disciplina, a tenacidade e o autocontrole para ter sucesso em sua presidência, apesar da bagunça que herdou dos que estavam lá antes. Já vi a reação de muitos brancos durante a campanha. Minha vizinha de edifício é uma viúva nascida e criada na costa leste de Maryland, uma região de tradição racista. Ela colou um adesivo de Obama na porta, e eu lhe perguntei: "Ann, por que você está fazendo isso, tão engajada?". Ela me olhou e disse: "Porque eu quero me sentir bem em relação ao meu país". Há muita gente branca que nunca pensou muito no assunto e nunca teve alguém que lhes esclarecesse a questão racial; e aqui está esse sujeito, Obama, e não precisa fazer um grande discurso racial todos os dias. Só o que ele tem a fazer é ser um bom presidente. Ainda há estatísticas horríveis de pobreza, educação e encarceramento neste país — as disparidades são grotescas. Ele não pode agitar uma varinha de condão e fazer tudo isso desaparecer. Essas coisas estão arraigadas no nosso DNA nacional.

Depois que a contagem no Colégio Eleitoral passou de 270, o número decisivo, a família Obama — Barack, Michelle, Malia e Sasha — subiu ao palanque do Grant Park. O que irrompeu então pode ser descrito como um pandemônio bem-educado: choro, patriotismo, amigos e desconhecidos se abraçando. Havia uma doçura incrível em tudo isso. As câmeras pegaram Jesse Jackson em pé sozinho, com as lágrimas escorrendo pelo rosto. A interpretação sarcástica foi que eram lágrimas de crocodilo, lágrimas fingidas, de tristeza por não ser ele a subir no palanque. Mais tarde, porém, quando tive a chance de perguntar a Jackson sobre aquele momento, ele me disse que estava pensando em Emmett Till, em Rosa Parks, em Martin Luther King discursando no Lincoln Memorial, na marcha de Selma. "E, na minha cabeça, eu via os enterros", disse ele. "Eu só gostaria que o dr. King e Malcolm estivessem lá, só por uns trinta segundos, só para ver o motivo pelo qual foram assassinados. Foi aí que as lágrimas subiram e eu comecei a chorar. Pense nos mártires: Fannie Lou Hamer, se ela pudesse estar ali por apenas um minuto". Lembrou-se de uma viagem à Europa em que as pessoas lhe diziam que Obama nunca poderia vencer. "Tudo convergiu na minha consciência, tanto o caminho para chegar até lá como a alegria do momento. Eu estava siderado, mudo de assombro. Eu via o dr. King calçando os sapatos em Selma, se aprontando para marchar, via Jim Farmer, John Lewis — todos eles. Foram essas pessoas que fizeram esse dia acontecer."

Quando os aplausos finalmente se acalmaram, Obama fez um discurso rápido e comovente, de agradecimento, unificação e promessas. E, tal como já fizera tantas vezes, lembrou uma história pessoal para dar corpo à sensação daquele momento, às emoções soltas no ar. No início da campanha ele falava de Ashley Baia, jovem voluntária da Carolina do Sul. Agora falaria em Ann Nixon Cooper, de Atlanta, que aos 106 anos de idade acabara de votar nele. Cooper era avó de Lawrence Bobo, sociólogo da Universidade Harvard e um dos acadêmicos afro-americanos mais importantes do país. Os trabalhos acadêmicos de Bobo estudam a complexidade e as mudanças nas atitudes raciais entre brancos e negros. A campanha de Obama tinha procurado a avó de Bobo dizendo que ele talvez a mencionasse no discurso — seus assessores a tinham visto numa entrevista na CNN —, mas a família dela não fazia ideia de que o presidente eleito escolheria sua vida para mostrar a passagem do sofrimento para o sufrágio, e depois o momento de ascensão de Obama.

> Ela nasceu uma geração apenas depois da escravidão; uma época em que não havia automóveis nas ruas nem aviões no céu; uma época em que uma pessoa como ela não podia votar, por dois motivos — por ser mulher e por causa da cor de sua pele. E esta noite estou pensando em tudo que ela presenciou durante seu século de vida na América — a dor, a decepção e a esperança; a luta e o progresso; todas as vezes em que nos disseram que nós não podíamos, e todas as pessoas que continuaram sempre insistindo nesse credo americano: sim, nós podemos.
>
> Em uma época em que a voz das mulheres era silenciada e suas esperanças, destruídas, ela sobreviveu e viu as mulheres se levantarem, se manifestarem e irem às urnas. Sim, nós podemos.
>
> Quando havia seca e desespero na região do Dust Bowl e depressão em todo o país, ela viu a nação vencer o medo com o New Deal, com novos empregos, e um novo espírito de ter um propósito comum. Sim, nós podemos.
>
> Quando as bombas caíram sobre nosso porto e a tirania ameaçou o mundo, ela estava ali para testemunhar como uma geração respondeu com grandeza, e a democracia foi salva. Sim, nós podemos.
>
> Ela viu os ônibus de Montgomery, as mangueiras da polícia em Birmingham, a

ponte em Selma e um ministro de Atlanta que disse a um povo: "Nós vamos superar". Sim, nós podemos.

Um homem pisou na Lua, um muro caiu em Berlim, um mundo foi conectado pela nossa ciência e pela nossa imaginação. E este ano, nestas eleições, ela encostou o dedo em uma tela e deu seu voto, pois depois de 106 anos vivendo na América, passando por épocas boas e pelas horas mais tenebrosas, ela sabe que a América pode mudar.

Sim, nós podemos.[19]

Era uma noite de triunfo, mas o tom de Obama não era triunfal, não era altissonante; seu tom era grave. Depois de se definir, vinte meses antes em Selma, como alguém que "se ergue sobre os ombros de gigantes", como líder da geração de Josué, ele nem precisava mencionar o fator raça. Era aquela coisa sempre presente, e tão raramente citada. Ele celebrava a identidade negra e, ao mesmo tempo, a passava tranquilamente para o segundo plano. Ann Nixon Cooper era um emblema não só da sua raça, mas do seu país.

"A mudança chegou à América", declarou Obama, e naquele parque, até então mais conhecido por uma terrível batalha entre a polícia e manifestantes contrários à guerra do Vietnã, quarenta anos antes, todos sabiam que a mudança tinha chegado. "Quanto tempo ainda? *Muito* tempo!" Já era hora.

17. Rumo à Casa Branca

Dois séculos antes de Barack Obama concorrer à presidência, os escravos construíram a Casa Branca. Eram escravos que abriam pedreiras na Virgínia, que fabricavam pregos e tijolos em Georgetown. Originários da África Ocidental, não tinham sobrenome, ou usavam o sobrenome dos senhores. Os registros nos dizem que eram conhecidos por "Tom", "Peter", "Ben", "Harry", "Daniel" e assim por diante.[1] Três escravos que trabalharam na construção da Casa Branca foram emprestados pelo arquiteto autor do projeto, um irlandês de Charleston chamado James Hoban.[2] Um de seus escravos é referido como "negro Peter". O projeto de Hoban para a mansão do presidente a deixava parecida com a Leinster House, a sede do parlamento em Dublin; mas também há toques de uma casa-grande senhorial do Sul dos Estados Unidos. Às vezes os escravos recebiam o equivalente a um dólar por dia, mas o salário era quase todo repassado aos respectivos donos. Trabalhando ao lado de negros livres e operários europeus brancos, os escravos ajudaram a construir Washington, segundo os projetos de Pierre-Charles L'Enfant e de arquitetos europeus. Foram eles que edificaram a cúpula do Capitólio, abriram clareiras nos bosques, desenterraram os tocos de árvores junto ao rio Potomac. Os pântanos foram drenados por eles. E, não muito longe do local de construção da Casa Branca, os leiloeiros de uma empresa com sede na

Virgínia, a Franklin & Armfield, vendiam novos escravos. O dinheiro mudava de mãos enquanto jovens negros assustados, trancados em gaiolas, algemados, vestidos de trapos, olhavam espantados para seus novos senhores. Logo seriam embarcados em navios a vapor e enviados para as plantações e as residências de Natchez, Charleston, Mobile e Nova Orleans.

Houve muitas razões para a geração que fundou o país ter decidido pelo voto mudar a capital da Filadélfia para Washington, mais ao sul. Levaram-se em conta os requisitos da construção, mas também a política antiescravidão no Norte. "É possível imaginar que haveria uma série de doze presidentes donos de escravos, se a capital tivesse permanecido na Filadélfia?", escreve Garry Wills em seu estudo sobre Thomas Jefferson,[3] *Negro president*. "Os sulistas conseguiram o que queriam: fixar a sede do governo em um lugar onde a escravidão seria algo natural, onde não seria necessário pedir desculpas perpetuamente, nem dar justificativas ou atenuantes, um lugar onde os homens mais honrados do país não seriam criticados por praticar, defender e privilegiar a posse de escravos."

No final do século XVIII havia centenas de escravos trabalhando na construção dos edifícios federais na nova capital. Escreve o historiador Fergus M. Bordewich:

> Para o nascido no Sul, o distrito federal agora apresentava o panorama bem conhecido e tranquilizador do trabalho em uma plantação, com capatazes brancos dirigindo o trabalho de escravos negros, que arrancavam tocos de árvores, levavam madeiras, arrastavam trenós de carga, cavavam a terra para os alicerces, carregavam cestos de pedras, baldes de cal e barris de pregos, esculpiam a pedra, misturavam cimento, cuidavam dos fornos nas olarias. Onde quer que houvesse um edifício em construção, inclusive o Capitólio e a mansão do presidente, lá se viam as equipes de escravos com seus chapéus de aba larga, serrando madeira, suando debaixo de cascatas de serragem, cortando toras em tábuas, em movimentos rítmicos, angulares, de quebrar as costas, com uma lâmina de dois metros.[4]

A construção começou na Casa Branca em 1792, e em 1798 cerca de noventa homens negros trabalhavam ali e no Capitólio. Todos os dias cerca de cinco ou seis escravos caíam doentes e eram levados para uma clínica improvisada.[5] Os empreiteiros contrataram um certo dr. May para cuidar deles. Gastavam cinquenta centavos por dia no tratamento.

Doze presidentes possuíam escravos, oito deles no exercício do cargo. John e Abigail Adams, os primeiros moradores da Casa Branca, eram, pelos padrões da época, abolicionistas, e mantinham na Casa Branca apenas dois funcionários, um casal branco vindo da fazenda. Seu idealismo foi recompensado pelos muitos convidados que zombavam da sua comida, da maneira como cuidavam da casa e da sua hospitalidade. Thomas Jefferson trouxe para a Casa Branca vários membros da sua considerável equipe de pessoal doméstico, inclusive alguns escravos. James Madison e a esposa Dolley trouxeram outros. O escravo mais famoso de Madison foi seu criado pessoal, Paul Jennings, nascido na fazenda de Madison, em Montpelier, Virgínia. O pai de Jennings era um comerciante inglês, a mãe, uma escrava. Na Casa Branca, Jennings ficava em contato constante com o presidente e se tornou o primeiro memorialista e cronista indiscreto da mansão executiva, deixando um curto manuscrito intitulado *A colored man's reminiscences of James Madison*. Ainda era jovem quando serviu Madison e presenciou o ataque britânico à Casa Branca na guerra de 1812. Jennings recorda como Dolley Madison agarrou todos os objetos de valor que conseguiu e os enfiou na bolsa antes de fugir da Casa Branca; recorda a "ralé" que invadiu a mansão logo depois "e roubou muitas pratarias e tudo em que conseguiam pôr as mãos".[6] Embora Jennings fosse como uma joia ou um cavalo de propriedade de Madison, uma mercadoria, escrevia sobre o presidente de maneira terna, afetuosa e generosa. "O sr. Madison, na minha opinião, foi um dos melhores homens que já viveram", escreve ele, e continua:

> Eu nunca o vi com raiva, e nunca soube que tivesse batido em um escravo, embora possuísse mais de cem; tampouco permitia que um capataz o fizesse. Sempre que havia alguma reclamação sobre escravos que estavam roubando, ou brincando em serviço, ele os mandava buscar e os advertia em particular; nunca os mortificava na frente de outras pessoas. Eles em geral o serviam muito fielmente. [...]
>
> Havia uma história que ele gostava de contar: um dia, quando Madison voltava do tribunal para casa, vindo a cavalo com o velho Tom Barbour (pai do governador Barbour), encontraram um homem de cor que tirou o chapéu. O sr. M. também tirou o chapéu, para surpresa do velho Tom, a quem o sr. M. respondeu: "Eu jamais permito que um negro seja mais educado do que eu".[7]

Jennings foi um servo fiel e ficou com Madison até o fim, quando este se aposentou, sua saúde se deteriorou e, finalmente, morreu. Como ocorre em tantos relatos de escravos, o narrador afirma sua própria individualidade e sua dignidade através do poder da lealdade e da sua harmonia com a "família" que é sua proprietária:

> Eu estava sempre com o sr. Madison até ele morrer, e o barbeei dia sim, dia não durante dezesseis anos. Em seus últimos seis meses de vida ele não conseguia mais andar e passava a maior parte do tempo reclinado no sofá; mas sua mente era brilhante, e com os seus numerosos visitantes ele conversava com muita animação e força na voz, tal como eu já o ouvira em seus melhores dias. Eu estava presente quando ele morreu. Naquela manhã Sukey lhe trouxe o café da manhã, como de costume. Ele não conseguia engolir. Sua sobrinha, a sra. Willis, perguntou: "Qual é o problema, tio James?". "Apenas mudei de ideia, minha querida, só isso."
> Imediatamente sua cabeça caiu e ele parou de respirar, com a suavidade de uma vela que se apaga. Tinha cerca de 84 anos de idade, e foi acompanhado até o túmulo por um imenso cortejo de pessoas brancas e de cor.[8]

Jennings morreu em 1874, aos 75 anos. Ao longo da vida participou de uma conspiração abolicionista para libertar os escravos de uma escuna em Washington, trabalhou para Daniel Webster (de quem comprou sua liberdade) e, no final da vida, serviu no Departamento do Interior.

Quase todas as centenas de escravos que sucederam Jennings no serviço da Casa Branca trabalhavam de libré, e morreram no anonimato. Não escreveram memórias e mal deixaram vestígios nos arquivos. Andrew Jackson trouxe para Washington os escravos de sua propriedade no Tennessee, mas pouco se sabe sobre o "criado pessoal" que compartilhava seu quarto na Casa Branca. Sabemos que o presidente James Polk comprava escravos, mesmo enquanto estava no cargo; em 20 de julho de 1846, pagou um total de 1436 dólares por "Hartwell & sua esposa & seu filho de nove anos".[9] Na década de 1850 os escravos foram eliminados do pessoal da Casa Branca, não devido a alguma dúvida sobre a moralidade da escravidão, mas sim porque James Buchanan era de opinião que para melhor preservar sua privacidade seria melhor ter criados ingleses brancos.

Abraham e Mary Todd Lincoln não tinham escravos na Casa Branca. Seus criados vieram de sua casa em Illinois, ou eram brancos europeus herdados do governo anterior. No entanto, o casal empregou uma costureira negra, uma *modiste* chamada Lizzy — Elizabeth Keckley — que nasceu escrava em Dinwiddie Courthouse, Virgínia, perto de Petersburg. Nenhum negro, homem ou mulher, nem mesmo Paul Jennings, jamais teve tal intimidade com uma família presidencial; e o mais notável em Keckley é que ela deixou um livro de memórias chamado *Behind the scenes, or Thirty years a slave and four years in the White House* [Nos bastidores, ou Trinta anos escrava e quatro anos na Casa Branca] que, a seu modo, integra as narrativas de escravos e de memórias que compõem o núcleo inicial da literatura afro-americana. Tal como Sojourner Truth, Harriet Jacobs e outros escravos que ganharam a liberdade e escreveram narrativas de vida, Keckley provavelmente escrevia para afirmar sua condição de alfabetizada, sua história, seu status como ser que pensava e sentia. Como memorialista, não era tão profunda como Harriet Jacobs, Booker T. Washington ou W. E. B. DuBois, ou mesmo o jovem Barack Obama, mas sua visão de mundo era única e inigualável. Seu testemunho veio direto da ala residencial da Casa Branca, de dentro da confiança e da aceitação da família Lincoln.

A mãe de Keckley era uma escrava chamada Agnes. O dono de sua mãe era seu pai, um coronel do exército chamado Armistead Burwell. Elizabeth só soube a identidade do pai muitos anos mais tarde, quando a mãe estava no leito de morte. Quando criança, aos quatro anos, começou a trabalhar na casa dos Burwell. Keckley chama a escravidão de um "costume cruel", "que me privou de meu direito mais caro"; e ainda assim, tal como Jennings, ela demonstra grande compreensão pela difícil situação do senhor de escravos — uma compreensão que, para nós, parece inacreditável. Ela expressa empatia pelo proprietário — pelos proprietários que não hesitam em torturá-la — simplesmente porque eles também nasceram e se criaram no sistema econômico e social da escravidão.[10]

Considerando as crueldades que Keckley sofreu, sua serenidade parece maior que a de um santo. Vivia em Hillsboro, Carolina do Norte, onde Burwell era encarregado de uma igreja presbiteriana; havia um certo sr. Bingham que administrava a escola e costumava visitar o presbitério. Certo dia, sem razão alguma, Bingham exigiu que ela baixasse o vestido para levar uma surra. Keckley conta que o pior medo foi pelo seu senso de pudor. Tinha na época, ela nos conta, dezoito anos, e estava "plenamente desenvolvida". Bingham amarra suas mãos, rasga seu vestido e pega um chicote de couro, "o instrumento de tortura": "Consigo sentir a tortura até agora — a terrível, dolorosa agonia daqueles momentos.

Não gritei; eu era orgulhosa demais para deixar meu carrasco saber o quanto eu estava sofrendo".[11]

Mesmo nessa narrativa de um equilíbrio enervante — narrativa sem o menor traço de rebelião ou fervor abolicionista —, não há dúvida sobre o grau de violência do escravagista. Alguns escravos, relata Keckley, prefeririam morrer a sofrer mais tempo. Quando seu tio, por distração, cometeu um erro na fazenda, perdendo um par de fileiras da plantação, ficou com tanto medo das consequências, da surra e da humilhação que certamente lhe caberiam, que se enforcou em um salgueiro, "para não enfrentar o desprazer do seu dono".[12]

O domínio do senhor de escravos era ilimitado. O escravo não gozava de domínio privado algum, não tinha direito a ter família ou proteção sexual. Por quatro anos Lizzy trabalhou na Carolina do Norte para um homem chamado Alexander Kirkland, que a estuprava sempre que tinha vontade. A gravidez resultante "me trouxe profundo sofrimento e desgosto", com o pensamento insuportável de que teria um filho que não poderia escapar do destino de sua mãe e de todos os outros escravos.[13]

Keckley compreendia bem a escandalosa hipocrisia de seus senhores, "que pregavam o amor ao Céu, que glorificavam os preceitos e exemplos de Cristo, que explicavam as Sagradas Escrituras no púlpito, sábado após sábado", e mesmo assim a tratavam sem mais consideração do que a um cão.[14] E no entanto, tal como Booker T. Washington em suas memórias meio século mais tarde, Keckley escreve que a escravidão foi uma "escola" onde ela aprendeu seu senso de humanidade.

Por fim ela tomou o rumo de St. Louis, e em 1855 comprou sua liberdade. Casou-se, mas se recusou a ter mais filhos — "Eu não suportava a ideia de [...] acrescentar mais um único recruta aos milhões acorrentados a uma servidão sem esperanças".[15] Em vez disso, desenvolveu seu talento para a costura e mudou-se para Washington, onde logo se profissionalizou como modista. Trabalhou para as esposas de Robert E. Lee e Jefferson Davis, e reconhece seu "grande desejo de trabalhar para as damas da Casa Branca".[16]

No dia da posse de Lincoln, em seu primeiro mandato, Keckley foi chamada ao Willard's Hotel para uma entrevista particular com Mary Lincoln. A sra. Lincoln tinha derramado café no vestido que ia usar aquela noite após a cerimônia de posse, e Keckley percebeu que a mancha "tornava necessário que ela tivesse um vestido novo para a ocasião.¹⁷ Keckley se pôs a fazer um vestido para a nova primeira-dama. Enquanto trabalhava, o casal Lincoln conversava amavelmente.

"Você parece estar em um clima poético esta noite", disse a esposa.

"Sim, mãe, estamos em tempos poéticos", foi a agradável resposta do presidente. "E você está encantadora nesse vestido. A senhora Keckley se saiu muito bem.

Então, recorda Keckley,

> a sra. Lincoln tomou o braço do presidente e, com o rosto sorridente, segurou a cauda do vestido. Fiquei surpresa com a sua graça e compostura. Eu já tinha ouvido muitos comentários maliciosos sobre seu baixo nível, sua ignorância e vulgaridade, e esperava vê-la constrangida nessa ocasião. Os comentários, como eu logo vi, estavam errados. Nenhuma rainha, acostumada aos hábitos da realeza durante toda a sua vida, poderia se comportar com mais calma e dignidade do que a esposa do presidente.

Os Lincoln permitiram a Lizzy uma intimidade impressionante com a família. Tudo indica que ela ficava na área residencial com muito mais frequência do que seria necessário para seus deveres de costureira.¹⁸ "Considero você minha melhor amiga, de verdade", escreveu-lhe a sra. Lincoln mais tarde. Certa noite, antes de uma recepção na Casa Branca, ela estava no quarto da sra. Lincoln cuidando de seu cabelo e de seu vestido ("de cetim branco, com enfeites de renda negra"), enquanto Willie, o filho de onze anos dos Lincoln, se encontrava acamado, doente.¹⁹ Os pais estavam preocupadíssimos, pensando em cancelar a recepção, mas o médico lhes disse que não havia motivo para alarme no momento. Os Lincoln desceram para o salão e Keckley, sentada no quarto com Willie, ouviu as "notas melodiosas" da Banda dos Fuzileiros Navais nas dependências inferiores — "murmúrios fracos, como vagos soluços tresloucados de espíritos distantes". A sra. Lincoln subiu várias vezes para ver como estava Willie. A febre piorou durante a noite. Dias depois, seu estado se agravou e o menino morreu. Quase de imediato, Lincoln mandou chamar Keckley à Casa Branca para tratar dos dolorosos detalhes fúnebres: "Eu ajudei a lavá-lo e vesti-lo, e depois o deitei na cama, quando o sr. Lincoln entrou. Nunca vi um homem tão curvado pela dor. Ele veio até a cama, levantou a coberta do rosto do filho e ficou muito tempo fitando-o intensamente, murmurando: 'Meu pobre menino, ele era bom demais para esta terra. Deus o chamou para sua casa'".[20]

Keckley descreve Lincoln chorando enquanto falava, a cabeça enterrada nas mãos, todo o seu corpo, tão alto, "contorcido pela emoção". Ela observa, chorando: "Sua dor o debilitava, o transformava em uma criança fraca, passiva. Nunca sonhei que sua natureza dura e vigorosa pudesse se comover tanto. Jamais esquecerei esses momentos solenes — o gênio e a grandeza chorando a perda do ídolo do amor".[21]

A sra. Lincoln ficou ainda mais abalada que o marido. E em uma cena estranha, até gótica, Keckley recorda que ela estava "em um de seus paroxismos de dor, e o presidente se inclinou gentilmente sobre a esposa, pegou-a pelo braço e a levou com delicadeza até a janela. Com um gesto imponente, solene, ele apontou para o manicômio".

"Mãe, está vendo aquele casarão branco lá em cima do morro? Tente controlar sua dor, senão você vai ficar louca, e teremos que mandar você para lá."[22]

Elizabeth tinha um acesso à vida privada dos Lincoln que era negado a muitos de seus assessores e amigos. É interminável a inquietante proximidade dessa relação — a contiguidade entre senhor e escravo, o universo moral contraditório que permitia até mesmo ao maior líder da história do país cogitar em repatriar os negros à África, considerá-los inferiores, física e mentalmente, ao homem branco e contudo confiar em uma mulher nascida escrava como testemunha e íntima da casa.

Quando Lincoln foi baleado no Teatro Ford e morreu, em 15 de abril de 1865, Keckley foi chamada à Casa Branca. Primeiro foi levada a um quarto na penumbra, onde a sra. Lincoln estava "se agitando, inquieta, jogada na cama", e depois ao quarto de hóspedes, onde o presidente jazia, sendo velado: "Quando atravessei o umbral do quarto, não pude deixar de me lembrar do dia em que vi Willie deitado no caixão, no mesmo lugar onde agora jazia o corpo do pai".[23] Membros do gabinete e dignitários se agitavam ao redor. "Eles abriram espaço para mim; aproximando-me do corpo, levantei o lenço branco do rosto branco daquele homem que eu adorava como um ídolo — considerava um semideus."[24]

Depois de prestar seus respeitos ao presidente, ela voltou para junto da sra. Lincoln, para exercer os deveres que se esperavam dela: "Nunca vou esquecer a cena — as lamentações do seu coração partido, os gritos sobrenaturais, as terríveis convulsões, as explosões insanas, tempestuosas, da dor da sua alma. Molhei a cabeça da sra. Lincoln com água fria, e acalmei aquele terrível furacão o melhor que pude".[25]

A tragédia de Elizabeth Keckley foi que uma pessoa tão séria como ela — uma mulher que não só serviu à primeira-dama, mas tinha um negócio bem-sucedido, criou uma sociedade de auxílio aos escravos libertos em Washington, e até ajudou a trazer tanto Frederick Douglass como Sojourner Truth à Casa Branca para encontros com Abraham Lincoln — fosse recebida com uma zombaria tão feroz quando, em 1868, publicou seu livro de memórias.

Apenas um ano antes a sra. Lincoln, que passara a morar em um modesto hotel de Chicago e estava muito necessitada de dinheiro, marcara um encontro com Keckley em Nova York para lhe pedir que a ajudasse a vender suas antigas joias e vestidos. Desdenhada por muitos brancos como uma provinciana arrogante, a sra. Lincoln podia recorrer a Keckley como a ninguém mais.

Mas, depois que o livro foi publicado, Elizabeth Keckley foi tachada pela imprensa de "intrusa traidora".[26] Produziu-se um espetáculo teatral burlesco intitulado *"Atrás das costuras*, de autoria de uma Mulher Negra que trabalhou para a sra. Lincoln e a sra. Davis". Ela tinha violado os códigos de sua época, e infundiu uma sensação de medo na classe escravocrata. "Onde isso vai parar?", perguntou um resenhador do livro.[27] "Que família eminente que emprega um negro está a salvo de tal profanação?" A sra. Lincoln condenou publicamente o livro e "a historiadora de cor". Ela cortou relações com a costureira que antes chamara de sua "melhor amiga, e a mais bondosa".

Em carta ao *Citizen*, de Nova York, Elizabeth Keckley perguntou se estava sendo condenada "porque minha pele é escura?".[28] Pois ela não era livre para falar e escrever como uma mulher livre? Perto do fim da vida ela trabalhou na Universidade Wilberforce, em Ohio, como chefe do Departamento de Ciências Domésticas. Morreu em 1907, aos 89 anos, em Washington. Na época, era moradora do Lar Nacional para Mulheres e Crianças Carentes de Cor.

Se Elizabeth Keckley foi a observadora afro-americana mais íntima da Casa Branca de Lincoln, Frederick Douglass foi o mais importante visitante negro. Douglass tinha poucas ilusões sobre Lincoln, percebendo que o presidente havia comprometido o Norte em uma guerra civil contra a Confederação apenas para trazer o Sul de volta para a União, conservando a escravidão. Foi apenas com o avanço da guerra que Lincoln passou a ver a natureza insustentável de lutar contra uma potência escravagista sem atacar a escravidão em si. Lincoln provinha de Illinois, onde o sentimento racista era forte e inalterado e, como criatura política, não poderia ignorar facilmente o poder arraigado desse preconceito. Precisava conservar a lealdade dos estados fronteiriços de Maryland, Missouri, Delaware e Kentucky, todos cruciais para a estratégia militar contra a Confederação, e se opunha a qualquer retórica antiescravatura que viesse de Washington.

Douglass, como tantos outros americanos, negros e brancos, tentou encontrar um sentido no caráter contraditório das declarações e ações de Lincoln quanto à escravidão e à história dos negros nos Estados Unidos. "Para se tornar presidente", escreve Richard Hofstadter em The American political tradition, "Lincoln precisou até falar de modo mais radical do que tinha vontade; para ser um presidente eficaz, foi obrigado a agir de forma mais conservadora do que desejava."[29] Lincoln teve que enfrentar atos de violência extrema dos racistas, tanto no Norte como no Sul, e a tendência abolicionista entre uma pequena *intelligentsia* liberal. Como político calculista, não poderia agir como revolucionário; não podia avançar mais depressa que os abolicionistas. Se Lincoln cresceu, disse o abolicionista Wendell Phillips, "foi porque nós o regamos".[30] Para Lincoln, a União vinha em primeiro lugar. "Se eu puder salvar a União sem libertar nenhum escravo, eu farei isso; e se eu puder fazê-lo libertando todos os escravos, farei isso", como escreveu a Horace Greeley.[31] Foi apenas no final de 1862 que Lincoln concluiu que havia a exigência militar de que ele apresentasse uma proclamação de emancipação dos escravos. Mas ele não denunciou a escravidão como uma farsa à luz da moralidade, tampouco libertou os escravos nos estados leais à União. A Proclamação de Emancipação foi a mais astuciosa das ações históricas. O documento resultante, observa Hofstadter, "tinha tanta grandeza moral quanto um recibo de embarque de mercadorias".[32]

Mesmo em agosto de 1863, quase um ano após a Emancipação, Douglass continuou a desconfiar profundamente de Lincoln, chamando-o de "genuíno representante do preconceito americano" — e com razão.[33] No início do verão houve motins em Nova York contra o alistamento militar obrigatório. Manifestantes brancos, muitos de ascendência irlandesa, estavam furiosos por serem obrigados a lutar pelos direitos dos "crioulos", como sempre os chamavam, e centenas de homens invadiram a cidade, incendiando casas de negros e instituições de caridade e linchando negros, enforcando-os nos postes de iluminação. Demorou quatro dias para as tropas da União conseguirem conter o tumulto. O saldo foi uma centena de mortos e centenas de feridos. Para a decepção de Douglass, Lincoln temia tanto que houvesse mais insurreições de brancos furiosos com o recrutamento militar que se recusou a declarar a lei marcial, ou mesmo a processar os desordeiros. Douglass também não conseguia aceitar a posição anterior de Lincoln em favor da separação das raças. O presidente levantou centenas de milhares de dólares para assentar negros americanos em colônias no exterior. Assinou contrato com uma empresa chamada Chiriqui Improvement Company para repatriar quinhentos escravos libertos para o Panamá. Ele os exortou a se mudar para o exterior e trabalhar nas minas de carvão. "Sua raça está sofrendo, na minha opinião, o maior mal já infligido a um povo", disse ele a um grupo de negros da região de Washington, em uma recepção na Casa Branca.[34] "Mas, mesmo quando deixam de ser escravos, vocês ainda estão longe de se colocar em pé de igualdade com a raça branca."

O plano de Lincoln de enviar escravos para a América Central foi protelado — os negros não estavam interessados em ir, e os países envolvidos não davam sinal de querê-los. Era claro para Douglass que o presidente, apesar de ter assinado a Emancipação e de demonstrar uma probidade moral evidente, não considerava a capacidade do negro igual à do branco.

Douglass vinha trabalhando para recrutar soldados negros para os regimentos da União. Para ele, não havia uma causa imediata maior que essa, nem maior sinal de igualdade de direitos. As fileiras do 54º Regimento de Voluntários de Massachusetts, o primeiro regimento negro criado em um estado livre, foram preenchidas em grande parte graças aos seus esforços. E, contudo, os soldados negros no exército da União ganhavam uma ninharia — no máximo a metade do soldo recebido pelos brancos; se capturados por forças da Confederação, normalmente eram torturados, presos ou obrigados a trabalhar como escravos — tudo isso sem uma palavra de protesto da Casa Branca de Lincoln.

Douglass, que então tinha 45 anos e, nas fileiras abolicionistas, era companheiro de William Lloyd Garrison, viera a Washington para fazer um apelo ao presidente. Como chegaria até ele, isso não sabia. Viajou vários dias em vagões-leito, desde sua casa em Rochester, estado de Nova York, desembarcando, todo sujo de fuligem, na estação B&O na avenida Nova Jersey, perto do Capitólio. Era 10 agosto de 1863, uma manhã escaldante. Por muito tempo Washington foi uma cidade de escravos e de leilões de escravos, mas agora era o lar de 11 mil libertos. Estes eram uma presença marcante, até predominante, na cidade naquele verão; muitos perambulavam pelas ruas, sujos, malvestidos e desempregados, visto que grande parte da população branca endinheirada e dos funcionários do governo haviam fugido da cidade para o campo, para evitar o calor úmido e pantanoso de Washington e as muitas doenças — difteria, febre tifoide, sarampo — que ali eram tão comuns.

Douglass não tinha marcado entrevista na Casa Branca. Sua única esperança de acesso era uma carta de apresentação de um rico abolicionista de Boston chamado George Stearns e o contato com um senador antiescravagista do Kansas, chamado Samuel Pomeroy. Além disso, conquistara renome nacional por seus discursos e editoriais contra a escravidão, e pela primeira de três autobiografias, *Narrative of the life of Frederick Douglass, an American slave*.

Na meia-idade, Douglass tinha uma presença física marcante: vestia-se com elegância, tinha uma postura confiante e uma cabeleira grisalha que parecia uma nuvem. Como escreve um dos seus biógrafos, John Stauffer, acima do olho direito de Douglass "subia uma faixa branca, tingindo a simetria do cabelo até se difundir em cinza na parte de trás da cabeça".[35]

Em meados do século XIX Washington não era a capital de uma potência imperial; era uma cidade pequena e sonolenta, e, quanto a encontros oficiais, tinha hábitos muito informais. Douglass partiu a pé para falar com as maiores autoridades do governo americano. Acompanhado pelo senador Pomeroy, procurou o secretário da Guerra, Edwin Stanton, no Departamento de Guerra, onde seu pedido para maiores soldos e melhor tratamento para os soldados negros obteve resultados incertos. Na mente de Douglass, Stanton estava cheio de desprezo por ele. Seu olhar, recorda Douglass, dizia: "Bem, o que você quer? Não tenho tempo a perder com você, nem com ninguém, e não vou perder. Fale rápido, ou eu vou embora".[36] E, no entanto, no fim do encontro Stanton ofereceu a Douglass um emprego como "ajudante de ordens" do Exército, para auxiliar a recrutar tropas no Sul. Enquanto Douglass passava de sala em sala naquela manhã, do Departamento de Guerra para o Ministério do Interior, sua persistência e sua eloquência conquistaram uma lista cada vez maior de assinaturas no seu "salvo-conduto".

Com essa carta na mão, Douglass foi a pé com Pomeroy até a Casa Branca. Os dois homens já estavam preparados para esperar muitas horas, ou mesmo dias, para serem recebidos pelo presidente; no entanto, momentos depois de Douglass ter entregado seu cartão de visitas para os funcionários da Casa Branca, um assistente veio levá-lo até Lincoln. Esse momento de credibilidade e fácil acesso não veio sem um insulto suplementar. Enquanto Douglass subia as escadas, ouviu alguém murmurar: "Sim, que diabo, eu sabia que eles deixariam esse crioulo passar".[37]

Muitos anos depois, em sua terceira e última autobiografia, *Life and Times of Frederick Douglass*, Douglass deixou de lado as costumeiras calúnias — do tipo que escutara a vida inteira — e se concentrou no espantoso encontro que estava prestes a vivenciar: "Eu era um ex-escravo, identificado com uma raça desprezada, e no entanto ia encontrar a pessoa mais proeminente desta grande república".[38] Douglass se viu diante de um homem de um metro e noventa de altura, bastante feio, com o andar desajeitado, cercado de assessores agitados e pilhas de documentos.

> Longas rugas de preocupação já estavam profundamente inscritas na fronte do sr. Lincoln, e seu rosto forte, cheio de seriedade, se iluminou assim que meu nome foi mencionado. Quando me aproximei e fui apresentado, ele se levantou, estendeu a mão e me deu as boas-vindas. Na mesma hora me senti na presença de um homem honesto — um homem a quem eu podia amar, honrar e confiar sem reservas ou dúvidas. Comecei a lhe dizer quem eu era e o que estava fazendo, mas ele prontamente me interrompeu com gentileza, dizendo: "Eu sei quem o senhor é, senhor Douglass; o senhor Seward me contou tudo a seu respeito. Sente-se. Estou contente em vê-lo".[39]

Douglass apresentou sua lista de queixas sobre a desigualdade do soldo e do tratamento dispensado aos recrutas negros da União. Lincoln ouviu atentamente e, para satisfação de Douglass, com sincera concentração. Não houve nada semelhante ao desprezo ou à impaciência de Stanton. ("Não fui lembrado, de forma alguma, da minha origem humilde, ou da minha cor nada benquista.") Douglass ficou impressionado com a naturalidade de Lincoln ao tratar com um negro, algo que nem sempre acontecia com os brancos, mesmo com os abolicionistas que Douglass conhecia. No entanto, Lincoln não satisfez as demandas políticas de Douglass, afirmando que o mero fato de recrutar homens negros para o exército da União "já era uma grave ofensa contra o preconceito popular".[40] Lincoln disse que os negros "deveriam estar dispostos a entrar no serviço militar sob quaisquer condições", e aceitar salários mais baixos e tratamento inferior como "concessões necessárias". Lincoln, como Douglass descobriu, era acima de tudo um político, cuidando para não avançar à frente da sua maioria branca ao lidar com uma raça que ele próprio ainda considerava inferior. Douglass logo reconheceu que os radicais, os abolicionistas, ainda tinham uma função a cumprir depois da Emancipação. Ele não podia confiar no presidente, mesmo que relativamente esclarecido, para desbravar o caminho da igualdade política.

Finalmente, no término da reunião, Douglass disse a Lincoln que o secretário Stanton tinha lhe oferecido a tarefa de recrutar negros libertos no Sul do país. Lincoln lhe pediu o passe que lhe garantiu a entrada na mansão executiva e escreveu: "De acordo. A. Lincoln. 10 de agosto de 1863".

Douglass voltou de Washington para casa "com a plena convicção de que o verdadeiro caminho para a liberdade e a cidadania do negro estava no campo de batalha, e que minha tarefa era recrutar todos os negros que eu conseguisse para os exércitos da União".[41] Dois filhos de Douglass já estavam lutando em regimentos da União. O pai iria ajudar a aumentar esse contingente.

Douglass ficou em casa esperando sua autorização oficial. As semanas se seguiam. Os papéis não chegavam. Nunca ficou claro se ele foi esquecido na névoa da burocracia da capital, ou se tinha sido propositalmente seduzido, pacificado, e depois ignorado. Na época lhe pareceu irrelevante que o aspecto mais importante do seu encontro com Abraham Lincoln tenha sido o próprio fato de ter ocorrido — a primeira vez que um negro entrou na Casa Branca para apresentar uma petição e uma recomendação ao presidente dos Estados Unidos.

Nas décadas seguintes esses encontros só ocorreram ocasionalmente. Quatro décadas após o assassinato de Lincoln, o presidente Grover Cleveland desfez os boatos de que havia recebido um negro na Casa Branca, declarando com orgulho: "O fato é que eu nunca, na minha posição oficial, seja dormindo ou acordado, vivo ou morto, na cabeça ou nos pés, jamais jantei, almocei, ceei ou convidei para uma recepção de casamento nenhum homem, mulher ou criança de cor".[42] E em 1904, depois que Theodore Roosevelt recebeu Booker T. Washington na Casa Branca, o senador Benjamin Tillman, da Carolina do Sul, observou: "Agora que Roosevelt comeu com esse crioulo, esse tal Booker Washington, vamos ter que matar mil crioulos para botá-los de volta no seu lugar".[43]

Nos dias que antecederam a posse de Barack Obama, ele recebeu uma série de informes secretos sobre planos terroristas que seriam executados no dia da cerimônia em Washington.⁴⁴ Esperava-se a presença de mais de 1 milhão de pessoas no Mall. Funcionários da administração de Bush e analistas do serviço secreto, trabalhando em cooperação com a equipe de segurança nacional de Obama, examinaram uma série de relatos ultraconfidenciais de que extremistas somalis planejavam cruzar a fronteira canadense e detonar explosivos na multidão aos olhos de toda a nação. Durante uma reunião na sala de comando de emergência, com a presença de Condoleezza Rice, Stephen Hadley e Robert Gates, Hillary Clinton, a secretária de Estado nomeada por Obama, disse: "Será que o Serviço Secreto vai retirá-lo rapidamente do palanque e o povo americano vai ver seu novo presidente sumir no meio do discurso de posse? Não acredito nisso". Obama resolveu manter a cerimônia, mas estava combinado que Robert Gates, que permaneceria no cargo de secretário da Defesa, ficaria afastado da cerimônia. Se o pior acontecesse, uma catástrofe nos degraus do Capitólio, Gates estaria preparado para assumir a presidência.

Quando Obama apareceu ao meio-dia de 20 de janeiro de 2009, para ser empossado no cargo, seu estado de espírito era sombrio. "Sabe, esse momento de prestar juramento e falar para a multidão não pode ser separado de tudo o que aconteceu nos dias anteriores", ele me disse depois.

> A gente vindo da Pensilvânia de trem e vendo as multidões, e o maravilhoso concerto no Lincoln Memorial, e o trabalho comunitário que Michelle e eu realizamos nos dias que antecederam a posse — tudo isso, eu acho, atesta uma ideia de esperança e possibilidade que foi expressa no dia da posse, que foi muito convincente para mim. Devo lhe dizer que me senti um pouco alheio a isso. Em nenhum momento durante a semana eu pensei que era uma celebração da minha pessoa ou dos meus feitos. Eu percebia muito mais como uma celebração dos Estados Unidos e do caminho que percorremos. E essas pessoas estavam reafirmando nossa capacidade de superar todas as nossas velhas feridas e velhas divisões, mas também novas feridas e novas divisões. E nesse sentido, sabe, eu era apenas mais um. E esse é um princípio admirável. É interessante, aliás, o fato de que quando eu ouvia histórias de gente que participou da campanha, de muitas maneiras suas experiências foram muito fortes, porque elas falavam a respeito de pegar o trem de manhã bem cedinho, que era abarrotado de gente, e era divertido, e eram pessoas de diferentes estilos de vida. Ver a posse sob esse olhar seria algo muito especial.

Embora tudo lhe passasse pela cabeça no momento em que atravessou a porta, Obama disse que não estava ansioso nem assustado.

> Não sentia medo. Acho que nesse ponto eu tinha todo o domínio que a situação requeria [...] É evidente que entre o dia da eleição e a primeira noite na Casa Branca há um crescente sentimento de responsabilidade, um certo rigor a respeito de tudo o que o trabalho acarreta. Isso é especialmente verdadeiro se durante um mês e meio a gente recebe relatórios dando conta de que a economia está à beira do colapso. Mas é interessante: eu acho que dois anos de campanha sob situações de muita pressão de modo inusitado preparam a gente para as pressões do cargo, porque nos acostumamos — de diversas formas — a estar na corda bamba, nos acostumamos a ser observados de perto pelas pessoas, nos acostumamos com o fato de que há muita gente que depende de nós, de muitas maneiras. Trata-se de um outro nível. Não é política, não é governança, então tem um peso maior. Mas eu não sentia — não houve nenhum momento em que eu me dissesse: alto lá, o que eu fiz para estar aqui?

Depois de absorver a explosão do frio e do rugido ensurdecedor da multidão no National Mall, Obama olhou para a direita. Viu na escadaria, a poucos metros de distância, John Lewis — atarracado, careca, sem chapéu —, representante do Quinto Distrito Congressional da Geórgia durante onze mandatos, e o único dos oradores da Marcha sobre Washington ainda vivo. Obama se inclinou para abraçá-lo.

"Parabéns, senhor presidente", Lewis sussurrou no seu ouvido.

Obama sorriu e disse: "Obrigado, John. Eu preciso das suas orações".

"Você vai tê-las, senhor presidente. E mais todo o meu apoio."

Na Marcha sobre Washington, em 1963, o discurso do dr. King foi o mais eloquente, o de John Lewis, o mais radical. Na época Lewis tinha apenas 23 anos e era líder do SNCC (Student Nonviolent Coordinating Committee). No esboço original do seu discurso, sua demanda por justiça racial e por uma "revolução séria" era tão destemida que, poucos minutos antes do início dos discursos, o dr. King, Bayard Rustin, Roy Wilkins e outros organizadores do movimento acertaram com ele a supressão de todas as frases que pudessem ofender o governo Kennedy. Lewis planejava dizer: "Vamos marchar pelo Sul, o mesmo caminho feito pelo general Sherman. Vamos fazer nossa própria política de 'terra arrasada' e queimar Jim Crow, a segregação racial, até o fim — sem violência. Vamos fragmentar o Sul em mil pedaços, e rejuntá-los à imagem da democracia". Ele teve que abandonar o trecho sobre o exército de Sherman, mas o resto do texto, com sua advertência final — "Não seremos tolerantes!" —, não deixava dúvidas sobre Lewis, nem sobre a audaciosa geração que ele representava.

Dois anos mais tarde, em Selma, Lewis liderou a marcha na ponte Edmund Pettus, que seguiu direto para o bloqueio armado por soldados do estado do Alabama. O primeiro cassetete brandido com raiva golpeou seu crânio. Naquela noite na Casa Branca, Lyndon Johnson assistiu a tudo pela televisão, o que aprofundou sua decisão de fazer passar a Lei dos Direitos Eleitorais. Na véspera da posse de Obama, que seria o octogésimo aniversário do dr. King, Lewis me disse em seu escritório, no Cannon Office Building: "Barack Obama é o que vem no final daquela ponte em Selma".

O fim de semana da posse foi "uma loucura" para John Lewis. "É quase demais, é emoção demais", disse ele. Em pregação na Igreja Batista Shiloh na Ninth Street NW, em Washington, Lewis disse aos paroquianos que no passado achava que apenas "um louco" poderia prever a eleição de um presidente afro-americano durante seu tempo de vida; mas agora tinha certeza de que a multidão no National Mall seria acompanhada pelos "santos e anjos": por Harriet Tubman e Carter G. Woodson, Marcus Garvey e W. E. B. DuBois, por Nat Turner e Frederick Douglass, John Brown e Sojourner Truth.

Durante horas Lewis cumprimentou eleitores no seu escritório e lhes deu convites para a posse. Quando apertava a mão das pessoas, sentia que ainda estavam geladas depois de tantas horas passadas em longas filas do lado de fora. Ele lhes oferecia café, chocolate quente, sanduíches e rosquinhas. Depois de um tempo, saiu para andar no Mall, caminhando meio aturdido, numa névoa de irrealidade. Ele mal podia acreditar no tamanho da multidão que ia se reunindo já tão cedo — em especial o grande número de afro-americanos, jovens e velhos, muitos deles vindos de lugares distantes.

Enquanto Lewis caminhava pelo Mall cumprimentando pessoas, posando para centenas de fotografias, um jovem afro-americano se apresentou, dizendo-se chefe de polícia de Rock Hill, Carolina do Sul. Lewis sorriu, incrédulo. "Imagine!", disse ele. "Eu fui espancado quase até a morte no terminal do ônibus Greyhound em Rock Hill nas Jornadas pela Liberdade, em 1961. E, agora, o chefe de polícia é negro!"

Um adolescente perguntou, com doçura: "Senhor Lewis, minha mãe diz que o senhor marchou com o dr. King. É verdade?". Como um velho lutador que não se faz de rogado ao contar as histórias de antigas batalhas, Lewis disse que sim; e, talvez pela milésima vez, deu um relato resumido da viagem de Selma até Montgomery.

"Barack nasceu muito depois de poder vivenciar ou compreender o movimento", disse Lewis, voltando para o Capitólio.

> Ele teve que ir ao encontro do movimento no seu próprio tempo; mas é bem claro que o digeriu, digeriu o espírito e a linguagem do movimento. A forma como ele o assumiu como algo seu me lembra uma viagem que fiz à África do Sul em março de 1994, antes das eleições pós-apartheid. Encontramos alguns líderes do Congresso Nacional Africano, todos jovens, e, apesar da pouca idade, eles sabiam tudo sobre o fim dos anos 50 e os anos 60 no Sul dos Estados Unidos, o início do movimento dos direitos civis. Estavam usando a mesma retórica, tinham a mesma força emocional. Um jovem ator sul-africano se levantou e recitou um poema escrito por uma escrava negra da Geórgia! E assim acontece com Barack. Ele absorveu as lições e o espírito do movimento dos direitos civis. Mas ao mesmo tempo não tem as cicatrizes do movimento. Ele não foi tão maltratado pelo passado.

A promessa de Obama de fechar Guantánamo, proibir a tortura e começar imediatamente a reverter algumas medidas mais revoltantes da era Bush, de iniciar a marcha rumo à assistência médica universal e encerrar a longa guerra no Iraque — tudo isso deu esperança a Lewis de que "o movimento" afinal havia chegado à Casa Branca. Nesses dias iniciais era difícil para ele, e para qualquer um, reconhecer que governar seria muito diferente de fazer campanha — passar da poesia para a prosa, da comemoração e da adulação para as batalhas e as concessões. A popularidade de Obama iria despencar rapidamente. Era inevitável que uma das qualidades que ele mais valorizava em si mesmo — a capacidade de conciliação pragmática — se chocasse com uma série de adversários e de problemas que resistiriam ao seu charme, fosse o regime no Irã ou os problemáticos governos e facções no Paquistão e no Afeganistão. Um político de uma autoconfiança suprema, cuja primeira eleição realmente disputada foram as prévias de Iowa, há três anos fora da legislatura de Illinois, haveria de ser extremamente testado. Mas, pelo menos por alguns dias, John Lewis e milhões de outros acalentaram aquele momento de amplas perspectivas.

"As pessoas têm medo de ter esperança novamente, de acreditar novamente", disse Lewis.

> Já perdemos grandes líderes: John F. Kennedy, Martin Luther King, Robert Kennedy. Por isso, as pessoas poderiam questionar se querem ou não depositar toda a sua fé em um símbolo, e em um líder. O perigo de uma decepção é imenso — os problemas são muito grandes. Nenhum deles pode ser resolvido em um dia, nem em um ano. E foi assim com o movimento dos direitos civis. É uma luta para toda uma vida. Nós fazemos a nossa parte, cumprimos o nosso papel.

Para a cerimônia da posse, Obama convidou Rick Warren para fazer a invocação — um gesto de deferência para os evangélicos tradicionais; mas sem dúvida a fala mais comovente no palanque, com exceção do sóbrio discurso do próprio Obama, foi a bênção final. Poucas semanas antes, Obama havia ligado para o reverendo Joseph Lowery, companheiro do dr. King na Southern Christian Leadership Conference (Conferência da Liderança Cristã do Sul), agora com 87 anos de idade. Obama deixou uma mensagem pedindo retorno pelo celular. Lowery havia feito campanha com Obama em Iowa e na Geórgia. Foi ele quem apresentou Obama em Selma, com seu discurso sobre as coisas "boas e malucas" que estavam acontecendo no país. Ficou ao lado de Obama desde o início. Lowery retornou a ligação, dizendo: "Gostaria de falar com o sujeito que vai ser o presidente número 44 deste país".

"Bem, creio que sou eu, irmão Lowery", respondeu Obama.

Quando Obama lhe pediu para proferir a bênção em 20 de janeiro, Lowery disse: "Deixe-me dar uma olhada na minha agenda". E depois de uma longa pausa: "Hmmm, acho que estou livre nesse dia". A notícia se espalhou depressa. Alguns amigos de Lowery questionaram por que Rick Warren tinha recebido a honra de fazer a invocação inicial.

"Não se preocupe", respondeu Lowery. "Dessa forma, eu vou ter a última palavra."

Lowery sentou-se perto dos juízes da Suprema Corte. Na hora achou que os juízes, com seus mantos, pareciam os idosos no coro da igreja. ("O senhor vai cantar?", perguntou ele ao juiz-presidente do Supremo, John Roberts. Este sorriu, dizendo: "Deus me livre". Lowery então deu uma cutucada em Clarence Thomas e perguntou: "Quando o senhor vai se aposentar e voltar para casa, na Geórgia?".)

Quando chegou sua vez de falar, Lowery foi lentamente até o microfone e, olhando aquela imensa multidão, viu os monumentos da capital, enevoados à distância. Por um ou dois segundos, foi dominado por um pensamento poderoso, uma espécie de alucinação:

> Quando os olhos da gente têm 87 anos de idade, há sempre um pouco de névoa. Mas naquele momento os olhos da minha alma viam perfeitamente o Lincoln Memorial, e os ouvidos da minha alma ouviam a voz de Martin Luther King nos degraus do Lincoln Memorial, convocando o país a sair daqueles baixios da raça e da cor e ascender ao conteúdo do nosso caráter. E pensei que o país tinha finalmente respondido a esse chamado, quase 46 anos depois, empossando um negro como presidente dos Estados Unidos.

Lowery então se recompôs e, sussurrando em tom grave, começou sua bênção com "Lift each voice and sing" ("Que cada voz se levante e cante"). Esse poema foi escrito em 1900 por James Weldon Johnson, diretor de uma escola segregada em Jacksonville, para comemorar o aniversário de Lincoln, com música composta pelo irmão de Johnson. Até a década de 1920 era conhecido como o hino nacional dos negros, e cantado em escolas e igrejas negras como forma de protesto contra a segregação e de fé em um ideal americano mais elevado. Johnson falou da "cortante angústia" que sentia sempre que ouvia os versos "cantados por crianças negras".[45] Agora Lowery, postado a poucos metros do primeiro presidente afro-americano, leu a última estrofe:

> *Deus dos nossos anos cansados,*
> *Deus das nossas lágrimas silenciosas,*
> *Tu que nos trouxeste até aqui neste longo caminho,*
> *Tu que por Teu poder nos levou até a luz,*
> *Conserva-nos para sempre no bom caminho, nós te pedimos.*
> *Para que nossos pés não se afastem dos lugares, oh Deus, onde nós Te encontramos*
> *Para que nossos corações, bêbados com o vinho do mundo, não se esqueçam de Ti;*
> *À sombra da Tua mão,*

> *Possamos sempre estar,*
> *Fiéis a ti, oh Deus, e*
> *Fiéis à nossa terra, à nossa pátria.*⁴⁶

O tempo estava gélido, de um frio cortante. Durante meses Lowery vinha sofrendo de dores agudas nas costas e nas pernas. Sua voz não era tão forte como em Selma, quando ajudou a acender o fogo inicial da campanha de Obama na Brown Chapel; mas viera preparado com uma oração especial para aquele momento histórico. Ao terminar, foi ao mesmo tempo astuto e emotivo, recusando a autocomplacência e o sentimentalismo:

> Senhor, em memória de todos os santos, que agora descansam das suas provações, e com a alegria de um novo começo, nós Te pedimos que nos ajude a trabalhar para o dia em que o negro não será mais mandado embora, o mulato poderá participar da sociedade, o amarelo viverá em paz, o vermelho progredirá, e o branco agirá corretamente.

Obama, que tinha inclinado a cabeça em postura de oração, abriu um largo sorriso. Lowery disse que estava improvisando sobre a conhecida música de escola dominical "Jesus loves the little children" [Jesus ama as criancinhas]; mas as palavras correspondiam, quase exatamente, a "Black, brown, and white blues", de Big Bill Broonzy, um lamento sobre a segregação no Sul.* Para quase todos, esse improviso pareceu um gesto ao mesmo tempo alegre e cauteloso, celebrando o progresso histórico mas lembrando que o dia da utopia pós-racial ainda não havia chegado. Lowery, um dos titãs da geração de Moisés, prestara reverência aos "santos" tombados na luta, e fez que os milhões de pessoas que os estavam assistindo dissessem amém. Três vezes todos nós dissemos amém. Foi um momento incrível; e no entanto alguns comentaristas de direita, inclusive Rush Limbaugh e Glenn Beck, dois dos antagonistas mais histéricos de Obama, conseguiram enxergar apenas hostilidade contra os brancos nas palavras de Lowery. "Até mesmo na posse de um presidente negro", disse Beck, "parece que a América branca está sendo chamada de racista."⁴⁷ Foi um prenúncio amargo da des-

---

* A oração pede que aconteça o oposto do dito popular e da música da época da segregação: *"If you're white, you're all right/ if you're brown, stick around/ but if you're black, stay back."*. (N. T.)

confiança visceral e da fúria que Obama teria que enfrentar nos meses vindouros. Nem todos estavam felizes ao ver que o país elegeu um presidente negro. Lowery, porém, ficou impassível. "Pensando melhor", disse ele depois, "só lamento que, com mais de 1 milhão de pessoas presentes ali, eu não tenha achado um jeito de receber nenhuma oferta."

A cerimônia terminou. Na face leste do Capitólio, o helicóptero de George W. Bush decolou, pairou um instante no ar e rumou para a Base Andrews da Força Aérea para o voo de volta para o Texas. As pessoas começaram a acenar com sarcasmo, gritando "Já vai tarde!". Aplaudiram então quando o novo presidente e seus convidados deixaram o palanque.

Obama tinha uma galeria de retratos de heróis em seu escritório no Hart Senate Office Building, na mesma rua: um retrato de Gandhi em sua roca de fiar; Thurgood Marshall com suas vestes judiciais; Nelson Mandela reclinado em uma poltrona dourada, com a bengala ao lado; Martin Luther King Jr. ao microfone; a foto tirada por Alexander Gardner de um Lincoln já cansado da guerra. Obama também tinha na parede uma capa da revista *Life* de março de 1965: mostrava uma longa fila de manifestantes, encabeçada por John Lewis, prestes a enfrentar as tropas do exército do Alabama na ponte Edmund Pettus. A manchete dizia "Começa a estação da selvageria". Lewis havia assinado e emoldurado a capa e a oferecera a Obama de presente. Agora, no almoço que se seguiu à cerimônia de posse, Lewis se aproximou de Obama com uma folha de papel e, para marcar a ocasião, lhe pediu para assiná-la. O presidente dos Estados Unidos escreveu: "Por causa de você, John. Barack Obama".

Epílogo

Um ano depois da eleição de 2008, é justo indagar se o momento mais intenso da era Obama seria o primeiro momento. O próprio Obama havia dito, numa entrevista coletiva em março de 2009, que o "orgulho justificado" que o país sentiu ao eleger seu primeiro presidente negro "durou cerca de um dia". Isso não o incomodou muito, pelo jeito. "No momento", disse, "o povo americano me julga exatamente como eu devo ser julgado" — pelo desempenho. Contudo, quando o ano terminou, sua visão de harmonia pós-conflito partidário já havia cedido lugar à realidade da prolongada batalha com os congressistas republicanos e democratas conservadores. Na eleição de 2008 Obama triunfara em estados inesperados, como Virgínia, Carolina do Norte e Colorado. Mas para muitos americanos, inclusive independentes que votaram em Obama, a insatisfação crescia. Em Massachusetts, um republicano sem brilho, Scott Brown, foi eleito para a vaga do falecido Edward Kennedy no Senado. Obama se apressou em nomear o responsável por sua campanha, David Plouffe, para comandar o esforço democrata nas eleições intermediárias de 2010, mas nem isso garantia que o partido evitaria um desastre como o ocorrido nas intermediárias de 1994.

Após a vitória de Scott Brown, o autor da controvertida capa chamada "A política do medo", Barry Blitt, desenhou outra — um painel em quatro partes —, na qual mostrava Obama caminhando sobre as águas, à luz radiante do amanhecer. Mas, ao se aproximar do leitor, ele perde o poder milagroso e afunda. Na manhã em que a revista foi para as bancas, recebi uma ligação de Eric Lesser, assistente de David Axelrod, dizendo que Axelrod e Obama estavam rindo da capa: eu poderia enviar um exemplar autografado por Barry Blitt para o presidente? Dias depois Obama comentou a questão com jornalistas encarregados de cobrir a Casa Branca; o encontro era confidencial, mas logo vazou. Não pude deixar de pensar que Obama, por mais que tivesse considerado a ilustração divertida, também pretendia divulgar seu senso de humor e a ideia de que jamais endossara seu endeusamento.

É difícil imaginar que um presidente se mantenha popular numa época de desemprego terrível, déficits recordes e rancor político. Durante o período de transição, Obama compreendeu melhor a profundidade da crise econômica. "Estávamos afundando. Os céus se anuviaram", Axelrod comentou comigo. "Todos os indicadores econômicos apontavam para uma recessão muito forte. Não queríamos principiar o governo assim. Eu me lembro de ter conversado com Obama e ter dito: 'Seria mais divertido começar sem uma recessão e duas guerras para resolver'. E ele respondeu: 'Claro. Mas, se não fosse por tudo isso, não teríamos chegado até aqui'." A ameaça terrorista no dia da posse, segundo Axelrod, "foi uma iniciação brutal para as responsabilidades da presidência".

Algumas conquistas de Obama no primeiro ano de governo se relacionavam ao que *não* aconteceu. Graças às intervenções governamentais, nem o sistema bancário nem a indústria automobilística sofreram um colapso. A julgar pela maioria dos relatos, o país não só escapou da depressão como emerge da recessão lenta, desigual e irregularmente. Contudo, a realidade dos 10% de desemprego e o deprimente espetáculo dos banqueiros de investimentos no Capitólio, para justificar seus bônus escandalosos, impediram qualquer gesto de gratidão ou comemoração. Houve outros progressos. Obama nomeou Sonia Sotomayor como primeira juíza hispânica da Suprema Corte. Flexibilizou a política nacional de ciências. Determinou prazos rígidos para a retirada das tropas americanas do Iraque. Combateu políticas militares discriminatórias em relação aos homossexuais. Apesar dos apelos de seus conselheiros, Obama começou o governo exigindo que o Congresso reformasse o sistema de saúde; ele chegou mais longe do que qualquer outro presidente no último meio século nesse setor, mas perdeu ímpeto quando Brown ganhou a eleição para o Senado. Ao mesmo tempo, houve iniciativas que desagradaram os eleitores de Obama, que, apesar das evidências acumuladas em sua relativamente curta carreira como senador estadual e federal, acreditavam que ele abandonaria as concessões habituais. O fracasso em manter a promessa de fechar Guantánamo em um ano, a dispensa de Gregory Craig, seu principal conselheiro, e outras decisões pouco serviram para encorajar a esquerda. A esquerda democrata dificilmente imaginaria que o membro mais influente do ministério de Obama talvez fosse o emblemático republicano Robert Gates, secretário da Defesa.

Sem dúvida o momento mais absurdo do primeiro ano de governo Obama ocorreu pouco depois do anúncio do envio de 30 mil militares adicionais ao Afeganistão. Em 9 de outubro de 2009, Robert Gibbs acordou o presidente às seis da manhã para informar que havia sido anunciado em Oslo que Obama, com menos de nove meses no governo, ganhara o prêmio Nobel da Paz. A reação do presidente foi uma versão mais longa e apimentada de "Não me diga!".

"Não nos ajudou em nada, politicamente", Obama ressaltou na entrevista que me concedeu no Salão Oval, em meados de janeiro de 2010. "Embora Axelrod e eu tenhamos brincado a respeito, um acontecimento imprevisto deste ano foi ter de pedir desculpas por ganhar o prêmio Nobel."

O discurso de agradecimento de Obama em Oslo fez lembrar o pronunciamento contra a guerra em Chicago, na Federal Plaza. Nenhum dos dois discursos era pacifista, portanto nenhum deles agradou totalmente a plateia. Obama admirava King, mas nunca seria igual a ele. Não liderava um movimento, era político e comandante supremo.

> Os discursos fazem parte de um contexto coerente, refletem minha visão fundamental sobre questões de guerra e paz, ou seja, que precisamos reconhecer que vivemos num mundo perigoso, reconhecer a existência de pessoas capazes de ações terríveis que precisam ser combatidas. Temos de reconhecer também que na luta contra elas existe a possibilidade de nos envolvermos em atos terríveis. Portanto, manter o equilíbrio entre o reconhecimento trágico de a guerra ser por vezes necessária, sempre trágica e jamais merecedora de glorificação, é na minha opinião um dos melhores atributos do caráter americano. Por isso valorizo Lincoln. Por isso, creio, sobrevivemos à Guerra Civil — tínhamos um líder com visão e profundidade, que não admitiu o triunfalismo de sua parte no final, nem durante.

Uma lição que Obama deu a impressão de haver interiorizado logo no início de seu governo foi não existir proveito em falar sobre raça quando o assunto não estava em seus termos. Em julho de 2009, no finalzinho de uma entrevista coletiva sobre política interna, perguntaram a Obama a respeito de um incidente em Cambridge, Massachusetts, no qual um policial algemou e prendeu um professor de Harvard, Henry Louis Gates Jr., pioneiro dos estudos afro-americanos, em sua própria casa, depois que um vizinho denunciou que alguém estava tentando arrombar a porta.

Obama, que tratara de questões relativas ao preconceito policial nas abordagens de suspeitos durante o período no Senado de Illinois, e que chegou a ser isolado para revista especial no aeroporto Logan, após o triunfal discurso na convenção democrata de 2004, opinou: "Bem, não posso dizer muita coisa, eu não estava lá e não conheço a totalidade dos fatos nem o papel que a raça teve no caso, mas acho que é justo dizer, em primeiro lugar, que qualquer um de nós ficaria furioso", declarou Obama aos repórteres. "Em segundo lugar, a polícia de Cambridge agiu estupidamente ao prender alguém depois de apresentadas provas de que a pessoa estava em sua própria casa. E, em terceiro, creio que já sabemos, a despeito desse incidente, que há uma longa tradição neste país de órgãos de segurança abordarem afro-americanos e latinos de maneira desproporcional. Isso é um fato."

Nos dias seguintes, criticaram Obama por pecados que iam do desrespeito à polícia a opinar sobre o caso sem conhecer os dois lados da história. Embora estivesse bem mais certo do que errado na defesa de Gates, Obama e seus assessores lamentaram a exaltação em torno do caso, no mínimo por levantar um assunto sensível no momento exato em que ele tentava emplacar um projeto político ambicioso numa era de retórica partidária inflamada. Restou a impressão de que a equipe da Casa Branca teria preferido qualquer outro assunto — Bill Ayers, Tony Rezko, *qualquer coisa* — que não fosse o professor Gates e o sargento James Crowley. Obama tentou resolver o problema com uma "cervejinha" na Casa Branca, mas nos meses seguintes, em encontros conservadores do movimento Tea Party pelo país e no exterior, surgiram sinais de persistência do ressentimento por conta do incidente, e, o que preocupava mais, pelo fato de um presidente negro falar com sinceridade, e até se emocionar, quando se tratava de raça. Os manifestantes mais inflamados do Tea Party costumavam evitar a linguagem abertamente racista; em vez disso, falavam em "trazer nosso país de volta".

Obama usou de extrema cautela ao tratar do componente racial da oposição a ele. Não era o traço oposicionista dominante, com certeza, mas estava presente. "Os Estados Unidos evoluem, mas por vezes essa evolução é penosa", Obama me disse.

As pessoas não avançam em linha reta. Os países não avançam em linha reta. Por isso há tanta excitação e interesse em torno da eleição de um presidente afro-americano. É inevitável a ocorrência de uma reação potencial ao que isso representa — e não necessariamente de um modo racista ostensivo. Mas isso representa a mudança, assim como a imigração traz mudanças, assim como a passagem de uma economia baseada na manufatura para uma economia baseada nos serviços traz mudanças, da mesma maneira que a internet e o terrorismo trazem mudanças. Portanto, creio que ninguém deve alimentar a ilusão — que eu por certo não alimentei, tendo sido bem explícito a respeito durante a campanha — de que, em virtude de minha eleição, os problemas raciais seriam resolvidos de repente, ou que o povo americano subitamente resolveria passar o tempo todo falando em raça. Creio que isso tudo significa avanço, e que o avanço precedeu a eleição. Os avanços facilitaram a eleição. O avanço tem a ver com as interações cotidianas das pessoas que trabalham juntas, frequentam a igreja juntas e ensinam os filhos a tratar todo mundo com respeito e justiça. Todas as interações que ocorrem no país ajudam a formar uma sociedade mais justa, mais tolerante. Trata-se, porém, de um processo em curso. Que exige de cada um de nós, todos os dias, tentar expandir essa compreensão. Haverá pessoas que não querem promover a compreensão, pois temem o futuro. Não gostam dessa evolução. Acreditam que, de algum modo, isso lhes será desvantajoso, ou rebaixará de algum modo o passado. Minha tendência é compreender a ansiedade humana a respeito da mudança, pois creio que os seres humanos reconhecem esta tendência dentro de si.

Em matéria de decoração, Obama pouco alterou o Salão Oval. A mesa Resolute, presente da rainha Vitória a Rutherford B. Hayes, continua lá; um relógio antigo ainda mostra os segundos, na enervante lembrança ao ocupante de que sua passagem por ali é breve. Mas Obama fez uma alteração significativa. Ele devolveu um busto de Winston Churchill do escultor Jacob Epstein ao governo britânico, que havia sido emprestado a George W. Bush num gesto de solidariedade, após os ataques de 11 de setembro de 2001, e o trocou por bustos de Abraham Lincoln e Martin Luther King Jr. Para Obama, a luta negra pela liberdade define não apenas a experiência afro-americana, mas a própria experiência americana.

"Sou beneficiário direto de seu esforço e sacrifício — minha geração inteira o é", disse.

> Meu espanto não cessa quando penso na coragem, tenacidade e audácia dos líderes dos movimentos civis da época. Eles eram muito jovens. Isso me surpreende. King tinha 26 anos quando Montgomery começou. No auge de sua fama e influência, trinta e poucos. Quer dizer, era um rapaz. E isso vale para todos os líderes. Então, parte do que eu tentei comunicar em Selma [em março de 2007] foi a noção de que as batalhas travadas por eles foram muito mais difíceis, embutiam mais riscos, e seria tolo comparar tudo isso com minha eleição para o Senado, ou para a presidência, pois eles arriscaram a vida numa situação perigosa e terrivelmente incerta.

Obama descartava a comparação daquela luta com sua campanha política, dizendo:

> Elas se relacionam apenas na medida em que no âmago do movimento dos direitos civis, mesmo nos momentos de raiva e desespero, do Poder Negro, Stokely Carmichael, Huey Newton e todos os outros, havia uma voz que encontrou expressão em King, ao dizer que nós, os afro-americanos, somos americanos, e que nossa história é a história dos Estados Unidos, e que ao conquistarmos direitos aperfeiçoamos a União — o que, no final das contas, é uma história muito otimista.

Quando não há câmeras de televisão por perto, Obama fala com uma determinação mais intensa ainda. Eu ouvia o relógio antigo tiquetaquear durante suas longas pausas. Do lado de lá da porta um exército de assessores se reunia. Faltava menos de uma semana para o discurso do Estado da União.

"Essa história é fundamentalmente diferente da história dos grupos minoritários de outros países", Obama disse no final. "Não existe equivalente, se pensarmos em outros países, à noção de que alcançar os direitos transforma a sociedade para melhor, como um todo. E, nesse sentido, o que eu estava tentando passar era o seguinte: ainda não chegamos lá, mas a jornada continua."

Agradecimentos e fontes

A narrativa sentimental de Barack Obama é que sua eleição em 2008 foi um "ponto culminante, o fim, de certa forma, da mais penosa de todas as lutas dos Estados Unidos. Nada acabou, é claro, e as questões raciais — culturais, jurídicas, penais, educacionais, sociais — ainda persistem, apesar de todas as evidentes aberturas e avanços alcançados desde o movimento dos direitos civis. Na prática, a segregação persiste em incontáveis bairros e escolas; Chicago, a cidade escolhida por Obama, é considerada a cidade mais segregada do país. E contudo a sua eleição, que dependeu em boa parte da projeção da sua vida e do seu passado, assim como do seu temperamento, suas posições políticas e sua capacidade de aproveitar o momento histórico, teve um significado histórico inegável. Obama é o que está do outro lado da ponte Edmund Pettus — é essa a metáfora de John Lewis. É absurdamente cedo para se escrever uma biografia definitiva, acadêmica. Minha esperança era escrever um livro de jornalismo biográfico que, por meio de entrevistas com seus contemporâneos e com alguns atores históricos, examinasse a vida de Obama antes de sua presidência e algumas correntes históricas que ajudaram a formá-lo.

Nesse esforço, tive a ajuda de duas pessoas extraordinárias: Katherine Stirling e Christopher Jennings. Sou grato a ambos por sua dedicação, inteligência e trabalho árduo.

Katherine Stirling realizou inúmeras tarefas, todas necessárias para uma obra desse tipo: marcar entrevistas, levantar contatos e materiais de pesquisa e transcrever entrevistas. Ela também leu o manuscrito e deu sugestões úteis durante todo o processo.

Chris Jennings revisou o manuscrito e me salvou de erros factuais, grandes e pequenos — um trabalho complicado para um longo artigo de revista, e imensamente mais difícil quando o autor tem a irritante tendência de rever um manuscrito da extensão de um livro até o último minuto.

Quero expressar meus agradecimentos às minhas fontes, a grande maioria das quais concordou em ter seus nomes publicados. Embora muitas vezes seja problemático para amigos, familiares, colegas, rivais e inimigos, conhecidos de um presidente em exercício, falar abertamente com um repórter, fiquei gratificado ao descobrir que tantas pessoas estavam dispostas a isso e não insistiam em mergulhar, automaticamente, nas águas escuras do passado. Essas fontes são muito citadas em todo o texto. Houve, é claro, algumas fontes, em especial no governo e na campanha presidencial, que pediram para ficar anônimas. Onde citei ou me baseei em material publicado — entrevistas, artigos e livros —, citei a fonte nas notas finais.

Minha gratidão a estes entrevistados: Neil Abercrombie; Mark Alexander; Susan Arterian; Gha-is Askia; Eli Attie; Loretta Augustine-Herron; David Axelrod; William Ayers; Ashley Baia; Michael Baron; Cornell Belcher; Derrick Bell; Jeff Berkowitz; Brad Berenson; Mary Bernstein; Timuel Black; Robert Blackwell Jr.; Rod Blagojevich; Mark Blumenthal; Philip Boerner; Roger Boesche; Julian Bond; John Bonifaz; Caroline Boss; Susan Botkin; Maxine Box; bispo Arthur Brazier; Marvin Bressler; David Brooks; Rosellen Brown; Will Burns; Jill Burton-Dascher; Cassandra Butts.

Mary Beth Cahill; Geoffrey Canada; Paul Carpenter; Bob Casey; Jim Cauley; Lou Celi; Hasan Chandoo; Bill Clinton; James Clyburn; Adam Cohen; David William Cohen; Steve Coll; Susan Coll; Jack Corrigan; John Corrigan; Jeffrey Cox; Allison Davis; Jarvis DeBerry; Alice Dewey; David Dinkins; Alan e Lois Dobry; Gary e Kendra Duncan; Anita Dunn; Christopher Edley Jr.; Pal Eldredge; Joella Edwards; Lolis Elie; David Ellen; Richard Epstein; Virginia Dashner Ewalt.

Jonathan Favreau; Andrew Feldstein; Henry Ferris; Thomas L. Friedman;

Greg Galluzzo; Marshall Ganz; Pete Giangreco; Robin Givhan; David Goldberg; Lawrence Goldyn; Tom Geoghegan; Mack Gilkeson; Mariko Gordon; Kent Goss; Anton Gunn; Wahid Hamid; Melissa Harris-Lacewell; Carol Anne Harwell; Lisa Hay; George Haywood; Rickey Hendon; Eileen Hershenov; Louis Hook; Patrick Hughes; Blair Hull; Charlayne Hunter-Gault; Dennis Hutchinson.

Lisa Jack; reverendo Jesse Jackson; Denny Jacobs; bispo T. D. Jakes; Valerie Jarrett; Benjamin Jealous; Emil Jones Jr.; Vernon Jordan; Ben Joravsky; Elena Kagan; Dan Kahan; John Kass; Marilyn Katz; Jerry Kellman; Cliff Kelley; Randall Kennedy; Al Kindle; Michael Klonsky; Mike Kruglik; Eric Kusunoki.

Cathy Lazere; John Lewis; Kimberly Lightford; Terry Link; Anne Marie Lipinski; Mark Lippert; Ronald Loui; Alvin Love; Joseph Lowery; Kenneth Mack; Chris MacLachlin; Susan Mboya; Salil Mehra; David Mendell; Margot Mifflin; Abner Mikva; Judson Miner; Martha Minow; Newton Minow; Ivory Mitchell; Eric Moore; Pat Moore; Mark Morial; Bob Moses; Salim Muwakkil.

Martin Nesbitt; Eric Newhall; Sandy Newman; Salim al Nurridin; Martha Nussbaum; Barack Obama; Philip Ochieng; Charles Ogletree; Frederick Okatcha; Bruce Orenstein; Peter Osnos; Olara Otunnu; John Owens; Mansasseh Oyucho; Clarence Page; Edward (Buzz) Palmer; Mark Penn; Marylyn Prosser Pauley; Charles Payne; Tony Peterson; Earl Martin Phalen; Wendell Pierce; David Plouffe; Jeremiah Posedel; Richard Posner; Colin Powell; Toni Preckwinkle; John Presta; Francine Pummel.

Linda Randle; Kwame Raoul; Vicky Rideout; Rebecca Rivera; Byron Rodriguez; John Rogers; Donald Rose; Brian Ross; Pete Rouse; Bobby Rush; Mark Salter; Bettylu Saltzman; Chris Sautter; John Schmidt; Bobby Seale; Al Sharpton; Michael Sheehan; Dan Shomon; Sephira Shuttlesworth; Tavis Smiley; Jerome Smith; Rik Smith; Maya Soetoro-Ng; Daniel Sokol; Bronwen Solyon; Aaron Sorkin; Christine Spurell (Lee); Robert Starks; Iona Stenhouse; Geoffrey Stone; Ken Sulzer; Mona Sutphen.

Larry Tavares; Elizabeth Taylor; Studs Terkel; Don Terry; Laurence Tribe; Donne Trotter; Scott Turow; Roberto Mangabeira Unger; C.T. Vivian; Nicholas von Hoffman; Chip Wall; Maria Warren; Dawna Weatherly-Williams; Lois Weisberg; Cora Weiss; Cornel West; Robin West; Jim Wichterman; Sean Wilentz; David B. Wilkins; Roger Wilkins; Jeremiah Wright; Quentin Young; Fareed Zakaria; Andrew (Pake) Zane; Eric Zorn; Mary Zurbuchen; Hank De Zutter.

Também gostaria de agradecer aos acadêmicos que consultei durante o trabalho, sobre assuntos que vão desde a história do Havaí até a Igreja negra. Alguns também são citados no texto. Entre eles, Danielle Allen, William Andrews; Mahzarin Banaji; Lawrence Bobo; David Bositis; Taylor Branch; Adam Cohen; David William Cohen; Gavan Daws; Michael Dawson; Alice Dewey; Caroline Elkins; Eric Foner; Henry Louis Gates Jr.; Eddie Glaude Jr.; Doris Kearns Goodwin; William J. Grimshaw; Lani Guanier; Jill Lepore; David Levering Lewis; Glenn Loury; John McWhorter; Tali Mendelberg; Orlando Patterson; Jonathan Reider; Dick Simpson; Werner Sollors; Robert Stepto; Elizabeth Taylor; Ronald Walters; Cornel West; Sean Wilentz; e William Julius Wilson.

Quem escreve sobre a vida de Barack Obama tem uma dívida com os jornalistas e escritores que já escreveram sobre ele. Dois repórteres excepcionais, David Mendell e Jeff Zeleny, que fizeram parte da equipe do *Chicago Tribune*, forneceram, com suas inúmeras histórias, uma infinidade de informações inestimáveis. Também tenho razões para ser grato a: Kim Barker, David Jackson, John Kass, Ray Long, David Mendell, Evan Osnos, Clarence Page, Don Terry, Jim Warren, Jeff Zeleny e Eric Zorn do *Chicago Tribune*; Scott Fornek, o falecido Steve Neal, Lynn Sweet e Laura Washington do *Sun-Times* de Chicago; Hank De Zutter, Ben Joravsky e Ted Kleine do *The Chicago Reader*; David Bernstein, David Brooks, Carol Felsenthal e Grant Pick da revista *Chicago*; Matt Bai, Jo Becker, Christopher Drew, Jodi Kantor, Serge F. Kovaleski, Janny Scott e Jeff Zeleny (de novo) do *New York Times*; Edmund Sanders do *Los Angeles Times*; Jackie Calmes do *The Wall Street Journal*; meus colegas Lauren Collins, William Finnegan, Ryan Lizza e Larissa MacFarquhar do *New Yorker*; John Heilemann do *New York*; Zadie Smith e Garry Wills da *New York Review of Books*; Salim Muwakkil de *In These Times*; Todd Purdum da *Vanity Fair*; Scott Helman, Sasha Issenberg, Sally Jacobs e Derrick Z. Jackson, Michael Levenson e Jonathan Saltzman do *Boston Globe*; Joshua Green e Andrew Sullivan de *The Atlantic*; Joe Klein e Amanda Ripley da *Time*; Jonathan Alter, Richard Wolffe e Fareed Zakaria da *Newsweek*; Michelle Cottle, Franklin Foer, Ryan Lizza e Noam Scheiber de *The New Republic*; Eric Alterman e Ta-Nahesi Coates de *The Nation*; Benjamin Wallace-Wells da *Rolling Stone*; Ben Smith de *Politico*; Dan Balz, Robin Givhan, David Maraniss, Kevin Merida, Liza Mundy e Peter Slevin do *Washington Post*; e Nancy Benac da Associated Press. A cobertura de Barack Obama e da campanha de 2008 na National Public Radio (especialmente por Michele Norris), os websites Slate, Real Clear Politics, Salon e muitos outros se revelaram extremamente úteis. Nenhum estudioso de Barack Obama e da política de Chicago pode dispensar o *Defender*, de Chicago, o *Herald* de Hyde Park ou os programas da rádio WVON.

Pedir a um amigo para ler um manuscrito com a extensão de um livro, ou parte dele, e solicitar suas reflexões, correções e argumentos é pedir um enorme favor. Agradeço a quem fez exatamente isso: Richard Brody, Ta-Nehisi Coates, Henry Finder, Jeffrey Frank, Ann Goldstein, Hendrik Hertzberg, Nicholas Lemann, George Packer, Peter Slevin e Dorothy Wickenden. Obrigado a Whitney Johnson por me ajudar a encontrar as fotografias do livro. Sou especialmente grato aos meus colegas e amigos da *The New Yorker* e a Si Newhouse, que vêm dando seu apoio à revista com constância, determinação e classe.

Meus agradecimentos ao comandante supremo da Knopf, Sonny Mehta, que me aceitou e me levou ao meu maravilhoso editor, Dan Frank. Agradeço também a Chip Kidd, Katherine Hourigan, Lydia Buechler, Pat Johnson, Tony Chirico e Paul Bogaards, da Knopf. Minha agente, Kathy Robbins, cuida de mim há muitos anos, assim como minha amiga e assistente Brenda Phipps. Gostaria de agradecer a Eric Lewis, Michael Specter, Pam McCarthy, Robert Glick, Alexa Cassanos, assim como a Barbara Remnick, Richard, Will e Talia Remnick, Lisa Fernandez, a toda a numerosa família Fein, e a Pat Burnett e Deta McDaniel.

Finalmente, meu amor e gratidão à minha paciente e amorosa família — Esther, Alex, Noah e Natasha — e todos nós, por nossa vez, agradecemos a todos que vêm ajudando Natasha ao longo dos anos. Meus filhos Alex e Noah me deram um profundo incentivo. Este livro é dedicado a Esther Fein. Para mim, não há vida sem ela.

Notas

PRÓLOGO [pp. 11-36]

1. Abernathy, *And the walls came tumbling down*, p. 297.
2. Garrow, *Bearing the cross*, p. 372.
3. Halberstam, *The children*, p. 240.
4. Lewis e D'Orso, *Walking with the wind*, p. 25.
5. Ibid., p. 45.
6. Ibid., p. 269.
7. Ibid., p. 316.
8. Ibid., p. 324.
9. Garrow, *Bearing the cross*, p. 386.
10. Lewis e D'Orso, *Walking with the wind*, p. 326.
11. Martin Luther King Jr., *New York Times*, 14 de março de 1965.
12. Branch, *At Canaan's edge*, p. 24.
13. Ibid., p. 13.
14. Lewis e D'Orso, *Walking with the wind*, p. 330.
15. Ibid., p. 338.
16. Ibid.
17. Ibid., p. 340.
18. Ibid., p. 344.
19. Branch, *At Canaan's edge*, p. 56.
20. Caro, *The path to power*, p. 166.
21. "Nation: A meeting of history and fate", *Time*, 26 de março de 1965.

22. Garrow, *Bearing the cross*, p. 408.
23. Martin Luther King Jr., Montgomery, Alabama, 25 de março de 1965.
24. King, *Why we can't wait*, p. 139.
25. Wickham, *Bill Clinton and black America*, p. 24.
26. Toni Morrison, "Comment", *The New Yorker*, 5 de outubro de 1998.
27. Michael A. Fletcher, *The Washington Post*, 25 de janeiro de 2007.
28. Leslie Fulbright, *The San Francisco Chronicle*, 19 de fevereiro de 2007.
29. ABC, World News Sunday, 4 de março de 2007.
30. David Remnick, "The wanderer", *The New Yorker*, 18 de setembro de 2006.
31. Hillary Clinton, First Baptist Church, Selma, Alabama, 4 de março de 2007.
32. Joseph Lowery, Brown Chapel, Selma, Alabama, 4 de março de 2007.
33. Barack Obama, Brown Chapel, Selma, Alabama, 4 de março de 2007.
34. Hurston, *Moses, man of the mountain*, p. 180.
35. King, *Why we can't wait*, p. 60.
36. Martin Luther King Jr., Mason Temple, Memphis, Tennessee, 3 de abril de 1968.
37. Barack Obama, Brown Chapel, Selma, Alabama, 4 de março de 2007.
38. John M. Broder, *New York Times*, 5 de setembro de 2005.
39. Barack Obama, Springfield, Illinois, 10 de fevereiro de 2007.
40. Jason Horowitz, *The New York Observer*, 12 de março de 2007.

1. UM DESTINO INTRINCADO [pp. 39-83]

1. "Kenya: ready or not", *Time*, 7 de março de 1960.
2. Ibid.
3. Mboya, *Freedom and after*, p. 10.
4. "Kenya: ready or not", *Time*, 7 de março de 1960.
5. Ibid.
6. Ibid.
7. Ibid.
8. Mboya, *Freedom and after*, p. 141.
9. Albert G. Sims, "Africans beat on our college doors", *Harpers*, abril de 1961.
10. Ibid.
11. Ibid.
12. Shachtman, *Airlift to America*, p. 76.
13. Ibid., p. 107.
14. Michael Dobbs, *The Washington Post*, 30 de março de 2008.
15. Ibid.
16. Mendell, *Obama: from promise to power*, p. 39.
17. Obama, *A origem dos meus sonhos*, p. 407.
18. Ibid., p. 431.
19. Ibid., p. 381.
20. Ben Macintyre e Paul Orengoh, *The Times of London*, 3 de dezembro de 2008.

21. Mboya, *Freedom and after*, p. 42.
22. Elkins, *Imperial reckoning*, p. 68.
23. Ibid., p. 258.
24. Ben Macintyre e Paul Orengoh, *The Times of London*, 3 de dezembro de 2008.
25. Obama, *A origem dos meus sonhos*, p. 425.
26. Xan Rice, *The Guardian*, 6 de junho de 2008.
27. John Oywa, *The Standard*, 11 de novembro de 2008.
28. Edmund Sanders, *Los Angeles Times*, 17 de julho de 2008.
29. Alan Jackson, *The Times of London*, 6 de junho de 2008.
30. Bill Flanagan, *The Times of London*, 16 de abril de 2009.
31. http://www.wargs.com/political/obama.html
32. Obama, *A origem dos meus sonhos*, p. 33.
33. Toby Harnden, *The Daily Telegraph*, 23 de agosto de 2008.
34. Obama, *A origem dos meus sonhos*, p. 34. O artigo de Benac revela a história completa da carreira militar de Dunham.
35. Ibid.
36. Nancy Benac, The Associated Press, 5 de junho de 2009.
37. Ibid.
38. Obama, *A origem dos meus sonhos*, p. 35.
39. Jonathan Martin, *The Seattle Times*, 8 de abril de 2008.
40. Ibid.
41. Tim Jones, *The Chicago Tribune*, 27 de março de 2007.
42. "Investigations: out of a man's past", *Time*, 11 de abril de 1955.
43. Ibid.
44. David Maraniss, *The Washington Post*, 22 de agosto de 2008.
45. Sally Jacobs, *The Boston Globe*, 21 de setembro de 2008.
46. David Maraniss, *The Washington Post*, 22 de agosto de 2008.
47. Obama, *A origem dos meus sonhos*, p. 144-5.
48. Ibid., p. 145.
49. John Oywa, *The Standard*, 11 de novembro de 2008.
50. Mendell, *Obama: from promise to power*, p. 29.
51. Amanda Ripley, "The story of Barack Obama's mother", *Time*, 9 de abril de 2008.
52. Jodi Kantor, *The New York Times*, 21 de janeiro de 2009.
53. Obama, *A origem dos meus sonhos*, p. 144.
54. Ibid., p. 61.
55. Paul Watson, *Los Angeles Times*, 15 de março de 2007.
56. Obama, *A origem dos meus sonhos*, p. 50.
57. Ibid., p. 61.
58. Michael Sheridan e Sarah Baxter, *The Sunday Times*, 28 de janeiro de 2007.
59. Paul Watson, *Los Angeles Times*, 15 de março de 2007.
60. Kirsten Scharnberg e Kim Barker, *The Chicago Tribune*, 25 de março de 2007.
61. Paul Watson, *Los Angeles Times*, 15 de março de 2007.
62. Obama, *A origem dos meus sonhos*, p. 173.

63. Jon Meacham, "On his own", *Newsweek*, 1º de setembro de 2008.
64. Philip Ochieng, *The Daily Nation*, 11 de outubro de 2008.
65. Edmund Sanders, *Los Angeles Times*, 17 de julho de 2008.
66. Keith B. Richburg, *The Washington Post*, 5 de novembro de 2009.
67. Barack H. Obama pai, "Problems facing our socialism", *East Africa Journal*, julho de 1965.
68. Goldsworthy, *Tom Mboya: the man Kenya wanted to forget*, p. 55.
69. Barack H. Obama pai, "Problems facing our socialism", *East Africa Journal*, julho de 1965.
70. Ibid.
71. Edmund Sanders, *Los Angeles Times*, 17 de julho de 2008.
72. Ibid.
73. Ibid.
74. Billy Muiruri, *The Daily Nation*, 3 de julho de 2009.
75. Joe Ombuor, *The Standard*, 11 de abril de 2008.
76. "Kenya: we will crush you", *Time*, 7 de novembro de 1969.
77. Edmund Sanders, *Los Angeles Times*, 17 de julho de 2008.
78. John Oywa e George Olwenya, *The Standard*, 15 de novembro de 2008.
79. Ibid.

2. SUPERFÍCIE E CONTRACORRENTE [pp. 84-116]

1. Obama, *A origem dos meus sonhos*, p. 74.
2. Ibid., p. 76.
3. Allegra Goodman, "Rainbow warrior", *The New Republic*, 13 de fevereiro de 2008.
4. Obama, *A origem dos meus sonhos*, p. 77.
5. Barack Obama, Punahou School, Honolulu, HI, dezembro de 2004.
6. Obama, *A origem dos meus sonhos*, p. 81.
7. Ibid., p. 83.
8. Ibid., p. 85.
9. Ibid., p. 87.
10. Ibid., p. 87.
11. Ramos, *Our friend Barry*, p. 15.
12. Ibid., p. 38.
13. Ibid., p. 81.
14. Ibid., p. 13.
15. Allegra Goodman, "Rainbow warrior", *The New Republic*, 13 de fevereiro de 2008.
16. Ramos, *Our friend Barry*, p. 70.
17. Kirsten Scharnberg e Kim Barker, *The Chicago Tribune*, 25 de março de 2007.
18. Wolffe, *Renegade*, p. 150.
19. David Mendell, *The Chicago Tribune*, 22 de outubro de 2004.
20. Amanda Ripley, "The story of Barack Obama's mother", *Time*, 9 de abril de 2008.
21. Ibid.
22. Dunham, *Surviving against the odds*, p. XXI.

23. Amanda Ripley, "The story of Barack Obama's mother", *Time*, 19 de abril de 2008.
24. Andra Wisnu, *The Jakarta Post*, 14 de novembro de 2008.
25. Jodi Kantor, *The New York Times*, 1º de junho de 2007.
26. Todd Purdum, "Raising Obama", *Vanity Fair*, março de 2008.
27. Austin Murphy, "Obama discusses his hoops memories at Punahou High", *Sports Illustrated*, 21 de maio de 2008.
28. Barack Obama, *Punahou Bulletin*, 1999.
29. Obama, *A origem dos meus sonhos*, p. 110.
30. Ibid., p. 110.
31. Toby Harnden, *The Daily Telegraph*, 21 de agosto de 2009.
32. Todd Purdum, "Raising Obama", *Vanity Fair*, março de 2008.
33. Kirsten Schamberg e Kim Barker, *The Chicago Tribune*, 25 de março de 2007.
34. Austin Murphy, "Obama discusses his hoops memories at Punahou High", *Sports Illustrated*, 21 de maio de 2008.
35. Obama, *A origem dos meus sonhos*, p. 110.
36. Ibid., p. 102.
37. Davis, *Livin' the blues*, p. 3.
38. Ibid., p. 7.
39. *Honolulu Star-Bulletin*, 22 de março de 1948.
40. Davis, *Livin' the blues*, p. xv.
41. Ibid., p. 311.
42. Ibid., p. 312.
43. Obama, *A origem dos meus sonhos*, p. 107.
44. Ibid.

3. NINGUÉM SABE O MEU NOME [pp. 117-44]

1. Obama, *A origem dos meus sonhos*, p. 113.
2. Ibid., p. 117.
3. Scott Helman, *The Boston Globe*, 25 de agosto de 2008.
4. Phil Boemer's Diary, 15 de março de 1983.
5. Sue Paterno, *The Occidental*, 1º de fevereiro de 1991.
6. Ibid.
7. *The Occidental*, janeiro de 1981.
8. Adam Goldman e Robert Tanner, The Associated Press, 15 de maio de 2008.
9. Kerry Eleveld, *The Advocate*, abril de 2008.
10. Margot Mifflin, *The New York Times*, 18 de janeiro de 2009.
11. Obama, *A origem dos meus sonhos*, p. 123.
12. Anthony Russo, *The Occidental*, 20 de fevereiro de 1981.
13. Margot Mifflin, *The New York Times*, 18 de janeiro de 2009.
14. Obama, *A origem dos meus sonhos*, p. 124.
15. Linda Matchan, *The Boston Globe*, 15 de fevereiro de 1990.

16. Shira Boss-Bicak, *Columbia College Today*, janeiro de 2005.
17. Obama, *A origem dos meus sonhos*, p. 138.
18. Adam Goldman e Robert Tanner, The Associated Press, 15 de maio de 2008.
19. Ibid.
20. Jon Meacham, "On his own", *Newsweek*, 1º de setembro de 2008.
21. Do filme *Senator Obama goes to Africa*, dirigido por Bob Hercules, 2007.
22. Obama, *A origem dos meus sonhos*, p. 25.
23. Barack Obama, "Breaking the war mentality", *Sundial*, 10 de março de 1983.
24. Obama, *A origem dos meus sonhos*, p. 152.
25. Ibid., p. 153.
26. Ibid., p. 154.
27. Sasha Issenberg, *The Boston Globe*, 6 de agosto 2008.
28. Obama, *The audacity of hope*, p. 42.
29. Ibid.

4. A METRÓPOLE NEGRA [pp. 147-209]

1. Bernstein, *A woman in charge*, p. 54.
2. Ibid., p. 55.
3. Ibid., p. 56.
4. Entrevista de Saul Alinksy, *Playboy*, março de 1972.
5. Ibid.
6. Ibid.
7. Ibid.
8. Ibid.
9. Ibid.
10. Ibid.
11. Ibid.
12. Ibid.
13. Ibid.
14. Ibid.
15. Hillary Rodham Clinton, "There is only the fight", p. 6.
16. Ibid., p. 74.
17. Ibid., appendix.
18. Ibid., appendix.
19. Drake e Cayton, *Black metropolis*, p. 31.
20. Cohen e Taylor, *American pharaoh*, p. 30.
21. Drake e Cayton, *Black metropolis*, p. 59.
22. Travis, *An autobiography of black politics*, p. 38.
23. Drake e Cayton, *Black Metropolis*, p. 64.
24. Travis, *An autobiography of black politics*, p. 66.
25. Hofstadter, *American violence*, p. 246.

26. McKay, *The complete poems: Claude McKay*, p. 177.
27. *The Property Owner's Journal*, 1º de janeiro de 1920.
28. Drake e Cayton, *Black metropolis*, p. 347.
29. Cohen e Taylor, *American pharaoh*, p. 95.
30. Drake e Cayton, *Black metropolis*, p. xvii.
31. Lemann, *The promised land*, p. 74.
32. Ibid. p. 77.
33. Rakove, *Don't make no waves, don't back no losers*, p. 16.
34. Lemann, *The promised land*, p. 91.
35. Travis, *An autobiography of black politics*, p. 236.
36. Ibid.
37. Ibid., p. 318.
38. Ibid., p. 341.
39. Hampton e Fayer, *voices of freedom*, p. 302.
40. Travis, *An autobiography of black politics*, p. 346.
41. Abernathy, *And the walls came tumbling down*, p. 373.
42. Travis, *An autobiography of black politics*, p. 347.
43. Martin Luther King Jr., Soldier Field, Chicago, IL, 10 de julho de 1966.
44. Travis, *An autobiography of black politics*, p. 386.
45. Hampton e Fayer, *Voices of freedom*, p. 312.
46. Abernathy, *and the walls came tumbling down*, p. 395
47. David Halberstam, "Notes from the bottom of the mountain", *Harpers*, junho de 1968.
48. Cohen e Taylor, *American pharaoh*, p. 455.
49. Garrow, *Bearing the cross*, p. 444.
50. R. W. Apple Jr., *The New York Times*, 10 de maio de 1972.
51. *Chicago Sun-Times*, 19 de janeiro de 1986.
52. Travis, *An autobiography of black politics*, p. 572.
53. Ibid., p. 582.
54. This American Life, nº 376, *Chicago Public Radio*, 13 de março de 2009.
55. Levinsohn, *Harold Washington*, p. 200.
56. Leanita McClain, *The Washington Post*, 24 de julho de 1983.
57. This American Life, nº 376, *Chicago Public Radio*, 13 de março de 2009.
58. Travis, *An autobiography of black politics*, p. 602.
59. Rivlin, *Fire on the prairie*, p. 191.
60. This American Life, nº 84, *Chicago Public Radio*, 9 de novembro de 2007.
61. Travis, *An autobiography of black politics*, p. 610.
62. This American Life, nº 84, *Chicago Public Radio*, 9 de novembro de 2007.
63. Knoepfle, *After Alinsky*, p. 36.
64. Obama, *A origem dos meus sonhos*, p. 184.
65. Martha Allen, *The Chicago Reporter*, Volume 15, Número 6, junho de 1986.
66. Obama, *A origem dos meus sonhos*, p. 262.
67. Martha Allen, *The Chicago Reporter*, Volume 15, Número 7, julho de 1986.
68. Wright, *What makes you so strong?*, p. 97.

69. Ibid., p. 28.
70. Roger Wilkins, *Frontline*, PBS, 16 de junho de 1987.
71. Cone, *Black theology and black power*, p. 32.
72. Ibid.
73. Ibid., p. 37.
74. Ibid., p. 13.
75. Ibid., p. 100.
76. Frazier, *The negro church in America*, p. 149.
77. Jeremiah Wright, NAACP Benefit, Detroit, MI, 27 de abril de 2008.
78. Obama, *A origem dos meus sonhos*, p. 298.
79. www.tucc.org
80. Manya A. Brachear e Bob Secter, *The Chicago Tribune*, 6 de fevereiro de 2007.
81. Obama, *A origem dos meus sonhos*, p. 301.
82. Ibid., p. 302.
83. Knoepfle, *After Alinsky*, p. 36.
84. Ibid., p. 133.
85. Ibid., p. 134.
86. Ibid., p. 133.

5. AMBIÇÃO [pp. 210-50]

1. Obama, *A origem dos meus sonhos*, p. 291.
2. Elise O'Shaughnessy, "Harvard Law Reviewed", *Vanity Fair*, junho de 1990.
3. Fox Butterfield, *The New York Times*, 21 de maio de 1990.
4. Noam Scheiber, "Crimson tide", *The New Republic*, 4 de fevereiro de 2009.
5. Michael Levenson e Jonathan Saltzman, *The Boston Globe*, 28 de janeiro de 2007.
6. Turow, *One L*, p. 300.
7. Michael Levenson e Jonathan Saltzman, *The Boston Globe*, 28 de janeiro de 2007.
8. Ibid.
9. Larissa MacFarquhar, "The conciliator", *The New Yorker*, 7 de maio de 2007.
10. Paul Hutcheon, *The Sunday Herald*, 8 de junho de 2008.
11. Stewart Yerton, "Midas touch in the ivory tower: the croesus of Cambridge", *The American Lawyer*, Volume XVI, Número 3, 1994.
12. Kluger, *Simple Justice*, p. 105.
13. Ibid., p. 106.
14. McNeil, *Groundwork: Charles Hamilton Houston and the struggle for civil rights*, p. 84.
15. Ibid., p. 7.
16. Lisa Krause, "Charles Houston: the man who killed Jim Crow", *National Geographic*, 7 de fevereiro de 2001.
17. http://www.youtube.com/watch?v=L489QHEOa 4
18. Kerlow, *Poisoned ivy*, p. 20.
19. Michael Levenson e Jonathan Saltzman, *The Boston Globe*, 28 de janeiro de 2007.

20. Entrevista de Christine Spurrell, *Frontline*, PBS, 14 de outubro de 2008.
21. Michelle Obama, entrevista a Suzanne Malveaux, CNN, 1º de janeiro de 2009.
22. Mendell, *Obama: from promise to power*, p. 93.
23. Michelle Obama, entrevista a Suzanne Malveaux, CNN, 1º de janeiro de 2009.
24. Mendell, *Obama: from promise to power*, p. 94.
25. Carol Felsenthal, "The making of a first lady", *Chicago Magazine*, fevereiro de 2009.
26. Barack Obama, "My first date with Michelle", *O, The Oprah Magazine*, fevereiro de 2007.
27. Michelle Obama, entrevista a Suzanne Malveaux, CNN, 1º de janeiro de 2009.
28. Peter Slevin, *Princeton Alumni Weekly*, 18 de fevereiro de 2009.
29. Mundy, *Michelle*, p. 67.
30. Michelle Obama, "Princeton-educated blacks and the black community", p. 2.
31. Liza Mundy, *The Washington Post*, 12 de agosto de 2007.
32. Ibid.
33. Ibid.
34. Tammerlin Drummond, *Los Angeles Times*, 19 de março de 1990.
35. Fox Butterfield, *The New York Times*, 6 de fevereiro de 1990.
36. Jodi Kantor, *The New York Times*, 28 de janeiro de 2007.
37. Ryan Lizza, "Making it", *The New Yorker*, 21 de julho de 2008.
38. Linda Matchan, *The Boston Globe*, 15 de fevereiro de 1990.
39. Jeffrey Ressner e Ben Smith, *Politico*, 23 de junho de 2008.
40. Derrick Bell, "Serving two masters", *Yale Law Journal*, 1976.
41. Bell, *Faces at the bottom of the well*, p. 12.
42. Carta de Derrick Bell a Robert Clark, 9 de abril de 1990.
43. Ibid.
44. PBS, *Frontline*, 19 de janeiro de 2009.
45. Tammerlin Drummond, *Los Angeles Times*, 19 de março de 1990.
46. Barack Obama, *Harvard Law Record*, Volume 91, Número 7, 16 de novembro de 1990.
47. *The Journal of Blacks in Higher Education*, Número 30, inverno de 2000-1.
48. Jodi Kantor, *The New York Times*, 28 de janeiro de 2007.
49. Obama, *A origem dos meus sonhos*, p. 445.
50. Entrevista de Janny Scott, *Frontline*, PBS, 14 de outubro de 2008.

6. UMA NARRATIVA DE ASCENSÃO [pp. 251-91]

1. James L. Merriner, "Friends of O", *Chicago Magazine*, junho de 2008.
2. Vemon Jarrett, *Chicago Sun-Times*, 11 de julho de 1992.
3. Entrevista, *Chicago Reader*, 17 de março de 2000.
4. "Forty under forty", *Crain's Chicago Business*, 27 de setembro de 1993.
5. Gretchen Reynolds, "Vote of confidence", *Chicago Magazine*, janeiro de 1993.
6. Mariana Cook, "A couple in Chicago", *The New Yorker*, 19 de janeiro de 2009.
7. Robert Draper, "Barack Obama's work in progress", *GQ*, novembro de 2009.
8. Ibid.

9. Obama, *A origem dos meus sonhos*, p. 11.
10. Gates, *The classic slave narratives*, p. ix.
11. Gates, *Bearing witness*, p. 4.
12. X, *The autobiography of Malcolm X*, p. 178.
13. Cleaver, *Soul on ice*, p. 31.
14. Gates, *Bearing witness*, p. 4.
15. Davis, *Yes, I can*, p. 63.
16. Wolffe, *Renegade*, p. 156.
17. Obama, *A origem dos meus sonhos*, p. 18.
18. Ibid., p. 19.
19. DuBois, *The autobiography of W. E. B. DuBois*, p. 12.
20. Douglass, *Douglass: autobiographies*, p. 60.
21. Washington, *Up from slavery*, p. 1.
22. Obama, *A origem dos meus sonhos*, p. 102.
23. Ibid., p. 103.
24. Ibid., p. 103.
25. X, *The autobiography of Malcolm X*, p. 206.
26. Obama, *A origem dos meus sonhos*, p. 103.
27. Ibid., p. 18.
28. Jennifer Lee, *The New York Times*, 30 de janeiro de 2008.
29. Obama, *A origem dos meus sonhos*, p. 23.
30. Ibid., p. 24.
31. Ibid., p. 25.
32. Ibid., p. 13.
33. Ibid., p. 38.
34. Ibid., p. 40.
35. Ibid., p. 41.
36. Ibid., p. 43.
37. Ibid., p. 48.
38. Kirsten Scharnberg e Kim Barker, *The Chicago Tribune*, 25 de março de 2007.
39. X, *The autobiography of Malcolm X*, p. 54.
40. Obama, *A origem dos meus sonhos*, p. 68.
41. Ibid., p. 97.
42. Ibid., p. 17.
43. Ibid., p. 98.
44. Ibid., p. 99.
45. Ibid., p. 113.
46. Ibid., p. 116.
47. Ibid., p. 122.
48. Ibid., p. 196.
49. Ibid., p. 202.
50. Ibid., p. 216.
51. Ibid., p. 228.

52. Ibid., p. 308.
53. Ibid., p. 315.
54. Ibid., p. 317.
55. Ibid., p. 319.
56. Ibid., p. 325.
57. Ibid., p. 232.
58. Ibid., p. 237.
59. Ibid., p. 331.
60. Ibid., p. 369.
61. Ibid., p. 380.
62. Ibid., p. 405.
63. Ibid., p. 409.
64. Ibid., p. 411.
65. Ibid., p. 433.
66. Ibid., p. 433.
67. Ibid., p. 436.
68. Ibid., p. 441.
69. Ibid., p. 445.
70. Ibid., p. 450.
71. Robert Draper, "Barack Obama's work in progress", GQ, novembro de 2009.
72. Morris, *The rise of Theodore Roosevelt*, p. xxxiii.
73. Marshall, *The life of George Washington*, Volume 2, p. 136.
74. Howells, *The lives and speeches of Abraham Lincoln and Hannibal Hamlin*, p. 31.
75. Jill Lepore, "Bound for glory", *The New Yorker*, 20 de outubro de 2008.
76. Janny Scott, *The New York Times*, 18 de maio de 2008.
77. Jack Cashill, *American Thinker*, 28 de junho de 2009.
78. Andy McCarthy, *The Corner*, 11 de outubro de 2008.
79. Andrews, *African American autobiography*, p. 9.
80. Douglass, *Douglass: autobiographies*, p. 217.
81. Ibid., p. 7.

7. ALGUÉM QUE NINGUÉM MANDOU [pp. 295-347]

1. Bellow, *Dezembro fatal*, p. 165.
2. Abdon Pallasch, *The Chicago Sun-Times*, 17 de dezembro de 2007.
3. Ibid.
4. Ibid.
5. Jodi Kantor, *The New York Times*, 30 de julho de 2008.
6. Larissa MacFarquhar, "The conciliator", *The New Yorker*, 7 de maio de 2007.
7. Davis, *Livin' the blues*, p. 332.
8. Tim Novak, *The Chicago Sun-Times*, 23 de abril de 2007.
9. Ibid.

10. Don Terry, *The Chicago Tribune Magazine*, 27 de julho de 2008.
11. Jonathan Becker, "Barack's rock", *Vogue*, outubro de 2008.
12. Ibid.
13. Christopher Drew e Ray Gibson, *The Chicago Tribune*, 14 de agosto de 1994.
14. William Safire, *The New York Times*, 2 de outubro de 1994.
15. *Larry King Live*, CNN, 1º de setembro de 1995.
16. Jodi Kantor, *The New York Times*, 1º de novembro de 2009.
17. Scott Helman, *The Boston Globe*, 12 de outubro de 2007.
18. David Jackson e Ray Long, *The Chicago Tribune*, 4 de abril de 2007.
19. Ibid.
20. Ibid.
21. Ibid.
22. Kevin Knapp, *Hyde Park Herald*, 5 de julho de 1995.
23. Ibid.
24. Tim Novak, *The Chicago Sun-Times*, 23 de abril de 2007.
25. warrenpeacemuse.blogspot.com
26. Hank De Zutter, "What makes Obama run", *The Chicago Reader*, 8 de dezembro de 1995.
27. Ibid.
28. Monice Mitchell, *Hyde Park Herald*, 4 de outubro de 1995.
29. Ibid.
30. Hank De Zutter, *The Chicago Reader*, 8 de dezembro de 1995.
31. Kevin Knapp, *Hyde Park Herald*, 25 de outubro de 1995.
32. Ryan Lizza, "Making It", *The New Yorker*, 21 de julho de 2008.
33. Ibid.
34. Thomas Hardy, *The Chicago Tribune*, 19 de dezembro de 1995.
35. David Jackson e Ray Long, *The ChicagoTribune*, 4 de abril de 2007.
36. Ibid.
37. Ibid.
38. Ibid.
39. Hank De Zutter, "What makes Obama run", *The Chicago Reader*, 8 de dezembro de 1995.
40. Ibid.
41. Adolph Reed Jr., "The curse of community", *The Village Voice*, 16 de janeiro de 1996.
42. Editorial, *The Chicago Tribune*, 6 de dezembro de 2002.
43. Ibid.
44. Rick Pearson e Ray Long, *The Chicago Tribune*, 3 de maio de 2007.
45. Ibid.
46. Ibid.
47. Barack Obama, *Hyde Park Herald*, 16 de abril de 1997.
48. Barack Obama, *Hyde Park Herald*, 19 de fevereiro de 1997; 18 de junho de 1997; 10 de setembro de 1997; 31 de dezembro de 1997.
49. Ryan Lizza, "Making It", *The New Yorker*, 21 de julho de 2008.

8. NEGRO O BASTANTE [pp. 348-76]

1. Hampton e Fayer, *Voices of freedom*, p. 353.
2. Ibid., p. 351.
3. Ibid., p. 511.
4. Ibid., p. 523.
5. Hampton e Fayer, *Voices of freedom*, p. 534.
6. Cohen e Taylor, *American pharaoh*, p. 501.
7. Frady, *Jesse*, p. 261.
8. Cohen e Taylor, *American pharaoh*, p. 502.
9. Ibid.
10. Philip Caputo, *The Chicago Tribune*, 10 de dezembro de 1969.
11. Ibid.
12. Hampton e Fayer, *Voices of freedom*, p. 538.
13. Scott Stewart, *The Chicago Sun-Times*, 21 de fevereiro de 1999.
14. Ibid.
15. Ted Kleine, "Is Bobby Rush in trouble", *The Chicago Reader*, 17 de março de 2000.
16. Ben Calhoun, Chicago Public Radio, 8 de agosto de 2008.
17. Michael Weisskopf, "Obama: how he learned to win", *Time*, 8 de maio de 2008.
18. Steve Neal, *The Chicago Sun-Times*, 1º de agosto de 1999.
19. Greg Downs, *Hyde Park Herald*, 29 de setembro de 1999.
20. John McCormick e Peter Annin, "A father's anguished journey", *Newsweek*, 29 de novembro de 1999.
21. Ted Kleine, "Is Bobby Rush in trouble", *The Chicago Reader*, 17 de março de 2000.
22. Ibid.
23. Editorial, *The Chicago Tribune*, 21 de dezembro de 1999.
24. Barack Obama, *Hyde Park Herald*, 12 de janeiro de 2000.
25. Ryan Lizza, "Making It", *The New Yorker*, 21 de julho de 2008.
26. Ted Kleine, "Is Bobby Rush in trouble", *The Chicago Reader*, 17 de março de 2000.
27. Obama, *The audacity of hope*, p. 106.
28. Ted Kleine, "Is Bobby Rush in trouble", *The Chicago Reader*, 17 de março de 2000.
29. Editorial, *The Chicago Tribune*, 6 de março de 2000.
30. Presta, *Mr. and Mrs. Grassroots*, p. 63.
31. Ibid, p. 57.
32. Ted Kleine, "Is Bobby Rush in trouble", *The Chicago Reader*, 17 de março de 2000.
33. Ibid.
34. Oh, man: Don Gonyea, Morning Edition, NPR, 19 de setembro de 2007.
35. Steve Neal, *The Chicago Sun-Times*, 12 de março de 2000.
36. Curtis Lawrence, *The Chicago Sun-Times*, 22 de março de 2000.
37. Ryan Lizza, "Making It", *The New Yorker*, 21 de julho de 2008.
38. Obama, *The audacity of hope*, p. 107.
39. Michael Weisskopf, "Obama: how he learned to win", *Time*, 8 de maio de 2008.
40. Obama, *The audacity of hope*, p. 4.

41. Scott Helman, *The Boston Globe*, 12 de outubro de 2007.
42. Obama, *The audacity of hope*, p. 340.
43. Carol Felsenthal, *Chicago Magazine*, fevereiro de 2009.
44. Scott Helman, *The Boston Globe*, 12 de outubro de 2007.

9. A CAMPANHA NA SELVA [pp. 377-99]

1. Obama, *The audacity of hope*, p. 354.
2. Chuck Neubauer e Tom Hamburger, *Los Angeles Times*, 27 de abril de 2008.
3. Carol Felsenthal, "The making of a first lady", *Chicago Magazine*, fevereiro de 2009.
4. *Hyde Park Herald*, 19 de setembro de 2001.
5. Mendell, *Obama: from promise to power*, p. 150.
6. Barack Obama, *Hyde Park Herald*, 20 de fevereiro de 2002.
7. Hendon, *Black enough/white enough*, p. 31.
8. Ibid., p. 32.
9. Hendon, *Black enough/white enough*, p. 30.
10. Ibid., p. 33.
11. Ray Long e Christi Parsons, *The Chicago Tribune*, 25 de outubro de 2006.
12. Ryan Lizza, "Making It", *The New Yorker*, 21 de julho de 2008.
13. Jake Tapper, ABCNews.com, 9 de dezembro de 2008.
14. Public affairs with Jeff Berkowitz, 27 de junho de 2002.
15. Jo Becker e Christopher Drew, *The New York Times*, 11 de maio de 2008.
16. George W. Bush, United Nations, New York, NY, 12 de setembro de 2002.
17. Bill Glauber, *The Chicago Tribune*, 3 de outubro de 2002.
18. Ibid.
19. Jo Becker e Christopher Drew, *The New York Times*, 11 de maio de 2008.
20. Don Gonyea, Morning Edition, NPR, 25 de março de 2008.
21. Todd Purdum, "Raising Obama", *Vanity Fair*, março de 2008.
22. Editorial, *The Chicago Tribune*, 9 de maio de 2003.
23. Barack Obama, *Hyde Park Herald*, 23 de julho de 2003.
24. Scott Helman, *The Boston Globe*, 23 de setembro de 2007.
25. Fran Spielman, *The Chicago Sun-Times*, 5 de agosto de 2005.
26. Fran Spielman, *The Chicago Sun-Times*, 22 de janeiro de 2007.
27. David Mendell, *The Chicago Tribune*, 22 de outubro de 2004.
28. Ibid.

10. RECONSTRUÇÃO [pp. 400-31]

1. Eric Foner, *The Nation*, 15 de outubro de 2008.
2. Dray, *Capitol men*, p. 410.
3. Ibid. p. 351.

4. Liza Mundy, *The Washington Post*, 12 de agosto de 2007.
5. Mendell, *Obama: from promise to power*, p. 155.
6. Ibid., p. 152.
7. Eric Zorn, *The Chicago Tribune*, 18 de janeiro de 2003.
8. Rick Pearson e John Chase, *The Chicago Tribune*, 22 de janeiro de 2003.
9. Jennifer Senior, "Dreaming of Obama", *New York Magazine*, 24 de setembro de 2006.
10. Jodi Enda, *The American Prospect*, fevereiro de 2006.
11. David Axelrod, *Hyde Park Herald*, 8 de maio de 1974.
12. Robert Kaiser, *The Washington Post*, 2 de maio de 2008.
13. David Mendell, *The Chicago Tribune*, 7 de dezembro de 2003.
14. Joshua Green, "Gambling man", *The Atlantic*, janeiro/fevereiro de 2004.
15. Presta, *Mr. and Mrs. Grassroots*, p. 116.
16. David Mendell, *The Chicago Tribune*, 10 de fevereiro de 2004.
17. Andrew Herrmann e Scott Fornek, *The Chicago Sun-Times*, 22 de fevereiro de 2004.
18. Laura Washington, *The Chicago Sun-Times*, 16 de fevereiro de 2004.
19. David Mendell e Molly Parker, *The Chicago Tribune*, 24 de fevereiro de 2004.
20. Ibid.
21. Scott Fornek, *The Chicago Sun-Times*, 5 de março de 2004.
22. David Mendell, *The Chicago Tribune*, 28 de fevereiro de 2004.
23. Frank Main, *The Chicago Sun-Times*, 28 de fevereiro de 2004.
24. David Mendell, *The Chicago Tribune*, 28 de fevereiro de 2004.
25. Ibid.
26. Christopher Drew e Mike McIntire, *The New York Times*, 3 de abril 2007.
27. Michael Weisskopf, "Obama: how he learned to win", *Time*, 8 de maio de 2008.
28. Eriz Zorn, *The Chicago Tribune*, 18 de março de 2004.
29. Ibid.
30. Ibid.
31. Scott Fornek e Robert Herguth, *The Chicago Sun-Times*, 17 de março de 2004.
32. David Mendell, *The Chicago Tribune*, 18 de março de 2004.
33. Monica Davey, *The New York Times*, 18 de março de 2004.
34. Barack Obama, NAACP, Detroit, Michigan, 2 de maio de 2005.

11. UM VENTO VIRTUOSO [pp. 432-64]

1. Jill Zuckman e David Mendell, *The Chicago Tribune*, 15 de julho de 2004.
2. William Finnegan, *The New Yorker*, 31 de maio de 2004.
3. Ibid.
4. *The Associated Press*, 22 de junho de 2004.
5. John Chase e Liam Ford, *The Chicago Tribune*, 22 de junho de 2004.
6. Mendell, *Obama: from promise to power*, p. 264.
7. Ibid.
8. Jay Leno, *The Tonight Show*, NBC, 22 de junho de 2004.

9. John Chase e Liam Ford, *The Chicago Tribune*, 22 de junho de 2004.
10. Debbie Howlett, *USA Today*, 22 de junho de 2004.
11. William Saletan, *Slate.com*, 23 de junho de 2004.
12. Stephen Kinzer, *The New York Times*, 23 de junho de 2004.
13. Rahul Sangwan, *The Dartmouth Independent*, 4 de outubro 2004.
14. John Chase e Liam Ford, *The Chicago Tribune*, 22 de junho de 2004.
15. Obama, *The audacity of hope*, p. 354.
16. Eli Saslow, *The Washington Post*, 25 de agosto de 2008.
17. David Bernstein, "The speech", *Chicago Magazine*, junho de 2007.
18. Christopher Wills, *The Associated Press*, 26 de julho de 2004.
19. John Kass, *The Chicago Tribune*, 27 de julho de 2004.
20. David Mendell, *The Chicago Tribune*, 28 de julho de 2004.
21. David Bernstein, "The speech", *Chicago Magazine*, junho de 2007.
22. Ibid.
23. Mary Mitchell, *The Chicago Sun-Times*, 29 de julho de 2004.
24. Scott Fornek, *The Chicago Sun-Times*, 29 de julho de 2004.
25. Michael Sneed, *The Chicago Sun-Times*, 30 de julho de 2004.
26. Clarence Page, *The Chicago Tribune*, 1º de agosto de 2004.
27. Dave McKinney, *The Chicago Sun-Times*, 4 de agosto de 2004.
28. David Mendell, *The Chicago Tribune*, 2 de agosto de 2004.
29. Liam Ford e David Mendell, *The Chicago Tribune*, 13 de agosto de 2004.
30. Editorial, *The Chicago Tribune*, 16 de agosto de 2004.
31. Ibid.
32. Scott Fornek, *The Chicago Sun-Times*, 1º de novembro de 2004.
33. Liam Ford e John Chase, *The Chicago Tribune*, 22 de outubro de 2004.
34. Ibid.
35. Ibid.
36. Obama, *The audacity of hope*, p. 211.
37. Editorial, *The Chicago Tribune*, 24 de outubro de 2004.
38. James L. Merriner, "Making peace", *Chicago Magazine*, junho de 2008.
39. Don Terry, *The Chicago Tribune Magazine*, 24 de outubro de 2004.
40. Noam Scheiber, "Race against history", *The New Republic*, 31 de maio de 2004.
41. Alan Keyes, Spirit of God Fellowship Church, Chicago, IL, 31 de outubro de 2004.
42. Alison Neumer, *The Chicago Tribune*, 3 de novembro de 2004.
43. Scott Fornek, *The Chicago Sun-Times*, 3 de novembro de 2004.

12. UMA LIGEIRA LOUCURA [pp. 467-525]

1. ABC News, 1º de novembro de 2007.
2. Jeff Zeleny, *The New York Times*, 24 dezembro de 2006.
3. David Mendell, *The Chicago Tribune*, 4 de novembro de 2004.
4. Scott Fornek, *The Chicago Sun-Times*, 4 de novembro de 2004.

5. Ibid.
6. David Mendell, *The Chicago Tribune*, 4 de novembro de 2004.
7. Rudolph Bush, *The Chicago Tribune*, 23 de novembro de 2004.
8. *The Late Show*, CBS, 26 de novembro de 2004.
9. Lynn Sweet, *The Chicago Sun-Times*, 6 de dezembro de 2004.
10. Janny Scott, *The New York Times*, 18 de maio de 2008.
11. Ibid.
12. *The Century Foundation: News and Commentary*, 30 de outubro de 2006.
13. Wolffe, *Renegade*, p. 38.
14. Entrevista de Pete Rouse, *Frontline*, PBS, 11 de julho de 2008.
15. Ibid.
16. Ibid.
17. Jeff Zeleny, *The Chicago Tribune*, 20 de março de 2005.
18. Ibid.
19. Jeff Zeleny e Kate Zernike, *The New York Times*, 9 de março de 2008.
20. Jeff Zeleny, *The Chicago Tribune*, 20 de março de 2005.
21. Ibid.
22. Ibid.
23. Ibid.
24. Ibid.
25. Ben Wallace Wells, "Destiny's Child", *Rolling Stone*, 22 de fevereiro de 2007.
26. Jeff Zeleny, *The Chicago Tribune*, 23 de setembro de 2005.
27. Barack Obama, Council on Foreign Relations, Washington, 1º de novembro de 2005.
28. Barack Obama e Richard Lugar, *The Washington Post*, 3 de dezembro de 2005.
29. *This week with George Stephanopoulous*, ABC, 11 de setembro de 2005.
30. Jeff Zeleny, *The Chicago Tribune*, 12 de setembro de 2005.
31. Ibid.
32. Bacon Perry Jr., *The Washington Post*, 27 de agosto de 2007.
33. Ibid.
34. Daily Kos, 30 de setembro de 2005.
35. Jodi Enda, "Great expectations", *The American Prospect*, 16 de janeiro de 2006.
36. Ibid.
37. *The Chicago Tribune*, 7 de fevereiro de 2006.
38. Entrevista de Mark Salter, *Frontline*, PBS, 30 de maio de 2008.
39. Jeff Zeleny, *The Chicago Tribune*, 8 de fevereiro de 2006.
40. Jeff Zeleny, *The Chicago Tribune*, 9 de fevereiro de 2006.
41. Barack Obama, Washington, 28 de junho de 2006.
42. Larissa MacFarquhar, "The conciliator", *The New Yorker*, 7 de maio de 2007.
43. *World News Tonight*, ABC, 1º de novembro de 2007.
44. Balz e Johnson, *The battle for America*, p. 26.
45. Jeff Zeleny, *The Chicago Tribune*, 20 de novembro de 2005.
46. Ibid.
47. Perry Bacon Jr., *The Washington Post*, 27 de agosto de 2007.

48. Barack Obama, Harkin Steak Fry, Indianola, Iowa, 17 de setembro de 2006.
49. Alan Abramowitz e Ruy Teixeira, "The decline of the white working class and the rise of a mass upper middle class", Brookings Working Paper, abril de 2008.
50. Bob Gilbert, "The president prediction", *Seton Hall Magazine*, 31 de março de 2009.
51. Chisholm, *The good fight*, p. 162.
52. Chisholm, *Unbought and unbossed*, p. xii.
53. Jesse Jackson, Convenção Nacional do Partido Democrata, São Francisco, CA, 17 de julho de 1984.
54. Frady, *Jesse*, p. 306.
55. Ibid., p. 370.
56. Ibid., p. 417.
57. Wallace, *The man*, p. 251.
58. Joe Klein, "The fresh face", *Time*, 15 de outubro de 2006.
59. David Brooks, *The New York Times*, 19 de outubro de 2006.
60. *Meet the Press*, NBC, 22 de outubro de 2006.
61. Joe Klein, "The fresh face", *Time*, 15 de outubro de 2006.
62. Balz e Johnson, *The battle for America*, p. 28.
63. Jill Zuckman, *The Chicago Tribune*, 18 de outubro de 2006.
64. Entrevista de Tom Daschle, *Frontline*, PBS, 10 de junho de 2008.
65. Jeff Zeleny, *The Chicago Tribune*, 25 de dezembro de 2005.
66. Balz e Johnson, *The battle for America*, p. 29.
67. Ibid., p. 30.
68. Entrevista de Pete Rouse, *Frontline*, PBS, 11 de julho de 2008.
69. Ibid.
70. Plouffe, *The audacity to win*, p. 27.

13. O GIGANTE ADORMECIDO [pp. 526-59]

1. Barack Obama, Springfield, Illinois, 10 de fevereiro de 2007.
2. Ben Wallace Wells, "Destiny's child", *Rolling Stone*, 22 de fevereiro de 2007.
3. Plouffe, *The audacity to win*, p. 40.
4. Cornel West, State of the Black Union, Hampton, Virgínia, 10 de fevereiro de 2007.
5. Charles Ogletree, State of the Black Union, Hampton, Virgínia, 10 de fevereiro de 2007.
6. Plouffe, *The audacity to win*, p. 124.
7. *Saturday Night Live*, NBC, 2 de março de 2008.
8. Mendelberg, *The race card*, p. 36.
9. Ibid., p. 39.
10. Ibid., p. 43.
11. Ibid., p. 45.
12. Ibid., p. 47.
13. Ibid., p. 58.
14. Branch, *Parting the waters*, p. 51.

15. Mendelberg, *The race card*, p. 71.
16. Ibid.
17. Ibid., p. 91.
18. Ibid., p. 97.
19. Ibid., p. 142.
20. Ibid.
21. Joshua Green, "The Hillary Clinton memos", *The Atlantic*, 11 de agosto de 2008.
22. Ibid.
23. Frady, *Jesse*, p. 493.
24. Randall Kennedy, "The triumph of robust tokenism", *The Atlantic*, fevereiro de 2001.
25. *Newsmakers Live*, dezembro de 2007.
26. Paige Bowers, "A civil rights divide over Obama", *Time*, 31 de janeiro de 2008.
27. Logan Hill, "How I made it: Spike Lee on 'Do the right thing'", *New York Magazine*, 7 de abril de 2008.
28. Frady, *Jesse*, p. 5.
29. Ibid., p. 14.
30. Ibid., p. 48.
31. Ibid., p. 76.
32. Ibid.
33. Ibid., p. 82.
34. Ibid., p. 97.
35. Ibid., p. 86.
36. Ibid., p. 91.
37. Ibid., p. 209.
38. Andrew Sullivan, "Goodbye to all that: why Obama matters", *The Atlantic*, dezembro de 2007.
39. Ibid.
40. Mike Glover, *The Associated Press*, 27 de setembro de 2007.
41. *The Charlie Rose Show*, PBS, 14 de dezembro de 2007.
42. Barack Obama, Des Moines, Iowa, 3 de janeiro de 2008.
43. Frady, *Jesse*, p. 306.
44. Michael Hill, *The Baltimore Sun*, 16 de janeiro de 2008.

14. NO PARQUE DE DIVERSÕES RACIAL [pp. 560-83]

1. Steve Vogel, *The Washington Post*, 21 de outubro de 2000.
2. Christopher Cooper, Corey Dade Valerie e Bauerlein, *The Wall Street Journal*, 23 de janeiro de 2008.
3. Ibid.
4. Eric Ernst (Sarasota, Flórida), *Herald Tribune*, 15 de outubro de 2008.
5. Ibid.
6. Barack Obama, National Constitution Center, Filadélfia, Pensilvânia, 18 de março de 2008.

7. Katherine Q. Seelye, *The New York Times*, 14 de outubro de 2007.
8. Barack Obama, Manning, Carolina do Sul, 2 de novembro de 2007.
9. Ben Smith, *Politico*, 27 de janeiro de 2008.
10. Michelle Obama, Orangeburg, Carolina do Sul, 20 de novembro de 2007.
11. Jim Davenport, The Associated Press, 13 de fevereiro de 2007.
12. Barack Obama, Igreja Batista Ebenézer, Atlanta, Geórgia, 20 de janeiro de 2008.
13. CNN Democratic Debate, Myrtle Beach, Carolina do Sul, 21 de janeiro de 2008.
14. Ibid.
15. Heilemann e Halperin, *Game change*, p. 206
16. Jason Horowitz, *The New York Observer*, 4 de fevereiro de 2007.
17. CNN.com, 31 de janeiro de 2007.
18. Ibid.
19. Anne E. Kornblut, *The Washington Post*, 13 de dezembro de 2007.
20. CNN, 13 de janeiro de 2008.
21. Editorial, *The New York Times*, 9 de janeiro de 2008.
22. Abdon M. Pallasch, *The Chicago Sun-Times*, 9 de janeiro de 2008.
23. Ben Smith, *Politico*, 11 de janeiro de 2008.
24. *The New York Observer*, 26 de janeiro de 2008.
25. *ABC News*, 4 de julho de 2008.
26. CNN, 22 de abril de 2008.
27. Sean Wilentz, "Race man", *The New Republic*, 27 de fevereiro de 2008.
28. Katherine Q. Seelye e Julie Bosman, *New York Times*, 12 de março de 2008.
29. *USA Today*, 8 de maio de 2008.
30. Sisk Richard e David Saltonstall, *The New York Daily News*, 9 de maio de 2008.

15. O LIVRO DE JEREMIAH [pp. 584-610]

1. Editorial, *The New York Post*, 14 de março de 2008.
2. Bob Herbert, *The New York Times*, 3 de abril de 2008.
3. Patricia Williams, "Let them eat waffles", *The Nation*, 1º de maio de 2008.
4. Sharpley-Whiting, *The speech*, p. 7.
5. A. Brachear Manya, *The Chicago Tribune*, 21 de janeiro de 2007.
6. Editorial, *The Chicago Tribune*, 16 de março de 2008.
7. Barack Obama, National Constitution Center, Filadélfia, Pensilvânia, 18 de março de 2008.
8. Ibid.
9. Editorial, *The New York Times*, 19 de março de 2008; Editorial, *Washington Post*, 19 de março de 2008.
10. Fox News, 18 de março de 2008.
11. Jeremiah Wright, National Press Club, Washington, 28 de abril de 2008.
12. Jeremiah Wright, NAACP, Detroit, Michigan, 27 de abril de 2008.
13. *The Cliff Kelley Show*, WVON, 25 de novembro de 2008.
14. Ibid.

15. David Squires, *The Daily Press*, 10 de junho de 2009.
16. Wolffe, *Renegade*, p. 184.
17. NBC, 6 de maio de 2008.
18. Michael Eric Dyson, "Obama's rebuke of absentee black fathers", *Time*, 19 de junho de 2008.
19. Ishmael Reed, *CounterPunch*, 24 de junho de 2008.
20. *The O'Reilly Factor*, Fox News, 6 de julho de 2008.

16. QUANTO TEMPO AINDA? NÃO MUITO! [pp. 613-35]

1. McKay, *The complete poems: Claude McKay*, p. 148.
2. Michael Shear e Dan Balz, *The Washington Post*, 30 de julho de 2008.
3. Adam C. Smith, *St. Petersburg Times*, 2 de agosto de 2008.
4. CNN, 3 de agosto de 2008.
5. John McCain, Charleston, Carolina do Sul, 19 de fevereiro de 2000.
6. *Hannity's America*, Fox News, 5 de outubro de 2008.
7. McCain, *Character is destiny*, p. xi.
8. Brian Knowlton, *The New York Times*, 29 de fevereiro de 2000.
9. David Grann, "The fall", *The New Yorker*, 17 de novembro de 2008.
10. CNN, 4 de outubro de 2008.
11. David Grann, "The fall", *The New Yorker*, 17 de novembro de 2008.
12. *Politico*, 11 de outubro de 2008.
13. David Grann, "The fall", *The New Yorker*, 17 de novembro de 2008.
14. Democratic Debate, National Constitution Center, Filadélfia, Pensilvânia, 16 de abril de 2008.
15. *Meet the Press*, NBC, 19 de outubro de 2008.
16. *BBC News*, 10 de setembro de 2008.
17. Jonathan D. Salant, *Bloomberg News*, 27 de dezembro de 2008.
18. Derrick Z. Jackson, *The Boston Globe*, 22 de novembro de 2008.
19. Barack Obama, Grant Park, Chicago, Illinois, 5 de novembro de 2008.

17. RUMO À CASA BRANCA [pp. 636-57]

1. The White House Historical Association, www.whitehousehistory.org.
2. Ibid.
3. Garry Wills, *Negro president*, p. 213.
4. Fergus M. Bordewich, *Washington: the making of the American capital*, p. 191.
5. Robert J. Kapsch, "Building liberty's capital: black labor and the new federal city," *American Visions*, fevereiro-março de 1995.
6. Paul Jennings, *A colored man's Reminiscences of James Madison*, p. 12.
7. Ibid., p. 17.

8. Ibid., p. 20.
9. William Seale, "Upstairs and downstairs: The 19th Century White House," *American Visions*, fevereiro-março de 1995.
10. Elizabeth Keckley, *Behind the scenes*, p. 3.
11. Ibid., p. 14.
12. Ibid., p. 12.
13. Ibid., p. 16.
14. Ibid., p. 15.
15. Ibid., p. 20.
16. Ibid., p. 34.
17. Ibid., p. 35.
18. Ibid., p. 39.
19. Ibid., p. 45.
20. Ibid., p. 46.
21. Ibid.
22. Ibid., p. 47.
23. Ibid., p. 83.
24. Ibid., p. 84.
25. Ibid.
26. Carolyn Sorisio, "Unmasking the genteel performer: Elizabeth Keckley's *Behind the scenes* and the *Politics of public wrath*", *African American Review*, Volume 34, Número 1, 2000.
27. Fleischner, *Mrs. Lincoln e Mrs. Keckley*, p. 317.
28. Ibid., p. 318.
29. Richard Hofstadter, *The American political tradition*, p. 164.
30. Ibid., p. 165.
31. Ibid., p. 169.
32. Ibid.
33. Stauffer, *Giants: The parallel lives of Frederick Douglass and Abraham Lincoln*, p. 17.
34. Ibid.
35. Ibid., p. 6.
36. Frederick Douglass, *Autobiographies*, p. 787.
37. Stauffer, *Giants: The parallel lives of Frederick Douglass and Abraham Lincoln*, p. 19.
38. Douglass, *Autobiographies*, p. 785.
39. Ibid.
40. Ibid., p. 786.
41. Ibid., p. 798.
42. *New York Times*, 12 de abril de 1904.
43. Groundwork, McNeil: *Charles Hamilton Houston and the struggle for civil rights*, p. xvi.
44. Peter Baker, "Obama's war over terror", *The New York Times Magazine*, 17 de janeiro de 2010.
45. *James Weldon Johnson: The complete poems*, p. 109.
46. Joseph Lowery, bênção da posse, Washington, 20 de janeiro de 2009.
47. Fox News, 20 de janeiro de 2009.

Bibliografia

ABERNATHY, Ralph David. *And the walls came tumbling down: An autobiography*, Nova York, Harper Collins, 1991.

ALINSKY, Saul D. *John L. Lewis: An unauthorized biography*, Nova York, G.P. Putnam's Sons, 1949.

_____. *Rules for radicals*, Nova York, Random House, 1971.

ANDERSON, David. *Histories of the hanged: The dirty war in Kenya and the end of empire*, Nova York, W.W. Norton, 2005.

ANDREWS, William L., org. *African-American autobiography: A collection of critical essays*, Englewood Cliffs, N. J., Prentice Hall, 1993.

_____. *To tell a free story: The first century of afro-american autobiography, 1760-1865*, Chicago, University of Illinois Press, 1986.

ANDREWS, William e GATES JR., Henry Louis, orgs. *Slave narratives*, Nova York, The Library of America, 2000.

APPIAH, Kwame Anthony. *Cosmopolitanism: Ethics in a world of strangers*, Nova York, W.W. Norton, 2006.

ASIM, Jabari. *What Obama means*, Nova York, William Morrow, 2009.

BAKER, Houston A. Jr. *Long black song: Essays in black American literature and culture*, Charlottesville, University of Virginia Press, 1972.

BALDWIN, James. *Collected essays*, Nova York, The Library of America, 1998.

BALZ, Dan e JOHNSON, Haynes. *The battle for America 2008: The story of an extraordinary election*, Nova York, Viking, 2009.

BELL, Derrick. *Confronting authority: Reflections of an ardent protester*, Boston, Beacon Press, 1994.

_____. *Faces at the bottom of the well: the permanence of racism*, Nova York, Basic Books, 1993.

BELL, Derrick. *The Derrick Bell reader*. Organizado por Richard Delgado e Jean Steancic, Nova York, New York University Press, 1995.

BERNSTEIN, Carl. *A woman in charge: The life of Hillary Rodham Clinton*, Nova York, Alfred A. Knopf, 2007.

BILES, Roger. *Richard J. Daley: Politics, race, and the governing of Chicago*, DeKalb, Northern Illinois University Press, 1995.

BLACK, Timuel D. Jr. *Bridges of memory: Chicago's first wave of black migration*, Evanston, Northwestern University Press, 2003.

_____. *Bridges of memory: Chicago's second generation of black migration*, Evanston, Northwestern University Press, 2007.

BORDEWICH, Fergus. *Washington: The making of the American capital*, Nova York, Amistad, 2008.

BRANCH, Taylor. *Parting the waters: America in the King years, 1954-1963*, Nova York, Simon & Schuster, 1988.

_____. *Pillar of fire: America in the King years, 1963-1965*, Nova York, Simon & Schuster, 1998.

_____. *At Canaan's edge: America in the King years: 1965-1968*, Nova York, Simon & Schuster, 2006.

BREITMAN, George, org. *Malcolm x speaks: Selected speeches and statements*, Nova York, Grove Press, 1990.

BROWN, Claude. *Manchild in the promised land*, Nova York, Macmillan, 1965.

CARO, Robert. *The path to power: The years of Lyndon Johnson*, Nova York, Alfred A. Knopf, 1981.

_____. Robert A. *Master of the Senate: The years of Lyndon Johnson*, Nova York, Alfred A. Knopf, 2002.

CARSON, Clayborne e outros, orgs. *The eyes on the prize civil rights reader*, Nova York, Penguin, 1991.

CASPER, Scott E. *Constructing American lives: Biography and culture in nineteenth-century America*, Chapel Hill, University of North Carolina Press, 1999.

CHISHOLM, Shirley. *Unbought and unbossed*, Boston, Houghton Mifflin, 1970.

_____. *The good fight*, Nova York, Harper Collins, 1973.

CLEAVER, Eldridge. *Soul on ice*, Nova York, Delta, 1968.

CLINTON, Bill. *My life*, Nova York, Alfred A. Knopf, 2004. [Ed. brasileira *Minha vida*. Rio de Janeiro: Globo, 2004.]

CLINTON, Hillary. *Living history*, Nova York, Simon & Schuster, 2003. [Ed. brasileira *Vivendo a história*. Rio de Janeiro: Globo, 2004.]

COHEN, Adam e TAYLOR, Elizabeth. *American pharaoh: Mayor Richard J. Daley — His battle for Chicago and the nation*. Nova York, Little, Brown, 2000.

CONE, James H. *A black theology of liberation*, Maryknoll, N. Y., Orbis Books, 1990. (Edição de vigésimo aniversário, com respostas.)

_____. *Martin & Malcolm & America: A dream or nightmare*, Maryknoll, N. Y., Orbis Books, 1991.

_____. *Black theology and black power*, Maryknoll, N. Y., Orbis, 2008.

CORSI, Jerome R. *The Obama nation: Leftist politics and the cult of personality*, Nova York, Threshold Editions, 2008.

DAVIS, Frank Marshall. *Livin' the blues: Memoirs of a black journalist and poet*, Madison, University of Wisconsin Press, 2003.

DAVIS, Sammy Jr. e BOYAR, Burt. *Yes I can: The story of Sammy Davis Jr.*, Nova York, Farrar, Strauss & Giroux, 1965.

DAWS, Gavan. *Shoal of time: A history of the Hawaiian islands*, Honolulu, University of Hawaii Press, 1968.

DAWSON, Michael. *Black visions: The roots of contemporary African-American political ideologies*, Chicago, University of Chicago Press, 2001.

DESPRES, Leon M. (com Kenan Heise). *Challenging the Daley machine: A Chicago alderman's memoir*, Evanston, Ill., Northwestern University Press, 2005.

DEYOUNG, Karen. *Soldier: The life of Colin Powell*, Nova York, Alfred A. Knopf, 2006.

DOUGLASS, Frederick. *Autobiographies*, Nova York, The Library of America, 1994.

DRAKE, St. Claire e CAYTON, Horace R. *Black metropolis: A study of negro life in a northern city*, Chicago, University of Chicago Press, 1993.

DRAY, Philip. *Capitol men: The epic story of reconstruction through the lives of the first black congressmen*, Nova York, Houghton Mifflin, 2008.

DUBOIS, W. E. B. *The autobiography of W. E. B. DuBois*, Nova York, International Publishers, 1968.

_____. *The suppression of the African slave-trade; The souls of black folk; dusk of dawn; essays and articles*, Nova York, The Library of America, 1986.

DUNHAM, S. Ann. *Surviving against the odds: Village industry in Indonesia*, Durham, Duke University Press, 2009.

DUNIER, Mitchell. *Slim's table: Race respectability, and masculinity*, Chicago, University of Chicago Press, 1992.

DYSON, Michael Eric. *April 4, 1968: Martin Luther King Jr.'s death and how it changed America*, Nova York, Basic Books, 2008.

EHRENHALT, Alan. *The lost city: Discovering the forgotten virtues of community in the Chicago of the 1950s*, Nova York, Basic Books, 1995.

ELKINS, Caroline. *Imperial reckoning: The untold story of Britain's Gulag in Kenya*, Nova York, Henry Holt, 2005.

ELLISON, Ralph. *Invisible man*, Nova York, Random House, 1952. [Ed. brasileira *Homem invisível*. Rio de Janeiro: Marco Zero, 1990.]

_____. *The collected essays of Ralph Ellison*, Nova York, Modern Library, 1995.

FLEISCHNER, Jennifer. *Mrs. Lincoln and Mrs. Keckly: The remarkable story of the friendship between a first lady and a former slave*, Nova York, Broadway Books, 2003.

FONER, Eric. *Reconstruction: America's unfinished revolution, 1863-1877*, Nova York, Harper Perennial, 2002.

FRADY, Marshall. *Jesse: The life and pilgrimage of Jesse Jackson*, Nova York, Random House, 1996.

FRAZIER, E. Franklin. *The negro church in America*, Nova York, Schocken Books, 1974. (Esta edição da obra de Frazier, escrita em 1964, inclui o estudo de C. Eric Lincoln, *The black church since Frazier*.)

FREDDOSO, David. *The case against Barack Obama: The unlikely rise and unexamined agenda of the media's favorite candidate*, Washington, Regnery, 2008.

FREDERICKSON, George M. *Racism: A short history*, Princeton, N. J., Princeton University Press, 2002.

FREMON, David. *Chicago politics, ward by ward*, Bloomington, Ind., Indiana University Press, 1988.

GARROW, David J. *Bearing the cross: Martin Luther King Jr., and the Southern Christian Leadership Conference*, Nova York, William Morrow, 1986.

GARROW, David J. *Protest at Selma: Martin Luther King Jr., and the Voting Rights Act of 1965*. New Haven, Yale University Press, 1980.

GATES, Henry Louis Jr. *Bearing witness: Selections from african-american autobiography in the twentieth century*, Nova York, Pantheon, 1991.

_____. org. *The classic slave narratives*, Nova York, Mentor, 1987.

_____. *Thirteen ways of looking at a black man*, Nova York, Random House, 1997.

GATES, Henry Louis Jr. e WEST, Cornel. *The future of the race*, Nova York, Alfred A. Knopf, 1996.

GLABERMAN, Stu e BURRIS, Jerry. *The dream begins: How Hawaii shaped Barack Obama*, Honolulu, Watermark Publishing, 2009.

GOLDSWORTHY, David. *Tom Mboya: The man Kenya wanted to forget*, Nairóbi, Heinemann Educational Books Ltd., 1982.

GRIFFIN, John Howard. *Black like me*, Nova York, Signet, 1962.

GRIMSHAW, William J. *Bitter fruit: Black politics and the Chicago machine, 1931-1991*, Chicago, University of Chicago Press, 1992.

GROSSMAN, James R., KEATING, Ann Durkin Keating e REIFF, Janice L., orgs. *The encyclopedia of Chicago*, Chicago, University of Chicago Press, 2004.

GUZMAN, Richard R., org. *Black writing from Chicago*, Carbondale, Southern Illinois University Press, 2006.

HAAS, Jeffrey. *The assassination of Fred Hampton*, Chicago, Lawrence Hill Books, 2009.

HAAS, Michael, org. *Multicultural Hawaii: The fabric of a multiethnic society*, Nova York, Garland, 1998.

HALBERSTAM, David. *The children*, Nova York, Ballantine Books, 1999.

HAMPTON, Henry, e FAYER, Steve. *Voices of freedom: An oral history of the civil rights movements from the 1950s through the 1980s*, Nova York, Bantam, 1991.

HANSEN, Drew D. *The dream: Martin Luther King Jr., and the speech that inspired a nation*, Nova York, Ecco, 2003.

HEALE, M. J. *The presidential quest: Candidates and images in American political culture, 1787-1852*. Londres e Nova York, Longman, 1982.

HEILEMANN, John e HALPERIN, Mark. *Game change: Obama and the Clintons, McCain and Palin, and the race of a lifetime*, Nova York, Harper, 2010.

HENDON, Rickey. *Black enough, white enough: The Obama dilemma*. Chicago, Third World Press, 2009.

HIRSCH, Arnold R. *Making the second ghetto: Race and housing in Chicago, 1940-1960*, Cambridge, Cambridge University Press, 1983.

HOFSTADTER, Richard. *The American political tradition*, Nova York, Alfred A. Knopf, 1948.

HOFSTADTER, Richard e WALLACE, Michael, orgs. *American violence: A documentary history*, Nova York, Alfred A. Knopf, 1970.

HOPKINS, Dwight N., org. *Black faith and public talk: Critical essays on James H. Cone's black theology and black power*, Waco, Baylor University Press, 2006.

HOPKINS, Dwight N. *Introducing black theology of liberation*, Maryknoll, Nova York, Orbis Books, 1999.

HORWITT, Sanford D. *Let them call me rebel: Saul Alinsky, his life and legacy*, Nova York, Vintage, 1992.

HORWITZ, Tony. *Confederates in the atic: Dispatches from the unfinished Civil War*, Nova York, Vintage, 1999.

HOWELLS, William Dean. *Lives and speeches of Abraham Lincoln and Hannibal Hamlin*, Nova York, W. A. Townsend & Co., 1860.

HUGHES, Langston. *The big sea: An autobiography*, Nova York, Alfred A. Knopf, 1940.

HURSTON, Zora Neale. *Moses, man of the mountain*, Nova York, Harper Collins, 1939.

_____. *Novels and stories*, Nova York, The Library of America, 1995.

JACOBS, Ron. *Obamaland: Who is Barack Obama?* Honolulu, Booklines Hawaii, Ltd., 2009.

JENNINGS, Paul. *A colored man's reminiscences of James Madison*, Cornell University Library Digital Collections, 2000.

JOHNSON, James Weldon. *The autobiography of an ex-colored man*, Nova York, The Library of America, 2004.

_____. *The complete poems*, Nova York, Penguin, 2000.

KECKLEY, Elizabeth. *Behind the scenes: or, Thirty years a slave, and four years in the White House*, Nova York, Penguin, 2005.

KERLOW, Eleanor. *Poisoned ivy: How ego, ideology, and power politics almost ruined Harvard Law School*, Nova York, St. Martin's Press, 1994.

KING JR., Martin Luther (org. James M. Washington). *A testament of hope: The essential writings and speeches of Martin Luther King Jr.*, Nova York, Harper Collins, 1991.

_____. *Why we can't wait*, Nova York, Signet Classics, 2000.

KLUGER, Richard. *Simple justice*, Nova York, Alfred A. Knopf, 1975.

KNOEPFLE, Peg, org. *After Alinsky: Community organizing in Illinois.* Springfield, Illinois Issues, 1990.

LEMANN, Nicholas. *The promised land: The great black migration and how it changed America*, Nova York, Alfred A. Knopf, 1991.

LEVINSOHN, Florence Hamlish. *Harold Washington: A political biography*, Chicago, Chicago Review Press, 1983.

LEWIS, David Levering. *W. E. B. DuBois: Biography of a race, 1868-1919*, Nova York, Henry Holt, 1993.

LEWIS, John e D'ORSO, Michael. *Walking with the wind: A memoir of the movement*, Nova York, Harvest Books, 1999.

LINCOLN, C. Eric e MAMIYA, Lawrence H. *The black church in the african-american experience*, Durham, Duke University Press, 1990.

MALCOLM X (com Alex Haley). *The autobiography of Malcolm X*, Nova York, Ballantine Books, 1965.

MARANISS, David. *First in his class: A biography of Bill Clinton*, Nova York, Simon & Schuster, 1995.

MARSHALL, John. *The life of George Washington, volume II*, Filadélfia, Crissy & Markley, 1848.

MBOYA, Tom. *The challenge of nationhood*, Londres, Andre Deutsch, 1970.

_____. *Freedom and after*, Nairóbi, Heinemann, 1986.

MCCAIN, John (com Mark Salter). *Character is destiny*, Nova York, Random House, 2005.

_____. *Faith of my fathers*, Nova York, Random House, 1999.

_____. *Worth the fighting for: The education of an American maverick, and the heroes who inspired him*, Nova York, Random House, 2002.

MCKAY, Claude. *The complete poems*, Urbana e Chicago, University of Illinois Press, 2004.

MCNEIL, Genna Rae. *Groundwork: Charles Hamilton Houston and the struggle for civil rights*, Filadélfia, University of Pennsylvania Press, 1983.

MENDELBERG, Tali. *The race card: Campaign strategy, implicit messages, and the norm of equality*, Princeton, Princeton University Press, 2001.

MENDELL, David. *Obama: From promise to power*, Nova York, Amistad, 2007.

MORRIS, Edmund. *The rise of Theodore Roosevelt*, Nova York, Coward, McCann & Geoghan, 1979.

MOSES, Wilson Jeremiah. *Creative conflict in African-American thought*, Cambridge, Cambridge University Press, 2004.

MUNDY, Liza. *Michelle: A biography*, Nova York, Simon & Schuster, 2009.

MURRAY, Albert. *The omni-Americans: Black experience & American culture*, Nova York, Da Capo Press, 1970.

MURUNGA, Goodwin R. e NASONG'O, Shadrack W., orgs. *Kenya: The struggle for democracy*, Dakar, Codesria, 2007.

MUWAKKIL, Salim. *Harold! Photographs from the Harold Washington years*, Evanston, Northwestern University Press, 2007.

OBAMA, Barack. *A origem dos meus sonhos*. São Paulo: Editora Gente, 2008.

_____. *The audacity of hope: Thoughts on reclaiming the American dream*, Nova York, Crown, 2006. [Ed. brasileira *A audácia da esperança*. São Paulo: Larousse do Brasil, 2007.]

OKAMURA, Jonathan Y. *Ethnicity and inequality in Hawaii*, Filadélfia, Temple University Press, 2008.

PHILPOTT, Thomas Lee. *The slum and the ghetto: Immigrants, blacks, and reformers in Chicago, 1880-1930*, Nova York, Oxford University Press, 1978.

PLOUFFE, David. *The audacity to win*, Nova York, Viking, 2009.

POWELL, Colin (com Joseph Persico). *My American journey*, Nova York, Ballantine, 1995.

PRESTA, John. *Mr. and Mrs. Grassroots: How Barack Obama, two bookstore owners, and 300 volunteers did it*, Paoli, Pa., The Elevator Group, 2009.

RAKOVE, Milton. *Don't make no waves... don't back no losers*, Bloomington, Indiana University Press, 1975.

_____. *We don't want nobody nobody sent: An oral history of the Daley years*, Bloomington, Indiana University Press, 1979.

RAMOS, Constance F. *Our friend Barry: Classmates recollections of Barack Obama and Punahou School*, Lulu.com, 2008.

REED, Adolph L. Jr. *The Jesse Jackson phenomenon*, New Haven, Yale University Press, 1986.

Reporting civil Rights, Volumes one and two, Nova York, The Library of America, 2003.

RIEDER, Jonathan. *The word of the Lord is upon me: The righteous performance of Martin Luther King Jr.*, Cambridge, Mass., Belknap Press, 2008.

RIVLIN, Gary. *Fire on the prairie: Chicago's Harold Washington and the politics of race*, Nova York, Henry Holt, 1992.

ROYKO, Mike. *Boss: Richard J. Daley of Chicago*, Nova York, Plume, 1971.

SHACHTMAN, Tom. *Airlift to America: How Barack Obama Sr., John F. Kennedy, and 800 East African students changed their world and ours*, Nova York, St. Martin's Press, 2009.

SHARPLEY-WHITING, T. Denean, org. *The speech: Race and Barack Obama's "A more perfect union"*, Nova York, Bloomsbury, 2009.

SOLLORS, Werner, org. *An anthology of interracial literature: Black-white contacts in the Old World and the New*, Nova York, New York University Press, 2004.

_____. *Neither black nor white yet both*, Cambridge, Harvard University Press, 1997.

STAUFFER, John. *Giants: The parallel lives of Frederick Douglass and Abraham Lincoln*, Nova York, Twelve, 2008.

STEELE, Shelby. *A bound man: Why we are excited about Obama and why he can't win*, Nova York, Free Press, 2008.

STEPTO, Robert B. *From behind the veil: A study of Afro-American narrative*, Chicago, University of Illinois Press, 1991.
STREET, Paul. *Barack Obama and the future of American politics*, Boulder, Paradigm, 2009.
SUGRUE, Paul. *Sweet land of liberty: The forgotten struggle for civil rights in the North*, Nova York, Random House, 2008.
SUNDQUIST, Eric J. *King's dream*, New Haven e Londres, Yale University Press, 2009.
SWAIN, Carol M. *Black faces, black interests: The representation of African Americans in Congress*, Lanham, University Press of America, 2006.
TEIXEIRA, Ruy, org. *Red, blue & purple: The future of election demographics*, Washington, Brookings, 2008.
THOMAS, Evan. *Robert Kennedy: His life*, Nova York, Simon & Schuster, 2000.
_____. *A long time coming: The inspiring, combative 2008 campaign and the historic election of Barack Obama*, Nova York, PublicAffairs, 2009.
TODD, Chuck e GAWISER, Sheldon. *How Barack Obama won: A state-by-state guide to the historic 2008 presidential election*, Nova York, Vintage, 2009.
TOOMER, Jean. *Cane*, Nova York, Boni and Liveright, 1923.
TRAVIS, Dempsey J. *An autobiography of black Chicago*, Chicago, Urban Research Press, 1981.
_____. *An autobiography of black politics*, Chicago, Urban Research Press, 1987.
_____. *Harold: The people's mayor*, Chicago, Urban Research Press, 1989.
TUROW, Scott. *One L: The turbulent true story of a first year at Harvard Law School*, Nova York, Farrar, Straus & Giroux, 1977.
WALLACE, Irving. *The man*, Nova York, Fawcett, 1967.
WALTERS, Ronald. *Black presidential politics in America: A strategic approach*, Albany, State University of New York Press, 1988.
WASHINGTON, Booker T. *Up from slavery*, Oxford, Oxford University Press, 1995.
WICKHAM, DeWayne. *Bill Clinton and black America*, Nova York, Ballantine Books, 2002.
WILENTZ, Sean. *The age of Reagan: A history, 1974-2008*, Nova York, Harper Collins, 2008.
WILKINS, Roger. *A man's life: An autobiography*, Woodbridge, Ox Bow Press, 1991.
WILLIAMS, Erma Brooks. *Political empowerment of Illinois' African-American state lawmakers from 1877-2005*, Lanham, Md., University Press of America, 2008.
WILLIAMS, Juan. *Eyes on the prize: America's civil rights years, 1954-1965*, Nova York, Viking Penguin, 1987.
WILLS, Garry. *Negro president: Jefferson and the slave power*, Nova York, Houghton Mifflin, 2003.
WILSON, William Julius. *The declining significance of race*, Chicago, University of Chicago Press, 1980.
WOLFFE, Richard. *Renegade: The making of a president*, Nova York, Crown, 2009.
WOOD, Forrest G. *Black scare: The racist response to emancipation and reconstruction*, Berkeley, University of California Press, 1968.
WRIGHT, Jeremiah A. Jr., *What makes you so strong?*, Valley Forge, Pa., Judson Press, 1993.
_____. *Africans who shaped our faith*. Chicago, Urban Ministries, 1995.
WRIGHT, Richard. *Black boy (American hunger)* e *The outsider*, Nova York, Library of America, 1991.

Créditos das imagens

Imagem da primeira guarda: © Spider Martin

CADERNO DE FOTOS

Página 1 — Acima: © Bob Adelman/ Magnum Photos/ LatinStock; abaixo: © Scott Olson/ Getty Image

Página 2 — Acima: © Eliot Elisofon/ Time & Life Pictures/ Getty Image; abaixo: © Polaris

Página 3 — Acima e abaixo: © Polaris

Página 4 — Acima: © Polaris; abaixo: © Lisa Jack/ Contour by Getty Image

Página 5 — Acima: Solo/ Zuma; abaixo: © Peter Macdiarmid/ Getty Image

Página 6 — Acima: © Steve Liss/ Polaris; abaixo: © Polaris

Página 7 — © Mariana Cook 1996

Página 8 — Acima: Antonio Dickey; abaixo: © Marc PoKempner

Página 9 — Acima: Paul Sequeira; abaixo: © Platon

Página 10 — Acima: © Marc PoKempner; abaixo: Samantha Appleton/ NOOR

Página 11 — Acima: © Charlie Neibergall/ AP Photo/ Imageplus; abaixo: © Scott Olson/ Getty Image

Página 12 — David Katz

Página 13 — Chicago Tribune/ MCT/ Landov

Página 14 — Acima: © Books Kraft/ Corbis (DC)/ LatinStock; centro: © Trinity United Church of Christ/ AP Photo/ Imageplus; abaixo: © Kevork Djansezian/ AP Photo/ Imageplus

Página 15 — Acima e abaixo: © Platon
Página 16 — Acima: Samantha Appleton/ NOOR; abaixo: Benjamin Lowy/ VII Network
Imagem da segunda guarda: Christopher Morris/ VII

Índice remissivo

24 horas (série televisiva), 512
1830ª Companhia de Suprimento de Munição e Manutenção [corrigir símbolo], 56

Abacha, Sani, 402
Abbott, Robert S., 168, 362
ABC, 577, 604; Domingo Sangrento, reportagem sobre, 20; Wright, reportagem sobre, 584, 585, 586, 587
Abercrombie, Neil, 64, 65, 66, 67, 69, 70, 79, 86
Abernathy, Ralph, 13, 177, 180, 263, 353, 553
Abner, Willoughby, 175
abolicionistas, 200, 290, 638, 645, 646, 648, 649
Abortion: The clash of absolutes (Tribe), 223
aborto, 225, 394, 437, 455, 456, 463, 479, 531, 605, 619
Abramoff, Jack, 491
Abramowitz, Alan, 506
Abu Ghraib, 462, 489, 497
Academia Kwame Nkrumah, 203
ação afirmativa, 32, 87, 217, 218, 220, 242, 245, 247, 248, 260, 299, 300, 449, 487, 537, 545, 593, 595
Ackerman, Sam e Martha, 322
ACORN (Association of Community Organizations for Reform Now), 298, 333

Acton, Jay, 260
Adams, John e Abigail, 637
Adams, Romanzo, 63
Addams, Jane, 181
Adelstein, Eric, 381, 382
Adi, Zulfan, 74
Adivinhe quem vem para jantar (filme), 68, 461
Advocate, 128
Afeganistão, invasão soviética do, 119, 125
AFL-CIO, 344, 416, 436
África, 483, 585; colonialismo, 281
África do Sul, 128, 129, 130, 131, 132, 141, 199, 302, 500, 501, 552, 653
African-American Students Foundation, 43
Afro-americanos: autobiografias, 23, 261, 262, 263, 264, 265, 266, 267, 268; campanha presidencial de 2008, 23, 526, 527, 528, 529, 530, 531, 532, 534, 535, 536, 537, 539, 542, 543, 545, 546, 547, 548, 549, 556, 558, 559, 562, 563, 564, 565, 566, 567, 569, 570, 571, 572, 573, 631; desemprego, 322, 323; disponibilidade americana para presidentes, 504, 507, 508, 509, 511, 512, 520, 549, 554, 627; educação superior, 118; em Chicago, 167, 168, 169, 170, 171, 172, 173, 174, 176, 177, 178, 179, 180, 181, 182,

183, 184, 185, 387; em Princeton, 233; estilo de pregação, 28, 34; força política, 23; Kerry não apoiado por, 444; na disputa pela presidência, 507, 508, 509; na Faculdade de Direito de Harvard, 216, 220, 228, 230, 236, 239; na prisão, 323, 349, 555; na Reconstrução, 400, 401; no Congresso, 400, 401, 402; no corpo docente das universidades, 243, 244, 245; pobreza entre, 322; veteranos de guerra, 191; *ver também* raça

afrocentrismo, 201, 276

AFSCME (American Federation of State, County and Municipal Employees), 417, 433

Agência Federal de Administração de Emergências, 484

Agnew, Spiro, 541

Ahmadinejad, Mahmoud, 603

AIDS ver HIV-AIDS

Ailes, Roger, 541

Alabama, polícia estadual do, 18, 19, 20

Alcorão *ver* Corão

Alda, Alan, 474

Alemanha, 56, 278, 281, 302, 491, 613

Alexander, Clifford, 506

Alexander, Elizabeth, 506

Alexander, Mark, 506

Ali, Muhammad, 167, 308, 324, 461, 523

Aliança Democrática Socialista, 128, 129, 130

Aliança para o Progresso, 483

Alinsky, Saul, 143, 147, 152, 176, 181, 190; crítica de BHO, 207, 208

alistamento militar, 156; manifestações contra o, 645

Alito, Samuel, 215, 487

Allen, Martha, 192, 194

Alma no exílio (Cleaver), 263

Al-Qaeda, 381, 392, 560, 585

Altgeld Gardens, 189, 191, 192, 193, 195, 196, 250, 329, 372, 406

Amar, Akhil Reed, 301

Amazias, 531

AME Sion, igreja, 200

American Constitutional Law (Tribe), 222

American Lawyer, The, 223

American political tradition, The (Hofstadter), 645

americanos nativos, 300, 400

amianto, 191, 192, 193, 194, 195, 328

Amós, 531

And we are not saved (Bell), 244

Andrade, Juan Jr., 392

Angelou, Maya, 262, 289, 323

anticolonialistas, movimentos, 41, 47, 51

antissemitismo, 203, 313, 532

apartheid, 128, 129, 130, 131, 132, 305, 532, 552, 599, 653

Appeal, 200

Appiah, Kwame Anthony, 300

Arap Moi, Daniel, 79, 80, 82

Aringo, Peter, 80

Arizona, 435, 491

Arkansas City, Kans., 113

Armah, Ayi Kwei, 76

armamentos, reservas de, 480

armas nucleares, 125, 137

armas, controle de, 219, 360, 363, 369, 606

Arms Race Alternatives (ARA), 138

Arnold, Henry "Hap", 57

Arrogance of race, The (Fredrickson), 300

artes negras, movimento das, 312

artesãos de Java, 325

Askia, Gha-is, 324, 330, 331

Askiar, Yunaldi, 74

Assembleia Geral das Nações Unidas, 129, 386

assistência social, 350, 447, 592

Associação Central de Kikuyu, 47

Associação de Estudantes Negros, 163

Associação de Kenwood e Hyde Park, 169, 170

Associação dos Estudantes Negros, 220

Associação Nacional para o Progresso das Pessoas de Cor *ver* NAACP

Association of Community Organizations for Reform Now *ver* ACORN

ataques terroristas do 11 de Setembro *ver* 11 de Setembro, ataques terroristas do

Atlantic Monthly, The, 415

Atmo Sadiman, Pak, 104

Ato de Segurança dos Bairros (Illinois), 363

"*Atrás das costuras*, de autoria de uma Mulher Negra que trabalhou para a sra. Lincoln e a sra. Davis", 644

Attie, Eli, 473, 474

Atwater, Lee, 541, 615

Audácia da esperança, A (Obama), 375, 561; contrato, 472; publicação, 496; redação, 499; resenhas, 513; tom, 489; viagem de divulgação, 513, 514
"Audácia da esperança, A" (Wright), 197, 442, 449
Augusta, Kansas, 55
Augustine-Herron, Loretta, 154, 159, 161, 193
Austin Hall, 211
Austin, Regina, 244, 245
autobiografias de afro-americanos, 23, 261, 262, 263, 264, 265, 266, 267, 268
Autobiography of an ex-colored man, The (Johnson), 263
Autobiography of Malcolm X, The, 95, 262
Autobiography of W. E. B. DuBois, The, 265
Axeen, David, 125
Axelrod, David, 24, 155, 185, 258, 387, 389, 393, 409, 416, 419, 421, 457, 458, 473, 474, 538, 573, 576, 660; candidatura de BHO ao Senado, 402, 405, 409, 418, 425; conversa com redator de *West Wing*, 473; decisão de BHO de concorrer à presidência, 516, 522; discurso de BHO na Convenção Democrata, 435, 441, 443, 445; discurso de BHO no lançamento da candidatura à indicação, 608; discurso sobre a raça de BHO, 590; negação do desejo de BHO se candidatar à presidência, 469; origem, 410, 412; preocupação com a posição política de Wright, 528, 584; viagem à África de BHO, 500
Axelrod, Lauren, 410
Axelrod, Susan, 410
Ayers, Bill, 289, 387, 389, 392, 618, 662
Azerbaijão, 480

Back of the Yards, 148, 149, 171
Baia, Ashley, 563, 570, 593, 634
Baia, Marie, 564
Baird, Douglas, 250
Baisden, Michael, 626
Banco Mundial, 100, 272
Baravati, Ahmad, 297
Barbour, Tom, 638
Barnes, Fred, 594
Barnett, Randy, 301
Barnett, Robert, 471

Baron, Michael, 137, 206
Barry, Marion, 600
Barth, Karl, 199
Barthwell, Andrea, 441
Bartlett, Frederick H., 169
Bartlett, Josiah, 473
Basara, Bruce, 142
Batalha de Selma (1865), 12, 35
Batalha do Kansas, 57
Bayer, Henry, 433
Beat the dealer (Thorp), 414
beat, poetas, 65
Beck, Glenn, 656
Beckett, Samuel, 142
Behind the scenes, or Thirty years a slave and four years in the White House (Keckley), 640
Belafonte, Harry, 43, 519
Belcher, Cornell, 504, 550, 573, 574
Bell, Derrick, 216, 242, 243, 245, 300
Bell, Harold, 352
Bell, Jewel, 245
Bellow, Saul, 293
bem-estar social, 382
Ben Gurion, David, 155
Benac, Nancy, 56
Bennett, Lerone, Jr., 533
Benton, Marjorie, 257
Berenson, Brad, 230, 238, 240
Berkowitz, Jeff, 385
Berlim Oriental, 632
Bernstein, Mary, 162
Bethune, Mary McLeod, 568
Bevel, James, 17, 18
Beverly, centro de artes, 339
Bhagavad-Gita, 201
Bíblia, 55, 91, 457, 527, 586, 592
Biblioteca Lincoln, 406
Biden, Joseph, 221, 452, 469, 479, 575
Big player, The (Uston), 414
Big sea, The (Hughes), 262
Biko, Steve, 131
Bilbo, Theodore, 540
bin Laden, Osama, 616
Bingham III, Hiram, 87
Bingham, Hiram, 87
Bingham, sr., 640
biografias de campanha, 287

Bird, Jeremy, 562
Birmingham, Alabama, 13, 26, 30, 31, 36, 176, 550, 586, 620, 634
Black boy (Wright), 262, 264
Black Caucus, 335, 342, 360, 505
Black church in America, The (Frazier), 200
Black Disciples, 353
Black enough/white enough: The Obama dilemma (Hendon), 384
Black life me (Griffin), 272
Black Metropolis, 173
Black theology and black power (Cone), 199
Black World, 114
"Black, brown, and white blues" (canção), 656
Black, Timuel, 167, 169, 175, 327, 328
Black, Zenobia, 327
Blackmun, Harry, 224
Blackstone Rangers, 178, 179
Blackwell, Robert, Jr., 307, 379
Blagojevich, Milorad "Rod", 382, 385, 386, 393, 395, 411, 412, 451
Blair Jr., Francis P., 539
Blanco, Kathleen, 484
Blitt, Barry, 616, 659, 660
Bloomberg, Michael, 414
Blumenthal, Mark, 416, 418, 420, 424, 425
Blumer, Herbert, 64
Bobbitt, Lorena, 581
Bobby (filme), 521
Bobo, Lawrence, 634
Boeing, 57
Boerner, Karen, 139, 142, 166
Boerner, Phil, 118, 120, 132, 134, 137, 142, 161, 164
Boesche, Roger, 119, 128, 132
Bok, Derek, 243
Bolsas de Estudos Pell, 483
Bond, Julian, 549, 559, 605
Bono, 502
Booker, Cory, 505, 507
Bordewich, Fergus M., 637
Borges, Jorge Luis, 92
Bork, Robert, 215, 221, 222, 300, 302, 486, 487
Boss Caroline, 128, 130, 132
Boston Globe, 239, 285, 632
Boston Public (série), 428

Botkin, Susan, 59, 61, 66, 67, 70
Bound man, A (Steele), 247
Bower, Claude, 401
Bowers vs. Hardwick, 222
Bowling alone (Putnam), 346
Bowman, Barbara, 309
Bowman, James, 309
Box, Maxine, 61, 70
Bradley, Bill, 507, 522
Bradley, Tom, 535, 631
Brady, Bill, 342
Brainstorm Communications, 255
Branch, Taylor, 23
Brandeis, Louis, 227, 229
Brasil, 140, 213
Brayboy, Stacey, 562, 573
Brazier, Arthur, 152, 176, 179, 202, 355, 604
Brazile, Donna, 435, 577
"Breaking the war mentality", 138
Breaux, John, 510
Bressler, Marvin, 234
Breyer, Stephen, 211
Bridges of memory (Black), 167
Brigada Internacional, 151
Brint, David, 308
Brokaw, Tom, 623
Bronzeville, 168, 169, 181, 339
Brooke, Edward, 402
Brooks, David, 482, 513
Broonzy, Big Bill, 656
Brown Chapel, Selma: discurso de BHO, 11, 12, 13, 24, 25, 26, 27, 29, 30, 31, 32, 33, 34, 44, 226, 548; Jackson na, 553; movimento dos direitos civis, 16, 18, 20, 21, 537
Brown *versus* Comitê de Educação, 53, 227, 228, 243, 244
Brown, Bob, 350
Brown, Claude, 263
Brown, John, 53, 652
Brown, Michael, 484
Brown, Ron, 313
Brown, Rosellen, 318, 319
Brown, Scott, 659
Brown, Sterling, 198
Brubeck, Dave, 90
Bruce, Blanche Kelso, 400
Bryan, John, 404

Bryan, William Jennings, 494, 554
Buchanan, Pat, 449
Bud Billiken, parada e piquenique anual, 362
Buffett, Susie, 500
Buffett, Warren, 500
Bull Moose Party, 617
Bunche, sra. Ralph, 43
Bunzel, John, 301
Burke, Ed, 206
Burke, Edmund, 482
Burns, Will, 322, 329, 332, 334, 335, 345, 357, 364, 367, 373, 388, 394, 450
Burrell, Sam, 254, 315
Burris, Roland, 385, 389
Burton, Bill, 44, 96, 585
Burwell, Armistead, 640
Bush, Earl, 181
Bush, George H. W., 440, 484, 541, 551
Bush, George W., 250, 256, 406, 432, 474, 489, 503, 504, 615, 657, 663; falta de curiosidade intelectual, 270; Furacão Katrina, 484, 485; impulsividade, 35; reeleição, 468
Business International, 140
Business International Money Report, 140
Butterfield, Fox, 239
Butts, Cassandra, 217, 218, 219, 237, 245, 247, 475, 572, 573, 576
"Bye, Bye, Blackbird", 171
Bynoe, Peter, 500
Byrd, Robert, 478, 500
Byrne, Jane, 181, 182, 538

Cabrini-Green, 175, 350
Cadernos de Malte Laurids Brigge, Os (Rilke), 142
Cahill, Mary Beth, 433, 434, 435, 440
Cairo, Illinois, 430
Caldwell, Kristen, 95
Califórnia, 14, 56, 97, 117, 118, 132, 149, 195, 220, 348, 349, 414, 474, 510, 521, 543, 556, 579
Calumet City, Illinois, 456
Calumet Community Religious, 154
Câmara dos Deputados, 472, 479
Câmara dos Vereadores de Chicago, 165, 175, 187
Campanha dos Pobres, 570
Campolo, Tony, 495, 531

Camus, Albert, 92
Cane (Toomer), 145
Canfield, Helen, 113
Capitólio, 14, 337, 345, 357, 360, 401, 469, 475, 476, 477, 491, 493, 518, 562, 636, 637, 646, 650, 653, 657, 660
Capone, Al, 151, 456
Carmichael, Stokely, 137, 198, 348, 349, 350, 664
Carnegie Endowment, 156
Caro, Robert, 21, 160, 477
Carolina do Norte, 109, 316, 401, 506, 507, 510, 553, 572, 574, 596, 601, 603, 604, 629, 630, 640, 641, 659
Carolina do Sul, 400; debate na, 571
Carolina do Sul, primárias (2000), 614
Carolina do Sul, primárias (2008), 554, 561, 562, 563, 564, 570, 571, 572, 573
Carpenter, Paul, 118
"Carta de Paulo aos cristãos americanos, A" (King), 14
Carter, Jimmy, 125, 506, 507
Casa Branca, 636, 637, 638, 639
casamento homossexual, 531
casamento inter-racial, 63
Casey, Bob, 58
Cash, Dave, 418
Cashill, Jack, 288, 289, 290
Catecismo do revolucionário (Nechayev), 263
Catholic Theological Union, 463
Cauley, Jim, 412, 421, 422, 425, 426, 427, 428, 438, 443, 446, 451, 452, 454, 455, 477
CBS, 421, 422, 462, 604
Celi, Lou, 142
Cemitério Nacional de Arlington, 560
Centers for New Horizons, 333
Centro Nacional da Constituição, 591
Century Foundation, 472
Cermak, Anton, 171, 174
Chandoo, Mohammed Hasan, 121, 122, 123, 124, 125, 130, 133, 134
Chaney, James, 541
Chapman, Gary, 128, 301
Charlie Rose Show, 556
Charnes, Adam, 240
Chávez, Hugo, 616
Chen, Jim, 240, 247, 248

Cheney, Dick, 471, 520, 599, 615
Cheney, Mary, 456
Chew, Earl, 121, 130
Chicago, 114, 366; corrupção, 387, 397; departamento de polícia, 351, 352, 353; distúrbios, 169, 170, 180; eleição de Washington para prefeito, 183, 184, 185; elites negras, 306, 307, 309, 310; história dos afro-americanos, 167, 168, 169, 170, 171, 172, 173, 174, 176, 177, 178, 179, 180, 181, 182, 183, 184, 185; King em, 176, 177, 178, 179, 180, 202; manifestação contra a Guerra do Iraque (2002), 387, 389, 390, 391, 392, 393; máquina política, 171, 174, 251, 253, 296, 346, 347, 396; organização comunitária, 143, 147, 148, 149, 150, 151, 152, 156, 157, 158, 159, 160, 161, 163, 164, 165, 166, 246, 251, 252, 253, 257, 276; Partido Democrata, 233, 256, 295; pobreza, 344
Chicago Annenberg Challenge, 318
Chicago Defender, 168, 328, 362, 389, 428
Chicago High School for Agricultural Sciences, 190
Chicago Housing Authority (CHA), 192, 193, 194, 195
Chicago Magazine, 252, 258, 375, 458
Chicago Reader, 256, 333
Chicago Sun-Times, 181, 332
Chicago Transit Authority, 183
Chicago Tribune, 74, 183, 184, 258, 272, 312, 332, 589
Chico, Gery, 413
Chiriqui Improvement Company, 646
Chisholm, Shirley, 23, 508, 509, 549, 568, 624
Churchill, Winston, 663
CIA: envolvimento na Indonésia, 72
Citibank, 297
City College de Nova York, 143
Civil rights — a challenge (Bork), 300
Civil wars (Brown), 319
Civilian Conservation Corps — CCC, 186
Clark, Christopher Columbus, 53
Clark, Jim, 13, 16, 176
Clark, Mark, 352
Clark, Robert, 216, 245
"classe média-alta de massa", 506
Clay, Henry, 288
Claypool, Forrest, 458

Clayton, Horace, 173
Cleaver, Eldridge, 263, 349, 508, 594
Cleaver, Kathleen, 349
Clemenceau, Georges, 539
Cleveland, Grover, 649
Cleveland, Ohio, 182
Clinton Global Initiative, 542
Clinton, Bill, 23, 24, 25, 256, 257, 295, 303, 317, 347, 373, 382, 402, 405, 411, 417, 433, 442, 473, 482, 484, 502, 515, 531, 542, 546, 548, 556, 559, 577, 578, 579, 580, 593, 603, 607, 608, 622; campanha de 1992, 545, 546; campanha de 1996, 622; comparação entre BHO e Jackson, 576, 577, 578, 579; discurso na Convenção, 445; eleição de 1992, 254, 255, 256; escândalo Lewinsky, 24, 439, 486, 531, 542, 549; John Lewis e, 13, 14, 546, 548, 556, 573; lealdade afro-americana, 23, 26, 444, 461, 542, 547, 559, 571, 577; na campanha de Hillary Clinton (2007-2008), 497, 498, 545, 548, 556, 607; Rush e, 372
Clinton, Hillary Rodham, 11, 24, 25, 325, 332, 475, 485, 496, 504, 509, 514, 517, 519, 522, 523, 524, 534, 536, 542, 543, 544, 545, 557, 566, 572, 575, 576, 577, 579, 580, 587, 604, 606, 607, 616, 650; Alinsky, 147, 152; apoio à guerra do Iraque, 435; ataque de Corsi, 615; contrato para livro, 472; furacão Katrina, 484; John Lewis, 14, 548, 573; republicana, 147, 148, 149; sobre o discurso de BHO na Convenção, 450
Clinton, Hillary Rodham, nas primárias presidenciais (2007-8): campanha na Carolina do Sul, 562, 574; comentário "foi necessário um presidente", 576; decisão de disputar a eleição, 497, 559; derrota nas prévias de Iowa, 557, 559; desdém, 581; discurso de Selma, 24, 25; e a comparação de Bill entre BHO e Jackson, 580; estratégia de lançamento, 542, 543, 545; mensagem na ausência, 606; movimento pelos direitos das mulheres, 557, 571; no debate na Carolina do Sul, 571; percepção da hostilidade da mídia, 543, 556, 577, 581, 587, 606; perda, 607; perda na Carolina do Sul, 571, 572; problemas, 581, 582, 583; sermões de Wright, 584; vantagem nas pesquisas, 536; vitória em New

Hampshire, 547, 571; vitórias no Texas e em Ohio, 584; voto afro-americano, 23, 542, 565, 572, 573
Cloud, John, 19
"coalizão do arco-íris", 509
Coase, Ronald, 216
Coburn, Tom, 481
Códigos Negros da Carolina do Sul, 300
Cohen, David William, 78, 81
Cohen, Norman, 125, 130
COINTELPRO, 349
Cole, Arthur W. H., 45
Coleman, William, 229
colonialismo, 42, 44, 47, 71, 282, 283
Colorado, 122, 629, 659
Colored man's reminiscences of James Madison, A (Jennings), 638
Coltrane, John, 120, 551, 594
"Combatendo as Calúnias", 616
Comissão de Planejamento de Chicago, 308
Comitê Afro-Americano de Líderes Religiosos, 586
Comitê Central Democrata do condado de Cook, 173
Comitê Central Republicano de Illinois, 441
comitê de Relações Exteriores, 479, 480
Comitê Democrata para a Campanha ao Senado, 463
Comitê Eleitoral de Chicago, 330
Comitê Nacional do Partido Democrata, 313
Comitê Nacional Republicano, 615
Community Jobs, 154, 158
Community Renewal Society, 192
Cone, James, 199, 599
Conferência da Liderança Democrática, 490
Conferência Internacional da Mulher das Nações Unidas (1995), 325
Conferência Nacional para uma Nova Política, 508
"Confundindo Deus com o governo" (Wright), 586
Congress of Industrial Organizations, 149
Congresso dos Estados Unidos: autorização para invadir o Iraque, 387; Comitê de Atividades Antiamericanas, 59, 114; direitos civis, 21
Congresso Nacional Africano, 653
Connor, Bull, 13, 36, 176
Consciência Negra, movimento, 131
Conselho de Advogados de Chicago, 296
Conselho dos Cidadãos Brancos, 430
Constituição dos Estados Unidos, 539; debate sobre a "intenção original", 221; Décima Quarta Emenda, 227, 300; Décima Quinta Emenda, 227, 300; Décima Terceira Emenda, 227, 300; Segunda Emenda, 219
"Contagem de Pontos Avançada Revere", 414
contenção judicial, 215
Content of our character, The (Steele), 247
"Conto de duas cidades, Um" (Cuomo), 435
Contrato com a América, 336
Convenção de Los Angeles, 443
Convenção Democrata (1868), 539
Convenção Democrata (1948), 540
Convenção Democrata (1968), 149
Convenção Democrata (2000), 377
Convenção Democrata (2004): discurso de BHO, 14, 27, 97, 434, 435, 440, 441, 443, 444, 445, 446, 447, 448, 449, 450, 451, 470, 471, 473
Convenção Democrata (2008), 613; comparecimento de Michelle Obama, 570
Convenção Nacional Batista, 173
Convenção Republicana (1880), 400
Convenção Republicana (1968), 147
Convenção Republicana (2008), 613
Convenções republicanas, 449
Cook, Mariana, 259
Cooler, 119, 127
Coons Hall, 130
Cooper Union, 134
Cooper, Ann Nixon, 634, 635
Cooper, Charles, 300
Cooper, Nancy I., 103
Corão, 75, 201
Corker, Bob, 505
Cornyn, John, 438
Corrigan, Jack, 432, 447
Corrigan, John, 398
Corsi, Jerome R., 614, 615, 618
Corte Suprema dos Estados Unidos, 63, 155, 173, 211, 215, 220, 222, 223, 224, 226, 228, 230, 238, 249, 250, 253, 301, 366, 432, 486, 487, 565, 654, 660; Tribe, 221, 222

Corzine, Jon, 414
Cosby, Bill, 269, 604, 631
Costa Dourada, 257
Coughlin, "Bathhouse John", 169
Coughlin, Charles, padre, 148
Covenant with black America, The (Smiley), 535
Covey, Edward, 265
Craig, Gregory, 661
Crain's Chicago Business, 257
Cranston, Alan, 510
crise financeira (2008), 625, 628, 629, 660
Crisis, The, 226
Crowley, James, 662
Crown, família, 257, 313, 427
Crown, James, 404
Culp, Robert, 269
cultura popular, 268, 511, 554, 631
Cuomo, Mario, 434, 435, 447, 551, 554
Currie, Barbara Flynn, 314, 458
Curry, L. K., 197
Curtis Mayfield & The Impressions, 446
"Curvature of Constitutional Space, The" (Tribe), 223

D'Amato, Alfonse, 443
Da próxima vez, o fogo (Baldwin), 260
Daily Breeze, 579
Daily Kos, 488, 489, 490, 513
Daily Nation (Quênia), 76
Daily Press, 603
Daily Show, The, 618
Daley, Bill, 458
Daley, John, 413
Daley, Richard J., 147, 170, 174, 181, 410
Daley, Richard M., 181, 182, 253, 258, 305, 363, 387, 396, 403, 411, 413, 458, 459, 620
Daley, William, 435
Dalton, Clare, 216
Dan Ryan, via expressa, 175
Darfur, genocídio em, 495, 500, 501
Darrow, Clarence, 171
Daschle, Tom, 468, 475, 502, 518, 519, 523
Dauphin, Mike, 626
Davidson, Carl, 387, 392
Davila, Yvonne, 321
Davis Jr., Sammy, 511
Davis, Allison, 252, 306, 307, 308

Davis, Artur, 24, 36, 412, 505
Davis, Frank Marshall, 113, 115, 116, 117
Davis, Jefferson, 53, 641
Davis, Miles, 95, 120
Davis, Miner, Barnhill & Galland, 252
Davis, Monique, 314
Davis, Ronald, 322
Davis, Wallace, 407
Dawson, William Levi, 172
Day, Dorothy, 494
De Priest, Oscar Stanton, 171, 354, 401
De Zutter, Hank, 320, 323, 333
Dean, Howard, 418, 432, 484
Debs, Eugene, 153
Decatur, Alabama, 26, 393, 436
Décima Quarta Emenda, 227, 300
Décima Quinta Emenda, 227, 300
Décima Terceira Emenda, 227, 300
Declaração de Independência (EUA), 29, 199, 284
Delany, Martin, 250, 263, 284, 300, 312
DeMint, Jim, 561, 565
Dempsey, Jack, 596
Departamento de Estado (EUA), 42, 73, 455
Departamento de Justiça (EUA), 179, 218, 226, 240, 242, 243, 298, 299, 300
Departamento do Interior (EUA), 639
Department of Housing and Urban Development — HUD, 193, 194
Dery, Mark, 126
desemprego, 54, 154, 323, 433, 660
DeShaney *versus* condado de Winebago, 223
DeShaney, Joshua, 223
desinvestimento, manifestação pelo, 130
Despres, Leon, 175, 322, 358, 396, 459
Destemidos, Os (série), 269
Detroit Free Press, 158
Devil's Disciples, 179
Dewey, Alice, 69, 75, 100, 101, 103, 106, 107, 141, 268, 325, 326
Dewey, John, 101
Dezembro fatal (Bellow), 293
Dharmawan, Israella, 74
"Dia da queda de Jerusalém, O" (Wright), 585
Dias de Ira, 389
Dickerson, Amina, 257
Dillard, Kirk, 343
Dilman, Douglass, 512

Dinkins, David, 473, 550
Diop, Cheikh Anta, 198
Direito das gentes, O (Vattel), 300
direito de estudar concedido aos ex-combatentes (GI Bill), 57
direitos da mulher, 222, 605; campanha de Hillary Clinton, 557; defesa de Ann Dunham, 105, 106
direitos dos deficientes, 487
direitos dos homossexuais, 128, 222
direitos infantis, 223
direitos *versus* responsabilidades, 242
Ditka, Mike, 441
dixiecratas, 540
Dixon, Alan, 402, 416
Dobry, Alan, 316, 322, 330, 331
Dobry, Lois, 322, 330
Doces Majestic Furniture, 58
Dodd, Christopher, 488
Dohrn, Bernardine, 318, 319
Dole, Bob, 519
Domingo Sangrento, 18, 21, 26, 31, 226, 537
Donahue, Richard, 376
Donnelly, Catherine, 233, 234
Douglas, Paul, 174, 181, 257, 295, 479
Douglass, Frederick, 22, 199, 200, 227, 250, 262, 265, 284, 290, 291, 300, 312, 494, 571, 594, 606, 644, 647, 648, 652; conversa com Lincoln, 644, 647, 648; discurso de Quatro de Julho, 591
Dowd, Maureen, 597
Downey, Robert Sr., 512
Doyle, Patti Solis, 543, 607
Dubček, Alexander, 632
Duberstein, Kenneth, 624
DuBois, Joshua, 598
DuBois, W. E. B., 262, 652
Dukakis, Michael, 229, 433, 434, 440, 441, 541
Duke University Press, 103
Duke, David, 546
Dunham Jr., Ralph, 54
Dunham, Madelyn Lee Payne "Toot", 53, 55, 271, 446
Dunham, Ralph Waldo Emerson Sr., 54
Dunham, Ruth Lucille Armour, 54
Dunham, Stanley Ann, 11, 22, 53, 90, 98, 544; abandono de Obama pai, 69, 210, 226, 273, 326; ambições, 84; ateísmo, 59; câncer, 268, 325; casamento com Soetoro, 71, 75, 76; casa-se com Obama pai, 67; defensora dos direitos das mulheres, 105, 106; dissertação, 100, 102, 103, 325; divórcio de Obama pai, 71; divórcio de Soetoro, 105; emprego de BHO em finanças, 141; especialista em desenvolvimento, 105; experiência no colegial, 58, 59; gosto pela boemia, 58; idealismo, 67, 68, 326; infância, 57, 58, 271; influência sobre BHO, 106, 107; ingenuidade política, 85, 268; interesse pela antropologia, 59; interesse pelos artesãos indonésios, 101, 102; mãe jovem, 68; morte, 326; mudança para o Havaí, 61; na Indonésia, 71, 72, 73, 74, 76, 84, 85, 92, 93, 100, 102, 103, 104, 105, 106, 107; na Universidade de Washington, 70; na Universidade do Havaí, 62, 66, 70, 71, 87, 92; nascimento, 56; política, 105; relacionamento com BHO, 98, 99, 273, 326; relacionamento com Obama pai, 66, 67, 68, 89; romantismo, 66; visão religiosa, 201
Dunham, Stanley Armour, 22, 30, 53, 54, 55, 61, 68, 86, 89, 90, 115, 271; experiência na Segunda Guerra Mundial, 56, 57; poesia de BHO, 126; reação ao casamento de Ann, 68, 69; relacionamento com BHO, 68, 112, 113, 114, 267; vendedor de móveis, 57, 58
Dunn, Anita, 418, 423, 425, 428
Dunne, Finley Peter, 339
Durant, Will, 263
Durbin, Loretta, 446
Durbin, Richard, 155, 361, 378, 380, 386, 435, 446, 479, 489, 518, 530
DuSable Museum of African American History, 339
Dusk of dawn (DuBois), 262
Dust Bowl, 634
Dust tracks on a road (Hurston), 262
Dylan, Bob, 52
Dyson, Michael Eric, 604
Dystel, Jane, 260, 471

Earl, Willie, 552
East Africa Journal, 77
East Africa Survey Group, 45
East Bank Club, 306, 555

East Shore Unitarian Church, 59
Easterbrook, Frank, 216, 298, 304
Eastland, James O., 540
Eastman, John C., 301
Eaton, John.C., 287
Ebeling, Betsy, 147
Ebony, 272, 311, 366, 525, 533
economia americana: achatamento de salários, 324
Edelman, Marian Wright, 542, 555
Edgar, Jim, 297, 314, 345
Edley, Christopher Jr., 236, 246, 249, 526
Edmund Pettus, ponte, 18, 35, 652, 657
educação: no Quênia, 42
Edwards, Elizabeth, 523
Edwards, Joella, 88, 89
Edwards, John, 442, 450, 498, 502, 523, 557, 562, 572
"efeito Bradley", 572, 630, 631
"efeito Fishtown", 631
"efeito Huxtable", 631
"efeito Palmer", 631
El Dorado, Kansas, 54, 57
Eldredge, Pal, 88, 90, 94
eleições americanas: (1968), 349, 543, 558; (1980), 125; (1984), 430, 549, 551, 554, 556, 579; (1988), 430, 551, 554, 556, 579; (1992), 254, 255, 256, 545, 546; (1994), 317, 659; (1996), 622; (2002), 393; (2006), 516; (2010), 659
eleições americanas de 2000, 377, 614; Rush, 361, 362, 363, 364, 365, 366, 367, 370, 372, 377, 378, 381, 397; 2000 *ver também* Obama, Barack Hussein na campanha para o Congresso (2000)
eleições americanas de 2004, 418, 432, 617; busca de substituto para Ryan, 441; campanha de BHO ao Senado, 270, 402, 403, 404, 405, 418, 419, 420, 421, 422, 423, 424, 425, 426, 427, 428, 429, 431; campanha de Ryan, 436, 437, 438, 439; Keyes, 455, 456, 457, 463; *ver também* Obama, Barack Hussein, na campanha para o Senado federal
eleições americanas de 2008, 49, 288, 289; comparecimento, 630; debates, 626; *ver também* Clinton, Hillary Rodham, nas primárias presidenciais (2007-8); Obama, Barack Hussein, na campanha presidencial (2008);

Obama, Barack Hussein, nas primárias presidenciais (2007-8)
eleições para prefeito em Chicago (1983), 158
Elkins, Caroline, 47, 48
Ellen, David, 241
Ellison, Ralph, 37, 95, 263, 268, 603
Emanuel, Rahm, 385, 387, 411, 414, 435
Emerging viruses (Horowitz), 600
EPA (Agência de Proteção Ambiental), 192
Epstein, Jacob, 663
Epstein, Richard, 298, 302
Epton, Bernard, 183, 184
Equiano, Olaudah, 262
Erickson, Erik, 350
Erkes, Jason, 423
Erskine, George, 48
Erving, Julius, 109
"escola aos sábados", 220
Escola de direito *ver* Harvard, Escola de direito de
Escola de Frankfurt, 212
Escola de Teologia de Harvard, 205
Escola Primária Modelo Menteng 1, 74
escravos, 130, 133, 167, 182, 200, 276, 390, 594, 634; construção da Casa Branca, 636; denúncia de Wright, 585; na Casa Branca, 637, 638
escravos, narrativas, 22, 262
Estação Central de Illinois, 168
Estados Unidos: direitos civis *ver* movimento dos direitos civis; impasse nuclear com a União Soviética, 137; racismo, 13, 16, 227, 247, 539, 540, 541
Estevez, Emilio, 521
"estratégia sulista", 541
Estrich, Susan, 229
estrutura do poder, 196, 212
Estudos Legais Críticos, 212, 213, 216
Evans, Lane, 453
Evers, Medgar, 520, 586
Ewell, Marc, 324, 331
Ewell, Raymond, 324
Expresso da Franqueza, 617
extremistas somalis, 650

Faça a coisa certa (filme), 232, 550
Faces at the bottom of the well (Bell), 244, 300

Faculdade de Direito da Universidade de Chicago, 91, 250, 253, 258, 295; BHO no corpo docente, 253, 258, 298, 299, 300, 302, 303, 304, 371; conflito ideológico, 298
Faculdade de Direito de Yale, 545
Faith of my fathers (McCain e Salter), 493
Falwell, Jerry, 495, 618
Fanon, Frantz, 119, 199, 289, 351, 483
Farmer, Jim, 634
Farrakhan, Louis, 26, 203, 277, 313, 323, 324, 588, 600, 616
Fassnacht, Robert, 156
Father Coughlin's National Union for Social Justice, 148
Favreau, Jonathan, 558, 589, 608, 609; discurso de aceitação da indicação democrata de BHO, 608; discurso de BHO na Convenção, 443; discurso sobre raça, 537, 590
FBI: Panteras Negras e, 349, 350, 351, 352, 353, 512
Federação Trabalhista do Quênia, 41
Federalist papers, The, 119
Feingold, Russ, 488
Fenty, Adrian, 412
Ferraro, Geraldine, 433, 441, 579
Ferris, Henry, 261
Filegate, 542
"Filho do destino, O", 527
Filho nativo (Wright), 95
Filipinas, 586
Final Call, The, 277
Financing Foreign Operations, 140
Finnegan, William, 436
Finney, Ernest, 565
Fisher, Rob, 230
Fitzgerald, Peter, 378, 380, 386, 402, 405, 406, 415, 439
Flannery, Mike, 421
Flórida, 89, 185, 302, 432, 450, 481, 506, 543, 563, 564, 623
Flowers, Gennifer, 546
Foner, Eric, 401
Forbes, James Jr., 599
Ford, Harold, 412, 505, 538, 631
Ford, Robert, 570
Forrest, Nathan Bedford, 13
Foubert, Val, 59

Fowler, Wyche Jr., 510
Fox News, 133, 439, 542
Foxx, Jamie, 626
Frady, Marshall, 552
Frankfurter, Felix, 229
Franklin & Armfield, 637
Franklin, Aretha, 15
Franklin, John Hope, 263, 546
Frazier, E. Franklin, 64, 200
Fredrickson, George, 300
Freedman's Bureau, 227
Freedom and After (Mboya), 48
Freeman, Morgan, 512
Fried, Charles, 218, 242
Friedman, Milton, 216, 298
Friedman, Thomas, 482
Friendfield, fazenda, 232
Fuchs, Lawrence, 64
Fulani, Lenora, 508
Fundação Ford, 100, 106
Furushima, Kelli, 111

Gaines *versus* Canadá, 228
Gallup, 505
Galluzzo, Gregory, 154
Gamaliel Foundation, 206
Gana, 266
Gandhi, Mohandas K., 15, 18, 21, 176, 393, 657
gangues, 83, 154, 170, 179, 189, 191, 193, 198, 344, 350, 362, 367, 397, 411
Gannett House, 230
Garcia, Jesus, 390
Gardner, Alexander, 657
Gardner, Ed, 255
Gardner, Eliza Ann, 200
Garrison, William Lloyd, 290, 646
Garvey, Marcus, 22, 263, 274, 300, 652
Gary, Indiana, 113, 182, 190, 207, 510
Gates Jr., Henry Louis, 262, 290, 594, 662
Gates, Robert, 650, 661
Gaye, Marvin, 15, 95
Gaynor, Judy, 408
Gaynor, Mickey, 408
Gaynor, Paul, 408, 462
gays *ver* homossexualidade e direitos dos gays
Geertz, Clifford, 101
Geffen, David, 499

Genachowski, Julius, 240
Gendia Primary School, 51
General Motors, 129
Geórgia, 506, 654
Gephardt, Richard, 473, 475
"Geração Josué", 505, 558, 568
Giangreco, Pete, 386, 388, 389, 393, 408, 411, 412, 416, 417, 418, 425, 426, 459
Gibbs, Robert, 438, 443, 475, 501, 567, 573, 661; decisão de BHO de disputar a presidência, 516; discurso de BHO na Convenção, 442; discurso de BHO sobre raça, 591; esboço do "Plano Estratégico", 476; preocupação com a política de Wright, 528; viagem de BHO à África, 500
Gingrich, Newt, 317, 336, 594
Ginsburg, Ruth Bader, 211
Giuliani, Rudy, 629
Givhan, Robin, 235
Glauber, Bill, 389
Glendon, Mary Ann, 217
Goldberg, David, 219, 237, 238, 241, 397
Goldman Sachs, 414, 436, 437
Goldwater, Barry, 147, 256
Goldyn, Lawrence, 127, 128
González, Alberto, 479
Good Morning America, 584
Goodman, Allegra, 88, 94
Goodman, Andrew, 541
Goodwin, Doris Kearns, 536
Goodwin, Richard, 536, 537
Gorbatchov, Mikhail, 632
Gore, Al, 377, 411, 432, 435, 473, 502, 507, 543
Gorman, Chet, 64
Goss, Kent, 126
governo Bush (G. W. Bush), 217, 226, 230, 386, 390, 393, 417, 436, 441, 473, 483, 485, 486, 496, 501, 507, 514, 522, 616, 619, 621, 625, 626
governo Johnson, 179, 213
governo Reagan, 14, 138, 144, 242, 253, 300, 455, 486
Grã-Bretanha, 42, 119
Graglia, Lino, 300
Graham, Billy, 531
Graham, Lindsey, 565
Gramsci, Antonio, 144
Grande Depressão, 391, 596, 625

grande enchente do Mississippi de 1927, 168
grande migração, 168
Granholm, Jennifer, 435
Grant Park, 631, 632
Grant, Ulysses S., 539
Great Riff Valley, 282
Great Society, 211
Greeley, Horace, 645
Green, Joshua, 415
Greenspan, Alan, 471
Greenville, Carolina do Sul, 509, 552, 553, 565
Gregory, Dick, 175, 263, 508
Griffin, John Howard, 272
Griffith, D. W., 401
Grimshaw, Jacky, 253
Griswold, Erwin, 242, 245
Gropius, Walter, 211
Groundwork (McNeil), 228
Grunwald, Mandy, 543
Guantánamo, 226, 653, 661
Guarda Nacional, 173, 179
Guerra Civil Espanhola, 151
Guerra da Secessão (Guerra Civil), 12, 167, 198, 226, 227, 390, 400; entusiastas da, 12
Guerra do Afeganistão, 614, 628, 661
Guerra do Golfo, 389, 622
Guerra do Iraque, 422, 434, 448, 477, 484, 506, 515, 530, 653; escalada, 385, 386; insurgência, 462, 489, 497; manifestação contra a guerra em Chicago (2002), 387, 389, 390, 391, 392, 393; oposição de Obama, 12, 35, 417, 435, 444, 448, 479, 513, 514, 533, 556, 577
Guerra do Vietnã, 137, 143, 149, 155, 180, 387, 389, 408
Guerra Fria, 42, 138, 483
guerra, manifestações contra a, 128, 387
"guerras da câmara", 206
"*gulag* queniano", 47, 48, 49, 50
Gunn, Anton, 560, 561, 563, 566, 567, 573, 574
Gunn, Cherone, 560
Gunn, Louge, 560
Gunn, Mona, 560

Habermas, Jurgen, 119
Hadley, Stephen, 650
Hahiyari, Tine, 75
Hairston, Leslie, 357, 380

Halberstam, David, 180
Hales-Franciscan, 437
Hamburg Athletic Club, 170
Hamer, Fannie Lou, 22, 273, 568, 627, 633
Hamid, Wahid, 121, 124, 125, 133, 134, 139
Hamilton, Alexander, 455
Hampshire College, 129
Hampton, Fred, 350, 351, 352, 353, 354, 359; assassinato de, 338, 351, 352, 353
Hananto, Cecilia Sugini, 74
Hand, Learned, 303
Hannity, Sean, 616
Hanrahan, Edward,, 352, 354
Harding, Warren, 518
Hardwick, Michael, 222
Harford, C., 45
Harjo Bodong, Pak, 104
Harkin, Tom, 502, 512
Harkness Commons, 246
Harlem, 95, 113, 114, 133, 134, 151, 170, 172, 264, 269, 511, 577, 626, 631
Harper's, 180
Harris-Lacewell, Melissa, 567
Harrison, Henry, 288
Harstad, Paul, 412
Hart, Gary, 554, 556
Hart, Jim, 361
Hartman, Hermene, 307
Harvard Civil Rights-Civil Liberties Law Review, 229, 247
Harvard Club, 240, 434
Harvard International Law Journal, 229
Harvard Journal of Law and Public Policy, 229, 300
Harvard Journal on Legislation, 229
Harvard Law Record, 247
Harvard Law Review, 133, 211, 229, 241, 242, 248, 260, 299, 310, 365, 370, 419, 597; afro-americanos, 227, 228, 230, 238, 239; conflito ideológico, 230, 237, 238, 239, 247, 298; ex-alunos, 229; racismo, 228, 239
Harvard, Escola de direito de, 91, 155, 187, 205, 206, 211, 212, 216, 221, 222, 227, 231, 235, 243, 246, 268, 284, 290, 298, 318, 360, 371, 375, 408, 425, 433, 487, 533, 546, 568; afro-americanos, 216, 221, 227, 228, 236; conflito ideológico, 211, 212, 213, 214, 215, 217, 218, 220; "escola aos sábados", 220; política racial, 242, 243, 244, 245
Harwell, Carol Anne, 254, 255, 259, 315, 316, 321, 322, 327, 329, 330, 367
Hastert, Dennis, 406
Hastie, William, 228, 229
Hatcher, Richard, 510
Havaí, 496, 524; atitudes raciais, 110, 113, 114, 271, 307; BHO na Punahou School, 86, 87, 88, 89, 90, 91, 93, 94, 95, 96, 97, 98, 99, 107, 108, 109, 111, 112; diversidade, 63, 64, 69, 110; infância de BHO, 11, 53, 367, 431, 544; mudança da família Dunham, 61; multiculturalismo, 64, 110; setor bancário, 86; turismo, 63
Havel, Václav, 242, 287, 632
Hawaii Pono (Fuchs), 64
Hawthorne, Nathaniel, 287, 288
haxixe, 120
Hay, Lisa, 434
Hayden, Michael, 487
Hayes, Charles, 354, 357
Hayes, Rutherford B., 211, 663
Haynes, Eldridge, 140
Haysbert, Dennis, 512
Hayward, Clara, 59
Heale, M. J., 287
Heard, Beverly, 313, 314
Heflin, James Thomas, 540
Hefner, Christie, 257
Hefty, Mabel, 88, 90
Hegel, G. W. F., 350
Height, Dorothy, 568
Hendon, Rickey, 332, 337, 343; conflito com BHO, 383, 384
Henry Horner Holmes, 175
Herbert, Bob, 587
Herman, Alexis, 435
heroína, 112
Herrmannsfeldt, Paul, 142
Hershenov, Eileen, 143, 144
Hesse, Hermann, 92
Hewitt, Mary Jane, 125
Higginbotham, A. Leon, 228
Hildebrand, Steve, 502, 516, 561
Hill, Anita, 220
hippies, 180

715

Hitler, Adolf, 56, 313
HIV-AIDS, 190, 199, 202, 495, 500, 501, 532, 586, 599, 600
Hoban, James, 636
Hofeld, Al, 258, 402, 416
Hoffman, Abbie, 149, 352
Hoffman, Rhona, 387
Hoffmann, Mike, 360
Hofstadter, Richard, 645
Holiday, Billie, 120, 263, 274
Hollings, Ernest, 438
Holman, Claude W. B., 175
Holmes, Oliver Wendell, 191, 229
Holocausto, 92
Holt, Barbara, 327
Holy Ghost College, 40
Homem invisível, O (Ellison), 95, 263
Homem, O (Wallace), 512
homossexualidade e direitos dos gays, 59, 91, 127, 128, 222, 303, 383, 387, 448, 456, 495
Honolulu, 62, 95, 126
Hook, Louis, 121
Hoover, Herbert, 286
Hoover, J. Edgar, 349
Hoover, Larry, 344
Hopefund, 499, 500
Horowitz, Leonard G., 600
Horton, William, 541, 542, 579
Horwitz, Morton, 212
Houston, Charles Hamilton, 226, 227, 239
Howard, Robert, 387
Howells, William Dean, 288
Hughes, Langston, 95, 262
Hull, Blair, 413, 418, 422, 424, 426, 427, 434, 437, 440
Hurston, Zora Neale, 29, 262
Husain, Imad, 118
Hussein, Sadam, 390, 391
Hutchinson, Dennis, 346
Hyde Park, 35, 159, 163, 165, 169, 170, 183, 186, 188, 232, 253, 257, 259, 277, 285, 295, 298, 304, 305, 306, 307, 309, 316, 317, 318, 320, 322, 324, 336, 337, 338, 344, 346, 355, 358, 361, 363, 364, 367, 371, 374, 380, 386, 388, 396, 398, 406, 408, 410, 452, 458, 459, 460, 463, 631
Hyde Park Herald, 317, 324, 337, 410; colunas de BHO, 344, 364, 382; publicação das reações ao 11 de Setembro, 380, 381
Hynes, Dan, 413, 416, 420, 421, 422, 434, 436, 458
Hynes, Tom, 413

I know why the caged bird sings (Angelou), 262
"I'm black, you're white, who's innocent?" (Steele), 300
Ickes, Harold, 543, 573; aversão de Penn a, 543, 606
Ida B. Wells, conjunto habitacional, 191, 192, 193, 263
identidade: como construção social, 276
"If we must die" (McKay), 170
Igoe, Mike, 331
Igreja Anglicana, 51
Igreja Batista Abissínia, 134
Igreja Batista Ebenézer, Atlanta, 28, 570, 591
igreja Batista Emmanuel, 197
igreja Batista Olivet, 173
Igreja Batista Shiloh, 652
Igreja Católica, 26, 148, 152, 154, 159, 185, 353
Igreja da Trindade Unida em Cristo, 584
Igreja Episcopal Metodista Africana, 13
Igreja Riverside, 508, 599
Igreja Unida de Cristo, 182, 197, 494
Illinois: Partido Democrata, 393; Primeiro Distrito Congressional, 354, 357, 373, 377
Illinois, Senado Estadual de *ver* Obama, Barack Hussein, no Senado de Illinois; Obama, Barack Hussein, na campanha pelo Senado de Illinois
Illinois Federation of Teachers, 416
imigração, 84, 167, 400, 449, 481, 605, 663
Impacto profundo (filme), 512
Imus, Don, 470
Incidents in the life of a slave girl (Jacobs), 262
Independent Voters of Illinois (IVI), 322
Índia, 42, 99, 154, 483
Indiana, 87, 157, 207, 444, 456, 480, 510, 596, 603, 604, 629
indonésia, 71, 290
Indonésia: Ann Dunham na, 71, 72, 73, 74, 76, 84, 85, 92, 93, 100, 102, 103, 104, 105, 106, 107; artesanato, 102; direitos da mulher, 106; infância de BHO na, 11, 71, 72, 73, 74, 85, 123,

162, 271, 367, 483, 544, 545; Movimento 30 de Setembro, 72; visita de BHO, 139
Industrial Areas Foundation Institute, 153
Instituto Lumumba, 78
Instituto Sanitário Real, 40
Interesting narrative of the life of Olaudah Equiano, The, 262
Iowa, 501, 503, 504, 653; prévias de, 547, 549, 556, 557, 563, 584
Iraque *ver* Guerra do Iraque
Islã, 72, 75, 177, 197, 267, 615
Israel, 29, 155, 302, 428
Israelitas Hebreus Negros, 198

J. G. Paris, 58
Jacarta, 71, 72, 100, 271, 325
Jack, Lisa, 127
Jackson, Andrew, 287, 288, 300, 639
Jackson, Charles, 553
Jackson, Darrell, 562
Jackson, Derrick Z., 632
Jackson, Jesse Jr., 314, 316, 327, 328, 419, 538
Jackson, Jesse Sr., 23, 32, 134, 175, 188, 208, 220, 233, 256, 313, 314, 323, 353, 354, 364, 390, 412, 546, 550, 551, 552, 553, 554, 555, 556, 593; apoio a BHO para o Senado, 429; campanhas presidenciais, 508, 509, 537, 549, 551, 553, 554, 555, 577, 624; chances de BHO vencer a disputa pela presidência, 549, 551; condenação do "comentário articulado" de Biden, 575; crítica ao discurso de BHO no Dia dos Pais, 605; discurso na Convenção, 447; furacão Katrina, 484; na manifestação contra a guerra de 2002, 388; tentativa por parte da campanha de BHO de mantê-lo à distância, 538
Jackson, Jimmie Lee: assassinato de, 17, 18
Jackson, Joseph H., 173
Jackson, Mahalia, 72, 177, 178, 273
Jackson, Santita, 233
Jackson, Viola, 17
Jacobs, Denny, 340, 341, 384
Jacobs, Harriet, 262, 640
Jacobson, Walter, 194
Jakes, T. D., 495
James, William, 586
Jarrett, Valerie, 260, 308, 332, 355, 365, 388, 427, 496, 521, 539, 564, 573, 601; candidatura ao Senado, 402, 403, 409; discurso de BHO sobre raça, 538, 596
Jarrett, Vernon, 255
Jay-Z, 631
jazz, 56, 58, 65, 90, 120, 134, 162, 173, 232, 307, 551
Jefferson, Mahaid, 192
Jefferson, Sarah, 192
Jefferson, Thomas, 111, 637, 638
Jena, Louisiana, 555
Jennings, Paul, 638, 640
"Jesus loves the little children" (canção), 656
Jim Crow, 13, 14, 64, 168, 199, 239, 265, 271, 276, 300, 401, 652
João Paulo II, papa, 615
Johnson, Broderick, 519
Johnson, Deborah, 352
Johnson, James, 545
Johnson, James Weldon, 23, 263, 655
Johnson, John "Mushmouth", 169
Johnson, Lyndon B., 176, 197, 256, 477, 506, 512, 534, 546, 576, 652; direitos civis, 14, 20, 449, 540, 576
Johnson, Mordecai, 227
Johnson, Robert, 576
Johnson, Thomas, 331
Jones, Emil, 155, 314, 316, 327, 328, 339, 342, 345, 360, 377, 384, 385, 393, 394, 398, 403, 408, 430, 458
Jones, Lovana, 327, 328
Jones, Quincy, 556
Jordan, Barbara, 401, 434
Jordan, Michael, 329, 422, 515, 516, 524
Jordan, Vallmer, 203, 204
Jordan, Vernon, 542, 547, 555
Jornada nas estrelas: Voyager (série televisiva), 428
Jornadas pela Liberdade, 627, 652
Josephthal, Lyon & Ross, 297
Josué, 28
Journal de Milwaukee, 156
Journal of Blacks in Higher Education, The, 248
Joyce Foundation, 376
Joyner, Tom, 23, 535, 626
judeus, 17, 29, 84, 148, 151, 171, 190, 201, 222, 250, 257, 285, 306, 323, 367, 398, 410, 430, 603

Juizado da Corte de Apelações, 297

Ka Wai Ola, 93
Ka'ahumanu, rainha havaiana, 87
Kadafi, Muammar, 588
Kafka, Franz, 92
Kagan, Elena, 216, 298, 433
Kajar, 102, 103, 104
Kakugawa, Keith, 96, 268
Kamana, John, 109
Kansas, 53, 123, 431, 502, 544, 591
Kantor, Jodi, 301
Kapi'olani Medical Center, 68
Karlan, Pamela S., 301
Kaszak, Nancy, 414
Katrina, furacão, 32, 483, 484, 486, 626, 627
Katz, Marilyn, 307, 387, 388, 389
Keckley, Elizabeth, 640, 641, 642, 643, 644
Keeping the faith (documentário), 198
Kelley, Cliff, 320, 367, 370, 559, 602
Kellman, Jerry, 154, 155, 187, 209, 251, 268
Kelly, Edward Joseph, 148
Kelly, Jack e Maureen, 370
Kenna, "Hinky Dink", 169
Kennedy, Anthony, 211, 222
Kennedy, Caroline, 575
Kennedy, Duncan, 212
Kennedy, Edward, 182, 313, 433, 473, 482, 486, 506, 507, 575, 659
Kennedy, John F., 23, 215, 286, 410, 440, 509, 518, 543; assassinato, 477, 654; direitos civis, 14
Kennedy, Joseph Jr., 44
Kennedy, Randall, 220, 242, 300, 546
Kennedy, Robert F., 508, 514, 521, 522, 558; assassinato, 35, 410, 474, 620, 654
Kennedy-King College, 322, 339
Kennelly, Martin, 173, 174
Kentucky, 412, 426, 580, 645
Kenya African National Union (KANU), 51
Kenya People's Union (KPU), 83
Kenyatta, Jomo, 40, 41, 42, 51, 65, 78, 79, 80, 81, 82, 83, 281
keris, 103, 105
Kerry, John, 432, 438, 442, 444, 450, 468, 479, 518, 564, 614, 617; crítica de BHO, 444; discurso de BHO na Convenção, 435, 440
Kett, Amy, 238, 240

Keyes, Alan, 455, 456, 458, 463, 509, 523
KGB, 632
Khalidi, Rashid, 319, 616
Khruschov, Nikita, 615
kikuyu, 39, 41, 48, 49, 81
Kilimambogo, 39
Killerspin, 379
Kim Jong Il, 603
Kimathi, Dedan, 47, 48
Kind and just parent, A (Ayers), 320
Kindle, Al, 362, 366, 367, 369, 378, 380, 409
King, Coretta Scott, 25, 88, 567, 568, 570
King, Don, 220
King, Martin Luther Jr. 13, 16, 28, 34, 41, 72, 153, 182, 183, 184, 191, 199, 240, 257, 273, 349, 357, 460, 494, 509, 528, 547, 550, 551, 553, 570, 571, 576, 609, 626, 627, 657
King, Martin Luther Jr.: assassinato, 22, 29, 155, 179, 180, 243, 350, 520, 553, 618, 654; Campanha dos Pobres, 32, 348, 570; carta da penitenciária de Selma, 16; comparado a Moisés, 29; comparado a Wright, 528; crítica de Alinsky, 208; discurso no Lincoln Memorial, 655; discurso "Quanto tempo? Pouco tempo", 22, 508; em Chicago, 176, 177, 178, 179, 180, 202, 346; FBI e, 349; feriado no aniversário, 618; Hillary Clinton presente no discurso, 542; imersão na retórica de King por Favreau e BHO, 558; influência sobre BHO, 217, 459; invocação de BHO a, 34, 527, 664; invocação de Michelle Obama a, 568; Jackson como ajudante, 430, 553; marcha de Selma a Montgomery, 22, 633; não violência como princípio, 17; possibilidade de candidatura à presidência, 508; pregador, 14; prêmio Nobel da Paz, 16
King, Rodney, 594
King's African Rifles (KAR), 46
Kirk, Elizabeth Mooney, 51
Kirk, Ron, 438
Kirkland, Alexander, 641
Kirkpatrick, Jeane, 455
Kisumu, 80, 81, 82, 282, 501
Klayman, Rachel, 454
Klein, Joe, 513, 516
Kleine, Ted, 357, 370
Klonsky, Michael, 387, 392

Kluger, Richard, 227
Klutznick, Philip, 257
Knapp, Kevin, 317
Kodak, 150
Kodansha, 285
Kogelo, 45, 46, 49, 270, 282, 283, 501
Kramer, Stanley, 68
Kripke, Saul, 222
Kruglik, Mike, 157, 161, 162, 163, 187, 188, 196, 203, 206, 209
Ku Klux Klan, 13, 26, 401, 478
Kunstler, William, 296
Kusunoki, Eric, 91, 94

L'Enfant, Pierre-Charles, 636
Lab School, 307, 452
Lafontant, Jewel, 307
Lahiri, Jhumpa, 279
LaHood, Raymond, 440
Laird, Melvin, 147
Lakefront Liberals, 257
Landry, Bart, 301
Langdell, Christopher Columbus, 211
Lawrence *versus* Texas, 222
Lazere, Cathy, 140, 141, 142, 143
League of Conservative Voters, 444
League of Women Voters, 297
Leahy, Patrick, 488, 489
Lee, Cager, 17
Lee, Dan, 161
Lee, Robert E., 641
Lee, Spike, 208, 232, 255, 550, 567
lei: como reforço dos privilégios sociais, 212; contenção judicial, 215; filosofia conservadora, 215, 221; Sociedade Federalista, 215
Lei da Liderança Honesta, 491
Lei de Imigração (1924), 168
Lei do Direito ao Voto (1965), 23, 25, 32, 537
Lei dos Direitos Civis (1964), 16, 32, 243, 576
Leibovitz, Annie, 582
Leinster House, 636
Leinwand, Donna, 599, 600
Lênin, V. I., 263, 348
Leno, Jay, 439
Lepore, Jill, 288
Lesser, Eric, 660
Lessig, Lawrence, 298

"Letter from Birmingham jail" (King), 300
Letterman, David, 470, 471
Levin, Carl, 488
Levy, Haskel, 184
Lewinsky, Monica, 24, 531, 549, 559
Lewis, John, 14, 15, 20, 548, 549, 550, 556, 573, 634, 651, 652, 654; Alinsky, 149, 160; BHO e, 13, 22, 28, 548, 573, 651, 652, 653; crítica a McCain e Palin, 619; movimento dos direito civis, 13, 14, 15, 16, 18, 19, 20, 21, 22, 26, 651, 652, 653, 657; os Clinton, 13, 14, 546, 548, 555, 573
Liberais da ACLU, 216
liberdade de expressão, 222
"Liberdade para a África do Sul", 199
Lieberman, Joe, 377, 492
Life (revista), 657
Life and times of Frederick Douglass (Douglass), 648
Life of Andrew Jackson (Eaton), 287
"Lift every voice and sing" (canção), 23
Liga Afro-americana de Patrulheiros, 305
Liga dos Eleitores Negros, 175
Lightford, Kimberly, 342, 343
Limbaugh, Rush, 289
linchamentos, 21, 113, 227, 239, 401, 540
Lincoln Memorial, 22, 28, 609, 633, 650, 655
Lincoln, Abraham, 40, 288, 337, 461, 494, 639, 644, 649; anunciando a Proclamação da Emancipação, 539, 645, 664; discursos de posse, 558, 641; invocação feita por BHO, 34, 446, 526, 533, 536, 664; repatriação de negros, 533, 643, 645
Lincoln, Mary Todd, 639
Lincoln, Willie, 642
Link, Terry, 340, 383, 384
Lippert, Mark, 481, 501
Liston, Sonny, 461
Little black Sambo, 155
Livin' the blues (Davis), 304
livre mercado, 216, 514
Lizza, Ryan, 239, 385
Lloyd, Yvonne, 154, 193
lobistas, 341, 343, 396, 491
Locke, Alain, 113
Loop, 28, 165, 195, 252, 307, 517
Lopate, Leonard, 470

Los Angeles Times, 74, 80
Loui, Ronald, 96, 98
Louisiana, 272, 348, 484, 510, 554, 573, 574, 626
Loury, Glenn, 346, 605
Love, Alvin, 161, 189, 196, 201, 207, 209, 524
Loving *versus* Virgínia, 63
Lowery, Joseph, 26, 549, 654
Lowndes County Freedom Organization (LCFO), 349
Lugar, Richard, 155, 480
Lugenia Burns Hope Center, 209
Lula da Silva, Luiz Inácio, 214
Lumumba, Patrice, 586
luos, tribos, 46, 53, 67, 76, 77, 81, 82, 83, 283
Lutero, Martinho, 179
Lynch Jr., Ulmer D., 330

Marcha sobre Washington (1963), 608
macarthismo, 59, 183
MacDonald, Biona, 243
MacFarquhar, Larissa, 303
Machu Picchu, 87
Mack, Kenneth, 212, 240
Mack, Roy, 511
Macneil, Ian, 217
maconha, 64, 93, 111, 120, 125, 149, 337, 427
Madigan, Lisa, 383, 386, 394
Madigan, Michael, 394, 413
Madison, Dolley, 638
Madison, James, 638
madraçal, 24, 290
Maffia, Charlotte, 252
Mahru, Daniel, 308
Maina, Salome, 49
Malcolm X, 16, 22, 197, 199, 255, 262, 263, 265, 266, 272, 278, 279, 300, 323, 348, 349, 351, 509, 528, 550, 567, 585, 606
Maloof, Frederick, 56
Malraux, André, 287
Man of small graces, A (Obama), 162
Manchild in the promised land (Brown), 264, 269
Mandela, Nelson, 129, 132, 470, 548, 657
Manilow, Lewis, 255
Mansfield, Harvey, 455
Mao Tsé-tung, 329, 351
Mapp *versus* Ohio, 220
Marca humana, A (Roth), 579

marcha de Selma a Montgomery, 22, 633
Marcha do Milhão, 323
Marcha sobre Washington (1963), 128, 549, 651
Marcuse, Herbert, 119
Marion, Alabama, 17
Marshall, Thurgood, 41, 221, 227, 228, 236, 242, 273, 657
Martinez, Mel, 481
Marx, Karl, 59, 118, 128, 348, 350, 351
marxismo, 119, 124, 144, 457
Maseno National School, 51
"Massacre de Orangeburg", 567
Master of the Senate (Caro), 477
Mastromonaco, Alyssa, 516
Matalin, Mary, 615
Mathare, 282
Mau Mau, revolta, 39, 47, 48, 49, 70; campanha britânica contra, 47, 48, 49, 50
Max, gato, 159, 209
May, Dr., 637
Mayfield, Curtis, 15, 446, 450
Mbeki, Thabo, 501
Mboya, Pamela, 52
Mboya, Susan, 43, 51
Mboya, Thomas Joseph, 40, 44, 51, 52, 65, 77, 78; assassinato, 81, 82; "ponte aérea", 41, 42, 43, 51, 52, 62
McCain, John, 288, 474, 492, 493, 494, 604, 608, 621, 629; a raça como tema de campanha, 617; crítica de Powell, 622, 623; debates presidenciais, 623; difamação pela equipe de Bush, 613, 614; disputa no Senado com BHO, 491, 492, 493; erros de campanha, 628; estratégia de campanha em 2008, 613; no Vietnã, 613, 614, 616, 617; suposta implicância da mídia, 629
McCarthy, Eugene, 147, 508
McConnell, Michael, 250
McGovern, George, 509
McGraw-Hill, 140, 142
McKay, Claude, 170, 611
McKnight, John, 206, 207
McLachlin, Chris, 109
McMillan, William Northrup, 39
McNeil, Genna Rae, 228
Mearsheimer, John, 388
Medalha da Liberdade do Congresso, 23

Medalha de Honra, 545
Meeks, James, 201
Meet the Press, 277, 514, 623
Mell, Richard, 385
memorando "Pode ser feito", memorando, 506
Memorial Day, massacre do, 148
Mendelberg, Tali, 539, 540
Mendell, David, 98, 231, 382, 420, 421, 423, 454
Mercer Crest School, 60
Mercer Island, 58, 59, 61
Mercer Island High School, 58
Meredith, James, 243
Merrimer, James L., 458
Metcalfe, Ralph, 180, 181, 354
metodismo, 55
Metzenbaum, Howard, 506
México, 87, 140, 447, 503
Michigan State, 52, 129
microcrédito, 102
Microsoft, 58
"Midas touch in the ivory tower: The Croesus of Cambridge", 223
Mifflin, Margot, 122, 123, 124, 127, 130, 131, 133
Mikulski, Barbara, 455
Mikva, Abner, 155, 249, 295, 298, 343, 358, 375, 386, 397, 404, 433, 458, 517
Millar, William, 141
Miller Shakman & Beem, 397
Mills, Cheryl, 542
Miner, Judson, 155, 252, 296, 309
Minha jornada americana (Powell e Persico), 515, 622
Ministério das Finanças (Quênia), 137
Ministério de Planejamento Econômico e Desenvolvimento (Quênia), 79
Minow, Martha, 225, 231, 245, 346
Minow, Newton, 155, 225, 231, 257, 306, 355, 358, 366, 397, 404, 518
Mississippi, 139, 168, 507, 540, 596
Missouri, 228
Mitchell, Ivory, 314, 322, 357, 516
Mitchell, Roy, 351
Moanalua High School, 110
Moisés, comparação com os líderes dos direitos civis, 29, 33, 36, 530

Mondale, Walter, 182, 433, 441, 519, 554
monetarista, teoria, 298
Montgomery, Alabama, 13, 15, 634
Moore, Eric, 122, 124
Moore, Janet, 530
Moore, Minyon, 435, 542
Morial, Marc, 525
Morris, Dick, 317, 543
Morris, Edmund, 286
Morrison, Toni, 24, 263
Moseley Braun, Carol, 254, 256, 389, 402, 403, 404, 405, 409, 413, 415, 454, 458, 469, 509
Moses, Bob, 143, 595
Moses, man of the mountain (Hurston), 29
Moses, Robert, 160
Moss Jr., Otis, 28
Moss, Otis III, 29, 529, 530
Movimento 30 de Setembro, 72
movimento das, 312
movimento de liberação feminina, 128
movimento de libertação negro, 22
movimento dos direitos civis, 14, 16, 29, 36, 59, 155, 158, 159, 175, 197, 202, 208, 209, 217, 220, 221, 226, 244, 319, 327, 349, 406, 412, 459, 473, 508, 537, 540, 554, 557, 567, 629, 653, 654, 664; adoção das cadências por BHO, 558, 571; crítica de Bell, 243, 244; estudo de BHO, 217, 220; FBI e, 349; história de Moisés comparada à do movimento, 29, 30, 33, 36; Selma, 13, 14, 15, 16, 18, 19, 20, 21, 22, 25, 30, 33, 35, 226, 537, 549
Moyers, Bill, 599
Muçulmanos Negros *ver* Nação do Islã
Muhammad, Elijah, 173, 177, 267, 349, 586
mulheres *ver* direitos da mulher; movimento de liberação feminina
multiculturalismo, 276; no Havaí, 64
Murphy (Beckett), 142
Murray *versus* Pearson, 228
Murray, Patty, 488
Museu Infantil de Bronzeville, 339
Muwakkil, Salim, 312, 313, 407

N'Digo, 328
NAACP, 16, 172, 175, 176, 226, 227, 229, 243, 266,

350, 431, 565, 602; Fundo de Defesa Legal do, 227, 242; jantar do Freedom Fund, 469
Nação do Islã, 177, 198, 266, 267, 277, 312, 323, 586
nacionalismo negro, 198, 276, 278, 300, 324, 349, 594
Nader, Ralph, 143
Nagin, Ray, 484
Nairóbi, 39, 45, 280, 281, 282
Nairóbi City Park, 83
Napolitano, Janet, 435
Narc Squadi (filme), 93
Narrative of the life of Frederick Douglass, an American slave (Douglass), 291, 647
Nas, 631
Nascimento de uma nação, O (filme), 401
Nashak, George, 142
Nation, The, 587
National Farm Report, 441
National Journal, The, 478
National Liberty Party, 508
National Press Club, 599, 600, 601, 603
National Review, 289
National Union for Social Justice, 148
National Urban League, 525, 547
Ndesandjo, Mark, 77
Neal, Steve, 362, 374
Negro in our history, The (Woodson), 263
"Negro Peter", 636
Negro president (Wills), 637
Nesbitt, Marty, 355, 388, 403, 404, 427, 445, 516
Nevada, prévias de, 559
New Deal, 186, 211, 213, 226, 477, 634
New Frontier, 211
New Hampshire, prévias de, 547, 571, 572
New Orleans, Louisiana, 437, 525
New Republic, 220, 365, 461, 579
New Rochelle, Nova York, 155
New York Daily News, 580
New York Post, 586
New York Public Interest Research Group (NYPIRG), 143, 144
New York Times, 16, 17, 153, 239, 260, 269, 285, 301, 308, 426, 461, 482, 513, 565, 579, 587, 594, 597, 614
New Yorker, 24, 385, 436, 462, 616
Newhouse, Richard, 316, 458

Newman, Sandy, 253
News and Observer de Raleigh, 401
Newspaper Guild, 151
Newsweek, 185, 474, 482
Newton, Huey P., 348
Ng, Konrad, 107
Ng'iya Intermediate School, 51
Ngubeni, Tim, 130, 131
Nidesand, Ruth, 71, 76, 77
Nietzsche, Friedrich, 119, 142, 350
nipo-americanos, confinamento de, 92, 250
Nitty, Frank "The Enforcer", 151
Nixon, Richard, 41, 44, 111, 147; estratégia sulista, 449, 541
Njenga Njoroge, Nahashon Isaac, 81
Nobel, prêmio, 16, 43, 392, 473, 661
Nobody knows my name (Baldwin), 262
Norman, Jessye, 23, 24
North Shore, 309, 386
North Star, The, 571
Nossa Senhora do Gardens, 194
Notes of a native son (Baldwin), 262, 611
Nova York, NY: distúrbios no alistamento em, 645
Novo Partido dos Panteras Negras, 600
Nunn, Sam, 480
Nurridin, Salim al, 268
Nussbaum, Martha, 298, 304
Nutter, Michael, 505
Nyanjoga, Akumu, 45

O'Connor, Sandra Day, 238
O'Hare, aeroporto, 150, 309, 396, 456
O'Neal, William, 351, 353
O'Reilly, Bill, 439, 440
Oahuan, The, 111
Oakland, Califórnia, 348, 349, 355
Obama & friends: A history of radicalism (série), 616
Obama nation, The (Corsi), 614, 615
Obama, Abongo, 46
Obama, Auma, 52, 137, 281, 282
Obama, Barack Hussein: abandono do pai, 68, 69, 210, 226, 273, 326; ajuda financeira recebida, 119; amigos do colegial, 96, 97; analista, 189; apelido de Baby Face, 194; apoio à ação afirmativa, 247, 248, 536; apoio ao pro-

testo de Bell, 244, 245; aspirações políticas, 236, 258, 295, 304, 305, 343, 369, 375, 376, 379; autoconfiança, 211, 218, 219; autodescoberta na adolescência, 93, 94, 95, 96, 97, 98, 110, 111, 112; autor de poesia, 126; autorreflexão, 239; "Barry", 120, 122, 123, 130, 133; bom ouvinte, 347; busca de um mentor, 155; busca no aeroporto, 661; calma sobrenatural, 249; campanha para o Senado, 44; carisma, 303; casos da organização comunitária, 161; certidão de nascimento, 68; comparação com Josué, 28, 226, 378, 635; contato com a literatura afro-americana, 22, 95, 220, 263, 266; contatos e relacionamentos, 258, 306, 307, 308, 311, 312, 397; contrato para publicação do livro, 472; cordialidade impessoal, 215; culpa do sobrevivente, 282; Davis Miner, 296, 308; defesa do Sistema de Valor Negro, 204; desarmamento nuclear, 137; determinação, 223; dialetos, 407; diário, 135; discurso Estado da União, 664; discurso na Convenção Democrata (2004), 14, 27, 97, 434, 435, 440, 441, 443, 444, 445, 446, 447, 448, 449, 450, 451, 470, 471, 473; discurso "Quanto tempo? Pouco tempo", de Martin Luther King, 22; diversidade familiar, 84; em debates, 373; escola de Punahou, 86, 87, 88, 89, 90, 91, 93, 94, 95, 96, 97, 98, 99, 107, 108, 109, 111, 112, 117, 268; estilo de busca do consenso, 218, 237, 240, 246, 248, 267, 298, 302; estilos retóricos, 28, 34, 226, 366; estudo de economia, 140; estudo do movimento dos direitos civis, 217, 220, 225; estudo do socialismo, 124; estudos na Indonésia, 74, 85, 271, 367; exercícios físicos, 119, 142; experiência de racismo, 95, 96, 268, 662, 663; fã de jazz, 90, 120, 162; fanático por basquete, 108, 109, 126; Frank Davis e, 114, 115, 117, 118; frequência à Igreja da Trindade, 202; fumante, 119, 139; gosto familiar por viagens, 54; Harold Washington como modelo, 182, 186, 187, 205, 209; idealista, 124, 334, 340; identidade racial e cultural, 23, 24, 35, 53, 93, 94, 95, 96, 97, 98, 109, 122, 217, 220, 225, 267, 273, 279, 313; impacto da zona sul de Chicago na visão política, 276; infância, 11, 22, 70; influência da mãe, 107; influência de Martin Luther King, 217; influência de Unger, 212, 213; ingenuidade política, 334; "insuficientemente negro", 335, 337, 339, 366, 371, 374, 460; inteligência, 35, 311; intérprete cultural, 219; invocação da história de Moisés, 29; John Lewis, 13, 22, 28, 548; justiça como ideal, 226; Kellman, 157, 158, 162, 163, 204; liberalismo, 241, 419, 478; luta pela reconciliação com o pai, 260, 281, 282, 283; manifestação contra a guerra de 2002, 388, 389, 390, 391, 392, 393; Martha Minow, 225; megalomania dos candidatos a presidente, 465; mestiço, 122; Michelle ver Obama, Michelle; modelo para *The West Wing*, 473; morte do pai, 137; na Faculdade de Direito de Harvard, 210, 211, 212, 213, 214, 215, 217, 218, 219, 220, 221, 222, 223, 224, 225, 229, 230, 268, 284, 371, 406, 487; na *Harvard Law Review*, 133, 229, 230, 236, 237, 238, 239, 240, 241, 242, 245, 247, 248, 249, 250, 260, 298, 370, 419, 433; na Indonésia, 11, 71, 72, 73, 74, 85, 123, 162, 271, 367, 483, 544, 545; na Universidade Columbia, 91, 120, 129, 132, 133, 134, 135, 136, 268, 554; na viagem promocional de *A origem dos meus sonhos*, 470; namoros, 127, 163, 209; nascimento, 68; no corpo docente da Escola de Direito de Chicago, 252, 257, 298, 299, 300, 302, 303, 304, 371, 375, 379, 483; Occidental College, 117, 118, 119, 120, 121, 123, 124, 125, 126, 127, 128, 129, 130, 132, 268, 274; oposição à guerra do Iraque, 12, 35, 417, 435, 444, 448, 479, 513, 514, 533, 556, 577; organizador comunitário, 91, 138, 139, 143, 157, 158, 159, 160, 161, 163, 164, 165, 166, 188, 189, 190, 191, 192, 194, 195, 196, 204, 207, 208, 209, 246, 252, 257, 357, 359, 403, 528, 629; personalidade do pai, 65; política de centro-esquerda, 12, 417, 520; posse, 649; pragmatismo, 226, 345; prêmio Nobel da Paz, 392, 661; preocupação com a segurança, 451, 518, 650; preocupação com o sofrimento dos pobres, 136; preocupação com responsabilidades, 241; preocupações financeiras, 374; presunção autodescrita, 12; problema do amianto, 191, 192, 194, 195, 328; Projeto Voto, 253, 254, 255, 256, 257, 258, 259, 303, 306, 315, 331,

356; questão da autenticidade, 275, 284; reação ao 11 de Setembro, 380; relacionamento com a mãe, 98, 99, 111, 112, 267, 273, 325; relacionamento com Stanley Dunham (avô), 112, 113, 114, 267; relacionamento do pai com as mulheres, 76, 77; retórica, 182, 217; romantismo da mãe, 66; roupas, 136; rumores de islamismo, 75, 125, 408, 566, 616; rumores sobre nacionalidade estrangeira, 566; solicitação de matrícula na Faculdade de Direito de Harvard, 206; trabalho com finanças, 140, 141, 142; trabalho comunitário em Nova York, 143; Tribe como mentor, 221, 222, 223, 224, 225; Unger, 214; uso de drogas, 111, 112, 120, 135, 418, 575; viagem ao Quênia, 280; viagens à Ásia, 133; visão religiosa, 197, 198, 201, 202, 456, 457, 472, 494, 504, 515, 528, 616; visita à Indonésia, 139

Obama, Barack Hussein pai: abandono de Ann Dunham e BHO, 69, 210, 226, 273, 326; acidentes automobilísticos, 80, 137; assassinato de Mboya, 81, 82; bebida, 79, 80, 83, 137; casamentos, 51, 67, 76, 77; crítica do governo queniano, 77, 78; "culpa do sobrevivente", 281; declínio, 80, 81, 82, 281; educação, 51, 52, 205, 281, 284; Harvard, 210; Havaí, 62, 63, 64, 65, 66, 67, 68, 205; morte, 137; relacionamento com Ann Dunham, 66, 67, 68, 89; visita a Honolulu, 89; volta à África, 76, 77, 78, 79, 80, 81, 82

Obama, Barack Hussein, em Illinois: campanha ao Senado, 24

Obama, Barack Hussein, na campanha ao Senado de Illinois, 24, 315, 316, 317, 318, 319, 320, 321, 322, 323, 324, 325, 326, 328, 329, 330, 331, 332; Alice Palmer, 316, 327, 328, 329, 330, 331, 335, 337, 340, 357, 364, 368; contestação de assinaturas, 329, 330, 331, 332; Michelle, 315, 321

Obama, Barack Hussein, na campanha para o Congresso (2000), 362, 363, 364, 365, 366, 367, 368, 369, 370, 371, 372, 374; apoio do *Tribune*, 369; esforço exploratório, 355, 357, 359, 360, 361, 362; perda, 373, 374, 375, 376, 377, 378

Obama, Barack Hussein, na campanha para o Senado federal, 270, 296, 402, 403, 404, 405, 417, 419, 420, 421, 422, 423, 424, 425, 426, 427, 428, 429, 431; anedotas com o nome, 417, 430, 436; apoio de Daley, 458; apoio de jornais, 428; arrecadação de fundos, 406, 408, 426, 434, 452; "campanha na marcha da morte", 453, 454; comerciais, 417, 421, 426; debate, 456; decisão de concorrer, 402, 403, 404; entrevista coletiva, 405; escândalo sexual de Ryan, 437, 438; intervenção dos amigos contra a candidatura, 402; perfil na *New Yorker*, 436; preocupações com segurança, 451; questões raciais, 460, 461, 462; slogan "Sim, nós podemos", 418; vitória, 463

Obama, Barack Hussein, na campanha presidencial de 2008, 301, 608; *A origem dos meus sonhos*, 264; aceitação de doações ilimitadas, 628; acusação de "cartada racial" de McCain, 614; apoio de Powell, 623; arrecadação de fundos, 334; ataque de Corsi, 614; comemoração de Grand Park, 633, 634, 635; debates, 237, 626; na capa da *New Yorker*, 616; popularidade mundial, 626; questão sobre Ayers, 320; questão sobre Wright, 614; suposta proteção da mídia, 617; suposto passado radical, 616, 617, 619; vitória, 630, 631, 632, 634, 635

Obama, Barack Hussein, nas primárias presidenciais (2007-8), 23, 25, 124, 583; alvo da estratégia de lançamento de Penn, 542, 543, 545; ameaças, 565; apoio de Jackson, 538, 549, 554, 555; ataques pela internet e tevê a cabo, 566; campanha na Carolina do Sul, 561, 562, 563, 564, 565, 566; conflito com State of the Black Union, 532, 534, 535; conquista do voto afro-americano, 572; corrupção de Rezko, 590; crítica e menosprezo, 575, 576, 577, 578, 579; debate na Carolina do Sul, 571; decisão de concorrer, 496, 497, 498, 505, 506, 507, 515, 517, 518, 519, 520, 521, 523, 524; derrota em New Hampshire, 547, 572; discurso da vitória nas prévias de Iowa, 557; discurso de Michelle Obama em Orangeburg, 567, 569, 570; discurso de Young, 547; discurso do Dia dos Pais, 604; discurso em Selma, 11, 12, 13, 24, 25, 26, 27,

29, 30, 31, 32, 33, 34, 44, 226, 548; discurso em Springfield, 34, 526, 532, 584; discurso na igreja Ebenézer, 570; discurso no fórum do condado de Clarendon, 565; discursos na NAACP, 565; discursos sobre raça, 538, 566, 589, 590, 591, 592, 594, 595, 596, 597; evento no Teatro Apollo, 536; jovens voluntários, 562, 563, 564; negação do desejo de concorrer, 468; questão sobre Wright, 527, 528, 529, 530, 531, 559, 584, 585, 586, 587, 589, 592, 596, 597, 598, 599, 601, 602, 603; referências infrequentes à questão racial, 537, 539; suposto favorecimento da imprensa, 542, 556, 577, 578, 581, 587, 607; temor do eleitor afro-americano, 520, 565; trabalho de Gunn, 560; vitória e discurso de afirmação, 607, 609; vitória na Carolina do Sul, 572, 573

Obama, Barack Hussein, no Senado de Illinois: abolição da pena de morte, 395; confronto com Hendon, 383, 384; discurso contra a guerra, 662; eleição de 2004, 24; jogo de pôquer semanal, 341, 377; leis sobre perfil racial aprovadas, 395, 533; mentores procurados, 155; reforma do sistema de saúde, 395; reforma ética, 343, 344; registro legislativo, 395; tédio, 355

Obama, Barack Hussein, no Senado federal: apoio à indicação de Rice, 479; apoio à indicação de Roberts, 486, 487, 488, 489, 490; arrecadação de fundos, 499; busca de mentores, 155; cerimônia de juramento, 474, 478; comitês, 479; como único afro-americano, 476; eleição, 534; encontros com jornalistas, 482; furacão Katrina, 484, 485; questão da guerra do Iraque, 498; tédio, 479, 498; viagem à África, 500; viagem à Rússia, Ucrânia e Azerbaijão, 480; voto liberal, 478

Obama, Bernard, 282
Obama, Helima, 45
Obama, Hussein Onyango, 45, 46, 47, 49, 50, 51, 68, 282, 283, 284; prisão, 49, 50
Obama, Kezia, 51, 52, 67, 76, 282
Obama, Malia, 342, 356, 360, 364, 375, 379, 429, 446, 465, 469, 525, 633
Obama, Michelle, 232, 233, 235, 308, 316, 320, 321,

356, 375, 390, 429, 446, 530, 554, 567, 568, 570; aprovação do slogan "Sim, nós podemos", 418; aspirações políticas de BHO, 259, 356, 374, 375, 376, 517, 520; bajulação de BHO, 478; campanha de BHO ao Senado, 315, 321; campanha presidencial, 529, 530, 567, 569, 570; candidatura de BHO ao Senado, 399, 403, 404, 463; casamento com BHO, 105, 259, 285, 342, 356, 360, 379; como auxiliar na disputa presidencial, 567, 569, 570; contatos e relacionamentos, 306, 311; desejo de estabilidade, 259; discurso de Orangeburg, 567, 569, 570; em *A origem dos meus sonhos*, 264; Jarrett, 310; na comemoração de Grant Park, 633; na equipe da Universidade de Chicago, 356; na Faculdade de Direito de Harvard, 235, 236, 533, 567; na posse, 650; namoro com BHO, 225, 231, 253; origem, 232, 233; Princeton, 233; suposto "comentário branco", 587; supostos ardis raciais da campanha de Hillary Clinton, 607

Obama, Roy, 52, 282
Obama, Sasha, 376, 429, 446, 469, 525, 633
Obama, Zeituni, 282
Occidental College, 91, 117, 118, 119, 121, 122, 123, 125, 127, 128, 129, 132, 134, 268, 274, 275, 285; conversas políticas, 125; diversidade, 118, 121, 125, 128
Occidental, The (jornal), 121, 125
Ochieng, Philip, 76, 77, 80
Odero, Rukia, 284
Odinga, Oginga, 78, 79, 81, 82, 83
Ogletree, Charles, 220, 221, 235, 236, 246, 533, 534
Ogwel, Sarah, 45, 46, 47, 49, 50
Ohio, 584
Okatcha, Frederick, 52, 69, 80
Okoda, Sebastian Peter, 83
Olimpíadas (1936), 180
Omolo, Leo Odera, 80, 83
"On reading the Constitution" (Tribe), 223
One drop of blood: The American misadventure of race (Malcomson), 461
One L (Turow), 218
11 de Setembro, ataques terroristas do, 381, 388, 391, 585, 587, 598, 599, 664
"Opera in Greenville" (West), 552

Operação Bigorna, 48
Operação PUSH, 327, 353, 354, 555
operários siderúrgicos, 148
Operation Breadbasket, 353
Operation Crossroads, 122
Orangeburg, Carolina do Sul, 567, 569, 570, 574
ordem judicial, 223
Orenstein, Bruce, 206
organização comunitária, 139, 143, 151, 152, 153, 156, 188, 207, 209, 253, 278, 298, 317, 562, 564; por Alinsky, 147, 148, 149, 150, 151, 152; *ver também* Obama, Barack Hussein, como organizador comunitário
Organização de Defesa Latino-Americana, 353
Organização pela Unidade Negra, 234
Organização Política Negra Independente, 256
"orientalismo", 134
Origem dos meus sonhos, A (Obama), 45, 49, 50, 52, 96, 186, 261, 264, 268, 285, 287, 288, 289, 312, 471, 472, 513, 622; ataque de Cashill, 289, 290; audiolivro, 275; biografia de campanha, 288; busca do pai perdido como tema, 270, 284; campanha presidencial (2008), 264, 270; epifanias, 270, 284; identidade racial, 267, 268; intensidade emocional, 287; recepção da crítica, 285; redação, 250, 252, 253, 260, 261, 303, 312; reimpressão, 454, 470; viagem promocional, 470
"Origins and historical understanding of free exercise of religion, The" (McConnell), 250
Orme, Greg, 96
Orwa, Walgio, 81
Osnos, Peter, 261, 285, 472
Ossipoff, Vladimir, 87
Otunnu, Olara, 45, 46, 76, 79
Outfit, 151
Owens, John, 161, 164, 195, 209

P.M. (jornal), 410
Paeran, Pak, 103
Page, Clarence, 183, 355, 451
Pais Fundadores, 625
palestinos, 532, 552, 585, 613

Palin, Sarah, 289, 618, 619, 620, 623, 629; crítica de BHO, 618, 619; crítica de Lewis, 620
Palmer, Alice, 305, 315, 316, 319, 327, 328, 329, 332, 337, 340, 357, 364, 368, 402, 405, 430; campanha de BHO ao Senado estadual, 316, 327, 328, 329, 330, 331, 335, 337, 340, 357, 364, 368; campanha para o Congresso, 314, 317, 318, 327
Palmer, Edward "Buzz", 305, 328, 329
Palmer, Lutrelle "Lu", 186, 256
Panteras Negras, 98, 275, 305, 338, 348, 349, 350, 351, 354, 355, 358, 359, 363, 508, 512
Pappas, Maria, 413, 420, 422
Paquistão, 42, 54, 99, 124, 133, 136, 653
Para realizar a América (Rorty), 592
parada irlandesa anual da zona sul, 370
Pareto, Vilfredo, 216
Paretsky, Sara, 368
Park, Robert, 64
Parker, Richard, 217
Parks, Rosa, 15, 23, 246, 323, 568, 633
Partido Comunista, 60, 72, 329
Partido Comunista Indonésio (PKI), 72
Partido da Nova Aliança, 508
Partido Democrata, 11, 23, 27, 63, 171, 181, 183, 214, 253, 256, 270, 296, 317, 331, 336, 355, 377, 386, 398, 402, 413, 430, 471, 482, 484, 488, 495, 500, 506, 521, 539, 540, 541, 554, 556, 562, 581, 583, 608, 617; ala liberal, 35; em Chicago, 233, 256, 295; em Illinois, 393; não dá continuidade aos esforços iniciais do New Deal, 213
Partido Democrata de Ohio, 539
Partido Democrata do Arizona, 500
Partido Democrático da Liberdade do Mississippi, 627
Partido Paz e Liberdade, 349
Partido Republicano, 63, 171, 320, 440, 455, 456, 488, 514, 540, 541, 617, 623; no pós-guerra americano, 213
Parting the waters (Branch), 23
Patrick, Deval, 412, 505, 561
Patterson, Orlando, 577
Patty, Ann, 260, 261
Pauley, Marilyn Prosser, 59, 60
Payne, Charles, 55
Payne, Jesse, 53

Payne, Leona Bell, 55
Payne, Rolla Charles, 55
Peace Corps, 42, 61
"Peasant blacksmithing in Indonesia" (Dunham), 103
Pelley, William Dudley, 148
pena de morte, 395, 606
Penn, Mark, 317, 542, 577, 578, 580; antipatia de Ickes, 543, 606; estratégia de lançamento, 542, 543, 545
"pensamento em grupo", 137
Peoples of Hawaii, The (Adams), 63
Pepsi Co, 124
Percy, Charles, 411
Perle, Richard, 391
Perot, Ross, 256
Perrelli, Tom, 218, 240
Perry, Tyler, 556
Peterson, Terry, 357, 368
Peterson, Tony, 96, 98, 108
Peyton, Rosette Caldwell, 332
Phalen, Earl Martin, 216, 239
Philadelphia, Mississippi, 579
Philip, James "Pate", 336, 337, 385, 393
Phillips, Wendell, 290, 645
Pierce, Franklin, 287, 536
Pierce, Wendell, 626
Pike, condado de, Alabama, 14
"Plano estratégico, O", 476
Plastic Laughter, 126
Plessy *versus* Ferguson, 228, 244, 300
Plouffe, David, 517, 524, 525, 528, 544, 561, 563, 573, 577, 601, 608; decisão de BHO concorrer à presidência, 516, 517, 524; discurso de BHO sobre raça, 591; encarregado do esforço democrata nas eleições de 2010, 659; preocupação com a política de Wright, 528, 584, 601; ressentimento contra Hillary Clinton, 608; voto negro almejado, 534
pobreza, 110, 323, 344, 495; persistência, 32, 33
"Pode ser feito", memorando, 506
Poder Negro, 137, 178, 199, 203, 348, 664
Point du Sable, Jean Baptiste, 167
Poitier, Sidney, 43, 68, 273, 422, 461
poligamia na Indonésia, 106
Politics of pile-on, The, 582
Pomeroy, Samuel, 647

Poole, Elijah *ver* Muhammad, Elijah
"Pop" (Obama), 126
popolo, 64, 88
Posedel, Jeremiah, 453, 454
Poseidon Press, 260
pós-estruturalismo, 212
Posner, Richard, 216, 229, 297, 298, 299, 303, 304
Powell, Adam Clayton Jr., 172
Powell, Colin, 505, 515, 621, 624, 628
Powell, Lewis, 221, 222
Power broker, The (Caro), 160
Power, Samantha, 476
"Prairie fire", 620
Preckwinkle, Toni, 305, 314, 322, 328, 357, 367, 368, 373, 380, 409, 454, 621
Preckwinkle, Zeus, 305
Presta, John e Michelle, 370
Primeira Guerra Mundial, 168, 172
Primeira Igreja Batista de Lilydale, 161, 189
Primeira Igreja Batista, Selma, 16, 20, 24
Princípios de Sullivan, 129
Pritzker Realty Group, 404
Pritzker, família, 257, 313, 429
Pritzker, Jay, 524
Pritzker, Penny, 155, 404, 524
"Problemas do nosso socialismo", 77
Proclamação da Emancipação, 300, 539, 645
Programa Cooperativo de Redução de Ameaças, 480
Projeto de Desenvolvimento Comunitário, 157, 201, 204, 207, 209
Projeto Impacto, 190
Projeto Voto, 253, 254, 255, 256, 257, 258, 259, 260, 303, 306, 315, 322, 331, 356, 357, 372, 409, 554
proliferação nuclear, 628
Property Owners Journal, The, 170
Prosser, Gabriel, 59, 60, 200, 348
Pryor, Richard, 95, 512
psicologia da vitimização, 247
Pummill, Francine, 55, 57
Punahou Bulletin, 110
Punahou School, 86, 87, 88, 89, 91, 92, 93, 94, 95, 96, 97, 98, 99, 100, 104, 108, 109, 110, 117, 121, 268, 285, 552; culto semanal, 91; currí-

culo, 92; estudantes negros, 88, 96, 268; privilégios, 94
Putnam, Robert, 225, 346, 347
Putney Swope (filme), 512

quarto distrito, 175, 305, 314
Quatro de Julho, 591
Quênia, 40, 123, 255, 500, 591; assassinato de Mboya, 80, 81, 82; caos político, 80, 81, 82; centros de detenção, 47, 48, 49, 50; comemoração da eleição de BHO, 631; Conselho Legislativo, 41; corrupção, 80; educação, 41, 42; estado de emergência, 47, 48, 49, 50; movimento de independência, 39, 47, 65; "ponte aérea estudantil", 52, 62, 283; projetos de desenvolvimento, 78; "terras altas brancas", 39; viagem de BHO, 280
"Questão do Quênia: uma resposta africana, A" (Mboya), 78
54º Regimento de Voluntários de Massachusetts, 646

Raby, Albert, 175
raça: em Chicago, 147, 151; foco de McCain, 617; na campanha de 2007-8, 526, 527, 528, 529, 530, 531, 532, 534, 535, 536, 537, 539, 541, 542, 543, 545, 546, 547, 548, 549, 557, 558, 559, 563, 564, 565, 566, 567, 569, 570, 571, 572, 573, 578, 579, 581, 582, 589, 590, 591, 592, 594, 595, 596, 597; tema na candidatura BHO, 12, 527; tema na Occidental, 121, 125; visão de Hillary Clinton, 149
"Racial critiques of legal academia" (R. Kennedy), 242
racismo, 94, 268, 339; na história dos Estados Unidos, 13, 16, 227, 247, 539, 540, 541; persistência, 527, 568; *ver também* movimento dos direitos civis; segregação
Rakyat, banco, 100
Ramos, Constance, 91, 94, 96
Randle, Linda, 191, 196, 328
Random House, 261, 472
Rangel, Charles, 550, 580
Rawls, John, 303
Rea, Jim, 361
Reagan, Ronald, 129, 186, 221, 435, 510, 513, 514, 624; eleição, 119, 125; questão racial na campanha, 541, 579
Realismo Legal, 212
Reconstrução, 171, 227, 256, 300, 400, 458, 507, 540, 565
Record de Honolulu, 114
Rector, Ricky Ray, 546
Red Guard Party, 350
Reed Jr., Adolph, 327, 335, 337
Reed College, 156
Reed, Ishmael, 604
Reed, Julia, 582
Regal Theater, 173
registros de eleitores, 254, 255
Rehnquist, William, 224, 486
Reich, Robert, 216
Reid, Harry, 491, 519
Reitwiesner, William Addams, 53
renovação urbana, 152, 309
resíduos tóxicos, 189
resistência não violenta, 15
Resolute, mesa, 663
responsabilidades *versus* direitos, 242
"Reveille for Radicals" (Alinsky), 160
Revels, Hiram, 400
revolução de Reagan, 299, 495
Revolução Verde, 483
Reynolds Jr., Jim, 307
Reynolds, Mel, 313, 317, 405
Rezko, Antoin "Tony", 308, 317, 427, 571, 590, 662
Rezmar Corporation, 307
Rianto, Pak, 104
Rice, Condoleezza, 479, 486, 487, 586, 650
Rice, Linda Johnson, 311, 525
Richards, Ann, 440, 442
Richardson, Bernard, 531
Richardson, Bill, 25, 445
Richardson, H. H., 211
Rickey, Branch, 632
Rideout, Vicky, 441, 442, 445, 447, 450
Rilke, Rainer Maria, 142
Rivera, Rebecca, 131
Robert Taylor Homes, 175, 412
Roberts, Helen, 51
Roberts, John, 211, 486, 654
Roberts, Vic, 413

Robertson, Pat, 449, 495
Robeson, Paul, 113, 460
Robinson III, Fraser, 233
Robinson, Craig, 109, 233, 234, 236, 255, 259, 318, 522, 524
Robinson, Jackie, 43
Robinson, Jim, 232
Robinson, Michelle *ver* Obama, Michelle
Robinson, Noah, 553
Robinson, origem da família, 232
Robinson, Spottswood, 228
Roby, George, 373
Rock, Chris, 604
Rockefeller, Nelson, 147
Rodriguez, Byron, 302
Roe *versus* Wade, 605
Rogers, John, 255, 307, 355, 403, 404, 427, 521
Rolling Stone (revista), 527, 528, 529, 531, 532, 584, 617
Ronen, Carol, 383
Roosevelt, Eleanor, 41
Roosevelt, Franklin, 148, 171, 214; New Deal, 213, 214, 477
Roosevelt, Theodore, 286, 617, 649
Rorty, Richard, 592
Rose, Charlie, 470, 556
Rose, Don, 186, 257, 397, 398, 410, 458, 508, 538
Roseland, 159, 189, 201, 207, 210, 372, 406
Ross, Brian, 584
ROTC, 156
Roth, Philip, 265, 579
Rouse, Pete, 155, 475, 487, 497, 502, 514, 521
Rove, Karl, 391, 471, 594, 619
Royall Jr., Isaac, 211
Royko, Mike, 353
Rubin, Jerry, 149, 352
Rufus Jones for president (filme), 511
"Rules for Radicals" (Alinsky), 160
Rumsfeld, Donald, 520
Rush, Bobby, 256, 305, 335, 347, 350, 351, 353, 354, 355, 362, 363, 364, 366, 367, 368, 370, 373, 374, 375, 377, 378, 380, 381, 398, 403, 405, 406, 412, 416, 419, 430, 451, 460, 554; Bill Clinton, 373; na eleição de 2000, 361, 362, 363, 364, 365, 366, 367, 370, 372, 377, 378, 381, 397; Pantera Negra, 350, 351, 352, 353, 354, 355; sobre BHO, 356, 357, 359, 372

Rush, Huey, 362, 368, 373
Ruskin College, 41
Russell, Richard, 477, 478, 540
Russert, Tim, 514, 604
Rússia, 151, 351, 480, 484
Rustin, Bayard, 651
Rutgers, Paul, 390
Ruttenberger, Buzzy, 307
Ryan, George, 363, 382, 393
Ryan, Jack, 427, 436, 437, 439, 440, 441, 452
Ryan, Jeri, 427, 428, 437, 438, 439, 440

Saguaro, seminários, 346
Said, Edward, 134
Salon.com, 471
Salter, Mark, 493, 617, 629
Saltzman, Bettylu, 155, 257, 258, 306, 387, 388, 389, 392, 393, 397, 409
Samuel DeWitt Proctor Conference, 599
Samuelson, Orion, 441
Sanders, Edmund, 80
Sanford, Terry, 510
Santa Catarina, igreja de, 161
Santa Helena da Cruz, igreja de, 159
Sara Lee Corporation, 404
Sarbanes, Paul, 455
Sartre, Jean-Paul, 92, 119, 142, 274
Sastrosuyono, Pak, 103
Saturday Night Live, 539, 601
saúde, crise no sistema de, 34, 483, 532, 564, 628, 660
Sautter, Chris, 356, 368, 372, 389
Sautter, Craig, 372
Savage, Gus, 313, 323
Savoy, 173, 477
Savoy Ballroom, 173
Sawyer, Eugene, 206, 309
Scalia, Antonin, 211, 215, 229, 482
Scarborough, Joe, 594
Scates, Steve e Kappy, 361
Scheinman, William X., 42, 43
Schieffer, Bob, 604
Schmidt, John, 253, 355
Schneider, Robert, 437
Schwerner, Michael, 541
Scott, Hugh, 44
SDS, 149, 156, 180, 307, 318, 350, 387, 388, 392

Seale, Bobby, 348, 352, 354
Seattle, Washington, 58, 70, 97, 326
segregação, 16, 22, 139, 152, 168, 172, 173, 175, 177, 198, 227, 228, 243, 407, 477, 540, 541, 599, 626, 627, 652, 655, 656; opinião dos tribunais, 22, 227, 228
Segunda Emenda, 219
Segunda Guerra Mundial, 39, 44, 46, 60, 88, 92, 128, 184, 186, 220, 272, 322, 332, 393, 545, 554
"seis silenciosos, os", 175
Selinger, Jonathan, 92
Selma, Alabama: Brown Chapel *ver* Brown Chapel, Selma; centro de pregação afro-americana, 13; discurso de Hillary Clinton, 24, 25; discurso de Lowery, 654; movimento dos direitos civis, 12, 13, 15, 16, 18, 19, 20, 21, 22, 23, 25, 30, 31, 33, 35, 226, 537, 635; segregação, 12, 15
Selva, A (Sinclair), 148
Senado do estado do Mississippi, 400
Senado dos Estados Unidos, 561, 664; Comitê de Assuntos dos Veteranos, 479; Comitê de Justiça, 221; Comitê de Meio Ambiente e Obras Públicas, 479; Comitê de Regras, 493; Comitê de Relações Exteriores, 479; Comitê do Comércio, 479
"separados, mas iguais", doutrina, 244
Sepia, 272
Service Employees International Union — SEIU, 416
serviço de saúde *ver* saúde, crise no sistema de
Serviço Mundial da BBC, 626
Serviço Secreto, 521, 530, 566, 650
"Serving two masters" (Reli), 244
"Sessional Paper No. 10", 78
Seward, William, 648
Sexton, Brenda, 416, 419, 421, 423, 424
Seymour, Horatio, 539
Shabazz, Betty, 323
Shabazz, Malik Zulu, 600
Shaheen, Bill, 575, 576
Shapiro, David, 217
Sharpley-Whiting, T. Denean, 588
Sharpton, Al, 24, 188, 509, 530, 534, 538, 539, 549, 575
Sheehan, Michael, 443, 444, 448
Sheen, Martin, 255, 473
Shelby, Richard, 510
Shelley *versus* Kramer, 173
Sher, Susan, 310
Sherman, William, 651
Sherry, H. H., 45
Shomon, Dan, 359, 360, 361, 367, 370, 375, 376, 379, 380, 382, 386, 389, 398, 399, 402, 408, 409, 411, 412, 424, 425, 454, 476
Shrum, Robert, 442
Shuttlesworth, Fred, 36
Siddiqi, Sohale, 136
Sidley Austin, escritório, 225, 236, 306, 310, 312, 520
Silver Shirts, 148
Simon & Schuster, 260, 261, 267, 615
Simon, Paul, 257, 343, 378, 408, 411, 425, 429, 430, 458, 479
Simon, Sheila, 425
Simple justice (Kluger), 227
Sinclair, Upton, 148
Sindicato Internacional dos Estivadores e Carregadores, 113
sindicatos, 78, 114, 166, 343, 413, 416, 433, 436
Singer, Bill, 255
Sirhan, Sirhan, 620
sistema de saúde *ver* saúde, crise no sistema de
Sistema de Valor Negro, 204
Sister Souljah, 546, 606
Skinner, Nancy, 413
Slevin, Peter, 620
Smalls, Robert, 400
Smiley, Tavis, 532, 533, 534, 535, 536, 606
Smith, Adam, 216
Smith, Al, 434, 509
Smith, Dean, 109
Smith, Jerome, 627
Smith, Rik, 96, 97
Smith, Zirl, 193, 194, 195
Smitherman, Joe, 16
Smoking Gun, website, 437
Smolenyak, Megan, 232
Snow, Kate, 577
socialismo, 77, 124, 348
Sociedade Federalista, 215, 230, 299, 300
Soetoro, Lolo, 71, 72, 73, 74, 162; casamento

com Ann Dunham, 71, 75, 76, 100, 105; divórcio de Ann Dunham, 105
Soetoro-Ng, Maya, 76, 85, 99, 103, 325, 524; impulso de viajar, 99
Sokol, Daniel, 302
Soldier Field, 178, 525, 583
"Soltem o trailer" (Wright), 197
Solyom, Bronwen, 105
somalis, extremistas, 650
Somerville, Massachusetts, 218
Sorkin, Aaron, 473
Soros, George, 427, 500
Sotomayor, Sonia, 660
"Soul Train", 184
Souls of black folks, The (DuBois), 300
Southern Christian Leadership Conference (SCLC), 13, 14, 16, 18, 177, 179, 180, 348, 349
Spielberg, Steven, 499
Spirit of God Fellowship Church, 463
Spock, Benjamin, 353, 508
Springfield, Illinois: discurso de lançamento da candidatura de BHO, 34, 526, 532, 584
Spurell, Christine, 231, 240
Squires, Robert, 151
St. Francis School, 74
St. Petersburg Times, 614
Stálin, Ióssif, 615
Standard-Grunbam, 58
Stanton, Edwin, 647
Star-Bulletin de Honolulu, 62
Starks, Robert, 327, 328, 331, 334
Stasch, Julia, 257
Stash, Big Ed, 151
State of the Black Union, 532
Stateway Gardens, 175
Stauber, George, 169
Stauffer, John, 647
Stearns, George, 647
Steele, Shelby, 247, 300
Steiner, Henry, 217
Stenhouse, Iona, 61
Stenhouse, John, 60
Stenzel, Bill, padre, 157
Stephanopoulos, George, 346, 485, 604
Stepto, Robert, 265
Stevenson, Adlai, 58, 59, 174, 181, 257, 258, 295, 296, 433

Stewart, Isabel, 257
Stewart, Jon, 618
Stigler, George, 298
Stone, Geoffrey, 252, 298, 405
Stonewall, revolta de, 128
Strauss, David, 298
Strautmanis, Mike, 312, 365, 366, 368, 520, 521
Stroger, John, 413
Stroger, Todd, 458
Student Nonviolent Coordinating Committee — SNCC, 13, 14, 16, 17, 137, 139, 143, 348, 350, 651
Students Against Militarism (SAM), 138
Suharto, general, 72
Sukarno, 71, 72
Sukey, 639
Sullivan, Leon, 129
Sulzer, Ken, 133
Sundial, 137, 138
sunitas, 134
Sunstein, Cass, 298, 303
Super Terça-Feira, 575
Suprema Corte *ver* Corte Suprema dos Estados Unidos
Suryakusuma, Julia, 73, 107
Susman, Louis, 436
Sutphen, Mona, 578, 580
Sweet, Lynn, 468, 585
Swift Boat Veterans for Truth, 468
Sykes, Alan, 298

Tamarin, Nate, 412
Tapper, Jake, 385
Tavares, Larry, 110
Taylor, Flint, 353
Taylor, George Edwin, 508
Taylor, Robert, 175
Taylor, Robert Rochon, 309
Tchecoslováquia, 632
Tea Party, movimento, 662
Team of rivals (Goodwin), 536
Teatro Lanterna Mágica, Praga, 632
Teixeira, Ruy, 506
Tenenbaum, Inez, 561
Tennessee, 360, 412, 505, 631, 639
teologia da libertação negra, 599
Terceiro Distrito, 180, 186

Terceiro Mundo, 129, 141, 215, 349, 351, 495
Terkel, Studs, 174, 318, 596
terrorismo, 388, 389, 490, 500, 585, 663
Terry, Don, 460
Texas, 21, 57, 128, 271, 272, 300, 401, 438, 440, 543, 584, 657
Thatcher, Margaret, 84, 129
Third World Center, 234, 235
Thomas, Clarence, 220, 240, 301, 367, 655
Thomas, Theodore, 357
Thompson, Darrel, 435
Thompson, William Hale, 171
Thoreau, Henry David, 15, 138, 150
Thorp, Ed, 414
Threshold Editions, 615
Thummalapally, Vinai, 121, 125
Thurmond, Strom, 540
Thurston Chapel, 87, 91
Till, Emmett, 172
Tillich, Paul, 28, 199
Tillman, Benjamin, 649
Tillman, Dorothy, 177, 179
Time, 41, 60, 513, 514, 516, 604
Times Books, 261, 285, 472
Times de Londres, 49
Titcomb, Bobby, 96
Tocqueville, Alexis de, 119
"Tom, a verdade e o Partido Democrata, O" (Obama), 488
Toomer, Jean, 145
Topinka, Judy Baar, 440
tortura, 653; no estado de emergência do Quênia, 48
Tracy, Spencer, 68
Tragic era, The (Bowers), 401
Traubert, Bryant, 404
Travelgate, 542
Travellers Café, 54
Travis, Dempsey, 307
Tribe, Laurence, 155, 225, 434, 486
Tribunal Municipal de Clarendon, 565
Trotter, Donne, 327, 337, 339, 357, 363, 367, 384, 395, 460
Trotter, Walter, 363
Troutt, David Dante, 217
Truly disadvantaged, The (Wilson), 301
Truman, Harry, 515, 540, 546

Truth, Sojourner, 22, 200, 568, 640, 644, 652
Tubman, Harriet, 27, 200, 568, 620, 652
Tucker, C. Delores, 568
Tunney, Gene, 596
Ture, Kwame, 137
Turner, Henry McNeil, 200
Turner, Nat, 200, 348, 652
Turow, Scott, 218, 346, 368, 471
Tuskegee, experimento de sífilis de, 43, 545, 600

U.S.S. Cole, 560
Ucrânia, 480, 481
Uganda, 45, 51, 283
Ujima, 129
Uncompleted argument, The (Appiah), 300
Unfit for command (Corsi), 614
Unger, Roberto Mangabeira, 212, 213, 214
"União mais perfeita, Uma" (Obama), 591
União Soviética, 42, 60, 480, 481, 483; impasse nuclear, 137; invasão do Afeganistão, 119, 125
"Uniform System of Citations, The", 230
Union Chapel, 549
Union Oil, 74, 75
United Auto Workers, 60
United Farm Workers, 418
United Neighborhood Organization, 157, 206
Universidade Columbia, 69, 91, 106, 120, 129, 132, 134, 137, 142, 206, 211, 248, 250, 268, 285, 290, 298, 378, 418, 481, 552, 554
Universidade de Chicago, 252, 295, 322
Universidade de Maryland, 228, 242
Universidade de Ohio, 129
Universidade de Selma, 13
Universidade de Southern Illinois, 343, 361
Universidade de Washington, 61, 70
Universidade de Wisconsin, 129, 155
Universidade do Havaí, 51, 61, 69, 70, 71, 87, 92, 101, 205, 327
Universidade do Mississippi, 243
Universidade Gajah Mada, 71
Universidade Great Lakes, 81
Universidade Harvard, 69, 111, 205, 210, 211, 212, 215, 218, 221, 222, 225, 227, 235, 238, 243, 245, 246, 247, 248, 286, 287, 298, 303, 308, 313, 331, 340, 346, 433, 434, 437, 486, 496

Universidade Howard, 197, 227, 531, 602
Universidade Liberty, 618
Universidade Makarere, 51
Universidade Northwestern, 395, 602
Universidade Princeton, Michelle Obama, 233, 234
Universidade Yale, 69, 142, 153, 206, 215, 229, 238, 244, 298, 299, 301
universidades, corpo docente afro-americano, 243, 244, 245
Up from slavery (Washington), 262, 265, 300
Urban League, 16
"Urna ou as balas, A" (Malcolm x), 509
USA *Today*, 580, 599
Uston, Ken, 414

Vallas, Paul, 385
Vanity Fair, 477
Vattel, Emeric de, 300
Verão da Liberdade, 541, 543
Vereen, Clara, 565
Vesey, Denmark, 200
Vietnã *ver* Guerra do Vietnã
Village Voice, 335
Vilsack, Tom, 412, 498
Virgínia, 506, 629, 630, 659
Virgínia Ocidental, 53, 478, 580
vitimização, psicologia da, 247
Vitória, rainha da Inglaterra, 663
Vivian, C. T., 17, 26, 34, 35
Vogue, 582
Voice of the Missions, 200
Von Hoffman, Nicholas, 151, 152
voto, direito de, 13, 17, 21, 296, 302, 369, 401; Selma, campo de batalha, 14, 17
Vrdolyak, Edward "Fast Eddie", 167, 206, 354, 378

Waikiki, 64, 68, 84, 112, 113, 116, 304
Walker, David, 200
Walking with the wind (Lewis), 18
Wall Street Journal, 562
Wall, Chip, 59, 61
Wallace, David Foster, 617
Wallace, George C, 18
Wallace, Irving, 512

Wallace-Wells, Benjamin, 527, 528
Wallis, Jim, 494
Walsh, Larry, 341
Ward, Joseph Henry, 316
Ward, Zella Louise Locklear, 316
Wardingley, Raymond, 373
Warner, Mark, 435
Warren County Fairgrounds, 501
Warren, Earl, 226
Warren, Kenneth, 319
Warren, Maria, 319
Warren, Rick, 495, 654
Waruhiu, Samuel Njoroge, 81
Washington Post, 24, 44, 229, 235, 261, 285, 481, 575, 594, 613
Washington, Booker T., 40, 172, 262, 265, 640, 641, 649
Washington, DC, 554; marcha de 1963, 14, 23, 128, 178, 549
Washington, Denzel, 567
Washington, George, 243, 287
Washington, Grover, 95, 120, 124
Washington, Harold, 158, 166, 181, 182, 183, 184, 185, 186, 187, 205, 206, 207, 252, 253, 256, 257, 258, 296, 305, 308, 309, 310, 321, 322, 324, 327, 331, 332, 333, 334, 339, 346, 347, 354, 365, 378, 387, 403, 408, 409, 411, 426, 458, 553
Washington, Joyce, 413
Washington, Laura, 257, 421
Watergate, 486
Waters, Ethel, 511
WBBM, 194, 421, 429
Weather Underground, 289, 318, 320, 352, 620
Weatherly-Williams, Dawna, 114
Weiss, Cora, 43, 62
Wellesley College, 147
Wells, H. G., 263
Wellstone, Paul, 491
West Pullman, 159, 161, 189
West Wing, The (série de TV), 473, 474
West, Cornel, 484, 485, 534, 535, 536, 600, 606; incidente do State of the Black Union, 532, 534; sobre o discurso de BHO, 595; Wright no National Press Club, 599
West, Rebecca, 552
West, Robin, 242
WGCI, 256

"White house, The" (McKay), 611
White, George H., 401
Whitehead, David, 332
Whitewater, 542
Whitman, Walt, 138, 153
Why are we so blest? (Armah), 76
Why courage matters (McCain e Salter), 619
"Why organize? Problems and promise in the inner city" (Obama), 207
Why we can't wait (King), 23
Wichita, Kansas, 54, 55, 57, 113, 271
Wichterman, Jim, 59
Wilder, Doug, 507
Wilentz, Sean, 579
Wilhelm, David, 385
Wilkins, David, 249, 309, 408
Wilkins, Roger, 179, 198, 263, 551, 632
Wilkins, Roy, 41, 180, 651
Will & Grace (série de TV), 477
Williams & Connolly, 471
Williams, Eugene, 169
Williams, Hosea, 18, 19, 177
Williams, Maggie, 542
Williams, Patricia, 587
Williams, Wendy, 470
Willis, sra., 639
Wills, Garry, 637
Wilson, William Julius, 346
Wilson, Woodrow, 286
Winfrey, Oprah, 32, 306, 473, 477, 499, 515, 516, 556, 566
Winters, Jake, 351
Wire, The, 626
Wolfowitz, Paul, 391
Wolfson, Howard, 543, 572
Women's World Bank, 325
Wonder, Stevie, 95, 120, 178, 556
Wood, Diane, 298, 304
Wooden, John, 109
Woodlawn, 151, 152, 176, 180, 188, 202, 308, 316, 322, 329, 355, 362
Woodlawn Organization, The, 152, 180, 202, 244
Woods Charitable Fund, 207

Woods, Tiger, 515
Woodson, Carter G., 263, 652
Woodward, Bob, 471, 472, 623
World News Tonight, 584
Wright, Jeremiah, 29, 155, 182, 197, 198, 201, 202, 259, 270, 442, 449, 494, 528, 531, 532, 585, 587, 594, 597, 599, 601, 607; artigo da *Rolling Stone*, 527, 528, 529, 530, 531; comentário "Que Deus amaldiçoe a América!", 586, 587; discurso no National Press Club, 599, 601, 602, 603; endosso à teoria conspiratória para AIDS-HIV, 532, 586, 600; obra social, 198, 202, 596, 598; tema de campanha, 527, 528, 529, 530, 531, 559, 584, 585, 586, 587, 589, 592, 596, 597, 598, 599, 601, 602, 603, 614
Wright, Jeri, 530, 531
Wright, Richard, 95, 113, 173, 221, 262, 264, 274
WVON, 205, 256, 367, 370, 373, 476, 559, 602

xiitas, 123, 134

Yahoo Group do Senado, 418
Yale Law Journal, 244
Yarrow, Peter, 178
Yehudah, Yesse, 345
Yes, I can (Davis), 263, 264
Yogyakarta, 71, 100, 101, 105
Young Lords, 350, 353
Young Patriots, 350
Young, Andrew, 177, 401, 546, 547, 553, 555
Young, Quentin, 319
Young, Whitney, 180, 233
yuppies, 149, 180, 368

Zakaria, Fareed, 482
Zane, Andrew "Pake", 64, 65, 79, 82, 83
Zeleny, Jeff, 477, 479
Zimmerman, Sharon, 438
zona sul de Chicago, 29, 91, 95, 149, 151, 161, 164, 170, 210, 234, 274, 275, 408, 412, 437, 448, 516, 524, 568, 585, 601, 604, 631
Zorn, Eric, 404, 407, 421, 429, 450
Zurbuchen, Mary, 106

Sobre o autor

David Remnick nasceu em 1958. Foi repórter do jornal *The Washington Post* de 1982 a 1991 e é editor da revista *The New Yorker*. De sua autoria, a Companhia das Letras publicou *O rei do mundo*, biografia de Muhammad Ali, e *Dentro da Floresta*, antologia de perfis e textos diversos.

1ª EDIÇÃO [2010] 1 reimpressão

ESTA OBRA FOI COMPOSTA EM DANTE PELO ESTÚDIO O.L.M. / FLAVIO PERALTA
E IMPRESSA EM OFSETE PELA GRÁFICA SANTA MARTA SOBRE PAPEL PÓLEN SOFT
DA SUZANO S.A. PARA A EDITORA SCHWARCZ EM OUTUBRO DE 2020.

A marca FSC® é a garantia de que a madeira utilizada na fabricação do papel deste livro provém de florestas que foram gerenciadas de maneira ambientalmente correta, socialmente justa e economicamente viável, além de outras fontes de origem controlada.